Dario Azzellini
Partizipation, Arbeiterkontrolle und die Commune

D1727612

Dario Azzellini ist Wissenschaftlicher Mitarbeiter am Institut für Soziologie an der Johannes Kepler Universität Linz (Österreich), Autor und Dokumentarfilmer. Schwerpunkt seiner Studien sind Prozesse sozialer Transformation, Bewegungen, demokratische Planung, partizipative Demokratie und Arbeitermit- und Arbeiterselbstverwaltung. Zahlreiche Buchveröffentlichungen zu Italien, Kolumbien, Mexiko, Venezuela, Privatisierung militärischer Dienstleistungen, Migration und Soziale Bewegungen, die in diverse Sprachen übersetzt wurden. Verschiedene Dokumentarfilme zu Bewegungen, Nicaragua, Mexiko und Venezuela, Zuletzt »Comuna im Aufbau«. Seine Essays wurden in WorkingUSA, Herramienta, Otra Economía, Socialism and Democracy, Blätter für deutsche und internationale Politik und anderen Journalen veröffentlicht. Er gehört zum Herausgeberrat von WorkingUSA und Cuadernos de Marte und ist Mitherausgeber der »International Encyclopedia of Revolution and Protest. 1500 to the Present«. E-Mail: dario@azzellini.net

Dario Azzellini

Partizipation, Arbeiterkontrolle und die Commune

Bewegungen und soziale Transformation
am Beispiel Venezuela

VSA: Verlag Hamburg

www.vsa-verlag.de

www.azzellini.net

Diese Veröffentlichung erfolgt mit freundlicher Unterstützung der Hans-Böckler-Stiftung, Düsseldorf.

© VSA: Verlag 2010, St. Georgs Kirchhof 6, D-20099 Hamburg
Alle Rechte vorbehalten
Druck und Buchbindearbeiten: Idee, Satz & Druck, Hamburg
Umschlagfoto: Dario Azzellini
ISBN 978-3-89965-422-6

Inhalt

Teil 3: Soziale, ökonomische und politische Partizipation: Mechanismen und Ergebnisse

Vielen Dank an meine Familie, Joachim Hirsch, John Holloway, die Hans-Böckler-Stiftung, Richard Saage, das Institut für Sozial- und Humanwissenschaften (ICSyH) an der Benemérita Universidad Autónoma de Puebla (BUAP), Carlos Figueroa, Sergio Tischler, Adriana Rivas, Sandra Heil, Leticia Hillenbrand, Monica León, Berenice Hernández, Gerald Raunig, Eduardo Daza, die Arbeiterinnen und Arbeiter von Alcasa und Inveal, die interviewten *Consejos Comunales* und die Menschen und Bewegungen in Venezuela. Meine Arbeit wäre nicht möglich gewesen ohne einen umfassenden Austausch, unzählige Diskussionen, Erfahrungen, Anregungen und Kritiken. Ich habe stets versucht, so viel wie möglich auch zurückzugeben.

Einführung

»Es geht darum, die Politik als Einsatz zu verstehen und der Politik als vorher bestehendes, externes und objektiviertes Wissen eine Absage zu erteilen. Eine Politik, die von uns den ununterbrochenen Aufbau provisorischer Synthesen verlangt und von neuen sozialen Beziehungen, die die kommende sozialistische Gesellschaft vorwegnehmen. Die Ausarbeitung einer Strategie, in der nicht auf die Möglichkeit verzichtet wird, den Staat neu zu definieren, um dahin zu gelangen, dass dieser zumindest nicht mehr so sehr zu dem ›feindlichen Ökosystem‹, dem Kapitalismus, beiträgt und Politiken entwickelt, die auf die sozialen Bewegungen ausgerichtet sind, diese aber zugleich nicht von der Staatsmaschinerie aufgesaugt werden. Eine Politik, welche die Dynamiken der Souveränität und Autonomie synthetisiert, aber die Spannung/den Widerspruch mit dem Staat aufrecht erhält, denn ihr letztes Ziel muss die klassenlose Gesellschaft sein.« (Nicanoff 2007: 11)

Mit der Übernahme des Präsidentenamtes durch den früheren Armee-Oberst Hugo Chávez Anfang 1999 begann in Venezuela ein tiefgreifender gesellschaftlicher Transformationsprozess, der zum Überdenken traditioneller und neuer linker Konzepte zwingt. Alle Theorien und Thesen über soziale Transformation, Übernahme des Staates und revolutionäre Prozesse haben sich in Venezuela als unangebracht erwiesen, gleich welcher linken politischen Orientierung sie entstammten. Der Prozess nährt sich aus einem großen Reservoir politisch, sozial und strukturell unterschiedlicher Gruppen und Organisationen mit verschiedenem historischen Hintergrund, die als *Bolivarianische Bewegung*[1] bezeichnet werden. Bolivarianismus ist dabei mehr eine Sammlung von Werten und konkreten Praxen als eine festgefügte Ideologie. Angestrebt wird eine »partizipative und protagonistische Demokratie«.[2] War diese Ende der 1990er Jahre in eine breite anti-neoliberale Politik eingebettet, wurde im Laufe der Zeit eine sozialistische Orientierung immer stärker, die aber nicht ideologisch vordefiniert ist.

Eine zentrale Charakteristik dieses Prozesses liegt darin, dass die Transformation der Gesellschaft und die Neudefinition des Staates von zwei Seiten (Zibechi 2006), einerseits vom Staat, den Institutionen und traditionellen

---

[1] In Anlehnung an den Unabhängigkeitskämpfer Simón Bolívar.

[2] »Protagonistisch« meint, dass in erster Person gehandelt und nicht delegiert wird.

linken Organisationen und andererseits von den Bewegungen und der organisierten Gesellschaft aus erfolgt. Es ist ein Aufbau *von oben* und *von unten.* Teil des Prozesses sind sowohl Basisorganisationen und -bewegungen
wie auch Personen aus Organisationen mit traditionellerer Prägung (z.b.
Gewerkschaften und Parteien), es gibt zugleich etatistische und antisystemische Tendenzen.

Seit 2006 verortet sich der Transformationsprozess explizit in der sozialistischen Traditionslinie der Rätemodelle, an die auch indigene und afro-
amerikanische Widerstandserfahrungen anknüpfen können. Partizipationsmöglichkeiten und Rätestrukturen wurden ausgeweitet, gestärkt und neu
eingeführt. Die Rätestrukturen in verschiedenen Gesellschaftssektoren sollen die Grundlage des venezolanischen Sozialismus bilden: Sie sollen zusammenarbeiten und sich auf höherer Ebene verbinden, um so perspektivisch
den bürgerlichen Staat durch einen »kommunalen Staat« abzulösen. Zentral
und am weitesten fortgeschritten sind die Kommunalen Räte CCs *(Consejos Comunales).* Auch wurde eine Vielzahl verschiedener Maßnahmen eingeleitet, um strukturelle Veränderungen in der Ökonomie sowie die Demokratisierung der Besitz-, Arbeits- und Produktionsverhältnisse voranzutreiben
(Azzellini/Ressler 2006; Azzellini 2007a). Dabei wird versucht, die Trennung
von Ökonomie, Politik und Sozialem abzubauen und tendenziell aufzuheben. Diese liegt dem Kapital zu Grunde, welches sie ständig reproduziert,
während der Staat sie reguliert.

Die Trennung der Sphären ist eine der wesentlichen Grundlagen des Kapitalismus und des bürgerlichen Staates. Nicht ganz zufällig findet sich diese
Konzeption erstmals in Niccolò Machiavellis (1467-1527) »Il Principe«, einer »Anleitung für die neuen Herrscher der italienischen Stadtrepubliken, einer historischen Anfänge des Kapitalismus«. Es handelt sich also um eine
grundlegende Frage für eine emanzipatorische Perspektive. Sie ist allerdings
in den meisten Transformationsprozessen bisher nicht angegangen worden.

Dieses Buch ist also keine Länderstudie für Lateinamerikaspezialisten. Die
kritische Untersuchung des Transformationsprozesses in Venezuela und des
Verhältnisses zwischen Staat und Bewegungen ist bedeutend für die Weiterentwicklung sozialistischer und demokratietheoretischer Erkenntnisse und
liefert zahlreiche Ergebnisse und Anregungen, die auch international für die
Suche nach demokratischen und sozialistischen Alternativen und die Möglichkeiten, radikale, also grundlegende, Veränderung aktuell zu denken, von
Bedeutung sind.

In der Politik der Praxis – was weder die Theorie noch ihre Bedeutung negiert – liegt die Herausforderung darin, soziale Beziehungen und Mechanismen, Institutionen und Strategien für den Übergang zum Sozialismus stän-

dig neu zu erfinden. Unter Berücksichtigung vergangener Erfahrungen, aber ohne Vorlagen oder objektivierte Weisheiten. So wie es Marx bezüglich der Pariser Kommune feststellte, hat die Arbeiterklasse »keine fix und fertigen Utopien durch Volksbeschluß einzuführen. [...] Sie hat keine Ideale zu verwirklichen; sie hat nur die Elemente der neuen Gesellschaft in Freiheit zu setzen, die sich bereits im Schoß der zusammenbrechenden Bourgeoisgesellschaft entwickelt haben.« (Marx 1871: 343)

Auf die Eigenständigkeit legte auch der venezolanische Frühsozialist Simón Rodríguez, Lehrer Simón Bolívars und eine der zentralen historischen Referenzpersonen des Bolivarianismus, großen Wert, der bereits Anfang des 19. Jahrhunderts feststellte: »Wo sollen wir nach Modellen suchen? Das spanische Amerika ist ein Original. Das müssen auch seine Institutionen und seine Regierung sein. Und eigen müssen auch die Wege sein, diese zu entwickeln. Wenn wir nicht neu erfinden, dann irren wir.« (Rodríguez zit. nach Contreras 1999: 112) Ebenso unterstrich Rosa Luxemburg, »das sozialistische Gesellschaftssystem soll und kann nur ein geschichtliches Produkt sein, geboren aus der eigenen Schule der Erfahrung«, und verwies auf die Bedeutung der Basis, der konstituierenden Macht,[3] denn der Sozialismus könne weder das Werk einiger weniger sein, noch oktroyiert werden. »Nur ungehemmt schäumendes Leben verfällt auf tausend neue Formen, Improvisationen, erhält *schöpferische Kraft*, korrigiert selbst alle Fehlgriffe.« (Luxemburg 1918: 360)

Das permanente »neu erfinden« spiegelt sich in Venezuela in der Praxis wider. Verschiedene und neue Formen, Ansätze, Initiativen und Institutionen bestehen teilweise nebeneinander, werden propagiert und wieder verworfen. Was zahlreichen liberal-demokratischen Analysten als Unbeständigkeit oder Unklarheit erscheint, ist vielmehr Ausdruck einer Offenheit und Suche nach neuen Wegen. Dies stellt selbstverständlich kein Erfolgsrezept dar. Der Aufbau von zwei Seiten ist voller Widersprüche und Konflikte. Die meisten Fragen werden nicht unbedingt gelöst, aber vom venezolanischen Prozess völlig neu gestellt. Der Prozess in Venezuela zwingt die Linke also dazu, zahlreiche Kategorien zu überdenken. Dazu gehören gleichermaßen Überlegungen zu Staat, Ökonomie, Partizipation, Demokratie und Strategien und Wege gesellschaftlicher Transformation.

---

[3] Die konstituierende Macht meint die den Menschen innewohnende legitime kollektive Kraft, Neues hervorzubringen ohne es vom Bestehenden ableiten zu müssen oder sich dem unterzuordnen.

Der venezolanische Sonderweg

Venezuela befand sich seit Beginn der 1980er Jahre in einer schwerwiegenden ökonomischen Krise, die sich zu einer Krise des politischen Systems auswuchs.

In diesem Kontext wirkten der *Caracazo* genannte Volksaufstand gegen neoliberale Strukturanpassungsmaßnahmen 1989 und die beiden 1992 von Teilen der Armee angeführten linken Umsturzversuche konstituierend für die Bolivarianische Bewegung. Inmitten der Krise traditioneller Herrschaft nahmen die popularen Bewegungen verstärkt autonome Positionen ein und gingen von spezifischen punktuellen Forderungen (z.b. Lösung eines konkreten Problems) zunehmend zu Forderungen nach Selbstbestimmung, Selbstverwaltung und konstituierender Macht über.

Die wachsende soziale Polarisierung bei gleichzeitigem Zerfall des traditionellen Repräsentationengefüges begünstigte im Dezember 1998 die Wahl von Chávez, der den ersten Umsturzversuch angeführt hatte, zum Präsidenten. Getragen wurde seine Kandidatur von einer Vielzahl linker Parteien, Organisationen und Einzelpersonen. Nach seiner Wahl leitete er einen Verfassungsgebenden Prozess ein. Eine Verfassungsgebende Versammlung wurde gewählt, eine neue Verfassung mit verstärkter direkter Partizipation der Gesellschaft ausgearbeitet und im Dezember 1999 via Referendum angenommen. Sie postuliert eine »partizipative und protagonistische Demokratie« und geht von einem erweiterten Partizipationsbegriff aus, der über eine neu definierte politische Partizipation hinaus soziale, ökonomische, kulturelle und kollektive Rechte für spezifische Gruppen umfasst. Nachdem die Regierung auf allen Ebenen, und vor allem im schwierigen Bereich der Sozialpolitik, auf die Schwierigkeit oder gar Unmöglichkeit der Neuausrichtung öffentlicher Politiken stieß (Lander 2007a: 71), begann ab 2003 der Aufbau von Parallelstrukturen (vor allem durch die *misiones* genannten Sozialprogramme) mit starker Partizipation von unten.

War der Anspruch der Partizipation zunächst in einem Diskurs über Demokratie eingebettet, der jenseits von Kapitalismus und Sozialismus einen »Dritten Weg« postulierte, verschob er sich im Verlauf zunehmend nach links und ab 2005 bezeichnete Chávez den Sozialismus als einzige Alternative zum notwendigerweise zu überwindenden Kapitalismus. Diese Radikalisierung vollzog sich nach den erfolgreichen Massenmobilisierungen gegen den Putsch im April 2002 und gegen den Unternehmerstreik 2002/2003 (Lander 2009). Ab 2007 wird Partizipation auch als offizielle Regierungspolitik in einen Zusammenhang mit *poder popular* (Volksmacht), revolutionärer Demokratie und Sozialismus gestellt. Doch da heute niemand behaupten kann, den Weg zum Sozialismus und die genaue Gestalt desselben zu kennen, wird er in Venezuela

– in deutlicher Abgrenzung zum »Realsozialismus« – als noch in Entwicklung befindlicher »Sozialismus des 21. Jahrhunderts« definiert.[4] Venezuela reiht sich in die Suche ein, die in den vergangenen Jahren global, und vor allem in Lateinamerika, viele soziale und politische Akteure beschäftigt hat. Beispiele dafür auf dem amerikanischen Doppelkontinent sind der »partizipative Haushalt« in Porto Alegre (Brasilien) oder die *Autonomie* der zapatistischen Bewegung in Chiapas (Mexiko), aber auch die Piquetero-Organisierung in Argentinien oder die Landlosenbewegung in Brasilien. Diesen und anderen Bewegungen der vergangenen Jahrzehnte in Lateinamerika ist die Ablehnung repräsentativer Mechanismen gemeinsam.

Es macht daher wenig Sinn, Venezuela mit liberal-demokratischen Kategorien zu messen und die Rückkehr zu diesen zu fordern. War es doch gerade das Scheitern des liberal-demokratischen Modells bezüglich der Befriedigung der materiellen Bedürfnisse der Bevölkerung sowie der politischen Partizipation und in Folge die Ablehnung der Logik der Repräsentation, die in Venezuela zu der Forderung nach direkter Demokratie führte, die als »partizipative und protagonistische Demokratie« in die Verfassung einging. Es gilt vielmehr, Demokratie anders zu denken. Angesichts der mangelnden Partizipationsmöglichkeiten im Rahmen liberal-demokratischer Regime ist die Untersuchung des Transformationsprozesses Venezuelas, der sich der Suche nach einem partizipativ-demokratischen Modell jenseits der liberalen Demokratie verschrieben hat, von großer Relevanz.

Die Sache mit dem Staat

Bis in die 1980er Jahre hinein dominierten in Lateinamerika Konzepte der »nationalen Befreiung«, die in der Regel eine stark institutionalisierte Partei in der Führung des Staates vorsahen, unterstützt von einem großen Gewerkschaftsdachverband sowie anderen Massenorganisationen (z.B. Bauern, Frauen u.a.), die strukturell mit der Regierung bzw. Partei verbunden waren. Sie agierten als »Vorfeldorganisation« oder »verlängerter Arm« der Partei im Sozialen. Gemeinsam mit einer »nationalen Bourgeoisie«, der ein Interesse an einer Binnenentwicklung unterstellt wurde, unternahm der Staat lenkende Interventionen in die Ökonomie und Gesellschaft, um eine eigenständige nationale Entwicklung und Transformation voranzutreiben, die eine Souveränität gegenüber Ländern des Nordens (vornehmlich den USA) anvisierte. Es

---

[4] Es besteht kein Zusammenhang mit dem gleichnamigen Buch von Heinz Dietrich (2002).

wurden antiimperialistische Positionen eingenommen und strategische Bündnisse mit anderen Staaten der »Dritten Welt« gesucht.

Die Vorstellung der Zentralität einer Übernahme des Staates, der Nutzung desselben, um den gesellschaftlichen Transformationsprozess zu leiten, und die Idee des Aufbaus einer sozialistischen Wirtschaft mittels Verstaatlichung geht letztlich auf Lenin zurück. Bei Marx findet sich keine zusammenhängende Analyse des Staates. An verschiedenen Einzelaussagen im Laufe der Jahre lässt sich eine Entwicklung zu einer Position erkennen, welche die einfache Übernahme ausschließt. So stellen Marx und Engels nach eingehender Untersuchung der Pariser Kommune in einem neuen Vorwort zur deutschen Ausgabe des Kommunistischen Manifest 1872 fest, dasselbe sei »stellenweise veraltet«, und erklären: »Namentlich hat die Kommune den Beweis geliefert, dass ›die Arbeiterklasse nicht die fertige Staatsmaschine einfach in Besitz nehmen und sie für ihre eignen Zwecke in Bewegung setzen kann‹.« (Marx/Engels 1872: 96)

Engels äußert sich später im »Anti-Dühring« und in »Zum Ursprung der Familie« eindeutiger zum Staat als Marx. Dort findet sich auch die Grundlage für Lenins verkürzte Vorstellungen zu Staat und Sozialismus. So ist der Staat schlicht ein Instrument der ökonomisch mächtigen Klasse zur Niederhaltung und Ausbeutung der unterdrückten Klasse. »Das Proletariat ergreift die Staatsgewalt und verwandelt die Produktionsmittel zunächst in Staatseigentum.« (Engels 1876/78: 261) Weitere Gedanken bezüglich der Überwindung des Staates macht Engels sich nicht. Mit dem Ende der Klassen verschwindet bei ihm der Staat gleich mit (ebd. 262).

In »Staat und Revolution« feiert Lenin zwar die Analyse der Pariser Kommune von Marx und Engels und die Notwendigkeit einer Zerstörung des Staates, doch zugleich nimmt er eine für die kommunistische Bewegung folgenschwere Vereinfachung vor:[5] »Das Proletariat braucht die Staatsmacht, eine zentralisierte Organisation der Macht, eine Organisation der Gewalt sowohl zur Unterdrückung des Widerstands der Ausbeuter als auch zur *Leitung* der ungeheuren Masse der Bevölkerung, der Bauernschaft, des Kleinbürgertums, der Halbproletarier, um die sozialistische Wirtschaft ›in Gang zu bringen‹.« (Lenin 1917/18: 34)

So bahnte sich in der kommunistischen Bewegung (und vielen vom »Marxismus-Leninismus« beeinflussten revolutionären Bewegungen) die Ansicht

---

[5] »Staat und Revolution« war als praktisch-propagandistisches Werk geschrieben, um die Machtergreifung der Bolschewiki vorzubereiten. Lenin war in erster Linie ein Revolutionstheoretiker und beschäftigte sich erst aus der praktischen Notwendigkeit heraus mit Staat und Revolution.

den Weg, die Übernahme des Staates sei die zentrale Aufgabe der Revolutionäre, um dann mittels des Staates die Massen zu leiten und den Sozialismus aufzubauen. So wie die Anhänger der Sozialdemokratie[6] denken die (bewussten oder unbewussten) Anhänger leninistischer Traditionslinien, dass die gesellschaftliche Transformation vom Staat, d.h. mittels einer staatlichen Reformpolitik organisiert wird. Im Unterschied zur Sozialdemokratie, die den Kapitalismus mittels des Staates bloß »humanisieren« wollte, wollten die Kommunisten ihn aber überwinden. Im Zentrum kommunistischer Begehrlichkeit stand fortan die Übernahme des Staates, der dann sozusagen seine eigene Transformation bewerkstelligen sollte.[7]

Der italienische Philosoph Antonio Gramsci stellte fest, moderne Gesellschaften funktionierten wesentlich komplexer als das feudale Russland und beruhten nicht nur auf Repression, sondern auch auf der Herstellung eines aktiven Konsens unter den Regierten. Dies geschehe in der Zivilgesellschaft, die selbst einen Teil des integralen Staates darstelle. Damit analysiert Gramsci sehr treffend die Funktionsweise moderner Staaten, doch in seiner Gegenstrategie ist es ebenfalls die Partei, die die verschiedenen Sektoren der Zivilgesellschaft durch Stärkung der eigenen Organisation und Gewinnung der Hegemonie zur Eroberung des Staates in einen langen Stellungskrieg führt, um den Staat dann in einen »sittlichen Staat« einer »regulierten Gesellschaft« zu verwandeln.[8]

Die Tatsache, dass der Staat in den Ländern des »realexistierenden Sozialismus« keinerlei Anstalten machte abzusterben, sondern ebenfalls die Form eines repressiven Staates annahm, führte in den 1960er und 1970er Jahren zu einer wieder verstärkten Beschäftigung mit dem Staat. Neo-marxistische Ansätze analysieren den Staat als bürgerlichen Staat, als strukturellen Bestandteil des Kapitalismus und nicht als ihm äußerlich gegenüberstehend. Damit ist er kein neutrales Instrument im Transformationsprozess und seine Übernahme bedeutet auch keine gesellschaftliche Transformation in Rich-

---

[6] Sozialdemokratische Strömungen in der Tradition von Hegel und Max Weber interpretieren den Staat als Subjekt und neutrales Instrument, d.h. sie schreiben ihm eine Autonomie der Macht zu, folglich kann der Staat auch einfach »anders genutzt werden«.

[7] Andere Positionen existierten zwar auch immer in der kommunistischen Bewegung, blieben aber marginal. So stand für Rosa Luxemburg die proletarische Autonomie der Bewegung und die Überwindung von Staatlichkeit in einer sozialistischen Gesellschaft im Zentrum.

[8] Ebenfalls problematisch ist Gramscis Utopie die, wie in »Amerikanismus und Fordismus« (Gramsci, Bd. 9, Heft 22: 2061-2101) deutlich wird, an den Fordismus gekoppelt ist.

tung Überwindung kapitalistischer Verhältnisse, da er ein Produkt eben dieser Verhältnisse ist.

Louis Althusser unterscheidet ideologische und repressive Staatsapparate, stellt die Trennung von »öffentlich« und »privat« als solche in Frage und differenziert beim Staat zwischen Staatsapparat und Staatsmacht. Während die Staatsmacht von wechselnden politischen Kräften besetzt werden könne, würde der Apparat als solcher fortbestehen, daher sei dieser zu zerschlagen (Althusser 1977). Nicos Poulantzas unterscheidet, ähnlich wie Althusser, Staatsapparate und Staatsmacht: »Eine Veränderung der Staatsmacht allein transformiert die Materialität des Staatsapparates nicht.« (Poulantzas 1978: 121) In seiner Analyse ist der Staat weder neutrales Instrument noch Subjekt, sondern ein gesellschaftliches Verhältnis und damit Kampffeld. Der kapitalistische Staat dürfe nicht begriffen werden »als ein sich selbstbegründendes Ganzes [...], sondern, wie auch das ›Kapital‹, als ein Verhältnis, genauer, als die materielle Verdichtung eines Kräfteverhältnisses zwischen Klassen und Klassenfraktionen, das sich im Staat immer in spezifischer Form ausdrückt.« (ebd. 119)

Die unbestreitbare Erkenntnis ist, dass ein emanzipatorischer Transformationsprozess nicht mittels des Staatsapparates bewerkstelligt werden kann. Dieser ist nicht einfach nur ein Instrument der Inhaber der Staatsmacht, aber er ist auch mehr als nur die Staatsmacht oder die Institutionen. So spaltet sich die linke Theorie und Praxis vor allem an der Frage des Verhältnisses zum Staat: Soll er bekämpft oder soll er übernommen werden? Wie weit sollen sich Linke auf den Staat einlassen? Die Anhänger von Staatsübernahmekonzepten sehen den Staat, trotz aller Komplexität, als zentrale Steuerungsinstanz und versprechen sich eine staatlich gelenkte Transformation. Die Gegner einer »Machtübernahme«, einer Mitarbeit im Staat oder einer Kooperation mit demselben, sehen den Staat als strukturell einer revolutionären Transformation entgegengesetzt, der alle Kräfte, die sich auf ihn einlassen, korrumpiert bzw. kooptiert. Sie trauen nur den politisch-sozialen Bewegungen eine Fähigkeit zur Transformation zu. Zwischen diesen beiden extremen Positionen existieren selbstverständlich noch allerhand Schattierungen.

Mit den sich verstärkenden Globalisierungsprozessen und dem Scheitern (meist ökonomisch und zugleich bezüglich der emanzipatorischen Perspektive) der Ansätze nationaler Befreiung wurde von Intellektuellen und politischen Organisationen zunehmend die Unmöglichkeit eines eigenständigen Vorgehens von Ländern der »Dritten Welt« in einer globalisierten Welt formuliert. Dies führte zu einer Absage an radikale Veränderungen und einer »Sozialdemokratisierung« seitens vieler ehemals revolutionärer Linker. Die Staatsfixierung blieb dabei jedoch erhalten.

Unter dem Einfluss vor allem französischer Theoretiker[9] begannen in den 1980er Jahren viele lateinamerikanische Intellektuelle und Sozialwissenschaftler in den unabhängigen Bewegungen und den sich *von unten* mobilisierenden Bevölkerungssegmenten das zentrale transformatorische Potenzial zu sehen. Dies ging aber häufig damit einher, dass die Wirkungsmacht der Bewegungen als auf die Sphäre des Sozialen eingeschränkt interpretiert wurde. Der Horizont einer umfassenden gesellschaftlichen Transformation, Merkmal der alten Arbeiterbewegung, wurde ihnen abgesprochen. Die weiterhin antisystemischen Bewegungen lehnten wiederum zum Großteil die traditionellen Muster und Organisationsmechanismen, sowie den Weg der Emanzipation über den Staat, als unmöglich ab. Doch auch dieses Konzept weist deutliche Grenzen auf. Sobald die Selbstorganisierung als reale oder auch nur potenzielle Infragestellung staatlicher Macht angesehen wird, ist sie, so zeigt es die historische Erfahrung, massiver staatlicher Repression und Vernichtung ausgesetzt.

Der Aufbau von zwei Seiten

Angesichts der Entwicklungen der vergangenen zehn Jahre, die zur Wahl zahlreicher – bei allen Unterschieden – linker und progressiver Regierungen (und sei es nur die Erwartung gewesen) geführt hat, haben Linke in Lateinamerika – staatsfixiert oder nicht –, und vor allem die Bewegungen, begonnen, ihr Verhältnis zum Staat und seinen Institutionen neu zu definieren (Denis 2001, 2005; Mazzeo 2007; Rauber 2003, 2006; Wainwright 2003). »Breite Sektoren unserer Gesellschaften scheinen zu begreifen, dass das denkbar beste Szenario in der Kontinuität der progressiven Regierungen besteht, die notwendigerweise immer unter Druck gesetzt werden müssen, sich nicht auf die Verwaltung der geerbten Situation zu beschränken.« (Zibechi 2006: 227)
Dabei zeigt sich in Lateinamerika, und vor allem in Venezuela (sowie in Ecuador und Bolivien), wie sich eine Linke herausbildet, die – in Anlehnung an Ernst Bloch ausgedrückt – Politik als Herausforderung der Praxis erfährt. Der Konstituierungsprozess einer neuen emanzipatorischen Linken in vielen Teilen Lateinamerikas geht mit den Erfordernissen und Erfahrungen der Praxis einher. Es ist eine »Kombination historischer Erfahrungen, Kampfpraxen,

---

[9] Eine zentrale Rolle spielte hier Alain Touraine (1971) mit seinem Konzept der »Neuen Sozialen Bewegungen«, die er als wichtigstes Moment des Widerstandes in kapitalistischen Systemen definierte.

Theoretisierung zu diesen Praxen und von Wissen, welches die Geburt einer ›neuen Neuen Linken‹ ankündigt und in sich trägt.« (Nicanoff 2007: 12) Der Transformationsprozess in Venezuela als Aufbau von zwei Seiten widerspricht in Bezug auf die Rolle des Staates und seiner Verwobenheit mit Bewegungen vielen in aktuellen theoretischen Suchbewegungen geäußerten Positionen (Hardt/Negri 2002b, 2004; Holloway 2004a). Aber die normativ formulierte zentrale Rolle von Basisbewegungen und die Selbstorganisierung widerspricht den Positionen staatszentrierter Linker. Es handelt sich um einen ungewöhnlichen neuen Weg der Kämpfe und der Strategie gesellschaftlicher Transformation, der Konzepte *von oben* und *von unten* kombiniert.

Einerseits werden eine antiimperialistische Politik nationaler Souveränität, die Stärkung des Staates und der Institutionen sowie eine Strategie aktiver Steuerung ökonomischer Prozesse in einer gemischten (kapitalistischen) Wirtschaft verfolgt. Andererseits ist die erklärte normative Orientierung, dass Bewegungen eine zentrale Rolle im Prozess einnehmen und über eine Autonomie verfügen. Die herausragende Rolle der Basis ist z.b. in den entscheidenden Eigenmobilisierungen von unten gegen den Putsch 2002, beim »Unternehmerstreik« 2002/2003 und beim Referendum über Chávez Präsidentschaft 2004 deutlich geworden. Auch vertreten diverse Massen- und Basisorganisationen, die sich voll und ganz als Teil des Prozesses verstehen und Chávez unterstützen, wie etwa der 2004 gegründete Gewerkschaftsdachverband UNT *(Unión Nacional de Trabajadores)*, die Bauernorganisation FNCEZ *(Frente Nacional Campesino Ezequiel Zamora)*, die Urbanen Landkomitees CTU *(Comités de Tierra Urbana)* Positionen, die kontrovers zu bestimmten Regierungspolitiken stehen. Das *von unten* wird durch Selbstverwaltungsstrukturen und die Dezentralisierung von Entscheidungsgewalt und Gestaltungsmacht in die Basis hinein gestärkt und ist aktiver Bestandteil des Aufbaus eines neuen Staates und einer neuen Gesellschaft, in der die Trennung zwischen politischer und ziviler Gesellschaft tendenziell abgebaut bzw. überwunden werden soll. Dabei ist durchaus ein Bewusstsein darüber vorhanden, dass der Staat und seine Strukturen in einem antagonistischen Verhältnis zu Emanzipation und Befreiung, zum anvisierten Aufbau eines sozialistischen Gesellschaftssystems stehen.

Der Aufbau von zwei Seiten verschiebt den gesellschaftlichen Antagonismus zum Teil in den Staat hinein. Es entstehen neue staatliche Institutionen, welche die Aufgabe haben, die Basis und die Bewegungen im Aufbau von Strukturen, die perspektivisch den Staat und seine Institutionen ersetzen sollen, zu unterstützen und zu begleiten. Zugleich gibt es aber auch institutionelle und strukturelle Widerstände im Staatsapparat selbst gegen diesen Anspruch und diese Praxis. Verstärkt wird diese Problematik durch die Zentralität des

Erdöls für die Ökonomie, die wiederum Staatsfixiertheit, Zentralisierung und vertikale Strukturen fördert (Coronil 1988; Lander 2009). Diese Verzerrung hat eine weitere Besonderheit hervorgebracht: Die Rentiersökonomie[10] verschob den Klassenkampf in der Weise, dass er vermittelt über Staat, bzw. über den Zugriff auf die staatlich verwalteten Ressourcen abläuft, da der Staat im wesentlichen den gesellschaftlichen Reichtum verteilt.

Der venezolanische Prozess versucht, entgegen gängiger Vorstellungen sozialer Transformation, einen Weg neu zu erfinden, mit dem Staat und Gesellschaft in einem Wechselverhältnis zwischen oben und unten neu definiert werden und der eine Perspektive in Richtung Überwindung kapitalistischer Verhältnisse eröffnet. Die große Herausforderung liegt darin, den Prozess offen zu gestalten und ein Vorgehen *von oben* zu entwickeln, dass das *von unten* unterstützt, begleitet und stärkt, ohne es zu kooptieren oder zu beschränken. Zugleich geht es darum, *von unten* Strategien hervorzubringen, welche es ermöglichen, aktiver Teil des Aufbaus des Neuen zu sein, ohne sich *von oben* vereinnahmen zu lassen oder die Initiative an den Staat und seine Institutionen zu verlieren. Es geht um ein Verhältnis zwischen konstituierender und konstituierter Macht, bei dem erstere impulsgebend und schöpfend bleibt, und darum, ob und wie der Staat und seine Institutionen im Wechselverhältnis mit den Bewegungen die Überwindung der eigenen Formen angehen können.

In diesem Zusammenhang stellt sich auch die Frage, inwieweit vom Staat initiierte Mechanismen der Basisorganisierung eine relative Autonomie entwickeln können, was wiederum die Voraussetzung dafür ist, dass sie den Staat transformieren können. Dies kann nicht gelingen, wenn sie staatliche Strukturen und Mechanismen reproduzieren. Empirisch untersucht werden diese Fragen anhand der *Consejos Comunales* (CCs), denen die zentrale Rolle im Aufbau von *poder popular* und in der Überwindung des bürgerlichen Staates zukommt. Die CCs sind ursprünglich »von unten« entstanden, als eine revolutionäre Form, als Ausdruck *sui generis* des Klassenkampfes (ähnlich den

---

[10] Eine Rentiersökonomie charakterisiert den Rentierstaat. Dabei handelt es sich um eine Ökonomie, die im wesentlichen von Rente, also von Abgaben auf extrahierte und exportierte Rohstoffe lebt und kaum produktive Tätigkeiten und Investitionen tätigt. Ein Rentierstaat schöpft externe Renten ab, d.h. Kapital vom internationalen Kapitalkreislauf. Ökonomisch ist neben der kaum stattfindenden Binnenentwicklung die Rentenökonomie auch problematisch, da sie eine starke Rohstoffexportabhängigkeit (und damit Abhängigkeit vom Weltmarkt) und große Einnahmeschwankungen hervorbringt und Importe gegenüber der Binnenproduktion begünstigt. Zudem ergibt sich in Rentierstaaten leicht eine Kopplung von politischer Macht und ökonomischen Möglichkeiten. Zur Rentiersökonomie in Venezuela und den Folgen für Staat und Gesellschaft siehe Coronil 2002. Trotz der Bemühungen der Chávez-Regierung, von der Rentiersökonomie wegzukommen, ist sie für Venezuela nach wie vor bestimmend.

Sowjets in der Russischen Revolution). Sie wurden dann vom Staat aufgegriffen und massiv propagiert und gefördert. Das hat zu einer großen Ausbreitung und Stärkung der CCs geführt, jedoch auch ihr organisches Wachstum gestört. Die CCs bewegen sich in einem Spannungsverhältnis zwischen eigenständiger, pluraler und lokaler Organisierung zur Selbstverwaltung und andererseits der Tendenz, als eine Art chavistische Basisgruppen oder verlängerter Arm der Institutionen angesehen zu werden.

Die Untersuchung

Wie so oft haben die politischen Transformationen nicht auf die Theorie gewartet und es gibt keine solche, die zu erklären vermag, was in Venezuela oder auf dem Kontinent geschieht. Dass aus der Krise des venezolanischen Modells ein System mit den Charakteristiken der Chávez-Regierung hätte hervorgehen können, hat in den Sozialwissenschaften – gleich welcher politischen oder ideologischen Ausrichtung – niemand auch nur als Möglichkeit antizipiert. Was auch nahelegt, dass die Grundlagen ihrer Arbeit in Frage zu stellen sind.

Seit 1999 sind nur wenige tiefergehende Untersuchungen zum venezolanischen Transformationsprozess erschienen, die sich mit der Demokratisierung und Partizipation an der Basis beschäftigen. Die meisten Analysen des Prozesses vermögen das Wesen desselben nicht zu erfassen, da sie liberal-demokratischen Kategorien folgen oder, auf Seiten der Linken, entweder nur Einzelfragen nachgehen (z.b. ob bestimmte Bedürfnisse erfüllt werden) oder imaginierten Stereotypen verfallen.[11] Nur wenige beschäftigen sich explizit mit den Problematiken des Aufbaus von zwei Seiten (z.b. Ellner 2006a). Meist wird das Spannungsverhältnis zwischen Staat und Bewegungen ausgeblendet oder es wird versucht, es harmonisch aufzulösen.

Es existiert keine umfassende Aufarbeitung der Partizipationsprozesse in Venezuela. Die Wissenschaftlerinnen Buxton und McCoy urteilten 2008, die »elitäre und personalistische Tendenz, sich auf Chávez zu konzentrieren, hat unsere Aufmerksamkeit von den komplexen Veränderungen und Entwicklungen abgelenkt, die sich an der Basis der Gesellschaft ereignet haben.« Ein Merkmal aktueller Analysen sei »die Abwesenheit von seriöser Feldforschung

---

[11] Die unter europäischen Intellektuellen verbreitete Ansicht, in Venezuela werde ein Sozialismus »von oben« aufgebaut, der häufig dem Prozess in Chiapas entgegengestellt wird, sagt mehr über deren Eurozentrismus und Unkenntnis aus als über den venezolanischen Prozess.

mit Qualität. Die in bestimmten Momenten geäußerten Urteile spiegeln Positionen, Haltungen und Meinungen wider, die typischerweise auf große Entfernung formuliert werden (geographisch und metaphysisch) von dem, was auf dem ›Terrain selbst‹ läuft.« Dieses Buch hat hingegen sowohl Auswertungen vorhandener Untersuchungen sowie die jahrelange Arbeit in sozialen Prozessen in Venezuela zum Hintergrund. Ich verbringe seit 2004 etwa die Hälfte des Jahres in Venezuela, habe dort mit Aktivisten aus den *Consejos Comunales* und in Fabriken gearbeitet und für die Untersuchung jeweils Dutzende Interviews mit Makro-Akteuren, Aktivisten aus den CCs und Arbeitern aus Fabriken geführt. Letztere beiden mit dem Ansatz der *co-research* oder *conricerca* (Panzieri 1965): Die Mituntersuchung, mit der die Betroffenen selbst Abläufe, derer sie Teil sind, beschreiben und analysieren.

In diesem Buch geht es vor allem um die Effektivität, die Reichweite und die Probleme in der Umsetzung von partizipativen Ansätzen in der venezolanischen Gesellschaft, die darin auftauchenden Widersprüche und Konflikte (z.B. zwischen Staat und Bewegungen, Bürokratie und Basis) und inwieweit darin Elemente vorhanden sind, die daraus einen Weg in Richtung eines Abbaus der Trennung von Politik, Ökonomie und Sozialem machen. Die Untersuchung konzentriert sich auf das zentrale Feld der *Consejos Comunales* als wichtigste Form lokaler territorialer Organisierung. Letztlich geht es darum, wie der venezolanische Prozess als Aufbau von zwei Seiten erfolgt und welches emanzipatorische Potenzial er in sich birgt. Kann die konstituierende Macht gestalterisch wirken und eine neue Institutionalität auf den Weg bringen, deren Grundlage die kommunitäre Selbstverwaltung ist?

Das Buch hat drei Schwerpunkte. Einer liegt in der ausführlichen Darstellung der historischen Entwicklungen, die zum Verständnis des Kontextes beitragen, aus dem sich die den venezolanischen Transformationsprozess tragenden Kräfte entwickelt haben und darüber, wie verschiedene, für die bolivarianische Bewegung prägende Positionen entstanden sind. Auch davon ausgehend, dass die Kenntnis der Vergangenheit unabdingbar ist für ein komplexes Verständnis der Gegenwart (Bloch 2002: 50). Dazu gehören Entstehung und Niedergang des traditionellen Parteiensystems im Wechselverhältnis mit den popularen Bewegungen und die Rolle der Militärs in Venezuelas formaler Demokratie im Wechselverhältnis mit der bewaffneten Linken, die Darstellung des Bolivarianismus und die kritische Analyse des verfassungsgebenden Prozesses von 1999 und der gescheiterten Verfassungsreform von 2007. In der historischen Darstellung sowie im Verständnis der Geschichte orientiere ich mich am Ansatz marxistischer britischer Historiker wie Eric J. Hobsbawm, George Rudé und Edward P. Thompson, oder dem US-Amerikaner Howard Zinn, die eine »Geschichte von unten« sichtbar machen und

Bewegungen eine klare Rationalität zuschreiben. Jenseits des historischen Kapitels konzentriert sich die Analyse auf die Zeit seit dem ersten Amtsantritt von Chávez im Februar 1999 bis Anfang 2010.

Der zweite Schwerpunkt beschäftigt sich mit für den Transformationsprozess und sein Verständnis wichtigen theoretischen Zugängen, die jeweils mit der venezolanischen Realität in Bezug gesetzt werden. Zu Beginn steht die Klärung der Konzepte Demokratie, Zivilgesellschaft und Populismus. Es erfolgt eine Auseinandersetzung mit der gängigen Gleichsetzung der repräsentativen Demokratie der westlichen Kernländer mit Demokratie. Es wird ein Überblick zu den politikwissenschaftlichen Demokratiedebatten zu Lateinamerika geleistet und die Transitionsforschung einer grundlegenden Kritik unterzogen. Es folgt die Einordnung der gesellschaftlich breiten Ablehnung repräsentativer Logiken, die in der Forderung nach direkter Demokratie und Partizipation mündet. Angesichts der Zentralität des Begriffs Zivilgesellschaft in Demokratiedebatten der jüngsten Vergangenheit und in der Kritik an Venezuelas Transformationsprozess wird das Konzept geklärt. Schließlich wird der Dauervorwurf des Populismus gegenüber Chávez analysiert.

Es folgt das Demokratieverständnis des venezolanischen Transformationsprozesses. Für die Annäherung an die partizipative und protagonistische Demokratie werden verschiedene Konzepte der Partizipation und der direkten und radikalen Demokratie kritisch diskutiert. Das für Venezuela als normative Orientierung zentrale Konzept der konstituierenden Macht von Antonio Negri (1992) wird eingehend erläutert und anschließend im venezolanischen Kontext betrachtet. Darauf aufbauend folgt die Auseinandersetzung mit der mit dem Demokratieverständnis verbundenen Idee der *poder popular* (Volksmacht) als Praxis des Aufbaus des Sozialismus und den darin enthaltenen potenziellen Gefahren und Problemen. Und schließlich erfolgt eine Annäherung an die in Venezuela perspektivisch zu entwickelnde und aufzubauende Staatsform oder Nicht-Staatsform, des *Estado Comunal* (Kommunaler Staat). In einer Auseinandersetzung mit den Konzepten Klasse, Multitude und *Pueblo Soberano* (souveränes Volk) wird der Träger des Transformationsprozesses ausgemacht. Es wird analysiert wie populare Bewegungen verstanden werden und aufgezeigt, wie sich angesichts popularer Regierungen in Lateinamerika, und vor allem in Venezuela, die Parameter und das Verhältnis zwischen Regierungen und Bewegungen verändert haben.

Im dritten Schwerpunkt geht es um konkrete Partizipationserfahrungen. Zunächst einmal bezüglich wichtiger Mechanismen und Ergebnisse der sozialen, ökonomischen und politischen Partizipation. Die Grundzüge der Sozialpolitik der Chávez-Regierung werden erörtert und die als neue Parallelinstitutionen aufgebauten Sozialprogramme *(misiones)* analysiert. Vor allem jene mit dem größten Effekt auf die Gesamtbevölkerung, wie der Aufbau einer flächendeckenden kostenlosen Gesundheitsversorgung durch die *Misión Barrio Adentro*, die Verbesserung der Ernährungssituation und die verschiedenen *misiones* im Bildungssektor. Wichtige Formen der protagonistischen politischen Partizipation, wie die lokale Partizipation an der Gestaltung der Trinkwasser- und Abwasserversorgung, die *Urbanen Landkomitees* CTU und andere, werden vorgestellt. Eine besondere Stellung nimmt hier die kritische Diskussion verschiedener Ansätze zur Demokratisierung des Besitzes und der Verwaltung von Produktionsmitteln ein. Im Anschluss erfolgt die Betrachtung diverser statistischer und quantitativer Indikatoren bezüglich der wirtschaftlichen und sozialen Entwicklung Venezuelas.

Der zentrale Fokus liegt auf den *Consejos Comunales* (CCs), die 2005 entstanden und auf den Aufbau einer neuen Institutionalität von unten zielen. Zunächst werden diverse davor experimentierte Ansätze lokaler Partizipation dargelegt. Die CCs werden bezüglich ihrer Entstehung, Struktur, Finanzierung und Arbeitsweise betrachtet. Zentral sind die Aspekte, die es ermöglichen einzuschätzen, inwieweit eine neue Institutionalität und Selbstverwaltung von unten entsteht, die den Staat redefiniert und das Verhältnis zwischen Staat und Gesellschaft substantiell verändert oder ob die CCs durch den Staat kooptiert werden bzw. zu einem verlängerten Verwaltungsorgan mutieren. Das Verhältnis zwischen den CCs und den Institutionen wird im Hinblick auf Autonomie oder Abhängigkeit und Konflikt oder Kooperation analysiert. Darüber hinaus wird das Verhältnis zwischen den CCs und den popularen Bewegungen und das Verhältnis zwischen den CCs und den *comunidades* – den als soziale Entität bestehenden Gemeinden/Gemeinschaften, der kleinsten Einheit territorialer (Selbst-)Zuordnung in urbanen wie ländlichen Regionen – untersucht sowie den Fragen nachgegangen, inwieweit sich die *comunidades* die CCs aneignen und wie ihr Verhältnis zum Staat ist.

Anmerkung

Es wird versucht, wo es möglich ist, geschlechtsneutrale Formen zu verwenden. In einigen Fällen werden die männliche und die weibliche Form genannt. Aufgrund der besseren Lesbarkeit aber meistens nur die männliche. Gemeint sind dann stets Männer und Frauen, es sei denn es wird gesondert darauf hingewiesen. Die vom Autor übersetzten spanischen Zitate und Interviewausschnitte werden der Übersichtlichkeit halber im Text nicht als Übersetzung gekennzeichnet. An der Quellenangabe ist die Originalversion erkennbar.

Teil 1
Von der ausschließenden Demokratie zur partizipativen Verfassung

Kapitel 1:
Entstehung und Niedergang des traditionellen Parteiensystems

»Unkenntnis der Vergangenheit führt zwangsläufig zu einem mangelnden Verständnis der Gegenwart. Es ist aber vielleicht nicht weniger vergeblich, angestrengt die Vergangenheit verstehen zu wollen, solange man über die Gegenwart nicht Bescheid weiß.« (Bloch 2002: 50)

Zum besseren Verständnis der Entwicklungen in Venezuela erfolgt zunächst eine Betrachtung der Entwicklung des politischen Systems und der popularen Bewegungen und im Anschluss daran des Militärs und der Guerilla. Darauf folgt eine Analyse des Bolivarianismus und der neuen Verfassung.

Venezuela ist ein Erdölland. Das Schwarze Gold wurde Anfang des 20. Jahrhunderts entdeckt. 1920 war das ehemalige Agrarland weltgrößter Erdölexporteur. Die landwirtschaftliche Produktion fiel von 33% des BIP in den 1920er Jahren auf 10% in den 1950er Jahren und erreichte ihren niedrigsten Wert 1998 mit 6% des BIP, der niedrigste Anteil in ganz Lateinamerika (Wilpert 2007: 10). Neben dem Erdöl wurden Handel und Dienstleistungen die dominanten Sektoren. Parallel dazu nahm die Bedeutung der Landoligarchie ab und ein massiver Urbanisierungsprozess setzte ein. Da die Haupteinnahmen des Landes aus dem Erdölaufkommen stammten, das staatlich reguliert und 1974 nationalisiert wurde, lag im Staat das entscheidende Machtzentrum, welches sich die Eliten des Landes aneigneten. Dies geschah in Form eines »populistischen Systems der Elitenversöhnung« (Rey 1991), in dem sich zwei Parteien – die formal sozialdemokratische AD *(Acción Democrática)* und die christlich-soziale Copei *(Comité de Organización Política Electoral Independiente)* – die Macht untereinander aufteilten. Sie okkupierten faktisch den gesamten institutionellen Raum der Interaktion mit dem Staat und das gesellschaftliche Leben bis zur Machtübernahme von Hugo Chávez 1999. Die Grundlagen dafür wurden bereits während der Phase der demokratischen Öffnung 1936 bis 1945 gelegt und nach dem Sturz der Diktatur von Marcos Pérez Jiménez 1958 im *Pacto de Punto Fijo* (PPF) festgeschrieben.

Bis 1989 wurde Venezuela als eine der Vorzeigedemokratien Lateinamerikas gehandelt. Die Kriterien, die liberalen Analysten gemeinhin als Indikatoren für stabile Demokratien gelten – regelmäßige Wahlen, Möglichkeit des Wechsels der Parteien an der Macht, Respektierung gewisser Bürgerrechte, usw. – wurden als erfüllt angesehen (Coronil 1988: 7; Ellner 2003a: 19; Lander 2007b: 21). Erste Risse bekam das Bild mit dem *Caracazo*, dem symbolträchtigen Aufstand gegen die neoliberale Strukturpolitik der Regierung unter Präsident Carlos Andrés Perez 1989. Für die bürgerlichen Politikwissenschaften war das venezolanische Modell immer noch beispielhaft: »Wir glauben, dass Venezuelas Erfahrung als Parteiensystem lehrreich für die Untersuchung der Frage ist, wie wettbewerbsfähige, effektive und langlebige politische Parteien aufgebaut werden und wie diese in den Mittelpunkt für den Aufbau und das Überleben der Demokratie gerückt werden.« (Kornblith/Levine 1993: 3) Mittlerweile sind sich nahezu alle einig – von Chávez bis zu den einst den Pacto de Punto Fijo preisenden Autoren, dass der PPF die Kriterien der Marginalisierung und Exklusion jeglicher Akteure jenseits derer, die den Pakt trugen, festlegte (Ellner 2000: 2).

Der Niedergang des Punto-Fijo-Systems begann Anfang der 1980er Jahre. Die Legitimationskrise des venezolanischen Modells parlamentarischer Demokratie drückte sich zunächst in einer stetig wachsenden Wahlenthaltung aus und wurde ab 1993 im Zerfall von AD und Copei sichtbar. Dafür sind mehrere Faktoren verantwortlich, einer davon ist, dass die ideologischen Differenzen zwischen AD und Copei nahezu verschwanden (Molina 2001: 1). Die venezolanische Erfahrung widerspricht deutlich liberal-demokratischen Theorien, die davon ausgehen, die demokratische Stabilität und Qualität stiegen, je weniger Parteien miteinander konkurrierten und je geringer die ideologische Distanz zwischen diesen sei (Sartori 1976).

1.1 Demokratisierung, demokratischer Putsch und Diktatur (1936-1958)

Nach dem Tod des Diktators Juan Vicente Gómez 1935 veranlasste der zum Nachfolger ernannte Ex-Kriegs- und Marineminister General Eleazar López Contreras (1936-1941) eine begrenzte demokratische Öffnung. Zugleich verbot er die *kommunistische Ideologie* und verwies zahlreiche Oppositionelle des Landes. Der Kriegs- und Marineminister General Isaías Medina Angarita (1941-1945) folgte als Präsident. Große Teile der Bevölkerung drängten mit Demonstrationen und Streiks auf weitergehende Freiheiten. Die 1941 entstandene AD putschte aufgrund der Unzufriedenheit über die zögerliche Demokratisierung gemeinsam mit jungen Armeeoffizieren am 18. Oktober 1945 und leitete die erste Demokratisierung im bürgerlich-liberalen Sinne, also den Übergang zu einer Wahldemokratie, ein. AD-Gründer Rómulo Betancourt führte die Junta an. Es wurden direkte Wahlen auf allen Ebenen und das »universelle« Wahlrecht eingeführt, womit der Anteil der Wahlberechtigten von 5 auf 36% der Gesamtbevölkerung anstieg (Coronil 1988: 6; Kornblith/ Levine 1993: 8). Große Teile der armen und ländlichen Bevölkerung blieben weiterhin von der Wahl ausgeschlossen, da sie keine Bürgerrechte besaßen. Die AD regierte zu dieser Zeit alleine und unterband mittels staatlicher Intervention den Einfluss anderer Parteien in den wachsenden Arbeiter- und Bauernorganisationen (Coronil 1988: 12).

Die AD gewann mit über 70% alle Wahlen der folgenden drei Jahre (Verfassungsgebende Versammlung, Präsidentschafts- und Parlamentswahlen sowie Kommunalwahlen). Rómulo Gallegos gewann die Präsidentschaftswahlen im Dezember 1947 mit 75%. Die 1946 gegründete Copei und die 1945 entstandene liberale *Unión Republicana Democrática* (URD) erzielten eine parlamentarische Repräsentanz. Die AD bemächtigte sich des Staatsapparates und schloss alle anderen politischen Kräfte aus (Coronil 1988: 11f.). Zusammen mit der Ausweitung der Sozialpolitiken und einer starken Verankerung in der Bevölkerung stieß dies auf vehemente Kritik von Militärs, Kirche und Opposition. Im November 1948 beendete ein Putsch die dreijährige, *Trienio* genannte,»Demokratiephase«.

In der Politik von AD während des *Trienio* und im Putsch spiegelte sich ein für die nächsten Jahrzehnte prägender Umgang mit dem Staat wider: Der Ölreichtum machte den Staat ökonomisch unabhängig von inländischen Akteuren und diese im Gegenzug abhängig vom Staat. Hinter der Maske einer repräsentativen Demokratie und einer aktiven Zivilgesellschaft war der Staat nicht von der Basis gestützt, sondern das Verhältnis umgekehrt. Der Putsch traf daher nicht auf Widerstand. Die AD verfolgte die Vorstellung, es gelte den sozialen Konflikt zu eliminieren um die nationale ökonomische Entwicklung zu ermöglichen und mobilisierte nicht, sondern versuchte nur im Vorfeld den Putsch durch Kontakte zu Militärs zu verhindern. Als die Junta den Staat kontrollierte, war ihre Herrschaft unangefochten (Coronil 1988: 13-16).

Der Putsch wurde von den USA unterstützt. Angesichts der Bedeutung Venezuelas als Ressourcenlieferant sowie der geostrategisch wichtigen Position sah Washington in den ranghohen Militärs den Garanten ihrer Interessen. Einer bürgerlichen Regierung, die nicht die volle Unterstützung dieser Militärs genoss, misstrauten sie (Coronil 1988: 27; Bonilla-Molina/El Troudi 2004: 25-27). Eine gemeinsame Politik der bürgerlichen Parteien gegenüber der Diktatur wurde von Führungsansprüchen und persönlichen Konflikten verhindert. Sie waren nicht in der Lage, einen Klassenkompromiss einzugehen, der das Modell der kapitalistischen Reproduktion garantiert hätte. Es gelang ihnen kaum, Instanzen der politischen Vermittlung in der Zivilgesellschaft aufzubauen. Die AD übernahm zwar 1947 die Führungsrolle innerhalb des Gewerkschaftsdachverbandes *Confederación de Trabajadores de Vene-*

zuela (CTV), der Einfluss der 1931 gegründeten *Partido Comunista de Venezuela* (PCV) blieb jedoch groß. Die USA befürchteten eine Linkswende im Land. Die AD verfügte über einen starken linken Flügel und die bürgerlichen Parteien gingen immer wieder punktuelle Bündnisse mit der PCV zur Verteidigung der Demokratie ein.

Die Militärjunta löste den Kongress, die Lokalverwaltungen und den Nationalen Wahlrat auf und verbot AD, PCV, CTV und die meisten anderen Gewerkschaften (Coronil 1988: 20). Im Glauben, Unterstützung zu genießen, organisierte die Junta 1952 Wahlen. Als jedoch die linksliberale *Unión Republicana Democrática* (URD) trotz Wahlbetrug mit großem Abstand zur Diktatur gewann, wurde ihr der Wahlsieg aberkannt und sie und Copei, die sich weigerten, das gefälschte Ergebnis anzuerkennen, wurden verboten (Coronil 1988: 21-24). Unter den herrschenden Militärs setzte sich 1952 Marcos Pérez Jiménez durch. Seine Regierungszeit war geprägt von brutaler Repression gegen politische Gegner, ausufernder Korruption, einer auf den Bau von Infrastruktur ausgerichteten Entwicklungspolitik und bedingungsloser US-Gefolgschaft (Bonilla-Molina/El Troudi 2004: 28).

1.2 Der Pacto de Punto Fijo: Vom Abkommen zum System

Die Diktatur von Pérez Jiménez wurde am 23. Januar 1958 von einem Bündnis aus AD, Copei, PCV und URD (die gemeinsam die geheime Antidiktatur-Koordination *Junta Patriótica* bildeten), Unternehmervertretungen, Gewerkschaften sowie bedeutenden Teilen des Militärs mit Unterstützung einer stark an den linken Parteien und Gewerkschaften orientierten Massenbewegung, gestürzt (Garcia-Guadilla/Hurtado 2000: 15; Molina 2001: 2). Der Marinekommandant Wolfgang Larrazabal stand der Regierungsjunta vor, die den Übergang zur Demokratie und freie Wahlen organisieren sollte. Auch Repräsentanten der bürgerlichen Kräfte wurden in die Junta integriert. Larrazabal erlangte große Beliebtheit, da er in seiner kurzen Amtszeit besondere Sozial- und Infrastrukturprogramme durchführte. Seine Haltung verschaffte ihm allerdings auch viele Feinde. In elf Monaten Regierungszeit wurden mehrere Anschläge aus Kreisen, die Pérez Jiménez unterstützten, auf ihn verübt. Ein Besuch des US-Vizepräsidenten Richard Nixon in Caracas 1958 endete im Chaos, heftige antiimperialistische Proteste erschütterten die Stadt. Larrazabal übte starke Kritik an der PCV. Im Rahmen des Nixon-Besuchs wurden auch US-Pläne bekannt, in Venezuela militärisch zu intervenieren, sollte der Einfluss linker Kräfte nicht stärker zurückgedrängt werden (Bonilla-Molina/El Troudi 2004: 33f.).

Am 14. November trat Larrazabal zurück, um 14 Tage für ein breites Bündniss aus URD, PCV und *Movimiento Electoral Nacional Independiente* (MENI) zu den Präsidentschaftswahlen anzutreten, und wurde mit 903.479 Stimmen Zweiter hinter Rómulo Betancourt (AD) mit 1.284.092 Stimmen (Bonilla-Molina/El Troudi 2004: 304). Das politische, soziale und ökonomische Modell für Venezuela war zu diesem Zeitpunkt bereits festgelegt. Ab 1958 entstand eine Reihe von Pakten in einer Allianz unter den fünf wesentlichen gesellschaftlichen Akteuren: den bürgerlichen Parteien, den Unternehmerverbänden und den Spitzen von Militär, Gewerkschaftsbewegung und Kirche (López Maya/Gómez Calcaño/Maingon 1989: 98).

Noch vor den Wahlen unterzeichneten die Vorsitzenden der drei bürgerlichen Parteien, Rómulo Betancourt (AD), Rafael Caldera (Copei) und Jóvito Villalba (URD) am 31. Oktober den *Pacto de Punto Fijo* als Übereinkunft zur Herstellung der Gouvernabilität im Rahmen einer repräsentativen Demokratie. Die Parteiführer waren einige Tage vor dem Sturz der Diktatur heimlich mit den bedeutendsten venezolanischen Unternehmern und Vertretern der US-Regierung in New York zusammengekommen, um die Grundzüge der Politik nach der Diktatur abzusprechen. Die PCV, die in der Junta Patriótica noch eine führende Rolle hatte, blieb davon ebenso ausgeschlossen wie vom PPF (Loyo 2002: 23; Muno 2005: 14; Molina 2001: 3). Dennoch unterstützte sie faktisch den Inhalt des PPF. Sie folgte dogmatisch dem Etappenmodell, demzufolge auf dem Weg zum Sozialismus zuerst eine bürgerlich-demokratische Revolution zu erfolgen habe, und vertrat eine Linie der nationalen Einheit (Heydra 1981: 142). Sie bremste die Massenbewegung, die während des Sturzes der Diktatur eine große Beteiligung an Versammlungen erlebt hatte und eine weitergehende Transformation anstrebte, und fügte sich dem Modernisierungsprojekt der Bourgeoisie. Sich der möglichen Anziehungskraft eines alternativen Gesellschaftsprojekts wohl bewusst kündigte Betancourt bereits in seiner Antrittsrede im Februar 1959 an, die PCV zu bekämpfen (Aguirre 2007; Coronil 1988: 70; Farías 2006: 159-165).

Im PPF verpflichteten sich die AD, Copei und URD, in jedem Fall die Resultate der Wahlen im Dezember 1958 zu respektieren und zu verteidigen. Keine der Parteien, so der Pakt weiter, würde alleine regieren, selbst wenn sie als absoluter Sieger aus den Wahlen hervorgehen sollte. Es sollte eine »Regierung der Nationalen Einheit« unter Beteiligung aller drei Kräfte gegründet werden, dafür wurde im PPF ein Minimalprogramm beschlossen, das nicht im Pakt enthalten war und am 6. Dezember 1958 unterzeichnet wurde. Im PPF verpflichteten sich die Parteien, in ihren Programmen keine Punkte aufzunehmen, die dem Minimalkonsens widersprechen würden (PPF 1958). Der PPF diente der Abwehr eines möglichen Militärputsches und der Marginalisierung der PCV. Darauf drängten auch die USA (García-Guadilla/ Hurtado 2000: 15).

Im Minimalprogramm wurden unter anderem eine gemischte Wirtschaft, ein auf Importsubstitution basierender Entwicklungsplan, die Einführung einer neuen Verfassung und einer Sozialgesetzgebung sowie die politische Bindung an die USA festgelegt (Ellner 2000: 2). Die zukünftige Rolle der Streitkräfte wurde als »apolitisches, gehorsames und nicht beratendes Korps« festgelegt, welches den öffentlichen Frieden garantieren sollte. Im Gegenzug verpflichtete sich der Staat, die technische Qualität und Bewaffnung der Streitkräfte stets zu modernisieren sowie die Lebensqualität der Militärs zu verbessern. Diese Richtlinien gingen auch in die Verfassung von 1961 ein (Ochoa/ Rodríguez 2003: 119). AD und Copei teilten sich ab 1958 die politische Macht im Staat. Die linksliberale URD verließ die Regierung 1960 und geriet zunehmend ins Abseits. Der linke Flügel von AD, vornehmlich aus der marxistisch orientierten Jugendorganisation bestehend, wurde 1960 ausgeschlossen und organisierte sich als *Movimiento de Izquierda Revolucionaria* (MIR) mit Bezug auf die kubanische Revolution. In Caracas hatten 1960 URD, MIR und allen voran die PCV gemeinsam die Zweidrittelmehrheit in den Gewerkschaftsvertretungen und Schulen (Bonilla-Molina/El Troudi 2004: 305f.).

Eine solide Basis erhielt das PPF-Modell vor allem mit der Integration der CTV durch den *Arbeiter-Unternehmer-Pakt*. Darin verpflichtete sie sich, als alleiniger Dachgewerkschaftsverband die Demokratie zu verteidigen, die Lohn- und Sozialforderungen mittels Verhandlungen und Konsens zu befriedigen und Streiks oder Arbeitsunterbrechungen zu vermeiden (Loyo 2002: 23; Manrique 2001: 5). Präsident Betancourt institutionalisierte die CTV als Vermittlungsinstanz zwischen Regierung und Unternehmern einerseits sowie Lohnabhängigen andererseits. Zugleich übte die Regierung aber faktisch die Kontrolle über die CTV aus. Mit dem Pakt machte AD deutlich, wie stark diese war. Die CTV war ursprünglich 1936 aus den Sektoren der Arbeiterbewegung entstanden, die aktiv gegen die Diktatur kämpften. Auf dem IV. Kongress der CTV 1961 wurde die politische Dissidenz verbannt: Die drei Vertreter der PCV, die zwei der URD und die beiden der »AD-Linksabweichler« MIR und ARS[1] wurden aus dem 15-köpfigen Exekutivkomitee der CTV ausgeschlossen und eine reine AD-Copei-Führung wurde installiert.[2]

---

[1] Strömung, die für ein föderalistisches System eintrat. Sie wurde nach der Werbeagentur benannt, in der einer ihrer Hauptexponenten arbeitete. Bis Ende 1961 gehörte die Mehrheit des Exekutivkomitees von AD zur ARS.

[2] Die kommunistisch orientierten Gewerkschaften gründeten 1963 die *Central Unitaria de Trabajadores de Venezuela* (CUTV) und 1964 entstand CODESA (*Confedera-*

Die paktierte formale Demokratie konnte die weitverbreitete Hoffnung auf weitergehende Transformation nicht vertreiben. Die Stimmung in Venezuela war Anfang der 1960er Jahre vom Erfolg der kubanischen Revolution geprägt. Nach der Verhaftung von drei linken Professoren und Studenten aus dem Umfeld der MIR, die wegen eines Editorials in einem Wochenmagazin subversiver Aktivitäten gegen die Regierung beschuldigt wurden, begann am 19. Oktober 1960 eine Protestbewegung an den Universitäten, die sich schnell über das ganze Land ausbreitete und Züge eines Aufstandes annahm. Sie wurde am 23. Oktober niedergeschlagen. Am 21. November kam es zu massiven Auseinandersetzungen zwischen Studierenden und der Polizei, auf die Streiks folgten. Die Bewegung wurde am 29. November mit der Erstürmung der Zentraluniversität Venezuelas (UCV) durch die Polizei und über 4.000 Verhaftungen zerschlagen (Heydra 1981: 170). Die PCV und MIR begannen, den bewaffneten Kampf vorzubereiten und wurden am 9. Mai nach einem Militäraufstand mit ihrer Beteiligung von Betancourt verboten. Ihre Abgeordneten blieben allerdings noch bis Ende 1963 im Parlament.

Mit den Jahren wurde das »System Punto Fijo« mit weiteren Pakten immer genauer festgeschrieben. AD und Copei etablierten ein Wahlsystem, das auf finanzstarke Parteien mit landesweitem Apparat zugeschnitten war. Auf den Stimmzetteln konnte nur die Partei angekreuzt werden, über die Kandidaten entschieden die Führungszirkel der Parteien. Die in der Verfassung von 1961 festgeschriebenen Direktwahlen der Bürgermeister und Gouverneure der Bundesstaaten wurden nicht durchgeführt. Der Präsident ernannte die Gouverneure und diese die Bürgermeister. Bis zu einer Reform der Wahlgesetzgebung 1989 war das Wahlsystem weitgehend intransparent und machte Wahlerfolge für kleine Parteien oder unabhängige Kandidaten faktisch unmöglich (Bonilla-Molina/El Troudi 2004: 102; Loyo 2002: 24; Ramírez Roa 2003: 141f.). Die vom Kongress der Republik 1961 entworfene und verabschiedete Verfassung stärkte die Zentralregierung gegenüber einer föderalen Struktur und machte die Parteien zu den ausschließlichen Instrumenten der repräsentativen Demokratie. Sie führte zu einem »rigide repräsentativen und stark zentralisierten Staat« (Fernández Toro 2005: 306).

Am 6. März 1964 wurde ein Abkommen zwischen dem Vatikan und der venezolanischen Regierung unterschrieben, in dem sich die Regierung verpflichtete, für den Unterhalt der Bischöfe, Vikare und kirchlichen Einrichtungen aufzukommen. Dafür räumte ihr die katholische Kirche ein Veto bei der Ernennung von Erzbischöfen, Bischöfen oder Prälaten ein (López Maya/

---

ción de Sindicatos Autónomos) als linker unabhängiger Gewerkschaftsdachverband. Beide konnten keine sonderliche Stärke entwickeln (Bonilla-Molina; El Troudi 2004: 40).

Gómez Calcaño/Maingon 1989: 122). So dehnte das Zweiparteiensystem seine gesellschaftliche Kontrolle über die Judikative und Legislative auch auf den gesellschaftlichen Einfluss der katholischen Kirche aus. Die Praxis, öffentliche Ämter unter AD und Copei aufzuteilen, wurde 1970 im *Pacto Institucional* festgeschrieben. Demnach wurden zu Beginn einer jeden Präsidentschaft die Posten der Direktive des Nationalkongresses, des Generalstaatsanwaltes, der Richter des Obersten Gerichtshofes und anderer Justizorgane sowie der Leitung der Wahlbehörden unter AD und Copei aufgeteilt (Loyo 2002: 24).

Die URD konnte einen letzten Erfolg bei den Präsidentschaftswahlen 1968 erzielen, als ihr Kandidat Miguel Angel Burrelli Rivas 22,2% der Stimmen bekam. Danach nahm ihr Gewicht zunehmend ab, bis sie nahezu ganz verschwand. Die Wahlen von 1968 waren allerdings auch in anderer Hinsicht interessant. Bei einer Wahlbeteiligung von 96,7%, der höchsten der venezolanischen Geschichte, erzielten AD und Copei gemeinsam nur 57,37% der Stimmen. Neben Burrelli bekam auch der Ex-Führer der Lehrergewerkschaften in den Oberschulen, Luís Beltrán Prieto Figueroa, als Kandidat eines Linksbündnisses unter der Führung der *Movimiento Electoral del Pueblo* (MEP) 19,34% der Stimmen.[3] Diese hatte sich 1967 von der AD abgespalten, nachdem Prieto die Kandidatur zu den Präsidentschaftswahlen 1968 verweigert wurde. Sie entstand als Wahlplattform für seine Kandidatur, getragen von Lehrkräften, Gewerkschaftern und Community-Leadern. Sie verstand sich als »progressive Partei« und entwickelte linkssozialdemokratische Positionen. Sie unterstützt seit 1998 Chávez. Der MEP-Kandidat 1968 wurde auch von der PCV unterstützt, die kurz zuvor die *Unión Para Avanzar* (UPA) gegründet hatte, um an den Wahlen teilzunehmen (Medina 1999: 292). Durch die Aufsplitterung der linken Stimmen gewann Rafael Caldera (Copei) mit nur 29,13% die Präsidentschaftswahlen gegen Gonzalo Barrios (AD) mit 28,24%. Da es keinem der beiden »alternativen« Kandidaten gelang, die Vorherrschaft von AD und Copei zu durchbrechen, und ihre Parteien in folgenden Wahlen rapide an Stimmen verloren, kann das Zweiparteiensystem von da an als konsolidiert betrachtet werden. 1973 gewann AD-Kandidat Carlos Andrés Pérez mit 48,7%, während die Linke zersplittert mit drei verschiedenen Kandidaten antrat, die zusammen nur 12,4% erzielten.

AD und Copei wurden zu landesweiten Massenorganisationen (Molina 2001: 3) und bekamen zusammen von 1973 bis 1988 80% der Stimmen bei allgemeinen Wahlen und 90% bei Präsidentschaftswahlen. Alle wesentlichen Regierungsbeschlüsse, vor allem zur Verteidigungs-, Außen- und Erdölpo-

---

[3] Diese und weitere Ergebnisse: *Consejo Nacional Electoral* (Nationaler Wahlrat, CNE): http://www.cne.gov.ve/

litik, wurden im Konsens unter beiden Parteien getroffen, und in ihnen von den Parteiführungen (*cogollos* genannt). Die Abgeordneten mussten als Block den Entscheidungen zustimmen, wollten sie ihre Karriere nicht riskieren, denn die Führungszirkel trafen alle Personalentscheidungen. Dieses aus dem PPF resultierende Modell wurde *partidocrácia* getauft, »Parteienkratie«. Dass der einzige Zugang zu Staatsressourcen die Parteibürokratie war, verstärkte eine korporative Integration. Die Mitglieder von AD und Copei wurden mittels eiserner Parteidisziplin und Parteiausschluss bei Widerspruch auf Linie gehalten. Beide Parteien kooptierten soziale Organisationen und Institutionen – von Staatsbetrieben und Gewerkschaften über Nachbarschaftsvereine, Bauern- und Studierendenorganisationen und Kammern diverser Berufe bis zu Stiftungen – und stellten sie in den Dienst der Parteipolitik. Darüber hinaus pflegten sie enge und gute Beziehungen zum Militär und dem privatkapitalistischen Sektor. Beide wurden – im Gegenzug zu einer Nicht-Einmischung in politische Angelegenheiten – mit enormen Vorteilen (Gelder, Ausbildung, Subventionen, Steuererleichterungen, Schutz, Privilegien, Staatsaufträge usw.) bedacht (Coppedge 2002: 10).

Der wachsende Konsum – die Grundlage des neuen Wirtschaftsmodells – basierte auf einer Importsubstitutionspolitik und institutionalisierten staatlichen Sozialpolitiken. Doch zugleich bestand zwischen 1958 und 1978 eine sich selbst verstärkende Dynamik zwischen der Erdölökonomie und einer politischen Kultur, die ein Rentiersmodell begünstigte. Das Erdöleinkommen förderte die allmähliche Einstellung anderer produktiver Tätigkeiten, was wiederum das Rentiersmodell stärkte und die Bemühungen der wesentlichen politischen und wirtschaftlichen Akteure darauf konzentrierte, an dem Erdöleinkommen teilzuhaben (Karl 1997). Die informellen und institutionalisierten Absprachen und Pakte bildeten ein korporatives System, das die Kräfte vereinte, die ein formal-demokratisches System im Dienste der US-Interessen, der transnationalen Konzerne (vor allem Erdöl) und der venezolanischen Bourgeoisie garantierten (Bonilla-Molina/El Troudi 2004: 34-36). Allen sich unterordnenden Kräften wurde Zugang zu Ressourcen und Anerkennung zugestanden, alle anderen wurden davon ausgeschlossen. Die gesamte Artikulation von Forderungen, wie auch die Entscheidungsfindungen, hatten in den vorgegebenen Bahnen des Parteiensystems stattzufinden (Loyo 2002: 24; Ramírez Roa 2003: 138). Für die Kanalisierung war das dichte Netz an korporativen und klientelistischen Strukturen zuständig. Protest auf der Straße wurde als demokratisches Kampfinstrument abgelehnt. In den 1960er und 1970er Jahren wurde er mit dem »Kommunismus« und der Guerilla gleichgesetzt, doch auch nach der Niederlage der Guerilla wurde er weiter diskreditiert. Auch friedlichen Straßenprotesten wurde bis 1994 mit brutaler

Repression begegnet, die immer wieder zahlreiche Tote forderte. Einen Höhepunkt erreichte sie 1989-1993, in der zweiten Amtszeit von Carlos Andrés Perez (López Maya 2003b: 217).

1.3 Venezuela Saudita und die Reformlinke

In den 1970er Jahren erlebte Venezuela, das zwischen 1925 und 1986 die meiste Zeit weltgrößter Erdölexporteur war, mit dem Erdölboom ein »goldenes Jahrzehnt« (1974-1983). Mit den Petrodollars wird investiert und gebaut. Das Land wird von vielen in dieser Phase *Venezuela Saudita* (in Anspielung auf Saudi-Arabien) genannt. Hohe Wachstumsraten und Erdölpreise führen zu einer rentenfinanzierten und steuerunabhängigen Ausweitung des Sozial- und Bildungssystems, während die Oberschichten enorme Reichtümer anhäufen. Der venezolanische Sonderfall wird in die Zukunft projiziert und alle glauben an eine greifbare moderne, harmonische und wohlhabende kapitalistische Gesellschaft (Lander 2007b: 21f.).

Präsident Carlos Andrés Pérez (1973-1978) unterzeichnete am 29.8.1975 das Gesetz zur Nationalisierung der Industrie und des Handels fossiler Brennstoffe in Venezuela. Am 1. Januar 1976 gingen Eigentum, Anlagen und Maschinen ausländischer sowie einiger weniger venezolanischer Unternehmen in den Besitz des Staates über. Es wird jedoch die Möglichkeit privater Beteiligungen offengelassen und den enteigneten Firmen eine hohe Entschädigung gezahlt. Die Wirtschaftseliten, ergänzt um im Parteiensystem aufgestiegene neue Oberschichten, nisteten sich nach der Nationalisierung in den staatlichen Unternehmen ein, schröpften sie und nutzten den Staatsapparat, um maximale Gewinne bei niedrigstem Risiko auch in der Privatwirtschaft zu garantieren. Im Glauben, die Erdölpreise würden auf ihrem Niveau bleiben, verschuldete sich der Staat enorm bei internationalen Finanzinstitutionen.

Die Endsechziger und die 1970er Jahre (besonders die erste Hälfte des Jahrzehnts) waren von starken sozialen Bewegungen, vor allem von Arbeitern und Studierenden geprägt (López Maya 1995). Doch trotz der weit verbreiteten Korruption und des Bewusstseins in der Bevölkerung bezüglich der Auswüchse der paktierten Demokratie konnten die Verteilungspraxis des venezolanischen Staates und die geweckten Hoffnungen auf Verbesserung und sozialen Aufstieg einen massenhaften offenen Ausbruch der Ablehnung verhindern. 1970 kam es in Folge der Debatten um die Niederlage des bewaffneten Kampfes und die Sowjet-Invasion in der CSSR zu einer bedeutenden Spaltung in der – erst kürzlich wieder legalisierten – PCV. Unter der Führung von Teodoro Petkoff, Pompeyo Marquez, Eloy Torres und anderen entstand

Anfang 1971 die *Movimiento al Socialismo* (MAS) mit einer reformistischen Orientierung. Ein weiterer Protagonist der Spaltung, Ex-Guerilla-Kommandant Alfred Maneiro, brach auch mit der MAS, die unkritische und konservative Strömungen der PCV aufnahm. Zehn Aktivisten um Maneiro entschieden, sich politisch auf drei Schwerpunkte zu konzentrieren: 1) die Zentraluniversität (UCV) in Caracas, 2) das Stahlwerk *Siderúrgica del Orinoco* (SIDOR) in Ciudad Guayana im Bundesstaat Bolívar, wo ein großer Streik mit der Entlassung von 514 Arbeitern zerschlagen worden war und 3) Catia, ein Armenstadtteil von Caracas. Die Gruppe agierte zunächst unter dem Namen *Venezuela 83* und ab 1973 als *La Causa Radical* (LCR), der Name einer ihrer Zeitungen (Azzellini 2009a; López Maya 1995).

Die MAS war ab den Präsidentschaftswahlen 1973, zu denen sie den Menschenrechtsaktivisten und Journalisten José Vicente Rangel aufstellte, bis Anfang der 1990er die Hauptwahloption der Linken. Während LCR auf den Aufbau unabhängiger Gewerkschaften setzte, teilte sich mit der Abspaltung der MAS auch die CUTV. Der MAS-Gewerkschaftssektor trat nach Verhandlungen um Machtquoten wieder der CTV bei und erhielt drei Sitze in der Leitung (Bonilla-Molina/El Troudi 2004: 49f.). Im Laufe der 1980er Jahre nahm die MAS zunehmend sozialdemokratische Positionen ein. Bei den Wahlen 1983 erhielt sie 5,74% und 1988 10,2%. Doch dann sank ihr Stimmenanteil wieder beständig und durch die Beteiligung an der Regierung Caldera (1994-1998) verlor sie noch einmal stark an Glaubwürdigkeit (Bonilla-Molina/El Troudi 2004: 80f.).[4]

Im Unterschied zur MAS oder PCV, von denen sie sich stets distanzierte, war die LCR weitgehend informell organisiert: Es hatte keinen Gründungskongress gegeben und es gab weder Statute noch ein Grundsatzprogramm oder geregelte Entscheidungsstrukturen. Sie versuchte eine Mixtur aus Bewegung und Partei zu sein, wobei Entscheidungen von einem reduzierten Führungszirkel getroffen wurden. Und obwohl ihre Analysegrundlage marxistisch war, sträubte sich LCR gegen jede Einordnung als sozialistisch oder kommunistisch und bezog sich schlicht auf »die Armen« (López Maya 1995). Die größten organisatorischen und politischen Erfolge verzeichnete LCR in Sidor, wo sie 1979 bei den internen Betriebsgewerkschaftswahlen der SUTISS

---

[4] Als die MAS 1998 beschloss, Chávez zu unterstützen, verließen Petkoff und Marquez sie. 2002 spaltete sich die MAS. Die Mehrheit der Abgeordneten schloss sich der Opposition an und die MAS verschwand in der Bedeutungslosigkeit. Die Mehrheit der Basis gründete unter der Führung von Didalco Bolívar und Ismael García die weiterhin Chávez unterstützende Partei Podemos. 2007 brach auch sie mit Chávez und erhielt bei Wahlen 0,61%. Eine überwältigende Mehrheit der Mitglieder und ein Großteil der Amtsträger schloss sich der PSUV (*Partido Socialista Unido de Venezuela*) an.

(Sindicato Único de Trabajadores de la Industria Siderúrgica y sus Similares)
mit ihrer Gruppe um Andrés Velásquez die Mehrheit erlangte. Daraufhin intervenierte 1981 der von AD kontrollierte Metallgewerkschaftsverband SU-TISS, einige Aktivisten wurden entlassen, die Posten mit AD-hörigen Gewerkschaftern besetzt. Doch 1988, bei den ersten freien internen Wahlen nach der Intervention, gewann die LCR-Strömung erneut die Mehrheit. Im gleichen Jahr entsandte die LCR auch erstmals drei Abgeordnete ins Parlament. Dies aufgrund ihrer Stärke im Bundesstaat Bolívar, landesweit erhielt sie nur 0,54% (López Maya 1995). Von 1989 bis 1993 wurde sie aufgrund ihrer Bewegungsnähe als Alternative zu den etablierten Parteien angesehen (Bonilla-Molina/El Troudi 2004: 99). In Bolívar gewann sie mit Velázquez Ende 1989 auch die Gouverneurswahlen.

Bei den Präsidentschaftswahlen 1993 wurde Velázquez als LCR-Kandidat, mit 21,95% Vierter.[5] LCR überflügelte bei den gleichzeitig stattfindenden allgemeinen Wahlen auch erstmals die MAS (10,81%) und erhielt 20,68%. Ein Jahr zuvor hatte LCR bereits wichtige regionale und lokale Wahlerfolge verzeichnen können. In Bolívar wurde Velázquez mit 63,36% als Gouverneur wiedergewählt und LCR gewann zum zweiten Mal diverse Stadtverwaltungen, darunter Caroní (Ciudad Guayana und Industriegebiet), in dem der später auch für die bolivarianischen Kräfte gewählte Bürgermeister Clemente Scotto 68,36% erhielt. Und im Munizip Libertador, der größten Gemeinde von Caracas, gewann Aristóbulo Istúriz, später lange Bildungsminister unter Chávez, für LCR mit 34,45%. Wie 1989 wurde die Anerkennung der Wahlsiege mit einer massiven Mobilisierung der Basis erzwungen (López Maya 1995).

Bereits bei den nächsten Wahlen in Bolívar 1995 verlor LCR den Gouverneursposten. Die Basis und die mittleren Kader gingen von einem Wahlbetrug aus. Doch die Parteiführung und der Kandidat Victor Moreno bremsten Mobilisierungen und verhandelten mit der AD. Im Gegenzug erkannte die AD den Sieg von LCR in Caroní an (Medina 1999: 51f.), während diese dafür alle anderen Rathäuser als verloren geben musste. Istúriz verlor sein Bürgermeisteramt von Libertador. In Caroní entwickelte sich unter Bürgermeister Scotto ein Modell eines partizipativen Gemeindehaushaltes (Angotti 2001). Allgemein wurde LCR, so wie die MAS, zunehmend als eine weitere der »üblichen« Parteien wahrgenommen. So verlor Istúriz, weil die Wahlbeteiligung in den Armenstadtteilen, in denen LCR die meisten ihrer Stimmen

---

5   Die Leitung der LCR ging von einem Wahlbetrug aus. Sie verzichtete jedoch darauf, dagegen vorzugehen, da die politischen Bedingungen dafür nicht gegeben gewesen seien (López Maya 1996: 143).

holte, nicht einmal 30% erreichte. López Maya (1996: 142f.) führt an, es sei LCR in der Zeit von 1993 bis 1995 weder gelungen, die verschiedenen Bewegungen zu begleiten, noch sei die ursprüngliche Bewegungsbasis, die unabhängigen Gewerkschaften, in diesen Jahren in Kämpfen oder politischen Initiativen präsent gewesen.

Der LCR gelang es auch nicht, ihre Organisations- und Entscheidungsstrukturen den neuen Umständen (Größe, konkrete Arbeit, Schwerpunkte) anzupassen. Es gab weder eine klare Organisationsstruktur noch transparente Entscheidungsfindungen. Nachdem die früher im kleinen Kreis getroffenen Konsensentscheidungen aufgrund der Größe der Partei nicht mehr möglich waren, wurden sie immer häufiger von einem kleinen Kreis historischer Parteiführer gefällt, vor allem strategische Orientierungen und Personalentscheidungen. 1997 spaltete sich LCR. Etwa 80% der Aktiven und der Großteil der leitenden Kader traten der neu gegründeten *Patria Para Todos* (PPT) bei (Medina 1999: 32). Der Kern der PPT lag in der ehemaligen Organisierung der LCR in Caracas' Armenstadtteil Catia und in der UCV.[6]

Ähnlich war es in den 1980er Jahren auch dem MAS ergangen. Daher dürfte der Grund weniger (aber auch) in einer Unfähigkeit einzelner Abgeordneter oder der Partei gelegen haben, sondern an den systemischen Grenzen der repräsentativen Demokratie. Die parlamentarische Logik setzte einer organischen Beziehung zwischen den Bewegungen und der institutionellen Repräsentation deutliche Grenzen. Die endlosen Debatten im Parlament führten zu Selbstreferenzialität und institutioneller Entropie als strukturellem Merkmal des Systems. So verfielen auch die linken Parteien den Verhandlungslogiken und dem Primärziel, die eigene parlamentarische Präsenz zu sichern. Dies führte bald dazu, dass das Hinterfragen der Legitimität der Repräsentation von der Masse der Bevölkerung nicht mehr nur auf die rechten, sondern auch auf die neuen linken Parteien bezogen wurde. Das gesamte parlamentarische System und die repräsentative Demokratie wurden angezweifelt. Weder die bürgerlichen noch die linken Parteien schenkten diesem Phänomen Beachtung. In der nicht-parlamentarischen Linken und in der Evaluation der *Liga Socialista* bezüglich ihrer eigenen parlamentarischen Tätigkeit (1978 und 1983 gewann sie einen Sitz im Kongress) wird dieser Umstand thematisiert (Bonilla-Molina/El Troudi 2004: 80f.).

---

[6] Die PPT unterstützte 1998 Chávez, konnte sich politisch-organisatorisch konsolidieren und war bis Anfang 2010 Teil des Regierungsbündnisses. Von LCR blieb nicht viel mehr als der Name. Mit Gründung der PSUV 2007 trat dieser ein Großteil der Amtsträger und der Basis der PPT bei. 2010 brach die PPT mit der Regierung.

1.4 Die 1980er Jahre: Krise und Protest

Die goldenen Jahre Venezuelas fanden mit der Präsidentschaft von Luis Herrera (Copei, 1979-1984) ein abruptes Ende. Der Verfall der Ölpreise leitete eine 20jährige Phase wirtschaftlichen Niedergangs ein. Auch kurze Ölpreisbooms während der Iranischen Revolution (1979-1980) und dem Golfkrieg (1991) konnten die Löcher nicht stopfen (Azzellini/Wilpert 2009b). Das auf der Erdölrente basierende Akkumulations- und Entwicklungsmodell gerät aufgrund ausbleibender Einnahmen und zunehmender Schuldendienste in die Krise. Zusammen mit steigender Ineffizienz, Klientelismus und Korruption drückte sich das in der drastischen Verschlechterung der Situation der Bevölkerungsmehrheit aus (Lander 2007a: 67). In den Jahrzehnten zuvor war verpasst worden, strukturelle Veränderungen im Produktionsapparat vorzunehmen. Die Erdöleinnahmen wurden genutzt, die klientelistische Struktur aufrechtzuerhalten. Die Auslandsverschuldung stieg von 1970 bis 1994 von 9 auf 53% des BIP (Azzellini/Wilpert 2009b). Sozialausgaben wurden gekürzt und die ungleiche Einkommensverteilung spitzte sich weiter zu. Hohe Arbeitslosigkeit, Niedriglöhne und eine Verschlechterung der Gesundheitsversorgung, Ernährung, Bildung und Wohnsituation waren die Folge (Bonilla-Molina/El Troudi 2004: 85).

Das Pro-Kopf-BIP fiel von 1978 bis 1989 um 29%.[7] Venezuela erlebte in den 1990er Jahren eine der bedeutendsten Zunahmen der Ungleichheit weltweit. Der Prozentsatz der armen Bevölkerung insgesamt stieg von 36 im Jahr 1984 auf 66 im Jahr 1995. Der Anteil derer, die in extremer Armut leben, verdreifachte sich im gleichen Zeitraum von 11 auf 36% (Roberts 2003: 80). Die direkt an den Staat und den Erdölsektor angekoppelten Eliten litten jedoch nicht unter einer sonderlichen Verschlechterung ihres Lebensstandards, was in der Bevölkerung den Eindruck verstärkte, sie seien eine von der Gesellschaft getrennte Schicht, die nur auf den eigenen Vorteil aus ist. Zugleich diskreditierten Parteien und Gewerkschaften sich selbst immer mehr. 1982 brach aufgrund einer Reihe obskurer Geschäfte und Praktiken die CTV-eigene *Banco de los Trabajadores de Venezuela* zusammen, eine der größten Banken des Landes, die die CTV von AD erhalten hatte.

Die sinkenden Erdöleinnahmen und die wachsende Verschuldung verursachten eine massive Kapitalflucht. Allein im Jahr 1982 betrug sie acht Milliarden US Dollar, etwa 13% des BIP (Azzellini/Wilpert 2009b). Präsident

---

[7] Maddison, Angus (1995): Monitoring the World Economy, 1820-1992 (Paris: Development Centre of the Organisation for Economic Cooperation and Development), Tabelle D-1d, S. 203, zit. nach Coppedge 2002: 10f.

Herrera Campins reagierte darauf im Februar 1983 mit der ersten Abwertung des Bolivars seit 20 Jahren. Die Folge war ein drastisches Absinken der Reallöhne und eine weitere Erhöhung der Preise. Die Elendsgürtel um die Städte wuchsen rapide an. Bis Mitte der 1980er drückte sich die Krise aber noch nicht massiv im Wahlverhalten der Bevölkerung aus. Die mit vier verschiedenen Kandidaten zu den Präsidentschaftswahlen antretende Linke strahlte schon aufgrund ihrer Zersplitterung kein besonderes Vertrauen aus. Sich ihrer schwindenden Macht bewusst versuchten Copei und AD ihre Basis auszuweiten und integrierten Teile der europäischstämmigen und der neu aufgestiegenen Mittelschicht in die klientelistischen Beziehungen, was sie als »Öffnung zur Zivilgesellschaft« bezeichneten. Präsident Jaime Lusinchi (AD, 1984-1989) installierte die Präsidialkommission für die Staatsreform (COPRE). Diese bestand aus Vertretern der politischen Eliten und verfasste einen Bericht, in dem die formale föderale Struktur als Fiktion bezeichnet wurde. Sie empfahl eine Reihe Reformen zur Dezentralisierung, einen Abbau der Bürokratie und die Einführung von Munizipien mit gewählten Bürgermeistern sowie die Direktwahl der Gouverneure der Bundesstaaten. Viele der Reformvorschläge stießen auf den erbitterten Widerstand von Lusinchi und der AD (López Maya 1995), doch die Wahlen 1988 und der *Caracazo* 1989 erzwangen einige Reformen. Diese kamen aber zu spät und waren zu zögerlich. Auf der Straße war die Ablehnung des Modells durch die Bevölkerung immer deutlicher zu spüren.

Die popularen Bewegungen wuchsen und wurden zu einem wichtigen Faktor. Es entstand eine starke, nicht parteipolitisch gebundene Studierendenbewegung an den Universitäten. Sie entwickelte neue Kampfformen und Allianzen mit den Schülern der Oberschulen und der marginalisierten Bevölkerung aus den Armenstadtteilen Caracas' und anderer Städte. Daraus entstand unter anderem die Bewegungsorganisation *Desobediencia* (Ungehorsam). In ihr fanden sich ehemalige Mitglieder der Guerillas PRV *(Partido Revolucionario Venezolano)*, OR *(Organización de Revolucionarios*, die Guerilla-Organisation der *Liga Socialista* (LS) Anfang der 1970er Jahre) und BR *(Bandera Roja*, 1970 entstandene Guerilla-Organisation mit stalinistisch-maoistischer Orientierung) wieder. Sie unterstützte Arbeitskämpfe, den Kampf um Menschenrechte und die Lehrerbewegung (Bonilla-Molina/ El Troudi 2004: 71). Ende der 1980er Jahre begannen zunehmend gewalttätige Protestformen die Bewegungen zu erfassen, 1987 und in den Wochen vor dem *Caracazo* war die studentische Bewegung der wichtigste Träger der gewalttätigen Konfrontation (López Maya 2001: 14; López Maya 2003b: 213). Der Staat reagierte mit brutaler Repression. Am 8. Mai 1986 verübte der Inlandssicherheitsdienst Disip das »Massaker von Yumare« (Yaracuy). Neun lokale politische Aktivisten wurden verhaftet, gefoltert, exekutiert und als tote Guerilleros ausgegeben. Im Oktober 1988 ermordete ein Spezialkommando verschiedener Repressionskräfte 15 Fischer in El Amparo (Apure) und gab sie als kolumbianische Guerilleros aus (Bonilla-Molina/El Troudi 2004: 96). Aufgrund der sich ausweitenden Repression wurde der Einsatz für Menschenrechte zu einem wichtigen Aktionsfeld für revolutionäre Linke.

Während in vielen anderen Ländern Lateinamerikas Militärdiktaturen die Durchsetzung eines neoliberalen Wirtschaftsmodells übernahmen, geschah dies in Venezuela unter der Ägide sozialdemokratischer Regierungen. Im Dezember 1988 wurde Carlos Andrés Pérez (AD), der einen neuen Wirtschaftsboom und eine anti-neoliberale Politik versprach, zum zweiten Mal zum Präsidenten gewählt. Doch bereits während seiner pompösen Feier zur Amtseinführung Anfang 1989 kündigte er ein drastisches Strukturanpassungsprogramm nach IWF-Vorgaben an. Die Sozialausgaben wurden stark reduziert und der Staatsapparat sollte verkleinert werden. Die Inflation kletterte auf über 80% und das BIP verzeichnete ein Rekordminuswachstum von 8,3% (Coppedge 2002: 10f; Bonilla-Molina/El Troudi 2004: 92-94).

1.5 Die anti-neoliberale Revolte Caracazo

Das Jahr 1989 stellt einen Wendepunkt, eine Bruchstelle in der Geschichte Venezuelas dar (Ellner 2003a:19; López Maya 2003a: 102). Mit Bezug auf Foucaults Konzept der »effektiven Historie« (1987: 83) erklärt Reinaldo Iturriza: »Wenn der 27F (27. Februar) in irgendeinem Verwandtschaftsverhältnis mit dem Juni 1848, der Pariser Kommune, dem französischen Mai oder dem argentinischen Cordobazo steht, ist es im Sinne von Ereignissen, die dadurch, dass sie die existierenden Kräfteverhältnisse drastisch verändert haben, den Lauf der geschichtlichen Ereignisse änderten.« (2007: 5)[8] Es begann der unaufhaltsame Untergang des *sistema puntofijista*. Die astronomische Inflation, Versorgungsengpässe und eine hohe Teuerungsrate hatten seit Ende 1988 die Lebensumstände der Mehrheit der Bevölkerung drastisch verschlechtert. Am 16. Februar 1989 kündigte Präsident Pérez an, Subventionen und Preiskontrollen für zahlreiche öffentliche Dienstleistungen und Waren aufzuheben; Währungsparität und Zinsraten wurden liberalisiert, Handelsschranken beseitigt,

---

[8] Mit dem Cordobazo verweist Iturriza auf den Aufstand von 1969 in der argentinischen Stadt Córdoba, bei dem bewaffnete Arbeiter und die Bevölkerung die Fabriken und die Stadt drei Tage lang übernahmen. Der Cordobazo leitete das Ende des Regierung des Diktators Juan Carlos Oganía ein.

die Kontrollen für Auslandsinvestitionen gelockert und ein umfassendes Privatisierungsprogramm in die Wege geleitet (Roberts 2003: 85). Aufgrund einer 30-prozentigen Preiserhöhung im Nahverkehr kam es am 27. Februar 1989 zu spontanen Aufständen in Caracas, die sich bis zum nächsten Tag auf nahezu alle großen und mittleren Städte des Landes ausweitete. Caracas liegt in einem schmalen langgezogenen Tal. Während das Stadtzentrum aus Platzmangel nur in die Höhe wachsen kann, bilden die mit Armensiedlungen überzogenen umstehenden Berge eine Art Krone. Am 27. Februar 1989 zogen Hunderttausende Menschen nun aus den Elendssiedlungen an den Hängen Caracas' gemeinsam in die Innenstadt. Auf dem Weg kam es zu massiven Plünderungen. Am Nachmittag des 28. Februar wurde der Notstand ausgerufen und eine Ausgangssperre verhängt. Bis zum 4. März wurde der Aufstand vom Heer und der Nationalgarde brutal niedergeschlagen. Nach offiziellen Angaben wurden 380 Menschen getötet. Menschenrechtsorganisationen sprechen von 1.000 bis 10.000 Toten während des Aufstandes und danach. Noch Wochen später wurden in Armenstadtteilen Massengräber mit verwesenden Leichen entdeckt (Azzellini/Wilpert: 2009b; Denis 2001: 16).

Der Sozialwissenschaftler und politische Aktivist Roland Denis beschreibt den Aufstand folgendermaßen: »Seine grundlegende Charakteristik war die massive Mobilisierung der am stärksten verarmten Sektoren und der gewalttätige Protest, ein Ereignis, das sich schnell dahin entwickelte, Transporteinheiten anzuzünden, Barrikaden zu bauen und Geschäfte zu plündern. [...] Plötzlich stimulierte die Ermüdung angesichts der reinen Unordnung aufgrund der Enteignungseuphorie das Zusammenkommen von kleinen Gruppen, die innerhalb von Minuten eine bestimmte Vorgehensweise wählten, um die Aktion der Multitude in eine überzeugendere und effizientere Form zu orientieren. [...] Es wurde zur solidarischen Aktion mit dem Verletzten aufgerufen, zur gerechteren Verteilung des Enteigneten, und die Mobilisierung in Richtung eines vornehmlich politischen Zieles gelenkt.« (Denis 2001: 16f.)

Der *Caracazo* war eine Revolte gegen die vom Neoliberalismus durchgesetzten Lebensbedingungen. So spiegelten sich in ihm auch die neo-sozialdarwinistischen Prinzipien wider, die vom neoliberalen Paradigma auf soziokultureller Ebene propagiert werden. Er ist eine »Hungerrevolte«, die in ihrem Verlauf zunehmend organisierte Formen und kollektive und solidarische Vorgehensweisen annahm. Es entstand ein Bewusstsein in der Bevölkerung über die eigene transformatorische Kraft. Der *Caracazo* gilt als konstituierend für die transformatorischen Bewegungen, die im Bolivarianischen Prozess münden. Doch der Prozess und die konstitutiven Ereignisse wie etwa die zivil-militärischen Aufstände 1992 oder die Wahl Chávez' 1998 sind keine unvermeidliche Folge des *Caracazo*, sondern entsprachen vielmehr einer bestimmten Interpretation der politischen Konjunktur, die mit diesem eröffnet wurde. Die Mächtigen waren sichtlich schockiert von der Energie, die im Aufstand zutage trat. Die dominante Reaktion von Presse und Intellektuellen war die der klassistischen Verdammung der am Aufstand beteiligten Bevölkerung. Manuel Caballero bezeichnete sie als »entzündete, bewusstseinslose und primitive Massen«;[9] Luis Salamanca als Banden, »zusammengesetzt aus Delinquenten, Kriminellen, Drogenhändlern, marginalisierten Ultralinken«;[10] Federico Álvarez sah eine »formlose Masse, ergriffen von einer unkontrollierbaren Hysterie [...] ausgeufert bis zum Wahnsinn«;[11] und Thamara Nieves »unbekannte demographische Gruppen«, die »nicht in die sozio-ökonomische Klassifizierung D-E passen und vielmehr Y-Z sein könnten« und »zur Unterwelt Caracas' gehören«[12] (Iturriza 2007: 6).

1.6 Von der sozialen zur politischen Polarisierung

Die ökonomische und soziale Krise entwickelte sich ab 1989 zu einer sichtbaren politischen Krise. Daran konnte auch das Wirtschaftswachstum 1990 und 1991 (4,4 und 9,2%), das wesentlich auf massive Privatisierungen und steigende Ölpreise durch den Golfkrieg zurückzuführen war, nichts ändern (Azzellini/Wilpert 2009b). Die arme Mehrheit litt weiter unter den Strukturanpassungsmaßnahmen und die kurze Erholung mündete gleich wieder in starkem Minuswachstum. Auf den *Caracazo* folgten zwei zivil-militärische Aufstände. 1993 wurde Präsident Pérez wegen der Zweckentfremdung von Staatsfinanzen seines Amtes enthoben, während die Korruption immer weiter ausuferte. Im Justizapparat, den Universitäten und öffentlichen Institutionen wurden Posten nach Parteizugehörigkeit vergeben. Die Praxis der politischen Konzertation wurde auch auf die Korruption übertragen und verhinderte die Strafverfolgung (Coppedge 2002: 12). AD und Copei besetzten den gesamten öffentlichen und institutionellen Raum und finanzstarke Interessensgruppen konnten sich ihren Platz in den Entscheidungsstrukturen

---

[9] Caballero, Manuel (1991): »Un lunes rojo y negro«, in: *El poder brujo*, Caracas: Monte Ávila Editores, S. 142.

[10] Salamanca, Luis (1989): »27 de febrero de 1989: la política por otros medios«, in: *Politeia*, Nr. 13, 1989, Caracas: Instituto de Estudios Políticos, UCV.

[11] Álvarez, Federico (1990): »Y de aquellas furias sólo quedan palabra's«, in: *Comunicación*, Nr. 70, Zweites Trimester, 1990, Caracas.

[12] Nieves, Thamara (1999): *Del 27-F hay otra historia que contar*, Caracas, 1. März 1999.

erkaufen (Loyo 2002: 30). Dem Legitimitätsverlust begegneten beide Parteien mit dem weiter ausufernden Anspruch, alle sozialen und politischen Akteure zu kontrollieren. Räume der politischen Partizipation und Aktion wurden verschlossen. Darüber, inwiefern es in Venezuela vor 1989 Wahlbetrug gab, sind die Meinungen geteilt. Die Überzeugung, dass die Stimmen der kleineren Parteien (vor allem der linken) direkt in den Wahllokalen unter AD und Copei aufgeteilt wurden, ist weit verbreitet. Ab den Gouverneurs- und Bürgermeisterwahlen von 1989 besteht am massiven Wahlbetrug allerdings kein Zweifel mehr. Der *Oberste Wahlrat* (CSE) musste diverse Wahlen wiederholen bzw. lokale Entscheidungen zugunsten von AD-Kandidaten rückgängig machen (López Maya 1995).

Durch den Einsatz der Armee während des *Caracazo* wurde die von Chávez 1982 im Militär gegründete klandestine Organisation *Movimiento Bolivariano Revolucionario-200* (MBR-200) gestärkt und es wuchs die Überzeugung in Sektoren des Militärs, dem bestehenden Modell müsse ein schnelles Ende bereitet werden. Am 4. Februar 1992 kam es zu einem Umsturzversuch junger Offiziere. Dieser scheiterte zwar, doch Chávez und die MBR-200 wurden schlagartig landesweit bekannt und zum Hoffnungsträger (Azzellini/Wilpert 2009a; Ramírez Rojas 2006; Zago 1998). Am 27.11.1992 folgte ein zweiter Militäraufstand mit Beteiligung popularer Basisorganisationen, der ebenfalls niedergeschlagen wurde. Nach dem 4. Februar 1992 verwandelten sich die sozialen Proteste immer stärker in politische Proteste, die Forderungen waren nicht mehr punktuell, sondern betrafen ein alternatives politisches System und Gesellschaftsmodell (Denis 2001: 32; I-AA 2008).

Chávez und die Bolivarianische Bewegung wirkten als Katalysator und einendes Moment für die zersplitterte Linke und die dispersen Bewegungen. Der Wunsch nach einem grundlegenden Wechsel erhielt einen Namen und ein Gesicht. Das Wechselverhältnis zwischen Chávez bzw. den Militäraufständen und den Bewegungen sowie den Hoffnungen der armen Bevölkerung wird von Antillano zusammengefasst: »Als das Rentenmodell in die Krise gerät, versucht die Rechte den neoliberalen Weg. Die Kämpfe der Basis schaffen es, den Umbau zu bremsen. Doch die popularen Sektoren waren anorganisch, zersplittert, auf gewisse Weise entpolitisiert. Sie hatten kein einendes politisches Projekt, das es erlaubte, eine Alternative zu präsentieren. Es besteht also ein instabiles Gleichgewicht von 1989 bis 1998 [...], das aufgelöst wurde zuerst durch die Intervention der patriotischen Militärs 1992 und dann durch den Wahlsieg von Chávez. [...] Der Konflikt bricht aus und Chávez erhebt irgendwie die Fahne der *poder popular*. Da besteht eine gegenseitige Schuld, denn der Aufstand der Militärs und die Wahl von Chávez wären niemals möglich gewesen ohne diesen Prozess der Akkumulation und der Kämpfe zwischen 1985 und 1998. Andererseits wäre es der Basismobilisierung vielleicht ergangen wie in der Dominikanischen Republik, die dort zu dem Zeitpunkt ebenfalls sehr intensiv war, aber niemals eine Machtoption darstellte.« (I-AA 2008)

Den systemimmanenten Kräften gelang es nicht, den *Caracazo* öffentlich negativ umzudeuten, er blieb in den Augen der Mehrheit, vor allem der Armen, gerechtfertigt. Die sozialen Proteste, die in den 1980er Jahren vornehmlich als Lohnkämpfe angesichts des dramatischen Verfalls der Reallöhne begonnen hatten, wurden im Verlauf der 1990er Jahre immer breiter. Eine Vielzahl sozialer und politischer Akteure kämpfte angesichts des sie marginalisierenden neoliberalen Paradigmas für einen zentralen Platz der sozialen Rechte der Bevölkerung in der politischen Agenda. Die autonomen sozialen Kämpfe flossen in einem gemeinsamen politischen Projekt zusammen. Sie verwandelten sich vom bloßen Widerstand in konstituierende Macht.

»Die Stadtteileversammlung in Caracas, die pädagogischen Bewegungen, die Basisnetzwerke für Kultur und für Untersuchung-Aktion [ähnlich der Mituntersuchung, Anm. D.A.], der alternative Kooperativismus, die schulische und universitäre Gewalt, die Versuche alternativer Kommunikation, die Offensiven für Menschenrechte, die indigene Bewegung und die der Minenarbeiter, die Proteste der Rentner, die Interaktion zwischen Gruppen und Individuen aufgrund der konstanten konspirativen Aktivitäten, sind nur einige der symbolischsten Höhepunkte einer Mobilisierung, die zumindest bis zum Jahr 1994 zu nicht wenigen Gelegenheiten unkontrollierbar wurde.« (Denis 2001: 22)

Eine grundlegende Rolle spielte die *Asamblea de Barrios* in Caracas, ein Forum von 700 bis 800 Bewegungsführern. Sie war »aktiver Artikulationsort der Basiskämpfe. Ein Raum der Debatte und Aktionseinheit« (Denis 2001: 22). So gelang es den popularen Bewegungen 1992 eine Verfassungsreform auf die politische Agenda zu setzen. Doch die Initiative wurde von der AD wieder abgewürgt.

Die Proteste nahmen nicht nur an Intensität und Anzahl zu, es veränderte sich auch ihr Charakter. Straßen- und Autobahnblockaden mit Barrikaden, die Besetzung öffentlicher Gebäude und selbst Plünderungen und Brände werden zu weit verbreiteten Protestformen. »Die Entstehung von außerinstitutionellen kollektiven Aktionsformen konfrontativer und gewalttätiger Art entspricht prinzipiell dem Fehlen effektiver Kommunikationskanäle zwischen der Gesellschaft und dem Staat, entstanden als Ergebnis der Delegitimation und Deinstitutionalisierung der Parteien des Establishments und der eng mit ihnen verknüpften Gremien und Gewerkschaften.« (López Maya 2001: 1f.)

In den Wahlen 1993 wurde das Ende des Zweiparteiensystems sichtbar. Der Kandidat von AD erhielt nur noch 23,23% und der von Copei 22,11% der Stimmen. Mit Präsident Rafael Caldera (1994-1999) gewann erstmals seit 1958 ein Kandidat, der nicht der AD oder Copei angehörte. Caldera, wenn auch Gründer und bis kurz zuvor Führungsfigur von Copei (er hatte den PPF mit ausgearbeitet und unterzeichnet und war bereits 1969-1974 Präsident), gewann die Wahlen mit einem anti-neoliberalen Diskurs, der sich gegen das System und den Washington Consensus richtete (Loyo 2002: 28), und versprach eine verfassungsgebende Versammlung. Caldera, der den *Caracazo* und die Aufstände 1992 mit den Worten kommentierte, es könne von der Bevölkerung nicht verlangt werden, dass sie eine Demokratie verteidige, die nicht in der Lage sei, ihr zu essen zu geben, wurde von seinem Wahlbündnis Convergencia, der MAS, MEP und PCV unterstützt. Bei einer Wahlbeteiligung von knapp 60% (1988: 82%) siegte er im Dezember 1993 mit nur 30,46%, da die Wahlgesetzgebung keine Stichwahl vorsah. 17,03% entfielen auf Convergencia und 10,59% auf die MAS, die sich – im Gegensatz zur PCV und MEP – auch an der Regierung beteiligte.

Caldera erfüllte seine Wahlversprechen nicht. Er begnadigte die aufständischen Militärs, vertagte aber jeden Anspruch auf gesellschaftliche Veränderung. 1996 vollzog seine Regierung eine abrupte Wende zum Neoliberalismus (Ellner 2006b: 81). Teodoro Petkoff (MAS) leitete als Planungsminister das Zentrale Büro für Koordination und Planung *Cordiplan* und war der Kopf der *Agenda Venezuela* (Ellner 2003a: 31), ein Strukturanpassungsprogramm, das den Wechselkurs liberalisierte, die Privatisierung staatlicher Unternehmen und öffentlichen Eigentums einleitete, das soziale Sicherungssystem zerschlug und die Arbeitsgesetzgebung demontierte. Parteikollege Pompeyo Márquez, ebenfalls Ex-Mitglied des PCV-Zentralkomitees, wurde Grenzminister. Dies sorgte für einen weiteren Prestigeverlust der MAS, aber auch von AD, Copei und CTV, die alle die *Agenda Venezuela* unterstützten und die Demontage des Sozialsystems in einer gemeinsamen Kommission mit erarbeiteten.

Das politische System befand sich im rapiden Zerfall. Die Verelendung breiter Bevölkerungsschichten und der versperrte Zugang zu Partizipation führten in den 1990er Jahren zu einer Massifizierung der Straßenproteste. War in den 1970er und 1980er Jahren noch der Eindruck verbreitet, Armut und Marginalisierung stellten vorübergehende Phänomene dar, die mit der »Entwicklung« der Gesellschaft verschwinden würden, war nun für den überwiegenden Teil der Bevölkerung klar, dass die Krisensituation ein Dauerzustand sein würde (Lander 2007b: 23). Die Hoffnung auf Verbesserung oder sozialen Aufstieg war verschwunden. Der *Caracazo* und die zivil-militärischen Aufstände eröffneten eine Perspektive und förderten den radikalen

Bruch mit dem herrschenden System. Die Dynamiken und Ereignisse, aber auch bewusste Entscheidungen und unorthodoxe Interpretationen der Realität sorgten dafür, dass in den 1980er und 1990er Jahren Sektoren des Militärs, Guerillas und Ex-Guerillas, linke Parteien, Bewegungen und Basisorganisationen Kontakte untereinander entwickelten und gemeinsam konspirierten und agierten. Manchmal konkret und andere Male nur im gleichen vorgestellten Bezugsrahmen. So nimmt zwischen 1992 und 1998 der Aufbau von zwei Seiten konkrete Formen an.

Chávez ging in seinem Wahlkampf 1998 auf Konfrontation mit den traditionellen und politischen Eliten und präsentierte das Projekt:»Una revolución democrática«, das fünf Schwerpunkte setzte:»1) Politisches Gleichgewicht mit dem zentralen Vorschlag einer verfassungsgebenden Versammlung für eine partizipative Demokratie; 2) Soziales Gleichgewicht für eine gerechte Gesellschaft; 3) Ökonomisches Gleichgewicht aufbauend auf einer humanistischen, selbstverwalteten und im Wettbewerb befindlichen Wirtschaft; 4) Territoriales Gleichgewicht mit dem Ziel der Dekonzentration zugunsten einer nachhaltigen Entwicklung; 5) Globales Gleichgewicht, das das Verhältnis zwischen Souveränität und Globalisierung berücksichtigt. Es wird eine in die allgemeinen und sektorenspezifischen öffentlichen Politiken integrierte soziale Entwicklung unter Beteiligung des privaten Kapitals entworfen, konjunkturell der Armutssituation entgegenzutreten mit ›dringenden Maßnahmen ausgehend vom sozialen Netz staatlicher Institutionen‹.«[13]

Chávez führte einen anti-neoliberalen Diskurs, vor allem gegen die Privatisierung des staatlichen Erdölkonzerns PDVSA (*Petróleos de Venezuela S. A.*), die 1997 mit dem»Gesetz zur Privatisierung staatlicher Unternehmen« (Gesetz Nr. 5199, Kap. V, Art. 18) eingeleitet wurde, das den Staat verpflichtete, die Einnahmen für den Schuldendienst zu verwenden. Chávez versprach einen verfassungsgebenden Prozess und richtete sich explizit an die Armen und Marginalisierten, *el pueblo*. Von den wohlhabenden Sektoren wurde er abgelehnt. Für die Wahlen gründete MBR-200 das Wahlbündnis *Movimiento V. Republica* (MVR) in Anlehnung an die notwendige Überwindung der IV. und die Gründung der V. Republik. An dem Bündnis beteiligten sich viele parteilose Linke sowie diverse kleine linke Organisationen. Die MAS, die PPT, die PCV und einige kleinere Parteien unterstützen die Kandidatur von Chávez. Ebenso viele soziale Bewegungen, Indígena-, Bauern- und Frauenorganisationen. Bis dato hatte es die 1982 klandestin als zivil-militärische Or-

---

[13] Chávez Frías, Hugo (1998): *La propuesta de Hugo Chávez para transformar a Venezuela,* Caracas, Broschüre, S. 6 und S. 15; zitiert nach: Ochoa/Rodríguez 2003: 127.

ganisation gegründete und ab 1994 offen tätige MBR-200 abgelehnt, sich an Wahlen zu beteiligen. Chávez lag zunächst in allen Wahlumfragen weit hinten, holte aber beständig auf. Da die Präsidentschaftswahlen im Dezember 1998 erstmals mit allen anderen Wahlen (Kongress-, Kommunal- und Gouverneurswahlen) zusammenfielen, fürchteten AD und Copei einen Sieg »chavistischer« Kräfte in allen Wahlen. Nachdem Chávez in Umfragen die Führung übernahm, zog die AD- und Copei-Mehrheit im Kongress die Kongress- und Gouverneurswahlen auf November vor und verschob die Kommunalwahlen ohne Termin auf das folgende Jahr (Parker 2001: 14). Die Strategie ging auf, obwohl das Chávez- Bündnis bedeutende Erfolge verzeichnete, erzielte es keine Mehrheit im Kongress und verlor die meisten Gouverneurswahlen. AD und Copei, die in den Parlamentswahlen 1988 zusammen 74% und 1993 noch 46% der Stimmen erhielten, kamen im November 1998 nur noch auf 36,05%, die MVR wurde mit 19,88% zweitstärkste Partei. Ihre Partner MAS und PPT erhielten 8,9 und 3,4%. Calderas Convergencia verschwand fast gänzlich. Der Raum von AD und Copei wurde teilweise von neuen rechten Parteien wie *Proyecto Venezuela* (10,49%) besetzt.

Die wachsende soziale Polarisierung bei gleichzeitigem Zerfall des traditionellen Repräsentationsgefüges begünstigte die Wahl von Chávez. Er erhielt 56,2% der Stimmen bei 36,54% Wahlenthaltung.[14] Damit gewann der Kandidat, der am weitesten von dem politischen und gesellschaftlichen Modell entfernt war, das die traditionellen Kräfte vertraten. Mit der Amtsübernahme im Februar 1999 beendete Chávez die 40jährige Zweiparteienherrschaft von AD und Copei. AD zerfiel ab 2000 in immer mehr regionale Kleinparteien, mit denen die einstigen Fürsten von AD versuchten, Macht und Einfluss zu retten. Ebenso erging es Copei. Beschleunigt wurde der Zerfall der Altparteien durch die Abschaffung der öffentlichen Parteienfinanzierung. Ab 1998 kam es zu unzähligen Spaltungen, Neugründungen und Fusionen im Oppositionsspektrum. Die neu entstandenen Parteien, die nicht gleich wieder verschwanden, konnten jedoch nur eine regionale Stärke entwickeln, wie die rechte *Primero Justicia* in Caracas und Miranda, die rechtssozialdemokratische *Un Nuevo Tiempo* in Zulia und die ältere *Proyecto Venezuela* in Carabobo. Chávez zerstörte also nicht die Altparteien, sondern füllte ein politisches Vakuum.

Die Hauptursache des Niedergangs der traditionellen Parteien und der Gewerkschaften Venezuelas liegt in sozio-ökonomischen Faktoren, nicht in dem oft ausgemachten »Populismus« von Chávez. Venezuela verfügte in den

---

[14] Diese und alle weiteren Wahlergebnisse nach CNE, http://www.cne.gob.ve.

1980er und 1990er Jahren über die niedrigsten Wachstumsraten des Kontinents (im Minusbereich), eine hohe Inflationsrate, die 1996 100% erreichte, und eine durchschnittliche urbane Arbeitslosenquote von 30% (Ellner 2003a: 33f.). Ende der 1990er Jahre lebte die Bevölkerungsmehrheit in Armut und war von politischer und gesellschaftlicher Partizipation, Bildung, Gesundheitsversorgung und selbst der materiellen Grundversorgung weitgehend ausgeschlossen. AD und Copei vertraten die an das Rentenmodell des staatlichen Ölsektors gekoppelte Oberschicht und Teile der seit den 1980er Jahren verarmenden Mittelschicht. Die soziale Polarisierung ist also nicht Ergebnis des Diskurses von Chávez, wie häufig argumentiert, sondern Chávez ist ihr politischer Ausdruck. Medien (allen voran private TV-Anstalten), die katholische Kirche und der Unternehmerverband Fedecamaras füllten das Vakuum, das AD und Copei hinterließen, und formulierten politische Inhalte und Strategien, gaben die Leitlinien für das praktische Handeln aus und organisierten die Mobilisierung zu Protesten und Aktionen. Sie begannen ihre Kampagne gegen den Transformationsprozess Ende 1999 im Zusammenhang mit dem Referendum über die Verfassung.

Kapitel 2:
Militärs, bewaffnete Linke und Bolivarianismus

»*Der Historismus begnügt sich damit, einen Kausalnexus von verschiedenen Momenten der Geschichte zu etablieren. Aber kein Tatbestand ist als Ursache eben darum bereits eine historische. Er ward das posthum, durch Begebenheiten, die durch Jahrtausende von ihm getrennt sein mögen. Der Historiker, der davon ausgeht, hört auf, sich die Abfolge von Begebenheiten durch die Finger laufen zu lassen wie einen Rosenkranz. Er erfasst die Konstellation, in die seine eigene Epoche mit einer ganz bestimmten früheren getreten ist. Er begründet so einen Begriff der Gegenwart als der ›Jetztzeit‹, in welcher Splitter der messianischen Zeit eingesprengt sind.*«
(Benjamin 1965: 94)

2.1 1958 bis 1969: Rechte Putschversuche, linke Militäraufstände und die Guerilla. Das Militär als Verteidiger der paktierten Demokratie

Nach dem Sturz der Diktatur 1958 ordnete sich das Militär zum größten Teil der politischen Macht unter und erhielt dafür weitgehende Zugeständnisse. In den Anfangsjahren kam es dennoch zu diversen Putschversuchen. General Jesús María Castro León, Ex-Verteidigungsminister von Pérez Jímenez, versuchte im Juli 1958 einen Putsch anzuzetteln und im April 1960 mit bewaffneten Männern die Regionalhauptstadt San Cristóbal zu erobern. Die Bevölkerung, Studierende und Arbeiter voran, wandte sich beide Male mit Massenprotesten und 1960 auch mit einem Generalstreik gegen die rechten Putschversuche. Castro León wurde auf der Flucht von Bauern erkannt und gefangen genommen (Trinkunas 2005: 118f.).

Der Beginn der 1960er Jahre war gleichwohl stärker vom aufkommenden bewaffneten Kampf und linken Militärrebellionen geprägt. Die revolutionäre Linke hatte seit 1957 gezielt die Armee infiltriert (Garrido 2000: 337-365). Die revolutionären Militärs bildeten die *Frente Militar de Carrera* (Front der Berufssoldaten). Ab 1960 bildeten sich in Venezuela die *Unidades Tácticas de Combate* (taktische Kampfeinheiten) als urbane Guerilla-Einheiten nach kubanischem Vorbild. Sie entstanden sowohl als militärischer Apparat der PCV, MIR und linker Organisationen, wie auch ohne ihr Zutun und Wissen aus ihnen heraus. Sie traten ab 1961 mit Anschlägen auf US-Unternehmen und strategische Einrichtungen in Erscheinung. Die MIR wurde am 8. April 1960 von jungen AD-Aktivisten, die gegen die Diktatur gekämpft hatten, als marxistische Partei gegründet, um den Sozialismus mittels einer Revolution einzuführen.

Die AD hatte seit 1958 zahlreiche junge Mitglieder ausgeschlossen, die sich an der kubanischen Revolution orientierten. Im März 1961 beschloss der Dritte Kongress der PCV unter dem Eindruck starker Proteste im Oktober/November 1960 und den zunehmenden Operationen bewaffneter Gruppen die Aufnahme des bewaffneten Kampfes zur Übernahme der Macht. 1961-1962 war die MIR die aktivste Guerilla (Heydra 1981: 167-184). Sie verfügte über urbane Strukturen und eine Landguerillafront im Osten des Landes. PCV, MIR und die URD-Dissidenten um den Abgeordneten und Ex-Vorsitzenden der *Junta Patriótica*, Fabricio Ojeda, bildeten gemeinsam die *Fuerzas de Liberación Nacional* (FLN) und bauten Guerillafronten in den Andenausläufen im Osten des Landes, im Bundesstaat Merida (1960), in den Bergen von Lara (1961), in den Bergen von Falcón und Yaracuy (1962) und zuletzt in den Ebenen von Apure (1965) auf.

Am 26. Juni 1961 kam es zum *Barcelonazo*, einem Aufstand in der östlichen Küstenstadt Barcelona. Während einige Autoren ihn als rechte Konspiration gegen die AD-Regierung von Betancourt beschreiben (Rincón/Fernández 2006: 74), berichten zahlreiche Zeitzeugen und andere Autoren gänzlich Anderes. Der *Barcelonazo* wurde angeführt von nationalistisch und antiimperialistisch orientierten Militärs mit Verbindungen zum Unternehmerverband Fedecamaras und alten Eliten, aber auch zu progressiven Sektoren der URD und der MIR. Die Rebellen brachten die Stadt und eine Kaserne unter ihre Kontrolle, doch sie scheiterten, da sich ihnen keine weiteren Armeeeinheiten anschlossen und es der Nationalgarde misslang, Militäranlagen und den Flughafen bei Caracas zu erobern (Trinkunas 2005: 120). Betancourt war vorgewarnt und hatte bis zur Entfaltung des Umsturzversuches gewartet (Trinkunas 2005: 120).

Ende Dezember 1961 spaltete sich die AD und die AD-Copei-Regierung verlor die Mehrheit im Senat. Am 18. Januar 1962 wuchs ein Transportstreik zu einer landesweiten Aufstandsbewegung, die nach zwei Wochen niedergeschlagen wurde. 1962 kam es zu zwei linken Armeeaufständen und einigen im Ansatz gescheiterten Versuchen. Am 4. Mai 1962 fand der *Carupanazo* statt. Ein in Carúpano im Osten Venezuelas stationiertes Marineinfanteriebataillon und eine Einheit der Nationalgarde besetzten die Stadt und verkündeten ein Manifest der »demokratischen Rettung«. Der Aufstand wurde bis zum 6. Mai niedergeschlagen und mehr als 400 Personen wurden verhaftet, darunter auch der PCV-Abgeordnete Eloy Torres sowie weitere PCV-Mitglieder und Angehörige der MIR (Blanco 1994; Duarte 2005; Trinkunas 2005: 121f.). Beide Organisationen hatten sich mit Einheiten am Aufstand beteiligt. Betancourt verbot am 9. Mai 1962 PCV und MIR und es kam zu Tausenden von Verhaftungen. Zugleich wurde aber noch bis Ende 1963 eine demokratische Fassade aufrechterhalten und die MIR- und PCV-Abgeordneten blieben im Parlament.

Am 2. Juni 1962 kam es in der Küstenstadt Puerto Cabello zum *Porteñazo*. Ein Marineinfanteriebataillon erhob sich in Koordination mit der PCV und ihrer Jugendorganisation, verhaftete die regierungsnahen Militärs, besetzte den Flughafen und große Teile der Stadt und befreite 50 inhaftierte Guerilleros, die sich dem Aufstand anschlossen. Einen Tag später schloss sich auch der Zerstörer *Zulia* der Marine den Rebellen an. Der Aufstand wurde bis zum 4. Juni von regierungstreuen Truppen blutig niedergeschlagen, die Stadt von Luft und Wasser aus bombardiert. 300-400 Menschen werden getötet und über 700 verletzt (Blanco 1996; López 2003). Die Infiltration der Armee durch revolutionäre Linke nahm ein scheinbar vorläufiges Ende. Diverse linke Militärs schlossen sich in den Folgejahren den Guerillas an. Die FLN wandelte sich in *Frente de Liberación Nacional – Fuerzas Armadas de Liberación Nacional* (FLN-FALN) um, von der aus eine »Volksarmee« aufgebaut werden sollte (Garrido 2000: 337-365).

Am 30. Juni 1962 kündigte Fabricio Ojeda in einem Brief an den Kongress den Verzicht auf sein Mandat und die Übernahme des Kommandos einer Front der FLN-FALN an (Ojeda 1962). 1966 wird er verhaftet und am 21. Juni durch den Militärischen Geheimdienst SIFA zu Tode gefoltert. Offiziell beging er Selbstmord. Die FALN führte bewaffnete Angriffe und Aufsehen erregende Aktionen durch. Am 18. Januar 1963 stahl ein Kommando von einer Sonderausstellung fünf Gemälde von Van Gogh, Picasso, Cézanne, Braque und Gauguin. Am 18. Februar 1963 entführte die FALN den venezolanischen Frachter Anzoátegui, fuhr in Richtung Brasilien und schickte Botschaften in die Welt, um auf die politischen Gefangenen in Venezuela hinzuweisen. Am 24. August entführten Einheiten der MIR den für Real Madrid spielenden argentinischen Fußballstar Alfredo Di Stefano für 54 Stunden (Azzellini 2009b). Nachdem die FALN am 29. September 1963 bei einem Angriff auf eine Touristenbahnlinie mehrere Nationalgardisten tötete, ordnete Präsident Betancourt die Verhaftung der MIR- und PCV-Abgeordneten an. Im Januar 1964 definierten daraufhin MIR und PCV den bewaffneten Kampf als zentrale Aufgabe. Damals waren mehr als 1.000 Guerilleros in verschiedenen Fronten aktiv. Am 30. Oktober 1966 wurde in der Schule zur Ausbildung von Nationalgardisten in Los Teques, einer Vorstadt von Caracas, die vorläufig letzte Militärrebellion mit der Verhaftung von 100 Nationalgardisten im Keim erstickt.

Die Armee übernahm in dieser Phase in reduziertem Maße Aufgaben der nationalen Entwicklung, baute Schulen, Gesundheitszentren, Straßen und Flugpisten und führte kleine Alphabetisierungs- und Impfkampagnen durch. Damit versuchte sie, von ihrem repressiven Image (und ihrer Rolle) während der Diktatur wegzukommen. Angesichts der Putschgefahr von rechts und links sowie der Guerillaaktivitäten situierte sie sich als Verteidiger der Verfassungsmäßigkeit und Demokratie, konkret des kapitalistischen Systems und der repräsentativen Demokratie (Jácome 1998). Decarli (2006) bezeichnet dies angesichts der vielen Aufstände, Putschversuche und Insubordinationen als bürgerlichen Mythos.

In einem von Douglas Bravo und Elías Manuitt im Oktober 1964 ausgearbeiteten und von der FALN und dem Generalkommando ihrer Guerillafront abgesegneten Bericht zur politisch-militärischen Situation wurde erstmals das Zusammenkommen von revolutionären Sektoren der Armee und der Guerilla konzeptualisiert. Auf kurze Sicht sollte die Infiltration der Armee der Waffen- und Informationsbeschaffung für die Guerilla dienen. Auf lange Sicht sollten in der Armee die Kräfte für einen Aufstand gesammelt werden (Bravo/ Manuitt 1964). Ende 1965 thematisierte ein Teil der PCV-Leitung (vor allem Petkoff, Guillermo García Ponce und Pompeyo Márquez) aus dem Gefängnis die Aufgabe des bewaffneten Kampfes. Teile der MIR schlossen sich der Kritik an. In der PCV-FALN gab es Widerspruch. Bravo und andere, die den Bruch mit schematischen Positionen vorbereiteten, wurden aus der PCV ausgeschlossen (Bravo/Manuitt 1964; Bravo 1965). Die PCV spaltete sich und am 23. April 1966 gründeten die Dissidenten die Partei der venezolanischen Revolution (PRV). Sie postulierte den »revolutionären und emanzipatorischen Bolivarianismus« mit Bezug auf Simón Bolívar, Simón Rodríguez, Ezequiel Zamora, das indigene und afrikanische Erbe Venezuelas, sowie die zivil-militärisch-religiöse Einheit, das Zusammengehen von Basisorganisationen, revolutionären Militärs und revolutionären Christen (I-GF 2007). Die Guerillafronten in Falcón und Lara sowie weitere Aktivisten beschlossen, den bewaffneten Kampf als PRV-FALN unter der Führung von Bravo fortzusetzen. Die PRV-FALN nahm die gezielte Infiltration des Militärs wieder auf und es gelang ihr, wichtige Militärs zu organisieren. Über die Verbindungen in dieser frühen Phase ist allerdings wenig bekannt.

Am 24. Juli 1966 landete ein Schiff aus Kuba mit venezolanischen Guerilleros und Waffen an der Küste Falcóns. Im Dezember 1966 wurde die erste FLN-FALN-Konferenz organisiert, um die militärischen Strukturen der PRV-FALN und der verbleibenden bewaffneten Sektoren der MIR zu reorganisieren und koordinieren. Die bekanntesten Führungspersonen der PRV waren Douglas Bravo, Francisco Prada, Argelia Josefina Melet, Armando Daza, Diego Salazar und Kléber Ramírez. Ramírez wurde später zu einem der zentralen Ideologen der MBR-200. Die PCV-FALN stellte 1966 den Kampf ein und wurde im Februar 1969 offiziell aufgelöst. Der endgültige Bruch der PCV mit dem bewaffneten Kampf und Kuba, das ihn unterstützte, erfolgte 1967. 1968 nahm die PCV unter dem Namen UPA an Wahlen Teil. Die MIR spaltete sich zunächst in eine »weiche« (MIR blando) und eine »harte« (MIR duro) Strömung (Azzellini 2009b). Die Hauptströmung MIR blando behielt den Namen MIR, gab den bewaffneten Kampf auf, unterstützte in den Wahlen 1973 die MAS und löste sich wenig später in ihr auf. Die MIR duro spaltete sich 1968 in die *Frente Guerrillero Antonio José de Sucre* (FGAJS), die Guerilla blieb, und MIR, die zur legalen Partei wurde, der die historischen Anführer Moisés Moleiro und Américo Martín angehörten und die nach weiteren Spaltungen in der MAS aufging. Die FGAJS spaltete sich 1970 in die Guerilla *Bandera Roja* (BR)[1] mit stalinistisch-maoistischer Orientierung und eine Strömung, die mit der Gründung der Stadtguerilla *Organización de Revolucionarios* (OR) und 1973 der *Liga Socialista* (LS)[2] als politischem Arm eine Verbindung von bewaffnetem Kampf und legaler politischer Betätigung versuchte (Azzellini 2009b).

---

[1] Die Guerillafront und die Leitung von BR spalteten sich 1976 ab und gründeten BR-Marxista-Leninista (BR-ML), die sich kurze Zeit später nach Repressionsschlägen auflöste. Die verbliebenen Kader bauten die Guerilla wieder auf, die im August 1977 die Befreiung von BR-Gefangenen organisierte und intensive militärische Aktivitäten entwickelte. Im Oktober 1982 kam es zum *Massaker von Cantaure*. Die Armee bombardierte ein Camp, in dem sich ein Großteil der aktiven BR-Guerilla unbewaffnet versammelt hatte, und legte mit 1.500 Militärs Hinterhalte. 23 Guerillas wurden getötet. BR erklärte darauf einen einseitigen Waffenstillstand und führte bis zur Waffenabgabe 1994 keine bewaffneten Aktionen mehr durch. 1992 unterstützte sie die zivil-militärischen Aufstände. Die BR-nahen Organisationen lösten sich schließlich auf. Die BR lehnte Chávez als »falschen« Sozialisten ab, beteiligt sich am rechten Oppositionsbündnis, unterstützte den Putsch 2002 und den Unternehmerstreik und ist zur Kleinstgruppe reduziert.
[2] Die LS definierte sich als marxistisch-leninistisch-maoistisch und bewegte sich zu einem undogmatischen Marxismus hin. Sie hatte in den 1970er Jahren vor allem Einfluss unter Studierenden. Nach der Entführung des US-Unternehmers William Frank Niehaus, der bezichtigt wurde, für die CIA zu arbeiten, durch eine Abspaltung der OR 1976 entfachten die Repressionskräfte eine brutale Kampagne gegen die LS und die OR. Der LS-Gründer und -Vorsitzende Jorge Rodríguez (Vater des Bürgermeisters von Caracas) und weitere Parteikader wurden ermordet. Die LS wurde geschwächt und die OR löste sich in den folgenden Jahren auf. Die LS nahm 1983 und 1988 mit geringem Erfolg an Wahlen teil und unterstützte 1998 Chávez. 2007 löste sich im PSUV auf.

Die PRV-FALN führte vor allem in der ersten Hälfte der 1970er Jahre zahlreiche bewaffnete Aktionen durch. Die urbane Einheit *Unidad Móvil* blieb bis in die 1980er Jahre bestehen und konzentrierte sich zuletzt auf Finanzierungsaktionen wie z.b. Banküberfälle. Sie wurde von Armando Daza geleitet, der als der letzte Guerillero Venezuelas der 1960er Jahre gilt, der den bewaffneten Kampf einstellte. Nach einem Banküberfall 1983 ging er ins kubanische Exil und kehrte 1999 nach Caracas zurück (Azzellini 2009b).

Die Vorstellung von einer kontinentalen Befreiung als Erbe Bolívars war bereits damals in der venezolanischen Linken weit verbreitet. Viele Venezolaner beteiligten sich an einer internationalistischen Brigade, die Ende der 1970er den Befreiungskampf in Nicaragua militärisch unterstützte (Bonilla-Molina/El Troudi 2004: 67). Vor allem aus der PRV gab es viel internationale bewaffnete Solidarität mit Bewegungen in anderen lateinamerikanischen Ländern, neben Nicaragua mindestens auch in El Salvador und Kolumbien.

2.2 Vom Erdölboom zur Krise: Korruption, Klassenwidersprüche, Verteilungskämpfe und die Option des zivil-militärischen Aufstandes

Mit der Machtübernahme Rafael Calderas (Copei) 1969 war die Hochphase des Guerillakampfes beendet. Etwa 300 Guerilleros, vor allem der PCV und MIR, nahmen Angebote eines Straferlasses oder Exils an. PCV und MIR wurden wieder als legale Parteien zugelassen. Damit änderte sich auch die Rolle des Militärs. Caldera setzte es zur nationalen Entwicklung ein und förderte die Professionalisierung. Angesichts der wirtschaftlichen Struktur Venezuelas mit einem hohen Anteil staatlicher Unternehmen bedeutete dies eine Ausbildung, um Funktionen in diesen zu übernehmen (Ochoa/Rodríguez 2003: 121; Trinkunas 2005: 148-155).

1971 wurde die Militärschule, die den Rang einer Mittelschule besaß, in den Universitätsrang gehoben und zur Akademie (Medina 2003: 106f.). Die Militärs besuchten Seminare an öffentlichen Universitäten, wo viele Absolventen der Militärakademie weiter studierten (Harnecker 2003a: 3). Das Studienangebot für Militärs sowie die Lehrpläne wurden um theoretische, ökonomische, sozio-politische und geostrategische Themen erweitert. Die Militärs wurden dahingehend ausgebildet, die Realität des Landes zu interpretieren und seine Entwicklung mitzugestalten. Mit dem Erdölboom ab 1973 wurden noch mehr Mittel in die Ausbildung der Militärs investiert. Es entstanden Ausbildungszentren und Hochschulen für das Militär und zusätzlich wurden Militärs in allen öffentlichen Hochschulen ausgebildet. 1978 waren etwa die Hälfte der Studierenden des Masterstudienganges zu öffentlichen Unterneh-

men in der Nationalen Schule für Verwaltung und Finanzwesen des Finanz-
ministeriums Angehörige des Militärs (Ochoa/Rodríguez 2003: 122). Diese
Entwicklung markierte einen Unterschied zwischen den venezolanischen
Militärs und den meisten anderen des Kontinents: Die Venezolaner wurden
nur noch in Einzelfällen in US-Ausbildungseinrichtungen geschickt (Hellin-
ger 2003: 60) und vor allem nicht mehr in die berühmt-berüchtigte School of
Americas (Harnecker 2002: 9), die ziemlich alle Diktatoren und Folterer in
Lateinamerika durchlaufen haben.

Der Erdölboom beendete die Orientierung der Wirtschaftspolitik auf Importsubstitution und fördert ein Akkumulationsmodell, das auf den Staats-
unternehmen beruht und sich am internationalen Markt orientiert. Die Verbindungen zwischen Eliten aus Politik, Wirtschaft und Militär wurden noch
enger. Die mit dem Petrodollar-Modell einhergehende Vertiefung der Korruption und der klientelistischen Beziehungen verursachte in der Gesellschaft wie
auch im Militär eine wachsende Distanz zwischen Eliten und Basis. Im Militär
bildeten sich zwei Fraktionen heraus: die ranghohen Militärs und die mittleren Offiziere (Müller Rojas 1992: 70). Die Beförderungen erfolgten durch die
von AD und Copei kontrollierte parlamentarische Verteidigungskommission
entlang parteipolitischer Loyalität und finanziell-klientelistischer Kriterien.
Ab 1979 war das Militär bestimmt durch diese klientelaren Netzwerke, die
regelrechte Mafien darstellten (Manrique 2001: 7; Müller Rojas 1992: 7f.).

Die steigenden Einkommen der venezolanischen Mittel- und Oberschicht
führten dazu, dass sie ihre Kinder zunehmend an Privatuniversitäten in Venezuela oder gleich in die USA schickte. Die Reform der Militärakademie
verstärkte diesen Trend. Eine Elitenausbildung, wie sie die Oberschichten
erwarteten, schien nicht mehr garantiert. Das Studium an einer öffentlichen
Universität war in ihren Augen nicht statusgerecht. Auf mittlere Sicht veränderte sich so die soziale Zusammensetzung des Militärs und führte zu einem
weiteren grundlegenden Unterschied zu anderen Ländern Lateinamerikas:
Ein Großteil der Angehörigen des venezolanischen Militärs (außer der Marine), die ab 1971 ihren Dienst angetreten haben, kommen selbst in den höheren Rängen aus den unteren Schichten der Gesellschaft (Harnecker 2003a:
4; Zago 1998: 40f.).

Chávez selbst verpflichtete sich dem Militärdienst, um Zugang zu universitären Studien zu erhalten. 1975 schloss er ein Ingenieursstudium ab, übernahm
von 1980 bis 1985 verschiedene Aufgaben an der Militärakademie – darunter
als Direktor der Kulturabteilung – und besuchte bis 1990 schließlich noch einen Masterstudiengang in Politikwissenschaften. Er und seine Weggefährten
der MBR-200 gehörten zum ersten Jahrgang Offiziere, die 1971-1975 an der
reformierten Militärakademie studierten (Hellinger 2003: 60). Die Öffnung

der Akademie und der Kontakt mit der akademischen Welt übte großen Einfluss aus. Die Offiziersanwärter teilten mit anderen Studierenden die rebellische Atmosphäre an den Universitäten. So waren die jungen Absolventen der Armee besser ausgebildet, professioneller und kritischer als ihre Vorgesetzten (Parker 2001: 8).

Die politische und militärische Niederlage des bewaffneten Kampfes und die Konflikte innerhalb des realsozialistischen Lagers (Vietnam-Kambodscha, UdSSR-China u.a.) führten dazu, dass unter großen Teilen der venezolanischen Linken fehlende Verankerung in den Alltagskämpfen der Bevölkerung, importierte Modelle, das Fokus-Konzept, Dogmatismus und der Autoritarismus der kommunistischen Parteien in Frage gestellt wurden. Auch die weiterhin bewaffnet agierenden Organisationen (PRV, OR, BR) setzten ihren Schwerpunkt auf die Organisierung und Unterstützung von Streiks und sozialen Kämpfen. Die meisten Kader waren nicht militärisch tätig, sondern politisch-organisatorisch an der Seite der popularen Bewegungen (die PRV mit *Ruptura*, die OR mit der LS, BR mit den *Comités de Luchas Populares*) (Bonilla-Molina/El Troudi 2004: 45, 70).

Den größten Einfluss hatte das Konzept der PRV. Sie gründete 1974 die Zeitschrift *Ruptura* (Bruch) und einen gleichnamigen Verlag, um die eine breite Bewegung entstand. Die Zeitschrift wurde auch im kulturellen Sektor ein wichtiger Orientierungspunkt. Ruptura entwickelte eine breite Stadtteilbasisarbeit und baute »Fronten« von Bauern, Arbeitern und Studierenden auf. Die Guerilla-Aktivitäten der PRV hielten zugleich an. Am 18. Januar 1975 wurde z.b. der Massenausbruch von 23 Gefangenen aus dem Militärgefängnis San Carlos in Caracas organisiert (Azzellini 2009b). Ruptura wandte sich gegen eine Übernahme marxistisch-leninistischer Konzepte, orientierte sich in Kontinuität mit der PRV an Bolívar, Rodríguez und Zamora und vertrat einen »häretischen bolivarianischen Marxismus« (Farías 2006: 154). Es wurde ein Bruch mit der kapitalistischen Zivilisation und existierenden linken Modellen postuliert und sich an direkter Demokratie und Selbstverwaltung orientiert. Die von dogmatischen Kommunisten geäußerte Kritik, Ruptura verfüge über kein genaues Konzept bezüglich des aufzubauenden Staates, sollte sich mit der Zeit als Stärke erweisen. Dass der zukünftige Staat in einem Prozess von unten definiert werden sollte, machte den breiten Bezugsrahmen des Bolivarianismus erst möglich.

Die PRV nahm ab 1977 die Infiltration der Armee wieder als eine zentrale Strategie auf und versuchte aktive Militärs in die Organisierung eines zivil-militärischen Aufstandes einzubinden (Azzellini 2009b). Zu den Militärs, die sich der PRV anschlossen, gehörte auch Chávez. Die erfolgreiche Basisarbeit führte zu einem Wachstum der Bewegung. Dies verursachte

1978-1979 eine intensive Debatte innerhalb der PRV. Einige Aktivisten aus den Bewegungen hinterfragten die Existenz des militärischen Apparates. Es kam zur Spaltung. Ein Teil der PRV um Alí Rodríguez verließ Ruptura und gründete die *Tendencia Revolucionaria* (TR) als legale politische Organisation. TR schloß sich der bis dato kleinen LCR an und ihre Kader legten die Grundlagen für die folgenden Wahlerfolge von LCR. In der PRV verblieb eine Strömung um Douglas Bravo. Ruptura zerfiel 1979. Einige Fronten und Netzwerke, die sich rund um die Praxis der kommunitären Organisierung gruppieren, blieben bestehen.

2.3 Krise und zivil-militärische Organisierung

Die Anfang der 1980er Jahre manifest werdende ökonomische Krise verschlechterte auch die Lebensqualität der Militärangehörigen und führte zu einem Konkurrenzkampf um die knapperen Ressourcen unter den damals vier eigenständigen Waffengattungen (Heer, Luftwaffe, Marine und Nationalgarde). Zusammen mit der Unzufriedenheit über die ausufernde Korruption und den Klientelismus sowie der veränderten Rolle des Militärs führte dies zu einer Krise im Militär und ihres Selbstverständnisses. In einem Sektor der Armee entsteht ein eigenständiges politisches Projekt (Ochoa/Rodríguez 2003: 122).

Zu den Verbindungspersonen der PRV im Militär gehörte seit den 1970er Jahren William Izarra, Angehöriger der Luftwaffe und einer der Ideologen der Bolivarianischen Bewegung. Izarra gründete zunächst die *Revolución 83* und später die *Alianza Revolucionaria de Militares Activos*. Eine weitere Gruppe bildete sich um Francisco Arias Cárdenas und am 17. Dezember 1982 (dem Todestag von Bolívar) gründeten die jungen Offiziere mittleren Ranges Jesús Urdaneta Hernández, Felipe Acosta Carles, Raúl Isaías Baduel und Hugo Chávez das *Ejercito Bolivariano 2000* oder *Ejército Bolivariano Revolucionario* (EBR) als klandestine Zelle in der Armee (Díaz Rangel 2006: 51), das nach dem *Caracazo* in MBR-200 umbenannt wurde (Harnecker 2002: 12). Die Orientierung ist links und nationalistisch. Es wurde ein klassisches Konzept der Machtübernahme vertreten, die für 1999 geplant war (Azzellini/Wilpert 2009a; Bonilla-Molina/El Troudi 2004: 78). Im Laufe der 1980er Jahre bekam die Organisation zunehmend zivil-militärischen Charakter. Die Kontakte zu ehemaligen Guerilleros vor allem aus der PRV wurden intensiviert und Kontakte zu Intellektuellen und Aktivisten geknüpft, die nicht organisatorisch gebunden waren (López Maya 2003a: 100f.). Angesichts der Stärkung der Armeestrukturen ging die Leitung der zivil-militärischen Allianz von den Ex-Guerilleros Douglas Bravo und Kléber Ramírez zur MBR-200 über (Azzellini/Wilpert 2009a). Die Entwicklung des politischen Projekts innerhalb der Armee war auch der Grund für die zentrale Rolle von Militärs in der Regierung und nicht die militärische Herkunft Chávez'.

Die Neuausrichtung des Militärs in Lateinamerika ab den 1980er Jahren, die auch in Venezuela zum Tragen kam, vertiefte die zum politischen Projekt mutierten Widersprüche in der Armee weiter. Das Militär musste die neoliberalen Politiken gegen die Bevölkerung durchsetzen und die Militarisierung des Antidrogenkampfes hatte die Entsendung der Armee in entlegene Regionen, vor allem in Grenzgebiete zur Folge und machte jede Zivilperson zum potenziellen Feind.

Bereits Anfang der 1980er fusionierten die von Carlos Lanz[3] geleiteten *Grupos de Comandos Revolucionarios* mit den guevaristischen Strömungen des *23 de Enero* in Caracas und bildeten die *Movimiento Revolucionario de los Trabajadores* (MRT).[4] Ihre Stärke und Lebensdauer war nicht von großer Bedeutung, doch ihre theoretischen Grundlagen sollten in den folgenden Jahrzehnten für eine Vielzahl von Gruppen und Initiativen ein wichtiger Ausgangspunkt sein (Azzellini 2009b). Die MRT berief sich auf Bolívar, Miranda, José Martí, den indigenen und den afro-venezolanischen Widerstand und übernahm das Konzept der *zivil-militärischen Allianz* und der kontinentalen Revolution. Sie verstand sich nicht als Avantgarde, nahm Bezug auf Praxen von Gegenkultur und erklärte die Notwendigkeit, verstärkt an einer Allianz verschiedener Widerstandsformen und Widersprüche zu arbeiten (Geschlecht, sexuelle Minderheiten, Menschenrechte, Rassismus u.a.). Im Bruch mit dem Leninismus wurden Luxemburg, Trotzki, Rätekonzepte und Selbstverwaltung studiert, um einen libertären Sozialismus zu entwickeln. Der demokratische Zentralismus wurde kritisiert und die Notwendigkeit von horizontalen Organisationsformen postuliert. Anstatt mit Gewerkschaften und offiziellen Studierendenvertretungen wurde mit Arbeiter- und Studierendenräten gearbeitet. Es wurde weder die volle Legalität noch die absolute Klandestinität postuliert. Ausgehend von der spezifischen Form des Kapitalismus in Venezuela und verschiedenen Konzepten des bewaffneten Kampfes begann die theoretische und praktische Entwicklung der *politisch-militärischen Massenlinie*, die vertritt, dass die Gewalt des organisierten Volkes zur sozialen Revo-

---

[3] Lanz gehörte vormals der OR an.
[4] Aus den bewaffneten Strukturen der MRT ging die *Movimiento Revolucionario Tupamaro* (MRT), auch als *Tupamaros* bekannt, hervor. Von Caracas aus dehnte sich die Organisation landesweit aus. Seit 2004 tritt sie als Partei zu Wahlen an, meist gemeinsam mit den Parteien, die den Prozess unterstützen, und erhält unter 1% der Stimmen.

lution führe. Es wurde der Aufbau von mobilen urbanen Milizen propagiert, die sowohl friedlich-legale, wie auch gewalttätig klandestine Aufgaben übernahmen (Azzellini 2009b; Bonilla-Molina/El Troudi 2004: 67-72). Die sozialen Umstände und die zunehmende Repression führten in den 1980er Jahren zu einem Wiederaufkommen bewaffneter Gruppen. In den Armenstadtteilen entstanden sie als Milizen zur Selbstverteidigung gegen Übergriffe von Polizei und Nationalgarde und zur Bekämpfung der Drogenökonomie, die häufig Hand in Hand mit der Polizei arbeitete (Bonilla-Molina/El Troudi 2004: 72). Die PRV hingegen löste sich 1983 auf. 1985 entsteht aus der Strömung um Douglas Bravo die PRV-*Tercer Camino* als legale Organisation mit Basisarbeit in verschiedenen Sektoren und klandestinen Strukturen, die in den Aufständen von 1992 aktiv wurden.

1986 werden die *Fuerzas Bolivarianas de Liberación* (FBL) als Landguerilla gegründet. Ihr Ziel ist nicht die Machtübernahme, sondern der Aufbau der *poder popular*, Volksmacht. Ihre Existenz wird 1992 bekannt. Zum Zeitpunkt ihrer Gründung verfügte sie über keine Kontakte zu Guerilleros aus den 1960er und 1970er Jahren und 1992 auch nicht zu den rebellierenden Militärs.[5] Die FBL existieren bis heute als Guerillaorganisation weiter, agieren offiziell nicht militärisch und unterstützen Chávez sowie den bolivarianischen Prozess, erachten aber eine unabhängige bewaffnete Organisierung der Bevölkerung für unverzichtbar.

2.4 Die zivil-militärischen Aufstände von 1992

Im Militär wuchs nach dem *Caracazo* die Unzufriedenheit und die MBR-200 erhielt enormen Zulauf. Es war das erste Mal, dass die venezolanische Armee im großen Umfang an einem Massaker an der Bevölkerung beteiligt war. Für die wesentlich verantwortlichen mittleren Ränge war dies gemäß Chávez »wie ein Bumerang für die Mehrheit von ihnen, die sich für das, was sie getan hatten, schämten« (Blanco 1998: 183). Die Unzufriedenheit mündete in zwei Aufstände im Februar und November 1992. Der *Caracazo* und der Druck ziviler Organisationen überzeugte die MBR-200, den für 2000 geplanten Aufstand auf den 4. Februar 1992 vorzuziehen. Doch er scheitert militärisch, da es nicht gelang, den Präsidenten gefangen zu nehmen und wichtige militärische Positionen in Caracas zu erobern. Die Regierung wusste durch Verrat bereits im Vorfeld von den Aufstandsplänen (Díaz Rangel 2006: 17). Die

---

5 Interview mit dem Kommandanten Jerónimo Paz der FBL, 1.2.2005. http://www.cedema.org/, Internetversion vom 1. Dezember 2006.

Aufständischen übernahmen unter der Führung von Arias Cárdenas im Zulia die Kontrolle über die Hauptstadt Maracaibo, die Regionalregierung, die Erdölfelder und den zentralen Flughafen. Ebenso gelang es, die Luftwaffenbasis im Zentrum von Caracas und die Militärkasernen in Aragua und Valencia zu besetzen. In Valencia wurden Waffen an die Zivilbevölkerung verteilt (López Maya 2003a: 104). Doch an vielen anderen strategisch wichtigen Orten mussten die Aufständischen nach kurzen Gefechten mit loyalen Truppen aufgeben. Die meisten der 14 Toten wurden erst nach Aufgabe erschossen. Über 1.000 an dem Aufstand beteiligte Militärs wurden verhaftet (Azzellini/Wilpert 2009a).

Chávez gelang es, das historische Museum in Caracas zu besetzen, das als Kommunikationszentrale dienen sollte. Die technische Ausrüstung war jedoch nicht wie geplant vorhanden. Da ein Scheitern offensichtlich war, bot Chávez an sich zu ergeben. Als Bedingung stellte er jedoch unter anderem, seine Mitstreiter über eine kurze Fernsehansprache auffordern zu können, es ihm gleich zu tun. Er sprach 73 Sekunden, bedankte sich bei den beteiligten Soldaten, nahm die Verantwortung für den Putsch und sein Scheitern auf sich und erklärte die angestrebten Ziele seien *por ahora* – vorerst – nicht erreicht worden, es würden sich definitiv neue Möglichkeiten bieten, doch nun sei es Zeit, zu überlegen und die Waffen niederzulegen (Azzellini/Wilpert 2009a; Díaz Rangel 2006: 17).

Der Umsturzversuch war als zivil-militärischer Aufstand geplant. An ihm beteiligten sich verschiedene politische Organisationen, neben den Sektoren, die aus dem bewaffneten Kampf kamen, auch die MEP und eine Gruppe aus der LCR (Medina 1999: 41ff.). Der Umsturzversuch stieß auf eine immense Sympathie in den Bewegungen und der verarmten Bevölkerung, ohne dass weitere Erklärungen notwendig gewesen wären (Müller Rojas 1992: 11f.). Er wurde von jungen Offizieren angeführt, jedoch rebellierte ebenso wie beim *Caracazo* die aus den unteren sozialen Schichten stammende Basis mit aller Gewalt gegen eine delegitimierte Führung und zeigte so einen Antagonismus auf. In ihrem Diskurs ging es dabei nicht um Ordnung, sondern um Freiheit (Denis 2001: 31).

Dadurch, dass Chávez die Verantwortung für den Aufstand und sein Scheitern auf sich nahm in einem Land, in dem über Jahrzehnte niemand Verantwortung übernommen hatte, und zudem nicht von dem politischen Projekt abwich – sein formuliertes *vorerst* weckte die breite Hoffnung, dass der Kampf gerade erst begonnen hatte –, wurde er zur unumstrittenen Orientierung für große Teile der Bevölkerung und der popularen Bewegungen (Denis 2001: 31; Hellinger 2003: 49). Da unter den aufständischen Militärs viel Unklarheit bestand, wie nach dem Umsturzversuch gehandelt werden sollte, wurde die positive politische Konjunktur im Anschluss aber kaum genutzt (Rámirez Rojas 2006: 32f.). Am 27. November 1992 scheiterte der zweite zivil-militärische Umsturz-versuch, angeführt von hochrangigen Militärs wie Marine-Admiral Hernán Grüber Odreman und Luftwaffengeneral Francisco Visconti. Auch dieser wurde im Vorfeld aufgedeckt und wurde bis Mittag niedergeschlagen. Die Kämpfe waren aber vor allem in Caracas und Maracay wesentlich intensiver und forderten an die 300 Tote (Azzellini/Wilpert 2009a; Medina 1999: 130f.). Auch die Beteiligung von Milizen aus den Stadtteilen war viel größer.

Nachdem die inhaftierten Militärs 1994 von Präsident Caldera amnestiert wurden, begann der Aufbau von MBR-200 als landesweite Massenorganisation mit horizontalen Strukturen. Auf lokaler Ebene wurden *Círculos Bolivarianos* gebildet, die auf Versammlungen über konkrete gesellschaftliche Alternativen diskutierten. Die Ergebnisse wurden auf lokaler Ebene von einer Koordination zusammengetragen. Gleiches geschah auf regionaler und nationaler Ebene. Daraus entstand das *Projekt Simón Bolívar*, der Gesellschaftsentwurf der MBR-200 (López Maya 1996: 147). 1996 bestanden landesweit lokale und regionale Organisationsstrukturen. Entscheidungen wurden im Konsens getroffen, so auch der taktische Beschluss, nicht an den Regionalwahlen von 1995 teilzunehmen. 1997 hingegen war die Einschätzung, bei den Parlaments- und Präsidentschaftswahlen von 1998 stünde alles auf dem Spiel und eine Nichtbeteiligung würde die Organisation schwächen (López Maya 2003a: 109). So wurde die Wahlallianz MVR gegründet, da es verboten ist, mit dem Namen Bolivars zu Wahlen anzutreten.

Kapitel 3:
El Bolivarianismo

»Eine der einzigartigen Charakteristiken der Bolivarianischen Revolution [...] liegt darin, dass es keine eigentliche Avantgarde gibt, die die revolutionäre politische Handlung anführt, sondern eine breite soziale Front, die aus verschiedenen Bewegungen besteht. Die einen organisiert als politische Parteien und andere als ein System von Basiskollektiven, die um die Bolivarianischen Zirkel und die diversen sozialen Missionen und Pläne gruppiert sind und mindestens 60% der Venezolaner umfassen. Dies ermöglicht, dass der Reformprozess, der die qualitativen Veränderungen zu stimulieren beginnt, in einem demokratischen Kontext vollzogen werden kann, dessen Dynamik durch Partizipation der verschiedenen Kollektive als Protagonisten bestimmt wird.« (Sanoja/Vargas-Arenas 2004)

Der *Bolivarianismus* hat keinen klar definierten theoretischen Rahmen, er ist ein *work in progress*, eine nie abgeschlossene Philosophie der Praxis, in der Werte wie Freiheit, soziale Gleichheit, Solidarität, Autonomie und Antiimperialismus eine zentrale Rolle spielen. Er ist ein politisches, ideologisches, strategisches, gesellschaftliches Projekt, das ständig in Veränderung begriffen ist (Lander 2009). Darin liegt auch die Offenheit des Projekts begründet.[1] Selbst der Nationale Entwicklungsplan 2007-2013 (MinCI 2007) enthält mehr ethische Orientierungen als ideologische Gewissheiten. Die *Nueva Ética Socialista* schlägt eine »Neugründung der venezolanischen Nation« vor, die auf einer Fusion der Werte und Prinzipien der »fortschrittlichsten humanistischen Strömungen des Sozialismus« und des »Denkens Simón Bolívars« beruht (MinCI 2007: 5).

Zu Beginn der Amtszeit Chávez' wurde noch ein »Dritter Weg« postuliert, der stets unklar blieb. Von einigen wurde er à la Tony Blair verstanden (Díaz Rangel 2006: 202), andere sahen einen Weg, der weder Realsozialismus noch liberale Demokratie kopiert, sondern eine andere historische Option eröffnet, die auf eigenen kulturellen Wurzeln und Erfahrungen fußt (I-EL 2007).

---

[1] Die Offenheit ermöglicht es, dass sich Leute wieder anschließen, die sich zeitweise in Opposition dazu befanden, wie etwa Arias Cárdenas, der 2000 zu den Präsidentschaftswahlen gegen Chávez kandidierte. Er hatte 1998 mit ihm gebrochen und kehrte 2006 wieder in die Allianz mit ihm zurück.

Die Massenmobilisierung der Basisbewegungen beim Putsch und beim Unternehmerstreik radikalisierte von unten den Transformationsprozess (I-EL 2007), der sich immer stärker in einem sozialistischen Kontext verortete. Bonilla-Molina und El Troudi bezeichnen die Kräfte des Bolivarianischen Prozesses insgesamt als *Historische Strömung für den Wechsel* (2004: 104). Zu ihr gehören die verschiedensten linken und emanzipatorischen Ansätze der vergangenen Jahrzehnte. Sie kamen Ende der 1980er, Anfang der 1990er Jahre rund um die Vorstellung der Revolution als Prozess zusammen. Carlos Lanz berichtet, wie ein Konzept *integraler Partizipation* beim ersten Kongress der *Historischen Strömung* 1989 in Abgrenzung zur repräsentativen Demokratie *Demokratie der Straße* genannt wurde. Ihre Bezugspunkte sind die *populare Souveränität* und die konstituierende Macht. Es geht um die Stärkung der »integralen Partizipation an öffentlichen Angelegenheiten mittels der Ausarbeitung, Planung, Ausführung und Evaluierung von Vorschlägen«. Als Eckpunkte der *Demokratie der Straße* wurden angeführt: »Direktwahl aller Ämter, Rechenschaftspflicht, Widerrufbarkeit der Mandate, imperatives Mandat, Rotation der Ämter, freies Spiel der Ideen (Forschung und Debatten werden als Dialog des Wissens konstituiert und die Meinungsverschiedenheit als normal angesehen, was die Schaffung einer neuen Debattenkultur und freien Kommunikation erfordert) und Demokratie des Wissens (freier Zugang zu Wissen).« Die Übereinstimmung mit der Verfassung von 1999 ist hoch (Lanz 2007c: 21f.). Auch in den ersten Dokumenten von MBR-200 war eine der beiden zentralen Achsen der Kampf für eine wirtschaftliche, soziale und politische populare Demokratie, um den Protagonismus der Bevölkerung durchzusetzen (Parker 2001: 13).

Die Grundidee des Bolivarianismus liegt im Anknüpfen an die diversen lokalen, regionalen, nationalen und kontinentalen Erfahrungen emanzipatorischer Kämpfe und an die eigene Widerstandsgeschichte. Ein zentrales Element ist dabei der »Baum mit drei Wurzeln« (Chávez 2007c; Díaz Rangel 2006: 54, der Begriff wird allerdings erstmals vom EBR-Gründungszirkel Mitte der 1980er Jahre benutzt, siehe oben Kapitel 2.3): der Bezug auf Simón Bolívar, Simón Rodríguez und Ezequiel Zamora. Dieser Bezug in einer progressiven und revolutionären Auslegung entstand ab Mitte der 1960er Jahre. Zunächst von PRV vertreten wurde das Konzept auch von popularen Bewegungen und politischen Organisationen sowie von den progressiven Strömungen innerhalb der Armee aufgenommen. Kléber Ramírez von der PRV wurde zum zentralen Ideologen der MBR-200. Diese entwickelte ausführliche ideologische und programmatische Grundlagen, organisatorische, taktische und strategische Orientierungen sowie Positionen zu verschiedensten Themen (López Maya 1996: 145). Damit gehörte ihre ideologisch-programmatische Arbeit (und weil Chávez ihr angehörte) zu einem wichtigen Grundpfeiler des Bolivarianismus. Ebenfalls zentral war die »zivil-militärische Einheit« oder »der kombinierte Aufstand«, wie das Konzept zuerst in zwei Texten (Bravo/Manuitt 1964; Bravo 1965) von den Teilen der PCV-FLN heißt, die zur PRV-FALN wurden. Im zweiten Text wurde auch erstmals die Infiltration der Armee als Strategie postuliert.

Simón Rodríguez (1769-1854), Philosoph, Frühsozialist und Lehrer des antikolonialen Kämpfers und Nationalhelden Bolívar, steht für die Suche nach eigenständigen sozialen und politischen Organisationsformen: »Das spanische Amerika ist ein Original. Das müssen auch seine Institutionen und seine Regierung sein. Und eigen müssen auch die Wege sein, diese zu entwickeln. Wenn wir nicht neu erfinden, dann irren wir.« (Rodríguez zit. nach Contreras 1999: 112) Er sah die Beteiligung von *Indígenas* und schwarzen (ehemaligen) Sklaven an den zukünftigen lateinamerikanischen Gesellschaften als fundamental an. Zudem steht Rodríguez für die Bedeutung der Bildung, denn ohne ihn hätte vielleicht auch Bolívar einen anderen Weg eingeschlagen. Rodríguez vertrat bereits zu Beginn des 19. Jahrhunderts, das Bildungssystem müsse national und staatlich sein und der Zugang dürfe weder von der Zahlungskraft noch von der sozialen Stellung abhängen (Contreras 1999: 26).

Simón Bolívar (1783-1830) steht für die Bedeutung der Unabhängigkeit und Souveränität sowie den Kampf darum. Er war der herausstechendste Unabhängigkeitskämpfer Lateinamerikas, verteidigte in seinen philosophischen Schriften die Demokratie als das politische System, das der Bevölkerung die »größtmögliche Summe an Glück« geben sollte, trat für die Abschaffung der Sklaverei ein[2] und maß den Unterschichten eine hohe Bedeutung zu, ohne deswegen den Klassenkampf zu propagieren. Er mahnte auch an, dass ein Militär seine Waffen niemals gegen das Volk erheben dürfe, und propagierte die kontinentale Befreiung sowie einen entsprechenden Integrationsprozess. Nur so könne Lateinamerika sich erfolgreich den USA und Europa stellen.

Der Bauerngeneral aus dem venezolanischen Föderationskrieg Ezequiel Zamora (1817-1860) steht für den weitergehenden Kampf um eine gerechtere und demokratischere Gesellschaft und für eine antioligarchische Positionierung.[3] Zamora führte mit den Losungen »freies Land und freie Menschen«, »allgemeine Wahlen« und »Horror der Oligarchie« diverse Bauernaufstände

---

[2] Er unternahm bis 1828 diverse Versuche, sie in der Republik abzuschaffen, scheiterte aber, es geschah erst 1854.
[3] Die *Guerra Federal* (1859-1863) wird als Krieg angesehen, in dem die unteren Schichten die Erfüllung der Versprechen der Republik auf Freiheit und Gleichheit bewaffnet einforderten.

an. Zamoras Bauernheer war dafür bekannt, große Gutshäuser samt ihrer Besitzer niederzubrennen und das Land unmittelbar zu verteilen.

Rodríguez, Bolívar und Zamora werden außerdem ergänzt durch den indigenen und schwarzen Widerstand gegen Kolonialisierung und Sklaverei. Von Bolívar wird, gestützt auf einige Elemente, eine revolutionäre Interpretation dieses Widerstandes vorgenommen. Nach der ersten Niederlage gegen Tomás Boves 1814, der als Royalist mit eigener politischer Agenda ein Heer von Schwarzen, Indígenas, Bauern und Angehörigen der Unterklassen anführte (siehe Uslar Pietri 2007), begriff Bolívar, dass er diese in sein Projekt einschließen müsse. Die Einheit Lateinamerikas gelang ebenso wenig wie die Großkolumbiens. Verraten und verbannt starb Bolívar in armen Verhältnissen, da er den gesamten Reichtum seiner wohlhabenden Familie in den Befreiungskrieg investiert hatte. Vor seinem Tod erklärte er im Hinblick auf die neuen Machthaber, er habe sein Leben damit verbracht, das Meer zu pflügen.

Die Interpretation Bolívars als Revolutionär ist höchst umstritten und nicht wenige Historiker sprechen von Geschichtsklitterung. Sie übersehen dabei, dass Geschichte immer umkämpft ist und unterschiedlichen Versuchen der Deutungsmacht unterliegt. Dabei geht es den Interpreten nicht um die »Wahrheit«, die als objektive ohnehin kaum existiert, sondern um die Durchsetzung einer (gegen-)hegemonialen Deutung der Vergangenheit, auf der entsprechend ein Projekt für die Zukunft aufgebaut werden kann.

Die Sichtweise des revolutionären Bolivarianismus und die Darstellung der Geschichte Venezuelas als langer Kampf von unten um Befreiung und Emanzipation, in dem die Kriege der Indígenas gegen die spanischen Kolonisatoren, die Sklavenaufstände, die antikolonialen Kämpfe um die Republik, die antioligarchischen Aufstände bis zur Guerilla der 1960er und 1970er Jahre, der *Caracazo* und die zivil-militärischen Rebellionen Anfang der 1990er Jahre in einem Verknüpfungszusammenhang stehen, konnte sich im Laufe der Jahrzehnte in der Linken und in den popularen Bewegungen und von dort ausgehend in den die Mehrheit stellenden Unterschichten als hegemonial durchsetzen. Der ideologische Kernkonsens des Bolivarianismus bezieht sich also schon in seinen Ursprüngen auf die nationale Souveränität und ist demokratischen, antiimperialistischen und antioligarchischen Charakters.

3.1 Politische, soziale und kulturelle Einflüsse des Bolivarianismus

Denis (2007) teilt die Einflüsse auf den Bolivarianismus in drei grobe Kategorien. Einerseits die »historisch-sozialen Strömungen«, zu denen er die Strömungen des kritischen Marxismus zählt wie den »Guevarismus, Mariateguismus, die europäische Rätebewegung, Historizismus und Autonomiebewegung (Pannekoek-Gramsci-Negri, etc.)« sowie die autonomen Basisbewegungen, Befreiungstheologie, nationale Befreiungsbewegungen (und ihre Ursprünge), die kubanische und sandinistische Revolution, sowie den indigenen und schwarzen Widerstand. Den zweiten Strang bilden die kollektiven Aufstandserfahrungen der jüngeren Geschichte wie die studentischen Kämpfe von 1987, der *Caracazo* und die beiden zivil-militärischen Rebellionen 1992. Die dritte Kategorie bilden mit Bezug auf Walter Benjamin die »prophetischen« Ereignisse, also gesellschaftspolitische Geschehnisse, die mit der dominanten Geschichte brechen und zumindest eine Ahnung gesellschaftlicher Befreiung vorzeichnen. Darunter fasst er Erfahrungen zusammen wie die Guerillabewegungen der 1960er und 1970er Jahre, den antiimperialistischen Kulturkongress in Cabimas 1973, die revolutionären Basisgewerkschaften der 1980er Jahre und ihre Versuche, Arbeiterräte zu bilden, den nationalen Studierendenkongress in Merida 1985, das Wiederentstehen von bäuerlichen Bewegungen und die Landbesetzungen in Yaracuy 1987, die direkte Demokratie der Stadtteilversammlung in Caracas 1991-1993, die Bewegung für eine libertäre Pädagogik in den 1990er Jahren und den konstituierenden Bildungskongress 2000-2001, die Entwicklung der Volksmacht und der konstituierenden Kräfte der Basis ab 1995, Wahlkampagne und -sieg von Chávez 1998, die verfassungsgebende Versammlung 1999.

Es bleiben im Bolivarianismus als Widerspruch zwei unterschiedlich orientierte Grundvorstellungen des politischen Projekts: Eine traditionell etatistisch orientierte und eine antisystemische (I-AA 2008). Die große ideologische Heterogenität beförderte aber auch die Entstehung einer so genannten *boliburguesía*, manchmal auch »Chavismus ohne Sozialismus« genannt, bestehend aus Personen, die ihren Einfluss, ihre Positionen und ihre Kontakte dazu nutzen, auf Kosten des Staates eine persönliche Kapitalakkumulation zu betreiben, und dies mit einem »bolivarianischen Diskurs« begleiten (I-SV 2007; Monedero 2007: 15). Ein Umstand, der lange Zeit weder vom Staat noch von der Basis effektiv bekämpft wurde und einen der stärksten Faktoren zur Unterminierung der Glaubwürdigkeit des Transformationsprozesses darstellt (Lander 2009).

3.2 Chávez, MBR-200 und die programmatisch-ideologischen Grundpfeiler des politischen Projekts

Chávez gehört mit 17 Jahren zum ersten Jahrgang an der 1971 reformierten Militärakademie. Als wichtigste Einflüsse für sein politisches Denken nennt er u.a. Bolívar, Mao und Claude Hellers Buch »Die Armee als Akteur der gesellschaftlichen Veränderung«. Bezüglich der Rolle des Militärs findet er positive Ansätze beim peruanischen Linksnationalisten Velasco Alvarado und bei Panamas Präsident Omar Torrijos. Der Putsch gegen Allende in Chile 1973 entsetzt ihn und wirft grundsätzliche Fragen über die Rolle des Militärs auf. Ab 1980 sind Chávez und andere linke Militärs an der Militärakademie tätig und üben Einfluss auf Tausende junger Rekruten aus (Harnecker 2002: 9f.; Parker 2001: 9-11).

Von 1975 bis 1980 war Chávez Anti-Guerilla-Aktivitäten zugeordnet. Wie er berichtet, lernte er dadurch die enorme Armut kennen, in der die Bauern lebten, unter denen die Guerilla versuchte ihre Basis aufzubauen, und erlebte die brutale Repression gegen die Landbevölkerung.[4] Um das Vorgehen der Guerilla antizipieren zu können, wurden revolutionäre Schriften studiert. »Chávez und die nationalistischen Militärs kommen in Kontakt mit den Texten von u.a. Mao, Ho Chi Minh, Fidel Castro, Che Guevara, Camilo Torres, Marx, Engels und Mariátegui« (Bonilla-Molina/El Troudi 2004: 57). Diese Lektüre deckte sich mit der Argumentation der Guerilla, die von einer bedürftigen Bevölkerung und einer handlungsunwilligen politischen Klasse spricht und auf die moralische Dekadenz der Regierenden und meisten hohen Militärs verweist.

Chávez' Beziehung zur Guerilla ist nicht gänzlich geklärt. Er sagt, sein älterer Bruder Adán, der zu dem Zeitpunkt PRV-Mitglied war, habe nur indirekten Einfluss auf seine politische Bildung gehabt (Harnecker 2002: 8). Über ihn erhielt er aber Zugang zu organisationsinternen Papieren zur zivil-militärischen Einheit und dem revolutionären Bolivarianismus und lernte 1978 Douglas Bravo kennen. Im gleichen Jahr traf er auch den Ex-Guerrillero und LCR-Gründer Alfredo Maneiro. Chávez sagt, er habe mehr Interesse an der Basisarbeit der LCR gehabt als an der Guerilla (Bonilla-Molina/El Troudi 2004: 57f.; Harnecker 2002: 12). Allerdings gab Chávez selbst 2007 zum ersten und letzten Mal eine andere Version preis: Er habe der Gruppe der PRV

---

4 Die Erfahrungen von Chávez stehen sinnbildlich für die Erfahrung vieler Militärs, sind aber am besten biographisch dokumentiert. Zum Leben von Chávez siehe: Bilbao 2002; Chávez/Guevara 2005; Díaz Rangel 2006; Elizalde/Báez 2004; Gott 2005; Harnecker 2002; Twickel 2006.

innerhalb der Armee angehört und sei schließlich 1978-1979 Angehöriger der klandestinen Leitung von PRV-Ruptura gewesen.[5] Nach der Gründung als klandestine Zelle in der Armee im Dezember 1982 begann die *Ejército Bolivariano Revolucionario* (ab dem *Caracazo* MBR-200) intensiv an der Entwicklung eines alternativen Gesellschaftsprojekts zu arbeiten. Die anfänglichen Kritiken richteten sich gegen das politische System, die Korruption und soziale Ungerechtigkeit. Neben Bolívar, Zamora und Rodríguez stellte auch Jean-Jacques Rousseau, vor allem seine radikal-demokratischen Ansätze, einen Bezugspunkt dar (Bilbao 2002: 34). Als organisatorische Basisstruktur sollten die zivil-militärischen *Comandos de Áreas Revolucionarias*, die *Indígena*-Namen trugen, im gesamten Land aufgebaut werden. Als sich das als unmöglich erwies, wurden Organisierungsschwerpunkte entlang territorialer Achsen gesetzt (Díaz Rangel 2006: 57). In der Armee verbreitete sich die Bewegung vor allem unter den jungen Offizieren. Dies lag an der tief verwurzelten bolivarianischen Ausrichtung in der Armee, an der Betonung des Antikorruptionskampfes und an dem politisch breiten Diskurs, der den immer größeren Abstand zwischen Verfassungs- und Lebensrealität beklagte (Parker 2001: 10). Für den Aufstand wurden intensive Kontakte mit popularen Bewegungen, Organisationen und Einzelpersonen geknüpft.

Nach der Amnestie 1994 nahmen vier der fünf Militärs aus der kollektiven Leitung der MBR-200 Posten an, die ihnen Präsident Caldera anbot. Nur Chávez, der radikalste unter ihnen, verweigerte sich und entschied sich für den Aufbau der MBR-200 als legale Basisbewegung. In dieser Phase konsolidierte sich auch seine Führungsrolle. Dies und der Beitritt des marxistisch orientierten Oberstleutnants der Luftwaffe William Izarra, der mit seiner Gruppe am Aufstand vom 27. November 1992 beteiligt gewesen war, sowie zahlreicher linker Zivilisten radikalisierten die MBR-200 weiter (Parker 2001: 12). Sie verstand sich laut Chávez als einen dynamischen Prozess mit verschiedenen entfalteten Kräften in Bewegung (Zago 1998: 39). Die verschiedenen Formen der Basisorganisierung wurden als unabhängig angesehen und sollten gemeinsam mit der MBR-200 eine große *Frente Bolivariano* bilden (Bonilla-Molina/El Troudi 2004: 78). Dass die MBR-200 auf den zivilmilitärischen Charakter bestand, erschwerte ihre Handlungsbedingungen, da Militärangehörige bis 1999 keine politischen Rechte besaßen. Die MBR-200 lehnte eine Stärkung mittels Wahlen und institutioneller Mitarbeit ab,[6] son-

---

[5] *Aló Presidente* 288 vom 27.7.2007.
[6] Die Ablehnung führte zu Spaltungen. Arias Cárdenas, charismatische Nummer zwei nach Chávez, verließ 1993 die MBR-200. Ihm folgten weitere Ex-Militärs. Diverse kan-

dern wollte»im richtigen Moment die Welle reiten« – so ein von ihr häufig verwendetes Bild –, um die Regierungsmacht auf einmal zu übernehmen und Änderungen durchzuführen (López Maya 1996: 146-151). Die politische Strategie der MBR-200 war 1994 bis 1996 von der Forderung nach einer verfassungsgebenden Versammlung geprägt (Parker 2001: 13). Allein 1994 erarbeitete MBR-200 sieben Papiere und einen Verfassungsentwurf. In ihnen wurde die Notwendigkeit einer umfassenden Transformation aller gesellschaftlichen Strukturen, um eine»originäre«und»solidarische«Gesellschaft aufzubauen, betont. Vertreten wurde eine populare direkte Demokratie, in der das Volk der Protagonist der Entscheidungen ist. In der *Agenda Alternativa Bolivariana* (Chávez 1996) erfolgte eine systematisierte Darstellung der Rolle des Staates in der Ökonomie. Die Basisindustrien und strategisch bedeutenden Industrien, Erdöl und Bergbau eingeschlossen, sollten in Staatsbesitz sein, während für vier weitere Sektoren eine gemischte Form zwischen Staat und Privaten mit einer staatlichen Regulierung und Kontrolle vorgesehen wurde.

Der von einigen Autoren (Decarli 2006: 23; Ramírez Roa 2003: 150; De Venanzi 2006: 54) behauptete Einfluss des argentinischen rechtsperonistischen Soziologen Norberto Ceresole, der autoritäre, militaristische und antisemitische Positionen vertrat, lässt sich nicht belegen. Chávez hatte einen Briefwechsel mit ihm, da Ceresole sich ebenfalls intensiv mit der Rolle der Militärs beschäftigte. Ceresole reiste vor und nach Chávez' Wahlsieg nach Venezuela, er war jedoch nie Berater oder Mentor (Díaz Rangel 2006: 98) und Chávez folgte seinen Vorschlägen auch nicht (Ochoa/Rodríguez 2003: 130). Ceresole postulierte ein post-demokratisches Modell, in dem Armee und Volk als amorphe Masse eine militärische Partei bilden (Ceresole 1999). Er wandte sich enttäuscht von Chávez ab und wurde 1999 aus Venezuela ausgewiesen. Das Gedankengut Ceresoles ist nicht mit der Bolivarianischen Basis vereinbar.

In seinen Reden bezieht Chávez sich auf eine breite Palette von Einflüssen, die von Jesus über Bolívar, Gramsci, Trotzki und Mao bis zu Antonio Negri reichen (Chávez 2007a: 2-7; Harnecker 2002: 18). Was wie ein wirrer ideologischer Mischmasch erscheinen kann, entspricht vielmehr einer Vielfalt an Ansätzen, aus denen sich der Bolivarianismus speist. Chávez übernimmt dabei weniger die Rolle, eine Linie vorzugeben, sondern öffnet vielmehr einen politischen Rahmen. Einige Orientierungen sind auch aus dem Definitionsbereich des Bolivarianismus herausgefallen. So z.B. nach und nach die militaristischen, nationalistischen antikommunistischen (v.a. unter Militärs, siehe

---

didierten für die LCR in den folgenden Jahren (López Maya 1996: 146).

z.B. Briceño 2006) sowie sozialdemokratischen Positionen (MAS, Miquelena, *Por la Democracia Social* – Podemos). Die ersten Jahre wurde noch versucht, eine Konfrontation mit den USA zu vermeiden und nicht auf die Provokationen der US-Regierung zu reagieren. Nach dem Putsch 2001 wurde die »internationale Einmischung« beklagt, ohne die USA direkt zu beschuldigen. Dies geschah erstmals am 1. März 2004. Chávez und der Bolivarianische Prozess definieren sich als antiimperialistisch (Díaz Rangel 2006: 197). Der Sozialismus taucht im Diskurs von Chávez erstmals im Januar 2005 auf dem Weltsozialforum auf. Er erklärt, der Kapitalismus könne nur mittels des Sozialismus überwunden werden. Ab da wird der Sozialismus zu einer Konstanten in seinen Reden: »Im Rahmen des kapitalistischen Modells ist es unmöglich, das Drama des Elends und der Ungleichheit zu lösen.« (Chávez 2005). Er unterstreicht die Notwendigkeit, einen neuen Sozialismus zu erfinden, und definiert den »Sozialismus des 21. Jahrhunderts« in klarer Abgrenzung zum Staatssozialismus sowjetischen Typs, dessen Scheitern bereits zu Lebzeiten Che Guevaras offensichtlich gewesen sei. Der neue Sozialismus, den es zu entwickeln gelte, müsse »demokratisch und partizipativ« sein. Es handele sich um ein offenes Konzept, das ständiger Diskussion und Veränderung unterliege und nicht ideologisch festgelegt sei.

Kapitel 4:
Der verfassungsgebende Prozess und die neue Verfassung

»Die Bolivarianische Verfassung stellt einen Ausdruck, wenn man so will, der ›Vorhut‹ dar, einer demokratischen Institutionalität präsidentialistischer Ausrichtung, mit einer umfassend aktualisierten Artikulierung der Menschen- und Bürgerrechte und mit weitgehenden Voraussichten, entworfen um die Partizipation der Bevölkerung jenseits des einfachen Wahlaktes zu stimulieren.« (Parker 2001: 16-17)

Im Jahr 1999 wurde in Venezuela eine neue Verfassung ausgearbeitet und am 15.12.1999 via Referendum mit 71,78% (55,63% Wahlbeteiligung) angenommen. In Wahlen gemäß der neuen Verfassung wurde Chávez 2000 mit 59,76% erneut zum Präsidenten gewählt (56,31% Wahlbeteiligung). Die Einberufung einer verfassungsgebenden Versammlung (*Asamblea Nacional Constituyente*, ANC) war ein Grundpfeiler der MBR-200 und im MVR-Wahlprogramm für die Parlamentswahlen wie auch in Chávez' Wahlprogramm für die Präsidentschaftswahlen von 1998 enthalten (Fernández Toro 2005: 307; Parker 2001: 14).

4.1 Die verfassungsgebende Versammlung und der Weg zur neuen Verfassung

Trotz Chávez' überwältigenden Wahlsieges kontrollierten die Kräfte des PPF den Kongress und lehnten die Wahl einer ANC rundum ab, denn Chávez und das Wahlbündnis *Pólo Patriótico* propagierten, wie Chávez erklärte: »Unser konstituierender Prozess ist ein Prozess, der nichts zu tun hat mit den Eliten, er kommt von unten, aus dem Volk selbst. Es ist ein revolutionärer Prozess, um dieses System zu zerstören, nicht um es wiederherzustellen, wie es andere Projekte vorhaben.« (Blanco 1998: 287)

Nachdem sich die bürgerlichen Kräfte während der 1990er Jahre gegen eine neue Verfassung gestellt hatten und 1997 gegen eine von Präsident Caldera befürwortete Reform, befürworteten sie nun eine Reform der Verfassung von 1961 durch den von ihnen kontrollierten Kongress (Van Der Velde 2005: 13-35). Chávez und der *Pólo Patriótico* hielten an der Einberufung einer ANC fest. Mit Verweis auf das »Gesetz zum Wahlsystem und politischer Partizipation« erließ Chávez am Tag der Übernahme der Präsidentschaft, dem 2. Februar 1999, ein Dekret, das zu einem Referendum aufrief, in dem die Bevölkerung über den Aufruf zur Wahl einer ANC entscheiden sollte. In der Begründung wurde auf die Krise des politischen Systems, die Delegitimation der Institutionen und die Blockade »Nutznießer des Regimes« hingewiesen. Die einzige demokratische Lösung liege in der Einberufung der originären konstituierenden Macht und der Schaffung einer Grundlage für die Ausübung einer sozialen und partizipativen Demokratie (Decreto N° 3 1999). Der Kongress lehnte eine »originäre und souveräne« ANC ab. Die Traditionsparteien wollten die ANC, sollte sie nicht verhindert werden können, zumindest der gültigen Verfassung unterwerfen, um so grundlegende Änderungen zu verhindern (Van Der Velde 2005: 81-84). Es oblag dem Obersten Gerichtshof, über die Legalität der Einberufung des Referendums und seines Inhaltes zu entscheiden.

Die bürgerliche Presse und die traditionellen politischen Kräfte waren sich einer Ablehnung durch den Obersten Gerichtshof sicher, doch dieser entschied (mit geringfügigen Änderungen der Fragestellung) positiv über die Einberufung des Referendums und zugunsten originärer und souveräner Befugnisse. In einem Urteil vom 21. Juli 1999 stellte der Oberste Gerichtshof sogar fest: »Das Neue – und daher außergewöhnliche – des aktuellen venezolanischen konstituierenden Prozesses ist, dass derselbe nicht als Folge eines faktischen Ereignisses entstand (Bürgerkrieg, Putsch, Revolution etc.), sondern, ganz im Gegenteil, als ein ›konstituierender Prozess de Iure‹ klassifiziert wurde, da es sich um einen Prozess handelt, der im venezolanischen juristischen System verortet ist.« (zitiert nach Rincón/Fernández 2006: 100)

Dass die ANC sich nicht bestehenden Institutionen, Gesetzen oder der Verfassung von 1961 unterwerfen musste (sondern lediglich den unterzeichneten internationalen Abkommen), war eine Voraussetzung dafür, dass der Versuch einer grundlegenden Transformation überhaupt Aussicht auf Erfolg hatte. Einige sozialistische Kräfte und Basisorganisationen kritisierten, dass – entgegen dem ursprünglichen Konzept des *Proceso Popular Constituyente* und dem Wahlversprechen des *Pólo Patriótico* – keine direkte Partizipation der Bevölkerung (z.b. mittels Versammlungen und bindender Beschlüsse derselben) an der Ausarbeitung mehr vorgesehen war, was aber vom Obersten Gerichtshof im September 1999 auch abgelehnt wurde (Van Der Velde 2005: 116f.).

Am 25. April wurde die Wahl einer ANC in einem Referendum von einer Mehrheit von über 80% bei 37,65% Wahlbeteiligung angenommen. Sie wurde am 25. Juli gewählt und bestand aus 131 Abgeordneten: 128 in allgemeinen Wahlen und mit einfacher Mehrheit gewählt und drei Abgeordnete der indigenen Gemeinden in den entsprechenden Wahlkreisen gemäß der jeweiligen »Sitten und Gebräuche« bestimmt. An den Wahlen zur ANC nahmen 46,2% der Wahlberechtigten Teil und die Versammlung trat am 3. August zusammen. Sie erklärte sich »originär und souverän, nicht den konstituierten Mächten unterworfen« (Fernández Toro 2005: 307).

Die Kandidaten der Regierungskoalition kamen im Wesentlichen aus den Parteien MVR, PPT und MAS, einige waren aber zugleich in Bewegungen aktiv (vor allem in Menschenrechtsorganisationen und Gewerkschaften). Sie traten auf einer gemeinsamen Plattform an. Die der Opposition entstammten hingegen einer Vielzahl von alten sowie neuen Parteien und sozialen Organisationen und traten meist als unabhängige Kandidaten sogar gegeneinander an, vor allem Ex-Angehörige der diskreditierten AD und Copei. Hier spiegelte sich der Zerfall der alten Parteienlandschaft und die personelle Uneinigkeit der Opposition wider.

Bedingt durch das Mehrheitswahlsystem und die hohe Anzahl von Oppositionskandidaten (1.047) im Vergleich zu denen des *Pólo Patriótico* (124) erzielten die Chávez-nahen Kräfte mit 62,1% 124 Abgeordnete, während die Opposition mit 34,5% nur sieben Abgeordnete bekam (García-Guadilla/ Hurtado 2000: 19-21).

So war die Zusammensetzung der ANC nicht sehr repräsentativ. Parker (2001: 16) kritisiert den Mechanismus der Listenwahl und die Strategie des *Pólo Patriótico* als Adaption einer der in der Vergangenheit am meisten kritisierten Vorgehensweisen des *Puntofijismo*. Doch der Mechanismus hätte auch der Opposition offengestanden, die sich bei den Lokal- und Regionalwahlen 2000 auf gemeinsame Kandidaten einigte und so in vielen Fällen gegen eine rechnerische Mehrheit der einzeln kandidierenden Parteien des *Pólo Patriótico* gewann.

García-Guadilla und Hurtado (2000: 23) bemängeln, der Erfolg der Chávez-Kandidaten habe auch zu einer Unterrepräsentation der neu aufkommenden sozio-politischen Akteure geführt wie NGOs, Vereinigungen und Stiftungen. Während Van Der Velde (2005: 108f.) wiederum kritisiert, die Wahllisten und das Aushandeln der Kandidaten unter den Parteien des *Pólo Patriótico* habe die direkte Beteiligung von Führungspersonen aus der Basis und den Gewerkschaften auf ein Minimum reduziert und den Weg frei gemacht für »Opportunisten und Emporkömmlinge«, wodurch die Grundlagen einer originären konstituierenden Macht geschwächt worden seien. Tatsächlich kündigten zahlreiche Abgeordnete des *Pólo Patriótico* im Verlauf der folgenden Monate oder Jahre dem Transformationsprozess die Gefolgschaft und gehören heute zur Opposition.[1] Zersplitterte Kandidaturen von Basiskräften hätten aber dazu führen können, dass sich die Stimmen aus dem bolivarianischen Lager so weit auffächern, dass es trotz einer Stimmenmehrheit nur eine Minderheit der Abgeordneten gestellt hätte.

Die ANC trat am 3. August 1999 zusammen und sollte sechs Monate Zeit haben, um einen Verfassungsentwurf auszuarbeiten. Fünf komplette Entwürfe lagen vor. Darunter einer des Netzwerkes sozialer Organisationen SINERGIA und einer der rechten Organisation *Primero Justicia* (die später zur Partei wurde). Als primäre Diskussionsgrundlage diente eine Vorlage aus dem Präsidentenpalast. Die Debatte verlief in drei Blöcken. Im ersten ging es um das Verhältnis zwischen der ANC und der konstituierten Macht. Im Sinne eines friedlichen Übergangs wurde beschlossen, die konstituierte Macht bestehe zunächst weiter, die ANC aber steht über ihr und erklärte in einigen Bereichen eine »Notstandssituation« (z.B. Judikative), um Sofortmaßnahmen zu erlauben. Im zweiten Block wurden die Inhalte diskutiert und im dritten die Transition zur neuen Verfassung (Sanz 2000: 51).

Besonders hervorzuheben ist die breite und dynamische Beteiligung der Basis am Entstehungsprozess der Verfassung. Der venezolanische Verfassungsrechtler Julio César Fernández Toro stellt fest:»Der konstituierende Prozess von 1999 war der partizipativste der venezolanischen Geschichte. Die ANC regte eine Befragung an, damit die verschiedenen organisierten gesellschaftlichen Sektoren und Einzelpersonen Vorschläge für den Verfassungstext präsentieren.« (Fernández Toro 2005: 309) NGOs, soziale Organisationen und Einzelpersonen konnten über das *Büro der Bürgerbetreuung der zweiten Vizepräsidentschaft*, die *Kommission für Bürgerbeteiligung* und die Kommissionen der ANC direkt an der verfassungsgebenden Versammlung teilnehmen. Sie bildeten Netzwerke und diskutierten an runden Tischen Vorschläge, die dann eingereicht wurden. In den thematischen Kommissionen war viel Raum für Diskussionen. Sie waren von großer Heterogenität, an ihnen nahmen Menschenrechts-, Frauen- Umwelt-, Indígena-, Basis-, Stadtteilorganisationen und viele andere teil. Von den 644 Vorschlägen von 201 sozialen Organisationen, die über SINERGIA eingingen, wurde etwa die Hälfte in die neue Verfassung aufgenommen (García-Guadilla 2003: 240).

50 unterschiedliche Frauenorganisationen, darunter das Frauenforschungszentrum der UCV, Gruppen afro-venezolanischer Frauen und aus Armenvierteln und unabhängigen Gewerkschaften, bildeten die Koordination der

---

[1] Darunter z.B. auch der Präsident der ANC Luis Miquilena sowie Alfredo Peña, Ángela Zago, Edmundo Chirinos, Hermann Escarrá, Marisabel de Chávez und Jorge Olavarría.

Frauen-NGOs und partizipierten mit relativem Erfolg an der ANC. Vorschläge aus Organisationen mit höherer Affinität zum Bolivarianischen Projekt, die zudem über Träger ihrer Forderungen in der ANC verfügten (z.b. Menschenrechts-, Frauen- oder Indígenaorganisationen), verzeichneten generell einen größeren Erfolg bezüglich der Aufnahme ihrer Vorschläge als andere (García-Guadilla/Hurtado 2000: 24ff.).[2] Der erste Entwurf war bereits am 12. Oktober und der endgültige Text am 15. November 1999 fertig. Dabei wurde die Verfassung keineswegs von den bolivarianischen Kräften durchgewunken, deren große Heterogenität zu einer Vielzahl kontroverser Positionen auch in grundsätzlichen Fragen führte. Eine Gruppe um die *Pólo Patriótico*-Abgeordneten Alfredo Peña und Antonio Rodríguez vertrat z.b. eine wirtschaftsliberale Position, die möglichst weitgehende »Handels- und Unternehmensfreiheit« wollte, die Teilprivatisierung des Erdölsektors als nicht rückgängig zu machen ansah und sich nicht für ein Verbot von Monopolen, sondern nur für eine staatliche Kontrolle aussprach (Sanz 2000: 53-71). Die MAS sträubte sich erfolglos gegen das in Artikel 303 enthaltene Verbot, Anteile des staatlichen Ölkonzerns PDVSA zu verkaufen. Konflikte gab es auch um die Legalisierung der Abtreibung, ein staatliches Sozialversicherungssystem und die Wiedereinführung von Abfindungszahlungen bei Entlassung. In diesen drei Fällen intervenierte Chávez und es kam zu offenen Formulierungen, deren Interpretation den Gerichten obliegt (Ellner 2000). Die Sorge vieler der 26 Militärangehörigen des *Pólo Patriótico* in der ANC galt wesentlich Belangen der Streitkräfte und dem Sonderstatus von indigenen Gemeinden in Grenzgebieten. Eine strikte staatliche Kontrolle und Regulierung des Finanzkapitals konnte hingegen vom linken Flügel des *Pólo Patriótico* nicht durchgesetzt werden (Sanz 2000: 73f.). Die ANC gestand der Opposition schließlich sogar noch eine überproportionale Beteiligung an den Verfahren zu (Coppedge 2002: 30). So war die Debatte von einem sehr viel pluralistischeren Klima gekennzeichnet, als es vor allem die Opposition erwartet hatte (Parker 2001: 16).

Nach den Debatten des ersten Blocks wurde deutlich, der vorgesehene Zeitplan werde nicht einzuhalten sein, wenn die gesamte Verfassung ständig öffentlich in der ANC diskutiert würde. Die Konfrontationen waren zu groß, ebenso der Druck interner wie externer Machtfaktoren (vorwiegend die katholische Kirche, Unternehmer und die US-Botschaft), um eine Demontage

---

[2] Die höchste Erfolgsquote verzeichneten die Menschenrechtsorganisationen mit 64,9% aufgenommenen Vorschlägen (Guillen/García-Guadilla 2006: 89). Von den Vorschlägen der Frauen-Koordination wurden etwa ein Drittel in ursprünglicher oder leicht modifizierter Form aufgenommen (García-Guadilla/Hurtado 2000: 25).

der alten Mächte und die Ausarbeitung einer neuen Verfassung zu erreichen.
Die Verfassungsdebatte wurde in die thematischen Kommissionen verlagert.
Die fehlende Gesamtdiskussion ermöglichte zwar ein schnelleres Voran-
schreiten des verfassungsgebenden Prozesses, schränkte jedoch die Möglichkeit einer globalen Betrachtung unter den direkten Akteuren beträchtlich ein (Sanz 2000: 52f.).

Nachdem die Kommissionen ihre Arbeit beendet hatten und die Vorschläge
zusammenführten, mobilisierten sich etliche Sektoren, die nicht oder wenig
berücksichtigt worden waren. Lokal- und Regionalpolitiker traten für eine
stärkere Dezentralisierung ein, die katholische Kirche wollte das »Leben ab
dem Moment der Empfängnis« geschützt wissen,[3] die Medien agitierten gegen die festgelegte »Verpflichtung auf Wahrheit« und das Militär wollte die
Ausweitung der politischen Rechte auf Armeeangehörige (García-Guadilla/
Hurtado 2000: 24).

Die zweite Debatte wurde auf Initiative von Chávez im Eiltempo abgeschlossen. Auf Kritik stieß, dass Chávez in der Endphase persönlich einige
Vorschläge in die Verfassung aufnahm wie die politischen Rechte der Armee-
angehörigen oder die Umbenennung der Republik Venezuela in *República
Bolivariana de Venezuela*, eine Initiative von ihm, die von der ANC abgelehnt worden war (García-Guadilla/Hurtado 2000: 24; Parker 2001: 16). Die
katholische Kirche und die Unternehmerverbände traten offen für ein Nein
zur neuen Verfassung ein (Ellner 2000).[4] Doch auch Chávez setzte sich nicht
mit allen seinen Wünschen durch. So war er z.b. für eine stärkere Zentralisierung eingetreten, während die Verfassung Dezentralisierung unterstützt
(Coppedge 2002: 30).

Vor allem die allgemeinen Aussagen zum Wirtschaftssystem aus Chávez'
Verfassungsentwurf wurden als zu konfus und allgemein angesehen (Sanz
2000: 55). So lässt sich abschließend sagen, dass der Verfassungsgebende Prozess zwar eine Öffnung bedeutete, jedoch – abgesehen von der Arbeit in den
Kommissionen – nicht so partizipativ war, wie häufig wahrgenommen. So
konnte die Basis zwar ihre Forderungen direkt an die ANC richten, aber nicht
selbst darüber entscheiden. Es war doch mehr »die Partizipation im Wort und
die Repräsentation in der Sache« (Van Der Velde 2005: 150). Dennoch machte
der Verfassungsgebende Prozess eine breite und differenzierte Basisorgani-

---

[3] Zwar wurde kein Recht auf Schwangerschaftsabbruch festgehalten, jedoch eine
Formulierung gewählt, die Gesetze zum Schwangerschaftsabbruch möglich macht (Ellner 2000).
[4] Ein Bischof erklärte öffentlich, die Schlammlawine im Bundesstaat Vargas am Tag
des Referendums, die mehrere zehntausend Opfer forderte, sei Gottes Strafe gewesen
(Coppedge 2002: 19).

sierung deutlich und trug dazu bei, soziale Organisationen in politische Akteure zu verwandeln (García-Guadilla/Hurtado: 2000: 27f.).

4.2 Die Verfassung der Bolivarianischen Republik Venezuela

In der Präambel der neuen Verfassung wird als oberstes Ziel definiert, die »Republik neu zu gründen, um eine demokratische, partizipative, und protagonistische, multiethnische und plurikulturelle Gesellschaft« aufzubauen. Venezuela wird eine Präsidialrepublik und die Macht des Präsidenten ausgeweitet, das Mandat von fünf auf sechs Jahre verlängert und eine einmalige Wiederwählbarkeit eingeführt. Das Zweikammernparlament wird durch eine Nationalversammlung abgelöst. Der Staat wird als »föderal und dezentralisiert« definiert, Kommunen und Bundesstaaten bekommen begrenzte Möglichkeiten der Besteuerung, wobei der Großteil der Finanzen und die Verteilung auf Bundesstaaten und Kommunen bei der Zentralregierung bleibt (Coppedge 2002: 38). Es wird der Rahmen für den Aufbau eines neuen Justizsystems gesetzt, eine neue solidarische wirtschaftliche Orientierung vorgegeben, den Militärs Wahlrecht verliehen und es werden umfassende Möglichkeiten der Partizipation festgeschrieben.

Ausgehend von der Kritik an den Grenzen der repräsentativen Demokratie und der konkreten Erfahrung in Venezuela werden zur Vertiefung der Demokratie zahlreiche partizipative Elemente eingeführt, ohne dass sie repräsentative Strukturen und Institutionen ersetzen. Wesentliche liberale Elemente bleiben erhalten. So werden die Eigentumsrechte garantiert und es fällt dem Staat zu, sie zu schützen (Art. 112, 115 und 116). Die territoriale Aufteilung des Landes bleibt unangetastet, ebenso die liberale Gewaltenteilung (Lander 2007a: 69; 2009).

Die Verfassung bleibt also im Rahmen einer kapitalistischen und bis zu einem gewissen Punkt einer liberalen Gesellschaft. Ihr Fundament ist – in Abgrenzung zur repräsentativen Demokratie – die »partizipative und protagonistische Demokratie« (RBV 1999). Der Staat wird als partizipativer Raum verstanden, in dem die Bevölkerung mittels diverser Instrumente das öffentliche Leben mitgestaltet und seine Institutionen kontrolliert (Burchardt 2004). Doch auch wenn im öffentlichen Diskurs repräsentative und partizipative Demokratie gegeneinandergestellt werden, sind sie im Verfassungstext nicht als einander ausschließend definiert, sondern als komplementär, um eine Radikalisierung und Vertiefung der Demokratie zu fördern.

Die drei traditionellen Gewalten werden erweitert um die moralisch-ethische *Bürgergewalt* (*Poder Ciudadano*), ausgeübt vom *Republikanischen*

Moralrat,[5] und die autonome *Wahlgewalt,* verkörpert durch den *Nationalen Wahlrat* CNE.

Die neue Verfassung gehört zu den fortgeschrittensten der Welt bezüglich Mechanismen direkter Demokratie (Madroñal 2005: 15). Referenden können für »Fragen besonderer nationaler Bedeutung und Auswirkung« vom Präsidenten, der Nationalversammlung oder von mindestens 10% der Wahlberechtigten einberufen werde. Hinzu kommt die Möglichkeit lokaler, bezirklicher und bundesstaatlicher Referenden (Art. 71). Ebenso können Gesetze der Nationalversammlung und internationale Verträge, welche die nationale Souveränität berühren könnten oder Kompetenzen an supranationale Instanzen übertragen, zur Volksabstimmung gebracht werden (Art. 73). Artikel 74 hingegen ermöglicht es, geltende Gesetze mittels eines Referendums ganz oder teilweise abzuschaffen. Und alle gewählten Amtsträger können in einem Referendum nach der Hälfte der Amtszeit abgewählt werden (Art. 72).

Die Verfassung legt die Verpflichtung des Staates fest, die Partizipation der Bevölkerung an Entscheidungsfindungen zu erleichtern und zu ermöglichen (Art. 62). Sie führt neben Wahlen, Volksabstimmungen, Volksbefragungen, dem Widerruf von Mandaten, gesetzgebenden, verfassungsändernden und verfassungsgebenden Initiativen, öffentlichen Gemeinderatssitzungen und Bürgerversammlungen mit bindenden Entscheidungen auch Selbstverwaltung, Mitbestimmung, Genossenschaften in all ihren Formen sowie weitere kollektive Organisierungen an (Art. 70). In Artikel 184 wird zusätzlich spezifiziert, für welche Sektoren gesetzliche Mechanismen zu schaffen sind, damit die Bundesstaaten und Gemeinden Dienstleistungen dezentralisieren und den organisierten Gemeinden – die es wünschen – übertragen.

Die Verfassung legt soziale Bürgerrechte und die soziale Gleichheit als Ziele der Gesellschaftsordnung und den Staat als Garanten fest. Die definierte *citizenship* garantiert über die individuellen, sozialen und ökonomischen Rechte hinausgehend auch kulturelle sowie kollektive Rechte für spezifische Gruppen wie etwa Kinder, Frauen, ältere Menschen, Menschen mit Behinderungen und indigene Gruppen u.a., was eine Ausweitung und normative Überwindung des liberalen Verständnisses darstellt. So ist das Recht der indigenen Bevölkerung auf historisch genutztes Land in kollektiver und unveräußerlicher Form und die Anerkennung der eigenen sozialen, politischen und ökonomischen Organisationsformen erhalten (Art. 119) sowie das Verbot, materielle Ressourcen, orale Traditionen, Wissen und symbolische Praktiken historischer indi-

---

[5] Dieser wird gebildet aus Generalstaatsanwalt, Oberstem Rechnungsprüfer und Ombudsmann und ist zuständig für »öffentliche Ethik und Verwaltungsmoral« sowie Erziehungs- und Bildungsfragen.

gener Kenntnis zu patentieren (Art. 124). Die volle *citizenship* wird auf die indigenen Gemeinden im Land ausgedehnt und ihr Recht festgelegt, an der öffentlichen Planung und Verwaltung zu partizipieren (Art. 166). Dies hatte unmittelbare Folgen für die Präsenz von Indígenas in der politischen Verwaltung. In den folgenden Regionalwahlen im Jahr 2000 gewann erstmals in der Geschichte Venezuelas mit Liborio Guarulla von den Baniva-Indianern im Bundesstaat Amazonas ein Indígena den Posten eines Gouverneurs.

Bezüglich der spezifischen Rechte von Frauen wird in der neuen Verfassung – die gänzlich unter Verwendung beider Geschlechterformen abgefasst ist – die gesetzliche Gleichheit von Männern und Frauen (Art. 21) sowie das Recht der Frauen auf aktive politische Partizipation (Art. 62 und Art. 70) festgelegt. Durch die Festlegung gleicher Rechte und Pflichten aller Familienmitglieder und Solidarität, Verständnis und Respekt als Grundlage familiärer Beziehungen wird häusliche Gewalt verfassungswidrig (Art. 75); der Schutz der Mutter- und Vaterschaft sowie das Recht auf Verhütung, Familienplanung und die freie Entscheidung des Paares über die Zahl der Kinder werden festgelegt (Art. 76).

Die Gleichheit der Bedürfnisse und Rechte von Frauen und Männern in Ehe und Partnerschaft wird definiert (Art. 77); Kinder und Jugendliche werden als volle Rechtssubjekte anerkannt (Art. 78); das Recht auf gleiche Entlohnung von Männern und Frauen bei gleicher Arbeit wird festgeschrieben (Art. 91). Als einer der weitgehendsten Artikel in dieser Richtung erkennt Artikel 88 Hausarbeit als »Mehrwert und Reichtum produzierend« und infolgedessen als sozialversichert an. Kron (2004: 61) sieht darin einen »Angriff auf die ›Natur‹ der geschlechtlichen Arbeitsteilung«.

Die Anerkennung spezifischer Gruppen in ihrer Vielfalt sowie die Akzeptanz und Integration der Ungleichheit derselben »öffnet den Weg für eine differenzierte und komplexe *citizenship* als Grundlage der aktiven *citizenship*, da die Verfassung von 1999 den gleichzeitigen Genuss aller Rechte vorsieht« (Guillén/García-Guadilla 2006: 89f.). Die in der Verfassung enthaltenen sozialen Rechte und Partizipationsmöglichkeiten sollen durch Regierungsprogramme und Gesetze umgesetzt werden. Über den Ausbau von Sozialmaßnahmen, kostenlose Bildungsmöglichkeiten, Kleinkreditwesen, die Umverteilung von Land u.a. soll eine egalitärere soziale und ökonomische Partizipation der marginalisierten Schichten ausgeweitet werden. Die Verfassung führt eine komplexe und aktuelle Vision der Menschenrechte ein. Menschenrechtsabkommen werden verfassungsrechtlich verankert; Militärgerichtsbarkeit, Verjährung und Begnadigung oder Amnestie für schwere Menschenrechtsdelikte werden untersagt; erzwungenes Verschwinden von Personen wird ausdrücklich verboten und der Staat wird verpflichtet, Delikte gegen die Menschenrechte zu verfolgen und die Opfer zu entschädigen (Guillén/García-Guadilla 2006: 90f.).

Zahlreiche Orientierungen der Verfassung stehen im Gegensatz zu neoliberalen Parametern, darunter: Verbot von Militärstützpunkten oder Anlagen mit militärischem Zweck ausländischer Mächte (Art. 13); Verpflichtung des Staates, ein öffentliches kostenfreies Gesundheitssystem aufzubauen und zu finanzieren, das nicht privatisiert werden darf (Art. 84 u. 85); Verpflichtung des Staates zum Aufbau eines solidarischen Sozialversicherungssystem (Art. 86); weitgehende Arbeitsrechte (Art. 87-97); kostenlose öffentliche Schulbildung (Art. 103); staatliche Verpflichtung zur Finanzierung des öffentlich-rechtlichen Radios und Fernsehens sowie von Netzwerken, Bibliotheken und Informatikzentren (Art. 108); Verbot von privatwirtschaftlichen Monopolen (Art. 116); Verbot, Genome von Lebewesen zu patentieren (Art. 127); alle Aktivitäten, die Einfluss auf das Ökosystem nehmen könnten, bedürfen einer Umwelt- und Soziokulturverträglichkeitsstudie (Art. 129); Verbot zeitlich unbegrenzter Konzessionen zur Ausbeutung von Rohstoffen (Art. 156); Verbot von Vorzugskonditionen für ausländische Investoren (Art. 301); der Kernbereich des Erdölunternehmen PDVSA hat ausschließlich im Staatsbesitz zu verbleiben (Art. 303); Wasser ist ein öffentliches Gut (Art. 304); Latifundien widersprechen gesellschaftlichem Interesse (Art. 307).

Dank des neuen Verhältnisses zwischen Staat und sozialen Bewegungen und Organisationen, das die Verfassung formulierte, konnten letztere in den folgenden Jahren zahlreiche Projekte präsentieren und durchführen, an den öffentlichen Debatten über gesellschaftliche Veränderungen teilnehmen und sich so in sozial-politische Akteure verwandeln (García-Guadilla 2003: 233).

4.3 Kritik an der Verfassung von 2000

Die eingeführten partizipativen Elemente werden vereinzelt als »plebiszitär«, populistisch und aus demokratietheoretischer Sicht problematisch kritisiert. Liberal-demokratische Kritiker bezeichnen den Ausbau der Präsidialmacht als Abbau von Demokratie. Coppedge (2002: 16) unterstreicht hingegen, die Verfassung bleibe im Rahmen konstitutioneller Praxen westlicher Demokratien. Die Verlängerung der Amtszeit und zwei aufeinanderfolgende Amtsperioden seien nicht außergewöhnlich, die meisten liberalen Demokratien verfügten über keinerlei Beschränkung.

Aus linker Sicht wurde kritisiert, neoliberale Kräfte und Opportunisten inner- und außerhalb der ANC und der Regierung hätten die »historisch anstehende revolutionäre Veränderung« verhindert und das Strukturelle unangetastet belassen (Van Der Velde 2005: 14). Auch wenn richtig ist, dass die Verfassung, trotz aller partizipativen und progressiven Elemente nicht sozialistisch oder antikapitalistisch ist, so gab es dafür 1999 auch keine gesellschaftlichen Mehrheiten in Venezuela. Die Verfassung entsprach dem bestimmten historischen Moment. Zahlreiche latente Widersprüche hatten sich noch nicht manifestiert. Derartige Kritik läuft Gefahr, die emanzipative Rolle der neuen Verfassung zu übersehen. Die breite gesellschaftliche Debatte vertiefte das politische Verständnis, die Diskursfähigkeit, die aktive Teilnahme an gesellschaftlichen Prozessen und die Identifikation mit der neuen Verfassung. Und während die liberale Interpretation sie als »Anfang und Ende der notwendigen Veränderung« sieht (Van Der Velde 2005: 23), herrscht in den popularen Bewegungen ein anderes Verständnis.

Auf starke liberale Kritik stieß, dass die ANC eine 21-köpfige *Nationale Legislative Kommission* (bekannt als *Congresillo*) ernannte, um die Zeit zur Erneuerung der repräsentativen Organe zu überbrücken, da die alten mit der Annahme der neuen Verfassung als aufgelöst galten (Coppedge 2002: 18).[6] Die ANC bestand bis Ende Januar weiter und löste den Kongress und den Obersten Gerichtshof, die am stärksten diskreditierten Institutionen, auf und ernannte vorläufig – bis zu der Ernennung durch die Nationalversammlung – ein Oberstes Gericht, einen neuen Obersten Rechnungsprüfer, einen Generalstaatsanwalt und einen Ombudsmann.

Aufgrund der Ernennungen beschuldigte die Opposition Chávez und den *Pólo Patriótico* autoritärer Tendenzen, da Institutionen, die gemäß der neuen Verfassung unabhängig sein sollten, kooptiert würden. Auch Coppedge (2002: 32) wirft dem Obersten Gericht vor, nicht von der Exekutive unabhängig zu sein. Zwar gibt er zu, der Großteil der ausgetauschten Richter habe über Verbindungen zu den beiden Traditionsparteien verfügt und dass das Justizsystem durch »family tribes« infiltriert und ein drastischer Wechsel erforderlich gewesen sei, jedoch sieht er wenig Anlass dafür, zu glauben, die neuen Richter seien besser. Damit sollte er insofern recht behalten, als viele Richter trotz ihrer Ernennung durch die Chávez-Mehrheit weiter den traditionellen Eliten dienten.

---

[6] Die Wahlen waren für März 2000 vorgesehen, wurden aber wegen der Schlammlawine in Vargas am Tag des Verfassungsreferendums auf den 30. Juli verschoben.

4.4 Die gescheiterte Verfassungsreform 2007

Die Verfassung von 2000 hat einen programmatischen Charakter im Gegensatz zu dem normativen Charakter europäischer Verfassungen. Das ist typisch für die aus revolutionären Situationen oder tiefen Transformationsprozessen entstandenen Verfassungen Lateinamerikas (z.b. die mexikanische). Damit einher geht der Ansatz, die Verfassung zu verändern, wenn sich der gesellschaftliche Kontext ändert. Diesen Anspruch formulierte schon die Verfassung der Französischen Republik vom 24. Juni 1793, die allerdings nicht zur Anwendung kam, in Artikel 28: »Ein Volk hat stets das Recht, seine Verfassung zu revidieren, zu verbessern und zu ändern. Eine Generation kann ihren Gesetzen nicht die künftigen Generationen unterwerfen.«[7] Nur so ist zu verstehen, wie es in Venezuela bereits 2007 zu der Initiative einer Verfassungsreform kam. Die Verfassung sollte der Debatte sowie der neuen gesellschaftlichen Zielsetzung einer sozialistischen Transformation angepasst werden. Nach dem hohen Sieg bei den Präsidentschaftswahlen 2006 schien der Zeitpunkt günstig und Chávez ergriff die Initiative. Er legte einen Entwurf vor, um 33 Artikel zu reformieren. Die Nationalversammlung diskutierte und überarbeitete die 33 Vorschläge und schlug Änderungen weiterer 36 Artikel vor. Die Debatten waren kontrovers und einige Änderungen kamen auf Druck der Basis zustande. Diverse gesellschaftliche Gruppen (z.b. Straßenhändler) mobilisierten mit eigenen Vorschlägen.

Die Reform sah diverse Verbesserungen vor, darunter ein Sozialversicherungssystem für Beschäftigte im informellen Sektor, die Verankerung von Rätestrukturen, das Verbot von Diskriminierung wegen sexueller Orientierung, eine territoriale Neuordnung, die Stimmenparität von Professoren, Studierenden und Beschäftigten in universitären Gremien u.v.m.; aber auch die Präsidial- und Staatsmacht wurde gestärkt (Azzellini 2007d). Der Vorschlag, die Beschränkung der Amtszeiten für die Präsidentschaft aufzuheben, wurde häufig als »ewige Präsidentschaft« dargestellt. Eine abwegige Kritik, da auch Chávez weiterhin gewählt werden muss. Die Darstellung internationaler Medien, die darin den Grund für die Niederlage sahen, ist falsch. In der öffentlichen Debatte in Venezuela spielte diese Frage auch kaum eine Rolle und ein Referendum über die Aufhebung der Beschränkung der Amtszeiten (Präsidentschaft, Gouverneure und Bürgermeister) im Februar 2009 erzielte eine Zustimmung von 55 %.

---

[7] http://www.verfassungen.eu/f/fverf93–i.htm, Internetversion vom 5. Februar 2009. Die Verfassung wurde am 13. August 1793 vom Nationalkonvent suspendiert, am 23. Juni 1795 wurde eine neue verabschiedet.

Im Referendum Anfang Dezember 2007 wurde die Reform knapp abgelehnt. Bei einer Wahlbeteiligung von 55,89% und einer Abstimmung in zwei Blöcken stimmten bei dem Block A mit Chávez' 33 Vorschlägen 50,7% mit Nein (4.504.354 Stimmen) und 49,29% mit Ja (4.379.392 Stimmen) und bei dem Block B 51,05% mit Nein (4.522.332 Stimmen) und 48,94% mit Ja (4.335.136 Stimmen). Im Vergleich zu den Präsidentschaftswahlen 2006 gewann die Opposition nur etwa 200.000 Stimmen hinzu, während das Regierungslager fast drei Millionen Unterstützer verlor (Azzellini 2007d), die der Wahl fern blieben. Die Niederlage lag darin begründet, dass die Basis nicht von dem Projekt überzeugt war.

Die Opposition, unterstützt von nationalen und internationalen Medien und Geldgebern, entfachte eine umfassende Propagandakampagne gegen die Reform. Das Recht auf einen Kinderkrippenplatz wurde als Zugriff des Staates auf die Kinder, die den Familien weggenommen würden, diffamiert. Die Einführung verschiedener staatlicher, gemeinschaftlicher und individueller Eigentumsformen wurde zu einer kommenden Enteignungswelle von Individualbesitz hochstilisiert. Im Verlauf der Debatte spalteten sich sozialdemokratische Kräfte wie Podemos oder General Baduel vom Prozess ab und gingen zur Opposition über. Dies alles kostete die Reform sicher Stimmen (Azzellini 2007d), doch die Hauptursache des Scheiterns lag in den eigenen Fehlern, die in folgenden Debatten als wesentlich für die schwache Mobilisierung gedeutet wurden. Dazu gehörten die zu knappe Zeit, um der Basis, die nicht organisatorisch eingebunden ist, die Inhalte der Reform nahezubringen; die verbreitete Korruption und Ineffizienz in der öffentlichen Verwaltung und eine verdeckte Strömung innerhalb des Bolivarianismus, die de facto für das Nein arbeitete. Zu ihr gehörten vor allem Bürgermeister und Gouverneure, die (zurecht) fürchteten, in Folge einer territorialen Neuordnung und der Aufwertung der Rätestrukturen an Einfluss zu verlieren (Azzellini 2007d).

Der Mechanismus, mit dem die Nationalversammlung Vorschläge der Basis aufgenommen hat, war undurchsichtig und die Zeit knapp. Das hat die Partizipation reduziert. Eine Bevölkerung wie die Venezuelas, die in den vergangenen Jahren ein hohes Maß an Partizipation gelernt und erfahren hat, lässt sich nicht im Schnellverfahren überrollen. Versteht man aber Demokratie als Prozess, so war die Debatte um die Reform dennoch positiv. Wenn auch nicht alle, so diskutierten doch Hunderttausende in Basisorganisationen intensiv und kontrovers. Die Kritik galt vor allem dem Weiterbestehen der bisherigen Verwaltungsinstanzen und ihrem Zusammenspiel mit den neuen Rätestrukturen, einem linearen Entwicklungsbegriff und der fehlenden Verankerung nachhaltiger Entwicklungsvorstellungen sowie der immer noch eingeschränkt empfundenen Volksmacht. Dennoch wurde die Reform von der bolivarianischen Basis als erster Schritt angesehen (Azzellini 2007d). Und auch die Tatsache, dass über 4,3 Millionen Menschen für eine erklärtermaßen sozialistische Verfassung stimmten, stellt – wie auch Chávez noch in der Wahlnacht erklärte – einen großen Erfolg dar. Mit einer Niederlage hatte niemand gerechnet, nicht einmal die Opposition. Sie hatte sich vor dem Referendum der Diskreditierung Chávez' und des Wahlrates gewidmet und am Wahlabend, noch während der Zählung, eine Anti-Wahlbetrugskampagne aktiviert. Chávez hingegen erkannte die Niederlage direkt nach Bekanntgabe der knappen Ergebnisse an und der Wahlrat stellte seine effektive und korrekte Arbeitsweise unter Beweis, das stärkte die Position der Regierung vor allem im internationalen Kontext. Außerdem führte die Verfassungsreform dazu, dass die Opposition die geltende Verfassung, die sie zuvor noch bekämpfte, aus wahltaktischen Gründen anerkannte und verteidigte (Azzellini 2007d).

Teil 2
Demokratie, Partizipation und Pueblo Soberano

Kapitel 5:
Demokratie, Zivilgesellschaft und Populismus

Demokratie steht im Mittelpunkt der ideologischen, theoretischen, diskursiven und symbolischen Auseinandersetzung. Nahezu das gesamte politisch-ideologische Spektrum argumentiert in ihrem Namen. Auch in der kritischen linken Debatte geht es wesentlich um Demokratie, sei es direkte, sozialistische, radikale, partizipative und protagonistische Demokratie oder Basisdemokratie. Zu Beginn des 21. Jahrhunderts bezeichnen sich fast alle Staaten der Welt als demokratisch. Demokratie ist offensichtlich ein »verschwommener« Begriff (Lander 2006: 100; Lanz 2001: 105; Saage 2005: 25; Wallerstein 2001). Vorherrschend ist der liberal-demokratische Begriff, der geradezu mit Demokratie gleichgesetzt wird. Der Triumphalismus derer, welche die liberale Demokratie für das beste aller politischen Systeme und die einzig mögliche Demokratie halten, erreichte seinen Höhepunkt in Fukuyamas Buch »Das Ende der Geschichte«.[1] Demokratie nur in ihrer »liberaldemokratischen Kümmerform« zu denken, stellt jedoch eine inakzeptable Einschränkung dar.[2]

Es existiert nicht einmal eine notwendige Beziehung zwischen Liberalismus und Demokratie, im Gegenteil, bis Mitte des 19. Jahrhunderts befanden sich beide im Konflikt. Die Anhänger des Wirtschaftsliberalismus wehrten sich vehement gegen die Idee der Demokratie (Mouffe 1999: 28). Die »liberale Demokratie«, in einer Form und mit Einschränkungen, die es schwer machen noch von Demokratie zu sprechen, wurde dann aber zum politischen Ausdruck des neu aufkommenden Produktionsmodells und der Marktgesellschaft, konstruierte das Politische als von der Gesellschaft getrennte Sphäre und diente dazu, die Demokratie von der Frage des Eigentums und der sozialen Ungleichheit abzukoppeln (Figueroa Ibarra 2006: 18). Bürgerliche Freiheiten und Rechte wurden erst nach der brutalen Durchsetzung des neuen Produktionsmodells und nachdem sich die Bourgeoisie ihrer Macht sicher

---

[1] Angesichts des Zusammenbruchs des Ostblocks behauptet Fukuyama, die liberale habe die soziale Demokratie in die kapitalistischen Verhältnisse integriert, sodass es keine historische Alternative mehr zu ihr gebe (Fukuyama 1992).

[2] Zur Kritik an der liberalen Demokratie siehe u.a. Agnoli/Brücker 1968; Macpherson 1964, 1977; Marcuse/Moore/Wolff 1966.

wähnte, seit dem 19. Jahrhundert in sozialen Auseinandersetzungen erkämpft (Demirović 2005b; Lander 2006: 101).

Demirović (2005b) gibt zu bedenken, dass es angesichts der Defizite schwer zu glauben sei, diese seien »nicht systematisch mit der bekannten Form der politischen Demokratie verbunden«, sondern kontingente Erscheinungen, die im Laufe der Zeit korrigiert würden. Die Entwicklung seit den Hochzeiten keynesianischer Politiken bestätigt diese Einschätzung. Da in einer globalisierten Welt Entscheidungen zunehmend von nicht gewählten supranationalen Gremien getroffen werden und der Einfluss von Finanzmärkten und transnationalen Konzernen die Demokratie und den Staat in ihren Funktionen aushöhlt, steht die liberale Demokratie mittlerweile selbst in ihren westlichen Kernländern vor großen Legitimationsschwierigkeiten (Wainwright 2003: 188). Ihre historische Spannung und ihr grundlegender Widerspruch der Mediation zwischen den Rechten des Kapitals und den Rechten der Menschen werden zugunsten des Kapitals entschieden und die sozialen Errungenschaften der vergangenen Jahrzehnte zurückgeschraubt (Lander 2006: 103). Die liberale Demokratie, einst gedachter und realer Ort der tendenziellen Ausweitung von Rechten – limitiert auf die Kapitalkompatibilität –, ist zum Ort des Abbaus und bestenfalls der Verteidigung von alten Rechten geworden (Lander 2006: 106). Im Zuge des neoliberalen Effizienzdiskurses seit den 1980er Jahren wurde Demokratie wieder so verstanden wie von Schumpeter (1942) und Mannheim (1951): Als Methode der Generierung staatlicher Ordnung.

Die Vorstellung von Demokratie als Konfliktvermeidung führte zu einer »Demokratietheorie ohne Demokratie«. Die Definitionskriterien wurden »vom Moment der Beteiligung hin zum Moment der Güte der Politikergebnisse, also vom Input zum Output« (Jörke 2006: 253) verlagert. Mit dem Prinzip der Repräsentation wird zudem das Politische als von der Gesellschaft getrennte Sphäre konstruiert.[3] Diese Bresche hat sich im Neoliberalismus vergrößert. Angesichts mangelnder Partizipationsmöglichkeiten und realer Einflussnahme ist die Partizipation in den »längst zur Formalität verkommenen liberaldemokratischen Strukturen« (Hirsch 2008) stark zurückgegangen. Das sorgt die Anhänger liberal-demokratischer Theorien. Sartori, Verfechter einer »demokratischen Elitenherrschaft«, stellt entsprechend elitär fest: »Man kann ohne weiteres allgemein behaupten, Apathie und Entpo-

---

[3] Die Kritik an Parteien und wie das Parteiensystem letztlich die Demokratie erfolgreich einer Elitenkontrolle der Entscheidungsoptionen unterworfen hat, während Parteien intern zugleich meist mehrheitlich über nicht-demokratische Mechanismen funktionieren ist u.a. von Macpherson (1964, 1977) dargelegt worden.

litisierung seien weit verbreitet, der gewöhnliche Bürger sei wenig an der Politik interessiert, die Bürgerbeteiligung sei minimal oder sogar subminimal, und in vieler Hinsicht und in vielen Fällen habe die Öffentlichkeit gar keine Meinung, sondern nur undeutliche Empfindungen, die aus Stimmungen und Gefühlswallungen bestehen.« (1992: 114). Ähnliches wird häufig auch für Lateinamerika behauptet. Das chilenische Institut »Latinobarómetro« stellt dagegen, der Kontinent sei mobilisiert »wie niemals zuvor«, da die Mobilisierung aber nicht den konventionellen Partizipationskanälen folge, würden Indikatoren, die zur Untersuchung von Gesellschaften des Nordens geschaffen worden seien, eine Abnahme der Partizipation anzeigen (Latinobarómetro 2008: 75). Es handelt sich also nicht um eine Krise der Partizipation, wie es der Apathie-Diskurs suggeriert (Cansino/Sermeño 1997: 558; Rivas 2002: 11; Sartori 1992:114), sondern um eine Krise der Repräsentation, des »Politischen« im liberal-demokratischen Sinne.[4]

Im Rahmen des Transformationsprozesses in Venezuela stellt die Ablehnung des Repräsentationsprinzips eine zentrale normative Orientierung dar. Die »partizipative und protagonistische Demokratie« postuliert die Überwindung liberal-demokratischer Modelle. Da sich die liberale Kritik darauf konzentriert, Venezuela als undemokratisch zu bezeichnen, wird auf die Demokratiedebatten in Lateinamerika und die liberal-demokratische Kritik an Venezuela eingegangen. Die Einstufung von Ländern und Systemen ist ja auch keine bloße akademische Spielerei, sondern stellt – angesichts dessen, dass Demokratie als bevorzugtes Regierungssystem gilt – auch eine moralische Einstufung dar und hat weitreichende politische Implikationen (O'Donnell 2001: 8). So spielte auch bei Militärinterventionen vermeintlich fehlende »Demokratie« eine vordergründig wichtige Rolle im Zusammenhang eines forcierten *Regime Change*.

---

[4] Das Prinzip der Repräsentation kam in der Renaissance auf und in der Aufklärung zu seiner Blüte. In allen Sektoren ging es darum, das Partikulare unter einem es repräsentierenden »Universellen« zusammenzufassen, das wiederum den Anspruch erhebt, alle Partikularitäten zu repräsentieren. »Repräsentation« hat zwei Bedeutungen: »Vertretung« und »Darstellung« (Marx) – Vertretung ist aber auch immer »Darstellung« der »Vertretenen«, ein Beitrag zur Identitätskonstruktion der vertretenen/repräsentierten Gruppe. Die Krise der Repräsentation ist also eine Krise des (traditionell) Politischen.

5.1 Demokratie in Lateinamerika

Vor etwa 30 Jahren (Ecuador 1979, Peru 1980) begann in Lateinamerika eine Transition, die international als »Demokratisierungsprozess« behandelt und gefeiert wurde. Die verschiedenen Diktaturen und autoritären Regime wurden vor allem im Laufe der 1980er Jahre alle von formal liberal-demokratischen Systemen abgelöst. Als vorläufig letztes Land folgte Mexiko mit der Ablösung der traditionell seit der mexikanischen Revolution unter verschiedenen Namen regierenden *Partido de la Revolución Institucionalizada* durch die konservative *Partido Acción Nacional* (PAN) im Jahr 2000. In einigen Ländern gab es zwar einen Rückfall in autoritäre nicht-liberale Systeme (Haiti: Putschregierung 1991-1994 und 2004-2006; Peru: Fujimori-Regime 1992-2000), doch insgesamt war der Trend zu Wahldemokratien in den vergangenen drei Jahrzehnten prägend für Lateinamerika. In den Demokratiedebatten in und zu Lateinamerika sind eine Vielzahl verschiedener Strömungen erkennbar. Über ihre Anzahl, Merkmale und Bezeichnung besteht keine Einigkeit. Sinnvoller Weise lassen sich zumindest vier grobe Strömungen benennen: Neoliberale, Transitionstheoretiker/Institutionalisten/Neosozialdemokraten,[5] postmoderne Ansätze und kritisches Denken.

Die neoliberale Offensive begann 1986 mit dem Buch »Für eine Demokratie ohne Adjektive« des Mexikaners Enrique Krauze. Für den neokolonialen Elitendemokratie-Vertreter ist die liberale Demokratie das Heilmittel gegen alle historischen Gefahren in Lateinamerika: Militarismus, Revolutionärer Marxismus, Populismus und Staatsökonomie. Diese präsentierten sich nun im neuen Gewand als militärischer Populismus von Hugo Chávez oder ethnisch-indigenistisch verklärte Revolutionsbewegungen. In Lateinamerika fehle eine »moderne intellektuelle Avantgarde« im Stile von »Havel, Sacharow, Michnik« (2003: 58-60). Unter den Autoren, die mit entsprechenden Veröffentlichungen folgten, befand sich Mario Vargas Llosa, der mit Plinio A. Mendoza und Carlos Alberto Montaner im »Handbuch des perfekten lateinamerikanischen Idioten« (1996) für ein neoliberales Modell nach dem Vorbild von Thatchers Großbritannien plädierte, in dem der Staat das Soziale und die Wirtschaft weitgehend dem freien Markt überlässt.

---

[5] Mendéz (2004: 13-27) schreibt die Transitionstheoretiker mehrheitlich einem prozessualen Demokratieverständnis zu (das letztlich im Neoliberalismus landet), während sie O'Donnell und andere, die soziale Indikatoren hinzunehmen, und (Neo-)Sozialdemokraten nicht dazuzählt. Hier werden sie alle in eine Kategorie gefasst. Die Ausweitung der Kriterien ändert nichts an der grundsätzlichen Herangehensweise.

In der wissenschaftlichen Debatte dominant war seit Ende der 1980er Jahre die Transitionstheorie. Sie baut auf der Grundannahme auf, dass freie Wahlen und ein liberal-demokratisches Institutionengefüge nahezu automatisch zu einer politischen Demokratisierung und damit zu der Ausweitung sozialer Rechte führen. Politische Akteure und Wissenschaftler gingen davon aus, der Übergang zu formal-demokratischen Regimen würde die grundlegenden Probleme der Region lösen (Oliver 2005: 51). Demokratie wurde isoliert vom Staat und seinem Akkumulationsmodell als ein Regimetypus und nicht als Gesellschaftstypus betrachtet.[6]

Der vorherige Schwerpunkt der Debatte um Unterentwicklung und Dependenz wurde von einer Aufwertung der formalen Demokratie und der Rolle des Staates abgelöst und die Notwendigkeit einer politischen Demokratie formuliert (Castañeda 1993; Cavarozzi 1991; Garretón 1991a, 1991b; Lechner 1995; O'Donnell 1994, 2001; Torres-Rivas 2002). Die Positionen reichen von eingeschränkten prozessualen Demokratieverständnissen bis hin zu solchen, die diverse soziale Komponenten hinzufügen. Letztlich aber sind sich alle einig, dass der Staat einen freien kapitalistischen Markt bei gleichzeitiger sozialer und politischer Demokratie gewährleisten soll (Lechner 1995).[7] Ein Großteil der Literatur teilt die Grundannahmen, es gebe ein klares und konsistentes Grundgerüst an demokratischer Theorie und es stelle mit kleinen Veränderungen ein geeignetes Analyseinstrument für neue Demokratien dar. Doch Ersteres ist falsch und das Zweite daher nicht praktikabel (O'Donnell 2001: 7f.).

Die Demokratieanalyse der Transitionstheorie geschieht mit dem *regime analysis approach*.[8] Die Demokratievorstellung folgt dem elitären und reduzierten Demokratiebegriff Schumpeters (1942) und dem Polyarchie-Begriff Dahls (1971). Demokratie wird in Bezug auf grundsätzliche prozessuale Fragen gewertet: Gewaltenteilung, Parteienwettbewerbssystem, Alternanz in der Machtausübung, Repräsentativität beruhend auf periodischen öffentlichen Wahlen und Medien, deren Unabhängigkeit durch das Privateigentum garantiert wird (Parker 2006: 95). Als relevante politische Akteure werden nur die Repräsentanten der liberalen Demokratie (Parteien und Regierung) und die Eliten wahrgenommen. So schuf sich die Wissenschaft ein einfaches

---

[6] Zur Rolle des Staates in Lateinamerika und den Veränderungen in der Debatte der 1990er Jahre siehe Oliver 2005 und Castro/Mussali/Oliver 2005.

[7] Für einen kritischen Überblick zur Demokratiedebatte in Lateinamerika in den 1990er Jahre siehe Borón 1997 und Lander 1996b.

[8] Für einen Überblick über und zur Kritik an der Transitionsforschung siehe Burchardt 2008.

Raster für vergleichende Studien, was aber der komplexen Realität nicht gerecht werden kann.

Die politische Demokratisierung stellte sich im Rahmen der liberal-demokratischen Systeme nicht ein. Die lateinamerikanischen Formaldemokratien waren weiter autoritär und konnten die dringendsten Probleme der Bevölkerung nicht lösen (Parker 2006: 90f.). Lateinamerika ist zwar nach liberalen Kriterien die demokratischste aller Weltregionen jenseits von Westeuropa, den USA und Kanada, doch zugleich die mit der größten Ungleichheit bezüglich Einkommen und Zugang zu Grundgütern wie u.a. Gesundheit, Bildung und Trinkwasser (CEPAL 2007; Figueroa 2006).

Und auch die reaktionärsten Ideologien und Politiken des Kontinents bedienten sich der Demokratie, um die soziale Frage von sich zu weisen (Lanz 2005: 101). Als um die Jahrtausendwende die Kritik an den Paradigmen der Transitionsforschung immer stärker wurde, entgegneten ihre Vertreter, das entsprechende Institutionengefüge, das zu einer Verbesserung der Situation führe, sei eben noch nicht gegeben, weswegen weitere Reformen in die gleiche Stoßrichtung notwendig seien oder verfeinerten ihre Kriterien (Burchardt 2008: 81).

Guillermo O'Donnell, der repräsentative, »konsolidierte« Demokratien gegenüber »delegativen Demokratien« (1994) verteidigt, betont, eine Theorie von angemessenem Nutzen müsse anerkennen, wie das Aufkommen von Demokratie in unterschiedlichen Kontexten auch spezifische Charakteristiken hervorbringen kann (2001: 8). Demokratien müssten in ihrem sozialen Kontext bewertet werden und nicht nur aufgrund des Regimes oder des Staates (O'Donnell 2001: 26).

Die Existenz gewisser politischer Rechte sei nicht ausreichend, wenn eine Reihe ziviler Rechte nicht garantiert sei. Dazu zählt O'Donnell schwere Diskriminierung von Frauen oder Minderheiten, die regelmäßige Verletzung der Rechte von Armen oder Minderheiten durch Polizei oder Mafia-Gruppen, einen ungleichen Zugang zum Gesetz u.v.m.. Zudem sei häufig keine flächendeckende Reichweite der Gesetze und der Justiz gegeben, sodass in Regionen mit geringer institutioneller Präsenz bzw. Durchgriffsmöglichkeiten andere Kräfte walten und allgemeine Rechte nicht gelten. Die Ausweitung der Demokratie und zivile, soziale und politische Rechte sind nicht voneinander zu trennen (O'Donnell 2001: 27f.). Die ungenügende Umsetzung von Bürgerrechten führe in den neuen Demokratien zu einer *low-intensity-citizenship*.

O'Donnell nimmt unter den Institutionalisten mittlerweile eine der komplexesten Positionen ein. Mit den Jahren hat er eine wachsende Anzahl von sozialen, politischen und ökonomischen Determinanten in sein Demokratiekonzept eingebaut.[9] Allerdings fügt er dem methodischen Instrumentarium der Transitionsforschung lediglich eine soziale Dimension hinzu, ohne es in Frage zu stellen. Er klammert die ökonomische Demokratie aus und hält weiterhin am westlichen, liberal-demokratischen System als Idealtypus fest. Diese Grundlinien teilen liberal-konservative über stärker sozial orientierte bis zu neosozialdemokratischen Ansätzen. So auch der Mexikaner Jorge German Castañeda (1993), der für ein anti-neoliberales Regierungsprojekt einer Mitte-Links-Allianz eintrat, das unter Beachtung der von der Globalisierung gesetzten Grenzen einen »freien Markt«, soziale Gerechtigkeit und eine nationale souveräne Politik ermögliche. Zu den prominentesten Neosozialdemokraten gehört der Guatemalteke Edelberto Torres-Rivas (1996, 2002), der die Notwendigkeit einer Staatsreform betont (2002: 232). Doch auch Alain Touraine, der sozialen Bewegungen mehr Bedeutung zumisst, verlässt den liberal-demokratischen Rahmen nicht und gelangt zu dem Schluss: »Wir brauchen einen Freiraum für die Initiativen des Kapitalismus und wir brauchen noch viel mehr im aktuellen Moment eine schnelle Wende in den nationalen und sozialen Politiken im Kampf gegen die Ungleichheit, die keine wirkliche Entwicklung auf dem Kontinent erlaubt, weder der Gesellschaft noch der Wirtschaft.« (Touraine 2006)

Die Vertreter des Transitionstheorie, ungeachtet welcher Couleur, bleiben die Antwort schuldig, wie Markt und liberale Demokratie die angestrebten Veränderungen im lateinamerikanischen Kontext erreichen sollen, zumal sich die Rahmenbedingungen seit Beginn der Debatte eher verschlechtert als verbessert haben. So landen die meisten Transitionstheoretiker letztlich beim Neoliberalismus. Exemplarisch dafür ist Castañeda in Mexiko, der ab 2000 als Minister der PAN-Regierung eine klassische neoliberale Politik stützte (Ellner 2006b: 75); ähnlich erging es in Venezuela Teodoro Petkoff. In den Wissenschaften kommen auch erweiterte Transitionsanalysen zu keinen neuen Ergebnissen.[10] Je weiter ein Land vom liberal-demokratischen Modell entfernt ist, desto schlechter schneidet es ab. So hat der Transitionsansatz auch nichts weiter zu bieten als die Rückkehr zur liberalen Demokratie, deren Scheitern die Ursache der Abkehr war. Die Transitionstheorien können weder das Scheitern der liberalen Demokratie erklären noch zu der Erarbeitung eines Auswegs beitragen. Der venezolanische Philosoph Rigoberto Lanz stellt richtig

---

[9] Das ist leitend für den Bericht des PNUD 2004.
[10] Im Bertelsmann Transformation Index z.b. landet Venezuela unter 125 Ländern auf Platz 118 zwischen der Elfenbeinküste und Eritrea; Ecuador landet auf Platz 103 zwischen der Republik Kongo und Togo. Kolumbien, wo jährlich Tausende von Oppositionelle ermordet werden oder verschwinden, komm auf Platz 58 (BTI 2008).

fest, aufgrund ihres Sprechorts, der Logik, von der sie regiert werden, und ihrer anachronistischen Kategorien sei von den Schulen der Politikwissenschaften, der Parteienherrschaft oder den politischen Eliten nahezu nichts zu erwarten (Lanz 2001: 104). Das Grundproblem liegt viel tiefer als es die Apologeten der liberalen Demokratie wahrhaben wollen. Der Liberalismus in Lateinamerika beließ die kolonialen Ausbeutungs-, Ausschluss- und Besitzverhältnisse intakt. Die ökonomischen Modelle sind nicht auf die Realität der Länder ausgerichtet, sondern in erster Linie darauf, Ressourcen zu extrahieren und die Zentren kolonialer Macht zu alimentieren (López Maya 2005b: 199; Monedero 2007). Den kulturell wie ethnisch heterogenen Gesellschaften wurde ein eurozentristisches, liberales und homogenisierendes Modell übergestülpt, in dem nur eine weiße männliche Oberschicht die vollen Bürgerrechte genießt (Lander 2006: 103; de Sousa 2007: 13). Eine weitere Gruppe wird als Bürger zweiter Klasse behandelt und eine dritte (meist Indígenas) sind »Nicht-Bürger«. Das wesentlich in den USA, England, Deutschland, Frankreich und Italien entwickelte liberal-demokratische Modell hat in Lateinamerika daher auch nicht die gleichen Effekte wie in Europa und den USA produziert.

Die hegemoniale Demokratie- und Transitionstheorie stammt aus den Ländern des Nordens, während die transformatorischen Praxen im Süden der Welt stattfinden. Die großen Theoretiker sprechen aber weder Spanisch noch Portugiesisch, u.a. deswegen nehmen sie die Transformationspraxen des Südens nicht wahr und marginalisieren sie (de Sousa 2007: 13). Darüber hinaus haben sie aus politisch-ideologischen Gründen kein Interesse, sie zu propagieren. In Lateinamerika haben die wesentlichen theoretischen Beiträge mit diesem begrenzten Schematismus abgeschlossen und die Strömungen, die an neuen demokratischen Entwürfen arbeiten, verorten sich deutlich jenseits der auf Repräsentation und Prozessualität aufbauenden liberal-demokratischen Ansätze (Lanz 2005: 100). Dazu gehören die linken postmodernen Positionen wie auch jene, die sich dem »kritischen Denken« zuordnen lassen.

Der Einfluss postmodernen Denkens auf die Demokratiedebatte in Lateinamerika ist vor allem in den 1990er Jahren groß gewesen. Allerdings finden sich unter der Zuordnung verschiedenste politische Orientierungen. Einerseits die liberalen und neoliberalen Ansätze, die aus dem von postmodernen Diskursen propagierten Ende der Vernunft und der Krise des Diskurses und der Wissenschaften eine Rechtfertigung für neoliberale Vorschläge bauen, indem der Individualismus, das Persönliche und die Selbstreferenzialität in das Zentrum rücken (Lander 1996b: 27). Sie erscheinen oft in Form von kommunitaristischen und neokommunitaristischen Diskursen. Andererseits gibt es postmoderne Diskurse, die jegliche rechte und konservative Auslegungen ablehnen. Sie werden häufig als postmarxistisch definiert. Dazu gehören Autoren wie Ernesto Laclau (2003), Chantal Mouffe (1992, 1999, 2005, siehe auch Laclau/Mouffe 1991) oder Rigoberto Lanz (2001, 2005, 2007). Sie lehnen die Übertragung liberal-demokratischer Kriterien auf alle Länder ab und kritisieren die liberale Demokratie als defizitär im Bereich der *citizenship* und des Rechtes. Laclau und Mouffe sprechen sich für eine radikale Demokratie aus und Lanz für einen »anti-liberalen Kommunitarismus« (Lanz 2001: 105).

Die vierte Strömung kann als »kritisches Denken« oder als »holistische« Demokratiekonzeption (Lander 1996b) bezeichnet werden. Hierzu gehören die Ansätze, die es ablehnen, die Demokratiedebatte auf eine juristische Definition zu beschränken, und unterstreichen, dass jede Definition implizit auch eine politische und ideologische Position transportiere (Roitman 1995: 60). Die prozessuale Demokratie (Bobbio 1988; Dahl 1971; Schumpeter 1942) wird in der lateinamerikanischen Realität als restriktiv (Gallardo 2007: 26) analysiert. Demokratie wird als ein Zusammenspiel von politischer, sozialer und ökonomischer Demokratie verstanden (Borón 1993, 1997; Gónzalez Casanova 1995; Roitman 1995; de Sousa 2001, 2004a, 2004b, 2007). In Abgrenzung zu einer autoritären Linken werden Bürgerrechte und politische Rechte als notwendiger Bestandteil der Demokratie angesehen. Die Autoren, die zu dieser Strömung dazugezählt werden können, sind sich bei allen Unterschieden (vor allem im Verhältnis zum Staat) einig über die Notwendigkeit einer Partizipation der Bevölkerung (politisch, sozial und ökonomisch). Und auch alternative Demokratieverständnisse, die sich an Mit- und Selbstbestimmung orientieren, haben die transformatorische Praxis in Lateinamerika stark geprägt. Zu den bekanntesten gehören die Zapatistas in Mexiko, die Landlosenbewegung und der partizipative Haushalt in Brasilien und die Erfahrungen in Venezuela und Bolivien. Das historische sich Erschöpfen des Produktions- und Konsummodells des Nordens sowie die politische Form der liberalen Demokratie zwingen dazu, die Zukunft des lateinamerikanischen Kontinents anders zu denken (Lander 2006: 107).

5.2 Venezuela: Demokratie versus Demokratie

Viele liberale Analysten kritisieren, die Demokratie in Venezuela sei in höchstem Maße gefährdet, Chávez zerstöre sie und die Institutionen. Die Regierung habe eine »illiberale Demokratie« geschaffen und sei undemokratisch (De Venanzi 2006: 64). Gutiérrez (2005) konzentriert sich auf die Parteienanalyse, da im Funktionieren der Parteien als Mediation zwischen den Bürgern und dem Staat der Schlüssel zum Verständnis liege, wie gut eine Demokratie funktioniere (2005: 162). Eine besondere Rolle käme dabei den Traditionsparteien zu. Da kann es in Venezuela nur schlecht um die Demokratie stehen:»Der Prozess der Deinstitutionalisierung des venezolanischen Parteiensystems im Allgemeinen und der Traditionsparteien im Besonderen führt dazu, dass die demokratische Regierbarkeit in der Schwebe liegt.«(Gutiérrez 2005: 170) Andere Kritiker sind differenzierter und greifen O'Donnells Aufteilung der philosophischen Komponenten einer modernen Demokratie auf – Liberalismus als Respekt individueller und politischer Freiheiten, Republikanismus in Form des institutionellen Machtausgleichs und *horizontal accountability* und die demokratische Komponente in Form von regelmäßigen freien Wahlen – und ordnen Venezuela dann als demokratischer ein als das Punto-Fijo-Regime, aber als weniger republikanisch und liberal (Coppedge 2002; Luna 2006: 3).

Dabei unterschlagen sie, dass eine Institutionalisierung im Sinne Webers im Gegensatz zu anderen Ländern der Region in Venezuela nie erfolgte, da der»magische Staat«als klientelistischer Verteilungsapparat des Erdölreichtums und die dadurch erzeugte Korruption und Ineffizienz sie unmöglich machten (Burchardt 2005: 117; Coronil 2002). Die Konzentration auf die vermeintlich undemokratischen Zustände in Venezuela ist ideologisch-politisch motiviert. So gelten Mexiko oder Kolumbien, in denen Militär, Drogenhandel und Politik ein dichtes Netz krimineller Verbindungen bilden, als demokratisch. Und in Venezuela wiederum stehen genau jene Politiker, Parteien und Medien für den liberal-demokratischen Diskurs, die in den vergangenen Jahren dazu aufriefen, die Verfassung und die Gesetze nicht anzuerkennen, gegen die Regierung putschten und dabei alle gewählten Organe abschafften und Medien schlossen (Fernández/Alegre 2006: 68-70).

In internationalen Medien ist dennoch die gegenteilige Darstellung dominant und der Chávez-Regierung wird vorgeworfen, die Pressefreiheit einzuschränken (Reul 2003: 53-57). Dies, obwohl die Pressefreiheit in Venezuela absolut gewährleistet ist und eine breite Förderung und Stärkung öffentlich-rechtlicher, lokaler und alternativer Medien sowie unabhängiger Produktionen die freie Meinungsäußerung fördert und den Zugang zu Medien demokratisiert (Britto 2006). In der Kritik erfolgt eine Vermischung der Pressefreiheit mit dem nicht existenten Recht kommerzieller Medien, Sendefrequenzen zu erhalten.[11] Die meisten Informationen über angebliche Einschränkungen

---

[11] 2007 wurde z.B. die ausgelaufene Lizenz zur Ausstrahlung auf Antennenfrequenz des Privat-TV-Senders RCTV, der am Putsch beteiligt gewesen war, nicht erneuert und die Sendefrequenz einem öffentlich-rechtlichen Kanal zugeteilt. Auf den weltweit gewöhnlichen administrativen Vorgang folgte eine internationale Kampagne gegen die

der Pressefreiheit in Venezuela stammen von der Interamerikanischen Pressegesellschaft (SIP), die keine Journalistenvereinigung ist, sondern ein Verbund von Medienbesitzern. Entsprechend ist auch ihr Verständnis von Pressefreiheit.[12]

Ein häufiger Vorwurf lautet, Chávez habe mit seinem Diskurs die Gesellschaft polarisiert (Boeckh/Graf 2003; Castañeda 2006; Gratius 2007: 8; Krennerich 2003; Reul 2003: 36, 69; Welsch/Werz 2000; Willer 2003; Zimmerling 2005: 43). Welcher Geist hinter dieser Kritik steckt, wird selten offengelegt. Loyo tut dies und merkt an, einer der schwersten Fehler der Chávez-Regierung sei gewesen, keine »neuen alternativen Kanäle für die friedliche Lösung der politischen Konflikte zwischen Machtgruppen herzustellen« (Loyo 2002: 32). Die zutiefst antidemokratische Eliten-«Demokratie« wird hier als selbstverständlich propagiert, die Existenz von Eliten und Machtgruppen wird quasi naturalisiert. Dass diese Elitenversöhnung gar nicht gewollt ist, weil die Machtgruppen ungerecht sind und die Partizipation (demokratisch, sozial, kulturell, ökonomisch usw.) der Bevölkerungsmehrheit verhindern, wird vom Autor gar nicht in Betracht gezogen.

Der Transformationsprozess hat eine enorme Politisierung der Gesellschaft bewirkt. Die Mehrheit der Marginalisierten und Nicht-Repräsentierten hat in der Partizipation eine Alternative zur Repräsentation gefunden. In Venezuela geht es nicht nur darum, dass sich das Zwei-Parteien-Modell erschöpft hat, sondern das Modell der liberalen Demokratie und der damit verbundenen politischen Kultur (Lanz 2004a, 2007c: 20f.; Silva 2005). Dass Venezuela immer noch eine stark hybride, mehrheitlich repräsentative Form hat, mindert nicht die formulierten Ansprüche, die normative Orientierung und die ständige Suche nach Alternativen. Genau dies nicht zu verstehen, macht es den auf die liberale Demokratie fixierten Wissenschaftlern unmöglich, die Realität zu erfassen.

Vorwurf delegative Demokratie

Die gängigste Kritik ist, Venezuela sei eine delegative Demokratie (Altman 2005: 211; Bozo de Carmona 2008; Coppedge 2002: 5; Molina 2001: 7; Ramírez Roa 2003: 151; Reul 2003: 74, 76). Gemeint sind damit Demokratien, in

---

»Schließung« des Senders und gegen die Einschränkung der Pressefreiheit, während der Sender weiterhin auf Kabel und Satellit ausstrahlte.

[12] Im Jahr 2002 war z.B. Danilo Arbilla Präsident der SIP. Während der Diktatur in Uruguay (1973-1984) war er Pressechef des mittlerweile inhaftierten Präsidenten Juan María Bordaberry; siehe Duarte, Isidoro H. (2008):»Coautor de crímenes de la dictadura uruguaya participa en Cumbre de la SIP«, http://www.radiomundial.com.ve/Internet-Version vom 2.2.2009.

denen Präsidenten demokratisch gewählt werden, aber nicht repräsentieren.
Sie bekommen Macht delegiert und arrangieren sich mit den traditionellen
Eliten, die staatlich alimentiert via informelle Institutionen Macht ausüben
(O'Donnell 1994). Da diese Kriterien in Venezuela offensichtlich nicht zu-
treffen, braucht es eine andere Argumentation: Chávez genieße zwar breite
populare Unterstützung für nahezu all sein Vorgehen, die »Volkssouveränität« sei aber – wenn auch die wörtlichste und älteste – weder die beste Definition für Demokratie noch unbedingt notwendig. Die Eliminierung von
Einschränkungen der Präsidialmacht (die nicht näher dargelegt werden)
könne dazu führen, dass Venezuela in Zukunft gar keine Demokratie mehr
sei (Coppedge 2002).

Chávez und seine Anhänger betrachteten sich als Agenten eines vorsätz-
lichen und selbstbewussten revolutionären Prozesses und glaubten, Zweck-
mäßigkeit und einseitige Auferlegung neuer Regeln sei durch die Notwendigkeit eines radikalen Bruchs mit der Vergangenheit gerechtfertigt (Coppedge
2002: 1). Nun ist sicher zu bejahen, dass Volkssouveränität nicht das einzige
Kriterium für Demokratie sein kann, und so umfasst der venezolanische Demokratiebegriff auch viel mehr als die Minimalkriterien, die Coppedge auf-
stellt und die von keiner liberalen Demokratie erfüllt werden: »eine Exekutive, die treu das Gesetz anwendet, ihre Autonomie vom Einfluss nicht
gewählter Akteure behält und dennoch gegenüber anderen demokratischen
Akteuren wie der Legislativen und einer unabhängigen Justiz rechenschafts-
pflichtig ist« (2002: 24). Die demokratische Legitimation Chávez' beruhe vorwiegend auf den ersten beiden Bedingungen, die von der Logik der Souveränität abgeleitet seien; Chávez jedoch suche nach Wegen, um die Erfüllung
der dritten Bedingung, die in der liberalen Demokratie begründet liege, zu
vermeiden (Coppedge 2002: 24). Doch eine Rechenschaftspflicht gegenüber
anderen demokratischen Akteuren hat es in Venezuela vor Chávez nicht gegeben ebenso wenig eine unabhängige Justiz. Während ersteres heute gegeben ist, besteht das Problem der mangelnden Unabhängigkeit der Justiz weiter, jedoch in anderer Form als von Coppedge suggeriert.

Einige Anmerkungen zur Justiz in Venezuela

Das Justizsystem sieht sich der Kritik von Anhängern wie Gegnern des bolivarianischen Prozesses ausgesetzt. Im Punto-Fjio-Regime verlor es seinen
rechtsprechenden Charakter und war durchzogen von klientelaren Netzwerken, die im Dienste mafiöser Interessen der Regierungsparteien und ihrer ge-
werkschaftlichen Fortsätze standen (Müller Rojas 1992: 76). Der Oberste Gerichtshof galt als Inbegriff der Korruption der IV. Republik (Sanz 2000: 51f.).
Das Justizsystem funktioniert trotz Verbesserungen in den vergangenen Jah-

ren insgesamt noch sehr ungenügend. Während die Opposition es als nicht unabhängig von der Regierung kritisiert, sieht sich diese mit dem Problem der Loyalität vieler Richter, Staatsanwälte und Justizangestellter zu den alten Eliten aus Politik, Wirtschaft und Großgrundbesitz konfrontiert.[13] Die Kritik, die Regierung sei bemüht, die Justiz nicht in die Hände von Gegnern des Transformationsprozesses fallen zu lassen, ist unangebracht. Da jede Auslegung von Gesetzen der Interpretation unterworfen ist, liegt es nahe, dass eine Regierung, die eine Transformation postuliert, bemüht ist, Amtsträger einzusetzen, die das neue Wertegerüst teilen. Ein Problem würde bestehen, wenn die Interpretation sich gegen die herrschenden Verfassungs- und Gesetzesnormen richtet oder die Regierung die formale Unabhängigkeit der Institutionen nicht respektiert.

Im Justizapparat findet eine Konfrontation zwischen Richtern und Staatsanwälten statt, die noch die Interessen der alten Eliten vertreten, und anderen, vor allem neuen, die versuchen, die Justiz der Kontrolle der alten Eliten zu entziehen. Dass der Umbau des völlig korrupten Justizsystems nicht einfach ist und Zeit in Anspruch nimmt, liegt auf der Hand. Die neuen Richter und Staatsanwälte, die der neuen Verfassung und den neuen Gesetzen folgen, müssen erst ausgebildet werden. Die Interamerikanische Menschenrechtskommission (CIDH) bemängelt, die unvollständige Umsetzung der Verfassung in juristische Normen erschwere die volle Konsolidierung eines Rechtsstaates.

Die Verabschiedung von Gesetzen durch die Nationalversammlung geht sehr langsam, obwohl sie 2005-2010 fast ausschließlich mit Anhängern des Transformationsprozesses besetzt ist. Dies liegt sowohl an der Komplexi-

---

[13] Ähnlich verhält es sich mit den Repressionsorganen, die häufig kriminell sind und den alten Eliten zu Diensten stehen. Die Staatsanwaltschaft erhielt 2008 und im ersten Quartal 2009 insgesamt 10.858 Anzeigen gegen Polizisten wegen Menschenrechtsverletzungen. 755 Fälle betrafen Morde, davon wurden in 253 Fällen die staatsanwaltschaftlichen Ermittlungen abgeschlossen, 134 Ex-Polizisten wurden inhaftiert. Es wurden 12 Urteile gefällt, 367 Anklagen erhoben und 384 Ermittlungsverfahren eröffnet. Von den restlichen 10.103 Fällen wurden 5.641 gelöst und die staatsanwaltschaftlichen Ermittlungen abgeschlossen. Es wurden 942 Ermittlungsverfahren eingeleitet, 741 Anklagen erhoben, 146 Ex-Polizisten inhaftiert und 22 Verurteilungen ausgesprochen. FGR: Ministerio Público conoce 10 mil 858 casos de funcionarios por presunta violación de derechos humanos, http://www.fiscalia.gov.ve/Prensa/A2009/prensa2205VI.htm, Internetversion vom 22.5.2009. Trotz einer Verbesserung der Situation im Vergleich zu den Vorjahren, die sich in weniger Morden, weniger Übergriffen und einer stark gestiegenen Quote der Verfolgung von Verbrechen der Repressionsorgane ausdrückt, bleibt der Bereich extrem kritisch.

tät des Verfahrens[14] wie auch der Ineffizienz der Nationalversammlung. Die Langsamkeit der Transformation des Justizsystems liegt allerdings vor allem an internen Widerständen und ist letztlich eher für den Transformationsprozess als für die alten Eliten von Nachteil. Das zeigt sich unter anderem daran, dass bis Ende 2009 etwa 220 Bauern von oder im Auftrag von Großgrundbesitzern ermordet wurden, aber nur ein Verantwortlicher im Gefängnis sitzt.

Vergleicht man die Berichte der CIDH aus den Jahren 2003-2007 mit denen vor der Ära Chávez fällt vor allem auf, dass der Zugang zum Gerichtshof vom sozialen Hintergrund der Kläger bestimmt war. So steigt die Anzahl der entgegengenommenen Einzelbeschwerden unter Chávez sprunghaft an, obwohl sich die Menschenrechtssituation im Vergleich zu den Regierungen davor wesentlich gebessert hat. Die Positionen der CIDH sind auch höchst widersprüchlich. Sie äußert Bedenken darüber, dass die Ereignisse rund um den Putsch vom April 2002 keine juristischen Konsequenzen für die Verantwortlichen des Bruchs der konstitutionellen Ordnung mit sich gebracht hätten und die Ermittlungen schleppend verliefen (CIDH 2003: Pkt. 533-536), andererseits aber bemängelt sie die Suspendierung von Richtern und stellt keinen Zusammenhang zwischen der Straflosigkeit für die Putschisten und dem korrupten Justizapparat her.

So entschied das Oberste Gericht Ende 2002, es gebe keinen Anlass, eine Reihe an dem Putsch beteiligter Militärs anzuklagen, da der Putsch kein solcher gewesen sei. Denn sobald der ranghöchste General den Rücktritt des Präsidenten angekündigt habe, habe das gesamte Land »das Recht und die Pflicht« gehabt, diesen Umstand zu glauben. Die Militärs hätten unter diesen Umständen die Ernennung eines »provisorischen Präsidenten« verkündet (TSJ 2002). Die Militärs hätten zwar nicht über diese Kompetenz verfügt, doch müsse der »gute Wille« in ihrem Handeln anerkannt und akzeptiert werden, denn ihr Vorgehen sei von »guten Absichten geschwängert gewesen« (TSJ 2002). Hier wird deutlich, in wessen Händen sich die Justiz zu diesem Zeitpunkt befand und wie sie genutzt wurde, um systematisch Recht zu brechen und den alten Eliten ein ungestraftes Vorgehen gegen die Regierung zu ermöglichen.

Daraufhin begannen Verfahren gegen einzelne Beteiligte am Putsch, denen konkrete Vergehen vorgeworfen wurden. Staatsanwalt Danilo Anderson, der gegen die in den Putsch verwickelten Mächtigen aus Wirtschaft und

---

14 Die Gesetze werden von Kommissionen erarbeitet, die mit Betroffenen- und Interessensgruppen diskutieren und teilweise ausgedehnte öffentliche Befragungen und Diskussionen vornehmen; anschließend müssen sie in drei Lesungen verabschiedet werden.

Politik ermittelte, wurde am 18. November 2004 mit einer an seinem Wagen angebrachten ferngezündeten Bombe ermordet. Er hatte zuvor ein Verfahren gegen den Ex-Oberbürgermeister und den Ex-Polizeichef von Caracas angestrengt, da die Polizei beim Putsch am 11. April 2002 mehrere Personen erschossen hatte. Auf seine Initiative wurde auch das Verfahren gegen Capriles Radonksy eröffnet. Der damalige Bürgermeister des wohlhabenden Distrikts Baruta von Großcaracas führte während des Putsches die versuchte Stürmung der kubanischen Botschaft an. Anderson hatte begonnen, die 395 Unterzeichner der Selbstermächtigung des Putschpräsidenten und Vorsitzenden des Unternehmerverbandes, Pedro Carmona Estanga, zu Anhörungen vorzuladen (Azzellini 2007b: 94-99).

Laut Fernández und Zahonero versucht Venezuela »die gesetzlichen Grundlagen zu legen, damit das Recht nicht durch die Bourgeoisie gekidnappt werden kann« (2006: 20-21). Wenn sich aber Venezuela so heftigen Angriffen ausgesetzt sehe und eine »Revolution« durchführen müsse, um letztlich einen Rechtsstaat einzuführen, sei zu fragen, ob dies nicht dem Umstand geschuldet sei, dass »das Bürgerabenteuer des Rechtsstaates zum ersten Mal – vielleicht sogar in der gesamten Geschichte der modernen Gesellschaften – beginne, etwas mehr als ein Betrug zu sein« (2006: 23).

Unter der Verfassung von 1961 wurden die Grundrechte wiederholt außer Kraft gesetzt. So bei den Militäraufständen in den 1960er Jahren, beim *Caracazo* und bei den zivil-militärischen Aufständen 1992. Seit Chávez blieb die Nutzung der Staatsgewalt immer im Rahmen der Verfassung von 1999. Es wurden niemals der Notstand ausgerufen oder die Rechte eingeschränkt, nicht einmal beim Putsch oder dem Erdölstreik. Ganz im Gegensatz dazu haben Teile der Opposition, gestützt auf das Widerstandsrecht in Artikel 350, zur Rebellion gegen die Regierung aufgerufen (Rincón/Fernández 2006: 101f.).

Wahlen in der República Bolivariana de Venezuela

Der Nationale Wahlrat CNE stellt eine unabhängige fünfte Gewalt dar.[15] Wiederholt wird suggeriert, Präsident Chávez, die venezolanische Regierung und in Folge der Transformationsprozess seien nicht demokratisch legitimiert (Kornblith 2001: 159; Lissidini 2006a: 15). Tatsächlich gehörten alle Wahlen in Venezuela seit dem Jahr 2000 zu den am intensivsten beobachteten der Welt und bei keiner konnte eine internationale Beobachtung (u.a. durch

---

[15] Für eine Darstellung der Wahlmacht und ihrer theoretischen Bezüge siehe Hernández/Lucena 2003.

die *Organisation Amerikanischer Staaten* – OAS, EU oder das Carter Center) einen Hinweis auf Unregelmäßigkeiten finden.[16] Chávez gewann die Präsidentschaftswahlen im Dezember 1998 mit 56,2%, das beste Ergebnis seit der Wahl von Rómulo Gallegos 1947. In vielen Medien wurde die Wahlenthaltung für den Sieg verantwortlich gemacht. Dabei war die Unterstützung für Chávez (33,4% aller Wahlberechtigten) wesentlich größer als die für den scheidenden Präsidenten Caldera (17,7%).[17] Auch in Umfragen erzielte Chávez von 1999 bis 2002 regelmäßig zwischen 55 und 71% Zustimmung. In den Wahlen und Referenden zwischen 1998 und 2000 erhielt das Chávez-Lager zwischen 3,2 und 3,7 Millionen Stimmen. In den folgenden Jahren nahmen die Stimmen weiter zu: beim Referendum 2004 waren es 5,8 Mio. und bei der Wahl 2006 über 7 Mio. Waren in der IV. Republik noch große Teile der (marginalisierten) Bevölkerung durch Nichtregistrierung von Wahlen ausgeschlossen, erfolgte nun eine Ausweitung der Wahlberechtigten.

Das seit den Parlamentswahlen 2000 angewandte Wahlsystem ist dem deutschen ähnlich, mit zwei Unterschieden: 60% der Abgeordneten werden in Wahlkreisen gemäß des Mehrheitswahlrechtes gewählt und 40% mit dem Verfahren proportionaler Repräsentation nach d'Hondt (statt 50-50) und in manchen Wahlkreisen werden mehrere Mandate vergeben. Durch das neue Wahlverfahren ist zwar die Gewinnmarge der Chavistas in der Repräsentation höher ausgefallen als in Prozenten, doch mit den Wahlsystemen der USA, Großbritannien oder Kanada wäre es zu einem vergleichbaren Ergebnis gekommen. Die Überrepräsentanz lag nicht am Wahlsystem, sondern daran, dass die chavistische Mehrheit sehr groß und relativ gleichförmig über das Land verteilt ist (Coppedge 2002: 17).

Am 15. August 2004 gewann Chávez eine Mehrheit von 59,25% gegen ein Referendum, das seine Amtsenthebung forderte, bei einer Beteiligung von fast 70% (Azzellini 2007b: 63). Carter Center und OAS nahmen die wichtigste Wahlbeobachterrolle ein. Die Opposition klagte erneut über Wahlbetrug, doch alle Beobachter, darunter auch Ex-US-Präsident Jimmy Carter, bestätigten einen fairen und transparenten Verlauf. Der CNE willigte auch in eine von der Opposition geforderte Überprüfung von 150 zufällig ausgesuchten Wahlmaschinen ein. OAS und Carter Center bestätigten eine Fehlerquote von nur 0,02% (Azzellini 2007b: 71). Bei den Regional- und Bür-

---

[16] Für eine Analyse der Wahlprozesse 2004 bis 2007 siehe Azzellini 2007b: 63-82.

[17] Errechnet auf der Grundlage von CNE: Elecciones presidenciales, cuadro comparativo 1958-2000, http://www.cne.gov.ve/estadisticas/e006.pdf, Internetversion vom 20.3.2007.

germeisterwahlen am 31. Oktober 2004 konnten die bolivarianischen Kräfte ebenfalls einen großen Sieg verbuchen. In 20 von 22 Bundesstaaten erzielten sie die Mehrheit meist deutlich mit über 57% und Spitzen, wie in Guárico, von 78,45% (Azzellini 2007b: 74-76).

Die Wahlen zur Nationalversammlung und der Abgeordneten des Lateinamerikanischen und Andenparlaments am 4. Dezember 2005 wurden von vier wesentlichen Oppositionsparteien (AD, Copei, *Proyecto Venezuela* und *Primero Justicia*) boykottiert. Obwohl ihre Wünsche und Beschwerden vom CNE berücksichtigt wurden, wie die Wahlbeobachtung von OAS[18] und EU bestätigte, zogen sie ihre Beteiligung vier Tage vor dem Urnengang zurück. Dem Wahlverfahren wurde der höchste internationale Standard bezüglich »Sicherheit und Transparenz« bescheinigt. Weitere Oppositionsparteien, die teilnahmen und in der alten Nationalversammlung mit 38 Abgeordneten vertreten waren, konnten keinen Sitz mehr gewinnen. Die Wahlbeteiligung lag bei 25,29% und alle 167 Mandate gingen an Parteien und Listen, die Chávez unterstützen (Azzellini 2007b: 77f.). Die Zusammensetzung der neuen Nationalversammlung war mit Abgeordneten 15 verschiedener Parteien und Wahllisten, die Chávez unterstützten, vielfältiger als die Berichterstattung es allgemein suggeriert (Azzellini 2007b: 76). Das zeigte sich auch daran, dass bis 2010 über 20 Abgeordnete das Regierungslager verließen und sich z.T. der Opposition anschlossen.

Bei den Präsidentschaftswahlen am 3. Dezember 2006 erhielt Chávez 62,84% (7.309.080) gegen 36,9% (4.292.466 Stimmen) für Manuel Rosales, der für ein breites Oppositionsbündnis kandidierte: die bisher höchste Zustimmung für das Transformationsprojekt in Wahlen. Die Beteiligung lag bei 74,69%.[19] Etwa 1.400 internationale Wahlbeobachter, unter anderem von der OAS, der EU, des Carter Center sowie des Mercosur *(Mercado Común del Sur)* bestätigten einen korrekten Ablauf und schlossen einen Wahlbetrug aus (Azzellini 2007b: 308). Die Opposition erkannte erstmals öffentlich ein Wahlergebnis an.

Die erste Niederlage in einer landesweiten Abstimmung mussten die bolivarianischen Kräfte am 2. Dezember 2007 hinnehmen, als die Verfassungs-

---

[18] OAS: *Observaciones preliminares de la OEA sobre las elecciones paralmentarias en Venezuela*, www.oas.org/, Internetversion vom 6.12.2005.

[19] Chávez erzielte die Mehrheit in allen 24 Bundesstaaten und die besten Ergebnisse in armen und agrarischen Regionen und jenen mit hohem Anteil indigener oder afro-venezolanischer Bevölkerung: Delta Amacuro (78,02%), Amazonas (77,81%), Portuguesa (77,06%), Sucre (73,71%), Cojedes (73,36%), Guarico und Aragua (ca. 72%), Monagas (ca. 71%), Apure, Trujillo und Vargas (über 69%), Bolívar und Barinas (über 68%); vgl. http://www.cne.gov.ve/.

reform mit 50,7% (4.504.354 Stimmen) abgelehnt wurde. Die Regional- und Kommunalwahlen am 23. November 2008 konnten sie wieder für sich entscheiden. Die Vereinte Sozialistische Partei Venezuelas (PSUV) und Verbündete gewannen 17 von 22 Bundesstaaten (in Amazonas wurde 2006 gewählt), die Opposition fünf (Carabobo, Miranda, Nueva Esparta, Táchira und Zulia) und das Distriktbürgermeisteramt von Caracas. 2004 hatte sie nur Nueva Esparta und Zulia gewonnen, seit 2006 waren aber die Gouverneure von Guárico, Aragua, Trujillo und Carabobo in Folge ihrer Politik aus der PSUV ausgeschlossen worden und der Gouverneur von Sucre zur Opposition übergelaufen. Die PSUV gewann 263 der 326 Rathäuser (2004 waren es 226), ihre Verbündeten 14, die Opposition 48 (2004 waren es 70) und eines gewann ein unabhängiger Kandidat. Die Wahlbeteiligung lag bei 65,45%, die bisher höchste in Lokal- und Regionalwahlen.[20] Die Wahlen verliefen ordnungsgemäß, die Ergebnisse wurden von allen Akteuren anerkannt.

Beide Seiten werteten die Ergebnisse als Erfolg. Den bolivarianischen Kräften gelang es, aus dem Tief der gescheiterten Verfassungsreform herauszukommen. Über 1,1 Millionen Menschen mehr haben für sie gestimmt, während die Opposition 200.000 Stimmen verlor. Mit fünf verlorenen Bundesstaaten hielt sich die »Niederlage« im Rahmen der Erwartungen. Dennoch waren die Niederlagen in den wichtigen Bundesstaaten Carabobo, Miranda und Táchira und beim Oberbürgermeisteramt von Caracas schmerzlich. Insgesamt wurden bevölkerungsreiche Bundesstaaten knapp verloren (1-8%, nur in Nueva Esparta hatte die Opposition 16% Vorsprung), während Flächenstaaten und ländlich geprägte Regionen mit teilweise riesigem Vorsprung an die PSUV gingen.[21]

Die Opposition war stark zersplittert und trat in einigen Bundesstaaten und Munizipien gegeneinander an (obwohl selbst alle zusammen unterlagen) und ihre fünf Gouverneure und ein Oberbürgermeister gehören sechs verschiedenen Parteien an (Copei, AD, *Proyecto Venezuela*, *Primero Justicia*, *Un Nuevo Tiempo* und *Alianza Bravo Pueblo*; vgl. Azzellini 2008a). Im Vergleich zu den zwei Jahrzehnten vor Chávez ist ein deutlicher Anstieg der Wahlbeteiligung zu beobachten, was darauf hinweist, dass die Bevölkerung Wahlen mittlerweile als Mechanismus sieht, mit dem sie Einfluss auf Politiken nehmen kann. Es bleibt ein Paradox, dass eine Regierung, die von Par-

---

[20] Alle Ergebnisse nach CNE, http://www.cne.gov.ve.

[21] Anzoátegui, Aragua, Bolívar, Cojedes, Falcón, Guarico, Mérida und Sucre mit 10-20%; Apure, Delta Amacuro, Portuguesa, Trujillo, Vargas und Yaracuy mit 29-34%; Monagas mit 49% und Lara mit 59% Vorsprung.

tizipation spricht, sich konstant durch Wahlen, universelles Symbol der liberalen Demokratie, legitimiert.

Demokratische Verfasstheit der Bevölkerung

Der Anspruch des bolivarianischen Prozesses, zutiefst demokratisch und demokratisierend zu sein, wird von der Selbstwahrnehmung der Bevölkerung gestützt. Das Umfrageinstitut »Latinobarometro« führt seit 1995 insgesamt etwa 20.000 Interviews umfassende Umfragen in 18 lateinamerikanischen Ländern durch. 2005 war der Anteil der venezolanischen Bevölkerung, der das eigene Land für »völlig demokratisch« hält, höher als in jedem anderen Land Lateinamerikas. Auf einer Skala von eins bis zehn erhielt Venezuela in der durchschnittlichen Einschätzung der Bevölkerung mit 7,6 den höchsten Wert (2005: 48).

Dieses Bild bestätigt eine Untersuchung von Hellinger, die eine Aufteilung nach Wohnvierteln enthält, was Rückschlüsse auf den sozialen Status zulässt:

Tabelle 1: Glaubst Du, in Venezuela herrscht Demokratie?

	Barrio-Bewohner	Bessere Wohnsiedlungen
Ja	423 (85%)	138 (55%)
Nein	74 (15%)	112 (45%)
Keine Antwort	53	50

Quelle: Hellinger 2008

Die Ober- und Mittelschichten Venezuelas, die selbst ernannten *gente* (Leute), vertreten im Allgemeinen ein prozessuales Demokratieverständnis, das gut mit einer Elitenherrschaft zu verbinden ist, während für das *pueblo*, die *von unten*, eine Demokratie jenseits formaler Riten den Interessen und Bedürfnissen der großen Mehrheiten gerecht werden und sie an der Definition der Politiken beteiligen muss (Parker 2006: 90). Dass die Ober- und Mittelschichten undemokratischer sind als die Unterschichten hat sich auch in den Handlungen der Opposition gezeigt.

Diese Haltung wird auch in einer von Latinobarometro 2007 durchgeführten Umfrage über das Verhältnis von demokratischer Einstellung und ethnischer Selbstzuordnung deutlich: 33% der venezolanischen Bevölkerung bezeichnen sich als Mestizen und 30% als weiß (zu den restlichen 37% gibt es keine Angaben). Unter den Mestizen beträgt der Anteil derer, die sich als Demokraten sehen, 81%, während er bei denen, die sich als weiß bezeichnen, bei nur 63% liegt (2007: 87). Da der soziale Status immer noch häufig an eine bestimmte Hautfarbe geknüpft ist, bestätigt das Ergebnis, dass die de-

mokratische Überzeugung in den Unterschichten stärker ist als in den Ober-
und Mittelschichten.

Nach Uruguay mit 66% hat Venezuela mit 59% den zweithöchsten Bevölkerungsanteil des Kontinents, der sich mit dem Funktionieren der eigenen
Demokratie zufrieden zeigt, während der lateinamerikanische Durchschnitt
bei nur 37% liegt (Latinobarometro 2007: 81). Mit 80% hat Venezuela auch
den höchsten Anteil, der denkt, Wahlen seien das effektivste Mittel, um etwas
zu ändern (Latinobarometro 2008: 99). Was wohl einerseits darauf hinweist,
dass tatsächlich als verschieden empfundene Optionen zur Wahl stehen sowie, dass die demokratischen Wahlmechanismen funktionieren und ein gewisses Vertrauen genießen. So glauben nur 6%, es sei nicht möglich, Einfluss
zu nehmen, damit sich etwas ändert, der niedrigste Wert in Lateinamerika (Latinobarometro 2008: 100). Zusammen mit Uruguay, Brasilien und Paraguay
halten in Venezuela 77% der Befragten Demonstrationen und Straßenproteste für normal in einer Demokratie, im lateinamerikanischen Durchschnitt
sind es 63% (Latinobarometro 2008: 101).

2007 betrug die »Unterstützung für die Demokratie« in Venezuela 67%,
gleichauf mit Bolivien der dritte Platz hinter Costa Rica (83%) und Uruguay
(75%), bei einem kontinentalen Durchschnitt von 54% (Latinobarometro
2007: 81). Die überdurchschnittliche Zufriedenheit der venezolanischen Bevölkerung ist in den Umfragen aus den Jahren vor Chávez' Machtantritt,
1996 bis 1998, nicht zu finden. Im Jahr 2000 steigen die Werte im Vergleich
zu 1998 um 20% (Parker 2006: 89). Mit Argentinien auf dem zweiten Platz
hinter Uruguay (86%) halten in Venezuela 83% die Demokratie trotz Fehlern für das beste System. 70% der Venezolaner, und damit der höchste Wert
in Lateinamerika, sind davon überzeugt, die Regierung suche den Wohlstand
für die Bevölkerung (Latinobarometro 2007: 81). Die Aussage »Es wäre mir
egal, käme eine nicht-demokratische Regierung an die Macht, wenn sie die
wirtschaftlichen Probleme lösen könnte« wird in Venezuela von »nur« 39%
der Befragten bejaht. Das ist gemeinsam mit Bolivien nach Uruguay (31%) das
niedrigste Ergebnis in ganz Lateinamerika (Durchschnitt: 53%), wo in zehn
von 18 befragten Ländern eine Mehrheit zustimmt (Latinobarometro 2008:
85). Auf die Frage nach den wichtigsten Charakteristiken der Demokratie erzielen in Venezuela bürgerliche Freiheiten mit 69% den höchsten Wert und
nur 40%, der niedrigste Anteil des Kontinents (Durchschnitt 55%), empfin-
den Politik als verwirrend oder schwer verständlich (2005: 37). Latinobarometro bescheinigt Venezuela gemeinsam mit Uruguay die mit Abstand ausge-
prägteste Zivilkultur des Kontinents (2005: 17). In Venezuela kennen 44% die
eigene Verfassung (2005: 14) und 78% stimmen der Aussage zu, Demokratie
sei das einzige System mit dem sich das Land entwickeln könne (2005: 47).

Wenn die venezolanische Bevölkerung demokratischen Werten eine überragende Bedeutung zumisst, warum stimmt sie dann dennoch dem vermeintlichen Abbau der Demokratie zu oder nimmt ihn hin? Es erstaunt, dass kaum ein Autor auf die naheliegende Idee kommt, es liege genau an den Erfahrungen der Mehrheit mit der liberalen Demokratie, sie für extrem undemokratisch zu halten. Dies sollte eine linke Analyse dennoch nicht von einer tiefergehenden Kritik an den Verhältnissen abhalten. Doch muss der Kontext zwangsläufig ein anderer sein als der liberal-demokratische.

Antipolitik oder Ablehnung der Repräsentation?

Der Erfolg von Chávez ist häufig in den Rahmen fortschreitender Antipolitik und des Aufkommens neuer politischer Akteure gestellt worden (Burchardt 2005: 102; Sánchez López 2001; Ramírez Roa 2003; Ramos 2002: 3; Reul 2003: 71-63; Rivas 2002; Röder/Rösch 2001). Antipolitik wird als Ablehnung der traditionellen politischen Praxen definiert, sie führe zu »Entwurzelung, Desorientierung, Apathie und Konfusion«, die von »antipolitisch« auftretenden Akteuren ausgenutzt wird (Rivas 2002: 8, 11). Die These der Antipolitik und der politischen Apathie ist in ihrem Ursprung eine zutiefst ideologische und begleitete den Neoliberalismus in funktionaler Weise. Die Entfernung der »Gesellschaft« von der »Politik« wurde weiter vergrößert, der Individualismus gepflegt und die Vorstellung der Gesellschaft als neutrales Terrain gestärkt, auf dem NGOs fernab der Politik für das Soziale verantwortlich sind.

Die These beruht auf der untrennbaren Verknüpfung der »modernen Demokratie« mit parteiförmig strukturierter Repräsentanz. Die Krise der Parteiform ist demzufolge eine Anomalie, eine Dysfunktion einer der »zentralsten Instanzen der Sozialisierung, Repräsentation und Partizipation« (Rivas 2002: 4). So ist die Ablehnung der Repräsentation gleichbedeutend mit der Ablehnung von »Politik«. Nur aus dieser Perspektive kann man in den 1990er Jahren in Lateinamerika von Entpolitisierung und politischer Apathie sprechen. Die Antwort liegt für die Anhänger der liberalen Demokratie in der Stärkung des Parteiensystems und der Vertiefung der Trennung von Sozialem und Politischem (Rivas 2002: 16). Das sind aber wesentliche Ursachen der Krise. Die Erfahrung der undemokratischen Elitenherrschaft in liberalen Demokratien ist nicht imaginiert, sondern real und wiederholt sich stets aufs neue. Gewählte Repräsentanten tendieren dazu, meistens im Sinne einiger gesellschaftlicher Gruppen zu agieren, die über mehr materielle und ideologische Ressourcen verfügen (Geld, Bildung, eine Partei, klientelistische Netzwerke, Medienzugang). Hinzu kommt die Erfahrung, dass politische Führer ganz anders agieren als sie es zur Wahl versprochen haben (García-Guadilla/Hurtado

2000: 3f.). Zudem kann das Modell der Repräsentation multiethnischen Gesellschaften und solchen, in denen die Interessensdifferenzen mit den ökonomischen Eliten groß sind, kaum eine Lösung bieten, da sowohl die Frage der Repräsentanz multipler Identitäten wie auch die Rechenschaftsfrage ungelöst bleiben (de Sousa 2004b: 19).

Die Wahlbeteiligung ist in den meisten Ländern mit einer längeren Geschichte »repräsentativer Demokratie« seit den 1980er Jahren kontinuierlich gesunken und in Parteien und Gewerkschaften organisieren sich immer weniger Menschen (Wainwright 2003). Eine »Wählerbindung« ist kaum noch existent. Traditionsparteien können sich von einer Wahl zur nächsten 10 oder auch 20% hoch oder runter bewegen, neue Parteien aus dem Stand über 10% einsammeln und sie genauso schnell bei der nächsten Wahl wieder verlieren. Teilweise verschwinden große Parteien mit jahrzehntelanger Tradition in der Bedeutungslosigkeit, wie es in Italien, aber auch Venezuela der Fall gewesen ist. Hinzu kommt die steigende Bedeutung von (transnationalen) Unternehmen, supranationalen und internationalen Institutionen in der Repräsentation. Hier ist die »Krise der Repräsentation« noch größer. Sie ist zum Teil auf den undemokratischen Charakter dieser Akteure zurückzuführen, doch nicht ausschließlich, denn »Repräsentation nimmt mit der Entfernung zu den Repräsentierten ab« (Hardt/Negri 2004: 301). Verstärkt wird diese Krise durch das diskursive Korsett des Neoliberalismus. Die Massenmedien und die Politik folgen vermeintlichen, aus »naturalisierten« gesellschaftlichen Verhältnissen resultierenden Sachzwängen und repräsentieren zunehmend stärker und konzentrierter allein die Interessen der wirtschaftlichen und politischen Eliten.[22]

Den linken, emanzipatorischen Bewegungen in Lateinamerika ist die Ablehnung der Logik der Repräsentation gemeinsam, zu beobachten ist eine Rückkehr zum Protagonismus der ersten Person. Sei es die »Autonomie« in Chiapas, das »Que se vayan todos« (sie sollen alle gehen) in Argentinien, der Kampf der indigenen Bewegungen in Bolivien und Ecuador oder Venezuela mit der »partizipativen und protagonistischen Demokratie« (Azzellini 1999; 2004). Sie alle sind weder antipolitisch noch antidemokratisch, sondern gegen das als undemokratisch erlebte Prinzip der Repräsentation gerichtet. Zugleich ist es ein Hinweis darauf, dass die liberale Demokratie nicht nur nicht mehr funktioniert, sondern auch von wachsenden Teilen der Bevölkerung nicht mehr hingenommen wird. Eine Alternative leitet sich daraus jedoch nicht automatisch ab, wie im Falle Argentiniens deutlich geworden ist (Mo-

---

[22] Allerdings ist in den vergangenen Jahren auch zu konstatieren, dass die Hegemonie immer brüchiger wird.

nedero 2007: 11), wo die Aufstände der Bevölkerung um die Jahrtausendwende zwar Präsidenten und Regierungen aus dem Amt jagten, aber innen-
politisch keinen wirklich neuen Kurs forcieren konnten.

5.3 Zivilgesellschaft

Wenige Begriffe wurden in den vergangenen Jahren so inflationär und beliebig
benutzt wie derjenige der Zivilgesellschaft.[23] Seit den 1980er Jahren bezeichnet
er in der öffentlichen Debatte eine Vielzahl von Konstellationen gesellschaftlicher Sektoren und Erscheinungen (Brand 1997: 154ff.). Dabei glauben alle
zu wissen, welche Bedeutung der ursprünglich auf den italienischen Philo-
sophen Antonio Gramsci (1891-1937) zurückgehende Begriff hat, ohne dass
jedoch eine allgemein geteilte Erklärung für ihn vorhanden wäre.

In der liberalen und neokonservativen Theorie sind Staat und Zivilgesellschaft einander entgegengesetzt, voneinander getrennt und unabhängig. In
den vergangenen zwei Jahrzehnten kam in einigen Konzepten der Markt als
dritte Sphäre hinzu. Dabei ist die Zivilgesellschaft Träger der höchsten mora-
lischen Ansprüche und ethischen Werte und somit der Akteur der Partizipation schlechthin (Bresser/Cunill/Grau 1998: 4; Cunill 1991). So feiern neoliberale Gesellschaftsmodelle die Zivilgesellschaft und meinen damit alle, die
nicht direkt zum Markt und Staat gehören und die Verantwortung übernehmen sollen, die diese ausgliedern. »Eine der, wie wir wissen, widersprüchlichen Errungenschaften jenes hegemonialen Prozesses (konsigniert als Fortschritt oder Vertiefung der liberalen Demokratie) war das Aufkommen einer
›neuen Zivilgesellschaft‹, in der die Bürger von der Last und der Geschichte
befreit schienen.« (Tischler 2004: 107)

Der Begriff der Zivilgesellschaft diente dazu, Forderungen nach Demokratisierung in den Hintergrund zu drängen. Statt direkt auf Entscheidungen
der konstituierten Macht und der Regierung Einfluss zu nehmen (Entscheidungen demokratisch zustandekommen zu lassen oder zumindest demokratisch abzusichern), soll die Bevölkerung mittels der »Zivilgesellschaft« und
der »öffentlichen Meinung« Einfluss nehmen. Damit wird beides nur noch
zum Träger von Kritik und ist weder spezifisch noch strukturell Gegenstand
der Kritik. Da aber die Zivilgesellschaft Teil des integralen Staates ist, wird

---

[23] In seinem Namen wurden Kriege geführt, Sozialausgaben reduziert, institutionelle und unternehmerische Verantwortung auf Individuen abgewälzt, die Interessen
von transnationalen Konzernen und Medienunternehmen verteidigt und strukturelle
Ungleichheiten festgeschrieben.

damit eine radikale Transformation unmöglich. Wer die Trennung von politischer und ziviler Gesellschaft akzeptiert, kann nur noch Veränderungen vollziehen, die in die kapitalistische Funktionsweise integrierbar sind oder sie zumindest nicht behindern. In diese Falle sind im Rahmen kommunitaristischer Diskurse und gewisser Spielarten der Stärkung des Gemeinsinns zur Übernahme sozialer Aufgaben auch einige Linke gelaufen.

Eine andere, emanzipatorische Auslegung des Begriffs Zivilgesellschaft ist in der Geschichte der Kämpfe gegen die Diktaturen Lateinamerikas und gegen die bürokratisch-autoritären Regime Osteuropas aufgekommen (Lummis 1996: 30). In jüngerer Zeit hat die zapatistische Befreiungsbewegung *Ejército Zapatista de Liberación Nacional* (EZLN) in Mexiko einen positiven Begriff von Zivilgesellschaft propagiert (bevor sie sich in den vergangenen Jahren eindeutiger auf antikapitalistische Kräfte bezogen hat). Die EZLN bezog sich mit Zivilgesellschaft vorwiegend auf das außerhalb der staatlichen Strukturen organisierte »souveräne Volk«. Die unabhängigen und ehrlichen Akteure der Zivilgesellschaft wurden den Akteuren der staatlichen Strukturen mit ihrer politischen Kultur der Korruption, des Betrugs, des Raubes und des Mordens entgegengestellt. Die Rolle der Zivilgesellschaft im Staat bleibt dabei undefiniert. Angesichts der Bedeutung, die NGOs in Mexiko im Kampf um eine demokratischere Gesellschaft eingenommen haben, wurden sie bei den Zapatistas zur Speerspitze der Zivilgesellschaft, womit eine problematische Gleichsetzung von NGOs mit dem Willen des »souveränen Volkes« erfolgte. Grundsätzlich bleibt der Begriff in seiner positiven Definition unscharf.

Gemäß Gramsci stellt der moderne Staat eine Einheit aus einer »Zivilgesellschaft« und einer »politischen Gesellschaft« dar. Er entwarf sein Konzept, als er untersuchte, warum die Revolution in Russland erfolgreich war und in Westeuropa trotz starker revolutionärer Bewegungen scheiterte. Den grundlegenden Unterschied zwischen dem »modernen« Westeuropa und dem zaristischen Russland machte er in der Organisation des Staates aus. Während Russland ein zentralisierter Staat mit einem klaren Machtzentrum war, kategorisierte Gramsci die westeuropäischen Gesellschaften als »erweiterte« bzw. »integrale« Staaten.

Die Zivilgesellschaft ist das »Ensemble der gemeinhin ›privat‹ genannten Organismen« (Gramsci, Bd. 7, Heft 12: 1502), in dem um Hegemonie gerungen und der Konsens der Beherrschten organisiert wird. Sie ist das Feld der Erhaltung und Reproduktion der Herrschaftsverhältnisse. Gramsci bezeichnet die »privaten Organismen« (Vereine, Kirche, Medien, Universitäten, Parteien usw.), als »Schützengräben« des Systems. In der politischen Gesellschaft hingegen wird Herrschaft direkt durchgesetzt und »die Disziplin derjenigen Gruppen gewährleistet, die weder aktiv noch passiv ›zustimmen‹« (Gramsci,

Bd. 7, Heft 12: 1502).»Moderne« Herrschaft fußt so nicht bloß auf Gewalt (also die repressiven Funktionen des Staates). Die Grundlage des parlamentarischen Regimes liegt in einer Kombination aus Zwang und Konsens. Dabei überwiegt der Zwang nicht, sondern es erscheint als sei der »Konsens der Mehrheit« bestimmend (Gramsci, Bd. 1: 120). Dieser wird in der öffentlichen Meinung hergestellt, die wiederum »aufs engste mit der politischen Hegemonie verknüpft [ist], es ist nämlich der Berührungspunkt zwischen der ›Zivilgesellschaft‹ und der ›politischen Gesellschaft‹, zwischen dem Konsens und der Gewalt« (Gramsci, Bd. 4: 916). Der Staat ist also »der gesamte Komplex praktischer und theoretischer Aktivitäten [...], womit die führende Klasse ihre Herrschaft nicht nur rechtfertigt und aufrechterhält, sondern es ihr auch gelingt, den aktiven Konsens der Regierten zu erlangen« (Gramsci, Bd. 7, Heft 15: 1725f.). Die Zivilgesellschaft ist die »Basis des im engen Sinn als Regierungs- oder Zwangsapparat verstandenen Staates« (Gramsci, Bd. 4: 815). Für revolutionäre Strategien bedeutete dies, die Revolution als einen lang anhaltenden Kampf in verschiedenen gesellschaftlichen Bereichen zu verstehen, anstatt als Angriff auf das Machtzentrum (Sturm auf das Winterpalais). Dafür muss in der Zivilgesellschaft um Hegemonie gerungen werden, denn die führenden Klassen unterdrücken mit ihrer Hegemonie die potenzielle Energie der Unterdrückten (Gramsci, Bd. 3: 515).

Die unrühmliche Rolle des Begriffs Zivilgesellschaft in Venezuela

Von zahlreichen liberalen Wissenschaftlern wird in Venezuela eine Zurückdrängung zivilgesellschaftlicher Akteure bemängelt (Coopedge 2002; González de Pacheco 2003; Reul 2003; Röder/Rösch 2001; Welsch/Werz 1999; 2000; 2002). Die schlechten Beziehungen zwischen Staat und Zivilgesellschaft seien ein Grund für die Verschlechterung der Regierbarkeit. Die Kritik gründet auf der unausgesprochenen Annahme, die Erhaltung der Trennung von ziviler und politischer Gesellschaft sei wichtig und richtig. Zudem stellt sich die Frage, was die Kritiker unter Zivilgesellschaft fassen. Die Mehrheit der Bevölkerung, die den Prozess unterstützt, gehört nicht dazu, während ihr zugleich das Recht abgesprochen wird, die Gesellschaft grundlegend zu transformieren, ohne zuvor das Einverständnis der ehemals herrschenden Eliten einzuholen. Die große Vielfalt an sozialen Prozessen und Akteuren wird zu einer »einseitig« gegen die Zivilgesellschaft agierenden Masse. Wenn Akteure der Zivilgesellschaft benannt werden, dann sind es meistens die Kirche, die Unternehmerverbände und die CTV.

In den 1980er und 1990er Jahren wirkte der Diskurs um Zivilgesellschaft für die Bevölkerungsmehrheit als Ausschlussmechanismus und stellte wesentlich eine Interessensvertretung der Mittel- und Oberschichten dar (Denis 2001: 63-65; García-Guadilla 2003, 2004; Lander 1996a; Medina 2003). In der öffentlichen Debatte wurde die Zivilgesellschaft in einen neoliberalen antipolitischen und Anti-Parteien-Diskurs eingebettet, der einen Widerspruch zwischen einem ineffizienten und korrupten Staat und einer phantasievollen, kreativen, ehrlichen und partizipativen Zivilgesellschaft konstruierte. Anstrebenswert sei eine ideologiefreie Gesellschaft, welche die Aufgaben des Staates in Eigenverantwortung übernehme, in der es nur noch »Bürger« gibt und die Ökonomie vor Forderungen im Namen der Demokratie geschützt wird.

Die Öffnung des Staates zur Zivilgesellschaft in den 1980er Jahren bestand in zögerlichen politischen Reformen und der Dezentralisierung der Verwaltung. Das delegitimierte politische System versuchte, nicht-politische Eliten in das Herrschaftsmodell zu integrieren, um es zu konsolidieren. Eingebunden wurden eine reduzierte Gruppe europäischer Immigranten, kleiner und mittlerer Unternehmer sowie Einzelpersonen, denen vornehmlich über Ausbildung oder Kredite der soziale Aufstieg gelungen war (Denis 2001: 64f.). Das entspricht in der Funktion der Interpretation Gramscis, der Konsens aber betraf mit zunehmender Verarmung nur eine Minderheit.

Die »Öffnung« folgte den Hauptforderungen der Nachbarschaftsvereine aus der Mittelschicht. Im Verlauf der sozialen Polarisierung in den 1980er Jahren hatte sich die Nationale Konföderation der Nachbarschaftsvereinigungen in zwei Organisationen mit jeweils einer Mittel- und Unterschichtenorientierung gespalten (Roberts 2003: 87). Die Vereine der Mittel- und Oberschicht erlangten eine gewisse Autonomie, da sie nicht mit den Interessen der Macht kollidierten. Sie konzentrierten sich auf Probleme der Müllbeseitigung und des Schutzes des Privateigentums (Buxton 2003: 150; Lander 1996a: 55f.; 2007b: 24). Doch sie waren ebenso wenig wie das politische System nicht in der Lage, einen politischen Konsens im Sinne Gramscis herzustellen. Mit der Festschreibung der Marginalisierung der Bevölkerungsmehrheit durch das Modell der »zivilgesellschaftlichen Öffnung« wuchs der Legitimitätsverlust des Staates, was sich in der zunehmenden Repression zum Machterhalt und schließlich im *Caracazo*, zeigte. Daher genießt der häufig positiv konnotierte Begriff der Zivilgesellschaft in Venezuela nur in den Mittel- und Oberschichten einen guten Ruf.

Die Forderungen der marginalisierten Sektoren zielten nicht auf eine zivilgesellschaftliche Öffnung, sondern auf direkten Protagonismus und konstituierende Macht. Die »zivilgesellschaftlichen« Organisationen der Mittel- und Oberschicht hingegen rückten unter dem Eindruck des *Caracazo* die Verteidigung der eigenen Privilegien, die sie durch die Unterschichtenmobilisierung gefährdet sahen, in den Mittelpunkt. Ihre Antwort auf die Krise entsprach in den 1990er Jahren kompromisslos ihren Klasseninteressen. Sie schützten mit nahezu militärischen Strategien ihr Privateigentum und ihre Wohnviertel, auch mittels »gewalttätiger, ausschließender und antidemokratischer Pläne und Strategien« (García-Guadilla 2006: 45). In den 1990er Jahren, vor allem unter Präsident Caldera, wurde die Sozialpolitik vom Staat in großen Teilen an die »Zivilgesellschaft« ausgegliedert. Sie wurde von einem Netzwerk staatlich subventionierter NGOs übernommen. Als Chávez die Präsidentschaft antrat, erfolgte eine Neudefinition des Verhältnisses zwischen Staat und Bevölkerung. Die Beziehung verlief nun nicht mehr über die Mediation durch die NGOs, sondern direkt mit den *Communities*. Die oppositionelle Mobilisierung der Mittel- und Oberschicht auf der Straße Ende 2001 wurde von Gruppen und Organisationen angeführt, die sich – so wie die privaten Medien, welche die zentrale Rolle in der Artikulation der Interessen und der Mobilisierung übernahmen – selbst als Zivilgesellschaft bezeichnen.

Mit der zunehmenden Konfrontation zwischen Opposition und Regierung wuchs ab 2002 wieder die Rolle der korporativen Interessensvertretungen wie CTV, Unternehmerverband und Oppositionsparteien.[24] Ab Mitte 2004 trat die Opposition wieder maßgeblich als Zivilgesellschaft auf, z.B. 2008 als »Studenten«. Dabei waren auf den Demonstrationen zahlreiche oppositionelle Politiker und Aktivisten zu sehen und die wesentlichen Köpfe der »Studierendenbewegung« kandidierten bei den Regionalwahlen im November 2008 für die Opposition.

Die nach Gramsci vorgelagerten Schützengräben des Systems, die Ebenen der Herstellung gesellschaftlichen Konsenses, sind seit 1999 zum größten Teil entweder auf Seiten des Transformationsprozesses oder der Opposition. Im Kampf um Hegemonie konnten die bolivarianischen Kräfte wichtige Erfolge erzielen, etwa die Deutungshoheit über historische Ereignisse, vor allem der IV. Republik, die Verankerung der Partizipation und Sozialpolitik und der Verfassung von 1999.

Selbst Oppositionskandidaten versprechen in der Regel die Fortführung bzw. Verbesserung der Sozialprogramme. Selbst wenn es nicht ernst gemeint ist, zeigt es eine deutliche Diskursverschiebung. Diese ist auch an der steigenden Zustimmung zu einem sozialistischen Gesellschaftsmodell zu sehen. Aber keine Seite kann gesellschaftlichen Konsens herstellen, dazu sind die Interessen zu unvereinbar. Die selbsternannte »Zivilgesellschaft« ist antide-

---

[24] Rund um den Putsch 2002 und den Ölstreik 2002/2003 war die Erwartung eines Regimewechsels groß und die korporativen Interessenvertretungen versuchten, sich möglichst gut für eine Machtaufteilung zu positionieren.

mokratisch und repräsentiert die alte Herrschaftselite, das transnationale Kapital und kleine Sektoren nationaler Bourgeoisie, lehnt jede Vermittlung mit dem Staat ab und strebt die Zerschlagung des Prozesses an. Die Zivilgesellschaft, wie die liberale Demokratie sie versteht, ist tatsächlich stark zurückgedrängt worden oder verschwunden. Der Klassenkampf hat sie verdrängt. Die den Prozess unterstützenden Netzwerke wollen keine Zivilgesellschaft sein und sich nicht auf ein Wirken im Sozialen reduzieren lassen. Denn der Begriff Zivilgesellschaft beinhaltet die Akzeptanz einer dem Staat gegenüber externen Gesellschaft und des Staates als Mediationsmechanismus der Gesellschaft (Barreto 2007a: 47-49). Chávez stellt die Zivilgesellschaft als elitäres und zu überwindendes Konzept dar, das zum bürgerlichen Staat gehöre. Der aufzubauende »sozialistische Staat« sei der *poder popular* unterzuordnen, der die Zivilgesellschaft ersetze (Chávez 2008: 67).

García-Guadilla stellt fest, die venezolanische Zivilgesellschaft habe ihren ideologischen Pluralismus und den Polyklassismus verloren, die sie in der Zeit bis zur neuen Verfassung besaß, und sei nach Klassenzugehörigkeit gespalten. Das wichtigste Gebot der Stunde sei, eine »ethische Zivilgesellschaft« wieder aufzubauen, worunter sie eine interklassistische Bürgerbewegung versteht (2006: 58f.). Abschließend fordert sie eine Rückkehr »zu den Zielen und Identitäten, die den Akteuren eigen sind, damit die Rolle definiert werden kann, die ihnen entspricht« (2006: 59). Hier wird der Verzicht auf radikale Transformation seitens radikaldemokratischer Konzepte deutlich, die den Antagonismus zwischen Kapital und Arbeit aus dem Blickfeld verlieren.

5.4 Populismus: Verführung oder potenziell revolutionäre Mobilisierungstechnik

»Das venezolanische Volk hat eine kollektive Identität gefunden und sich mittels der Aktionen von Hugo Chávez und der bolivarianischen Bewegung als politisches Subjekt konstituiert; von dem einen ohne dem anderen zu sprechen, hat in der aktuellen historischen Phase keinen Sinn.« (Raby 2006: 62)

Einer der häufigsten Vorwürfe an Chávez ist der des Populismus (Boekh/ Graf 2003; Castañeda 2006; De Venanzi 2006; Gratius 2007; Krennerich 2003; Welsch/Werz 2000; Zimmerling 2005) oder Neopopulismus (Boekh 2001; Sánchez López 2001; Ramírez Roa 2003; Ramos 2002; Reul 2003; Rivas 2002; Röder/Rösch 2001). Beide werden von diversen lateinamerikanischen Sozialwissenschaftlern zurückgewiesen. Vor allem der Begriff des Neopopulismus, der wissenschaftlich nicht fundiert ist und den Finanzinstitutionen IWF und Weltbank entstammt, die damit eine personalisierte und diktatorisch oder semi-diktatorische politische Führung beschrieben.[25] Der Vorwurf des Populismus wird selten ausgeführt. Die Argumentation folgt einer eurozentrischen Lesart, die Westeuropa zum Modell hat und der Sichtweise der Herrschenden und ihrer Intellektuellen entspricht, für die das Populare oder Plebeische automatisch negativ ist (Quijano 1998). Durch diese hegemoniale, klassistische, negative Konnotation entfaltet sich die politisch intendierte Wirkung des Begriffs auch ohne Erläuterung.[26] Wenn die Kritik ausgeführt wird, bezieht sie sich auf einen personalisierten Politikstil, die Massenmobilisierung in unteren Schichten, die Sozialprogramme[27] und Chávez' Redestil. Wenn allerdings Redestil, Führungsqualität und Massen die Kriterien für Populismus sind, gemeinsam mit der Manipulierung der unteren Schichten aus pragmatischen Gründen der Macht, dann wird er ahistorisch, denn es handelt sich um ein Phänomen, das in allen historisch bekannten Gesellschaften vorkommt (Quijano 1998). Machtverhältnisse und soziale Interessen werden ausgeblendet und aus verschiedensten Politiken wird Populismus. Im Fall Venezuelas mündet es darin, dass von diversen Autoren Chávez für die Polarisierung verantwortlich gemacht wird (Boeckh/Graf 2003; Castañeda 2006; Krennerich 2003; Reul 2003; Welsch/Werz 2000; Willer 2003; Zimmerling 2005). Die soziale Polarisierung bestand aber schon vor seinem Wahlsieg und hat dadurch einen politischen Ausdruck erhalten. Die Gründe des gesellschaftlichen Konflikts liegen nicht im kontroversen Diskurs und Stil Chávez', sondern in der Wirtschafts-, Sozial-, Außen- und Erdölpolitik.

---

[25] Einige Autoren bezeichnen lateinamerikanische Regime mit stark personalisierter Führung, die in den 1990er Jahren neoliberale Reformen durchführten, als neopopulistisch. Darunter primär Alberto Fujimori in Peru, aber auch Carlos Menem in Argentinien und Carlos Salinas. Neu sei die Unterstützung durch die obersten Gesellschaftsschichten, die so mit den ärmsten zusammengefasst würden. Das hat aber wenig mit den Mobilisierungen des Populismus gemein. Und die Sozial- und Wirtschaftspolitiken der Neopopulisten sind denen der historischen Populisten diametral entgegengesetzt. Der Neopopulismus ist demagogisch und hält nicht was er verspricht. Es handelt sich letztlich um delegative Demokratie (Vilas 2003).

[26] Schamis (2006) stellt den Begriff im lateinamerikanischen Kontext grundsätzlich in Frage, da progressive Politiken in der Region unweigerlich auf das historische Erbe des Sozialismus und Populismus zurückgriffen. Die Beliebigkeit, mit der das aber geschehe, verwandele ihn in eine kaum brauchbare analytische Kategorie.

[27] Der Vorwurf wurde nicht gegen Manuel Rosales geäußert, oppositioneller Präsidentschaftskandidat 2006, der alle Sozialprogramme erhalten und allen Einwohnern etwa 400 Dollar monatlich überweisen wollte. Dafür wurden im Wahlkampf personalisierte Kreditkarten ausgestellt, mit denen bei seinem Sieg alle Geld erhalten sollten. In Wahlspots hoben Frauen damit an Bankautomaten Geld ab und bezahlten Einkäufe.

Den meisten Intellektuellen fällt eine Analyse des Populismus und der Rolle des Militärs in Lateinamerika schwer, da sie eine doppelte Abneigung hegen. Der Populismus ist zu grob und die Militärs allein aufgrund des hierarchisch-disziplinierten Charakters der Institution weit vom Wert der Gedankenfreiheit entfernt, sodass die Analyse sich in der Regel auf ihre repressive Rolle und ihren Hang zu Autoritarismus beschränkt (Parker 2001: 4f.). Dies trifft auch für Venezuela zu, wo ein Großteil auch linker Intellektueller und Akademiker Chávez bei seinem Auftauchen auf der politischen Bühne skeptisch bis ablehnend gegenüberstand. Das Bild der Militärs in Lateinamerika ist wegen der vielen Diktaturen und autoritären Regimes in der Geschichte negativ geprägt. Doch auch die Beteiligung von Militärs oder der Armee an populistischen Regierungen und an aufständischen Bewegungen war verbreitet zu Beginn des 20. Jahrhunderts z.b. bei Luis Carlos Prestes (Brasilien), Augusto Cesár Sandino (Nicaragua) und Marmaduque Grove (Chile). Unter den ersten akademisch als populistisch charakterisierten Regierungen waren die eines Generals (Lazaro Cárdenas, Mexiko) und die eines Oberst (Perón, Argentinien). In Guatemala stürzten die USA 1954 die progressive Regierung eines Oberst (Arbenz) und 1968 übernahmen die Streitkräfte in Panama und in Peru die Macht mit nationalistisch revolutionären Projekten (Parker 2001: 5). Richard Gott (2005: 81-87) verortet Chávez in dieser Tradition. Zugleich gibt es aber auch einen bedeutenden Unterschied, der den Vergleich mit Cárdenas, Perón und anderen sinnlos macht: Die Transformationsprojekte stützten sich auf gesellschaftliche Bündnisse, die auch Teile der exportierenden Oligarchie und der Oberschichten einschlossen. Angesichts der Transnationalisierung der Ökonomie ist das heute nicht mehr möglich. Daher ist der venezolanische Transformationsprozess gezwungen, sich auf die unteren Schichten zu stützen (Figueroa 2006: 201).

Die Analysen dessen, was mit Populismus gemeint ist (Politik- oder Staatsform, politischer Diskurs, Mobilisierungstechnik, Reformbewegung, Periode usw.) und wie er einzuschätzen ist, sind vielfältig. Rey bezeichnet ihn als »eine demagogische, opportunistische, manipulative, korrupte, rhetorische und wirkungslose Bewegung« (Rey 1976: 137) und steht damit im Einklang mit der eurozentrischen Sicht. Zahlreiche Autoren lehnen die automatisch negative Konnotation des Populismus ab (Castro/Mussali/Oliver 2005; Ellner 2003b, 2003c, 2006a; Laclau 1978, 2006a, 2006b; Mendéz 2004; Parker 2001; Quijano 1998; Raby 2006; Vilas 2003). So habe er durch seine Praxis im Rahmen von Modernisierungsprojekten soziale und ökonomische Rechte auf vormals ausgeschlossene Bevölkerungsschichten ausgeweitet. Sowohl die Rechte wie auch die entsprechenden Fortschritte ständig zu unterstreichen, habe zur

Transformation eines »Volkes von Kunden oder Untertanen in ein Volk von Bürgern« (Vilas 2003: 26) beigetragen.

Zum Populismus gehöre aber laut Vilas gemäß der Definition der Mehrheit lateinamerikanischer Sozialwissenschaftler auch untrennbar eine kapitalistische ökonomische Diversifizierung, womit der lateinamerikanische Populismus »einem bestimmten Moment der kapitalistischen Entwicklung entsprach« (Vilas 2003: 15). Er war »eine demokratische Form sozialer Integration der unteren Klassen und einer Neuordnung der Beziehung zwischen Ökonomie und Staat nach der kapitalistischen Krise von 1929« (Acha 2007: 17-18). Demnach war der historische Populismus ein sozio-politisches Projekt, das, wenn auch demagogisch und manipulativ, in seinem Diskurs konkrete Politiken der Industrialisierung entfaltete (Castro/Mussali/Oliver 2005: 25). Dies unterscheidet den lateinamerikanischen Populismus grundlegend vom europäischen. Im lateinamerikanischen national-populären Modell sind es nicht die schwachen kapitalistischen Industriellen, die zur zentralen Referenz der kollektiven Aktion werden. Angesichts einer zahlenmäßig kleinen und organisatorisch schwachen Gewerkschaftsbewegung sowie der in die Städte migrierenden und für einen populistischen Diskurs rezeptiven Landbevölkerung ist es der populistische Staat, der die zentrale artikulierende Rolle der Zivilgesellschaft in der nachholenden Modernisierung übernimmt (Castro/Mussali/Oliver 2005: 33).

Die Verortung des Populismus als einer spezifischen Epoche und einem ökonomischen Modell zugehörig wird von Ellner (2003b, 2003c, 2006a), Laclau (2006a, 2006b), Raby (2006) und Parker (2001) abgelehnt. Für Ellner ist die Klassifizierung Chávez' als Populist falsch, da die klassischen Populisten Experten in der Etablierung disziplinierter und vertikal strukturierter Parteien, die stark mit den Gewerkschaften und anderen Institutionen verbunden waren, gewesen seien. Die Gegner hätten hingegen auf die Unterstützung der Streitkräfte gezählt. In Venezuela haben aber die Gewerkschaftssektoren der MVR keine aktive Rolle in der Partei gehabt. Dafür könne Chávez auf die Unterstützung bedeutender Sektoren der Armee zählen. Auch stünden viele Mobilisierungen im Chavismus (wie die Land- und Betriebsbesetzungen) nicht unter der politischen Kontrolle desselben. Zwar bestünden Ähnlichkeiten der Regierung Chávez mit den populistischen Regimen der 1930er und 1940er Jahre, doch die Sozial- und Wirtschaftspolitik fordert wichtige Wirtschaftsinteressen in einer Weise heraus, wie es die reformistischen populistischen Regierungen nie getan haben, wie etwa die Ablehnung des Privatbesitzes als absolutes Recht. Auch der klare Klassendiskurs Chávez' und die Priorisierung des Sozialen steht im Gegensatz zum historischen Populismus, der versuchte, eine Allianz zwischen Arbeitern und Unternehmern zu schließen (Ellner 2006a). Ähnlich argumentiert auch Marta Harnecker (2003c) und kommt zu dem Schluss, der Unterschied zwischen einer populistischen und einer populären Politik liege vor allem darin, dass erstere *für* und letztere *mit* dem *pueblo* regieren würde. Ein populistischer Führer missbrauche das Volk für seine persönlichen Zwecke und habe einen paternalistischen und assistenzialistischen Stil, während Chávez als Revolutionär auf die Selbstorganisierung der Bevölkerung zielt. Laclau (2006a), Parker (2001) und Raby (2006) definieren Chávez im positiven Sinne als Populisten. Sie verorten das Auftauchen des Populismus in Hegemoniekrisen und sehen ihn geprägt von einer charismatischen Führung und einem radikal antioligarchischen bzw. Anti-Establishment-Diskurs. Die Legitimitätskrise demokratisch-repräsentativer Systeme, also wenn die institutionellen Wege zur Kanalisierung sozialer Forderungen ihre Effektivität und Legitimität verloren haben, ist Bedingung für den populistischen Bruch. Die Hegemoniekrise wird durch den Populismus vertieft. Eine weitere Bedingung sei,»dass eine Dichotomisierung des sozialen Raums stattgefunden hat, dass sich die Akteure selbst als Angehörige des einen oder anderen der beiden im Konflikt befindlichen Felder ansehen«(Laclau 2006a: 56).»El pueblo« werde dann als kollektiver Akteur aufgebaut. In Frontalopposition gegen das herrschende System werden»die von unten« angerufen.

Während Laclau den Populismus als klassenübergreifend oder jenseits von Klassen ansiedelt (1978; 2006a), ist er für Parker ein politischer Diskurs,»der sich dadurch unterscheidet, die Basissektoren anzurufen und tief in sie einzudringen, während er es zugleich schafft, einen Enthusiasmus und ein Mobilisierungspotenzial in denselben Sektoren zu stimulieren, die Perspektiven für tiefgreifende Gesellschaftsveränderungen eröffnen«(2001: 11). Die These, die marginalisierten Massen würden durch ihre populistischen Führer manipuliert und blieben ohne Einfluss auf das politische Geschehen, hält Laclau für falsch. Die Kritik am Populismus käme von den Verteidigern des Status quo, die nichts mehr fürchteten als die»Politisierung der sozialen Forderungen« (Laclau 2006a: 58).

Im Falle Venezuelas bedurfte die Transition zu einer gerechteren und demokratischeren Gesellschaft eines Regimewechsels, also des radikalen Bruchs mit den korrupten Eliten und ihre Vertreibung. Dafür war die Herausbildung eines neuen kollektiven Akteurs populären Charakters notwendig. So bestand keine andere Möglichkeit als ein populistischer Bruch. Zwar sei jeder Populismus der Gefahr ausgesetzt, dass das Spannungsverhältnis zwischen Partizipation und der Führungsrolle bei Übergewicht letzterer zu einer Einschränkung ersterer führen könne, dies sei jedoch keinem Automatismus unterworfen (Laclau 2006a: 61).

Tatsächlich ist das Verhältnis sehr komplex. Chávez initiiert selbst immer wieder Organisierungsansätze, in den meisten Fällen greift er dabei von unten entstandene Ansätze auf. Er nimmt eine Art Lautsprecherfunktion ein und verschafft wenig bekannten Praxen der Basis eine große Öffentlichkeit. Diese zentrale Rolle führt zugleich zu einer starken Konzentration auf seine Person, welche die Selbstorganisierung hemmt. Auch die Lautsprecherfunktion ist zwiespältig. Einerseits stärkt sie die Basisinitiativen und ermöglicht ihre breite Adaption und Umsetzung, zugleich aber kann sie das organische Wachstum der Initiativen erschweren, da Bürgermeister, Gouverneure und einige Institutionen in der ihnen inhärenten Logik stärker darum bemüht sind, möglichst viele der Initiativen künstlich entstehen zu lassen oder zu fördern, als einen organischen Prozess von unten zu ermöglichen.

Ein Großteil der Marxisten sieht Marxismus und Populismus als zwei politisch und theoretisch radikal entgegengesetzte Traditionen. Dies ist nicht nur der Fall bei orthodoxen Marxisten, sondern auch in kritischen Strömungen. Mazzeo und Stratta z.B. stellen den Populismus bzw. populistische Politiken in Gegensatz zu popularen Politiken. Zwar gründeten beide auf der Identifikation von Dichotomen, doch versuche der Populismus substanzielle Widersprüche im Sinne der dominanten Klasse zu lösen und mit der Kategorie Volk den Klassenkampf zu verbannen (2007: 8f.). Für Laclau hingegen ist ein »sozialistischer Populismus« die fortschrittlichste Form von Arbeiterklassenideologie (Laclau 1977: 174). Die Dialektik zwischen den »Leuten« und den Klassen findet hier ihren Höhepunkt, daher gebe es keinen Sozialismus ohne Populismus, während die höchsten Formen des Populismus nur sozialistisch sein könnten (Laclau 1977: 196f.).

Da es sich beim Populismus um eine Mobilisierungstechnik handelt, die nicht politisch festgelegt sei, geht Laclau davon aus, die Analyse des ideologischen Diskurses sei zentral, um die politische Ausrichtung der Populismen zu klassifizieren (1978: 201; 2006a). Diese Diskursfixierung wird von anderen Wissenschaftlern zurecht kritisiert (Cammack 2000: 154; Parker 2001: 2; Raby 2006: 67; Vilas 2003: 18). Selbst Autoren, die seine Thesen in Grundzügen teilen, betonen in Abgrenzung, die langfristigen Tendenzen von Populismen seien nicht Resultat des Diskurses, sondern der Klassenstruktur, der internen Organisation und der konkreten Politiken und Handlungen, was wiederum die Klassenunterstützung determiniere (Parker 2001: 2; Raby 2006: 67).

Raby und Parker unterscheiden zwischen einem demagogischen und einem authentischen Populismus (Parker 2001: 3). Charisma und Prestige von authentischen Populisten resultieren nicht allein aus Diskurs und Redefähigkeit, sondern zentral aus entschiedenen Vorgehensweisen, »die ihre Identifikation mit der ›popularen Sache‹ und ihre Führungsqualitäten bewiesen haben« (Raby 2006: 69f.), d.h. sie zeigen, dass sie auf die erzeugten Erwartungen eine Antwort haben (Parker 2001: 3). So sei der Einsatz der unteren Schichten 1945 für Perón in Argentinien, 1936 für Cárdenas in Mexiko oder 1945-1948 für Gaitán in Kolumbien nicht allein durch ihren leidenschaftlichen Diskurs motiviert gewesen, sondern durch die Erfahrung realer Veränderung und wirklichen Einsatzes (Agrarreform, Sozialgesetzgebung usw.). Dies deckt sich mit Aussagen von Aktivisten des bolivarianischen Prozesses. Reinaldo Iturriza betont etwa: »Die Macht hier ist nicht nur, dass wir Chávez im Präsidentenamt haben, der ja ein Typ ist, der uns ähnelt. Die Priorität ist, dass Du effektiv Zugang hast zu den ganzen Dienstleistungen, die der venezolanische Staat dir anzubieten gezwungen ist.« (I-RI 2006)

Raby (2006: 70) beobachtet, dass sich die Geburtsstunde aller »authentischen Populisten« als politische Führer auf einen symbolträchtigen heroischen Akt zurückführen lässt, der dazu beiträgt, die charismatische Aura zu bilden: Die Verhaftung und Befreiung von Perón 1945, die Ausweisung des korrupten und einflussreichen Ex-Präsidenten Plutarco Elías Calles durch Cárdenas in Mexiko 1936, die Verteidigung der Bananenarbeiter durch Gaitán in Kolumbien 1928, der Sturm der Moncada-Kaserne durch Castro 1953 und der zivilmilitärische Aufstand 1992 für Chávez.

Der Diskurs sowie die Fähigkeit, leidenschaftlich und lange in einer Sprache zu reden, die mit dem *pueblo* kommuniziert, sodass es seine intimen Gefühle und Gedanken darin ausgedrückt sieht, sind zentral. Doch die populistische Führung entsteht nur durch politisch-praktische Führung und dem Dialog mit dem *pueblo*, indem die *volunté general* assimiliert und mit mehr Kraft und Kohärenz ausgedrückt wird (Raby 2006: 68f.). Eine ähnliche Interpretation ist in Venezuela gängig. Für »Chávez ist es einfach möglich, mit den Leuten zu kommunizieren. Die Leute greifen seine Orientierungen unmittelbar auf und andersherum. Er hat ein Gespür für das Unwohlsein der Straße.« (I-RI 2006)

Bei Laclau bleibt selbst die Diskursanalyse unvollständig. Neben Inhalt, Inszenierung und Gestik des Sprechers ist auch das Publikum mit seinem Verhalten einzubeziehen. Zudem wenden sich die »authentischen populistischen Führer« nicht nur zu bestimmten Anlässen oder via Medien an das *pueblo*, sondern suchen regelmäßig den Dialog mit einzelnen Arbeitern oder kleinen Gruppen. Diese Kommunikation trage zur Herausbildung einer kollektiven Identität und zur ideologischen sowie persönlichen Schulung des populistischen Führers bei (Raby 2006: 69). So herrscht immer mehr Klarheit über das, was aktuell abgelehnt wird, als über die genaue Konstruktion der Zukunft (Parker 2003: 3). Dies lässt sich mit Einschränkungen für Venezuela bestätigen. Auch wenn der Prozess mit den *Misiones*, Modellen lokaler territorialer

Partizipation und der Demokratisierung von Besitz und Verwaltung an Produktionsmitteln deutlichere Konturen annimmt, bleibt es ein Suchprozess.

Chávez und die bolivarianische Bewegung haben sich in einem 20jährigen Dialog mit allen Sektoren der venezolanischen Linken formiert und sind ganz gewiss nicht eine Folge der »Antipolitik«. Viele Anhänger Chávez' besitzen eine »rationale politische Sicht« (Raby 2006: 65). Die Armen können sich mit dem Charisma Chávez identifizieren, begreifen aber ebenso, dass es sich um eine reale und radikale Alternative handelt. Mit einer blinden Suche nach einem Messias, wie häufig unterstellt, hat das nichts zu tun, diese kommt auf, wenn »es schon keine rationale Hoffnung auf Veränderung mehr gibt«. Somit würden die Kritiker in Wirklichkeit die Möglichkeit der Revolution negieren (Raby 2006: 65f.).

Chávez gelingt es, mit der dispersen Masse zu kommunizieren, die in Folge der vom Neoliberalismus geförderten Zersplitterung und Individualisierung keine organisatorische Einbindung haben. Zugleich wirkt er als integratives Moment für alle am Prozess beteiligten Organisationen und Bewegungen und ist der Garant für die ständige Inklusion der popularen Bewegungen in den Prozess, denn er bildet den Ausgleich zu den meist traditionellen Praxen der Regierungsparteien: »Wenn es etwas gibt, das Chávez gut zu machen wusste, dann ist es, in Person und Wort dieser Bewegung für den Bruch zu ähneln, daher sein Verbleib als zentrales Symbol derselben« (Denis 2009). Bis zum Putsch 2002 blieb es weitgehend eine Kommunikation zwischen Chávez und den Massen, die bestenfalls noch den lokalen Organisationsformen vertrauten, während die Parteien und bolivarianischen Massenorganisationen kaum mobilisierende oder organisatorische Wirkung entfalteten. Erst im Anschluss an die Erfahrung des Putsches setzte ein massiverer Organisierungsprozess ein.

Es ist jedoch wichtig zu unterstreichen, dass der »Populist« nicht isoliert existiert »von der Basisbewegung, und zum großen Teil Produkt derselben ist« (Raby 2006: 70). Sein Diskurs und Handeln tragen zwar entschieden zur Herausbildung der dispersen Bauern, Arbeiter, Unterprivilegierten usw. als kollektive Subjekte bei, da aber stets mehrere Diskurse zur Auswahl stünden, sei auch die Prädisposition des Publikums für einen spezifischen Diskurs entscheidend. Dieses ist nicht so atomisiert, wie häufig behauptet, sondern verfügt über ein latent kollektives Bewusstsein. So waren die Zeiten vor Perón, Castro und Chávez bereits von sozialen Kämpfen und einem Streben nach grundsätzlicher Veränderung geprägt, welche die traditionelle Linke nicht kanalisieren konnte. In allen drei Fällen war bzw. ist die Führungsrolle entscheidend, aber die Möglichkeit bestand nur aufgrund einer Hegemoniekrise und der latenten revolutionären Bereitschaft der unteren Klassen. Der

Fall Argentinien ist laut Raby in dieser Hinsicht auch lehrreich, denn der »Populist« könne die Bewegung nur dorthin bringen, wohin diese auch bereit ist zu gehen, das ist als Möglichkeit in der vorher existierenden Klassenstruktur und im kulturellen Erbe der Bewegung eingeschrieben.

Für Raby (2006: 68) und Parker (2001: 19) ist Populismus unter bestimmten Bedingungen potenziell revolutionär. Neben Castro und Chávez wird dafür als Beispiel der ermordete Jorge Eliécer Gaitán (23.1.1903-9.4.1948) in Kolumbien angeführt (Parker 2001: 2; Raby 2006: 70). Aufgrund des revolutionären Potenzials fällt den rechten Populisten die schwere Aufgabe zu, das Ausufern der Bewegung, die sie selbst mit erzeugt haben, einzuschränken und zu kontrollieren, während die linken Populisten nur politisch überleben, wenn sie sich zunehmend mit der revolutionären Bewegung identifizieren und wenn tatsächlich revolutionäre Bedingungen herrschen. Dies als revolutionäre Politik einzuordnen, ignoriere die Notwendigkeit, die Rolle der charismatischen Führung zu analysieren (Raby 2006: 72).

Auch wenn die These des potenziell revolutionären Populismus paradox erscheint, ist es laut Raby (2006) die einzige Hypothese, um die völlig heterodoxen revolutionären Prozesse in Kuba und Venezuela zu erklären. Raby kommt zu dem Schluss, ihr Erfolg sei – ohne die Bedeutung der Massenunterstützung zu schmälern – dem Agieren der zentralen Figuren Castro und Chávez geschuldet. Beide hätten mehr Elemente des lateinamerikanischen Populismus als der sozialistischen oder kommunistischen Orthodoxie aufgenommen und so die Verbindung zu den Massen hergestellt. In Kuba ist die sozialistische Ausrichtung durch die Synergie zwischen dem populistischen Castro und der spontanen Energie der Bevölkerung zustande gekommen. Castro habe die Volkskultur aufgegriffen und diesen Effekt im dialektischen Verhältnis möglich gemacht. Die KP sei hingegen mit ihrer dogmatischen Sichtweise nicht dazu in der Lage gewesen und habe die Volkskultur ignoriert (2006: 62).

Parker (2001: 2) weist auf die überraschende Fähigkeit Kubas hin, im Gegensatz zu den Staaten Osteuropas den Zusammenbruch der Sowjetunion überlebt zu haben. Die Erklärung dafür liege im popularen und populistischen Ursprung der Revolution Kubas. Raby und Parker knüpfen – wenn auch nicht explizit – an Simon Clarke an, für den die Talente Lenins in seiner revolutionären Entschlossenheit und hoch effektiven Arbeit als Propagandist und politischer Organisator lagen. Dafür habe er die politischen und organisatorischen Prinzipien des revolutionären Populismus in den Marxismus integriert (Clarke 2002: 71-72).

Obwohl, oder vielleicht gerade weil sich Chávez in seinem Diskurs nicht über die anderen hebt, stets *el pueblo*, dessen Teil er ist, ins Zentrum stellt, beginnt seine Figur zu der eines *Caudillo* zu werden. Sicher ist aber, dass die transformatorische Bewegung ohne Chávez ihre Kraft nicht in dem Umfang entwickelt hätte, wie es der Fall ist. Darin sind sich die Kritiker wie auch die Anhänger Chávez' einig. Er hat es geschafft, die verarmten Massen in ein politisches transformatorisches Projekt zu integrieren, was der Linken nie gelungen war.

Kapitel 6:
Partizipative und protagonistische Demokratie

»Demokratie‹ war einst ein Wort der Leute, ein kritisches Wort, ein revolutionäres Wort. Es wurde von denen gestohlen, die über die Leute herrschen, um ihrer Herrschaft Legitimität zu verleihen. Es ist an der Zeit, es zurückzuholen, seine radikale Kraft wieder herzustellen. Demokratie ist nicht alles, sondern etwas bestimmtes.« (Lummis 1996: 15)

Die partizipative und protagonistische Demokratie ist kein fertiges Konzept, sondern in ständiger Entwicklung. Einfluss darauf haben Debatten um Partizipation, radikale Demokratie und direkte Demokratie,[1] und vor allem konkrete Praxen, die in Lateinamerika im Rahmen von Autonomie und *poder popular* stehen und auch auf historische Erfahrungen zurückgreifen.

6.1 Partizipation, direkte und radikale Demokratie

Partizipation: Eine notwendige Klärung
Partizipation ist ein weiter Begriff und erfährt unterschiedlichste Interpretationen. Partizipation kann mit Repräsentation verknüpft sein, entstammt aber einem ihr entgegengesetzten Prinzip: Unter politischer Partizipation werden Handlungen zusammengefasst, die jeder vornehmen könnte, die nicht delegiert werden. Jeder kann an Versammlungen teilnehmen, wählen, demonstrieren usw., aus der Logik des Prinzips kann aber nicht jeder repräsentieren (Phillips 1995: 33). Strittiger wird es, wenn es um die Bereiche der Partizipation geht, vor allem um direkte politische Partizipation an Entscheidungsfindungen. In den liberal-demokratischen Konzepten, die orientierend waren für die modernen Demokratien, hatte Partizipation von Bürgern, individuell oder kollektiv, in der als abgeschottet definierten politischen Sphäre keinen Platz. Sie wurde in voller Absicht in die »zivilgesellschaftliche Sphäre« verbannt bzw. auf den periodischen Akt der Wahl von Repräsentanten redu-

---

[1] Wie u.a. thematisiert von Etienne Balibar, Alex Demirović, Jacques Derrida, Ernesto Laclau, Rigoberto Lanz, Claude Lefort, C. Douglas Lummis, Chantal Mouffe und Jacques Rancière, für einen Überblick siehe Heil/Hetzel 2006.

ziert, damit sie die »Effizienz« der demokratischen Abläufe nicht störe und die Demokratie nicht mit sozialen Forderungen überfrachtet wird, welche das Primat der Kapitalakkumulation gegenüber der gesellschaftlichen Verteilung gefährden (de Sousa 2004b: 28).

In den 1960er und 1970er Jahren erlangten Konzepte der politischen Partizipation eine erhöhte gesellschaftliche Bedeutung (Macpherson 1983: 110). Ähnlich in den Wissenschaften. Sidney Verba und Norman H. Nie kritisierten 1972 in ihrem Klassiker der Partizipationsforschung, die meisten Studien würden alternativen Partizipationsmöglichkeiten keine Beachtung schenken und sich nur um Partizipation im Rahmen von Wahlpolitiken kümmern (Verba/Nie 1987). Viel weiter darüber hinaus gingen die Autoren jedoch auch nicht. Sie nehmen noch Wahl- und kampagnenbegleitende Aktivitäten mit auf, das individuelle und persönliche Gespräch mit politischen Repräsentanten und die Organisierung mit anderen, um das Vorgehen der Regierung zu beeinflussen (1987: 46f.).

Die strikte Trennung der politischen und sozialen Sphäre und die Beschränkung der Entscheidungsfindung als ausschließliche Kompetenz der Repräsentanten bleibt erhalten, obwohl ein ausgedehnter Partizipationsbegriff beansprucht wird. Eine ähnliche Herangehensweise durchzieht die Wissenschaften auch in der Folgezeit. In den 1980er Jahren, im Zuge des Neoliberalismus, erfolgte die Aufnahme des Begriffs Partizipation in den hegemonialen Diskurs und diente dazu, staatliche Verantwortlichkeiten auf individualisierter Ebene zu externalisieren und marktförmige Logiken zu stärken.

Der Mainstream der Partizipationsforschung (meist aus dem Norden der Welt oder daran angelehnt) hat also nicht viel zum Thema Partizipation beizutragen. Ein derart beschränkter Partizipationsbegriff wird in der vorliegenden Untersuchung abgelehnt. Ebenso ein Partizipationsbegriff, der auf die einfache Integration der Marginalisierten abzielt: »Die Ausgeschlossenen sollen nicht *eingeschlossen* werden (das wäre den Anderen in Dasselbe einzuführen) in das *alte* System, sie müssen vielmehr als Gleiche an einem *neuen institutionellen Moment* teilnehmen (die *neue* politische Ordnung). Es wird nicht für die *Inklusion* gekämpft, sondern für die *Transformation* – gegen Iris Young, J. Habermas und viele andere, die von ›Inklusion‹ sprechen.« (Dussel 2006: 106)

Wie Marta Harnecker richtig zusammenfasst, wird die Teilnahme an Veranstaltungen, Demonstrationen, Wahlprozessen, sozialen Kampagnen (z.B. Alphabetisierung) und die Meinungsäußerung auf Versammlungen als Partizipation gewertet. Die wichtigste Form sei jedoch »die Partizipation an den Entscheidungsfindungen und an der Kontrolle der Ausführung und zeitlichen Kontinuität der angenommenen Maßnahmen« (2003b). Vielen verschiedenen

Befreiungs- und Demokratisierungsprozessen im Süden der Welt ist gemeinsam, die Möglichkeit der Veränderung in der breiten Partizipation sozialer Akteure verschiedener Art an den Entscheidungsfindungsprozessen zu sehen (de Sousa 2004b: 28). Die populare Partizipation ist nicht auf bestimmte Bereiche oder Formen reduzierbar.»Die Politik der verbrannten Erde, in die der Neoliberalismus mündete, generierte integrale soziale Antikörper, sodass die Antworten in allen gesellschaftlichen Bereichen bestehen (ökonomischer, politischer, normativer sowie identitärer und kultureller Art). Die wichtigste Charakteristik der politischen Veränderungen in Lateinamerika hat mit dieser erneuerten Partizipation zu tun.«(Monedero 2007: 5)

Direkte und radikale Demokratie

Angesichts der in den vergangenen Jahren in vielen Verfassungen Lateinamerikas eingeführten Befragungen oder Referenden haben sich diverse Autoren mit vermeintlich direkter Demokratie in Lateinamerika auseinandergesetzt. Doch meist beziehen sich ihre Analysen nur auf Wahlen und Volksabstimmungen, die jenseits des Kerngerüsts liberaler Demokratien, also der Wahl von Repräsentanten, angesiedelt sind (Altman 2005; Barczak 2001; Lissidini 2006a; 2006b; Madroñal 2005; Zovatto 2004).[2] Direkte Demokratie wird in diesen Ansätzen nur als komplementär zur repräsentativen Demokratie angesehen und nicht als eigenständiges Konzept (Esteva 2009).

Radikale und direkte Demokratie ist nicht auf zentrale Theoretiker rückführbar, obwohl der Gedanke der Demokratie wesentlich älter ist als viele andere, die ausführlich theoretisiert wurden. Aussagen zu einer totalen Demokratie finden sich bei John Locke, Jean-Jacques Rousseau, Thomas Jefferson, Tom Paine und Karl Marx.[3] Doch der Gegenstand einer nicht limitierten Demokratie ist in der Regel von Theoretikern vermieden worden.

Demirović teilt die modernen radikaldemokratischen Ansätze in»deliberative (Habermas, Benhabib, Bohman), assoziative (Hirst, Cohen, Rogers), zivilgesellschaftliche (Arato/Cohen, Frankenberg, Rödel), hegemoniale (Laclau, Mouffe) Demokratie oder Demokratie als immer noch kommende (Derrida)«

---

[2] Nach Lissidini wurden die Elemente direkter Demokratie nicht eingeführt, um die Partizipation zu stärken, sondern die Exekutive und so zu mehr delegativen Modellen überzugehen (2006b: 22). Eine These, die Altman nach der Untersuchung aller von Regierungen in Lateinamerika in den vergangenen Jahrzehnten initiierten Referenden ablehnt, da sonst die Erfolgsquote höher sein müsste als die festgestellten 50% (2005: 225).

[3] In »Zur Kritik der Hegelschen Rechtsphilosophie« (Marx 1843: 203-333) verteidigt Marx die Demokratie gegenüber der Monarchie und macht einige grundlegende Aussagen. Anschließend beschäftigte sich Marx jedoch nahezu gar nicht mehr mit der Frage der Demokratie.

(2005b: 1). Um die ersten drei soll es hier gar nicht gehen, da sie wenig Radikales an sich haben: »Demokratische Institutionen werden [hier] als die auf Dauer gestellte Revolution verstanden.« (Demirović 2005a) Derrida (2003) spricht von der »kommenden Demokratie« und stellt die normative Dimension des Versprechens in das Zentrum, das Kennzeichen der Offenheit ist für ihn konstituierend für die Demokratie selbst (2003: 13). Doch scheut er sich vor der Präzisierung dessen, was er unter Demokratie versteht, da jede Definition »einen Sinn aufzwingen« (2003: 104) würde. Damit ist auch schon ein Grundproblem der meisten radikaldemokratischen Theorien ausgemacht: »die mangelnde Berücksichtigung konkreter Alltagserfahrungen sowie die unzureichende Anschlussfähigkeit an gewöhnliche Praktiken« (Jörke 2006: 258).

Zu den bekanntesten Vertretern radikaldemokratischer Konzepte gehören Laclau und Mouffe (1991). Ihr poststrukturalistischer Ansatz sieht sich als nicht-ökonomistische postmarxistische Erweiterung und Aktualisierung des Hegemonie-Konzeptes von Gramsci. Zugleich verstehen sie Demokratie als immer unvollkommen und vorläufig (Laclau 2002: 41). Die Aufnahme vieler ehemals sozialistischer Postulate (wie z.b. Menschenrechte, Gleichheit u.a.) in die normative Orientierung der liberalen Demokratie schuf eine neue Ausgangslage für linke Kritik, die oft dazu überging, nicht mehr die Durchsetzung der demokratischen Prinzipien, sondern ihre Vertiefung zu fordern (Demirović 2005a). Laclau und Mouffe treten für eine radikale und plurale Demokratie ein. Ersteres meint eine Radikalisierung der demokratischen Revolution durch die Ausweitung der politischen Räume, indem die Ideale der Freiheit und Gleichheit auf zunehmend mehr Gesellschaftsbereiche, in denen Herrschaftsbeziehungen existieren, ausgedehnt und radikaler interpretiert werden (Laclau/Mouffe 1991). Es handelt sich auch um eine Gleichheit unter Anerkennung der Differenz, wie sie in der liberalen Demokratie keinen Platz hat. Anerkennung meint hier nicht Toleranz, sondern Auseinandersetzung mit dem Anderen. Mit pluraler Demokratie ist die relative Autonomie und gegenseitige Anerkennung unterschiedlicher Gruppierungen und Forderungen im Aufbau eines gemeinsamen emanzipatorischen Projekts gemeint. Ziel ist der Aufbau einer kollektiven politischen Identität die von den Prinzipien der demokratischen Äquivalenz artikuliert wird. Dazu sollen die verschiedenen demokratischen Forderungen von z.b. Frauen, Schwarzen, Homosexuellen, Umweltschützern und anderen »Neuen Sozialen Bewegungen« artikuliert werden (Mouffe 1993: 84).

In Venezuela ließe sich sowohl die radikale als auch die plurale Demokratie ausmachen. So wie mit der radikalen Demokratie das Ziel der Linken in der Vertiefung der vor 200 Jahren begonnenen demokratischen Revolution liegt, erklärt der Bolivarianische Prozess eben dies zu seiner Aufgabe. Die Ideale der Freiheit, Gleichheit, Gerechtigkeit, Demokratie und – aus der peripheren Situation heraus – Unabhängigkeit werden als unerfüllt angesehen, aktualisiert und neu definiert. Und die Diversität der verschiedenen am Prozess beteiligten Gruppen, Bewegungen und Individuen kann als plurale Demokratie gewertet werden.

Die meisten und gängigsten radikaldemokratischen Konzepte erweisen sich trotz aller progressiven Elemente aufgrund ihrer starken Beschränkungen als unzureichend.[4] Jörke kritisiert richtigerweise, sie bildeten »eine philosophische Diskussion, die mit einem scheinradikalen Gestus auftritt, hinsichtlich der konkreten Umsetzbarkeit ihrer Theorien aber mehr als vage bleibt« (2006: 264). Problematisch ist auch die zugrundeliegende implizite Annahme einer linearen Gesellschaftsentwicklung (Demirović 2005b)[5] und ganz grundsätzlich die Selbstbeschränkung der demokratischen Partizipation auf die Sphären der Politik und der Öffentlichkeit. Die Antagonismen betreffen also nicht mehr die Produktion und die Produktionsmittel. Die Befreiung vom Ökonomismus ist in die Akzeptanz oder zumindest die gesellschaftliche Abkopplung einer autonomen (kapitalistischen) ökonomischen Sphäre gemündet. Die rein diskursive Orientierung lässt außer Acht, dass Privilegierte in den meisten Fällen ihre Privilegien nicht freiwillig abgeben. Ebenso zeigen sie sich auch in der Regel unbeeindruckt von gesellschaftlichen Mehrheiten (und noch viel schwieriger wird es, wenn gesellschaftliche Mehrheiten ihre Privilegien gegen Minderheiten verteidigen). Das heißt, es bedarf massiver Mobilisierungen und Entfaltung von Druck.

Der formulierte Pluralismus läuft Gefahr, in Beliebigkeit überzugehen (Demirović 2005a), da die öffentliche Diskussion immer für alle Meinungen offen sein soll und keine Kriterien aufgestellt werden sollen bezüglich der Richtigkeit von Standpunkten. Ein Beispiel dafür ist Maria Pilar García-Guadilla (2006). Sie zeichnet ein völlig überzogenes Bild der territorialen Segregation in Caracas, wo angeblich kein Angehöriger eines der beiden Lager, in die das Land gespalten sei (entlang der Haltung zu Chávez, gepaart mit dem sozio-ökonomischen Status), einen anderen Teil der Stadt betreten könne. Mit den Kriterien der Okkupation des öffentlichen Raums und ausschließender

---

[4] Eine Ausnahme bildet hier Lummis, der seinen Ansatz ebenfalls radikale Demokratie nennt, aber zusammenfasst:»Demokratie bedeutet nicht, dass die Leute mit freundlichen oder gerechten Herrschern gesegnet sind. Es bedeutet, sie herrschen über sich selbst.« (Lummis 1996: 16)

[5] Welche die meisten radikaldemokratischen Ansätze mit den Ansätzen teilen, die sie eigentlich überwinden wollen: mit liberalen Demokratietheorien und mit historisch deterministischen marxistischen Vorstellungen.

und gewalttätiger Praxen werden die zwei Blöcke der Zivilgesellschaft – Prozessanhänger und Opposition – gleichermaßen als antidemokratisch bezeichnet. Dabei macht es keinen Unterschied, dass die einen ihre Privilegien verteidigen, während die anderen gleiche Rechte einfordern.

In radikaldemokratischen Konzepten stehen sich letztlich auch Kapital und Arbeit diskursiv und ethisch gleichberechtigt gegenüber und: »Auch für die private Aneignung der gesellschaftlichen Kooperation wird im öffentlichen Meinungsstreit gefochten.« (Demirović 2005a) Demirović stellt richtig fest: »Aus dem Innern der Demokratietheorie, auch der radikalen, können also diejenigen sich entfalten, die für Erhaltung und Vertiefung des Kapitaleigentums und für private Aneignung der gesellschaftlichen Produktionsmittel sind. Dasselbe lässt sich zeigen für die rassistische Diskriminierung von Individuen, für die Neukonstitution heterosexistischer Verhältnisse oder die Wiedereinführung Gottes in den säkularen Alltag demokratischer Gesellschaften. Zu befürchten ist, dass radikale Demokratie ein Projekt ist, das, weil es nicht sagt, was es will außer Demokratie, zur Prolongation aller dieser Kämpfe auf Ewigkeit beiträgt. Sie will ja diese Konflikte und diese Kämpfe. Die Alternative dazu heißt in der Tradition kritischen Denkens: Frieden, Versöhnung, Verein freier Individuen.« (Demirović 2005a)

6.2 Konstituierende Macht und Gegenmacht

»Die gesamte neuere Geschichte ist charakterisiert gewesen von der Ununterscheidbarkeit des Sozialen und Politischen in der Ausübung der konstituierenden Macht seitens der subalternen Klassen. Nicht eine Episode der Rebellion, die Kapital und proletarische Klasse einige Jahrhunderte lang gegeneinander gestellt hat, ist von diesem allgemeinen Prozess des Sozialen und Politischen, den die proletarische Klasse erzwungen hat, verschont geblieben. Erzwungen mit einer Gewalt, die der Bedeutung des Einsatzes angemessen war. Dieser ist nichts anderes, als die definitive Hegemonie der konstituierenden Macht, der freien, kreativen Arbeit, die das Aussterben des Politischen als getrennte Kategorie bedeutet. Die konstituierende Macht beseitigt das Politische nicht – sie lässt es als Kategorie sozialer Interaktion dort leben, wo es leben muss, in der Gesamtheit der sozialen Beziehungen der Menschen, in der Dichte der Kooperation. [...] Die Kategorie des Politischen als Unabhängigkeit, oder ›relative Autonomie‹ wird nur errichtet, um zu blockieren, ordnen, die Allmacht der lebendigen Arbeit zu beherrschen: Die Kategorie des Politischen ist Teil der konstituierten Macht.« (Negri 1992: 305)

Konstituierende Macht ist ein zentrales Konzept normativer Orientierung im bolivarianischen Prozess. Es entwickelt sich in Venezuela gegen Ende der 1980er Jahre als Vorstellung der gesellschaftlichen Transformation mittels eines ständigen konstituierenden Prozesses. Im Verlauf der 1990er Jahre erlangt es zentrale Bedeutung in den Bewegungen und es wird eine Übereinstimmung mit dem in »Il Potere Costituente« von Antonio Negri dargelegten Konzept festgestellt (Denis 2001: 143-144).[6] Chávez zitiert häufig daraus, er erklärte, er habe es im Gefängnis gelesen und es sei grundlegend für die Entwicklung des bolivarianischen Projekts gewesen (Chávez 2007a: 2ff.; 2008: 47; Harnecker 2002: 18). Mangels ausführlicher theoretischer Ausarbeitung des venezolanischen Konzepts und angesichts des direkten Bezuges auf Negri wird zunächst das Konzept der konstituierenden Macht bei Negri und anschließend die venezolanische Genese dargelegt.

Konstituierende Macht – Das Konzept von Antonio Negri

»Von konstituierender Macht sprechen heißt von Demokratie sprechen«, so Negri (1992: 7). Konstituierende Macht meint die den Menschen kollektiv innewohnende legitime schöpferische Kraft, die *potentia*, die Fähigkeit, Neues hervorzubringen, zu entwerfen, zu gestalten, ohne dieses vom Bestehenden ableiten zu müssen oder sich diesem unterzuordnen. Für Negri folgt daraus, dass die konstituierende Macht die Revolution selbst ist. Es stellt sich daher die Frage, wie dieser außerordentliche Motor der Geschichte in Gang gesetzt werden kann und was ihn bremst, neutralisiert oder unterwirft. Dazu gilt es zunächst zu sehen, wie die konstituierende Macht verstanden wurde. In den Demokratie-Debatten der vergangenen Jahrhunderte galt die konstituierende Macht als allmächtige und expansive Quelle, welche die konstitutionellen Normen jeder juristischen Ordnung produziert und selbst Subjekt dieser Produktion ist. Dafür musste die allmächtige konstituierende Macht zeitlich und räumlich beschränkt, fixiert, auf juristische Kategorien reduziert und in ein administratives Korsett gezwängt werden (Negri 1992: 7-9).

Die verfassungsrechtliche und juristische Definition der Subjektrolle der konstituierenden Macht widerspricht ihrem ureigensten Wesen, da sich der ihr innewohnende rebellische Geist der Integration in ein genormtes und hierarchisches System widersetzt (Negri 1992: 8). Zugleich konnte sie aber nicht

---

[6] Bemerkenswert ist, dass das Thema konstituierende Macht in den wissenschaftlichen Untersuchungen aus dieser Zeit nicht vorkommt. So wie sie von unten verstanden wird, gehen darauf in den 1990er Jahren nur die Akteure selbst ein. Dies zeigt, wie weit entfernt die Wissenschaften von der Realität waren und weshalb sie von den Entwicklungen ebenso überrascht wurden wie die institutionalisierte Politik.

juristisch wegdefiniert werden, da die demokratische Legitimation wie auch
Sinn und Rechtfertigung des Justizsystems auf ihr aufbauen.

Rechtsphiloso-
phisch äußerte sich dies grob in drei Herangehensweisen:
Die traditionelle Position sieht die konstituierende Macht als transzendent
gegenüber der konstituierten Macht an, sie ist zwar deren Vorläufer, bleibt
ihr aber immer extern. Die Autonomie der konstituierten juristischen Ordnung ist absolut. Dieses Verständnis vertrat mehrheitlich die deutsche Schule
Öffentlichen Rechts Mitte des 19. bis Anfang des 20. Jahrhunderts. Von der
konstituierenden Macht bleibt nicht viel übrig (Negri 1992: 11).

Ein zweiter Ansatz sieht die konstituierende Macht als der konstituierten
Macht immanent an und negiert bzw. annulliert so das Originäre und Kreative der konstituierenden Macht. Er wird von Positionen geteilt, welche die
konstituierende Macht nur während des Aktes der Verfassungsgebung auf
einer vorrangigen Ebene sehen, während sie anschließend von der konstituierten Macht aufgesogen und ihr untergeordnet wird, bis zu der Arbeiterbewegung nahen Positionen wie von Ferdinand Lassalle und Hermann Heller,
welche die Immanenz der konstituierenden Macht darin sahen, dass sie von
der Verfassung aufgesogen wird und sich in Form der »natürlichen Evolu-
tion« des Staates äußert (Negri 1992: 13f.).

Der dritte Ansatz hingegen sieht die konstituierte Macht weder als transzendent noch als immanent an, sondern als integriert in die konstituierte
Macht und sich mit ihr ausdehnend. Er negiert die Eigenständigkeit und das
Originäre der konstituierenden Macht völlig. Im Rahmen dieser Interpretation bewegen sich die großen Schulen des Institutionalismus des 20. Jahrhunderts (Negri 1992: 16).

Zusammenfassend lässt sich zu der rechtsphilosophischen Interpretation
also sagen: »Konstituierende Macht wird im Allgemeinen als die Macht angesehen, die ein System begründet, und damit endet sie. Unter den systemimmanenten Rechtsquellen ist sie nicht zu finden, die konstituierende Macht
als solche gilt als ein außerhalb des Rechts stehendes Element. Sie muss den
Platz für die konstituierte Macht freimachen.« (Negri 2008: 10)

Die konstituierende Macht ist »Zeichen eines radikalen Ausdrucks des demokratischen Willens« (Negri 1992: 18). Sie steht damit im Widerspruch zum
Konstitutionalismus, der immer Mediation »der und in der Ungleichheit« bedeutet und dem damit ein nicht-demokratisches Paradigma zu Grunde liegt.
Die konstituierende Macht ist mit der Idee der absoluten Demokratie verknüpft. Sie ist eine expansive Kraft, die jedes bestehende Gleichgewicht aus
den Angeln hebt und einen Bruch mit dem Bestehenden vollzieht. So vermag
nur die Zukunft die Gegenwart zu erläutern. Daher formt und reformiert sich
die konstituierende Macht überall und ständig aufs Neue.

In der Geschichte der konstituierenden Macht lassen sich zwei Kontinuitätslinien ausmachen, die bekanntere folgt dem revolutionären Prinzip aus der Renaissance der Konstituierung der politischen Ordnung neuer Gesellschaften. Sie zeigt sich in den großen Revolutionen, die eine Antwort auf die sukzessive Rationalisierung der Macht waren, auf die Krise, die aus dem Verhältnis zwischen der produktiven Potenzialität der Gesellschaft und der Legitimation des Staates erwächst. Die republikanischen, demokratischen und sozialistischen Verfassungen scheiterten an der Auflösung dieses Widerspruchs (Negri 1992: 346).

Wenn also die juristischen und politisch-konstitutionellen Definitionen der konstituierenden Macht sie stets eingeschränkt oder neutralisiert haben und in Verfassungen der Dualismus zwischen konstituierender und konstituierter Macht nie in einer Synthese aufgelöst werden konnte, dann ist konstituierende Macht ein Konzept der Krise, ihr Wesen liegt in dieser Negativität (Negri 1992: 20). Für die Weiterentwicklung dieses Konzepts bezieht Negri sich auf die zweite Kontinuitätslinie der konstituierenden Macht: die Kontinuität der konstituierenden Leidenschaft der *multitudo* (Vielheit), wie er sie mit Bezug auf Spinoza nennt. Sie findet sich im Innern der ersten Kontinuitätslinie und ist Ursache der Konstitutionalisierungsprozesse wie auch der Krise (Negri 1992: 347f.).

Eine metaphysische Ausarbeitung der zweiten Linie findet Negri bei Machiavelli, Spinoza und Marx. Bei Machiavelli ist die konstituierende Macht die Leidenschaft der *multitudo*, die Fähigkeit, die Kräfte dynamisch zu organisieren und eine formgebende Potenz zu schaffen. Die schöpferische Anstrengung ist für ihn die Gabe des neuen Menschen. Die konstituierende Macht bewegt sich in einer permanenten Krise und wird von derselben angetrieben. Bei Spinoza, der Machiavellis Konzept aufgreift, ist die konstituierende Macht eine ihre volle Potenzialität entfaltende schöpferische Kraft. Sie gründet in ihrem fortschreitenden allmächtigen Begehren, sich gesellschaftlich als determinierende Kraft zu konstituieren. Widersprüche und Konflikte sind Teil dieses Prozesses und ihr Motor. Dies wird von Marx aufgegriffen, bei dem die schöpferischen Kraft der konstituierenden Macht die Macht der Produktion schafft, und damit die künstliche zweite Gestalt der Welt (Negri 1992: 348f.).

Für Marx ist die konstituierende Macht Schöpfung, die *potentia* und *multitudo* untrennbar zusammenführt. Das konstituierende Prinzip ist das der Moderne und schließt zugleich mit ihr ab, da die Struktur des modernen Produzierens zurückgeführt wird zum Subjekt der Produktion, das für die Produktion und den Sinn derselben zuständig ist. Die Demokratie als absolute Regierungsform, bei Machiavelli und Spinoza nur philosophische Variante, wird so zur realen Möglichkeit, zum politischen Projekt. »Das Projekt heißt nicht mehr eine Korrespondenz zwischen dem Politischen und dem Sozialen herzustellen, sondern die Produktion des Politischen in die Kreation des Sozialen einzufügen.« (Negri 1992: 350) Denn, so Marx: »*Alle* Emanzipation ist *Zurückführung* der menschlichen Welt, der Verhältnisse, auf den *Menschen selbst*. [...] Erst wenn der wirkliche individuelle Mensch den abstrakten Staatsbürger in sich zurücknimmt und als individueller Mensch in seinem empirischen Leben, in seiner individuellen Arbeit, in seinen individuellen Verhältnissen, *Gattungswesen* geworden ist, erst wenn der Mensch seine ›forces propres‹ (»eigenen Kräfte«, D.A.) als *gesellschaftliche* Kräfte erkannt und organisiert hat und daher die gesellschaftliche Kraft nicht mehr in der Gestalt der *politischen* Kraft von sich trennt, erst dann ist die menschliche Emanzipation vollbracht.« (Marx 1844b: 371)

Machiavelli, Spinoza und Marx gelingt es jedoch nicht, sich von den kulturellen Lasten der jüdisch-christlichen Tradition des Schöpfertums zu befreien. Ihre Perspektive der Vereinheitlichung blockiert die *multitudo*, deren Stärke gerade in der nicht vereinheitlichten Vielheit liegt (Negri 1992: 351-353). Die zweite Beschränkung entstammt der Naturrechtstradition, die im modernen Rationalismus fortlebt, und betrifft die Potenzialität der *multitudo*. Es lauert die Gefahr, dass die schöpferische Kraft der konstituierenden Macht »als bloßer Ausdruck naturrechtlicher Voraussetzung verstanden« (Negri 1992: 354) und in ein vorgefertigtes Schema gezwängt wird. Beide Beschränkungen blockieren die offene Beziehung zwischen *multitudo* und *potentia*, die zugleich aber Begriff und Praxis der konstituierenden Macht sind.

Aus der Geschichte der konstituierenden Macht lassen sich nach Negri also drei Schlüsse ziehen. Erstens: Als schöpferisches Prinzip ist die konstituierende Macht nicht zu neutralisieren. Die grundlegenden Hindernisse tauchen immer dann auf, sobald die konstituierende zur konstituierten Macht wird. Zweitens steht die konstituierte Macht, so lange sie als Potenzialität weiterlebt, für eine Dimension der Zeit, die zur Zukunft hin offen ist. Und drittens bleiben die Widersprüche stets bestehen, da es der konstituierenden Macht nie gelingt, sich vom »Fortschrittsbegriff und vom Rationalismus der Moderne zu befreien«. Der Drang, diese Grenzen zu überwinden, »führt die konstituierende Macht vom Liberalismus zur Demokratie und von dort zum Sozialismus, doch jedes Mal scheitert sie an der Unmöglichkeit, selbst die Schranke als eine absolute zu setzen. Der Staat, die konstituierte Macht, die Souveränität im traditionellen Sinn tauchen jedes Mal wieder auf und es gelingt ihnen, den Konstituierungsprozess zu beenden.« (Negri 1992: 356f.)

Die konstituierende Macht wird der Arbeitsteilung unterworfen und vom Repräsentationssystem absorbiert. Die Moderne erzeugt die Trennung von

Sozialem und Politischem, um die *potentia*, die gesellschaftliche Potenzialität von der politischen Macht abzuspalten und so die konstituierende Macht zu neutralisieren (Negri 1992: 372). Da ist zunächst die Rationalisierung des »politischen Raumes«, wie sie in Folge der englischen und amerikanischen Revolutionen des 17. und 18. Jahrhunderts erfolgte. Die konstituierte Macht tritt in einem durch Repräsentanz strukturierten Raum als zentrale Vermittlungsinstanz auf. Die Repräsentation ist im Idealfall horizontal, die Mediation stets vertikal. Die konstituierende Macht verschwindet. Sie besteht nur noch formal vermittelt in den repräsentativen Institutionen und den durch sie legitimierten Organen (vgl. Negri 1992: Kap. III u. IV).

In der Französischen und Russischen Revolution erfolgt die rationale Organisation der Zeit (vgl. Negri 1992: Kap. V u. VI). Die konstituierende Macht wird in den konstituierenden Dynamiken zwar »als Form der produktiven Kraft der Gesellschaft« (Negri 1992: 359), als lebendige Arbeit, wahrgenommen, doch durch die Konstitutionalisierung wird die kollektive Kreativität der instrumentellen Rationalität der kapitalistischen Produktionsweise und dem Kommando der konstituierten Macht untergeordnet. Damit behauptete sich der Rationalismus der Moderne mit seiner linearen Zeit und der Tendenz, die lebendige Vielfalt der Welt zu annullieren, und die Beschleunigung der Zeit, mit der die konstituierende Macht Hindernisse beseitigen will, führte zum Terror.

Die historische Kraft der konstituierenden Macht wird ständig von der konstituierten Macht unterbrochen. Sie befindet sich permanent wiederkehrend in der Krise. Diese ist aber nicht unüberwindbar, sondern, angesichts der Stärke der *multitudo*, nur ein Hindernis. Die Krise ist nicht nachteilig, im Gegenteil, sie ist der Motor der konstituierenden Macht. Nur dadurch, dass die positive Synthese nicht gelingt, kehrt die Potenzialität der *multitudo* immer wieder zurück, zu der Suche nach dem Ausweg. Die konstituierende Macht hat nichts mit der fortschreitenden linearen Rationalität der Moderne zu tun und nach Negri auch nicht mit der Utopie. Die konstituierende Macht ist Krise und Dystopie.

Die Utopie als vorgefertigter Entwurf hat sicher nichts mit der konstituierenden Macht gemein. Doch muss hier eingewandt werden, aus den historischen Erfahrungen und Niederlagen bestehen in der konstituierenden Macht utopische Orientierungen, Werte beruhend auf Erkenntnissen, Erfahrungen und Gefühlen. Diese drücken sich in Mythen, Alltagskultur usw. aus und werden z.B. im Drang, die Rationalität der Moderne zu überwinden, deutlich. Das alles existiert im kollektiven Gedächtnis der *multitudo* und ist nicht linear angeordnet, aber es wirkt konstituierend für Bewegungen (die Strömungen konstituierender Macht sind). Negri nennt dies die Geschichtsphilosophie der konstituierenden Macht, die ontologischen Hintergründe. Damit sie wirksam werden, müssen sie, zumindest schlummernd, vorher vorhanden sein. Das ist das kollektive Gedächtnis, das keine Kontinuität produziert, sondern Erfahrungen in bestimmten Konjunkturen und Momenten konstituierender Macht kollektiv hervorkommen und erneuert wirksam werden lässt.

Die Dystopie, die politische Form der konstituierenden Macht, ist eine Demokratie, die sich radikal nur aus der eigenen Potenzialität nährt und nicht im mindesten von außen bestimmt wird. Die konstituierende Macht folgt einer eigenen Rationalität, die über die Moderne hinausführt. Die neue Rationalität ist ständige Bewegung, ein Aufbau »von unten«, der keinen vorher oder außerhalb existierenden Regeln unterliegt, sondern ein kontinuierliches Neu-Aushandeln auf dem Weg bedeutet. Das gestaltende Handeln dringt in alle Bereiche vor, es erfasst das Soziale und das Politische, Recht und Institutionen.

Die Souveränität wird weder aufgegeben noch übertragen und die Verfahrensweisen entwickeln eigene, interne Kontrollmechanismen. Es gibt keine externen *checks and balances* (Negri 1992: 377). Daraus ergibt sich, dass es keine Privilegien geben kann. Die Gleichheit ist materielle Bedingung, da ohne sie die *multitudo* ihrer Grundlage beraubt wäre und sich nicht als Kraft errichten könnte.

Auch das Verhältnis von Potenzialität und Multitude kann nur eines der Gleichheit sein, da jedes Privileg eine Blockade des Prozesses wäre. Die Gleichheit ist nicht zu verwechseln mit Uniformität. Die schöpferische Kraft der konstituierenden Macht entsteht aus der Verknüpfung und Kooperation der Singularitäten, gerade weil sie nicht auf eine Einheit reduziert werden. Die Kooperation »ist die zentrale Kategorie der neuen Rationalität« (Negri 1992: 380), bringt Innovation hervor und steht im Gegensatz zum Kommando, welches die konstituierte Macht darstellt, und das auf der Entfremdung der *multitudo* und der Enteignung ihrer Kreativität der Kooperation beruht.

Das Politische ist also die »*Ontologische Potenzialität einer Multitude kooperierender Singularitäten*« (Negri 1992: 381). Ohne die konstituierende Macht verkommt das Politische zum Verwaltungsvorgang und zur despotischen Machtausübung (Negri 1992: 383). Durch den Bruch mit dem Rationalismus der Moderne stellt die konstituierende Macht eine andere Zeit und einen anderen Raum dar, und kann so neue Räume und neue Zeiten eröffnen (Negri 1992: 370-372). Durch das Ausdehnen der Wirksamkeit der konstituierenden Macht wird sie zugleich gestärkt und gemäßigt. Sie muss nun nicht mehr alles so schnell wie möglich machen. Sie weitet die Definition des Politischen aus und begreift es als Terrain der Veränderung sozialer Beziehungen, auf dem sie immer wieder in Erscheinung treten kann.

Um aber diese enorme Kraft der konstituierenden Macht freizusetzen, als gesellschaftlichen Motor nutzen zu können, muss sie als eine konstituierende Macht gedacht werden, die nicht Verfassungen produziert, die ihr extern sind, sondern sich in einem kollektiven Prozess ständig selbst verfasst. Dieser Prozess darf aber keiner der Vereinheitlichung sein, sondern einer der Vielheit, der die produktive Verschiedenheit erhält. Die von Negri gedachte Form der »konstituierenden Republik« ist somit eine »Republik, die vor dem Staat entspringt, die außerhalb des Staats entsteht. Es ist das Paradox der konstituierenden Republik, dass der Prozess der Konstitution niemals abgeschlossen sein wird und dass die Revolution nicht endet« (Negri 1998: 80): Revolution als Prozess. Heruntergebrochen auf die Praxis heißt das, »in der Institution eine Realität zu sehen, die ständig zu öffnen wäre, um die konstituierende Macht einzubeziehen statt auszuschließen: eine Institution im permanenten Werden. [...] Die konstituierende Macht kann ein Element des Rechts sein, das heißt eine Institution, die ständig neue Institutionen hervorbringen muss.« (Negri 2008: 10)

Venezuela: Konstituierende und konstituierte Macht

Das Konzept der konstituierenden Macht bahnt sich in Venezuela ab den 1980er Jahren seinen Weg. Im Gegensatz zu dem neoliberalen Partizipationsdiskurs von offizieller Seite beginnen die popularen Bewegungen Positionen direkten Protagonismus der Armen und Ausgeschlossenen im Aufbau einer nicht-repräsentativen Ordnung zu fordern. Die zentrale Losung der *Asamblea de Barrios* lautet: »Wir wollen nicht Regierung sein. Wir wollen regieren.« (Twickel 2006: 93) Das Konzept radikalisiert sich zunehmend und wird zum Horizont der revolutionären Transformation (Denis 2001: 65). Parallel zu den wachsenden Bewegungen erlangt der Diskurs Anfang der 1990er Jahre Hegemonie in der politisch-ideologischen Debatte in der *Historischen Strömung für den Wechsel*, oder *Corriente Histórico-Social* (Denis 2001: 140; 2007). Die traditionellen politischen Organisationen und ein Großteil der höherrangigen Militärs müssen sich (sei es aus Überzeugung oder aufgrund der Kräfteverhältnisse) ab diesem Moment mit dem unkontrollierbaren Konzept der konstituierenden Macht als ein Bestandteil einer zweigleisigen Revolutionsstrategie auseinandersetzen.

»Bezüglich des sozio-politischen Aufbaus des revolutionären Prozesses wird der Vorschlag des *Proceso Popular Constituyente* entwickelt, verstanden als Aufbau und Konsolidierung der konstituierenden Macht, ausgehend von der organisierten gesellschaftlichen Aktion und nicht von ihrer verfassungsrechtlichen Repräsentation. Und betreffs der strategischen Mechanismen, die dazu dienen, dem popularen Aufstand Form und Körper zu verlei-

hen – ein Punkt an dem sich alle einig waren –, wird die These vom ›Drei in
Einem‹ entwickelt, d.h. der Aufstand als strategische Interaktion zwischen
rebellischen Militärs, noch organisierten Guerilla-Zellen und im Aufbau befindlichen Basismilizen.« (Denis 2001: 140)
    Zur vollen Umsetzung der These »Drei in Einem« kam es nicht. Während
Chávez und andere junge Offiziere den Vorschlag unterstützten, lehnten die
konservativeren Teile der rebellischen Militärs und viele traditionelle Linke
ihn ab. Es kam dennoch zur Organisierung von einigen Milizgruppen in den
Zirkeln von MBR-200 und von Seiten der Basisbewegungen. Das Konzept
des *Popularen Konstituierenden Prozesses* (PPC) hingegen breitete sich immer
weiter aus. 1995 gründete sich in Caracas unter Beteiligung verschiedener Basisaktivisten (darunter auch Denis) das Kollektiv Guacamaya (Ara-Papagei)
mit dem Ziel, eine Methodologie und Materialien zur Förderung und Verbreitung des PPC zu erarbeiten. Es veröffentlichte Flugblätter und Broschüren
mit den Grundideen des PPC und organisierte Workshops mit Aktivisten aus
Bewegungen (vor allem aus Stadtteil-, Studierenden-, Lehrer-, Kulturbewe-
gungen) und vom MBR-200.[7] Die Initiative konnte auch Basisorganisationen
erreichen, die gegenüber den Militärs Skepsis hegten. Die Debatten führten
zu einem Verständnis der Transformation als ständigen konstituierenden Prozess, der durch den Protagonismus *von unten* geleitet wird. Dieser Prozess
soll sowohl die institutionelle Repräsentationslogik wie auch den Rationalismus der traditionellen Linken überwinden. Ausgangspunkt der neuen Kollektivität bei Beibehaltung der Diversität war die kollektive Erfahrung *von
unten* des *Caracazo* (Denis 2001: 144f.). Starken Einfluss hatten auch die Debatten um lateinamerikanische Ideen zu *poder popular*, die auf kritisches und
basisorientiertes Denken zurückgehen (Denis 2001: 143).
    Das Konzept verbreitet sich schnell. Vor allem in Caracas, aber auch in
anderen Landesteilen entstehen vor den Wahlen von 1998 und im Anschluss
Hunderte von *Konstituierende Zirkel* und *Konstituierende Basiskomitees*,
die allgemein und zu spezifischen Themen und Bereichen (z.B. Bildung) diskutieren. In Caracas gelingt es, in sechs Bezirken konstituierende Versammlungen zu organisieren (Denis 2001: 146; I-RD 2006). Selbst unter den traditionellen linken Kräften ist das Konzept einflussreich und sorgt für Konflikte.
William Izarra und andere schlugen 1998 bei Gründung der MVR vor, den
Aufbau der Organisation und die Ausarbeitung der Programmatik mit loka-

---

[7] Die Workshops und Veranstaltungen zur Ausbreitung der Idee wurden mit der Methodologie INVEDECOR *(Investigación, Educación, Comunicación y Organización;*
Untersuchung, Erziehung, Kommunikation und Organisation) durchgeführt (Denis
2001: 144), die mit der operaistischen Mituntersuchung verwandt ist.

len Basisversammlungen vorzunehmen. Eine Option, die vom Hauptverant-
wortlichen für den Parteiaufbau, Luis Miquelena (der später zur Opposition
überlief), abgelehnt wurde (Ellner 2008: 4).

In den 1990er Jahren entsteht ein Subjekt der radikalen Veränderung unter den Armen und Marginalisierten: »Wo es kein ›Subjekt der Emanzipation‹
gab, es sei denn, wir erzwingen es in idealistischer Weise wie die orthodoxen
Marxisten, beginnt es nun emporzukommen, ohne Soziologen oder Revolutionäre um Erlaubnis zu bitten.« (Denis 2001: 158) Revolution wird als breiter
Prozess des Aufbaus des Neuen verstanden, als Akt der kollektiven Schöpfung und Erfindung und nicht mehr als Machtübernahme. »Die bolivarianische Revolution ist nichts ohne diese politische Erfindung, ohne diese Aus-
saat der Grundlagen und die Ernten, die sie selbst getätigt hat: Rechte, neue
Räume der Transformation, Freiheiten, Orte der Selbstorganisierung und Ba-
sisselbstverwaltung sind unabgeschlossene Kämpfe, die aber von neuen Ter-
rains der Befreiung künden.« (Denis 2007a)

Das Verständnis der Transformation als lang anhaltender konstituierender
Prozess ist ein Erbe des bolivarianischen Prozesses für die Bewegungen des
Kontinents. Der verfassungsgebende Prozess von 1999 stand jedoch nicht in
Übereinstimmung mit den Vorstellungen des PPC, sondern war wie auch die
Verfassung ein Hybrid. Die verfassungsgebende Versammlung war originär
und souverän, bestand aber aus gewählten Repräsentanten, und die Partizipation der Basis war nur vorschlagend. Dennoch flossen wichtige Impulse
des Konzeptes der konstituierenden Macht in die Verfassung ein. Neben einer Vielzahl weiterer Partizipationsmechanismen finden sich die *Asambleas
de ciudadanos* (Bürgerversammlungen) und die *Konstituierenden Versammlungen*, die verbindliche Entscheidungen treffen können, was der Vorstellung einer stets agieren könnenden konstituierenden Macht sehr stark ent-
gegenkommt. Das Verständnis der Revolution als PPC verlor zwar mit der
Regierungsübernahme und der Zentralität Chávez' ab 1999 an Gewicht (Denis 2001: 140), doch für die Bewegungen bleibt es zentral. Immer wieder tritt
das Konzept der konstituierenden Macht, einer demokratischen Konstituierung von unten, in Konflikt mit den traditionellen Vorstellungen einer untergeordneten konstituierenden Macht.

Die *Bürgerversammlungen* kamen nie erfolgreich zustande. Verschiedene
Basiskräfte forderten zwar vehement konstituierende Versammlungen, vor
allem in den Bereichen Bildung, Universitäten, Erdölindustrie und Arbeiterbewegung, doch mangelte es an erfolgreicher Umsetzung (Ellner 2008: 4).
In den ersten Jahren, die von starker Konfrontation mit der Opposition geprägt waren, wurden die in der Verfassung verankerten Möglichkeiten direkter Beteiligung so gut wie gar nicht genutzt. Die chavistische Führung

betrachtete die konstituierende Macht als Ergänzung der repräsentativen Strukturen und nicht als zentrale Quelle der Entscheidungsfindung (Ellner 2008: 4). Doch in diesen Jahren war auch die Selbstmobilisierung und -konstituierung der Basis zweimal entscheidend für den Fortgang des gesamten Prozesses: Beim Putsch 2002 (Azzellini 2007b: 35-50; Golinger 2005; Wilpert 2003) und beim Erdöl- und Unternehmerstreik 2002/2003 (Azzellini 2007b: 51-58). Die Basis ist den Parteien immer ein Stück voraus (I-ED 2007; I-RI 2006).Während und nach dem Streik gab es auch eine Welle von Unternehmensbesetzungen durch Arbeiter, die Regierung begann die Enteignungen erst zwei Jahre später. Versuche von Studierenden, an der UCV einen »universitären konstituierenden Prozess« anzustoßen, scheitern an der oppositionellen Universitätsleitung.

Chávez beginnt die »Revolution in der Revolution« zu propagieren, spricht von Enteignung, Arbeiterkontrolle, Volksbewaffnung und anderen Themen, die klar mit der Herangehensweise *von unten*, mit dem Konzept des PPC, verknüpft sind. Die konkrete Politik zielt zentral darauf ab, eine Partizipation von unten in *comunidades* und an Arbeitsorten zu fördern. Dies geschieht über die Misiones, aber auch über die Förderung von Kooperativen und eine beginnende Debatte über Mitbestimmung und Arbeiterkontrolle. Die *Constituyente Municipal* kommt auf, mit der in einigen Munizipien lokale konstituierende Versammlungen organisiert werden. Die MVR legte zudem fest, sich nicht in das interne Leben der am Prozess beteiligten Gruppen und Organisation einzumischen (Ellner 2008: 5).

Tatsächlich war die Rolle des Staates in der Organisierung der Basis größer als es von einigen Verfechtern einer totalen Autonomie der sozialen Bewegungen erwünscht oder gedacht worden war, und es gelang, viele der nicht parteigebundenen Anhänger des Transformationsprozesses organisatorisch einzubinden. Viele der Basisorganisierungen sind zwar nur von kurzer Dauer gewesen, doch zugleich zeigt das Entstehen ständig neuer Organisationsstrukturen auch die Bereitschaft und den Willen der Basis, eine aktive und selbstbestimmte Rolle in dem Transformationsprozess zu spielen. Während die meisten dem Prozess gegenüber tendenziell positiv eingestellten Autoren ab 2004 wieder eine stärkere Orientierung auf Konzepte von unten und direkte Partizipation ausmachen, sieht Denis nach dem Referendum gegen Chávez im August 2004 einen Kurswechsel und die Dominanz einer etatistischen Orientierung (Denis 2008). In Wirklichkeit ist die Situation komplexer. Die Stärke und Präsenz der Bewegungen nimmt zunächst ab, viele Basisaktivisten arbeiten enger mit Institutionen zusammen oder arbeiten mit ihnen. Während die Basismobilisierung entscheidend war für den Sieg von Chávez im Abwahlreferendum, sind es die Bürokratie und die Institutionen, die gestärkt daraus hervorgehen, und die Basisorganisierung zum Referendum löst sich weitgehend wieder auf (Azzellini 2007b: 73 u. Kap. 3.4). Diskurs und Institutionen fördern die populare Organisierung zur Verbesserung der Lebensqualität und zur sozialen und politischen Partizipation. Doch je mehr Initiativen auf der Mikro-Ebene entstehen, je weiter die direkte Partizipation und Entfaltung konstituierender Macht gehen, umso mehr Konflikte mit der konstituierten Macht treten auf, vor allem in der Produktion und bezüglich Fragen der Autonomie und staatlichen Kontrolle (Lacabana/Cariola 2005b: 21). Die Vertiefung der gesellschaftlichen Transformation vervielfacht die Punkte, an denen die unterschiedlichen Logiken *von oben* und *von unten* miteinander konfrontiert sind. Die Stärkung und Ausweitung der Institutionen und staatlichen Präsenz führt gleichzeitig zu einer zunehmenden Bürokratisierung, die ihrerseits der Öffnung und Transformation entgegenwirkt und zu einer ausgeprägten institutionellen Verwaltung sozialer Prozesse tendiert. Es beginnt ein sehr widersprüchliches Verhältnis von Konflikt und Kooperation, das seitdem weiter besteht und unterschiedliche Phasen aufgewiesen hat.

Das Konzept der konstituierenden Macht blieb als normative Orientierung bestehen, vor allem *von unten*, aber auch innerhalb eines Teils des *von oben*, wie etwa im Diskurs von Chávez. Besorgt bezüglich einer Bürokratisierung des Transformationsprozesses wiederholt er stets, der konstituierende Prozess dürfe niemals aufhören (Chávez 2008: 34). In seiner Antrittsrede zur neuen Amtszeit am 10. Januar 2007 widmete er sich ausgiebig dem Konzept der konstituierenden Macht und zitierte Negri. Die»Mikrorevolutionen und Mikrorebellionen« der 1980er und 1990er Jahre sieht Chávez als konstituierende Macht auf der Suche nach einem Ausweg (Chávez 2007a: 4). Und ebenso war es die konstituierende Macht, die den Putsch 2002 rückgängig machte (Chávez 2007a: 5). Dabei verklärt Chávez die konstituierende Macht nicht in ihrer Widersprüchlichkeit:

»Die konstituierende Macht ist eine komplizierte Sache, es geht nicht darum, dass Du sie anrufst, sie kommt, vermeldet Anwesenheit und dann sagst du, ›jetzt kannst du wieder gehen‹. Nein, die konstituierende Macht darf nicht von der konstituierten Macht eingefroren werden. [...] Einige Autoren sprechen vom schrecklichen Charakter der konstituierenden Macht. Ich glaube, die konstituierende Macht ist schrecklich, aber so brauchen wir sie, schrecklich, komplex, rebellisch. [...], die konstituierende Macht ist und muss sein permanente Kraft, transformatorische Kraft [...] Die konstituierende Macht erlaubt es uns [...], mit dem modernisierenden Rationalismus zu brechen und neue Zeiten und neue Räume zu öffnen, daher ist es unverzichtbar, dass wir sie aktivieren, aufrufen [...] sie bricht mit der Kategorie der

Moderne, die Zeit und Raum hinter der Todesmaske des Rationalismus einfrieren will« (Chávez 2007a: 3-5). Manchmal wird das Konzept der konstituierenden Macht aber auch für den Anlass zurechtgebogen. So berief sich Chávez auch in seiner Begründung für die Reform der Verfassung 2007 darauf (Chávez 2007b: 91f.). Nun wären einige der vorhergesehenen Reformen durchaus eine Stärkung der konstituierenden Macht gewesen, wie die Verankerung der *Consejos Comunales*, doch die Genese und Form der Verfassungsreform zeugte eher von ihrer Marginalisierung.

Die Diskrepanz zwischen Diskurs und Realität ist in Venezuela augenscheinlich und mit der Radikalisierung der normativen Orientierung und dem Bezug auf Sozialismus noch deutlicher geworden. Das ist nicht unbedingt schlecht, wenn die Realität offen bleibt und sich weiter an der normativen Orientierung ausrichtet. Diese muss zwangsläufig weiter sein als die Realität, da ansonsten keine Debatte, Entwicklung und Perspektive entstehen kann (Demirović 2005). Allerdings darf sie nicht den Bezug zur Realität verlieren. Potemkinsche Dörfer haben noch keine Revolution weitergebracht. An der Verfassung, an Gesetzen sowie verschiedenen Institutionen ist zu sehen, wie der konstituierenden Macht mehr Raum gegeben wird als in anderen Systemen. Vor allem die Consejos Comunales, die ja auch die Grundlage für ein Rätesystem bilden sollen, besitzen eine konstituierende Kraft. Aber auch die entgegengesetzte Tendenz existiert. Die weitere Entwicklung ist offen.

Gegenmacht: Widerstand, Aufstand und konstituierende Macht

Das von Hardt und Negri (2002a) vertretene Konzept von Gegenmacht bietet sich an, um sich dem bolivarianischen Prozess analytisch zu nähern. Dies obwohl er sich im nationalstaatlichen Rahmen bewegt, während Hardt und Negri ihr Konzept jenseits davon im Kontext des Empire entwickeln, da das Verschwinden des Nationalstaates als autonome politische Sphäre auch die Möglichkeiten annulliere, »die Gesellschaft umzuwälzen, indem man sich des Staates bedient« (Hardt/Negri 2002b: 318f.). Die enormen Schwierigkeiten, die Gesellschaft in Venezuela zu transformieren, sind deutlich. Zudem fällt die Aufgabe der Transformation nicht dem Staat zu, sondern der organisierten Bevölkerung. Ebenso besteht ein Bewusstsein darüber, dass die Revolution als nationales Projekt kaum Chancen hat. Auch dass die bolivarianische Verfassung in Venezuela die Rolle eines Gesellschaftsvertrages einnimmt und sich die Gegenmacht auf ihrer Grundlage entwickelte, steht im Widerspruch zu Hardt und Negri. Doch der nationale, territoriale Rahmen ist realpolitischen Begebenheiten geschuldet. Inhalt und Ausrichtung gehen konzeptionell darüber hinaus. Und die nationale Souveränität steht für die Möglichkeit einer

Politik jenseits der Entscheidungsgewalt des Empire, ebenso die Ausrichtung auf eine kontinentale Allianz und eine Kooperation des Südens.

Laut Hardt und Negri (2002a: 28) besteht Gegenmacht wesentlich aus drei Momenten – Widerstand, Aufstand und konstituierende Macht –, die in den klassischen Revolutionen und Bewegungen des 19. und 20. Jahrhunderts als getrennt und aufeinander abfolgend gedacht wurden. Angesichts der unbegrenzten Souveränität des Empire könne und müsse heute jedes der drei Momente in dem andern beinhaltet sein (Hardt/Negri 2002a: 29f.). Tatsächlich sind im Bolivarianischen Prozess die drei genannten Elemente zeitgleich zu beobachten: Im Widerstand gegen den politischen, ökonomischen, medialen und teilweise militärischen Druck des *Empire*, im Widerstand der Basisbewegungen gegen eine Bürokratisierung und zur Stagnation oder gar Regression führenden Institutionalisierung des Prozesses, im Klassenkampf, der zeitweise Dimensionen eines Aufstandes annimmt, und in der konstituierenden Macht, die durch die zunehmende Partizipation und Selbstorganisierung eine neue Gesellschaft entwirft. Das Konzept kann auch die Besonderheit Venezuelas erfassen, dass der Klassenkampf zum Teil in den Staat verlagert wurde und daher in einigen Momenten die Gegenmacht von konstituierender Macht und vom Staat ausgeht und sie in anderen wiederum gegen den Staat gerichtet ist.

Allerdings spezifiziert Negri nicht, wo die Gegenmacht hinführen soll, bzw. er macht immer wieder unterschiedliche Angaben dazu und erkennt an, seine Vorstellung von Gegenmacht sei sehr leninistisch und in gewisser Weise das, was Trotzki und Gramsci als Übergangsphase bezeichneten (Negri 2001), sodass ihm vorgeworfen werden kann, das Konzept von Gegenmacht meine eigentlich die doppelte Macht, verlängert auf die Ewigkeit (Mazzeo 2007a: 92). Wird Gegenmacht derart ausgelegt, ist das Konzept geeignet, von der Situation in Venezuela eine Momentaufnahme zu erstellen, allerdings nicht dazu, die Zielrichtung der Bewegungen auszumachen. Dazu eignet sich das Konzept *poder popular* besser.

6.3 Die andere Demokratie und die andere Revolution

>*Die populare Mobilisierung ist der Schlüssel. Deswegen kann alles nur erzielt werden indem die Muster des Kapitalismus und der falschen liberalen Demokratie gebrochen werden, die keine Demokratie ist und auch sonst nichts, es ist die Diktatur der Eliten. Nur das pueblo rettet das pueblo.«* (Chávez am 3.10.2005, in: Chávez 2008: 13)

>*In ihrer einfachsten Konzeption bedeutete die Kommune die einleitende Zerstörung der alten Regierungsmaschine [...] und ihre Ersetzung durch wirkliche Selbstregierung.«* (Marx 1871: 595)

Partizipative und protagonistische Demokratie in Venezuela

In der Verfassung von 2000 wird Venezuela als »partizipative und protagonistische Demokratie« bezeichnet. Partizipation meint Teilhabe in aktiver und passiver Form, protagonistisch hingegen das Handeln in der ersten Person und verweist auf die konstituierende Macht. Ausgangspunkt ist die Kritik der repräsentativen Demokratie als undemokratisch. Dabei handelt es sich nicht nur um eine Kritik an Abläufen und Mechanismen, sondern auch an der politischen Kultur (Lanz 2004a, 2007c; MinCI 2007; Silva 2005), da die venezolanische Popularkultur durch das PPF-Regime stark geprägt ist von einem paternalistischen Staat, einer korporativen Repräsentationsstruktur und einem tief verwurzelten Klientelismus (Coronil 2002; Parker 2006; Ramírez Roa 2003).

Zu der neuen politischen Kultur gehört nicht nur die Partizipation, sondern auch die zapatistische Logik des »gehorchend befehlen« und eine neue Gender-Vision und -Praxis (MinCI 2007: 33; Silva 2005). Seit 2005 liegt der Schwerpunkt der Debatte und der Partizipationsmechanismen auf *poder popular*, »revolutionärer Demokratie« und Rätesystem.

Der Anspruch der Partizipation entstand ab den 1980er Jahren. Das Konzept der partizipativen und protagonistischen Demokratie, das mit der Kampagne von Chávez 1997 weitere Verbreitung erlangte (I-RI 2006), greift die Partizipationsansprüche auf und übersetzt sie in eine neuartige Form. Die Grundlage für die Überwindung der Ungleichheit und Marginalisierung sind die Armen und Marginalisierten selbst, die nicht mehr Gegenstand von Maßnahmen sind, sondern zu den Akteuren der Strategie zur Erreichung von Gleichheit und Gerechtigkeit in den verschiedensten gesellschaftlichen Bereichen werden. Die protagonistische Partizipation soll verfehlte Maßnahmen vermeiden helfen und die Beteiligten in politische Subjekte verwandeln. Diese Orientierung wurde auch für 2007-2013 erneut bestätigt (MinCI

2007). Lander (2004: 220) hebt insgesamt hervor:»Die Transformationen in der politischen Kultur und die Inklusionsprozesse – die Integration als Subjekte politischen und organisatorischen Handelns – der armen Mehrheiten des Landes, der Ausgeschlossenen [...]. Das ist die wichtigste Eroberung in Richtung einer demokratischeren Gesellschaft.«

Die Verfassung von 1999 erweitert die politischen Rechte, die vormals auf Parteien beschränkt waren, und verknüpft Ökonomie, das Soziale und das Politische. Die in ihr formulierten sozialen und kollektiven Rechte und ihre Umsetzung sind als erweiterte Partizipation zu verstehen, ohne die eine soziale oder politische Partizipation, vor allem für Arme, äußerst schwer bis unmöglich ist (Cuevas 2006: 108; Dussel 2006: 67; O'Donnell 1998: 6). Die protagonistische Partizipation der Bevölkerung wird in zahlreichen Artikeln der Verfassung ausgeführt und der Staat ist angehalten, die Partizipation an der Entscheidungsfindung zu fördern (Artikel 62) und Aufgaben zu transferieren:

»Artikel 184. Durch Gesetze werden offene und flexible Mechanismen geschaffen, damit die Bundesstaaten und Kommunen die Dezentralisierung vorantreiben und den *comunidades* und den organisierten Nachbarschaftsgruppen diejenigen Aufgaben übertragen, die diese erfüllen sollen, nachdem sie zuvor nachgewiesen haben, dass sie dazu in der Lage sind. Hierbei sollen gefördert werden:

1. Die Übertragung von Aufgaben auf dem Gebiet der Gesundheitsversorgung, der Bildung, des Wohnungswesens, des Sports, der Kultur, der Sozialprogramme, der Umwelt, der Instandhaltung von Industriestandorten, der Instandhaltung und dem Erhalt von urbanen Gebieten, der Nachbarschaftsvorsorge und des Nachbarschaftsschutzes, der Errichtung von Bauten und Erbringung von öffentlichen Dienstleistungen. Zu diesem Zweck können Abkommen geschlossen werden, deren Inhalte sich nach den Prinzipien der wechselseitigen Abhängigkeit, Koordination, Zusammenarbeit und Mitverantwortung richten.

2. Die Partizipation der *comunidades* und der Bürger oder Bürgerinnen über Nachbarschaftsvereinigungen und Nichtregierungsorganisationen an der Formulierung von Investitionsvorschlägen gegenüber den bundesstaatlichen und kommunalen Behörden, die damit beauftragt sind, sowie an der Ausführung, Evaluierung und Kontrolle von Baumaßnahmen, Sozialprogrammen und öffentlichen Dienstleistungen in ihrem Zuständigkeitsbereich.

3. Die Partizipation an den wirtschaftlichen Prozessen, indem Erscheinungsformen gemeinschaftlichen Wirtschaftens wie Genossenschaften, Sparkassen, Hilfskassen auf der Grundlage der Gegenseitigkeit und andere Gemeinschaftsformen gefördert werden.

4. Die Beteiligung der Arbeitnehmer und Arbeitnehmerinnen und der *comunidades* an der Leitung öffentlicher Unternehmen durch Mechanismen der Selbstverwaltung und Mitbestimmung.

5. Die Schaffung von kommunalen Organisationen, Genossenschaften und Versorgungsbetrieben als Quellen der Schaffung von Arbeitsplätzen und des gesellschaftlichen Wohlergehens, mit der Ausrichtung mittels einer Politik, in deren Erarbeitung sie einbezogen werden, auf ihre dauerhafte Existenz hinzuarbeiten.

6. Die Schaffung neuer Subjekte der Dezentralisierung auf der Ebene von Bezirken, *comunidades*, von *barrios* und Wohnvierteln mit dem Ziel, das Prinzip der Mitverantwortung in der öffentlichen Verwaltung der Lokal- und Regionalregierungen zu gewährleisten und Selbst- und Mitverwaltungsprozesse in der Verwaltung und Kontrolle der kommunalen und regionalen öffentlichen Dienste zu entwickeln.

7. Die Partizipation der *comunidades* an Aktivitäten, Annäherung an die Strafvollzugsanstalten und Verbindungen zwischen diesen und der Bevölkerung aufzubauen.« (RBV 1999).

Die Artikel zu Partizipation sind bewusst sehr offen formuliert. Eine detaillierte Verrechtlichung würde die für soziale Prozesse übliche Dialektik verleugnen und könnte leicht in autoritäre Tendenzen münden. Diese Offenheit, die es ermöglicht, mit verschiedenen Alternativen zu experimentieren, zeichnet den venezolanischen Prozess aus (I-EL 2007). Die partizipative und protagonistische Demokratie will zunächst die lokalen *comunidades* stärken und die Selbstorganisierung der Bevölkerung fördern (Parker 2006: 92). Die lokale Ebene ist der Ausgangspunkt jeder Partizipation, da sie den Menschen am nächsten ist (López Valladares/Gamboa 2001: 79). »Demokratie bedeutet nicht, Macht an einem anderen Ort zu installieren als an dem, an dem sich die Leute befinden.« (Lummis 1996: 18) Nicht umsonst ist der Begriff Politik von Polis abgeleitet.

Die von der Regierung geförderten Partizipationsmechanismen sind im Territorium verankert. Sie konstituieren sich in und aus den lokalen Lebensräumen der Menschen. Der wesentliche Ausgangspunkt für die lokale Selbstorganisierung war und ist die Einforderung und Umsetzung einer Grundversorgung (El Troudi/Harnecker/Bonilla-Molina 2005: 41; López Valladares/Gamboa 2001: 90). Der Fokus sollte aber nicht zu dem Schluss führen, es ginge der Bevölkerung primär und ausschließlich um die Befriedigung der eigenen Bedürfnisse. Chávez wird nicht wegen materieller oder sozialer Versprechen gewählt, sondern weil er verspricht, das Land in einem partizipativen Prozess unter Beteiligung und Protagonismus der Basis neu zu gründen. In den Massenmobilisierungen zur Verteidigung des Transformationsprozesses wurde deutlich, wie es Andrés Antillano formuliert, dass die politische Partizipation »eine organische Eroberung der Klasse ist. Die Macht, sich selbst zu regieren, ist ebenso wichtig wie die materielle Frage.« (I-AA 2008) Während des Putsches und des Erdölstreiks kam es zu einer Aneignung der Regierung durch die popularen Sektoren, was aus Sicht der Partizipation und der politischen Kultur sehr wichtig war: »Das leere Wort des Protagonistischen wurde in eine gelebte Erfahrung verwandelt.« (I-EL 2007) Ab 2003 führen die Misiones zu einer starken Dynamik der *barrio*-Organisierung rund um die drängendsten Probleme der Marginalisierten und Ausgeschlossenen. 2004 setzte eine auch von oben geförderte Konjunktur der Selbstorganisierung ein sowie Initiativen zur Mit- und Selbstverwaltung in Unternehmen. Und selbst wenn einige Partizipationsansätze gescheitert sind, werden ständig neue entwickelt und experimentiert (Ellner 2006a: 89).

2005 wurden die ersten *Consejos Comunales* (CCs) gegründet, die ab 2006 in das Zentrum der Basisorganisierung rückten. Mit der Wiederwahl von Chávez im Dezember 2006 beginnt eine neue Phase des Transformationsprozesses und es wird der Aufbau des Sozialismus des 21. Jahrhunderts propagiert. In diesem Rahmen wird *poder popular* als der mächtigste Impuls zur Transformation in Richtung Sozialismus definiert und den CCs eine zentrale Rolle zugesprochen (Lander 2007a: 79). Chávez bezeichnet sie als das Projekt, das die repräsentative Demokratie in eine »wirkliche Demokratie verwandeln soll, die zum Sozialismus führt« (Chávez 2008: 32). Die Idee einer möglichst freien und nicht der konstituierten Macht untergeordneten konstituierenden Macht verweist auf die Form der Räte (Negri 1998: 78).[8] Rätestrukturen in verschiedenen Gesellschaftssektoren sollen die Grundlage des venezolanischen Sozialismus bilden, zusammenarbeiten und auf höherer Ebene konföderieren, um so den bürgerlichen Staat durch einen »kommunalen Staat« abzulösen. Die verschiedenen »Räte der Volksmacht« (Kommunale Räte, Arbeiter-, Studierenden-, Bauern-, Frauenräte u.v.m.), die demokratische Verwaltung durch Arbeiter und Arbeiterinnen der Unternehmen direkten oder indirekten gesellschaftlichen Eigentums und zahlreiche andere kommunale und kollektive Institutionen gehören zu den neuen Partizipationsinstrumenten, die sich in einer Experimentierphase befinden.

Im März 2008 kündigte Chávez an, die Stärkung der *poder popular* sei vorrangige Aufgabe (*Aló Presidente* 16.3.2008). Von vielen Basisaktivisten wer-

---

[8] Auffällig ist die allgemeine Renaissance von Rätemodellen. Von den Erfahrungen in Venezuela bis zu diversen Grundlagentexten, die im Rahmen der Wirtschafts- und Finanzkrise für politische Debatten geschrieben wurden, findet sich das Element des Rätesystems, vgl. z.b. Esteva (2009) und Roth (2008).

den die CCs als Entsprechung zu den von ihnen über Jahre verfolgten Strategien gesehen (I-ED 2007). Als weitere Ebenen der Organisierung von unten besteht die Möglichkeit des Zusammenschlusses mehrerer CCs zu einer *Comuna*, die dann auf entsprechend höherer Ebene planen, entscheiden und ausführen kann. Die nächste Ebene ist die *Kommunale Stadt*, ein größeres Territorium, das bereits vollständig in CCs und *Comunas* organisiert ist.

Im »Plan für wirtschaftliche und soziale Entwicklung der Nation 2007-2013« (auch als *Proyecto Nacional Simón Bolívar*, PNSB, bekannt) wird die angestrebte Demokratie »protagonistische revolutionäre Demokratie« genannt (MinCI 2007: 29). Als ihre Grundlage gilt die Organisierung und Kollektivität bei Achtung der Autonomie und Freiheit. Die öffentlichen und privaten Räume werden als komplementär und nicht wie in der liberalen Ideologie als getrennt oder gegeneinander stehend angesehen (MinCI 2007: 29). Wie für den bolivarianischen Diskurs typisch werden eine Reihe von Werten in den Mittelpunkt gestellt: Kollektivität, Gleichheit, Solidarität, Freiheit und Souveränität (MinCI 2007: 30).

Die Souveränität, so wird betont, liegt unübertragbar im *pueblo* und daher »kann es selbst den Staat führen, ohne die Notwendigkeit seine Souveränität zu delegieren, so wie es in der Praxis der repräsentativen oder indirekten Demokratie geschieht« (MinCI 2007: 30). Daraus folgt, dass jeder gewählte Amtsträger nur ein Delegierter der Macht der Bürger ist und mittels Referendum abgewählt werden kann (MinCI 2007: 34f.).

Die Ethik entstammt dem Wert des menschlichen Lebens, seiner Verteidigung, seinem Erhalt und seiner Entwicklung, sowie dem Gemeinwohl (MinCI 2007: 32). »Die politische Macht wird als Hebel genutzt werden, um das gesellschaftliche Wohlergehen und die wirkliche Gleichheit unter allen Mitgliedern der Gesellschaft zu garantieren. Daher steht die Gerechtigkeit über dem Recht und dem Gesetz, auch wenn es sie voraussetzt. Die materiellen Bedingungen für die Ausübung des Rechts auf Bildung, Gesundheit, Arbeit, Erholung werden garantiert, auch wenn der Bürger kein Geld hat um sie zu bezahlen.« (MinCI 2007: 34) Die Demokratie und der Aufbau von *poder popular* werden als Prozess verstanden, in dem der Protagonismus *von unten* entscheidend ist. Die Integration, Kommunikation und Koordination unter den popularen Organisationen, die weiterhin den Raum der protagonistischen Partizipation erobern und halten müssen, bilden eine entscheidende Komponente für das volle Erreichen der revolutionären protagonistischen Demokratie. Zu den wichtigsten Inhalten der revolutionären protagonistischen Demokratie und den Wegen, diese aufzubauen, gehören Bildung sowie Kommunikation und Information. Beides soll gestärkt, der Zugang und die Nutzung demokratisiert werden (MinCI 2007: 35-40).

Da Partizipation nicht erzwungen oder dekretiert werden kann, sind die Erfahrungen sehr ungleich und wesentlich von zwei Faktoren abhängig: der zuvor existierenden Organisierung und den in Politik und Verwaltung direkt Verantwortlichen (I-EL 2007). Der bolivarianische Prozess war von Beginn an gekennzeichnet von zwei unterschiedlichen Strategien: der einer Herangehensweise *von unten* und der einer *von oben*. Die Vertreter einer Strategie *von unten* kritisieren die Bürokratie der Institutionen und die Parteien, denen sie vorwerfen, Entscheidungen zu monopolisieren, aus Parteiinteressen Korruption zu dulden und einer Bürokratisierung Vorschub zu leisten, die demobilisierende Auswirkungen hat (APPP 2005; Denis 2005: 89-121; Ellner 2008). Sie fordern eine direkte Beteiligung der Bevölkerung an allen Entscheidungsprozessen. Ihre Bestätigung finden sie in den konkreten Prozessen, der normativen Orientierung und der von Chávez geäußerten Kritik an den Parteien und Institutionen sowie in den von ihm geförderten Organisierungs- und Selbstverwaltungsinitiativen. So kritisierte Chávez nach dem Putsch 2001 die Unfähigkeit der MVR, sich mit dem Bewegungsimpuls zu verbinden, und rief zur Aktivierung von Bewegungen auf. 2004, nachdem das aus Parteienvertretern bestehende Kampagnengremium gegen die Unterschriftensammlung für ein Abwahlreferendum gegen Chávez (*Comando Ayacucho*) auf der ganzen Linie scheiterte, benannte Chávez zum Referendum ein Kampagnengremium, das aus Delegierten verschiedener Basisorganisationen und unabhängigen Chavistas bestand (*Comando Maisanta*).

Und Vertreter der Strategie *von oben* können sich darin bestätigt sehen, dass Chávez stets die Bedeutung der gesetzgebenden Rolle der Nationalversammlung unterstreicht, zur Gründung der PSUV aufgerufen hat und bis zu den PSUV-Kandidaturen für die Regionalwahlen 2008 keine internen Kandidatenwahlen durch die Basis erfolgten. Ellner stellt fest, dass die bisherige Unmöglichkeit einer der beiden Strategien, die andere zu verdrängen, die Behauptung in Zweifel zieht, eine von beiden sei nicht viabel, und hält dafür eine Synthese der beiden für wahrscheinlich, indem das gegenseitige Misstrauen überwunden wird (2008). Mehr als um eine Frage des Vertrauens geht es hier aber um zwei gegensätzliche Logiken, eine vertikale und horizontale, die zwar seit zehn Jahren nebeneinander bestehen, jedoch die Dynamik durch den nicht auflöslichen Widerspruch produzieren. Und je weiter sich die *poder popular* entwickelt, umso mehr wird sie mit der konstituierten Macht zusammenstoßen. Eine Verlängerung der Gleichzeitigkeit ist nur bei eine völligen Transformation der konstituierten Macht möglich.

Partizipation von Frauen

Frau sein ist in Venezuela deutlich mit Armut verknüpft. Zwei Drittel aller Menschen, die in Armut Leben, sind Frauen, meist allein stehende Mütter. Von 1,21 Millionen alleinerziehenden Haushalten in Venezuela sind 71% von Frauen geführt. In den Basisbewegungen ergibt sich ein ähnliches Bild. Etwa 70% der Beteiligten an den Bildungsmissionen – ob als Lehrkräfte, in der Organisation oder als Studierende – sind Frauen. Genauso sieht es in den meisten Bereichen sozialen und politischen Basisengagements aus (Azzellini 2007b: 246; Ellner 2008: 111; Fernandes 2007: 97). Selbst in den Protesten gegen den Putsch bildeten Frauen überdeutlich die protagonistische Mehrheit. In Institutionen, vor allem in höheren Posten und Wahlämtern, sind Frauen – trotz einer deutlichen positiven Veränderung – aber nach wie vor weniger präsent als Männer.

Die starke Partizipation von Frauen in Stadtteilbewegungen ist für Lateinamerika nicht ungewöhnlich (Evers/Müller-Plantenberg/Spessart 1979: 161). Eine Erklärung für die hohe Partizipation von Frauen auf lokaler Ebene, wo sie auch eine Mehrheit der Führungsrollen einnehmen, ist, dass die Nähe zum Wohnort es ihnen ermöglicht, den Aktivismus mit den Anforderungen des Haushaltes zu kombinieren (El Troudi/Harnecker/Bonilla-Molina 2005: 43, I-LH 2007). Dies stimmt sicher im Hinblick auf die geringere Beteiligung an den *Bancos Comunales*, mit der eine mehrtägige Schulung außerhalb von Caracas verbunden ist. Doch auch in den Aktivitäten außerhalb des direkten Wohnumfeldes sind mehr Frauen zu sehen als Männer, so in allen übergeordneten Versammlungen von Sprechern der CCs. Und der Direktor der Bolivarianischen Universität in Caracas erklärte, 80% der Studierenden seien Frauen.

Mindestens zwei weitere Gründe sind für die allgemein höhere Partizipation von Frauen relevant. Frauen nehmen für das soziale Gefüge des *barrio* die wichtigere Rolle ein, da es auf der matrizentrierten venezolanischen *barrio*-Familie gründet. Moreno (2005: 212f.) beschreibt die venezolanische *barrio*-Gesellschaft als ein Zusammenleben, das sich völlig von westlichen Familienstrukturen unterscheidet. Die populare Familie sei strukturell mutterzentriert, die Aufteilung gemäß der westlichen Geschlechterrollen sei nicht gegeben. Männer seien immer Söhne und Frauen Mütter, verstanden als soziales Verhältnis und nicht als individuelle Eigenschaft. »Während der moderne Mensch sich selbst als Individuum praktiziert und definiert, praktiziert und definiert sich der populare Venezolaner als matrizentrierte, affektive Beziehung im Zusammenleben.« (Moreno 2005: 213) Dies ist auf die afrovenezolanische kulturelle Prägung zurückzuführen und stellt ein in der Karibik und in schwarzen *communities* in den USA häufiger zu beobachtendes Phänomen dar. Die mutterzentrierte Haltung führt zu einer »mütterlichen« Verantwortung, die aber nicht mit Unterwerfung oder Passivität verwechselt werden darf. Ausgehend vom mutterzentrierten Verantwortungssinn als Grundlage ihrer politischen Identität werden die Frauen zu Agenten des Aufbaus neuer Räume demokratischer Partizipation der *community* (Fernandes 2007: 122). In Schulungen für Sprecher von CCs in Caracas wurde nicht nur die stärkere Beteiligung von Frauen bestätigt, sondern auch ihre größere Kontinuität. Eine weitere Ursache dafür könnte in der Arbeitsstruktur der zurückliegenden Jahrzehnte liegen, in denen regelmäßiges Arbeiten für die männliche *barrio*-Bevölkerung selten ein Familieneinkommen garantieren konnte, falls es denn überhaupt dazu kam. Das korrupt-klientelistische ökonomische Modell förderte eine Kultur der »Gelegenheiten« und des »schnellen Geldes«. Regelmäßiges Arbeiten brachte nicht unbedingt ein sichtbares Ergebnis. Frauen hingegen sind durch Kinder und Haushalt zu einem gewissen Grad an Arbeitsorganisation und Regelmäßigkeit gezwungen und verfügen im Gegensatz zu Männern über breitere Erfahrung, dass ein regelmäßiger Einsatz auch Ergebnisse hervorbringt.

Diese Gender-Rollen werden allerdings auch zunehmend aufgebrochen (Fernandes 2007) und Männer übernehmen verstärkt Rollen im Haushalt, während die Frauen sich dem politischen Aktivismus widmen. Jalexi R., eine junge, in den *barrios* von Baruta (Außenbezirk von Großcaracas) aufgewachsene Kolumbianerin, verheiratet, mit zwei Kindern und Sprecherin ihres CC *(Consejo Comunal)* sowie Aktivistin auf übergeordneter Ebene drückt flapsig aus, was der Realität vieler Venezolanerinnen entspricht: »Mein Ehemann arbeitet wie ein Packesel, während ich die Revolution mache, wie ist das?« Wichtig für diese Entwicklung ist auch der offizielle Diskurs, allen voran von Chávez, der stets die Gleichheit zwischen Männern und Frauen unterstreicht, Frauen hervorhebt, animiert und die traditionellen Gender-Rollen in Zweifel zieht (Ellner 2008). Auch in den Kampagnen der Regierung sind oft Bilder armer und schwarzer Frauen zu sehen.

Parteien und Partizipation

»Die Venezolaner mögen eine Ablehnung gegenüber den Parteien hegen, aber sie haben nicht den Weg gefunden, ohne sie auszukommen«, stellt Hellinger (2008) treffend fest. Die MVR wurde 1997 als Sammelbecken von Organisationen und Einzelpersonen gegründet, um die Kandidatur von Chávez 1998 zu unterstützen und Stimmen zu mobilisieren. Aus der reinen Wahlorientierung heraus hatte sie kaum Verbindungen zu den Basisorganisationen. Versuche an die Partei gebundene »Fronten« zu schaffen, wurden schnell aufgegeben, da die Chavistas parteiunabhängige Organisationen bevorzugten. Das Modell wurde aber auch von einigen MVR-Führern verteidigt, da es die Autonomie der Bewegungen garantiere (Ellner 2006a: 78f.). Die MVR und die anderen linken Parteien traten kaum für die von der Verfassung gebotene Partizipation ein und in ihnen wiederholten sich zunehmend die gleichen Verhaltensweisen wie in den Alt-Parteien. Machtkämpfe, Postengeplänkel, Vetternwirtschaft und Disziplinarmaßnahmen gegen interne Kritiker prägten vor allem die MVR. Sie konsolidierte sich als Apparat ohne interne Demokratie oder Partizipation, in dem Machtquoten gehandelt wurden, professionelle Politiker und Opportunisten sich einnisteten, schärfste interne Machtkämpfe liefen und kaum politische Debatten oder programmatisches Verständnis zu finden war (Hellinger 2008; Parker 2001: 18f.).

Zum allgemeinen Erstaunen schlug Chávez 2006 vor, die PSUV zu schaffen. Zu Beginn sollte sie sogar die einzige Regierungspartei werden, eine Idee, die er schnell als Fehler einräumte. Die Form der Partei birgt viele Gefahren in sich.[9] Doch bisher ist es Chávez und der Bewegung nicht gelungen, ohne eine Organisation auszukommen, die in dem existierenden Institutionengefüge diese Rolle einnimmt, also Wahlen gewinnt und im Parlament arbeitet (Hellinger 2008). Die Verhältnisse in der MVR und unter den vielen Regierungsparteien förderten den Klientelismus und nicht eine demokratische Vielfalt. Diesem Umstand sollte die Gründung der PSUV Abhilfe schaffen. Bis auf die PPT, PCV, MEP, UPV (*Unión Popular Venezolana*, kleine linke Partei unter der Führung der charismatischen Lina Ron) und Tupamaros haben sich alle anderen die Regierung unterstützenden Parteien 2007 in der in Gründung befindlichen PSUV aufgelöst. Allerdings überwog dann die Notwendigkeit der Organisierung der Wahlkampfmaschinerie für die Verfassungsreform Ende 2007 (Hellinger 2008; Lander 2009). So wurde die PSUV zwar mit Basiszirkeln als Organisationsform gegründet, doch in der Partei wurde zunächst nicht gewählt. Der Gründungsprozess war stark geprägt von den Versuchen dominanter Politiker und Interessengruppen, sich Machtpositionen zu sichern. Dies stieß auf Kritik und Unmut an der Basis. Chávez selbst weist immer wieder darauf hin, es müsse Räume ständiger Debatte und verschiedene Strömungen innerhalb der Partei geben und alle Ämter müssten von der Basis gewählt werden (Monedero 2007: 16). Zugleich aber ernennt er selbst Verantwortliche in der PSUV.

Im April 2008 wurde ein 30-köpfiges Direktorium (15 Mitglieder und 15 Vertreter) von 90.000 Wahlpersonen der Basis gewählt und Anfang Juni die Kandidaten für die Lokal- und Regionalwahlen im November in Primär-

---

[9] Für eine Kritik am Parteimodell und am PSUV-Aufbau siehe Fernández Colón (2006) und Monedero (2007).

wahlen von allen Mitgliedern bestimmt. 2010 wurden die Kandidaten der PSUV für die Wahlen zur Nationalversammlung ebenfalls von allen Mitgliedern gewählt. Trotz aller internen Probleme der PSUV, an deren Debatten und Aufbau sich 1,7 der 5,2 Millionen eingeschriebenen Mitglieder aktiv beteiligen, ist der Partei mit den internen Wahlprozessen ein wichtiger Schritt gelungen. Bei der Wahl des Direktoriums wurde deutlich, dass Inhaber von Regierungsämtern kaum für die 15-köpfige Leitung gewählt wurden. Die meisten Stimmen haben dem linken Flügel des Bolivarianismus zuordenbare Personen oder neue Gesichter erhalten. Mit der Wahl ihrer Kandidaten, die ersten seit Chávez' Regierungsübernahme, konnte die PSUV viel an Prestige gewinnen. An den Wahlen nahmen nahezu drei Millionen Parteimitglieder Teil. Die Ergebnisse waren gemischt. Während es der Basis in vielen Regionen und Städten gelang, Kandidaturen von unten gegen die lokalen und regionalen politischen Schwergewichte und z.T. sogar gegen die von Chávez unterstützten Kandidaten durchzusetzen, führte andernorts die Zersplitterung der Basis oder die politische Macht von Amtsträgern zur Wiederaufstellung von Machtpolitikern, die sich erfolgreich in der PSUV reproduzieren konnten und großen Einfluss auf den regionalen Parteiapparat ausüben (Azzellini 2008b: 63; Lander 2009). In einigen Fällen gab es auch wenig Dissens zu Amtsträgern, wie beim Gouverneur von Anzoátegui Tarek William Saab, und sie wurden von der Basis erneut als Kandidaten aufgestellt. Die Ergebnisse der Kandidatenwahl für die Wahlen zur Nationalversammlung verliefen ähnlich. Bemerkenswert war aber, dass nur 16 von 116 um eine erneute Kandidatur ringende PSUV-Abgeordnete gewählt wurden.

Die PSUV ist die mit Abstand größte und meist gewählte Partei. Sie geht Bündnisse mit anderen Parteien ein, da sind vor allem die PPT (bis 2009) und PCV zu nennen, die aber durch das Entstehen der PSUV rund drei Viertel ihrer Stimmen eingebüßt haben und bei etwa 2 % liegen. Doch ist es der PSUV bisher nicht gelungen, mehr als eine Wahlpartei zu sein. Im April 2010 wurden die programmatischen Grundlagen und eine Prinzipienerklärung der PSUV veröffentlicht, die Resultat eines über mehrere Wochenenden tagenden Sonderkongresses waren, an dem 300 von der Basis gewählte Delegierte teilnahmen. Eine umfassende politische Debatte über die Ausrichtung des Transformationsprozesses und die Partei selbst findet in der PSUV trotzdem kaum statt. Ihre Zukunft ist noch ungewiss. »Die PSUV ist ein Spannungsfeld: Sie stellt weder die volle Ausübung der Demokratie von der Basis dar noch ist es ein Raum, der komplett von oben kontrolliert werden kann.« (Lander 2009)

Poder Popular als Praxis des Aufbaus des Sozialismus

Poder popular (populare Macht) ist ein grundlegendes Konzept im venezolanischen Prozess. Es bezeichnet die Ausübung der Fähigkeit der marginalisierten und unterdrückten Bevölkerung, mittels Prozesse der Organisierung, Bildung und Koordination das eigene Leben selbst zu verwalten und damit bestehende Herrschaftsverhältnisse auszuhebeln. *Poder popular* meint die eigene autonome Kraft der populären Klassen jenseits von Staat, Ideologie und den Institutionen der herrschenden Klasse (Caviasca 2007: 41; Denis 2005: 116; Mazzeo 2007a: 61). »*Poder popular* ist nichts anderes als der Sozialismus, aber sie weist auf eine bestimmte Form hin, ihn zu verstehen und aufzubauen.« (Mazzeo 2007a: 29)

Der konkrete Inhalt ist nur im jeweiligen Kontext der historischen Bedingungen verständlich. *Poder popular* »zeugt von einer Geschichte (als auf sich genommene und erlittene Vergangenheit), einer Gegenwart (eine politische, ökonomische und kulturelle Situation) und einer Zukunft (eine zu beobachtende strategische Erwartung)« (Acha 2007: 22). Es ist ein Konzept in kontinuierlicher Erneuerung, ein Prozess der ständigen Suche und Schöpfung (APPP 2005) und hat daher keine zentrale Referenz (Mazzeo 2007a: 28). *Poder popular* nährt sich aus Jahrhunderten von Erfahrungen, Organisationsformen und Kämpfen von Subalternen (Marginalisierte, Indígenas, Ex-Sklaven usw.), die über gewisse Zeit und in einem bestimmten Raum die Kontrolle übernahmen und versuchten, egalitärere und demokratischere Verhältnisse herzustellen als jene, aus denen sie entstanden. Der Aufbau von *poder popular* bedeutet ganz wesentlich den Aufbau von alternativen sozialen Beziehungen, die sich im Gegensatz zur Kapitallogik befinden. *Poder popular* ist also weder Staat noch eine fertige Utopie, die umgesetzt wird, sondern nimmt die Form der vorhandenen Tendenz in Richtung der zukünftigen Gesellschaft an (Mazzeo 2007a: 61f.). Der Aufbau einer horizontalen Leitung gemäß des zapatistischen Konzeptes des »gehorchend Befehlen« ist zugleich Träger einer neuen Institutionalität (Mazzeo 2007b: 13).

Poder popular verweist folglich auf Selbstorganisierung, Räte und den graduellen Aufbau eines Rätesystems. Das in Venezuela und Lateinamerika aktuell prägende Verständnis unterscheidet sich aber von anderen historischen Konzepten und ist mit der Zentralität der konstituierenden Macht verknüpft. Daher findet sich ein immer wiederkehrender Bezug auf die Pariser Kommune. Es unterscheidet sich auch von Konzepten der doppelten Macht oder lokalen Macht (»befreite Zonen«), auch wenn diese auf *poder popular* aufbauen. Die Idee von *poder popular* wurde in Lateinamerika in den 1960er und 1970er Jahren mit Bezug auf die Sowjets und die Erfahrungen in Kuba und China wiederbelebt (Mazzeo 2007a: 78). Doppelte Macht meint die parallele

Existenz von unterschiedlichen Machtstrukturen im Verlauf von revolutionären Kämpfen oder Revolutionen. Die genannten Erfahrungen bauten auf Konzepte der doppelten Macht auf dem Weg zur Übernahme der Staatsmacht. Volksmacht wurde als Notwendigkeit des revolutionären Prozesses aufgebaut oder entstand in Situationen des Umbruchs bzw. Zusammenbruchs der alten Ordnung, wurde jedoch immer nur als Zwischenlösung bis zur Ergreifung der »wirklichen« Macht, der Staatsmacht, begriffen. Anschließend war sie der konstituierten Macht, dem »revolutionären Staat« und der Partei unterzuordnen. So waren die Sowjets, die in der russischen Armee bereits vor Ausbruch des Bürgerkrieges bestanden, Teil der doppelten Macht. Die Bolschewiki eroberten die Sowjets und verlängerten die entstandene doppelte Macht in der Revolutionszeit. Doch nach der Übernahme und Konsolidierung der Staatsmacht wurde der Staat das ein und alles. Die Sowjets, Fabrikräte und sonstige Strukturen der Volksmacht wurden vom Staat aufgesogen (und verloren so ihre Dynamik und Schöpfungskraft) oder ganz zerschlagen. Ähnlich verlief es in anderen revolutionären Prozessen.

In Venezuela hingegen wird *poder popular* nicht als Interimslösung verstanden, sondern als Weg und Ziel. Dieses Verständnis wurde von der *Asamblea de Barrios* Anfang der 1990er Jahre in Caracas erstmals propagiert und ist seitdem in Ansätzen von unten hegemonial. Es geriet aber in den ersten Jahren der Chávez-Regierung weitgehend in den Hintergrund und wurde erst 2005 in den Regierungsdiskurs aufgenommen. Ab 2007 rückte *poder popular* in das Zentrum des politischen Diskurses von oben und von unten. Im Unterschied zu anderen Revolutionen fand in Venezuela aber keine Zerstörung oder kein Zusammenbruch der alten Strukturen statt, was die Schaffung und Ausbreitung von Strukturen der *poder popular* gefördert hätte. *Poder popular* kann aus seiner eigenen Logik heraus nicht von oben »verliehen« werden. Sie kann nicht vom Staat aus gedacht werden, aber genauso wenig ohne ihn.

Die Konsolidierung der *poder popular* verlangt die Frage der Macht des Staates zu lösen. Da der Staat Teil einer komplexen Totalität ist, drückt sich der Klassenkampf auch im Innern des Staates aus – nicht zu verwechseln mit einem Kampf »von innen« (Mazzeo 2007b: 12). Es ist die widersprüchliche Frage der Souveränität, z.B. die Kontrolle der Ressourcen, die dazu zwingt, die Frage des Staates in die *poder popular* zu integrieren, auch wenn der Staat mit dem gesamten historischen Ballast von Repräsentation, Nationalismus, Ausschluss, Zentralismus, institutioneller Politik, Teilung der Sphären usw. daherkommt. Erschwerend kommt hinzu, dass die Position der Souveränität in der Regel davon überzeugt ist, die Autonomie, die wiederum historischer Ausdruck der Kommune, der kollektiven Leitung, der Strategie ist, nicht zu brauchen (fälschlicherweise, wie sich historisch gezeigt hat). In Venezuela scheint sich in Teilen der Regierung die Erkenntnis der Notwendigkeit der Stärkung der *poder popular* durchgesetzt zu haben (im Gegensatz zur Allende-Regierung in Chile, die sich wesentlich auf institutionelle Prozesse verließ).

Die Chávez-Regierung stützt sich stark auf die Dynamik der Bewegungen und versucht, sie mit Initiativen zu fördern, um Kräfte zu akkumulieren, die Basis zu verbreitern und vor allem die Bevölkerung zum politischen Akteur zu machen, ohne die Rolle des politischen Akteurs auf Regierung und Parteien zu beschränken. Viele Initiativen der Regierung stehen damit auch im Gegensatz zu den Politiken der traditionellen Linken in Lateinamerika:»Die populare Regierung von Chávez begreift sich nicht als vollendeter Ausdruck einer Dualität der Mächte [...] und entwickelt Initiativen, die versuchen, diese aufzubauen.« (Mazzeo 2007a: 141-142) Dadurch ist auch der Staat selbst zum umstrittenen und widersprüchlichen Konfliktfeld geworden.

Um den Aufbau von *poder popular* zu fördern, sind im ganzen Land Tausende Promotoren aktiv. Sie gehören Basisorganisationen an, arbeiten für Institutionen, die sich der Förderung von *poder popular* widmen (Fondemi, Lokalverwaltungen, Sunacoop u.a.) oder sind als Kooperativen organisiert, die institutionelle Aufträge erhalten (z.B. für Schulungen oder Begleitung von produktiven Projekten). Eine dreitägige landesweite Versammlung von über 1.000 *poder popular*-Promotoren 2005[10] verabschiedete ein Manifest, in dem es heißt:»*Poder popular* ist die protagonistische Partizipation des *pueblo,* in Ausübung seines Rechts zu regieren mittels der Mitverwaltung und der Mitverantwortung. Aber dazu gehört auch, Entscheidungen in allen Organen und Verzweigungen der Staatsgewalt [auf Spanisch *poder público,* die öffentliche Macht] zu treffen. Die öffentliche Macht ist nur eine und es ist *poder popular.*« (APPP 2005)

Auch müssten alle Produktionsmittel von *poder popular* kontrolliert werden mit der Orientierung auf einen verantwortlichen Konsum und die Erfüllung der Bedürfnisse des *pueblo.* Die gewählten Funktionäre öffentlicher Ämter sollen sich als Diener und Sprecher der *poder popular* und nicht als Repräsentanten verstehen. Sie müssen den popularen Entscheidungen folgen und mit Informations- und Partizipationsmechanismen die Entscheidungsfindung erleichtern. Zusätzlich muss sich *poder popular* in den Strukturen der konstituierten Macht festsetzen, um Verwaltungsangestellte zu bestimmen und abzurufen. Die vordringlichste Ausübung von *poder popular* liegt

---

[10] Neben einer Vielzahl von Basisorganisationen nahmen auch Angehörige einiger Institutionen daran teil.

in der *contraloría social*, »die Begleitung, Evaluierung und Kontrolle der Ausübung der Staatsgewalt durch seine Repräsentanten in allen Organen, Zweigen und Ebenen der Staatsgewalt« (APPP 2005). Es gelte die Bürokratie zu beseitigen, indem die *Consejos Comunales* gestärkt werden.

Die politischen Parteien seien nicht die Orte politischer Entscheidungen, sondern diese müssten durch das organisierte *pueblo* getroffen werden, in dem die Parteien eine Form der Organisierung unter vielen sind. Denn weder die Führung der Regierungsparteien noch die der Opposition seien am konstituierenden Prozess des *poder popular* interessiert. Wenn es um *comunidad* und Integration für *poder popular* gehe, dann betreffe dies das gesamte *pueblo*, Oppositionelle mit eingeschlossen, da die Erfahrung der Veränderung sie dazu bringen würde, sich dem Transformationsprozess anzuschließen.

Der Sozialismus und damit die Sozialisierung der Produktionsmittel im Dienste der *poder popular* sei eine Notwendigkeit. Dabei sei der Kampf um *poder popular* ein Kampf gegen den Kapitalismus und für den Sozialismus. Die Promotoren stellten fest, dazu müsse die Verfassung verändert werden, da sie im Rahmen des Kapitalismus gedacht wurde (APPP 2005). Einige der Orientierungen sind 2010 bereits umgesetzt, andere, wie etwa die Verfassungsreform 2007, wurden versucht und scheiterten. Wiederum andere finden sich als normative Orientierungen im PNSB wieder oder gehören nach wie vor zu den unerfüllten Forderungen von unten. Die Verfassungsreform sah vor, *poder popular* als zusätzliche Gewalt einzuführen, die »aus keinem Wahlrecht oder Wahl hervorgeht, sondern aus dem Umstand organisierter menschlicher Gruppen als Fundament der Bevölkerung. *Poder popular* äußert sich, indem sich die *comunidades*, die Kommunen, die Selbstregierung der Städte konstituieren mittels der *Consejos Comunales*, der Arbeiterräte, der Bauernräte, der studentischen Räte und anderen, die das Gesetz bestimmt.« (ANdRBV 2007: Artikel 136)

Artikel 184 sollte dahingehend reformiert werden, dass Mechanismen geschaffen werden, dass der Zentralstaat, die Bundesstaaten und die Munizipien den organisierten *comunidades*, den CCs, den Comunas und weiteren Organen der *poder popular* diejenigen Dienste überträgt, die zu übernehmen sie in der Lage sind. Diese normative Orientierung bleibt trotz Abstimmungsniederlage bestehen, wird allerdings von verschiedenen Akteuren im Prozess in unterschiedlichen Konjunkturen verschieden stark unterstützt und propagiert.

Die Kräfte *von unten* sollen Netze der *poder popular* bilden. Bisher gelingt es nicht, alle Probleme, Vorschläge und Beschlüsse der verschiedenen Basisorganisationen an entsprechende Institutionen zu kanalisieren. Zu den Netzen existieren verschiedene Entwürfe, die in die Debatte eingebracht wurden (siehe z.B. IMU 2007). Wie die bisherige Entwicklung gezeigt hat, werden diese jedoch aus der Praxis *von unten* entstehen. Aus *poder popular* und den Netzwerken, wird die Idee des *Estado Comunal* abgeleitet. Dieser befindet sich in einem Definitions- und Experimentierprozess, der vorwiegend in der Praxis verläuft und mit der formulierten Notwendigkeit der Zerstörung des vorhandenen Staates verknüpft ist. Zentral sind zunächst die CCs, welche die wesentliche Instanz sein sollen, die *poder popular* potenziert.

Gefahren und Probleme im Aufbau von Poder Popular

Es liegt auf der Hand, dass die Asymmetrie der Macht zwischen dem Staat und dem *von unten* leicht zur politischen Beeinflussung von popularen Initiativen durch staatliche Institutionen und Mandatsträger führen kann, anstatt wie vorgesehen umgekehrt. Es existiert das Risiko der Kooptation durch die staatlichen Institutionen (Goldfrank 2001; Schönwälder 1997). Die Ansätze *von unten* sind dann nicht mehr Keimzelle und Vorausnahme der zukünftigen neuen Gesellschaft, sondern Anhängsel der konstituierten Macht. Es besteht die Gefahr, dass das Ziel einer egalitäreren freieren Gesellschaft zu einer Vielzahl von Normen und Regeln führt, die sich letztlich repressiv auswirken und die sozialen Prozesse von unten sowie individuelle Freiheiten lähmen und abwürgen (Mazzeo 2007a: 60). Oder die kritische Funktion und das Recht auf Kritik beschränkt sich auf einen kleinen Kreis, eine vermeintlich ethische Elite (die ihre Berechtigung aus ihrer Leitungsfunktion in Staat oder Partei zieht und umgekehrt ihre Leitungsfunktion aus der ethischen Überlegenheit begründet). Daher auch die ständige Betonung der Zentralität der Autonomie und Bedeutung der kritischen Debatte *von unten* seitens Vertreter des Konzepts von *poder popular*.

In der neuen Institutionalität, die häufig als parallele Institutionalität entsteht, wie auch die *misiones* oder die CCs, besteht die Gefahr, Logiken der konstituierten Macht und traditioneller Ansätze zu reproduzieren, wie etwa Hierarchien, repräsentative Mechanismen, die Spaltung in Regierende und Regierte bzw. Führer und Geführte oder Bürokratisierung. Es liegt zudem auf der Hand, dass zur Erfüllung der sozialen Rechte der zuvor weitgehend reduzierte und ineffiziente venezolanische Staat wieder gestärkt werden muss. Das birgt die Gefahr in sich, noch stärker in althergebrachte korrupte, korporative oder bürokratische Vorgehensweisen zu verfallen, anstatt die vorhandenen zu überwinden.

Estado Comunal – Staat oder Nicht-Staat

Eine genau definierte Vorstellung, welche Form der Staat haben soll und welche Rolle ihm zufällt, existiert nicht. Inhalt und Ausrichtung des Transformationsprojektes haben sich in den vergangenen Jahren mehrmals verändert. Das impliziert konzeptionell, diskursiv und praktisch auch eine Veränderung der dem Staat zugewiesenen Rolle sowie seiner Form. Die meisten Veränderungen waren nicht Resultat eines zuvor entworfenen Modells oder einer Strategie, sondern die Folge praktischer Entscheidungen, um den Staat den Erfordernissen und Bedürfnissen einer erklärten Politik anzupassen. Denn die Regierung stieß auf allen Ebenen auf große Schwierigkeiten, die öffentlichen Politiken mittels des existierenden Verwaltungsapparates umzuorientieren (Lander 2007a: 65ff.).

Die Rolle des Staates sowie das Verhältnis zwischen Staat und Gesellschaft haben sich stark verändert. Laut Chávez sei bereits der Übergang von einem US-dominierten kapitalistischen Staat unter der Kontrolle der Eliten der nationalen Bourgeoisie zu einem Staat in Transformation vollzogen, allerdings weiterhin in einem kapitalistischen Rahmen. Der bürgerliche Staat sei aber ebenfalls noch »quicklebendig« und müsse progressiv abgebaut werden, während parallel dazu der sozialistische und der kommunale Staat aufgebaut werden müsse. Auf mittlere Sicht gehe es um die Transformation in einen sozialistischen Staat mit reguliertem Markt und dann in ein »sozialistisches System eines kommunalen Staates [...], in dem das gesellschaftliche Eigentum dominiert, direktes wie indirektes, und ein wichtiger Bestandteil des gesellschaftlichen Eigentums das kommunale Eigentum sein muss« (Chávez 2008: 38).

Wie der *Estado Comunal* aussehen soll, bleibt ein offener Prozess, der über den Aufbau von Räten nach Sektoren und Territorien verläuft. Das territoriale Rätesystem umfasst bisher die drei Ebenen der *Consejos Comunales, Comunas* und *Ciudades Comunales* – eine Strategie, die der Herangehensweise von unten entspricht. Die politische Organisierung der sozialistischen Gesellschaften des 21. Jahrhunderts als horizontale Konföderation von *comunidades* oder Netzwerk gesellschaftlicher Organisationen (Fernández Colón 2006) ist ähnlich, jedoch ohne Bezug auf Venezuela, auch von Gustavo Esteva in Oaxaca (Mexiko) formuliert worden. Er verweist auf den ursprünglich »kommunitären Impetus« des Sozialismus, bevor er sich in »Kollektivismus, Bürokratie und Selbstzerstörung« verwandelt habe: »Die *comunidades* erscheinen als Alternative, da in ihnen die Einheit von Politik und Ort wiederhergestellt wird, und das *pueblo* eignet sich eine Form an, in der es seine Macht ausüben kann, ohne sie an den Staat abgeben zu müssen.« (Esteva 2009) Den Konzepten von *poder popular* und *Estado Comunal* ganz ähnlich wird die Möglichkeit eröffnet, »Staat« als gewisse limitierte und demokratisch legitimierte Funktionen zu verstehen, die mit der Autonomie der *comunidades* koexistieren können (Esteva 2009).

Mit diesen Konzepten wird sowohl an indigene und afro-amerikanische Erfahrungen angeknüpft wie auch an die sozialistische Kommunentradition, die als Vorstellung vor Auftauchen des Staatssozialismus prägend war. So stellte Marx nach eingehender Untersuchung der Pariser Kommune fest, »die Arbeiterklasse kann nicht die fertige Staatsmaschinerie einfach in Besitz nehmen und diese für ihren eignen Zweck in Bewegung setzen. Das politische Werkzeug ihrer Versklavung kann nicht als politisches Werkzeug ihrer Befreiung dienen.« (Marx 1871: 592) Und in der Beschreibung der Struktur der Kommune finden sich viele Parallelen zu Venezuela: »Die Kommune sollte aus den Stadträten der verschiedenen Arrondissements bestehen [...], die durch Stimmrecht aller Bürger gewählt, verantwortlich und jederzeit absetzbar waren. [...] Die Kommune sollte nicht eine parlamentarische, sondern eine arbeitende Körperschaft sein, vollziehend und gesetzgebend zu gleicher Zeit. [...] alle öffentlichen Funktionen, sogar die wenigen, die zur Zentralregierung gehören würden, sollten durch kommunale Beamte und daher unter Kontrolle der Kommune ausgeführt werden. [...] Die öffentlichen Ämter würden aufhören, ein Privateigentum zu sein, das von einer Zentralregierung an ihre Handlanger verliehen wird.« (Marx 1871: 596)

Die Überwindung des Staates, eine Notwendigkeit, die auch von Chávez häufiger angeführt wird, bedeutet nicht die Abwesenheit von Strukturen gesellschaftlicher, politischer und wirtschaftlicher Organisierung. Chávez legt die Betonung bewusst auf »sozialistisches System« und »kommunaler Staat« und nicht anders herum. Ist der *Estado Comunal* ein Staat oder ist er ein Nicht-Staat? Jenseits des Namens wird es wesentlich sein, ob die zukünftige Struktur des *Estado Comunal* und der Weg dahin Herrschaft reproduzieren und damit Ausbeutung, oder ob sie in ihrer Tendenz auf eine strukturelle Aufhebung von Herrschaft verweisen. In bisherigen »sozialistischen Staaten« wurde das Problem nicht gelöst, im Gegenteil, da auch keine bürgerliche Zivilgesellschaft mehr vorhanden war, wurde der Staat zum ein und alles, zum bürokratischen und repressiven Verwaltungsapparat. Der zukünftige sozialistische und der kommunale Staat sollen der *poder popular* untergeordnet sein (AN-DGIDL 2007), die wiederum die alte bürgerliche Zivilgesellschaft ersetzt (Chávez 2008: 67). Damit soll sowohl die Trennung der Sphären verhindert werden wie auch eine Zentralität und Absolutheit des Staates wie im Realsozialismus.

Kapitel 7:
Klasse, Multitude und Pueblo Soberano

»Der Volksaufstand vom 27. Februar 1989 wurde nicht vom revolutionären Subjekt par excellence, dem Proletariat, organisiert, geleitet oder ausgeführt. ... wenn die Arbeiterklasse nicht der Akteur jener Ereignisse war, warum daraus schließen, dass überhaupt kein politisches Subjekt agiert hat? Stellt diese Unmöglichkeit, den Ausdruck einer anderen politischen Subjektivität als die Arbeiterklasse wahrzunehmen, nicht eine ernsthafte Einschränkung der Sphäre des Politischen dar?« (Iturriza 2007: 1)

Mit einer traditionellen Klassenanalyse ist die venezolanische Realität nicht zu erfassen. Einige für eine erneuerte Klassenanalyse relevante Kategorien wie Klasse und Klassenkampf, Multitude und *pueblo* werden hier daher kritisch betrachtet. Die Kategorie Klasse ist aus mehreren Gründen bedeutend. Sie weist auf die Einheit, die der reichen Unterschiedlichkeit des Kampfes zu Grunde liegt, ohne eine Hierarchisierung vorzunehmen. Im Gegensatz zu identitären Kategorien beruht Klasse auf dem Tun, nicht auf dem Sein, damit hinterfragt sie die Subjekte stärker und drückt den Kampf des kreativen Tuns gegen die Arbeit aus (Holloway 2004b: 15). Davon ausgehend, dass Charakter und Ausrichtung einer Bewegung maßgeblich vom sozialen Hintergrund und den daraus abgeleiteten Interessen der Beteiligten abhängig sind, bedeutet die Definition des Prozesses in Venezuela als Klassenkampf, dass der Charakter des Kampfes tendenziell der eines um verschiedene Systeme ist.

7.1 Klasse und Klassenkampf: eine marxistische Interpretation

Die Annäherung an einen neuen Klassenbegriff erfolgt eingeschrieben in eine Leseweise des kritischen Marxismus. Marx hat zwar keine abgeschlossene Klassenanalyse erstellt, sich aber mehrmals auf Klasse bezogen bzw. Erläuterungen dazu verfasst.[1] Jenseits direkter Anmerkungen von Marx zu Klasse

---

[1] Im »Manifest der Kommunistischen Partei« scheinen Klassen zwei »große feindliche Lager«, in die die Gesellschaft gespalten ist: »Bourgeoisie und Proletariat«. Anders im unten angeführten Zitat aus »Das Kapital«. Einige Kritiker werfen Marx daher Widersprüchlichkeit vor. Dos Santos führt die Kritik auf fehlendes dialektisches Verständnis zurück (2006: 11, 30). Es gehe nicht um verschiedene Klassenkonzepte oder sich überlagernde Interpretationen (z.B. soziologische, politische, ökonomische), sondern um eine

ist die Grundlage für die Begriffsklärung die Klassenanalyse, die dem Werk *Das Kapital* zugrunde liegt, sowie das Verständnis von Dos Santos (2006) und Gunn (2004). Dabei handelt es sich klar um ein einziges Klassenverhältnis: Kapital und Arbeit (Gunn 2004: 23).

Die politische Ökonomie nach Marx untersucht von Menschen geschaffene soziale Verhältnisse, Beziehungen zwischen Menschen, die diesen als Beziehungen mit und zwischen Sachen erscheinen. Die Klasse, ebenso wie das Kapital, ist ein soziales Verhältnis (Gunn 2004: 19). Das heißt, die Beziehung zwischen den Klassen lässt sich nicht aus gegensätzlichen Interessen von Ausgebeuteten und Ausbeutern ableiten (was von quasi naturalisierten Gruppen ausgehen würde), sondern es ist das Verhältnis zwischen Ausgebeuteten und Ausbeutern, welches antagonistische Interessen hervorbringt. Die Klassen sind Ausdruck dessen und daher konstituiert sich das Konzept Klasse theoretisch im Konzept des Klassenkampfes (Dos Santos 2006: 31). Die Klasse ist demnach ein Kampfverhältnis, der Klassenkampf die Vorraussetzung der Klasse (Gunn 2004: 20).

Der Kampf findet untrennbar auf zwei Ebenen statt: Einerseits zwischen den konstituierten Klassen und andererseits gegen Klasse und Klassifizierung, denn Klasse ist kein affirmatives Konzept. Die Bedingung der Befreiung der Arbeiterklasse ist die Abschaffung bzw. Überwindung aller Klassen (Bonefeld 2008: 117; Dos Santos 2006: 31; Holloway 2004b: 13; 2004c: 78). Der Antagonismus zwischen Arbeit und Kapital drückt sich darin aus, dass die Klassen nicht im Rahmen eines Systems kämpfen, sondern eine Tendenz zum Kampf um verschiedene Systeme besteht (Bonefeld 2008: 128; Dos Santos 2006: 30). Der Klassenkampf hat die Überwindung, Zerstörung, Zerschlagung eines Systems zum Ziel (bzw. den Erhalt). Dass der revolutionäre Konflikt die Form eines Konfliktes zwischen Gruppen annimmt, ist das Resultat des Klassenkampfes (Gunn 2004: 26).

Explizit zu Klasse äußert sich Marx in einem nicht zu Ende geschriebenen Kapitel am Ende des dritten Bandes von *Das Kapital*, das von Engels auf der Grundlage von Manuskripten veröffentlicht wurde. Marx spricht von Lohnarbeitern, Kapitalisten und Grundeigentümern, die die »drei großen Klassen der modernen, auf der kapitalistischen Produktionsweise beruhenden Gesellschaft« (Marx 1894: 892) bilden. Doch es ist wichtig, das Zitat im Kontext zu betrachten. Marx benennt abstrakt die drei zentralen ökonomischen

---

dialektische Betrachtung, in der das Klassenkonzept an die Abstraktionsebene angepasst wird (2006: 30). Das Manifest-Zitat beschreibt eine konkrete historische revolutionäre Situation, in der die Herausbildung der Gruppen Resultat des Klassenkampfes ist, und zwar als Tendenz, nicht als Absolutheit.

Kategorien eines bestimmten Produktionsregimes. Er unterstreicht aber, dass die Reinheit der theoretischen Abstraktion in der Praxis nicht vorkommt,[2] da kein Produktionsregime historisch als einziges und in reiner Form auftritt und die Trennlinien durch Zwischen- und Übergangsformen verwischt werden. Marx wehrt sich deutlich gegen die Vorstellung, Klassen würden durch die Einkommensart konstituiert (oder die »Marktsituation«, wie Max Weber soziologisch argumentierte). Es seien nur auf den ersten Blick Lohn, Gewinn oder Landpacht bzw. Ausbeutung der Arbeitskraft, des Kapitals oder des Landeigentums, die die Klasse konstituierten. Sonst würde eine Vielzahl von Klassen je nach Einkommensart gerechtfertigt sein. Auch wenn der Text an dieser Stelle abbricht, wird deutlich, dass Marx die Klassen nicht als Orte oder Gruppen verstand, wie »empiristische«, »strukturalistische« und »soziologische« Klassenkonzepte, sondern als soziales Verhältnis. Folglich ist es unsinnig, eine Vielzahl verschiedener Klassen zu erfinden, um alle Individuen einzuordnen (Gunn 2004: 19, 22, 23).[3] Eine dialektische marxistische Herangehensweise, die Klasse und Klassenkampf als soziales Verhältnis sieht, kann hingegen begreifen, wie Individuen in unterschiedlicher Weise, Intensität und Ausmaß von dem Widerspruch Kapital-Arbeit durchzogen werden.

Gegen jeden ökonomischen Determinismus argumentierend hebt Gunn einen zentralen Unterschied der marxistischen zur soziologischen Interpretation hervor und zitiert den jungen Lukács: »Nicht die Vorherrschaft der ökonomischen Motive in der Geschichtserklärung unterscheidet entscheidend den Marxismus von der bürgerlichen Wissenschaft, sondern der Gesichtspunkt der Totalität.« (Lukács 1923: 39) Mit dem Standpunkt der Totalität geht auch die Ablehnung der Spaltung in politische und Zivilgesellschaft einher:»Gemäß des marxistischen Standpunktes wird die Kategorie der ›Politik‹ so breit, wie die Formen, die der Klassenkampf (und von da aus die Klasse selbst) unvorhersehbarer Weise annimmt.« (Gunn 2004: 29-30) Daher ist die Klasse absolut vielfältig und divers, sie ist nicht reduzierbar auf ein Subjekt mit einer bestimmten Stellung im Produktionsprozess und der Kampf muss nicht vorherbestimmte Formen annehmen. Der Klassenkampf besteht aus vielen Kämpfen und das Kollektive ist nicht die Abstraktion, sondern die ideale Form der Existenz als Moment der Überwindung der Spaltungen des Kapitals (Tischler 2004: 113).

---

[2] Was für seine Untersuchung keine Rolle spielt, da die Tendenz des Kapitals, Arbeit zunehmend in Lohnarbeit zu verwandeln, zentral ist.

[3] Eine soziologische Sichtweise hilft nicht, Klasse oder Klassenkampf zu verstehen, daher die Abgrenzung. Eine Einordnung in Gruppen oder Schichten kann aber sinnvoll sein für eine Gesellschaftsanalyse.

7.2 Multitude als Klasse?

Als neue Klassendefinition, die mit eingeschränkten Sichtweisen des Politischen bricht und der Vielfältigkeit der Klasse gerecht werden will, ohne homogenisierend zu sein, verstehen sich Konzepte der Multitude. Hier finden sich wichtige Charakteristika einer aktuellen Klassendefinition, aber auch problematische Grundannahmen und Ableitungen. Die Multitude konstituiert sich in den Kämpfen, lehnt die Repräsentation und Homogenisierung aus ihrem Wesen heraus ab und beschränkt sich nicht auf eine gewisse Stellung im Produktionsprozess. Die bekanntesten Multitude-Konzepte stammen von Hardt/Negri (2004) und Virno (2005) und stützen sich auf Spinoza. Dieser sah im 17. Jahrhundert in Gegenposition zu Hobbes die Multitude als die Grundlage der Bürgerrechte an, weil sie in der kollektiven Vielheit und Aktion nicht zu Einem wird beim Begriff des Volkes (Virno 2005: 25).

Die Definitionen von Virno (2005) und Hardt/Negri (2004) ähneln sich, weisen aber auch Unterschiede auf. Die Multitude ist die »Gesamtheit der ›gesellschaftlichen Individuen‹« (Virno 2005: 110) bzw. besteht aus einer »Reihe Singularitäten«. Damit ist gemeint, dass die Verschiedenheit der gesellschaftlichen Subjekte bestehen bleibt. Durch Kommunikation und gemeinschaftliches Handeln wirken die Unterschiede in der Multitude gesellschaftlich bereichernd (Hardt/Negri 2004: 117, 230). Die Multitude organisiert sich netzförmig, sie ist an den Rändern offen und hat kein Zentrum (Hardt/Negri 2004: 11, 75; Virno 2005: 53f.).

Hardt und Negri stellen die Multitude in Gegensatz zur Arbeiterklasse, die eine Spaltung in Arme, Nicht-Entlohnte etc. bedeutete, während die Multitude ein offenes Konzept sei (2004: 145). Multitude definiere sich nicht über Identität oder Einheit wie das Volk, sondern über das Gemeinsame (Hardt/Negri 2004: 138f.), das nicht mehr die Stellung im Produktionsprozess ist wie in der traditionellen Arbeiterklasse, sondern die Form der postfordistischen Inwertsetzung: »Alle Formen sind gesellschaftlich produktiv, sie produzieren gemeinsam; und ebenso gemeinsam ist ihnen das Potenzial, der Herrschaft des Kapitals zu widerstehen.« (Hardt/Negri 2004: 125) Für Virno bedeutet Multitude nicht das Ende der Arbeiterklasse, sondern diese habe aktuell die Charakteristika der Multitude und nicht von Volk (Virno 2005: 59). Die Multitude definiert sich nicht durch Eigenschaften wie das Volk, sondern mittels Fähigkeiten. Sie ist die Art zu sein, die dem Postfordismus und *general intellect* entspricht: Ein Ausgangspunkt, unvermeidbar, aber ambivalent (Virno 2003: 19).

Die postfordistische Multitude trage aufgrund ihrer »Art zu sein« die Suche nach Formen nicht-repräsentativer Demokratie und den Kollaps der politischen Repräsentation in sich, da die fehlende Homogenität ausschließt, sie könne irgendetwas an einen Souverän delegieren (Virno 2005: 54-56). Die Multitude wolle die Macht nicht erobern und auch keinen neuen Staat aufbauen, sondern beides annullieren (Virno 2003: 133).[4] Sie »ist als einziges gesellschaftliches Subjekt in der Lage, Demokratie, das heißt die Herrschaft aller durch alle, zu verwirklichen« (Hardt/Negri 2004: 118). Doch wenn die Multitude »die Art zu sein«, die dem Postfordismus entspricht, ist, dann werden die Fähigkeiten, welche die Multitude definieren, vom aktuellen kapitalistischen Produktionsregime abgeleitet und nicht von den Kämpfen, die eigentlich im Zentrum stehen sollen (Hardt/Negri 2004: 121). Hier liegt einer der zentralen Widersprüche der Multitude-Konzepte.

Virno (2003: 19) und Hardt/Negri grenzen Multitude von Masse ab und setzen sie als Gegenteil von Volk. Masse sei zwar auch nicht auf eine Einheit reduzierbar, doch könne bei ihr nicht von verschiedenen sozialen Subjekten die Rede sein, da prägend sei, dass Unterschiede in ihr untergehen (Hardt/ Negri 2004: 10). Zudem bestehe Masse (Leute, Menge usw.) aus grundlegend passiven sozialen Subjekten, die nicht alleine agieren könnten, sondern Führung bräuchten (Hardt/Negri 2004: 138f.). Volk wiederum sei in allen seinen historischen Varianten mit einem vertrauten »Innen« und einem unbekannten und feindlichen »Außen« verknüpft, während die Multitude den Zusammenbruch dieser Trennungen darstellt (Virno 2005: 38). Virno übernimmt von Hobbes den ausschließenden Gegensatz: »Wenn es Multitude gibt, dann gibt es kein Volk; wenn Volk existiert, gibt es keine Multitude« und Volk konvergiert im Staat (Virno 2003: 19).[5] Damit wird letztlich das Konzept Volk gemäß der Definition der Konstrukteure des Nationalstaates als gesetzt akzeptiert.[6] Hier liegt ein weiteres Problem der Multitude-Konzepte: Die eu-

---

[4] Virno sieht hier die größte Gemeinsamkeit mit der Multitude des 17. Jahrhunderts. Auch für sie ging es nicht um die Machtübernahme, sondern darum, Erfahrungsvielfalt, Formen nicht-repräsentativer Demokratie und nicht-staatliche Bräuche und Gewohnheiten zu verteidigen (Virno 2005: 55). Das wirkt sehr erzwungen, häufig handelt es sich um die Verteidigung gewisser Rechte, ohne dass es eine Akzeptanz der Pluralität bedeuten würde.

[5] Er grenzt sich aber klar vom Staatsapologeten Hobbes und dessen negativer Auslegung der antistaatlichen Multitude ab. Die Rückgriffe auf das 17. Jahrhundert sind aber widersprüchlich, da Virno die Multitude aus dem Postfordismus ableitet.

[6] Ein fast schon existenzialistisches Konzept. Volk wird nicht durch historische Erfahrungen, Kämpfe und kollektive Erinnerung geformt und ist damit auch in seinen Zielen unterschiedlich, divers, flexibel und transformationsfähig, sondern pendelt zwischen einer republikanischen Definition (Homogenisierung zum Nationbuilding) und einer existenzialistischen (historische Aufgabe des Nationbuilding).

rozentrische Sichtweise übergeht, dass *pueblo* in Lateinamerika eine ganz andere Interpretation erfahren kann.[7] Virno verwehrt sich gegen eine postmoderne Auslegung der Multitude. Eine Einheit sei weiterhin notwendig. Die liege aber nicht mehr – wie beim Volk – im Staat, sondern in der Sprache, dem Intellekt, in dem den Menschen gemeinsamen Vermögen (Virno 2005: 31). Dass die Einheit nicht im Staat liegen kann, ist zu unterstreichen, denn wenn dieser ein Produkt kapitalistischer Verhältnisse ist, dann ist seine Überwindung Bedingung für die Überwindung des Kapitalismus. Virno bliebt im weiteren aber völlig vage. Die Einheit muss ja auch in einem gesamtgesellschaftlichen Projekt münden, in die Welt, in die viele Welten passen, wie es die Zapatistas ausdrücken. Dazu braucht es ein Moment der politischen Artikulation, das der Begriff der Multitude nicht fasst. Das Hervorheben der vielen Welten darf nicht dazu führen, die eine Welt, in die viele Welten passen, aus den Augen zu verlieren.

7.3 Klasse und Pueblo Soberano

Im Folgenden wird die venezolanische Realität auf Grundlage der dargelegten Überlegungen betrachtet.[8] Es ist offensichtlich, dass in Venezuela die Kämpfe äußerst vielfältig sind. So sind am Transformationsprozess Umweltaktivisten, Frauen, Migranten, Behinderte, Indígenas, Schwarze, Bauern, Arbeiter, Schwule und Lesben, *barrio*-Bevölkerung usw. gemeinsam und mit eigenen Organisationen beteiligt. Die breite Ablehnung traditioneller Organisationsformen in Venezuela liegt darin begründet, dass diese nicht der Realität der Kämpfe entsprechen. Diese Bewegungen haben einen Raum für die Neudefinition des Kollektiven, für eine Kritik des Existierenden bei Wiederaneignung des *Prinzip Hoffnung* (Bloch 1973) und die Aktualisierung der Frage der Klasse und des Klassenkampfes geschaffen. »Die Klasse kann also als eine Gemeinschaft von Kämpfen verschiedener Arten kollektiven Widerstands ge-

---

[7]   Allein, dass *pueblo* im Spanischen für Volk, Dorf und bildlich für »die einfachen Leute« stehen kann, zeigt eine breitere Verwendung als im Deutschen. Auf dem Kontinent finden sich Begriffe wie die »pueblos indígenas«, die keine Staatsgründung damit verknüpfen, oder das Verständnis von *pueblo* als kämpfende Unterdrückte.

[8]   Marxistische theoretische Kategorien werden von der historischen Realität abgeleitet und sind damit keine ewig gültigen Universalkategorien: »Eine konkrete historisch gegebene Gesellschaft kann nicht in direkter Form abstrakten Kategorien entsprechen. [...] der Marxismus verwendet die Abstraktion nicht in formaler Weise. Wenn er das Konzept abstrakt erarbeitet, negiert er es gleich im Folgenden, indem er die Grenzen dieser Ebene des Konzepts aufzeigt.« (Dos Santos 2006: 18)

dacht werden. Diese Position stellt sich gegen die Vorstellung der Klasse als eine homogene soziale Form, als Synthese. Die Einheit der Monade ist nicht die Homogenität, sondern, so könnte man sagen, die konkrete Gemeinschaft. Die *konkrete Gemeinschaft* ist also der Einfall der *messianischen Zeit* in das *Kontinuum* der abstrakten Gemeinschaft.« (Tischler 2007: 112)

Die messianische Zeit ist hier nicht religiös gemeint, sondern in Anlehnung an Walter Benjamin, für den sie die klassenlose Gesellschaft symbolisiert und daher eine kollektive und keine individuelle Zeit ist. Der Einfall der messianischen Zeit in das Kontinuum bedeutet die konkrete Vorwegnahme in der Gegenwart von Elementen der anzustrebenden klassenlosen Gesellschaft bzw. von Elementen, die eine Ahnung davon geben, was diese sein kann. Diese Gegenwart wird bei Benjamin Jetztzeit genannt, um sie vom bürgerlichen Zeitverständnis, das eine leere, homogene, stetige und lineare Zeit postuliert, abzugrenzen (Benjamin 1965: 90). Die Jetztzeit ist hingegen eine Zeit der Vorwegnahme und Verdichtung von Möglichkeiten und Gefahren für die Emanzipation. Sie wird nicht wie in einem religiösen Verständnis in die Zukunft (auf das jüngste Gericht oder den Tod) verschoben und ist eine Art Modell der messianischen Zeit, die zusammengerafft die gesamte Menschheitsgeschichte darstellt, d.h. alles ist möglich und vorstellbar (aber eben nicht sich automatisch ins Positive wendend). Zudem ist sie auch in lebendiger Erinnerung, in Traditionen und Praxen vorzufinden, in denen sich die Erfahrung und Praxis vergangener Generationen spiegelt. Die konkrete Gemeinschaft, die eine Vorwegnahme oder eine Ahnung der klassenlosen Gesellschaft geben kann, ist die Klasse als im Kampf konstituierte Gemeinschaft der Verschiedenheit und Pluralität statt der traditionellen Vorstellung der Synthese und Homogenisierung.

Die Anerkennung und Betonung der Vielfalt der Kämpfe hat in Venezuela Geschichte. Verschiedene für die bolivarianische Bewegung prägende Strömungen entwickelten bereits in den 1970er und 1980er Jahren eine von traditionellen Konzepten divergierende Klassenanalyse. Organisationen wie die PRV oder später die MRT bezogen sich auf eine große Bandbreite unterschiedlicher Kämpfe. Die PRV betonte in den 1970er Jahren die Bedeutung der »Vielheit«, die Diversität einer Menge in ihrer Gemeinschaftlichkeit (Twickel 2006: 51). Was Tischler (2007) für die Zapatistas in Chiapas analysiert – »sie vertreten keine Politik der Homogenisierung und Zentralisierung der politischen Aktion, das bedeutet, sie beanspruchen nicht, eine Synthese zu sein« –, das trifft auch auf die transformatorische Bewegung in Venezuela zu. »Von dieser Multiplizität leitet sich das außerordentliche revolutionäre Potenzial des Chavismus ab«, stellt Iturriza fest. »Denn die Multiplizität der Subjekte impliziert die Multiplikation der Kampffronten, die Diversität der in die Wege geleiteten Strategien im Kampf um die radikale Demokratisierung der venezolanischen Gesellschaft, und ihre Mobilisierungsfähigkeit, um den revolutionären Prozess zu verteidigen, wenn dieser in Gefahr war.« (Iturriza 2007: 6) Diese Charakteristika bringen Denis dazu, ein Konzept von Multitude zu verwenden. Allerdings kritisiert er den aufgestellten Gegensatz Multitude-Volk und die von Hardt/Negri formulierte Idee des Verschwindens von Nationalstaaten (Denis 2005: 72).

Chávez selbst verwirft den Begriff Masse und spricht – wenn nicht von *pueblo* – von *Multitude* (Chávez 2008: 66). Andrés Antillano hingegen bewertet das Konzept der Multitude im venezolanischen Kontext als unbrauchbar (I-AA 2008) und nimmt bezüglich der Massenmobilisierungen eine positive Umdeutung des diffamatorisch eingesetzten Begriffs Horde[9] vor und unterstreicht zugleich den stets zugrundeliegenden Konflikt zwischen konstituierender und konstituierter Macht sowie die Ambivalenz der Multitude bzw. *Horde*. Sie sei turbulent, aber ohne Defizit an politischer Leitung. Sie ist in der Lage, sich selbst zu leiten, besitzt politische Intelligenz und Strategie. Doch aufgrund ihres Charakters als Multitude ist sie einfacher durch den Staat zu bremsen und zu verwalten (I-AA 2008). Antillano betont, dass es kein bewusster und organisierter Prozess seitens des Staates sei, sondern eine Folge dem Staat immanenter Mechanismen, die den Aufbau von zwei Seiten konfliktiv, schwierig und problematisch gestalten.

Der offizielle Diskurs ist seit 1998 an das *pueblo soberano* gerichtet und meint damit die verarmte Bevölkerungsmehrheit (García-Guadilla 2003: 247). Die ständigen Beteuerungen Chávez', die Unterstützung der Armen sei wichtiger als diejenige anderer Sektoren der Bevölkerung, stellten eine Klassenorientierung und ein Novum in der Geschichte venezolanischer Staatsoberhäupter dar (Ellner 2006a: 87). In Anlehnung an Negri begründet Barreto (2007a) mit Bezug auf Ernesto Laclau und Slavoj Žižek die Notwendigkeit der Konstruktion der politischen Subjekte und schlägt dafür einen Begriff von *pueblo* vor, der auf der Differenz und Vielheit, Multitude, beruht. Das entspricht auch dem Gebrauch des Begriffs *pueblo* in Venezuela. Die Ober- und Mittelschichten zählen sich selbst nicht dazu, sie bezeichnen sich als *gente* (Leute) im Gegensatz zu den Unterschichten, die *pueblo* sind (Moreno 1999; 2005).

---

[9] Diese Umdeutung fand auch im Kontext der revolutionären Bewegungen der 1960er und 1970er Jahre in Italien statt, die als »Goldene Horde« bezeichnet wurden. Siehe: Balestrini, Nanni/Moroni, Primo (1994): *Die goldene Horde. Arbeiterautonomie, Jugendrevolte und bewaffneter Kampf in Italien*, Berlin.

Zusätzlich werden speziell von Chávez Teile des *pueblo* einzeln angerufen – ein Diskurs, der die Bandbreite unterschiedlicher Kämpfe und Organisierungen einschließt. Das Gegenstück zu *pueblo* ist die Oligarchie. Das *pueblo* besteht aus Armen, Arbeitslosen, Studierenden, Rentnern, Arbeitern u.a., die in ihrer Verschiedenheit wahrgenommen werden und denen Chávez attestiert, in den 1980er und 1990er Jahren »Hunderte von Mikrorevolutionen« durchgeführt zu haben (Chávez 2007a: 4). Und es umfasst auch Indígenas und Afro-Venezolaner, die auf Jahrhunderte der Unterdrückung und des Kampfes zurückblicken. Während die Opposition und ihre Medien in kolonialer eurozentrischer Tradition eine rassistische und klassistische Abgrenzung konstruieren, tritt Chávez nicht für sie ein, sondern zählt sich selbst dazu. Dem Vorwurf, er und seine Anhänger seien ein Mob, entgegnete er mit:»Ja, wir sind der gleiche Mob, der Bolívar folgte.« (Herrera Salas 2004: 124) Mit seinem eigenen ständigen positiven Bezug zum schwarzen und indigenen Erbe Venezuelas trägt Chávez in zentraler Weise zu einem Empowerment der entsprechenden Bevölkerung bei.[10]

Mit zunehmender sozialistischer Orientierung nahm der Klassencharakter der offiziellen Verlautbarungen der Regierung zu. Ende November 2008 erklärte Chávez mit Bezug auf Marx:»Ich bin fest davon überzeugt, dass unsere Schlacht ein Ausdruck des Klassenkampfes ist. Das *pueblo*, die *clases populares* und die Armen gegen die Reichen. Und die Reichen gegen die Armen. So, ganz grob gesehen, mit all seinen Schattierungen und Zwischenstufen, die genau betrachtet werden müssen.«[11] *Pueblo* hat hier einen eindeutigen Klassencharakter. Es ist das *pueblo* der Unterdrückten. Die aktuelle Form der *Les Misérables* von Victor Hugo,[12] der *Los de Abajo* aus dem Revolutionsroman des Mexikaners Mariano Azuela, vielfältig und verschieden. Es ist auch widersprüchlich und konstituiert sich als Kampfverhältnis, als gesellschaftliches Projekt.

Die soziale Polarisierung tendiert dazu, sich im Klassenkampf auszudrücken (García-Guadilla 2003: 235), und zwar weitgehend als Kampf zwischen »Situierten und Marginalisierten« (Medina 2001: 124). Aber es sind nicht die Armen oder Unterdrückten als vorher determinierte Gruppe:»Für den Sozialismus ist *pueblo* die Formel, die subalterne Pluralitäten artikuliert; die Heft-

---

[10] Zum Rassismus in der venezolanischen Gesellschaft und der Opposition siehe Herrera Salas 2004 und 2005.

[11] Yvke Mundial: Chávez lee nueva lista de ataques a misiones:»Aquí hay una lucha de clases«, http://www.radiomundial.com.ve/yvke/noticia.php?1553, Internetversion abgerufen am 30.11.2008.

[12] Das Werk wird von Chávez häufiger zitiert und es wurde in drei Bänden in einer Auflage von über einer halben Million vom Staat verschenkt.

naht der Kämpfe, Aufbaubewegungen und Widerstände der von unten; der Name eines im Klassenkampf selbstkonstituierten revolutionären Subjekts. Die universelle Signifikanz kommt von einer organisierten Partikularität der Basis und entsteht in Gegenhegemonie. Der Aufbau des Horizonts ist kollektiv.« (Mazzeo/Stratta 2007: 10)

Das *pueblo* in Venezuela hat viele Überschneidungen mit der Multitude von Hardt/Negri und Virno. Es hat keine bestimmte Stellung im Produktionsprozess und konstituiert sich als Kampfverhältnis. Es ist netzförmig organisiert und hat kein Zentrum. Diese *pueblo*-Multitude sucht die Einheit nicht im Staat, sondern im Aufbau einer Welt, in die ihre vielen Welten passen. Aber sie schließt eben doch »Pakte«, und zwar um Ziele besser zu erreichen und Erreichtes besser zu sichern. Damit gibt die Multitude ihre Souveränität nicht ab, sondern versucht einen Rahmen zu schaffen, in dem sie mehr Souveränität erlangen kann. Transformation ist schließlich als (nicht linearer) Prozess (mit Brüchen) zu verstehen. Dies stellt keine Garantie dar, aber genau um diesen Versuch geht es im Aufbau von zwei Seiten. Die Erfüllung der Pakte und die Bedingungen der Erfüllung werden in einem Verhältnis von Konflikt und Kooperation stets neu definiert. Zugleich bleibt aber *pueblo* eine ambivalente Kategorie, die im jeweiligen Kontext, in dem sie geformt wurde, untersucht werden muss. Die positive Verallgemeinerung funktioniert ebenso wenig wie die universelle Gegenüberstellung von *pueblo* und Multitude. Neben der Anrufung des *pueblo* im Sinne eines positiven Kampfbegriffs existieren auch zahlreiche andere Anrufungen von *pueblo*, die Klassenwidersprüche verdecken sollen. Die Versuchung, in ein nationales Projekt zu münden, das nicht mit den herrschenden Klassen bricht, sondern diese zum Teil des Volkes macht und sich gegen einen (imaginären oder realen) äußeren Feind wendet, ist im Konzept *pueblo* immer latent vorhanden (Acha 2007: 21).

Pueblo ist also keine a priori determinierte Gruppe (weder durch Nationalität noch durch soziale Stellung oder andere Kategorien). Es sind nicht »die Armen« oder »die Unterdrückten« als solche, sondern die Konstituierung derselben in spezifischen Kampfverhältnissen und einem Kampf um ein Projekt, in dem alle Kämpfe einen Platz haben (Acha 2007: 19). *Pueblo* ist »eine ethisch-politische und dialektische Kategorie und daher konstitutive Praxis« (Mazzeo 2007: 41). »Wir sagen, dass die ›Massen‹, die ›Multituden‹, sich in *pueblos* verwandeln [...], wenn sie sich in kollektiven Basisorganisationen, sozialen Bewegungen, politischen Befreiungsbewegungen, konstituieren. Wir sagen, dass *pueblo* die Form ist, mittels derer begonnen wird, das kollektive Projekt der Ausgebeuteten zu realisieren; dass es der Willen und die Utopie der Subalternen ist, die einige Widersprüche und Paradoxe verbannt, aber auch nicht alle. Dieser Begriff von *pueblo* subsumiert keinerlei Spaltungen, er verweist vielmehr auf die Artikulation der verschiedenen Fragmente der subalternen Klassen.« (Mazzeo 2007: 41-42) Ein ähnliches Verständnis von *pueblo* teilt ein Großteil der in den Transformationsprozess involvierten Bevölkerung. Es ist eine offene Kategorie, die sich über ein Kampfverhältnis konstituiert und der auch jene angehören, die sich dem Projekt anschließen. Das *pueblo*, so Chávez 1993 aus dem Gefängnis, »ist der Protagonist der großen Transformationen der Geschichte. Manchmal verschwindet das *pueblo*, aber andere Male taucht es auf, wenn Gepflogenheiten geteilt werden und eine intensive Kommunikation erfolgt. Dann assoziieren sich die Multituden mittels der Entfachung der ›metaphysischen Solidarität‹.«[13] *Pueblo* besteht immer aus verschiedenen Teilen, die ihre Verschiedenheit aber beibehalten und in einem Gesellschaftsprojekt zusammenkommen, in das sich die einzelnen Projekte einschreiben können. So ist es gezwungenermaßen eine Allianz, denn ausgehend von der Heterogenität wird eine Gemeinschaft aufgebaut. Diese ist, da sie über *face-to-face*-Kontakte hinausgeht, immer eine vorgestellte Gemeinschaft (Anderson 1988).

Zentralität des Territoriums: Barrio und Comunidad als Ebene der Identifikation

In den urbanen Gebieten Venezuelas stellt das *barrio* die wesentliche Ebene gemeinschaftlicher Identifikation und Organisierung dar. Dass sie auch die stabilsten und wichtigsten Stützen des Transformationsprozesses (Denis 2005: 31; I-AA 2008) sind, ist nicht ungewöhnlich im lateinamerikanischen Kontext. Während der Regierung der Unidad Popular in Chile unter Präsident Salvador Allende, fand sich die stärkste und fortgeschrittenste Mobilisierung und Organisierung in den Industriegürteln rund um Santiago de Chile, in denen Stadtteil- und Fabrikkampf starke Überschneidungen aufwiesen.

In Venezuela leben etwa 14,3 Millionen Menschen in *barrios*, die insgesamt 170.000 ha Fläche ausmachen (Colau 2008: 1). In dem mit 87% urbaner Bevölkerung nach Uruguay am stärksten urbanisierten Land in Lateinamerika leben etwa 60% der Bevölkerung in Stadtteilen mit prekärer Infrastruktur (I-AA 2008). Die meisten entstanden durch Besetzungen von privatem oder öffentlichem Grund, da die Städte keinen Platz für die Neuankömmlinge vom Land boten. »Die materielle Negation wird von der symbolischen Negation begleitet: Die *barrios* werden nicht in den Darstellungen der Stadt abgebildet, sie tauchen nicht in ihren Stadtplänen auf, sie werden nicht in die Grundbücher eingetragen und nicht im Zensus aufgeführt, sie finden sich nicht in ihren Chroniken und werden nicht beachtet, wenn das Vermögensinventar

---

[13] Chávez Frías, Hugo (1993), *Pueblo, sufragio y democracia*, Nr. 2, Yare: Ediciones MBR-200, S. 12, zitiert nach López Maya 2002: 121.

erstellt wird. In der Rhetorik der Stadt existieren die *barrios* nur als Gefahr oder Anomalie.« (Antillano 2005: 206)

Anfang der 1990er Jahre entstanden die *Comités de Agua*, in kleinerem Umfang auch Organisationen für die Verbesserung der Gasversorgung, der medizinischen Versorgung und zum kollektiven Einkauf günstiger Lebensmittel und z.T. auch bewaffnete Milizen zum Selbstschutz. Hinzu kam eine Vielzahl von Sportclubs und vor allem kulturellen Gruppen. Feiern, Tanz und Musik hat einen hohen Stellenwert in der venezolanischen Gesellschaft und so finden sich sehr viele lokale Kulturgruppen, die zu verschiedenen Anlässen im *barrio* oder darüber hinaus auftreten. Die kulturellen Gruppen sind häufig damit verknüpft, musikalische Wurzeln aus verschiedenen Teilen Venezuelas zu stärken und sowohl die Gemeinschaftlichkeit des *barrio* wie auch das Bewusstsein über die eigene Geschichte zu fördern.

Die territoriale Zentralität der Kämpfe in Venezuela steht im Gegensatz zu der Zentralität der Fabrik oder Metropole, die traditionell für die »alten« und »neuen Sozialen Bewegungen« ausgemacht wurde. Die Fabrikarbeit entspricht nicht der Lebensrealität der meisten Menschen. Fabrikarbeiter waren häufig privilegiert und ihre Repräsentanz wurde stark vom politischen System kooptiert. »Die Klasse ist nicht in der Fabrik, sondern organisiert sich auf dem Territorium. Es ist eine stark prekarisierte Klasse, im Dienstleistungssektor, die in die informelle Ökonomie ein- und aussteigt, zum größten Teil nicht gewerkschaftlich organisiert ist. Die territorialen Kämpfe der *barrios* haben immer eine große Bedeutung gehabt, mehr noch als die Arbeiterkämpfe.« (Antillano 2006b) Die territoriale Identifikation ist daher nicht mit einem nostalgischen Lokalismus zu verwechseln, sondern geht aufgrund der räumlichen Segregation einher mit der Dimension der Klasse. In Venezuela sind im gleichen geographischen und politischen Großraum zwei völlig unterschiedliche Lebenswelten vorhanden. Die der Ober- und Mittelschichten, die traditionell fast die einzigen mit Einfluss auf die politische Macht waren, und die der Unterschichten, des *pueblo* (Moreno 2005: 210).

Den Alltag der kollektiven und prekären Dimension *barrio* bzw. *comunidad* zu teilen, stellt für die Mehrheit der Bevölkerung, die Unterschichten, eine wesentliche Identifikation dar. Angesichts der Lebensverhältnisse ist es eine Dimension, die geprägt wird von Kampf, Solidarität und einem Netzwerk an Beziehungen. Es ist kein Ort, aber auch keine gegebene Gemeinschaft, sondern eine gelebtes Geflecht sozialer Beziehungen. Moreno nennt es ein *Zusammenleben* und unterstreicht, es müsse nicht harmonisch sein, es könne auch konfliktiv sein, ohne aufzuhören, ein Zusammenleben zu sein (2005: 213). Das Zusammenleben muss allerdings in einem ständigen Prozess hergestellt und erhalten werden. Viele der *barrios* blicken auf eine lange Geschichte von

Kämpfen zurück, sie mussten sich über Jahrzehnte gegen Räumungen wehren, Dienstleistungen erkämpfen und kollektive Mechanismen der gegenseitigen Unterstützung entwickeln (Antillano 2005: 200). Daher sind sie Resultat der urbanen Marginalisierung ebenso wie des Widerstandes gegen die Segregation und somit auch Träger alternativer Werte (I-AA 2008).

Kapitel 8:
»Soziale Bewegungen«
und Selbstorganisierung

»Die erste Herausforderung für alle Bewegungen in Ländern mit Regierungen volksnaher Prägung betrifft die Beziehungen mit den Regierungen, die aus den Bewegungen selbst oder aus der von ihnen erzeugten Konjunktur hervorgegangen sind. ... Die neuen Szenarien sollten als Resultat eines Aufbauprozesses verstanden werden, an dem sowohl die Bewegungen mittels ihres Widerstandes und ihrer Mobilisierung beteiligt gewesen sind, wie auch die politischen Kräfte und Gruppen, die heute in den Regierungen sitzen. Dieser Aufbau ›von zwei Seiten‹ bedeutet nicht, die Verantwortung zu unterschlagen, die den progressiven Regierenden zufällt. ... Aber es erscheint notwendig, Vereinfachungen zu vermeiden, da viele Führungspersonen und Bewegungen weit davon entfernt sind, kooptiert oder ›gekauft‹ worden zu sein, und ihre Unterstützung für die Regierungen soliden und tiefen Überzeugungen geschuldet ist, die untermauert werden von einer Reihe sich tatsächlich vollziehender Veränderungen und den ebenso realen Schwierigkeiten, ohne weiteres mit dem herrschenden Modell zu brechen.« (Zibechi 2006: 226f.)

8.1 Soziale Bewegungen als politische Akteure:
Neue Parameter und veränderte Strategien

In den traditionellen sozialwissenschaftlichen Theorien werden *Soziale Bewegungen* als Indikatoren für schlechtes Funktionieren von politischen Systemen gedeutet (Rucht/Koopmans/Neidhardt 1998). Dabei galten sie entweder als Hinweis auf Legitimationsprobleme der Systeme, in denen sie sich entwickeln (Habermas 1973), oder als Indikator für die wachsenden Differenzierungen innerhalb moderner Gesellschaften (Luhmann 1991). Das starke Aufkommen von Sozialen Bewegungen jenseits der traditionellen Arbeiterbewegungen ab den 1960er Jahren führte in der Protest- und Bewegungsforschung zur Prägung des Begriffs Neue Soziale Bewegungen (NSB), die im Gegensatz zu der »alten« Arbeiterbewegung definiert wurden (Rucht 1994).

Die NSB seien in der Regel horizontaler und demokratischer in der internen Funktionsweise als die klar hierarchisch strukturierte Arbeiterbewegung und verfügen nicht über eine verbindliche Organisationsstruktur; die Autonomie der ihr zugehörigen Individuen, Gruppen und Organisationen ist größer, damit aber zugleich eine strategische Planung schwieriger (Rucht/Neidhardt 2001: 541; Della Porta/Diani 1999: 14). Sie agieren in gesellschaftlichen Teilbereichen und haben nicht, wie früher die Arbeiterbewegung, den klaren Horizont einer sozialistischen Gesellschaft. In der sozialwissenschaftlichen Debatte führte das zu der mehrheitlich vertretenen Einordnung der NSB als auf konstruierten Identitäten beruhend (Castells 1997).

Soziale Bewegungen sind demnach »(1) informelle Netzwerke, basierend auf (2) geteilten Überzeugungen und Solidarität, die um (3) konfliktive Fragen mobilisieren, durch (4) den regelmäßigen Einsatz von verschiedenen Formen von Protest« (Della Porta/Diani 1999: 16). In einer anderen Definition sind es »soziale Gebilde aus miteinander vernetzten Personen, Gruppen und Organisationen, die mit kollektiven Aktionen Protest ausdrücken, um soziale bzw. politische Verhältnisse zu verändern oder um sich vollziehenden Veränderungen entgegenzuwirken« (Rucht/Neidhardt 2001: 540). Ganz ähnlich sieht Dieter Boris (1998: 9) Soziale Bewegungen als jenseits von Parteipolitik agierende, mehr oder weniger dauerhaft konstituierte Protest-Gruppen, die sich gegen bedrohlich empfundene Missstände richten. Ausgehend von ihrer Organisations- und Funktionsweise wird den NSB eine gewisse demokratisierende Wirkung zugeschrieben: Sie stellen Öffentlichkeit zu Themen her, die von der institutionellen Politik und der dominanten Gesellschaft marginalisiert oder ignoriert werden, formulieren kollektive Interessen bestimmter Gruppen und entwickeln kollektive Praktiken; Aktivisten werden aufgeklärt und alternative politische Formen praktiziert (Nolte 2002; Kaltmeier/Kastner/Tuider 2004). Die kritischen Sozialwissenschaften sahen die NSB daher als »Nukleus einer stärker partizipativen Demokratie« (Müller-Plantenberg 2001: 26).

Ungeachtet dessen, dass zahlreiche Charakteristika neuer Bewegungen richtig erfasst werden und ihre demokratisierende Wirkung evident ist, liegt das grundlegende Problem dieser Ansätze darin, dass sie die Spaltung in soziale und politische Sphäre nicht in Frage stellen und die Bewegungen auf die soziale Sphäre festlegen. Außerdem werden sie grundsätzlich in Opposition zum Bestehenden konstruiert, d.h. eine Rolle wie in Venezuela, Bolivien oder Ecuador, nämlich Teil eines aktiven Aufbaus von etwas Neuem, Träger des Neuen zu sein, hat in dieser Definition keinen Platz. Folglich sind sie systemimmanent. Das mag von der Erscheinung her häufig der Fall sein, doch von daraus auf ihr Wesen zu schließen, ist nicht zulässig. Gerade im venezolanischen Kontext zeigt sich eine Herangehensweise als angebracht, die davon ausgeht, dass Bewegungen durch die sozialen Verhältnisse, in denen sie sich entwickeln, geformt werden, wie auch selbst diese formen (Tarrow 1998; Thompson 1991). In Venezuela sind Bewegungen der Hauptträger des Transformationsprozesses und des Aufbaus von zwei Seiten. Und angesichts der sozialen Gestaltungsmöglichkeiten hat sich ein Großteil in Basisorganisationen konstituiert.

In sozialen Kämpfen in Lateinamerika haben Tradition und Mythos eine persistente Funktion (Mazzeo 2007: 56) – das, was Walter Benjamin als »eine *schwache* messianische Kraft« bezeichnet, »an welche die Vergangenheit Anspruch hat« (1965: 79). Über Jahrhunderte wurden immer wieder Elemente aus vergangenen Kämpfen und Bewegungen, die sich gegen die bestehende soziale Ordnung richteten, zu Bannern für aktuelle Kämpfe.[1] Dies ist nicht mit Nostalgie oder Folklore zu verwechseln und verlangt jedes Mal nach einer Aktualisierung. Es ist die »geheime Verabredung zwischen den gewesenen Geschlechtern und unserem« (Benjamin 1965: 79). Und »jede Aktualisierung trägt zu einer kollektiven und historischen Komposition der Utopie bei, die auf diese Weise sich überlagernde Falten und Schichten aufweist« (Mazzeo 2007: 57).

Wie Benjamin unterstreicht, ist das Bewusstsein über die vergangenen Generationen auch grundlegend: »Das Subjekt historischer Erkenntnis ist die kämpfende, unterdrückte Klasse selbst. Bei Marx tritt sie als die letzte geknechtete, als die rächende Klasse auf, die das Werk der Befreiung im Namen von Generationen Geschlagener zu Ende führt. Dieses Bewußtsein [...] war der Sozialdemokratie von jeher anstößig. [...] Sie gefiel sich darin, der Arbeiterklasse die Rolle einer Erlöserin künftiger Generationen zuzuspielen. Sie durchschnitt damit die Sehne der besten Kraft. Die Klasse verlernte in dieser Schule gleich sehr den Haß wie den Opferwillen. Denn beide nähren sich an dem Bild der geknechteten Vorfahren, nicht am Ideal der befreiten Enkel.« (Benjamin 1965: 88)

Neben dem Rückgriff auf die Vergangenheit wirkt auch die Hoffnung auf und Vorstellung von einer anderen möglichen Zukunft – Blochs utopisches »Noch-Nicht« – konstituierend. Eine kritische Befreiungspraxis hat die Hoffnung auf eine zu ermöglichende Zukunft als notwendige Grundlage. Oder wie Marx 1843 in einem Brief an Arnold Ruge schreibt: »Es wird sich zeigen, daß die Welt längst den Traum von einer Sache besitzt, von der sie nur das Bewußtsein besitzen muß, um sie wirklich zu besitzen. Es wird sich zeigen, daß es sich nicht um einen großen Gedankenstrich zwischen Vergangenheit und Zukunft handelt, sondern um die Vollziehung der Gedanken der

---

[1] Um nur einige Beispiele zu nennen: Tupac Amaru, José Martí, Farabundo Martí, Augusto Cesár Sandino, Emiliano Zapata, Pancho Villa usw.

Vergangenheit. Es wird sich endlich zeigen, daß die Menschheit keine neue Arbeit beginnt, sondern mit Bewußtsein ihre alte Arbeit zustande bringt.« (Marx 1844a: 346)

Bonilla-Molina und El Troudi bezeichnen die Kräfte des Transformationsprozesses als »Historische Strömung für den Wechsel« (2004: 104). Um sich als solche zu konstituieren, bedurfte es einiger historischer Ereignisse und »Brüche des Kontinuums«, wie etwa des *Caracazo*, der zivil-militärischen Aufstände von 1992 und des Wahlerfolges von Chávez. Und selbst so ist die »Historische Strömung für den Wechsel« keine in sich geschlossene, hermetische oder endgültige Charakterisierung.

Der Begriff populare Bewegungen eignet sich besser zur Analyse der venezolanischen Realität als soziale Bewegungen. Ihr Kampf ist schon seit den 1980er Jahren ein politischer gewesen, verknüpft mit dem allgemeinen Thema der Partizipation. Die Bewegungen betrafen nicht mehr die Erfüllung einzelner Forderungen, sondern die Beteiligung an der Neuformulierung gesamter Politiken und die »Neugründung« der Republik. So ist auch Chávez' Wahlsieg auf das Versprechen eines Bruchs mit dem Bestehenden und der Beteiligung der Basis an der Formulierung des Kommenden zurückzuführen.

Populare Bewegungen und Organisationen im neuen Umfeld

Für Basisbewegungen in Lateinamerika haben sich die Rahmenbedingungen in den vergangenen Jahren grundlegend verändert, vor allem in den Ländern mit linken und progressiven Regierungen. Die Herausforderungen des neuen Kontextes sind politischen, theoretischen und konzeptionellen Charakters. Die früheren Analyse- und Handlungsmuster erweisen sich heute häufig als ungeeignet (Zibechi 2006: 226), insbesondere in Venezuela, wo populare Bewegungen und Organisationen auf eine große Offenheit seitens der Regierung stoßen. Dieser »Aufbau von zwei Seiten« (Zibechi 2006: 227) ist jedoch nicht einfach und die popularen Bewegungen und Organisationen in Venezuela stehen in einem komplexen Verhältnis von Unterstützung, Konflikt und Zusammenarbeit mit dem Staat und seinen Institutionen. Das Institutionengefüge ist nach wie vor bürgerlich und kaum für den angestrebten Transformationsprozess geeignet. Und paternalistische und assistenzialistische Praxen sowie personalisierte Politikmuster sind weit verbreitet.

Doch auch den Bewegungen ist es nicht immer gelungen, die Tragweite der laufenden Veränderungen zu erfassen und sich in den neuen komplexen und widersprüchlichen Szenarien zu verorten (Zibechi 2006: 222). Mit der Übernahme der Regierungsmacht sind zahlreiche Aktivisten aus Bewegungen in die Institutionen gegangen, was einige Bewegungen teilweise geschwächt hat (Ellner 2006a: 82). Andere wurden durch die Unterstützung der Institutionen bedeutend gestärkt. Die Indígenabewegung konnte durch geschicktes Agieren viele ihrer Forderungen in der Verfassung von 2000 durchsetzen und wurde dadurch gestärkt. Die Indígenas konnten zu dem Zeitpunkt mehr erreichen als in allen anderen lateinamerikanischen Staaten, obwohl sie in Venezuela nur etwa 2,1% der Bevölkerung ausmachen (Van Cott 2002: 43).

Die Frauenbewegung hingegen konnte zwar ebenfalls einen Großteil ihrer Vorschläge in die Verfassung einbringen, wurde aber als solche geschwächt, als auf Initiative der Präsidentschaft und Vertreterinnen der *Nationalen Frauenkommission*, die zuvor Teil der *Nationalen Koordination von Frauenorganisationen* war, die *Bolivarianische Frauenbewegung* (MBM) gegründet wurde. Einige der zentralen Aktivistinnen der Koordination schlossen sich ebenfalls der MBM an. Arbeitete die Koordination jedoch mit einem »feministischen und femininen« Ansatz in Bereichen wie juristische Gleichheit, Familie, Kinder und Armut, konzentriert sich die MBM mehr auf die konkrete Problemlösung in Bezug auf Frauen, Kinder, Armut, Familie, Ausbildung etc., während der Genderaspekt in den Hintergrund rückte (García-Guadilla 2003: 245). Der Bruch der überparteilichen Zusammenarbeit an spezifischen Fraueninteressen entlang war aber auch unvermeidlich. Somit ist ein Großteil der alten Frauenbewegung institutionell eingebunden, sei es über frauenspezifische oder andere Institutionen.

Im Gegenzug handelt es sich um eine Massenarbeit mit Frauen aus den ärmsten Schichten. Das Nationale Fraueninstitut, die Frauenbank und die sich an alleinerziehende Mütter richtende *Misión Madres del Barrio* sind die wesentlichen staatlichen Institutionen, mit denen Hunderttausende Frauen finanziell unterstützt, beruflich und politisch geschult und organisiert werden (Kron 2004: 63). Die angeschobenen Selbstorganisierungsprozesse sind somit semi-institutionell oder institutionell angebunden. Die feministisch orientierte Arbeit der älteren Frauenbewegung war stärker auf Lobbyarbeit ausgerichtet und ihre Initiativen betrafen selten mehr als einige hundert Frauen, im wesentlichen aus der Mittelschicht. Das Fehlen einer eigenständigen Organisierung und Diskussionsstruktur führt aber dazu, dass bestimmte konfliktive Aspekte immer wieder in den Hintergrund treten und nationalen Konjunkturen untergeordnet werden.[2] Dies, zusammen mit dem Fehlen klar definierter feministischer Ziele, hat dazu geführt, dass einige Autorinnen behaupten, es gebe

---

[2] Das betrifft z.B. die Legalisierung der Abtreibung. Diese wird zwar immer wieder von Teilen der Basis, einigen weiblichen Abgeordneten, und auch Vertreterinnen staatlicher Fraueninstitutionen gefordert, doch ist es bisher weder gelungen, dafür umfangreicher zu mobilisieren, noch sie anders auf die politische Tagesordnung zu setzen. Eine Legalisierung der Abtreibung wird nicht nur von der Kirche und der Opposition abgelehnt, sondern auch von einem Teil der bolivarianischen Kräfte.

keine Verbindung zwischen den Frauen aus den bolivarianischen Basisbewegungen und dem authentischen Feminismus. Die neu politisierten Frauen aus den Armenvierteln »haben kein Verständnis der Geschichte der Frauenkämpfe in Venezuela« (Rakowski 2003: 400). Fernandes hält dem entgegen, es gebe zwar Unterschiede zwischen den neu und lang politisierten Frauen, doch die Literatur gebe keine Auskunft darüber, in welchen Gender-orientierten Kämpfen Frauen aus *barrios* aktiv gewesen seien. »Die populare Frauenorganisierung hat ihre eigene einzigartige Geschichte, Kämpfe und Wege, die nicht auf die Geschichte des Feminismus in Venezuela reduziert werden können.« (Fernandes 2007: 99) Viele der Ziele der feministischen Bewegung werden von den Transformationen des Prozesses reflektiert, wenn auch in weniger expliziter Form (Ellner 2008).

Die Bauernbewegung mit ihrer schon vorher bestehenden Klassenorientierung ist durch die neuen Rahmenbedingungen stark gewachsen. Dabei hat vor allem die *Frente Nacional Campesino Ezequiel Zamora* (FNCEZ), die größte und aktivste Bauernorganisation, eine erfolgreiche Strategie entwickelt. Die FNCEZ versteht sich als marxistisch, unterstützt Chávez und den bolivarianischen Prozess auf Leben und Tod, fordert aber eine Vertiefung der revolutionären Transformation. Sie arbeitet eng mit dem Landwirtschaftsministerium und dem Nationalen Landinstitut zusammen und hält diverse institutionelle Posten auf regionaler Ebene. Sie führt aber auch Landbesetzungen durch oder besetzt schlecht arbeitende Institutionen. Als 2005 das Landgut La Marqueseña enteignet und in einen staatlichen Modellbetrieb umgewandelt wurde, besetzte die FNCEZ einen Teil und forderte Land für Bauern aus der Region. Nachdem das lokal stationierte Militär zunächst versuchte, die Bauern einzuschüchtern, bekam die FNCEZ 500 Hektar, Maschinen und Finanzierung und das Militär wurde zur Unterstützung eingeteilt.

Auch die Gewerkschaftsbewegung hat trotz ihrer relativen Schwäche eine klare Autonomie gegenüber den bolivarianischen Parteien und dem Staat gezeigt. Die *Unión Nacional de Trabajadores* (UNT) wurde als unabhängiger Verband gegründet und nicht wie in anderen revolutionären Prozessen an den Staat oder Partei(en) angegliedert. Die linke UNT-Strömung *Marea Socialista* bildet sogar eine eigene Strömung in der PSUV. Die UNT hat entlang vieler Fragen stets eine radikalere Position als die Regierung vertreten. »Die Tatsache, dass jene Gewerkschafter sich selbst als eine Avantgarde innerhalb des Chavismus betrachten, stärkt das Verständnis von der Autonomie der sozialen Bewegung, tragende Säule des Fokus von unten.« (Ellner 2006a: 82)

Aufgrund der weitverbreiteten klientelistischen Praxen und der mangelhaften Partizipationskultur weisen aber auch diverse Bewegungen und Organisationen einen geringen Grad an Autonomie vor. Dies ist für Lateinamerika nicht untypisch. Der erklärte Fokus einer Politik *von unten* stärkt die Autonomie (Ellner 2006a: 83). Während der häufigen Wahlprozesse treten die Bewegungen stärker als einheitlicher Block mit der Regierung auf, während sie sonst viel stärker eigene Positionen vertreten, kritischer gegenüber der Regierung sind und mit Aktionen Druck auf die Regierung auszuüben.

Selbstorganisierung von oben?

Für den intendierten Transformationsprozess ist eine breite Basisselbstorganisierung notwendig. Diese kann aber, auch wenn der Staat sie unterstützt und begleitet, nicht von oben verordnet werden. Sie muss aus der Bevölkerung selbst entstehen. In Venezuela besteht zwar spätestens seit dem *Caracazo* eine breite Erfahrung in sozialen Kämpfen, im Vergleich zu vielen anderen Staaten Lateinamerikas aber eine eher limitierte Erfahrung in eigenständiger Basis- oder lokaler Organisierung (Lander 2009; Parker 2006: 92). Und die traditionelle Linke war sehr bürokratisch. Andrés Antillano beschreibt das Dilemma:»In La Vega, in meiner Straße, haben wir alle 15 Tage Versammlungen organisiert, zu denen 100-150 Personen kamen. Dort haben wir die verschiedenen Probleme besprochen. Es gab keine formale Organisation. Wir hatten hier eine Organisation, die nicht mobilisiert, und eine Mobilisierung, die sich nicht organisiert. Wie sollte dieses Spannungsverhältnis gelöst werden?« (I-AA 2008) Somit liegt eine Kernaufgabe von Chávez darin, als Präsident zur Schaffung neuer institutioneller und organisatorischer Strukturen beizutragen (Ellner 2003c: 22). Die Regierung hat daher die öffentlichen Politiken darauf ausgerichtet, die Basisorganisationen auszuweiten, zu fördern und zu stärken (Lander 2009). Dabei wird eine organische Selbstorganisierung von unten bevorzugt. So fußen auch viele der Sozialprogramme auf einer Basisorganisierung vor Ort. Die Politiken, vor allem in den Sektoren Bildung, Gesundheit und Produktion, zielen darauf ab, den Aufbau sozialer Netzwerke und kommunitärer Organisation zu stärken. Beispielhaft dafür ist das Programm für Gesundheitsversorgung *Barrio Adentro*, bei dem sich Arzt und organisierte Bevölkerung gegenseitig ergänzen und das nicht ohne beide Bestandteile zu denken ist.

Die Kehrseite dessen ist die Schwierigkeit der verschiedenen Bewegungen, sich in diesen neuen Parametern zu bewegen und nicht kooptiert zu werden. Tatsächlich beziehen sich die verschiedenen Gruppen und Basisorganisationen auf Chávez, werden aber nicht durch diesen oder die Regierung kontrolliert (Ellner 2003c: 20). Dennoch begünstigen die Zentralität des Staates und seine umfassenden Finanzmittel einen Prozess der freiwilligen Selbstbeschränkung von Bewegungen, bedingt auch durch die jahrzehntelange Gewöhnung an klientelistische Praxen. Die Rolle des Staates ist so durchaus ambivalent, denn andererseits hat der chavistische Diskurs auch das Selbstvertrauen der Basisorganisationen gestärkt, vor allem der Bewegungen von Frauen, Afrovenezolanern und Indígenas. Der Staat hat eine wichtige Rolle in der Bewusstseinsveränderung gespielt, die auf lange Sicht zu einer Mentalitätsveränderung und dem Erreichen einer organisatorischen Autonomie beiträgt (Ellner 2008).

Es geht also darum, wie der Staat die Bewegungen und die Selbstorganisierung fördern, begleiten und stärken kann, ohne sie zu kooptieren oder über sie hinwegzugehen. Und wie Bewegungen dabei ihre Autonomie behalten und den Transformationsprozess grundlegend mitgestalten, ohne die Initiative an den Staat zu verlieren oder seine Strukturen und Formen zu reproduzieren. Nur so besteht überhaupt die Möglichkeit, die bisher bekannte Form Staat perspektivisch zu überwinden und etwas völlig neues zu erschaffen. Wie wichtig die Autonomie der Bewegungen auch aktuell immer wieder ist, hat sich wiederholt gezeigt, z.b. beim Putsch im April 2002 und beim Erdölstreik. Ein Problem in der Aktivierung der Selbstorganisierung liegt in der jahrzehntelangen klientelistischen, assistenzialistischen und paternalistischen Struktur, die durch die Rentenökonomie entstand. Viele Venezolaner sahen sich lange Zeit nicht als Akteure einer Veränderung (Márquez 2003: 270). Es herrscht eine Erwartungshaltung bezüglich der Lösung individueller Probleme mittels »Repräsentanten« (Azzellini/Ressler 2004). Darin liegt auch begründet, warum der juristische Rahmen der Partizipation zunächst in geringerem Maße ausgeschöpft wurde als eigentlich möglich. Daher initiierten Chávez und diverse Aktivisten Mitte 2001 die »Bolivarianischen Zirkel«, die an das MBR-200-Organisierungsmodell anknüpften, »damit das Volk, ›der Souverän‹, aufhört, eine unorganisierte Masse zu sein, ohne Ideologie und gebunden an seinen charismatischen Führer (Chávez) in individualisierter Form, mittels klientelistischer und populistischer Praktiken und Erwartungen« (García-Guadilla 2003: 247).

Die Bolivarianischen Zirkel waren in erster Linie eine Art Nachbarschaftsorganisationen, die soziale und kulturelle Aufgaben auf lokaler Ebene übernahmen. Sie waren an keine Partei und auch nicht an die Regierung angebunden, sondern eine Form der Selbstorganisierung (Ellner 2008). Sie wurden nicht von oben gegründet. Eine Anzahl von mindestens sieben Personen konnte jederzeit und überall einen Zirkel gründen, wenn Ziele und Arbeitsweise mit den Statuten übereinstimmten. Die gegründeten Zirkel wurden der Nationalen Koordination gemeldet, die nicht weisungsbefugt war (RBV 2003). Gemäß der Koordination waren 2003 etwa 2,5 Millionen Personen in Zirkeln organisiert. Die Opposition warf der Regierung vor, sie finanziere die Zirkel, während die Regierung angab, nur in der Basis angesiedelte Projekte der Zirkel zu finanzieren (Medina 2001: 80). Ab 2005 waren die Zirkel kaum noch existent. Ebenso erging es auch anderen neuen bolivarianischen Organisationsansätzen, wie etwa *Clase Media en Positivo*, in der sich Angehörige der Mittelschicht sammelten. Ab 2004 entfalteten die *misiones* eine enorme organisatorische Kraft. Hunderttausende Freiwillige (z.T. mit Aufwandsentschädigungen) sind entweder rund um diese organisiert oder den Basisorganisationen beigetreten, die sie vor Ort durchführen. Mit der zunehmenden Institutionalisierung der *misiones* (und damit auch der Verwandlung des teilweise finanziell entschädigten Aktivismus in entlohnte Mitarbeit) nahm ihre Bedeutung als Mechanismus der Selbstorganisierung und Emanzipation ab. Es besteht wenig über die Jahre konsolidierte Basisorganisierung. Sie ist starken konjunkturellen Schwankungen unterworfen. So organisierten sich vor dem Referendum gegen Chávez im August 2004 Hunderttausende in *Wahlkampfeinheiten* (UBE), kleine Gruppen, die systematisch in Gesprächen von Tür zu Tür gegen Chávez Abberufung mobilisierten. Dies war nicht nur im Hinblick auf das Ergebnis erfolgreich, sondern auch eine Schulung für alle Aktivisten der UBEs. Nach dem Referendum wurden die UBEs in UVEs (*Wahlsiegereinheiten*) bzw. in UBEs (*Einheiten endogenen Kampfes*) umgewandelt. Aus diesen sollten eigentlich für die folgenden Wahlen Kandidaten der Basis hervorgehen. Das geschah jedoch nicht, da die Parteiführungen wieder die meisten Kandidaturen untereinander aushandelten, und die UVEs lösten sich auf.

Der Aktivismus vieler CTU in den UBEs, um beim Referendum 2004 für die Fortsetzung der Amtszeit von Chávez zu mobilisieren, wurde in liberalen Kritiken nicht als eigenes Interesse interpretiert, sondern als »politisch infiltriert und temporär als Unidades de Batalla Electoral mobilisiert; dennoch kehrten sie, waren diese Prozesse einmal beendet, wieder in ihre organisatorischen Räume zurück« (Garcia-Guadilla 2008: 135). Ähnlich argumentiert auch die Menschenrechtsorganisation Provea im Hinblick auf die FNCEZ (Provea 2008: 55). Damit wird den popularen Bewegungen jede Rationalität abgesprochen. Es bedarf wohl kaum »infiltriert« zu sein, um sich in gewissen Konjunkturen auf die Verteidigung des legalen Rahmens des Prozesses zu konzentrieren. Das ist zwar widersprüchlich, aber notwendig und im allgemeinen Interesse der popularen Bewegungen, da sie – trotz aller Kritik und Probleme – wissen, dass der Transformationsprozess nur mit der aktuellen Regierung fortgesetzt werden kann und sie sich außerdem als Teil eines Prozesses und nicht außen vor sehen. Dabei wird gerade in Organisationen wie den CTU oder der FNCEZ viel Wert auf die eigene Autonomie gelegt und die Kampagnen zur Unterstützung der Regierung in Wahlen werden kritisch diskutiert.

Teil 3
Soziale, ökonomische und politische Partizipation: Mechanismen und Ergebnisse

Kapitel 9:
Die Sozialpolitik der Chávez-Regierung

Die Sozialpolitik ist das Hauptinstrument zur sozialen Partizipation der Bevölkerung. In einigen Programmen drückt sich auch die gleichzeitige Herangehensweise von oben und von unten in der direkten Partizipation aus. Dies hat zentral zu der Organisierung der Bevölkerung beigetragen. Die Politik der Regierung Chávez zur Verbesserung der sozialen Situation, vor allem der ärmsten Schichten, steht im Mittelpunkt des öffentlichen Interesses und zahlreicher Kontroversen. Entsprechend versuchen Gegner des Prozesses, sie zu diskreditieren, während die Befürworter sie verteidigen und die Erfolge hervorheben; wobei auch unter den Unterstützern des Transformationsprozesses kritisch diskutiert wird und selbst die Regierung schwere Defizite einräumt.

Bezüglich der Sozialpolitik der Chávez-Regierung gilt es zwei Phasen zu unterscheiden (Alvarado 2004: 26; Patruyo 2008: 6f.; Vera 2008: 112f.). Die erste war geprägt von niedrigen Erdölpreisen und fehlender staatlicher Kontrolle über das Erdölgeschäft und daher gezeichnet von ökonomischen Schwierigkeiten der Regierung. Hinzu kam eine hoch konfliktive Situation, in der die Regierung und die Basis des Transformationsprozesses sich auf einen kontinuierlichen Abwehrkampf gegen Angriffe der Opposition konzentrierten. Die zweite Phase, die Mitte 2003 beginnt und sich nach dem gescheiterten Abwahlreferendum gegen Chávez im August 2004 voll entfaltet, ist hingegen gekennzeichnet von der staatlichen Kontrolle des Erdölsektors und steigenden Einnahmen. Diese Phase hält bis Ende des dritten Quartals 2008 an. Anschließend kommt es in Folge der weltweiten Wirtschaftskrise zu einem Einbruch der Erdölpreise und somit auch der Einnahmen Venezuelas. Für eine umfassende Einschätzung der Folgen ist es noch zu früh.

In den Jahren vor Chávez' Machtantritt existierten Programme zur Armutsbekämpfung und sozialen Absicherung kaum noch. Der Versuch des Aufbaus einer kostenlosen Gesundheitsversorgung und eines allgemeinen öffentlichen Bildungssystems, Beschäftigungspolitik und die Festlegung eines Mindestlohnes, der die Grundbedürfnisse abdeckte, beschränkten sich auf das »goldene Jahrzehnt« (1973-1983). Die Zunahme der Sozialausgaben mündete in einer Bürokratisierung. Die Institutionen waren stark von Korruption geprägt und die Programme von Klientelismus. Dies schmälerte ihre Reichweite und Effizienz beträchtlich, obwohl das gesellschaftlich prägende

Bild das einer hohen sozialen Mobilität war. Spätestens ab Ende der 1970er Jahre war eine schwache Institutionalisierung der Sozialpolitik zu beobachten (Maingon 2006b: 60; Parra/Lacruz 2003: 8).

Der anschließend einsetzende Verfall der Erdölpreise, der fast 20jährige rezessive Wirtschaftszyklus und die Reduzierung öffentlicher Ausgaben und der Sozialpolitik führte zu einer breiten Verelendung der Bevölkerung. Venezuela verzeichnete von Mitte der 1970er Jahre bis zum Ende des Jahrtausends die größten sozio-ökonomischen Rückschritte des Kontinents (Vera 2008: 112). Die Privatisierung und Dezentralisierung der öffentlichen Dienste ohne die Bereitstellung der notwendigen Finanzmittel tat ihr übriges. Die verarmende Mittelschicht eignete sich die Reste des öffentlichen Sozial- und Bildungssystems an, für das graduell Zuzahlungen eingeführt wurden, während die untersten Schichten keinen Zugang mehr dazu hatten. Die neoliberalen Regierungen Pérez (1989-1993) und Caldera (1994-1998) beseitigten nahezu alle verbleibenden Programme der sozialen Abfederung oder Armutsbekämpfung. Übrig blieben nur einige wenige, stark auf bestimmte marginalisierte Gruppen fokussierte assistenzialistische Programme, die dem sozialen Verfall nichts entgegensetzen konnten. Lebten 1993 noch 41% der Haushalte in Armut, waren es 1996 bereits 65%. Der Kaufkraftverlust der Haushalte von 1980 bis 1996 betrug etwa 71%. Allein von 1995 bis 1996 sanken die Reallöhne um 32,8% (Silva Michelena 1999: 95f.; 2002; Wilpert 2007: 13).

Als Chávez 1998 die Regierungsmacht übernahm, »traf er auf ineffiziente staatliche Strukturen, die nachhaltigen Prozessen der Entwertung und Delegitimierung unterworfen worden waren: niedrige Einkommen, wenig Prestige und limitierte Fachausbildung« (Lander 2007a: 71). Klientelismus und Korruption prägten die Verwaltung. Die Versuche, eine neu orientierte Sozialpolitik umzusetzen, trafen auf allen Ebenen der Verwaltung auf große Schwierigkeiten und Widerstände. Ab 2000 wurden zwar Sozialprogramme von der Regierung eingeführt, die eine kostenlose und integrale Gesundheitsversorgung, Schulspeisungen, Schwangerschaftsbetreuung, sozialen Haus- und Wohnungsbau, Bildungsstipendien, Sonderprogramme für indigene Gruppen, Förderung von Kooperativen und Kleinselbständigen, Breitensport und ein breites Kulturangebot in die Wege leiteten. Doch im Dezember 2001 begann mit einem Unternehmerstreik eine Welle massiver Angriffe der Opposition gegen die Regierung, die sich bis April 2003 fortsetzten und ihr in weiten Teilen auch die finanziellen Mittel zur Fortführung und Ausweitung der Sozialprogramme entzogen. Neben dem Putsch vom April 2002 organisierten die Unternehmerverbände in dieser Zeit drei »Generalstreiks«, von denen der Erdölstreik 2002/2003 Einnahmeausfälle in zweistelliger Milliardenhöhe verursachte. Dennoch stiegen auch in diesen Jahren die Sozialausgaben von 8,22% des BIP im Jahr 1998 auf 12,09% 2003, während der Armutsindex von 48,98% 1998 zunächst bis 2001 auf 39,10% sank und schließlich wegen Streik und Putsch 2003 auf 54% hochschnellte (Vera 2008: 114).[1]

Als direkte Antwort auf die soziale Situation bei seinem Machtantritt im Februar 1999 legte Chávez den *Plan Bolívar 2000* (1999-2001) auf (CGR 2001; Harnecker 2002: 35-39; Ochoa/Rodríguez 2003). Unter der Leitung des Militärs reparierten 70.000 Soldaten und 50.000 öffentliche Angestellte in Armenstadtteilen und marginalisierten ländlichen Regionen Tausende Häuser, Schulen, Krankenhäuser und Straßen. Sie sammelten Müll ein, boten zwei Millionen Menschen eine medizinische Versorgung, verteilten Lebensmittelpakete an Bedürftige und versuchten eine Alphabetisierungskampagne. Intransparenz, dürftige Planung und Korruption[2] minderten die potenzielle Wirkung. Kritisiert wurde auch die Zentralität des Militärs und der stark assistenzialistische Charakter, der den Prinzipien der Partizipation und des Protagonismus widersprach (Lacruz 2006: 174; Parra/Lacruz 2003: 28).

Dennoch konnten die anvisierten Ziele in allen Bereichen erfüllt und zum großen Teil übererfüllt werden, außer im Fall der Alphabetisierungskampagne, die mit nur 1% Erfüllung weit hinter den Vorgaben zurückblieb (CGR 2001). Es wurde bewiesen, die Armee konnte helfen und nicht nur die Bevölkerung unterdrücken (Hellinger 2003: 64). Durch den Protagonismus der Militärs entstanden Kontakte zwischen progressiven Militärs und linken Basisaktivisten, die sich während des Putsches als zentral erweisen sollten. Sie ermöglichten eine breite netzwerkartige Koordinierung und den Informationsaustausch zwischen den mittleren und unteren Rängen der Armee sowie den popularen Organisationen. Eine Bestätigung der Strategie der zivil-militärischen Allianz.

9.1 Misiones – Flexible Parallelinstitutionen

Im Laufe des Jahres 2003 erlangte die Regierung die Kontrolle über PDVSA und dadurch – sowie aufgrund der gestiegenen Ölpreise – standen ihr mehr Finanzen zur Verfügung. Auch die politische Situation stabilisierte sich. Mechanismen politischer Partizipation wurden experimentiert und ausgeweitet, ebenso Mechanismen der ökonomischen Partizipation und der Demo-

---

[1] Das BIP schrumpfte 2002 um 8,9% und 2003 um 7,9% (Vera 2008: 117).

[2] Die öffentlich sichtbarste Leitungsperson des Plans, General Manuel Antonio Rosendo, der sich im April 2002 auch am Putsch gegen Chávez beteiligte, wurde wegen Korruption inhaftiert.

kratisierung von Eigentum und Verwaltung an Produktionsmitteln. Wichtig ist auch die Landreform, mit der Land, meist in Form von Kooperativen, an landlose Bauern verteilt bzw. legalisiert wird (Azzellini 2007b: 194-215). Von Beginn der Landreform 2003 bis 2007 konnte das Nationale Landinstitut *INTI* 5,4 Mio. Hektar Land mittels Überprüfung der Landtitel und Enteignungen von Großgrundbesitz zurückgewinnen. 3,6 Mio. Hektar wurden im gleichen Zeitraum verteilt bzw. legalisiert. Bis Anfang 2009 konnte der Anteil von 40% Großgrundbesitz an Venezuelas landwirtschaftlichen Flächen um 25% gesenkt werden. Während Venezuela 1999 noch Lebensmittel aller Art importierte, wird 2009 der Eigenbedarf an Reis, weißem Mais, Obst und Gemüse aus eigener Produktion abgedeckt.[3] Die Importe sind aber dennoch weiterhin hoch und die Ernährungssouveränität weit entfernt, da auch der Lebensmittelkonsum stark angestiegen ist. Die Lebensmittelproduktion und eine diversifizierte Binnenproduktion und Industrialisierung sind zentral für eine größere Unabhängigkeit und Stabilität gegenüber den schwankenden Ölpreisen.

Die Sozialpolitik wurde komplett umorientiert und die fokussierten Politiken, die in den 1980er und 1990er Jahren in ganz Lateinamerika Einzug hielten, abgelehnt. Auf Grundlage der in der Verfassung garantierten ökonomischen, sozialen und kulturellen Rechte wird die Notwendigkeit universeller Sozialpolitiken vertreten. Der soziale Einschluss soll kollektiv über den Aufbau der *comunidades* erfolgen (Lander 2004: 212). Mit einer partizipativen Herangehensweise soll ein paternalistisches Verhältnis vermieden und die Selbstorganisierung der Bevölkerung gefördert werden. Die *misiones* konzentrieren sich von Anfang an auf die dringendsten sozialen Probleme: Gesundheit, Bildung, Ernährung, Arbeit und Wohnraum.

Die Sozialpolitik, wie von Chávez betont und auch von der Basis aufgefasst, wird nicht als humanitärer Akt des Staates betrachtet, sondern als seine Pflicht und die Erfüllung einer »historischen Schuld« gegenüber den Marginalisierten. Es handelt sich um die in der Verfassung verankerten Rechte. Den Zugang zu Ressourcen als Recht zu betrachten, ist mittlerweile weit verbreitet. Dieser Prozess wird als Teil des Empowerment der populären Massen begriffen (I-RI 2006). Hierbei spielt, wie in anderen emanzipatorischen Bewegungen in Lateinamerika, der Begriff der Würde eine zentrale Rolle. Die Ermächtigung erfolgt auch als Würde-Gebung, als Möglichkeit, mit den Programmen nicht als Bittsteller an Würde zu verlieren, sondern sie wieder

---

[3] INTI (Instituto Nacional de Tierras) (2009), http://www.inti.gob.ve/index.php?option=com_content&task=view&id=511&Itemid=2, Internetversion vom 12.5.2009.

Tabelle 2: Misiones 2003-2009

Misión	Entstehung	Zuständige Institution 2009	Ziele
Barrio Adentro (ab 16.4.2007 Barrrio Adentro I)	16.4.2003	Gesundheitsministerium	Kostenlose flächendeckende medizinische Grundversorgung
Alimentación (Mercal)	22.4.2003	Ernährungsministerium	Vertrieb und Verkauf von Grundnahrungsmitteln und Grundbedarfsartikeln zu günstigen Preisen mittels eines eigenen Verkaufsnetzes unter Ausschaltung von Zwischenhändlern
Robinson I	1.7.2003	Bildungsministerium	Alphabetisierung aller Jugendlichen und Erwachsenen, auch in indigenen Sprachen und Blindenschrift
Robinson II	15.9.2003	Bildungsministerium	Grundschulbildung für Jugendliche und Erwachsene
Identidad	26.9.2003	Ministerium für Inneres und Justiz, Onidex (Nationale Identitäts- und Ausländerbehörde)	Allgemeiner Zugang zu Identitätspapieren und Legalisierung von Illegalisierten
Sucre (UBV)	10.11.2003	Hochschulministerium	Zugang zu Hochschulbildung
Ribas	17.11.2003	Energie- und Erdölministerium, PDVSA	Mittelschule und Hochschulreife für Jugendliche und Erwachsene
Guaicaipuro	28.11.2003	Ministerium für Indigene Pueblos	Wiederherstellung der Rechte (Demarkierung, Landtitel, soziale und ökonomische Förderung etc.)
Miranda	18.12.2003	Verteidigungsministerium	Aufbau der Reserve
Vuelvan Caras	März 2004- Sept. 2007	Ministerium für Popularökonomie	Berufsbildungsprogramm und Kooperativengründung
Habitat (vormals Vivienda)	Juli 2004	Bau- und Wohnungsministerium	Lösung des Wohnraumdefizits bis 2021, Förderung von Haus und Wohnungsbau sowie Ausbesserung von Wohnungen und Häusern
Piar	4.7.2004	Ministerium für Basisindustrien und Bergbau	Integrale Betreuung von Minenarbeiter-Comunidades
Milagro	8.7.2004	Gesundheitsministerien Venezuela und Kuba	Kostenlose Behandlung von Augenleiden (Schwerpunkt Grauer Star), Ziel: sechs Mill. Operationen in Lateinamerika bis 2014

Misión	Entstehung	Zuständige Institution 2009	Ziele
Barrio Adentro Deportivo	31.7.2004	Sportministerium	Verbreitung Sport und Freizeitsport
Zamora	10.1.2005	Landwirtschafts-ministerium	Reorganisierung von Landbesitz und -nutzung
Justicia	25.2.2005	Ministerium für Inneres und Justiz	Juristischer Beistand für Verurteilte wg. minderer Delikte
Alimentación (Fundaproal)	22.3.2005	Ernährungsministerium	Aufbau von kostenlosen Armenküchen
Barrio Adentro II	12.6.2005	Gesundheitsministerium	Aufbau von 600 Zentren Integraler Diagnostik (CDI), 600 Zentren Integraler Rehabilitation (CRI) und 35 Hochtechnologiezentren (CAT)
Cultura	14.7.2005	Kulturministerium	Förderung und Systematisierung der popularen Kulturen
Barrio Adentro III	28.8.2005	Gesundheitsministerium	Modernisierung des Klinik- und Hospitalnetzes
Negra Hipólita	13.1.2006	Ministerium für Partizipation und Sozialen Schutz	Unterstützung von Menschen in extremer Armut und Obdachlosigkeit
Ciencia	20.2.2006	Ministerium für Wissenschaft, Technologie und mittlere Industrien	Förderung der wissenschaftlichen Forschung, populares Wissen eingeschlossen.
Ayacucho (Fundayacucho)	Anfang 2006	Hochschulministerium	Stipendienprogramm für Studien und Ausbildung in Venezuela und im Ausland, Förderung des akademischen Austauschs
Robinson Internacional	19.3.2006	Bildungsministerium	Unterstützung von und Beteiligung an internationalen Alphabetisierungskampagnen, u.a. in Bolivien und Nicaragua
Madres del Barrio	24.3.2006	Frauen- und Gleichstellungsministerium	Finanzielle Unterstützung (60-80% des Mindestlohns), Organisierung und Fortbildung von Frauen in Armut
Árbol	28.5.2006	Ministerium für Umwelt und erneuerbare Ressourcen	Wiederaufforstung und Erhalt von Wäldern
Sonrisa	23.7.2006	Gesundheitsministerium	Kostenlose Zahnbehandlung und -ersatz
Villanueva	Sep. 2006	Bau- und Wohnungsministerium (Villanueva löst weitgehend Habitat ab, die als Stiftung weiterläuft)	Integrale Veränderung von Barrios und Habitat, kollektive Neuansiedlung von organisierten Gruppen aus Problemsituationen

Misión	Entstehung	Zuständige Institution 2009	Ziele
Revolución Energética	17.11.2006	Energie- und Erdölministerium	Energieeffizienz: Kostenlose Verteilung von Energiesparbirnen, Nutzung von Wind- und Sonnenenergie, Aufbau von 80 Kleinkraftwerken, Umstellung von Diesel auf Naturgas
Fábrica adentro (seit 2005 als Programm)	Anfang 2007	Ministerium für Wissenschaft, Technologie und mittlere Industrien	Industrielle Transformation und Demokratisierung der Produktionsverhältnisse. Schulungen, technische, finanzielle und soziale Förderung von Privatunternehmen, die eine Mitbestimmung einführen
Barrio Adentro IV	6.3.2007	Gesundheitsministerium	Aufbau eines Netzes von spezialisierten Kliniken.
Che Guevara (ehem. Vuelvan Caras)	31.8.2007	Ministerium für Kommunen	Berufs- und Ausbildungsprogramm für ein sozialistisch-kommunales Wirtschaftsmodell
Alma Mater	18.9.2007	Hochschulministerium	Aufbau und Ausbau neuer dezentraler Universitäten und Betreuung zehn neuer Ausbildungsprogramme
Música	Nov. 2007	Kulturministerium	Förderung und Konsolidierung des Kinder- und Jugendorchesters und der -chöre. Ziel: eine Million Musizierende
Esperanza	Mitte 2008	Gesundheitsministerium	Stammzellentherapie für Diabeteskranke
13 de Abril	24.8.2008	Bau- und Wohnungsministerium	Unterstützung der Bildung sozialistischer Comunas mittels Stärkung der Basisorganisierung, Synthese der Misiones und Transformation des Habitats
José Gregorio Hernández	15.3.2008	Gesundheitsministerium	Diagnose, medizinische und technische Unterstützung für alle Behinderten
Niñas y Niños del Barrio	20.7.2008	Ministerium für Partizipation und Sozialen Schutz	Schutz und Unterstützung für Kinder und Jugendliche in Risikosituationen und bei Missachtung ihrer Rechte, Stärkung der Partizipation

Quellen: Vera 2008: 121 und eigene Recherchen.

zu erlangen oder zu stärken und zum politischen Subjekt zu werden (Twickel 2006: 280). Die *misiones* entstehen als neue Strukturen und Institutionen für bestimmte Aufgaben. Sie arbeiten mit unkonventionellen Methoden und Ansätzen, sind agiler und ermöglichen mehr Partizipation der Bevölkerung als die existierenden Institutionen. Dadurch konnten sie schnell aufgebaut werden und erreichen direkt die Bevölkerung, vor allem die marginalisiertesten Sektoren (Azzellini 2007b: 127; Ellner 2006a: 84; Lander 2007a: 71-73; Vera 2008: 118, 120). Sie stellen einen *Bypass* am Verwaltungsapparat der Ministerien und alten Institutionen dar, die strukturell nicht in der Lage sind, die neuen Orientierungen umzusetzen. Viele Institutionen sind stark bürokratisiert und verfügen über eine Vielzahl alter Mitarbeiter, die weder interessiert noch im Stande sind, die gestellten Aufgaben zu erfüllen. In einigen Fällen (wie z.B. der Gesundheitsmission Barrio Adentro) entstanden die *misiones* als Parallelstruktur zu den Ministerien, auch wenn sie ihnen formal zugeordnet sind, in anderen werden sie von den Ministerien durchgeführt, sind aber als eigenständige Institutionen, z.b. als Stiftungen (Misión Habitat, Misión Cultura, Misión Esperanza, u.a.), organisiert. Andere werden eigens neu gegründeten Ministerien zugeordnet, so entstand z.b. das Ministerium für Popularökonomie erst nach der Berufsbildungsmission *Vuelvan Caras*, und auf die Misión Mercal folgte das Ernährungsministerium (Azzellini 2007b: 154).

Viele der *misiones* beruhen auf (Selbst-)Organisierungsprozessen der *comunidad* als integraler Bestandteil. Daher sind ihre Auswirkungen auf die Lebensrealität der marginalisierten Sektoren groß, und sie leiteten eine Vielzahl popularer Organisationsprozesse in die Wege (Lander 2007a: 72). Mit den im Februar 2002 ins Leben gerufenen Urbanen Landkomitees CTU wurde erstmals in Venezuela eine Herangehensweise angewandt, die sich in verschiedenen *misiones* wiederholen sollte: »Der Ausschluss wird mittels der Mobilisierung der Ausgeschlossenen überwunden.« (I-AA 2008)

Als erste *misión* entstand Mitte 2003 Barrio Adentro (tief im *barrio*), mit dem Ziel einer flächendeckenden kostenlosen Gesundheitsversorgung. In der ersten Phase baute sie auf der Selbstorganisierung von lokalen Gesundheitskomitees auf, als Bedingung für die kostenfreie Entsendung eines Arztes und Einrichtung einer Praxis. Es folgten eine Alphabetisierungskampagne und weitere *misiones* im Bildungssektor. Seit 2003 sind stetig neue *misiones* entstanden und einige haben Zielsetzung und Arbeitsweise im Lauf der Zeit verändert, einige wechselten z.T. mehrmals die ministerielle Zugehörigkeit.

Nach einem Bericht der Panamerikanischen Gesundheitsorganisation PAHO, Regionalbüro der Weltgesundheitsorganisation (WHO), stellte Barrio Adentro 2006 die kostenlose Gesundheitsversorgung für 73% (OPS 2006:

96) und nach Aussagen des venezolanischen Gesundheitsministeriums Ende 2008 bereits für 85%[4] der Bevölkerung bereit. Kritiker des Prozesses wie D'Elia behaupten hingegen, die *misiones* hätten eine wesentlich geringere Reichweite, Barrio Adentro habe in seinen besten Zeiten (2004) höchstens 30% und Mercal als Höchstwert Ende 2006 etwa 53% der Bevölkerung erreicht (D'Elia 2008: 9).[5] Hellinger (2008) kommt in einer Umfrage unter 550 Bewohnern von elf *barrios* in drei verschiedenen Bundesstaaten im Jahr 2006 sogar auf über 55% aktive Partizipation an einer der *misiones*.

Eine weitere Kritik an den *misiones* stammt aus der Mittelschicht und wurde anfänglich von Lehrer- und Ärztevereinigungen formuliert: Die Massifizierung zum Vorteil der Armen habe die professionellen Standards gesenkt und Ressourcen von etablierten Institutionen abgezogen (Ellner 2006a: 87). Julio Vivas, akademischer Direktor der Bolivarianischen Universität Venezuelas (UBV), erklärte 2005, das Problem der Qualität versus Quantität könne sich schnell in ein falsches Dilemma verwandeln. Den höchsten Standard in Form und Inhalt zu massifizieren, sei ohnehin nicht realisierbar, was in der Konsequenz bedeutet, den Ausschluss fortzusetzen (Azzellini 2007b: 173). Auch die Annahme, die von vorhandenen Institutionen gesetzten Standards seien gut und sinnvoll, ist aus emanzipatorischer Perspektive anzuzweifeln. Eine gerechte, sozialistische Gesellschaft bedarf mit Sicherheit anderer Ausbildungsinhalte als eine an den Bedürfnissen des Kapitals und der Bourgeoisie orientierte Hochschulbildung.

9.2 Misiones konkret

Hier können nicht alle der über 30 *misiones* dargelegt werden, es stehen jene im Mittelpunkt, die stark zur Verbesserung der Lebenssituation beigetragen haben und/oder in besonderem Maße auf einer Mobilisierung der Bevölkerung und ihrer direkten Partizipation aufbauen:[6] Mercal, Barrio Adentro und die Bildungsmissionen. Die letzten beiden werden im Zusammenhang mit den Gesundheits- und Bildungspolitiken dargestellt.

Erwähnt werden soll noch die Misión Identidad, mit der ein flexibler Mechanismus aufgebaut wurde, um Venezolaner und im Land lebende Ausländer

---

[4] Ministerio de Salud: *Venezuela muestra su avance con Barrio Adentro*, 1.12.2008, http://www.mpps.gob.ve/ms/modules.php?name=News&file=article&sid=1422, Internetversion vom 12.5.2009.

[5] Die Daten sind von dem zweifelhaften oppositionellen Institut *Datanálisis*.

[6] Für einen detaillierteren Überblick über die *misiones* siehe Azzellini 2007b: 128-160 und Costa 2008.

mit Ausweispapieren, Grundlage für die Wahrnehmung vieler Bürgerrechte, auszustatten. Von Oktober 2003 bis August 2005 bekamen über zwölf Millionen Menschen neue Ausweispapiere, mehr als 600.000 davon, vor allem aus ländlichen Regionen und Indigene, zum ersten Mal in ihrem Leben und wurden so überhaupt zu Rechtspersonen. Die Registrierung und Vergabe der Ausweise verlief über massive Kampagnen mit 500 mobilen Einheiten und der Unterstützung von Freiwilligen, die sich in Armenstadteile und marginalisierte ländliche Regionen begaben.[7] Anfang 2009 waren noch 190 mobile Einheiten unterwegs, die z.B. auf Märkten oder Plätzen ihre Stände aufbauten. Hunderttausende Ausländer wurden eingebürgert oder mit einem legalen Aufenthaltsstatus versehen.[8] Den mobilen Einheiten kommt aufgrund ihrer hohen Reichweite und der nach wie vor starken Korruption in den zuständigen Institutionen eine zentrale Bedeutung zu.

Auch die größte Niederlage der bolivarianischen Sozialpolitik sollte nicht unerwähnt bleiben: der Wohnungsbau. Die Verfassung formuliert das Recht auf eine »angemessene, sichere, bequeme, hygienische, mit essenzieller Grundversorgung ausgestattete Wohnmöglichkeit« (RBV 1999: Art. 82). Die Realität stellt sich jedoch anders dar. Das Defizit würdigen Wohnraums befindet sich seit Jahrzehnten im kontinuierlichen Wachstum. Es fehlen etwa 1,8 Millionen Wohnungen und Häuser.[9] Der Regierung ist es nur bedingt gelungen, eine Antwort darauf zu finden. Der Wohnungs- und Hausbau wurde zwar zu einer absoluten Priorität erklärt, dennoch blieb er hinter den Erfordernissen zurück. Mit staatlichen Hausbauprogrammen, Krediten und Förderungen sowie in Kooperation mit dem privaten Sektor sollten bis 2004 jährlich 80.000 bis 120.000 neue Wohneinheiten fertiggestellt werden, und seit 2005 liegt die Zielmarke sogar bei 150.000 bis 200.000. Gemäß Angaben des Ministeriums für Infrastruktur wurde 2003 mit nur 11.000 staatlich fertig gestellten Wohneinheiten der Tiefstand erreicht, 2002 waren es aber auch nur 19.422 gewesen. In den folgenden Jahren verbesserte sich die Quote zwar stetig, blieb aber

---

[7] Ministerio del Interior y Justicia (MIJ): *A dos años de su ejecución 12 Millones de cedulados con la Misión Identidad*, 26.8.2005, www.gobiernoenlinea.gob.ve/noticias/viewNewsUser01.jsp?id_noticia=39524, Internetversion vom 5.9.2005.

[8] Prensa MIJ: *Onidex: 357mil ciudadanos recibieron carta de naturalización*, 5.9.2005, www.rnv.gov.ve/noticias/index.php?act=ST&f=2&t=22997, Internetversion vom 5.9.2005.

[9] Gemäß des Nationalen Statistikinstituts 2005; weiter seien 60% der existierenden Wohnungen und Häuser ausbesserungsbedürftig. Werden diejenigen mitgezählt, die sich in potenziell gefährdeten Lagen befinden, beträgt das Defizit sogar mehr als 2,5 Millionen Wohneinheiten.

weit hinter den Zielen und dem Bedarf zurück. 2007 wurden 61.512 Wohneinheiten fertiggestellt (Provea 2008: 214).

Barrio Adentro: Aufbau einer flächendeckenden kostenlosen Gesundheitsversorgung

Um dem Verfassungspostulat einer kostenfreien und flächendeckenden Gesundheitsversorgung nachzukommen, wurde zunächst versucht, das vorhandene defizitäre öffentliche Gesundheitssystem auszubauen und zu modernisieren. Die Leitung im Ministerium übernahmen Gesundheitsexperten mit einer Vision kommunitärer und präventiver Medizin sowie einer kritischen Haltung gegenüber der Hochtechnologiemedizin. Die Bemühungen blieben erfolglos. Im April 2003 wurde mit einem Kooperationsabkommen zwischen Kuba und Venezuela die Misión Barrio Adentro ins Leben gerufen (Educere 2005g: 50).

Die Regierung sah sich neben strukturellen Unzulänglichkeiten auch dem massiven Widerstand aus dem Ministerien, von Ärzten und Krankenschwestern ausgesetzt. Die venezolanische Ärztevereinigung FMV organisierte 2002 einen Streik gegen die Neuorganisierung des Gesundheitswesen und stemmte sich gegen Barrio Adentro. Unterstützt von der Pharmaindustrie und der Opposition führte sie eine massive mediale und juristische Kampagne gegen die kubanischen Ärzte (Lander 2007a: 71; OPS 2006: 30-32).

Barrio Adentro arbeitet jenseits der existierenden Institutionen öffentlicher Gesundheitsversorgung und erreicht direkt die unterversorgte Bevölkerung (Lander 2007a: 71f.). Mittels einer integralen Gesundheitsversorgung mit partizipativer Verwaltung soll der Zugang zur Gesundheitsversorgung garantiert werden. Es geht nicht um ein besonderes System für bisher Ausgeschlossene, sondern um den Aufbau eines Gesundheitssystems für alle, bei dem angesichts der Versorgungslage der Schwerpunkt zunächst auf die Ärmsten gelegt wird. Zu den wichtigsten Elementen gehört die Organisierung der Bevölkerung in Gesundheitskomitees (Alayon 2005; Alvarado 2004: 30; Azzellini 2007b: 129f.; OPS 2006: 39) und die Gesundheitsbildung. Allein im ersten Trimester 2006 fanden landesweit 41.693 Versammlungen mit 1.423.815 Teilnehmern statt (Metzger 2007: 84).

Mittlerweile umfasst Barrio Adentro ein Netzwerk aus »Basisversorgung, Alternativtherapie und High-Tech-Medizin« (Metzger 2007: 82) mit Gesundheitsposten, Volkskliniken, Rehabilitationszentren, Krankenhäusern und Spezialkliniken. In indigenen Regionen sind auch Schamanen Teil des Netzwerkes. Innerhalb weniger Monate veränderte sich für Millionen Menschen das Verhältnis zum öffentlichen Gesundheitssystem. Die Investitionen im Gesundheitssektor stiegen seit 1999 kontinuierlich an und lagen 2007 bei 4,2%

Abbildung 1: Aktivitäten des Netzwerks aus Hospitälern, ambulanten Netzwerken, popularen Kliniken und Misión Barrio Adentro (Arztbesuche)

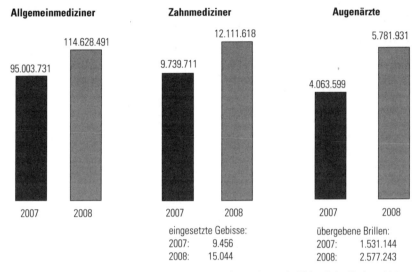

Quelle: Misión Permanente de la República Bolivariana de Venezuela ante la Oficina de las Naciones Unidas en Ginebra, http://www.onuginebra.gob.ve/images/stories/cifras2008.pdf.

des BIP (GBV 2008: 18).[10] Die Reste des alten Gesundheitssystems wurden nach und nach in die neue Struktur integriert (Metzger 2007: 77). Neben den verschiedenen Stufen gehören auch die *misiones* Milagro, Sonrisa, José Gregorio Hernández und Esperanza zu Barrio Adentro (siehe Tabelle 2). Die Leistungen des Barrio-Adentro-Netzwerkes nehmen stetig zu.

Dr. Juan Carlos Marcano, Direktor des Netzwerkes von spezialisierten Polikliniken, beschreibt Barrio Adentro als die »Achse der Artikulation der Sozialpolitiken« mit der Priorität der lokalen Entwicklung der *comunidades* und der Verknüpfung der großen sozialen Komponenten: 1) Gesundheit, 2) populare Bildung, 3) soziale Ökonomie, 4) urbane Konsolidierung, 5) Ernährungssicherheit, 6) Erholung, 7) Sport, 8) Kultur und Kommunikation (Marcano 2008: 33-35). Daher die Bezeichnung als Ansatz »integraler Gesundheit«. So wird der Reduktionismus überwunden, der Gesundheit ausschließlich mit ärztlicher Versorgung verbindet.

---

[10] Zu Barrio Adentro siehe Alayon 2005; Marcano 2008; Metzger 2007; PAHO 2006.

Im Vorwort des Berichtes der PAHO zu Barrio Adentro begrüßt die Direktorin Mirta Roses Periago das neue Gesundheitssystem. Mit direkter Verbindung zur Erklärung von Alma Ata von 1978, in der sich 134 Staaten verpflichteten, bis zum Jahr 2000 das Ziel »Gesundheit für alle« zu erreichen, erklärt Roses, Barrio Adentro sei ein venezolanisches Modell, beruhe aber auf 25 Jahren Erfahrungen in Lateinamerika und dem Rest der Welt mit der Transformation von Gesundheitssystemen mittels Strategien der Primärgesundheitsversorgung (OPS 2006: 4). Die Anzahl der 2006 in Barrio Adentro tätigen kubanischen Ärzte betrug 15.356, von denen etwa 13.000 in den popularen Praxen über das gesamte Landesterritorium verteilt sind und an ihren Dienstorten leben (OPS 2006: 86). Mittlerweile sind auch mehrere tausend venezolanische Ärzte in Barrio Adentro tätig. Und über einen praxisnahen sechsjährigen Studiengang werden seit 2006 Studierende, die von ihren *comunidades* postuliert werden, zu Ärzten für integrale kommunitäre Medizin (MIC) ausgebildet. Das Programm ist Teil der Misión Sucre (OPS 2006: 73). 2007 studierten 19.379 Personen darin, 8.119 im ersten und 11.260 im zweiten Ausbildungsjahr.[11] Perspektivisch soll das kubanische Personal durch venezolanisches ersetzt werden. Gesundheitskomitees bestanden Ende 2006 etwa 9.000 im ganzen Land. Die Arbeit ist ehrenamtlich und die Komitees haben die Aufgabe, einen medizinischen Zensus in ihren Stadtvierteln zu organisieren, die wesentlichen Probleme auszumachen, sich für die Lösung einzusetzen und die organisatorische und logistische Grundlage für die Gesundheitsversorgung zu schaffen.

»Es entwickelte sich ein vielfältiges und von Ort zu Ort unterschiedliches Wechselspiel der Basisorganisationen mit der Arbeit der Ministerien und dem Aufbau anderer sozialer Programme [...] Auf der einen Seite übten die Komitees Druck auf das Gesundheitsministerium aus, um den Aufbauprozess zu beschleunigen und zu intensivieren, auf der anderen Seite forderte die Verwaltung des Ministeriums den Reifungsprozess der Gesundheitskomitees und deren organisatorischer Kapazitäten ein. Dieser Prozess verlief sicher nicht ohne Konflikte und Spannungen. Er führte jedoch dazu, dass viele ihre Anliegen selbst in die Hand zu nehmen lernten.« (Metzger 2007: 83-84)

Der Erfolg von Barrio Adentro ist auf die partizipativen Mechanismen zurückzuführen (Alayón 2005). Die Erfahrung wurde zum Modell für weitere *misiones*. Über den medizinischen Zensus in den *comunidades* wurden die Schwerpunkte für weitere *misiones* deutlich, wie etwa dass viele Menschen nicht lesen und schreiben konnten (OPS 2006: 47; Metzger 2007: 84).

---

[11] MPPS, http://www.mpps.gob.ve/ms/modules.php?name=News&file=article&si d=1536, Internetversion vom 3.2.2008

Obwohl die Arbeit in den Gesundheitskomitees ehrenamtlich ist, war von Anfang an nicht vorgesehen, die medizinische Versorgung der *barrios* nur auf der Basis von Freiwilligen zu organisieren. Das Ziel ist eine flächendeckende medizinische Versorgung, die sich durch Professionalität und Effizienz auszeichnet und Fachkräfte auch ausbildet und bezahlt. Die Vollzeitbeschäftigten des Programms sollten im Rahmen eines lebenssichernden Berufs in der *misión* arbeiten (Metzger 2007: 84). Im Oktober 2006 wurde daher der Berufsstand der *Verteidiger/in der Gesundheit* eingeführt, und über 7.000 der freiwilligen Helfer und Helferinnen begannen, eine systematische Ausbildung zu erhalten, sind sozialversichert und bekommen den Mindestlohn sowie Lebensmittelgutscheine (Metzger 2007: 84f.).

Neben der erhöhten Effizienz ist die Professionalisierung von Barrio Adentro aber von diversen Problemen geprägt, wie zunehmende Bürokratisierung und dadurch wiederholte Verzögerungen in der Finanzierung und Fertigstellung von Projekten sowie der regelmäßigen Bezahlung von Mitarbeitern. Vizepräsident Ramón Carrizalez erkannte 2008 an, die Bezahlung des Personals und die Lieferung von Ausrüstung seien mit großen Problemen behaftet, vor allem wegen der nach wie vor mangelhaften Artikulation (Provea 2008: 47). Metzger warnt vor der Gefahr der »unlauteren Aneignung gesellschaftlicher Ressourcen durch Funktionäre des neuen Apparates« (2007: 86). Einige der Probleme sind unklaren Zuständigkeiten geschuldet, da Teilstrukturen nicht nur durch die Zentralregierung, sondern auch von PDVSA, Regional- und Kommunalverwaltungen finanziert wurden. Diese werden seit Anfang 2009 wieder unter der Zentralregierung zusammengeführt, nachdem einige oppositionelle Gouverneure Barrio-Adentro-Strukturen angriffen, nach ihren Vorstellungen umgestalten oder nicht weiter finanzieren wollten.

Misión Alimentación: Ernährung als Grundrecht

Aufgrund der Erfahrung des Unternehmerstreiks 2002/2003, bei dem auch ein Großteil des Lebensmittelvertriebs lahmgelegt wurde, beschloss die Regierung, einen staatlichen Vertrieb aufzubauen. Die Misión Mercal (*Mercado de Alimentos*/Lebensmittelmarkt) hat zur Aufgabe, Nahrungsmittel und andere Produkte des Grundbedarfs zu vertreiben und dabei Qualität, niedrige Preise, die Versorgung und somit die Ernährungssicherheit der Bevölkerung, vor allem der unteren Schichten, zu garantieren. Der Vertrieb erfolgt an Groß- wie Einzelhändler und stützt sich auf ein Netz fester wie mobiler Einrichtungen unterschiedlicher Größe. Die Beteiligten sind alle als bezahlte Arbeitskräfte angestellt. Nur ein Unterprogramm sieht seit 2007 die direkte Partizipation der *comunidades* vor (Mercalitos). Die meisten Mercalgeschäfte befinden sich in armen Stadtvierteln und ländlichen Regionen, stehen aber allen offen. Darüber hinaus werden an zahlreichen Orten Sonderverkaufsaktionen und, in etwa fünfzehntägigen Abständen, große Märkte, die *Megamercals*, organisiert. Sie verkaufen Mercalprodukte und stehen Kooperativen und Händlern offen, die ihre Ware unter dem Marktpreis verkaufen. Zusätzlich bieten dort staatliche Institutionen ihre Dienste an, von Wahl- und Meldebehörden über staatliche Kleinkreditbanken bis zu Ärzten und Zahnärzten von Barrio Adentro. Über 13 Millionen Menschen nutzen Mercal regelmäßig (Minppal 2009a: 7). Die Angebotspalette wurde von anfangs 15 Produkten bis 2007 auf 400 Produkte erweitert. Für sie hatte Mercal 2008 einen durchschnittlichen Marktanteil von 30,7% (Minppal 2009a: 8). Sie sind im Durchschnitt 51% billiger als die regulierten Preise und 69% billiger als die durchschnittlichen Marktpreise (Minppal 2009b: 44), was vor allem über das Ausschalten der Zwischenhändler erzielt wird (Azzellini 2007b: 153f.).

Mercal ist wie CĄSA (*Landwirtschaftliche Lagerkapazitäten und Dienstleistungen*) und das Programm FundaPROAL *(Stiftung Programm für stra-*

Tabelle 3: Mercal-Netz 2003-2009 (Verkaufsstellen)

Typ	2003	2004	2005	2006	2007	2008	2009
Mobile Mercalitos		261	273	394	394	379	373
Mercal Typ I	102	228	209	210	210	210	210
Mercal Typ II		778	867	1.008	1.008	1.030	1019
Mercalitos	1.497	12.115	13.286	13.978	13.978	14.032	13.806
Kommunale Mercalitos						823	950
Super-Mercal		30	32	34	36	35	35
Versorgungszentren	26	101	109	117	118	114	114
Super-Mercal (Gemüse)						1	2
Kühlzentren						2	2
Sonderverkaufs- aktionen			799	1.358	16.262	38.882	
Megamercal			147	151	310	1.082	

Quellen: Minppal 2009b: 30 u. Minppal 2009a: 15

Tabelle 4: Lebensmittelumsatz in Tonnen

2003	2004	2005	2006	2007	2008
45.661	691.229	1.390.904	1.316.939	1.297.587	1.492.263

Quelle: Minppal 2009a: 7

tegische Lebensmittel) dem Ernährungsministerium zugeordnet. Ziel ist, eine nicht rein profitorientierte Kette von Anbau über Vertrieb bis zur Kommerzialisierung in der öffentlichen Hand aufzubauen. CASA kauft Grundnahrungsmittel von nationalen Produzenten auf, importiert und hat seit 2007 verstärkt begonnen, Lebensmittel zu produzieren und zu verarbeiten. Es lagert diese und vertreibt sie über das Mercal-Netz. Darüber hinaus bietet es für nationale Produzenten Maschinen und weitere Unterstützung für Landwirtschaft, Fischerei und Fischzucht an.

Das im März 2004 gegründete FundaPROAL ist wiederum für diverse teilweise oder gänzlich subventionierte Ernährungsprogramme zuständig. Mit *Mercal Protección* (Schutz) erhalten Familien mit Einkünften unterhalb des Preises des Lebensmittelwarenkorbs den Mercal-Protección-Warenkorb um 50% billiger, was 2007 von 400.000 Familien genutzt wurde (Alvarado 2004: 31-34; Azzellini 2007b: 154f.). *Mercal Máxima Protección* (höchster Schutz) bietet eine Ernährungszugabe in Form eines Warenkorbs mit acht Grundnahrungsmitteln für extrem arme Familien. 2008 wurden 817.716 derartige Pakete verteilt (Minppal 2009a: 9). In etwa 6.000 *Casas de Alimentación* (Ernährungshäuser), die in der Regel von Gruppen vor Ort betrieben werden, erhalten seit 2005 an die 900.000 Menschen von Montag bis Samstag eine nährstoffreiche ausgewogene Mahlzeit (Quelle: Minppal 2009a: 9).

Mercal ist eine der *misiones*, die den höchsten Bevölkerungsanteil erreicht, aber auch die am stärksten von Korruption betroffene (Hellinger 2008). Es vergeht kaum ein Monat, ohne dass Basisorganisationen, die Bücherprüfung durch die Basis *(contraloria social)* oder die Staatsanwaltschaft Fälle von Korruption im Mercalnetz aufzeigen. Das beeinträchtigt die Wirkung des Programms. In der zweiten Jahreshälfte 2006 funktionierte das Mercalnetz immer schlechter. Nach stetig steigendem Umsatz sank dieser 2006 und 2007. Hähnchen, Eier, Fleisch, Öl, Bohnen und Zucker waren kaum noch bei Mercal erhältlich, während sie auf der Straße zu stark überhöhten Preisen verkauft wurden. Häufig stammten die Produkte aus gestohlenen und umgeleiteten Mercalbeständen. Zugleich verschärfte sich die Spekulation mit Lebensmitteln, vor allem mit Fleisch und Milch. Die Großproduzenten und Schlachthöfe arbeiteten weniger oder hielten Bestände zurück. So wurden im Frühjahr 2007 zwei Gesetze gegen Spekulation, Wucher und das Horten von Lebensmitteln erlassen. In der Folge kam es zu Enteignungen von Schlachthöfen und der Beschlagnahme von gehorteten Lebensmitteln. Die Regierung forderte die *Consejos Comunales* auf, die Mercalgeschäfte im Auge zu behalten und Gesetzesverstöße zu melden (Azzellini 2007b: 155f.).

Durch zusätzliche Importe, eine Verbesserung des Vertriebsnetzes, Sonderförderungen für die Lebensmittelproduktion und die gezielte Steigerung der Produktion in bestimmten Bereichen erzielte die Regierung ab dem zweiten Trimester 2007 wieder eine Verbesserung der Situation. Allein die Milchproduktion 2007 wurde im Vergleich zum Vorjahr um 50% gesteigert.[12] Die international steigenden Lebensmittelpreise, gekoppelt mit der nach wie vor hohen Korruptionsrate bei Mercal, führten aber dazu, dass ganze Transporte umgeleitet und nach Kolumbien geschmuggelt wurden, wo die subventionierten und preisregulierten Lebensmittel gewinnbringend verkauft wurden. Die Ausmaße des Schmuggels führten zu Engpässen in der Versorgung in Venezuela. Als Gegenstrategie wurden die Kontrollen erhöht und mit PDVAL (*Venezolanische Lebensmittelproduktion und -vertrieb*) ein weiteres Vertriebsnetz für preisgünstige Lebensmittel unter der Regie von PDVSA gegründet, das wesentlich über Märkte funktioniert. Sowohl Mercal als auch PDVAL begannen zudem mit den Mercalitos und PDVALitos Strukturen des Direktverkaufs in den *comunidades* einzuführen, die in der Verantwortung der *Consejos Comunales* liegen.

Seit 2008 ist ein härteres Durchgreifen bezüglich der Korruption festzustellen und im monatlichen statistischen Bulletin des Ernährungsministeriums sind sogar Zahlen zur Verfolgung der Korruption bei Mercal enthalten (Minppal 2009b: 34). Der Umstand, dass Mercal innerhalb weniger Jahre so schlecht funktionierte, dass eine Parallelstruktur in Form von PDVAL geschaffen wurde, ist allerdings bedenklich. Insgesamt verbesserte sich die Versorgungslage dadurch ab 2008 aber wieder spürbar, was auch am Absatz deutlich wird. Mitte 2010 wurde auch PDVAL von Skandalen erschüttert, als große Mengen verfallener und verdorbener Lebensmittel in Containern in Häfen und Lagerhallen entdeckt wurden. Mehrere aktuelle und ehemalige PDVAL-Direktoren und -Mitarbeiter wurden verhaftet und PDVAL der Vize-Präsidentschaft unterstellt. Weder das Ausmaß noch die Verantwortlichkeiten sind bisher zu überschauen.

Die Frage der Nahrungsmittelversorgung ist aber nach wie vor von der hohen Importabhängigkeit geprägt, die durch die Steigerung der Eigenproduktion nicht wesentlich gesenkt werden konnte, da auch der Nahrungsmittelkonsum drastisch angestiegen ist. Andererseits stemmt sich die Lebensmittelindustrie gegen eine staatlich regulierte Lebensmittelversorgung mit preisregulierten Grundnahrungsmitteln.

---

[12] RNV 11.7.2007.

Priorität Bildung

Bildung und dem allgemeinen kostenlosen Zugang wird in Venezuela eine strategische Rolle im gesellschaftlichen Transformationsprozess zugeschrieben. Die Bedeutung der Bildung für die Emanzipation wird in Kampagnen und von vielen Exponenten des Bolivarianischen Prozesses stets unterstrichen. Sinnbildlich dafür steht auch die Aufwertung des Frühsozialisten Simón Rodríguez, der bereits zu Beginn des 19. Jahrhunderts die Auffassung vertrat, das Bildungssystem müsse national und staatlich sein und der Zugang dürfe weder von der Zahlungskraft noch von der sozialen Stellung abhängen (Contreras 1999: 26). Die Verfassung legt eine neue Orientierung fest. Laut Artikel 102 ist Bildung »ein Menschenrecht und eine fundamentale soziale Pflicht«. Der Staat ist verpflichtet, ein öffentliches und kostenloses Bildungswesen aufzubauen mit dem Ziel, das »kreative Potenzial eines jeden menschlichen Wesens zu entwickeln, in voller Ausübung seiner Persönlichkeit, in einer demokratischen Gesellschaft, beruhend auf der ethischen Wertschätzung der Arbeit und auf der aktiven, bewussten und solidarischen Partizipation an den sozialen Transformationsprozessen«. In Artikel 103 wird das Recht aller auf eine »integrale, qualitative und permanente Bildung unter gleichen Bedingungen und mit Chancengleichheit« und eine Schulpflicht bis zur »mittleren diversifizierten« Bildung festgehalten.

Die Verfassung stellt sich gegen den von der Weltbank dominierten Diskurs, der die Losung »Grundbildung für alle« abgewandelt hat in einen vier- bis sechsjährigen Grundschulbesuch und das Erlernen grundlegender funktionaler Fertigkeiten für die Arbeitswelt. Während globalisierte staatliche Bildungspolitiken darauf abzielten, das Traditionelle zu »erhalten und zu verbessern«, habe Venezuela die Herausforderung angenommen, zu »überdenken und zu transformieren« (Muhr/Verger 2006). Entgegen dem dominanten Diskurs der »Bildung für alle« – demzufolge Ausgaben und Bemühungen im Bildungssektor auf die Grundbildung zu konzentrieren sind, während der Bereich der höheren Bildung zunehmend privatisiert wird –, gilt in Venezuela der Anspruch »Höhere Bildung für alle« und eine Privatisierung wird abgelehnt. Mit der Ausweitung der Hochschulbildung auf die Armen setzt Venezuela nicht nur die Menschenrechte wesentlich weitreichender um, sondern auch international neue Standards (Muhr/Verger 2006).

Seit 1999 wurden über 15.000 Schulen neu gebaut, renoviert und modernisiert, tausende Lehrer wurden neu eingestellt. Die neuen Schulen sind *Bolivarianische Schulen*, die bereits existierenden Schulen werden dem neuen Konzept entsprechend nach und nach umgewandelt. Bolivarianische Schulen sind Ganztagsschulen, in denen die Kinder und Jugendlichen bis zur sechsten Klasse bis zu drei Mahlzeiten täglich (Frühstück, Mittagessen und einen Nachmittagssnack) erhalten und neben dem Unterricht ein umfassendes Sport- und Kulturprogramm wahrnehmen können (MED 2005). Durch den Ausbau des Schulsystems und die Abschaffung der Schulgebühren konnten über 1,5 Millionen Kinder und Jugendliche zusätzlich in das Schulsystem integriert werden.

Darüber hinaus wurden ab Mitte 2003 zahlreiche *misiones* in die Wege geleitet, um allen die Möglichkeit einer kostenlosen Bildung zu bieten (Azzellini 2007b: 135f.). An ihnen nahmen seit 2003 über vier Millionen Personen teil. Die *misiones* decken von der Alphabetisierung bis zum Universitätsstudium alle Bildungsetappen ab und verfügen über keinerlei Zulassungsprüfungen oder Beschränkungen, außer den jeweils vorangehenden Schulabschluss erreicht zu haben. Die Gesamtinvestitionen des Staates in Bildung betrugen 2007 6,8% des BIP (GBV 2008: 18).

Das Bildungsministerium gab 2005 noch diverse Probleme bei der Transformation des Schulsystems an: keine ausreichenden finanziellen Mittel, um überall Infrastruktur, Ernährungsprogramm und Ausstattung der Bibliotheken zu garantieren; Verzögerungen in der Verwaltung; verlangsamter Fluss der zugewiesenen Mittel; Widerstand gegen Veränderungen auf verschiedenen Ebenen der Verwaltung; Schwierigkeiten bei der intersektoralen Koordination; Schwächen in der Weiterbildung des Lehrpersonals; kein ausreichendes Personal zur Supervision und Schwächen im Evaluierungssystem (MED 2005).

Die erste Mission im Bildungssektor war die Alphabetisierungskampagne Misión Robinson,[13] sie begann am 1. Juli 2003 mit dem Ziel, 1,5 Millionen Venezolaner im Alter ab zehn Jahren zu alphabetisieren. Die Alphabetisierung wurde mit zwei- und dreisprachigem Lehrpersonal und Materialien in indigenen Sprachen sowie Spanisch bzw. Portugiesisch auch in einem Großteil der indigenen Gemeinden durchgeführt. Sie gründet auf einer 2001 von der kubanischen Pädagogin Leonela Relys entwickelten und von der UNESCO ausgezeichneten Methode,[14] mit der in zwei Monaten Lesen und Schreiben gelernt werden kann. Die Erfolgsquote beträgt 97% und im Falle eines Scheiterns wird der Kurs wiederholt. Das videogestützte Lehrverfahren *Yo, sí puedo* (Ja, ich kann) wurde inhaltlich der venezolanischen Realität angepasst. Es geht vom Bekannten (den Zahlen) zum Unbekannten (den Buchstaben)

---

[13] Benannt nach dem Pseudonym, unter dem Simón Rodríguez veröffentlichte: Samuel Robinson.

[14] 2002 bekam die von Kuba in Haiti nach der Methode durchgeführte Alphabetisierung den King Sejong Literacy Prize der UNESCO. 2003 wurde das internationale Programm mit dem Preis ausgezeichnet.

und basiert auf einer integrativen Methode in drei Etappen: Übung, Lehren von Lesen und Schreiben sowie Konsolidierung. Im Schneeballverfahren bildeten 70 kubanische Pädagogen etwas mehr als 100.000 Freiwillige zu Alphabetisierern aus. Die Klassenstärke wurde, um eine individuelle Betreuung zu ermöglichen, auf höchstens zehn festgelegt. Am 28. Oktober 2005 erklärte der Erziehungsminister Venezuela, den UNESCO-Parametern folgend, zum analphabetismusfreien Territorium (UNESCO 2005). 1.482.533 Menschen – 55% davon Frauen – wurde Lesen und Schreiben beigebracht. Die Alphabetisierung läuft langsam weiter. Bis Ende 2007 lag die Zahl der Alphabetisierten bei 1.568.746 (GBV 2008: 15).

Zentral für die Misión Robinson war die Organisierung der Studierenden und ihre aktive Mithilfe in der Organisierung des Unterrichts. Ähnlich funktionieren auch andere *misiones* im Bildungsbereich, vor allem die Misión Sucre. Bei der Misión Robinson übernahmen meist Personen aus der Nachbarschaft nach einer kurzen Ausbildung die Funktion der Lehrer, was bei den anderen Bildungsmissionen angesichts der stärkeren Spezialisierung nicht möglich ist. Die Räume für die *misiones* werden meist von den *comunidades* selbst zur Verfügung gestellt. Zentral an der protagonistischen Partizipation ist die emanzipative Wirkung. Andrés Antillano erläutert das am Beispiel der Misión Robinson:

»Bei mir zu Hause in *La Vega* wurde eine *misión* organisiert mit einigen der Frauen aus dem *barrio*, die den Älteren des *barrio* Unterricht erteilten. Die Organisierung der Ausgeschlossenen ist es, welche die Überwindung des Ausschlusses garantiert. Über das Ministerium hätte es das nie gegeben. Die Rechte dachte immer, dass die Erwachsenenbildung zutiefst doktrinär und manipulierend sei. Ich komme aus der Volksbildung und mir schienen die Videos der Kubaner so dermaßen unpolitisch. Aber nachdem die Leute daran teilgenommen hatten, begannen sie an einem Haufen Sachen zu partizipieren. Und zwar nicht, weil die Kubaner ihnen in den Videos gesagt hätten, sie sollten es tun, sondern es war die Erfahrung, selbst die Macher dieses selbstverwalteten Bildungsprozesses zu sein, die ihnen diese Perspektive verlieh.« (I-AA 2008)

Welche enorme Bedeutung die Alphabetisierung oder das Nachholen von Schulabschlüssen im Erwachsenenalter für das Selbstwertgefühl der Marginalisierten hat, wird von Uharte (2008: 151-155) eindrücklich geschildert. Aufbauend auf der Alphabetisierungskampagne wurde mit der Misión Robinson II die Möglichkeit geschaffen, innerhalb von zwei Jahren die Grundschule abzuschließen, die in Venezuela sechs Schuljahre umfasst. Im Rahmen der Methode *Ja, ich kann weitermachen* werden für den Unterricht mit einer Gruppenstärke von höchstens 15 Personen ebenfalls Videos sowie schriftliche Materialien benutzt. Bis Ende 2007 lag die Anzahl der Absolventen bei 341.872 (GBV 2008: 15).

Die *Misión Ribas*[15] schließt an Robinson II an, deckt die siebte bis zwölfte Klasse ab und bietet die Möglichkeit, innerhalb von zwei Jahren den Schulabschluss der zwölften Klasse und damit die Studienberechtigung nachzuholen. Das System ist diversifiziert und bietet im Rahmen der *Misión Ribas técnica* auch eine technisch orientierte Schulbildung. Bis Juli 2008 lag die Anzahl der Absolventen der Misión Ribas bei 510.503.[16] Die Zahl der Absolventen hat allerdings seit 2007 stark abgenommen, unter anderem wegen des Mangels an Lehrpersonal und der unregelmäßigen oder ganz ausbleibenden Zahlungen der Stipendien. Die Misión Ribas wird vom staatlichen Erdölunternehmen PDVSA verwaltet und finanziert.

Die Misión Sucre[17] soll den Ausgeschlossenen den Hochschulzugang ermöglichen. Durch die geringe Anzahl an Studienplätzen reproduzierte sich der Ausschluss der Armen auch im Hochschulsektor. Bekamen 1984 noch 70% der Armen, die sich bewarben, einen Studienplatz an den öffentlichen Universitäten, sank ihre Anzahl bis 1998 auf 19% (GBV 2003). Mit der Misión Sucre wurde die Hochschulbildung dezentralisiert und in die Bezirke getragen, sie stützt sich auf die Bolivarianische Universität Venezuelas (UBV), ein neues Hochschulsystem, das Ende 2003 ins Leben gerufen wurde, und arbeitet ebenso wie die anderen Bildungsmissionen videogestützt unter der Anleitung von Lehrpersonal, das auf Professoren der UBV als Tutoren zurückgreifen kann. Die Ausbildung ist stark auf die Unterstützung der Studierenden selbst angewiesen.[18] Im Mai 2009 hatten die Misión Sucre und die UBV zusammen 527.134 Studierende.[19]

Die Bildungsreformen in Venezuela sind umfassend, die Erfolge beachtlich. 13 Millionen Personen, knapp die Hälfte der Gesamtbevölkerung, sind in das Bildungssystem integriert[20] im Vergleich zu knapp 30% Ende der 1990er Jahre (Bravo 2001: 123). Neun Millionen besuchen das reguläre Schulsystem, während weitere vier Millionen über die *misiones* integriert wurden. Die Stei-

---

[15] Benannt nach dem Unabhängigkeitshelden José Félix Ribas, 1775-1815.
[16] VTV, http://www.vtv.gov.ve/noticias-culturales/2305, Internetversion vom 23.7.2008.
[17] Der Name geht auf den Großfeldmarschall der Schlacht von Ayacucho im Unabhängigkeitskrieg, Antonio José de Sucre, zurück.
[18] Zur Misión Sucre und UBV siehe detailliert Azzellini 2007b: 141-146 u. 167-175.
[19] Yvke Mundial, http://www.radiomundial.com.ve/yvke/noticia.php?24808, Internetversion abgerufen am 19.5.2009.
[20] »Ejecutivo Nacional invertirá Bs 1,70 billones en planteles educativos« (2006), in: *ABN*, 15.7.2006.

Tabelle 5: Universalisierung der Bildung: Bruttoschulrate nach Schulniveau in %

Jahr	Vorschule	Grundschule (1.-6. Klasse)	Sekundärschule (7.-12. Klasse)	Hochschule
1997-98	45,9	92,0	26,9	22,6
1998-99	44,7	89,7	27,3	21,8
1999-00	48,5	91,9	28,3	20,9
2000-01	50,6	95,1	30,1	25,0
2001-02	52,2	98,5	32,4	27,6
2002-03	53,3	97,8	32,7	28,4
2003-04	55,1	98,7	35,9	29,3
2004-05	58,6	99,0	38,5	30,3
2005-06	60,6	99,5	41,0	30,2

Quelle: Ministerio del Poder Popular para la Planificación y el Desarrollo, Sistema Integrado de Indicadores Sociales de Venezuela (SISOV), http://www.sisov.mpd.gob.ve/indicadores/MM0210100000000/, Internetversion vom 19.5.2009

gerung liegt in nicht unerheblichem Maße an der Flexibilität. Die Bildungsmissionen wurden ins Leben gerufen, nachdem deutlich geworden war, dass die notwendigen Fortschritte sich im Rahmen eines nach traditionellem Muster organisierten Bildungssektors nicht erzielen ließen. Herausragend und allen weltweit dominanten Entwicklungen entgegengesetzt sind vor allem Intention und Erfolge der »höheren Bildung für alle«. In der Praxis wandelte sich das Vorhaben der Regierung von der Beseitigung der Exklusion hin zu einer Universalisierung der Hochschulbildung.[21] Die Zahl der Studierenden an Universitäten stieg von knapp 900.000 im Jahr 2000 auf über zwei Millionen 2007.[22]

---

[21] Zu Bildung und den *misiones* in diesem Sektor siehe unter anderem: Abu Chouka/ Große 2007; Alvarado 2004: 35-38; Azzellini 2007a, 2007b: 134-146; Muhr/Verger 2006.

[22] Vgl. Hochschulministerium, http://www.mppeu.gob.ve/documentos/estadistica/ Dependencia.pdf, Internetversion vom 22.5.2009

Kapitel 10:
Weitere Formen der protagonistischen Partizipation

Die Formen protagonistischer Partizipation sind vielfältig. Neben den vorge-stellten Mechanismen existiert ein enormes Geflecht aus kulturellen Gruppen und berufsspezifischen Initiativen in verschiedensten Sektoren. Auch Rent-ner bleiben nicht außen vor. In vielen Stadtteilen haben sich so genannte Opi-Clubs gebildet, die gemeinsame Freizeitaktivitäten organisieren und sich auch ganz konkret in die Belange des öffentlichen Lebens einmischen. Im sehr kon-fliktiven Armenstadtteil Pinto Salinas beispielsweise besetzte der lokale Opi-Club das verlassene und heruntergekommene ehemalige Parteilokal von AD und machte daraus sein Zentrum. Dort werden nun unter anderem Tanzkurse mit einem kubanischen Tanzlehrer veranstaltet, und ich erlebte die Geburts-tagsfeier einer 94-Jährigen, auf der Livemusik zum Tanz gespielt wurde.

Eine herausragende Rolle spielen auch die Basismedien. In Folge zahl-reicher gesetzlicher Erleichterungen und der Möglichkeit staatlicher Förde-rung ist eine breite Bewegung alternativer und lokaler Basismedien entstan-den, die ständig weiter wächst. Über 300 Radios, ein Dutzend TV-Sender, Webseiten und Zeitungen sind seit 1999 entstanden bzw. legalisiert worden (Azzellini 2007b: 224-227; Daniljuk 2007: 106-116). Während des Putsches 2001 spielten sie eine zentrale Rolle für die Kommunikation, da die privaten Medien den Putsch unterstützten und die staatlichen Medien von der Op-position geschlossen wurden (Azzellini 2007b: 219f.; Britto 2006; Daniljuk 2007: 99f.; Uharte 2008: 216).

10.1 Mesas Técnicas de Agua – Partizipation an der Gestaltung der Trinkwasser- und Abwasserversorgung

1989 dezentralisierte und privatisierte Präsident Pérez Stromversorgung, Te-lekommunikation und Müllabfuhr. Die Privatisierung der Wasserversorgung scheiterte und ihr Zustand verschlechterte sich rapide, da der Staat nicht mehr investierte und die »illegalen« *barrios* überhaupt nicht in die Versorgungspla-nung aufnahm. Über 30% der Bevölkerung in Caracas waren nicht offiziell an das Trink- und Abwassernetz angeschlossen und behalfen sich selbst mit illegalen Leitungen. Für eine Million Menschen bestand die Wasserversorgung aus einer notdürftigen Verteilung durch LKWs (Arconada 1996: 159; Marcano 1993: 58). Der Kampf um Wasser wurde zu einem zentralen Organisierungsmoment. 1991-92 entstanden aus der *Asamblea de Barrios* in Caracas die Wasserkomitees. Andrés Antillano beschreibt die Entwicklung: »Das Problem mit dem Wasser für die *barrios* ist komplex. Es kommt aus mehr als 800 km Entfernung und muss auf 1.000 m hoch gepumpt werden. Es ist teuer, rar und ungleich verteilt: Während die gutsituierten Wohngegenden immer Wasser haben, haben die Armen nie welches. Ich kann mich erinnern, wie ich lernte, mich mit einem Schälchen Wasser zu duschen, oder um drei Uhr morgens schrie die Nachbarin, dass das Wasser kommt, und alle haben jeden Eimer mit Wasser gefüllt, denn wir wussten nicht, wann es wieder welches gibt. Der Kampf um Wasser ist 1989-90 einer der wichtigsten Kämpfe gewesen.

Wir haben den Verkehrskreisel blockiert und so einen Teil des Südwestens der Stadt. Das war fast ein Ritual, es kamen die Leute vom Wasserwerk Hidrocapital und sagten, sie könnten unsere Forderungen nicht erfüllen, und wir haben sie unvermeidlich entführt. Wir nahmen sie mit ins *barrio* und sie kamen nicht mehr weg, bis wir Wasser hatten. Der Kampf hat sich hier und woanders ständig wiederholt. Das war nahezu zyklisch, wir haben protestiert, bekamen Wasser, dann setzte die Versorgung wieder aus und wir mussten wieder protestieren.

Wir beschlossen 1991, dass es nicht darum gehen konnte, ob das Wasser kommt oder nicht, sondern darum, es zu kontrollieren, definieren zu können, wer den Hahn auf- und zudreht. Wenn es uns gelingen würde, das zu erreichen, würde unsere Macht gestärkt werden. Wir begannen, für diesen Kampf zu mobilisieren.« (I-AA 2008)

Nach seiner Wahl zum Bürgermeister von Caracas[1] für LCR (1992-1995) schlug Aristóbulo Istúriz der Bevölkerung der *barrios* vor, *Technische Runde Tische zu Wasser* (MTA) zu bilden und gemeinsam mit der Verwaltung und Hidrocapital die Versorgung zu verbessern und zu sanieren. Die MTA entstanden im Rahmen der versuchten Dezentralisierung der Verwaltung mittels des Aufbaus von Lokalregierungen auf der Ebene der 22 Bezirke von Libertador. Die Reaktionen aus den *barrios* waren groß und trotz des anfänglichen Desinteresses von Hidrocapital und Verwaltung entwickelte sich bald eine fruchtbare Zusammenarbeit, die aber nicht konfliktfrei war. Sie blieb jedoch

---

[1] Die Alcaldía de Caracas entspricht dem Munizip Libertador, dem größten der fünf Munizipien, die Groß-Caracas bilden. Libertador besteht aus 22 *Parroquias* (Bezirken), die anderen vier Munizipien von Groß-Caracas haben zusammen zehn *Parroquias*.

auf die zwei Bezirke Antímano[2] und El Valle beschränkt (Arconada 2006). Die MTA entfalteten auch eine tiefere Wirkung: »Die Arbeit in den Wasserkomitees hilft auch dem kollektiven Gedächtnis der Bewohner auf die Sprünge. Durch die wöchentlichen Versammlungen entsteht ein Bewusstsein für die Geschichte und Identität der *barrios*.« (Twickel 2006: 111) Die MTA waren in diesen Jahren die wichtigste Erfahrung der popularen Bewegungen in Caracas. Nach Istúriz' Wahlniederlage 1995 wurde die Zusammenarbeit von den Institutionen wieder aufgekündigt und viele MTA lösten sich auf.

Nach Chávez' Wahl wird die Praxis der MTA wieder aufgenommen. Die öffentlichen Wasserversorger führten 1999 ein kommunales Management ein, um eine demokratische Verwaltung mit den organisierten *comunidades* aufzubauen. Gemeinsam mit Hidrocapital erfolgte ein landesweiter Organisierungsprozess von MTA und *kommunitären Wasserräten* als höhere Ebene (I-EL 2007). Da das Rohrnetz in den *barrios* wild gewachsen ist, war es für Hidrocapital unmöglich, Reparaturen und Erneuerungen systematisch und effizient zu gestalten. Die Informationen kamen von den MTA, die sie gemeinsam mit den Ingenieuren von Hidrocapital systematisierten (Harnecker 2003b). Diese Herangehensweise verändert das Verhältnis zwischen den Wasserwerken und der Bevölkerung. Langfristig können die Wasserprobleme nur durch die Aneignung der öffentlichen Versorgung durch die organisierten *comunidades* gelöst werden (Arconada 2006: 127f.).

Die MTA sind die zentrale historische Referenz der Selbstorganisierung und protagonistischen Partizipation in den *barrios* (Arconada 2006: 132; I-AA 2008; I-EL 2007; Lander 2007a: 73). Durch die Möglichkeit, auf eine konkrete vorherige Erfahrung zurückgreifen zu können, ist die Wasserversorgung der Bereich, in dem als erstem eine neue Form der partizipativen öffentlichen Verwaltung praktiziert wurde und auch bis heute erhalten blieb (Parker 2006: 93). Waren die MTA von 1999 bis 2003 wesentlich darauf konzentriert, lokalen Angelegenheiten nachzugehen und eine Diagnose des Wasserversorgungsnetzes zu erstellen, erfolgte 2003 durch den ersten Nationalen Kongress ein qualitativer Sprung. Die MTA begannen, in weitergehenden Fragen der Wasserversorgung und -entsorgung zu partizipieren bis hin zu Verhandlungen zwischen Bezirken und Munizipien, Planungen auf der regionalen Ebene, Entsorgungspläne und die Nutzung von Wasserreservoirs. Dabei wurden sie nicht selten von Repräsentanten der konstituierten Macht als Konkurrenz oder gar Bedrohung empfunden, da es sich deutlich um die Entwicklung von *poder popular* handelt (Arconada 2006: 129). Zwischen den MTA und Hid-

---

[2] Zum konkreten Fall der Parroquia Antímano in den Jahren 1993-1996 siehe Arconada 1996.

rocapital hingegen entstand eine organische Beziehung. Ab 2005 entwickelte sich auch eine Kooperation mit dem Umweltministerium und seit 2009 mit der von der Regierung vorläufig ernannten Hauptstadtkoordinatorin.[3] Dieser Prozess bedeutet eine tiefgehende Transformation der öffentlichen Wasserwerke hin zu einer partizipativen und demokratischen Kultur (Lander 2007a: 73f.). 2007 existierten landesweit etwa 2.700 MTA (López Maya 2008). Die 2009 in Caracas existierenden 260 MTA erhielten 32 Mio. BsF[4] für ihre Projekte und sind an der strategischen Planung der Wasserversorgung der Stadt beteiligt.[5] Die Diskussionen der MTA sind mittlerweile sehr reichhaltig, vor allem bezüglich Umweltfragen. Aufgrund ihrer Angebundenheit an Hidrocapital sind die MTA aber nicht so autonom wie die CTU, bzw. die Frage der Autonomie stellt sich für sie kaum (I-EL 2007).

10.2 CTU: Urbane Landkomitees

Am 4. Februar 2002 verabschiedete Chávez das Dekret 1.666, mit dem die *barrios* offiziell als Teil der Stadt anerkannt wurden und der Prozess der Regulierung und Legalisierung begann. Die CTU wurden gegründet, juristisch abgesichert und legal befähigt, Terrain zu kartographieren, Landtitel auszuhändigen und öffentliche Räume zu gestalten. Außerdem wurde noch die Ausarbeitung eines Gesetzes zum urbanen Boden vorgeschlagen und von den CTU in den *comunidades* intensiv diskutiert und ergänzt (Antillano 2006a: 202; Denis 2005: 49f.; Ellner 2006a: 86; I-AA 2008).[6] Der Kampf um die Legalisierung der urbanen Grundstücke in den *barrios* blickt auf eine lange Geschichte zurück und war auch in der Asamblea de Barrios 1991-1994 von zentraler Bedeutung gewesen (Antillano 2005: 200; I-AA 2008; I-RD 2007).

Jedes CTU hat ein bestimmtes Territorium und umfasst höchstens 200 Familien (Colau 2008: 2). So wie bei anderen Programmen ist auch bei den CTU zentral, dass die Marginalisierten Protagonisten der Maßnahmen sind (Colau 2008: 1f.).»Der hohe Grad an Informalität des Besitzes in den *bar-*

---

[3] Jacqueline Farías, die zum Team von Istúriz 1992-1995 gehört hatte, wurde 1999 zur Direktorin von Hidrocapital, später Umweltministerin und ist seit 2009 Hauptstadtkoordinatorin.

[4] Der offizielle Umtauschkurs betrug 1 US $ = 2,15 BsF (Bolívar Fuerte).

[5] Hidrocapital 17.5.2009, http://www.hidrocapital.com.ve, Internetversion vom 18.5.2009.

[6] Das Gesetz wurde erst 2006 verabschiedet. Seitdem wurde über eine Reform diskutiert, die mit den Vorschlägen der CTU im April 2009 in erster Lesung von der Nationalversammlung verabschiedet wurde.

rios verhindert es, auf irgendeinen zuverlässigen Mechanismus zu zählen, um den Besitzer einer besetzten Parzelle und Empfänger des Titels auszumachen. [...] In diesem Szenario ist die einzige Quelle, um legitimen Besitz festzulegen (wie vom Eigentumsrecht bedingt), das historische ›soziale‹ Wissen des *barrio* und seiner Bewohner. Das CTU ist unverzichtbar, um der Information über die Besitzer soziale Gültigkeit zu verleihen, während es zugleich als Instanz der Mediation und Konfliktlösung arbeitet, wenn Streitigkeiten über die Zuständigkeit des Besitzes auftauchen. Da das CTU eine von der Nachbarschaft legitimierte Instanz ist und direkte Kenntnis derselben hat, ermöglicht es einen transparenten und gerechten Prozess der Regulierung des Besitzes.« (Antillano 2006a: 204)[7]

Eine Woche vor der Verabschiedung des Dekrets fand das erste Treffen für die Bildung von CTU statt, seitdem entstanden immer mehr. Ihr Aufbau ist ein Akt der Emanzipation der *barrios* und ihrer Bewohner. Im Unterschied zu neoliberalen Legalisierungsprogrammen, denen es vorwiegend darum geht, die Aufnahme von Krediten und Hypotheken zu ermöglichen und den Wohnungsmarkt zu dynamisieren (Parker 2006: 91), liegt der Schwerpunkt in Venezuela auf der kollektiven und sozialen Dimension. Einige CTU sind sogar dazu übergegangen, Sonderformen für das Grundeigentum einzuführen, die zwar den Bewohnern ihre Häuser zusichern, aber der *comunidad* bleibt es vorbehalten, dem Verkauf oder der Vermietung zuzustimmen. Ein Instrument, um die kollektiven Interessen der *comunidad* gegen den Druck der Immobilienmärkte zu schützen (Colau 2008: 2). Von 2004 bis etwa zum Ende des ersten Quartals 2007 wurden insgesamt 314.128 individuelle und kollektive Titel für 471.192 Familien ausgehändigt (MDP 2007).

Die CTU wurden zu einer zentralen Form der Basisorganisierung (Denis 2005: 49f.). Ihre Zahl liegt bei etwa 6.000 (OTNRTTU 2007). Am Nationalen Kongress 2006 nahmen 5.000 Personen teil, die jedoch nicht ebenso vielen CTU angehörten (I-AA 2008). Die Arbeit der CTU geht mittlerweile weit über die Legalisierung von Grundstücken hinaus. Sie entwickeln Vorschläge und Projekte zur Demokratisierung des Grundeigentums und Gestaltung des Habitats, für den Bau neuer Wohngebiete und für eine partizipative Stadtpolitik (Colau 2008: 2). Sie stellen einen Bezug zur Territorialität her und verteidigen eine kollektive Geschichte und ein kollektives Gedächtnis der *barrios* (I-RD 2007), formulieren ein »Recht auf Stadt« und hatten dazu auch einen Artikel in der 2007 abgelehnten Verfassungsreform ausge-

---

[7] Antillano gehörte 2001 mit der späteren Arbeitsministerin María Cristina Iglesias und Ivan Martinez zu den Autoren des Dekrets. Antillano und Martinez kamen aus der Bewegung für die Legalisierung der urbanen Böden.

arbeitet. Das in den CTU konzentrierte Wissen hat sich auch in Notsituationen als fundamental erwiesen. Als während der starken Regenfälle 2005 Tausende Personen obdachlos wurden, waren es vorwiegend die CTU, welche die Pläne für die Verteilung der Obdachlosen in provisorischen Unterkünften erstellten (DesdeDentro 2005: 18).

Die CTU verfügen über einen hohen Grad an Autonomie (Antillano 2005: 211; Colau 2008: 3; DesdeDentro 2005: 16; I-EL 2007). Sie stellen ein interessantes Beispiel dar, wie eine von oben angestoßene Selbstorganisierung zu einer hohen Autonomie führen kann. Die CTU entstanden mit der spezifischen Aufgabe der Regulierung des Landeigentums. Davon ausgehend gingen sie zur Frage der integralen Transformation der *barrios* über, wodurch zahlreiche Projekte entstanden. Auch bei der Entstehung der *misiones* Barrio Adentro und Robinson war die Rolle der CTU entscheidend. Als nächstes eigneten sie sich in ihrem Reifeprozess die Formulierung nationaler Wohnungsbaupolitiken an und begannen, kollektiv Vorstellungen zu erarbeiten, mit denen sie in Konflikt mit den nach wie vor traditionell ausgerichteten Wohnungsbaupolitiken gerieten (I-AA 2008).

Die Beziehungen zum Wohnungsbauministerium waren in den vergangenen Jahren sehr wechselhaft und meist konfliktiv. Die CTU kritisieren die starke Bürokratie in einigen Institutionen und die Langsamkeit in der Aushändigung der Titel. Allgemein kritisieren sie das Scheitern der Wohnungsbaupolitik und die Unfähigkeit der Regierung, das Wohnungsdefizit zu lösen. Als Gründe dafür machen sie unter anderem aus, dass das Wohnungsbauministerium bisher für eine populare Partizipation undurchlässig gewesen sei. Der Fokus der Politik liege auf Wohnungsbau, dabei würden Fragen des Habitats, der Lebensqualität und der Partizipation der *comunidades* außen vor bleiben. Viele der Wohnungen entstünden aus Platzgründen außerhalb der Städte. Die Orientierung auf Neubau sei für die Unternehmer das bessere Geschäft, so münde die Ausrichtung in einer Allianz mit der traditionellen Oligarchie und leiste dem Entstehen einer neuen Oligarchie, Klientelismus und Korruption Vorschub. Die CTU sprechen sich dafür aus, verstärkt vorhandene Häuser in ihrer Qualität zu verbessern, zu reparieren und auszubauen, was auch die traditionelle Antwort der Bevölkerung auf die Wohnprobleme sei. Sie kritisieren das Fehlen einer klaren Politik gegen Immobilien- und Mietspekulation, die seit 1999 drastisch zugenommen hat (Colau 2008: 3; I-AA 2008; MDP 2007).

Dabei ist das Wohnungsbauministerium durchaus bereit, Projekte der CTU zu finanzieren, was aber für die CTU nicht im Mittelpunkt steht: »Wir haben gelernt, dass das Problem von *poder popular* nicht eine Frage von Finanzen Verwalten ist. Unser fundamentales Problem ist nicht, Ressourcen für Projekte zu bekommen. Wir wollen die Wohnungspolitiken definieren und das ist Teil des Konfliktes, den wir haben. Wir haben immer gesagt, dass wir vorwärts schreiten müssen im Aufbau einer neuen Gesellschaft – mit dem Staat, ohne den Staat und gegen den Staat. Das Verhältnis zum Staat definieren nicht wir, sondern es wird von der Bereitschaft des Staates definiert, sich den Interessen des *pueblo* unterzuordnen.« (I-AA 2008).

Die CTU gehören zu den Basisorganisationen mit der größten Kontinuität. Aus ihnen sind weitere Organisationen im urbanen Raum hervorgegangen, die mit den CTU eng in der Siedlerbewegung zusammenarbeiten. Da die Vergabe der Titel nicht das Problem der Familien lösen konnte, die kein Haus besitzen, entstanden zunächst die *Pioniercamps*. Sie gründen auf der Idee, als Gemeinschaft eine neue Siedlung aufzubauen, in der von vorneherein Leben und Arbeiten kollektiv geplant werden, und kämpfen um das Recht auf Boden. In diesem Rahmen sind 3.000 Familien organisiert (I-AA 2008). Ebenfalls aus den CTU entstanden auch *Mieternetzwerke*, die gegen Räumungen mobilisieren, und die *Hausmeister-Bewegung*, die aus 2.000 Familien besteht, die als Hausmeister arbeiten und deren Wohnrecht an die Arbeit geknüpft ist (I-AA 2008; Colau 2008: 2).

Die CTU sind ein wichtiger politischer Faktor und kooperieren mit anderen Organisationen wie z.b. der FNCEZ, Consejos Comunales, Kooperativen, MTA oder Basismedien, um so den Ansatz *von unten* zu stärken. Ihr Ziel ist der Aufbau von *poder popular*. Im Zentrum steht nun der Kampf um eine »sozialistische Stadt«, was das Recht auf Stadt, die Überwindung des Wohnraums und Bodens als Ware, den Kampf gegen Spekulation, Einkaufszentren und urbanen Großgrundbesitz beinhaltet. Die CTU intervenieren mit ihrem politischen Gewicht auch strategisch, so knüpften sie ihre Unterstützung für den PSUV-Kandidaten für das Bürgermeisteramt von Caracas im November 2008 an die Bedingung, dass bei einem Sieg der städtische Haushalt mit der Basis diskutiert und ein Räumungsstopp für Häuser und Wohnungen erlassen wird. Jorge Rodríguez akzeptierte und verhängte nach seiner Wahl im Januar 2009 einen Räumungsstopp (I-AA 2009).

10.3 Contraloría Social

Ein weiterer institutionalisierter Mechanismus direkter Partizipation ist die in der Verfassung von 1999 geschaffene Möglichkeit der Überprüfung der öffentlichen Ausgaben und Projekte durch die organisierte Bevölkerung selbst, die *contraloría social* (gesellschaftliche Kontrollinstanz). Dabei werden laufende Prozesse kontrolliert und auch die institutionelle Transparenz und die

Demokratisierung der Information eingefordert (El Troudi/Harnecker/Bonilla-Molina 2005: 123). Die *contraloría social* stellt ein wichtiges Moment der politischen Partizipation dar, da sie die Kontrolle der konstituierten Macht durch die konstituierende Macht an den Stellen ermöglicht, an denen die Souveränität nicht direkt ausgeübt wird. Ihre Ausübung fördert die Fähigkeit zur Selbstregierung der Bevölkerung, da sie sich detailliertes Wissen zu Planungsverfahren aneignet.[8] Die *contraloría social* wird vor allem von Vertretern des Ansatzes von unten als das wichtigste Instrument der Korruptionsbekämpfung betrachtet. Anhänger einer Strategie von oben treten hingegen für die Stärkung institutioneller Rechnungsprüfungs- und Kontrollmechanismen ein, die von Anhängern des ersteren Ansatzes als ineffektiv und bürokratisierend beurteilt werden (Ellner 2008; Harnecker 2005a: 65). Während einige Institutionen wie z.b. der FIDES (Fondo Intergubernamental para la Descentralización), die *contraloría social* fördern und Schulungen dazu anbieten, wird sie in vielen Institutionen erschwert und zum Teil sogar verhindert. Auch die elektronische Information in den Internet-Portalen der Institutionen ist bisher kaum dazu geeignet, eine Überprüfung der Tätigkeiten vorzunehmen (Ochoa Arias 2006). Zugleich hat die *contraloría social* aber auch immer wieder Erfolge zu verzeichnen. Vor allem die Aufdeckung vieler Korruptionsfälle in Mercal geht auf den Mechanismus der *contaloría social* zurück. Mitte 2010 befand sich ein neues weitergehendes Gesetz zur *contraloría social* in der öffentlichen Debatte.

10.4 Parlamentarismo Social de la Calle – Die öffentliche Debatte von Gesetzesinitiativen

Der *Parlamentarismo Social de la Calle* (Gesellschaftlicher Straßenparlamentarismus) bezeichnet den Vorgang, Gesetze und Verordnungen auf nationaler, regionaler und lokaler Ebene in offenen Versammlungen mit der Bevölkerung zu diskutieren. Auch bereits verabschiedete Gesetze, die von großer Bedeutung sind, wie etwa das zu den *Consejos Comunales*, werden weiter diskutiert. Dies erfolgt zusätzlich zu der Diskussion der Gesetzesinitiativen in den entsprechenden Parlamentskommissionen mit Betroffenengruppen. Unter anderem dadurch ist die Ausarbeitung und Verabschiedung von Gesetzen sehr langwierig.

---

[8] Zur konkreten Funktionsweise der *contraloría social* siehe FIDES 2004.

Die Nationalversammlung begann Anfang 2006 mit dem *Parlamentarismo de la Calle*. Es wurde die Einschätzung der Basis zu den *misiones* eingeholt, die wichtigsten Probleme der *comunidades* zusammengetragen und ein Prioritätenkalender für die Diskussionen über Gesetze festgelegt (ANdRBV 2006). Im Anschluss fanden eine Vielzahl von erfolgreichen öffentlichen Gesetzesdebatten mit Abgeordneten statt. Die Teilnahme ist für die Parlamentarier verpflichtend, die Ergebnisse sind hingegen nicht bindend. Der PSUV-Abgeordnete Germán Ferrer beschreibt die Methodologie: »Wir verteilen Fragebögen, stellen offene und geschlossene Fragen, mit denen wir die Ideen und Kriterien der Basis zusammentragen. [...] Das Wichtige ist, dass es landesweit stattfindet und wir mehr oder weniger einen Konsens erreichen. Die Vorschläge aus den Regionen gehen an eine technische Kommission, die alles systematisiert, und das steht uns für die Diskussion zur Verfügung und wird in das Gesetz integriert, das im Plenum diskutiert wird, es gibt also eine effektive Weise, die Kriterien der *comunidades* in die gesetzgebenden Debatten zu integrieren.« (I-GF 2007)

Am 26. August 2006 konnte ich in Caracas auf dem Gelände der Nationalversammlung verschiedene Diskussionen zu neuen Gesetzen besuchen, vor allem jene zu einem neuen Behindertengesetz und dem neuen Indígenagesetz. An beiden nahmen jeweils an die 50 Personen teil. Die Diskussionen waren lang und sehr fruchtbar. Die Bedeutung der Beteiligung vieler Behinderter an den Diskussionen zum entsprechenden Gesetz und die dadurch erreichte Integration zahlreicher wichtiger Elemente wird von Ferrer unterstrichen, der aber einräumt, die Partizipation sei geringer als erwünscht. So würden die Tage und Orte des *Parlamentarismo* zwar über die Medien in massiver Weise öffentlich gemacht, die Beteiligung beschränke sich dennoch auf reduzierte, besonders Aktive oder von Gesetz besonders betroffene Interessengruppen, was er unter anderem an einer fehlenden Partizipationskultur festmacht. Er hebt aber die Beteiligung der Basis an den Debatten zum Frauengesetz und zum Gesetz zu den *Consejos Comunales* als besonders groß hervor (I-GF 2007). Die Notwendigkeit eines Gesetzes zu den CCs kam im Rahmen des *Parlamentarismo de la Calle* auf, als der Artikel 8 des Gesetzes zu den *Lokalen Räten der Öffentlichen Planung* (CLPP) diskutiert wurde, der die CCs als Instanz der CLPP *(Consejos Locales de Planificación Pública)* einführte. Anhand der von den Abgeordneten bei Diskussion des Gesetzes gesammelten Einwände und Kritiken wurde die Notwendigkeit eines eigenständigen CC-Gesetzes deutlich, das diese als unabhängige Organismen festlegt (Diniz/López 2007: 180; I-GF 2007).

Nach dem positiven Start verkam der *Parlamentarismo de la Calle* im Jahr 2007 größtenteils zu Veranstaltungen für Abgeordnete, die versuchten, eine

Gefolgschaft um sich zu scharen; so die Kritik von Promotoren der Basisorganisierung (I-ED 2007; I-LH 2007). Dies geht nicht nur an den Prinzipien des
Prozesses bezüglich der Aufgaben der konstituierten Macht vorbei, sondern
ist von wenig Erfolg gekrönt. Die Ursache dafür liegt in der geringen Basis-
verankerung der meisten Abgeordneten und dem Desinteresse, diesen arbeits-
intensiven Partizipationsmechanismus umzusetzen. Die Partizipation an der
Gesetzgebung läuft wesentlich über die Diskussionen mit Betroffenengruppen in den Kommissionen der Nationalversammlung, und bei gesellschaftlich relevanteren Gesetzen erfolgen auch vielfältige öffentliche Debatten z.b.
im Falle der Gesetze zu Arbeit oder *Consejos Comunales*. Und im Falle des
neuen Polizeigesetzes, das 2009 in Kraft trat, um die Polizei zu reformieren
und eine neue Nationalpolizei zu schaffen, war die Partizipation besonders
intensiv. Der 2006 vom Innen- und Justizministerium geschaffene Nationale
Rat für die Polizeireform (Conarepol) führte eine landesweite Befragung
durch, an der über 75.000 Personen teilnahmen, um ihre Sicherheitsbeden-
ken und Vorschläge einzubringen. 58.857 taten dies via Internet, Telefon und
im gesamten Land aufgestellter Umfrageboxen, hinzu kamen spezielle Dis-
kussionsforen mit verletzlichen Gruppen wie z.b. Sexarbeiterinnen. Die ein-
geholten Ansichten und Vorschläge wurden weitgehend in das Gesetz übernommen, das nun umgesetzt wird (Gabriel 2009).

Kapitel 11:
Demokratisierung der Verwaltung von und des Besitzes an Produktionsmitteln

Die Bolivarianische Regierung hat sich gemäß dem Mandat der Bevölkerungsmehrheit den Umbau der Wirtschaft vorgenommen. Es wird versucht, die Produktion der erdölabhängigen Wirtschaft zu diversifizieren, die Weiterverarbeitung von Ressourcen selbst zu übernehmen, den Besitz an Produktionsmitteln zu demokratisieren und möglichst viel Eigentum in kollektive Verwaltungsformen umzuwandeln. Als Orientierung dienen Vorstellungen einer nachhaltigen Entwicklung. Die Ausgangsbedingungen waren denkbar schlecht, als Chávez im Februar 1999 die Präsidentschaft antrat. Das Land befand sich in einer schweren und lang anhaltenden Krise. Kapitalflucht und Deindustrialisierung hatten seit Anfang der 1980er Jahre zur Schließung von Tausenden von Betrieben geführt. So sank der Anteil der Beschäftigten in formalisierten Arbeitsverhältnissen rapide, während die Beschäftigung im informellen Sektor (v.a. Straßenhandel, Gelegenheitsjobs und Dienstleistungen) von 34,5% 1980 auf 56% 1998 stieg (Márquez 2003: 264).

Die ersten grundlegenden Orientierungen für die Demokratisierung der Verwaltung und des Besitzes an Produktionsmitteln wurden in der Verfassung von 1999 festgehalten:

»*Art. 70:* Es sind Mittel der Partizipation und des Protagonismus des Volkes in Ausübung seiner Souveränität [...] im Sozialen und im Ökonomischen: Die Instanzen der Bürgerbetreuung, die Selbstverwaltung, die Mitverwaltung, die Kooperativen jeder Art, diejenigen finanziellen Charakters miteingeschlossen, die Sparkassen, das Gemeinschaftsunternehmen und die weiteren Formen des Zusammenschlusses, die durch Werte der gegenseitigen Kooperation und der Solidarität geleitet werden. [...]

Art. 115: Das Eigentumsrecht wird garantiert. Jede Person hat das Recht auf Nutzung, Vergnügen, Genuss und Verfügung ihrer Güter. Das Eigentum ist den Abgaben, Einschränkungen und Verpflichtungen unterworfen, die das Gesetz mit dem Ziel des öffentlichen Nutzens und im allgemeinen Interesse festlegt. Nur aufgrund öffentlichen Nutzens oder gesellschaftlichen Interesses, mittels eines rechtskräftigen Urteils und angemessener Bezahlung einer gerechten Entschädigung kann die Enteignung einer jeden Art von Gütern erklärt werden.

Art. 118: Es wird das Recht der Arbeiter und Arbeiterinnen sowie der Gemeinde anerkannt, Vereinigungen sozialen und partizipativen Charakters zu entwickeln wie Kooperativen, Sparkassen, Kassen der gegenseitigen Unterstützung und andere assoziative Formen. Diese Vereinigungen werden im Einklang mit dem Gesetz jede Art wirtschaftlicher Tätigkeit entwickeln können. Das Gesetz wird die Besonderheiten dieser Organisationen anerkennen, vor allem diejenigen bezüglich des kooperativen Vorgehens, der Arbeit im Zusammenschluss und seines Charakters als Erzeuger kollektiver Vorzüge. Der Staat wird diese Vereinigungen, die darauf zielen, die Popular- und Alternativökonomie zu verbessern, fördern und schützen.

Art. 308: Der Staat schützt und fördert die kleine und mittlere Industrie, die Kooperativen, die Sparkassen wie auch die Familienbetriebe und die Kleinstunternehmen sowie alle anderen Arten von gemeinschaftlichen Vereinigungen zum Zweck der Arbeit, des Sparens und des Konsums mit kollektiven Eigentumsformen in der Absicht, die wirtschaftliche Entwicklung des Landes zu stärken, indem diese auf der popularen Initiative gründet. Der Staat stellt hierfür die Weiterbildung, die technische Unterstützung und zweckmäßige Finanzierung sicher.« (RBV 1999)

Als Gesamtziel der Regierungspolitik wurde zunächst eine »solidarische und humanistische Ökonomie« definiert. Während der ersten vier Jahre der Chávez-Regierung bestand die Orientierung stärker in propagierten Werten als in konkreten Maßnahmen zur Demokratisierung der Ökonomie. Eine politisch radikale und antiimperialistische Rhetorik wurde begleitet von Bemühungen, mit Sonderkreditprogrammen und protektionistischen Maßnahmen die nationale Industrie zu fördern. Wobei zugleich die Kernbereiche der Erdölindustrie renationalisiert wurden und erstmals seit 1958 keine Unternehmervertreter mehr relevante Regierungsposten in Wirtschafts- und Finanzpolitik sowie in der Zentralbank erhielten (Ellner 2006a: 83-87).

Der Zugang zu Krediten zu vorteilhaften Konditionen erfolgt über eigens gegründete staatliche Finanzierungsinstrumente. Drei Institutionen vergeben Kleinkredite *(Bank des Souveränen Volkes, Frauenentwicklungsbank* und der *Mikrofinanzenentwicklungsfonds* Fondemi) und drei vergeben größere Kredite *(Nationales Institut Kleiner und Mittlerer Industrie* Inapymi, *Industriekreditfonds* Foncrei und *Fonds für die endogene Entwicklung* Fonendogeno). Die Schulungen im Bereich Berufsbildung und Fortbildung für Sektoren der popularen Ökonomie werden vornehmlich vom INCES *(Nationales Institut der sozialistischen Bildungskooperation)* und der Misión Vuelvan Caras[1]

---

[1] Der Name (»wendet die Gesichter«) geht auf einen Befehl des Generals José Antonio Páez im Unabhängigkeitskrieg (1819) zurück, der auf der Flucht vor den königstreuen

bzw. Misión Che Guevara angeboten. Hinzu kommen Angebote der Ciara (*Stiftung für Ausbildung und Innovation zur Unterstützung der Agrarproduktion*) und spezifisch für Kooperativen von der Nationalen Generalverwaltung für Kooperativen Sunacoop (I-CLR 2006). Der Unternehmersektor nahm die Angebote gerne an, große Teile versuchten aber weiter, Chávez zu stürzen. Die Kapitalflucht lag zugleich im zweistelligen Milliarden-Bereich in US-Dollar. Der Unternehmersektor sah die Regierung Chávez größtenteils als eine Bedrohung der eigenen Interessen. Spätestens ab 2003 war für die Regierung daher klar, die gesellschaftliche Transformation müsse im Wesentlichen ohne eine Unterstützung oder Begleitung durch den privaten Sektor erfolgen (Lander 2009). Mit Scheitern des Streiks 2003 waren Opposition und Unternehmer so geschwächt, dass sich Gesetze, Maßnahmen und gesellschaftliche Praxen ihren Weg bahnten und einen Rahmen für ein neues Wirtschaftsmodell zu entwerfen begannen. Hierbei spielte auch der zentrale Protagonismus der Arbeiter und der popularen Sektoren eine wichtige Rolle für die Niederlage des Unternehmerstreiks. Die neue Orientierung der Wirtschaftspolitiken beinhaltete sowohl Elemente *von unten*, wie die stärkere Förderung von Kooperativen, Mitbestimmung in Betrieben und die Konzentration auf die *comunidades*, als auch Orientierungen antiimperialistischer Prägung *von oben*, wie die Einschränkungen für internationale Investoren und die Orientierung auf Ernährungssouveränität (Ellner 2006a: 84).

Ab 2005 wurden die Überwindung des Kapitalismus und der *Sozialismus des XXI. Jahrhunderts* als offizielle Orientierung benannt. Die Verstaatlichung von Schlüsselindustrien und unproduktiven Fabriken begann. Als mit dem Fokus *von unten* kompatible Strategie wird eine populare, soziale und kommunale Ökonomie gefördert, die sich wie ein Ölfleck immer weiter ausbreiten soll (I-CL 2007). Sie soll aus selbstverwalteten Einheiten bestehen, die vom Staat gefördert werden, der vor allem bezüglich einer Gesamtplanung eine wichtige Funktion einnimmt (I-CLR-2006). Diverse kollektive Unternehmensformen sowie Mitbestimmungs- und Selbstverwaltungsmodelle sind im Laufe der Jahre entstanden und propagiert worden. Seit 2006 wird der Aufbau von Räten als Organisationsform der Beschäftigten und der Betriebe vorgeschlagen, jedoch kaum umgesetzt.

Die im bolivarianischen Prozess und in der Regierung koexistierenden Ansätze und Politiken *von oben* und *von unten* stehen auch im Bereich der Produktion in einem ständigen und ungelösten Spannungsverhältnis zueinander.

---

spanischen Truppen seinen 153 Soldaten befahl: »vuelvan caras«. Mit dem dann folgenden Überraschungsangriff gelang es, 1.200 königstreue Soldaten zu schlagen.

Die dadurch entstehende Vielfalt und Gleichzeitigkeit an Praxen und Modellen werden auch ermöglicht durch das Fehlen einer klaren Vorgabe – wie etwa das Staatseigentum an Produktionsmitteln im Realsozialismus –, wie der Sozialismus zu erreichen sei (Lander 2009). Die zu stärkenden Wirtschaftssektoren und -formen wurden in den vergangenen Jahren mit verschiedenen Begriffen umfasst: solidarische, soziale, populare und kommunale Ökonomie. Eine klare Definition und Trennlinie existiert nicht. Die Grundorientierungen wurden im August 2002 von Roland Denis, damals Vizeplanungsminister, als soziale Ökonomie[2] zusammengefasst:

»1. Die soziale Ökonomie ist eine alternative Ökonomie. 2. In ihr sind die Praxen der Demokratie und Selbstverwaltung prioritär. 3. Sie wird angetrieben durch Formen assoziativer Arbeit und nicht durch Lohnarbeit. 4. In ihr ist das Eigentum an Produktionsmitteln kollektiv (außer im Ausnahmefall der Mikrounternehmen). 5. Die egalitäre Verteilung des Überschusses steht im Zentrum. 6. Sie ist mit der sozialen Umgebung, in der sie sich entwickelt, solidarisch. 7. Und sie besteht auf ihre Autonomie gegenüber den monopolistischen Zentren der ökonomischen und politischen Macht.« (Denis 2003: 233)

Diese Vorstellungen konnten damals nicht realisiert werden. Eine systematische Umsetzung begann erst mit Schaffung des Ministeriums für populare Ökonomie im Jahr 2004. Seitdem wird die Praxis und Debatte wesentlich unter der Bezeichnung populare Ökonomie geführt (Minep 2006; Vilas 2003). Zu ihrer Förderung wurde im Juli 2008 ein Präsidentschaftsdekret erlassen, das neben kollektiven und kommunitären betrieblichen Organisationsformen auch solidarische Tauschringe und die Möglichkeit der Einführung lokaler Währungen enthält.[3] Im Rahmen der Strategie, die populare Ökonomie ausgehend von den *comunidades* aufzubauen, zu stärken und zu konsolidieren, wird sie auch als kommunale Ökonomie bezeichnet.

Die Idee des Aufbaus eines kommunalen (hier als »gemeinschaftlich« und kooperativ gemeint) Produktions- und Konsumtionssystems stammt von Istvan Mészáros, der seit 2005 einen bedeutenden Bezugspunkt für Chávez und die venezolanische Politik darstellt (Lebowitz 2006: 105). Der kritische ungarische Marxist, in den 1950er Jahren Schüler von Georg Lukács, legte 1995 in seinem Buch »Beyond Capital. Towards a Theory of Transition« Grundideen für eine Transformation zum Sozialismus dar. Er sieht unter anderem in der Arbeitsteilung ein wesentliches Element des Kapitalismus und der Entfrem-

---

[2] Ein Gesetz zur kommunalen Ökonomie ist seit 2010 in der Diskussion.
[3] »Ley para el Fomento y Desarrollo de la Economía Popular«, in: *Decreto N° 6.130, Extraordinario de la Gaceta Oficial N° 5.890*, 31. Juli 2008.

dung. Dabei sei es grundlegend, zu erkennen, dass sich die Kritik von Marx gegen das Kapital als soziales Verhältnis bzw. als allumfassendes System metabolischer sozialer Kontrolle richtete und nicht gegen den Kapitalismus als Produktionsregime. Mit Bezug auf die »Grundrisse der Kritik der politischen Ökonomie. Rohentwurf« (1857/58) von Marx plädiert Mészáros für den Aufbau lokaler Produktions- und Konsumtionskreisläufe, in denen es wesentlich um einen Austausch von Aktivitäten und nicht einfach von Produkten geht. Die Allokation der Produkte entsteht aus der kommunal organisierten produktiven Aktivität selbst und macht daher ihren sozialen Charakter aus (Mészáros 1995: 759-770).

11.1 »Andere« Entwicklung und Ausbildung

Die radikale endogene Entwicklung
Die Orientierung für die Transformation bildet eine radikalisierte Version des alternativen Konzepts der endogenen Entwicklung. Dieses entstand aus der Comisión Económica para América Latina in den 1950er Jahren und wurde vor allem von Osvaldo Sunkel weiter ausgearbeitet (Sunkel 1993). Als Alternative zu neoliberalen Konzepten und zur Überwindung der gescheiterten Importsubstitution wird eine Konzentration auf eigene Potenziale propagiert mit einem Staat, der aktiv eingreift, die »Fehler des Marktes« korrigiert und Wissenschaft und Technologie sowie deren Verbreitung und Massifizierung fördert. Vorhandene Potenziale werden gestärkt und miteinander verknüpft. Es ist kein antikapitalistisches Konzept und baut wesentlich auf Privatunternehmen auf. So spielten auch im »Plan de la Nación 2001-2007«, dem Entwicklungsplan der Regierung, der alle öffentlichen Politiken orientierte, Kooperativen und kleine und mittlere Unternehmen die herausragende Rolle.

Mit der endogenen Strategie wird auch ein stärkeres regionales Gleichgewicht in der Entwicklung des Landes angestrebt, da ein Großteil der Bevölkerung auf nur 10% des Territoriums lebt. In dem schmalen Küstenstreifen konzentrieren sich Fertigungsindustrie, industrielle Produktion (außer Erdöl), Handel und Banken, während der Rest des Landes – mit nahezu den gesamten Holzressourcen, Erdöl, der Hälfte des Agrarlandes und Wasserkraft – nahezu unbewohnt ist. Über die endogene Entwicklung soll auf der Grundlage der Nutzung der regionalen Potenziale eine ausgewogenere Verteilung der Investitionen, Produktion und Bevölkerung erzielt werden. Drei Elemente gelten hierfür als grundlegend:

■ Die Integration der drei großen Regionen des Landes (Amazonas, Anden, Karibik) mittels Wasserwegen, Eisenbahn und Straßen;

- der Ausbau der Infrastruktur und öffentlichen Dienstleistungen in den Ortschaften entlang drei definierter Entwicklungsachsen (Westen, Orinoco-Apure und Osten);
- die regionale Dynamik, d.h. eine Bevorzugung regionaler produktiver Aktivitäten, vor allem dynamisierender Sektoren wie kleine und mittlere Industrie, Landwirtschaft, Bergbau, Erdöl und Petrochemie, Tourismus, Infrastruktur und Dienstleistungen.[4]

Angesichts der rentenkapitalistischen Struktur fehlt es aber an einem wirtschaftlichen Geflecht, das eine klassische endogene Politik zum Erfolg führen könnte. Daher das Konzept einer »radikalen endogenen Entwicklung« (Lebowitz 2006: 99). Der Staat hat eine aktivere Rolle in der Ökonomie und die kollektive Verwaltung von Produktionsmitteln bildet eine normative Orientierung. Das Konzept der sozialen Ökonomie wurde weiterentwickelt und die rationale und nachhaltige Nutzung der Naturressourcen postuliert. In das Zentrum rückte die menschliche Entwicklung (Lanz 2004b; Ochoa Arias 2006; Valles 2004).

»Die endogene Entwicklung integriert die ausgeschlossene Bevölkerung und entwickelt neue Formen der produktiven und gesellschaftlichen Organisierung auf selbstverwaltete Weise. Kern und Substanz dieser Entwicklung sind die Männer und Frauen eines jeden Alters und jeder Lebenslage, welche dieses Land bewohnen. Sie stützt sich auf die Bildung und Erziehung, auf das in der Bevölkerung verbreitete Wissen und Tun mit einer starken kulturellen Komponente und fördert die Transformation der Naturressourcen mittels des Aufbaus von produktiven Ketten, deren Glieder die Phasen der Produktion, des Vertriebs und des Konsums darstellen, mit einem großen Respekt für die Umwelt und einem erhöhten Sinn für ihren Schutz.« (Valles 2004: 23f.)

Der venezolanische Ansatz geht auch über die ursprünglichen Ziele der endogenen Entwicklung hinaus, indem er nicht nur eine endogene Produktion, sondern auch den endogenen Vertrieb zum Ziel macht, so Carlos Luís Rivero, Ex-Vizeminister des Minep. Dies sei der Versuch des Aufbaus des Sozialismus in der Praxis und nicht per Dekret (I-CLR 2006). Eine zentrale Rolle im Aufbau der Vermarktungsstrukturen der neuen Produktion übernimmt der Staat, der in Venezuela nicht erst seit 1999 der größte Arbeitgeber und Kunde ist. Elías Jaua erklärte 2005 als Minister für populare Ökonomie: »Unser Ziel ist, dass der gesamte Kreislauf der Produktion und Kommerzialisierung in den Händen einer oder diverser Kooperativen liegt, damit oligopolistische Sektoren oder die großen und mittleren Unternehmer, die eine

---

[4] Ministerio de Hábitat y Vivienda: *Desarrollo Endógeno*, 20.8.2005, www.mhv.gob.ve/habitat/pag/endogen.php, Internetversion vom 12.10.2006.

andere Rationalität besitzen, zu keinem Zeitpunkt die Dynamik dieses produktiven Prozesses unterbrechen können. Wir zählen hier zuallererst auf den Staat. Er stellt – in einer ersten Phase – die Garantie für die Realisierbarkeit all dieser produktiven Einheiten dar.«[5] Carlos Lanz unterstreicht die strukturellen Grenzen der endogenen Entwicklung im Kapitalismus, in dem die Gewinnrate, Investitionen und technologische Innovation bestimmt sind und in dem kein freier Wettbewerb herrscht, sondern eine Tendenz zur Zentralisierung und Konzentration des Eigentums. Daher müsste die Förderung endogener Entwicklung die Perspektive einer Transition zur Überwindung des Kapitalismus annehmen (Lanz 2004b: 17-19). Von einem Konzept alternativer kapitalistischer Entwicklung wurde es zu einem der Konstruktion einer alternativen Logik zum Kapital (Lebowitz 2006: 99).

So wie Marx für jede Gesellschaft, die auf der gesellschaftlichen Arbeitsteilung beruht, feststellt, sie sei entfremdet und unfrei, gehört für bedeutende Sektoren von der Basis bis in die Regierungsebene die tendenzielle Überwindung der Arbeitsteilung zu den wichtigsten Orientierungen zur Überwindung des Kapitalismus:»Für die kritische Theorie ist die Arbeitsteilung historisch verknüpft mit unserer Produktionsweise materieller und symbolischer Güter: Privateigentum an Produktionsmitteln, Hegemonie des Profits und des Gewinns, Kämpfe und Wettbewerb unter den Personen, Entwicklung der Wissenschaft und Technologie im Dienst der Klasseninteressen.« (Lanz 2007c: 21f.)

Wirtschaftsliberale Autoren kritisieren die Politik der Regierung Chávez als »archaisch«. Eine Ausrichtung,»die von einer autonomen lokalen, partizipativen und nachhaltigen Basis ausgehend aufsteigt bis zur globalen Wirtschaft, ist nicht umsetzbar« (De Venanzi 2006: 58). Die vorgeschlagene Alternative ist weder neu noch sonderlich erfolgreich: Direkte Integration in den Weltmarkt und Anbindung an die kapitalistischen Zentren, Privatisierung und industrialisierte Landwirtschaft (De Venanzi 2006: 57f.).

Berufsbildung: Von der Misión Vuelvan Caras zur Misión Che Guevara

Die Misión Vuelvan Caras, die im März 2004 begann und Mitte 2007 in Misión Che Guevara umgewandelt wurde, ist eng mit der endogenen Entwicklung verknüpft. Strategisch sollte sie das produktive Modell mit einer Orientierung auf die soziale Ökonomie versehen, indem die kollektive ökonomische Partizipation priorisiert wird und der Entwicklung und Förderung von Be-

---

[5] »El pueblo es el principal actor del camino hacia el progreso«, in: *MinCI*, http://www.minci.gob.ve/pagina/3/5835/completa.html, Internetversion vom 12.4.2009.

schäftigungspolitiken und sozialer Sicherheit ein Impuls verliehen wird.[6] Ziel war, bis Ende 2007 1,2 Millionen Menschen aus den ärmsten Regionen technisch und sozio-politisch zu schulen und die Gründung von Kooperativen zu fördern.

Die Ausbildung über das INCES erfolgte in den Bereichen Bau, Tourismus, Landwirtschaft, Gastronomie, Dienstleistungen und Industrie. Zusätzlich begann Ende 2006 die Misión Vuelvan Caras Jóvenes (Jugendliche), die sich an 15- bis 28-Jährige ohne Ausbildung richtete. Hier waren die 72 angebotenen Ausbildungen etwa zwei Monate länger, da sie eine Berufsorientierungsphase beinhalteten. In den verschiedenen Jahrgängen lag der Anteil der Frauen stets bei 62 bis 65%. Die Teilnehmer erhielten während der meist sechsmonatigen Ausbildung (einige Kurse waren länger) ein kleines Stipendium, das die Ausbildung und Integration in die Arbeitswelt ermöglichen sollte.[7]

Mit den Beteiligten wurden Kooperativen gegründet, die Kredite und technischen Beistand erhielten. Auch die Beschäftigten, die ihre Betriebe übernahmen, durchliefen häufig Ausbildungsprogramme der *misión*. Diese fanden in der Regel in den 125 endogenen Entwicklungskernen (Nudes) statt, Orte, an denen Netzwerke von Kooperativen aufgebaut werden, die den *comunidades* die Möglichkeit bieten, das regionale Potenzial zu nutzen und eine Planung und Entwicklung vorzunehmen. Sie sollen die Bedürfnisse der *comunidad* befriedigen, bevor sie einen eventuellen Überschuss auf dem Markt anbieten (Lanz 2004b: 32-46). Die Erfahrungen mit den Nudes sind gemischt. Einige funktionieren kaum oder gar nicht, andere haben bedeutende lokale Dynamiken in Gang setzen können. Das Konzept folgt einer Herangehensweise *von unten* und wird auch aufgegriffen. So besetzte eine Gruppe Kooperativen am 24. Dezember 2006 in Caracas die 27.000 m² großen Hallen der seit 14 Jahren verlassenen Textilfabrik Tócume, um sie in ein Nude zu verwandeln. Ein Jahr später bestand dort das Nude (»Francisco Miranda«) mit fast 100 Kooperativen, die institutionelle Unterstützung erhielten.

Die *misión* zielte darauf, eine Transformation des sozio-ökonomischen Modells einzuleiten. Die Kreditvergabe an die Kooperativen wurde als letzte Etappe eines sozio-politischen Prozesses angesehen. Vuelvan Caras beinhaltete neben einer Berufsausbildung und Organisierung auch sozio-politische Schulungen. Die Kooperativen sollten produktive Ketten bilden, zur endogenen Entwicklung beitragen und damit das neue Wirtschaftsmodell för-

---

6 Misión Che Guevara, http://ceims.mre.gob.ve/, Internetversion vom 12.7.2009.
7 Die Höhe richtete sich nach dem Status der Betroffenen. Alleinerziehende Mütter, die einen bedeutenden Anteil der Teilnehmerinnen stellten, erhielten den Höchstsatz mit monatlich umgerechnet etwa 190 US Dollar.

dern. Das Ziel, 1,2 Millionen Menschen auszubilden, wurde nicht erreicht. Im ersten Jahr 2004-2005 machten 264.720 Teilnehmer ihren Abschluss (von 355.864, die sich angemeldet hatten und 298.000, die die Kurse besuchten). 2005-2006 meldeten sich 345.409 Personen an, von denen 284.040 die Kurse besuchten. Gegen Ende 2006 ließen die Aktivitäten von Vuelvan Caras deutlich nach. Die angebotenen Kurse nahmen ab und es kam zu Verzögerungen, sodass einige Kurse aus 2006 noch weit in das Jahr 2007 hineinreichten. Auch innerhalb des Programms traten Probleme auf. Es hatte in der praktizierten Form nach zweieinhalb Jahren sein Potenzial ausgeschöpft.

Die Ausmaße des Programms und die Geschwindigkeit, mit der es aufgebaut wurde, waren beeindruckend, potenzierten aber auch einige Probleme. Vor allem der erste Ausbildungszyklus wies diverse Defizite auf, die zum Teil in den folgenden Ausbildungsgängen behoben bzw. reduziert werden konnten. Mitarbeiter des Minep erkennen an, dass viel improvisiert wurde, das Lehrpersonal sei nicht sorgfältig genug ausgewählt worden und war nicht immer den Aufgaben gewachsen, das Lehrmaterial wurde verspätet ausgehändigt und einige Teilnehmer erhielten keine sozio-politische Schulung (D'Elia 2006: 75). Auch sollten die Kooperativenmitglieder bereits während der Ausbildung einen gemeinsamen sozio-politischen Prozess absolviert haben. Piñeiro (2007) stellte jedoch in vier untersuchten Kooperativen aus dem ersten Vuelvan-Caras-Ausbildungsgang fest, dass in ihnen wegen hoher Abbrecherquoten Personen aus verschiedenen Kursen vereint worden waren. Hier verliefen interne Konflikte entlang der ehemals verschiedenen Kursgruppen. Zudem hatten einige der Begleiter über ihre Befugnisse hinaus in die Gründung der Kooperativen eingegriffen und ihnen Kriterien aufgezwungen. In manchen Fällen füllten sie Kooperativen mit möglichst vielen Beteiligten, ohne diese selbst zu befragen, um so das Beschäftigungsziel zu erfüllen. Das unterminierte die Autonomie und Rentabilität der Kooperativen. In anderen Fällen erhielten landwirtschaftliche Kooperativen über lange Zeiträume kein Land (Díaz 2006).

Trotz aller Probleme entstanden bis Ende 2007 aus Vuelvan Caras 10.122 Kooperativen sowie kleine und mittlere Produktionseinheiten, in denen 680.000 Personen arbeiten.[8] Im September 2007 erfolgte die Umbenennung in Misión Che Guevara, die auch mit einer Umorientierung verbunden ist. Die Ausbildung soll zum Aufbau eigener Kreisläufe und nicht mehr zur Stärkung des kapitalistischen Marktes beitragen. Bis September 2008 bekamen insgesamt 136.000 Personen eine Ausbildung (Provea 2008: 44). Die *misión* inte-

---

[8] *Reseña histórica*, http://www.misioncheguevara.gob.ve/contenido.php?id=215, Internetversion vom 12.8.2009.

griert alle Teilnehmer in produktive Arbeit und orientiert sich am nationalen Entwicklungsplan Simón Bolívar 2007-2013. Viele werden für die neuen sozialistischen Fabriken ausgebildet.

11.2 Neue Unternehmensformen und soziale Verantwortung der Produktion

Kooperativen

Anfänglich lag ein Schwerpunkt der Regierung in der Förderung von Kooperativen. Venezuela gehörte zuvor zu den Ländern Lateinamerikas mit den wenigsten Kooperativen. 1998 waren nur etwa 800 Kooperativen mit insgesamt etwa 20.000 Mitgliedern registriert (Azzellini 2009c: 172; Díaz 2006: 151; I-JCB 2008; Melcher 2008; Piñeiro 2007). Sie bestanden wesentlich im Finanz- und Transportsektor. Die Kooperativenkultur war schwach entwickelt und die meisten Kooperativen agierten mit kapitalistischen Logiken und einer reformistischen Ausrichtung (I-LP 2006; I-SV 2007).

Jenseits kollektiver Formen von Produktion und Arbeit, die aus indigenen oder afro-venezolanischen Traditionen stammen, begann die Kooperativenbewegung in Venezuela Anfang des 20. Jahrhunderts. In den 1960er Jahren entstanden diverse Agrarkooperativen, die im Zuge der Landreform von 1961 staatlich gefördert wurden. Sie mutierten allerdings schnell zu Betrieben, in denen die Bauern einen Lohn bekamen und aus den Entscheidungsstrukturen ausgeschlossen wurden. Die staatliche Förderung wurde zur sozialen Kontrolle und Befriedung angesichts der kubanischen Revolution und der aufkommenden Guerillas vorgenommen und erfolgte im Rahmen der US-Strategie »Allianz für den Fortschritt«. Vor allem in den Bundesstaaten Lara, Trujillo, Falcón, Táchira, Merida und Barinas entstanden aber auch erfolgreiche Agrar- und Handwerkskooperativen, die teilweise auf die politisch-kulturelle Arbeit der PCV und der PRV-FALN zurückgingen (Díaz 2006: 152; I-MSO 2008; I-SV 2007). Als erfolgreichste länger bestehende Kooperative Venezuelas gilt die 1967 gegründete Cecosesola in Barquisimeto (Lara), die mittlerweile aus einem Netzwerk von 80 Konsumenten- und Produzentenkooperativen sowie sonstigen Gruppierungen besteht. Ihr gehören etwa 200.000 Mitglieder an, von denen 300 in Kooperativen arbeiten (Fox 2006; Melcher 2008; Piñeiro 2007).

In den 1990er Jahren wurde die niedrige staatliche Unterstützung weiter heruntergefahren und das Personal der Kooperativenaufsicht Sunacoop stark reduziert (Díaz 2006: 151). In der Verfassung von 1999 wurde Kooperativen ein besonderer Stellenwert zugeschrieben. Der Sektor der »sozialen Ökono-

mie« und vor allem Kooperativen sollten gemäß des Nationalen Entwicklungsplans 2001-2007 der Herstellung eines »sozialen und ökonomischen
Gleichgewichts« dienen und dafür massive staatliche Unterstützung erhalten (Díaz 2006: 160-163). Es wurde davon ausgegangen, die interne solidarische Arbeitsweise würde auch auf das Umfeld ausstrahlen.

Mit dem Sondergesetz für genossenschaftliche Vereinigungen (2001) wurde
die Gründung von Kooperativen stark vereinfacht, sie sind von Registrie-
rungs- und Verwaltungsgebühren befreit und genießen steuerliche Vorteile
und bevorzugten Zugang zu staatlichen Aufträgen (I-JCB 2008). Bis 2004 konzentrierte sich die staatliche Förderung auf individuelle Kooperativen. Die
Arbeit verschiedener Institutionen war weitgehend unkoordiniert. Das änderte sich 2004 mit der Gründung des Ministeriums für populare Ökonomie
(Minep).[9] Gefördert werden die Kooperativen über Mikrokreditprogramme
gemäß dem Mikrofinanzierungsgesetz von 2001. Kleinkooperativen können
sogar zinslose Darlehen erhalten. Die Anzahl der jährlich (nicht nur an Kooperativen) vergebenen Kredite übersteigt 150.000 (Azzellini 2009c: 172f.). Seit
2006 werden die Kooperativenmitglieder in »sozialistischen Werten« ausgebildet und es wird eine enge Verbindung zu den *comunidades* hergestellt. Ziel
ist es, den Fehler Jugoslawiens zu vermeiden, wo selbstverwaltete Unternehmen auf einem kapitalistischen Markt gegeneinander konkurrierten und gesellschaftlich isoliert operierten (Lebowitz 2006: 85-118).

Zur Steigerung der nationalen Produktion vor allem zur Importsubstitution erhalten Kooperativen Kredite zu Sonderkonditionen, um stillgelegte
Unternehmen zu kaufen. So erwarben z.b. im September 2005 ehemalige Beschäftigte mit einem staatlichen Sonderkredit eine Kakaoverarbeitungsanlage
in Sucre, die neun Jahre zuvor Konkurs angemeldet hatte. Die Ex-Beschäf-
tigten bildeten eine Kooperative (*Unión Cooperativa Agroindustrial del Ca-
cao*), die mit einem Kredit von etwa 2,3 Mio. US-Dollar mit nur 4% Jahreszins
(der Zinssatz der Privatbanken lag damals bei 26%) die Anlage kaufte und als
Kooperative und EPS wieder in Gang setzte (Azzellini/Ressler 2006).

Das Minep, PDVSA, andere staatliche Unternehmen und Banken sowie einige Regional- und Lokalverwaltungen haben die Kooperativen mit Startka-
pital, Begleitung und Abnahmezusicherungen gefördert (Ellner 2006a: 84f.).
Die vorteilhaften Konditionen führten zu einem Gründungsboom. Ende
2008 waren 262.904 Kooperativen registriert, davon wurden etwa 70.000 mit
2.012.784 Mitgliedern als operativ zertifiziert (Sunacoop 2008). Etwa 5.000
davon sind *Kommunale Banken* der CCs, die keine Arbeitsplätze schaffen.

---

[9] 2008 in Ministerium für Kommunale Ökonomie, Minec, und 2009 in Ministerium
für die Comunas umgewandelt.

Etwa 13% der ökonomisch aktiven Bevölkerung sind in Kooperativen organisiert und erzeugen zusammen etwa 2,5% des BIP (I-JCB 2008). Die Ursache für die Differenz zwischen den registrierten und den operativen Kooperativen liegt darin, dass viele nie die Arbeit aufgenommen haben, sondern »präventiv« gegründet wurden. Andere sind Privatunternehmen, die nur pro Forma als Kooperativen gegründet wurden, um günstigere Finanzierungen und bevorzugt staatliche Aufträge zu erhalten und steuerliche Vorteile zu genießen (Vera 2008: 126). Wiederum andere wurden ausschließlich auf dem Papier gegründet und veruntreuten die erhaltenen Gelder.

Das rapide Wachstum machte es unmöglich, schnell effektive Strukturen und Mechanismen zu schaffen, um die Kooperativen zu überprüfen und die korrekte Verwendung der staatlichen Zuwendungen zu kontrollieren. Mitarbeiter der Ministerien erkennen an, dass die Buchhaltung vieler Kooperativen dürftig gewesen ist und die Überprüfung durch die Sunacoop zu selten (Ellner 2008). Die wichtigsten Hindernisse für den Erfolg sind die »kapitalistische Orientierung« ihrer Angehörigen, Unfähigkeit und Einmischung seitens des staatlich entsandten Begleitpersonals und mangelnde Kenntnis der Arbeitsprozesse und der Verwaltung seitens der Arbeiter selbst (Melcher 2008). Die soziale Kohäsion der Kooperativen wird durch interne Konflikte erschwert, die zum Großteil in der Unerfahrenheit bezüglich sozialer Beziehungen und Verwaltungsaufgaben begründet liegen und durch die Abwesenheit kollektiver Supervisionsmechanismen verschärft werden (Piñeiro 2007).

Angesichts der Erfahrungen ist die Sunacoop dazu übergegangen, bei Kooperativengründungen eng mit den CCs zusammenzuarbeiten. Im Falle von neuen Kooperativen, die konkrete Aufgaben für staatliche Institutionen übernehmen, werden die Mitarbeiter von den CCs aufgestellt. Zusätzlich wurden die Schulungen der Sunacoop umstrukturiert und vor allem bezüglich sozialer und politischer Aspekte der Kooperativen verstärkt (I-JCB 2008).

Die Anzahl der operativen Kooperativen stellt trotz allem eine enorme Steigerung im Vergleich zu 1998 dar. Selbst wenn ein Großteil schlecht verwaltet wird oder nicht wirklich als Kooperativen funktioniert, gehen viele Anhänger des Prozesses davon aus, es werde sich auf mittlere Sicht mit den funktionsfähigen Kooperativen ein solider solidarischer Sektor in der Wirtschaft etablieren. Sie unterstreichen den hohen Wert der Erfahrung und betrachten daher die Bemühungen nicht als Fehlinvestition. Allein die Entstehung vieler Kleinunternehmen, auch wenn sie nicht dem Kooperativengeist entsprechen, stellt eine gewisse »Demokratisierung des Kapitals«, des extrem monopolistischen und oligopolistischen Marktes in Venezuela dar (Ellner 2008).

Die Strategie der Kooperativengründung ist jedoch nicht ohne Widersprüche. In einigen Bereichen besteht die Gefahr, dass Arbeitsverhältnisse dereguliert werden. Aus Gewerkschaftssektoren wurde die Befürchtung laut, die Massifizierung der Kooperativen könne dazu führen, das Verhältnis Arbeitnehmer-Arbeitgeber zu verschleiern (Ellner 2008). Außerdem ändert die Tatsache, viele statt einen Eigentümer zu haben, grundsätzlich nichts an der kapitalistischen Funktionsweise. Sie kann auch dazu führen, dass die Genossenschaftsteilhaber in eine Unternehmerlogik gedrängt werden. Dies hat vor allem im Fall gemischter Eigentumsformen (Staat/Beschäftigtenkooperative) zu Kritiken am Besitz an Produktionsmitteln von Seiten der Beschäftigten geführt.

EPS: Drei Namen – ein Kürzel

Mit den EPS wurde 2005 eine neue Unternehmensform geschaffen, die den Übergang zu einer sozialistischen Produktionsweise begleiten soll. Entscheidend ist nicht die Eigentumsform, sondern das Agieren der Unternehmen: Kooperativen, Staatsbetriebe, gemischte und auch private Unternehmen können zu EPS werden. Sie sollen den gesellschaftlichen über den privaten Gewinn stellen und ihre Produktion auf die gesellschaftliche Bedürfnisbefriedigung ausrichten statt primär auf Vermarktung und Kapitalakkumulation. Zusätzlich wurde im Oktober 2005 ein Dekret erlassen, nach dem alle Rohstoff produzierenden Staatsbetriebe zuerst den Inlandsbedarf abdecken müssen, bevor sie exportieren. In den EPS sollen für Beschäftigte keine Privilegien aus der Stellung im Unternehmen resultieren und die interne Arbeitsorganisation soll einem demokratischen Modell folgen. Die Tätigkeiten sollen rotieren und die Entfremdung im Produktionsprozess schrittweise aufgehoben werden. Ein Teil der Gewinne (10 bis 15%) soll in lokale Infra- und Sozialstruktur investiert werden. Eine EPS soll eine transparente und öffentliche Buchführung haben und sich über die *Consejos Comunales* lokal integrieren. Sie sollen z.B. Kooperativengründungen fördern, vor allem bezüglich Zulieferern und Abnehmern weiterverarbeiteter Produkte (El Troudi/Monedero 2006: 91-128). Aus dem EPS-Status resultieren Vorteile wie etwa bevorzugte Auftragserteilung seitens des Staates.

Mangels offizieller allgemeingültiger Definition der EPS hat jede Institution ihre eigene. Das führte dazu, dass z.B. die von PDVSA aufgebauten EPS einen Teil ihres Gewinns an einen von PDVSA geführten Topf überweisen, aus dem PDVSA anschließend Projekte in den Gemeinden finanziert (PDVSA 2006: 8). Das ähnelt eher einer Zusatzsteuer als einer lokalen Integration. Auch sind viele Unternehmen, die nicht die Richtlinien erfüllen, als EPS registriert, um so die Vorteile zu nutzen (Díaz 2006: 157f.). Ab der zweiten Jahreshälfte 2007 wurden in Erwartung der mit der Verfassungsreform einzuführenden neuen Eigentumsformen keine EPS mehr gegründet (I-CL 2007).

Das Kürzel EPS wird aber seitdem auch für *Unternehmen sozialistischer Produktion* oder *Unternehmen sozialen Eigentums* benutzt, deren Gründung seit 2008 in den *comunidades* zur Übernahme lokaler Dienstleistungen oder zum Aufbau lokaler Produktionsstätten gefördert wird. So etwa für Niederlassungen von *Gas Comunal*,[10] Transportunternehmen oder lokal notwendige Produktion. Ziel ist die Rekommunalisierung privatisierter öffentlicher Dienstleistungen unter direkter und kollektiver lokaler Kontrolle und der Aufbau lokaler Produktions- und Konsumtionskreisläufe. Die Entscheidung über die Form und Verwaltung der Unternehmen obliegt den *comunidades* mittels der *Consejos Comunales*, die auch bestimmen, wer in ihnen arbeitet.

Bis Ende 2009 wurden landesweit 271 solcher Unternehmen von *comunidades* gegründet, in weiteren 1.084 Unternehmen derartiger EPS teilen sie sich die Verantwortung mit dem Staat (ABN 30.12.2009). Dieser Ansatz scheint vielversprechender zu sein als vorangehende Initiativen. Wie durch den Erfolg der *Consejos Comunales* deutlich wird, identifiziert sich die Bevölkerung stärker mit der *comunidad* als mit dem Arbeitsplatz.

Auch die im Rahmen der anvisierten Binnenindustrialisierung geplanten 200 sozialistischen Fabriken, deren Bau 2007 begann, werden manchmal als Unternehmen sozialistischer Produktion bezeichnet.[11] Sie sollen auch Mechanismen entwickeln, die den Warenaustausch jenseits des Marktes organisieren. Im September 2008 waren 31 Fabriken operativ (14 für Milchprodukte, zehn zur Maisverarbeitung, vier für Kunststoffbaumaterialien und drei für Autoersatzteile), Mitte 2010 etwa 80 (Piñeiro 2010). Die Arbeitskräfte werden von den *Consejos Comunales* vor Ort postuliert, die fehlenden Fachkräfte von den Institutionen gestellt. Die Verwaltung soll nach und nach in die Hände der Arbeiter und *comunidades* übergehen. Die meisten Institutionen unternehmen jedoch wenig, um diesen Prozess zu organisieren und die Beschäftigten vorzubereiten.

---

[10] Ein Vertriebsnetz für preisgünstiges Flüssiggas unter Kontrolle der *comunidades*.

[11] 88 davon für Lebensmittel, zwölf chemische Fabriken, 48 für Maschinen- und Werkzeugbau, acht für Elektronik (Computer, Mobiltelefone u.a.), zehn für Plastik, Reifen und Glas, acht für Transportmittel, vier für Haus- und Wohnungsbau und drei für Recycling. Die meisten werden dank des Transfers von Maschinen und Know-how aus Argentinien, China, Iran, Russland und Weißrussland aufgebaut (Azzellini 2009c: 188).

Rückeroberte Unternehmen

Der Begriff *Empresas Recuperadas* bezieht sich auf Betriebe, die dem privat-kapitalistischen Sektor auf verschiedene Weise entzogen und unter die Kontrolle der Beschäftigten, des Staates oder kombinierter Verwaltungsformen gestellt wurden. Dazu gehören in Venezuela Unternehmen, die von Beschäftigten besetzt gehalten werden, vom Staat von den Ex-Besitzern oder als Konkursmasse erworben oder aufgrund nationalen Interesses enteignet wurden (Art. 117 der Verfassung).

Im Laufe und in Folge des Unternehmerstreiks 2002/2003 besetzten Arbeiter wegen ausbleibender Löhne, Entschädigungen und Abfindungen nach Entlassung zahlreiche kleine und mittlere Unternehmen. Die Regierung verwies die Fälle zunächst an die Arbeitsgerichte, bevor sie Anfang 2005 zu Enteignungen überging (Ellner 2006a: 85). Obwohl Enteignungen bereits seit 2000 gemäß der Verfassung möglich sind, gab es bis Ende 2006 nur wenige Fälle. Im Januar 2005 wurde die Papierfabrik Venepal (jetzt *Industria Venezolana Endógena del Papel*, Invepal) enteignet und Ende April 2005 die Ventilfabrik CNV (jetzt *Industria Venezolana Endógena de Válvulas*, Inveval). Ab Juli 2005 begann die Regierung, ein besonderes Augenmerk auf geschlossene Betriebe zu richten. Ende September erklärte die Nationalversammlung die Zuckerrohrverarbeitungszentrale von Cumanacoa und den Rohrfabrikanten Sidororca zu Betrieben »von gesellschaftlichem Interesse« und leitete damit die Enteignung ein. Cumanacoa war seit mehr als zwei Monaten von den Beschäftigten besetzt, nachdem in den vergangenen Jahren die Kapazitäten graduell um insgesamt 80% reduziert wurden. Sidororca stand seit Jahren still. In den nächsten Monaten folgten der Schlachthof *Fribasa*, eine Tomatenfabrik des US-Konzerns Heinz, eine Maismehlfabrik der venezolanischen Unternehmensgruppe *Polar (Promabasa)* und einige andere Anlagen, die zuvor von Arbeitern besetzt worden waren.

In den Jahren 2005 bis 2006 bestand ein günstiges politisches Klima für die Übernahme geschlossener und unproduktiver Privatunternehmen. Nach den Niederlagen beim Putsch, beim Erdölstreik und im Abwahlreferendum befand sich die Opposition in der Defensive. Die Notwendigkeit, die Produktion zu fördern, und die Betriebsbesetzungen fielen zusammen. Der Druck und die Rückeroberungen *von unten* fanden ein Echo *von oben*. Im Juli 2005 erklärte Chávez im Fernsehen, 136 geschlossene Unternehmen würden bezüglich einer Enteignung überprüft. Er verlas Listen mit Unternehmen, die sich bereits in Enteignung befänden, mit Unternehmen, deren Enteignung geprüft werde, und mit anderen, die teilweise oder ganz ihre Arbeit eingestellt hätten. Insgesamt ging es um 1.149 Betriebe. Chávez forderte die Bevölkerung auf, geschlossene Unternehmen zu melden, und erklärte am Beispiel einer Fischfabrik:»Wenn die Unternehmer sie nicht öffnen wollen, wird man sie enteignen müssen, und wir öffnen sie.«[12] Arbeitsministerin Iglesias rief Gewerkschaften, Arbeiter und ehemalige Beschäftigte dazu auf, diese»zurückzuerobern«, denn nur so könne die Abhängigkeit Venezuelas überwunden werden. Die UNT erklärte, sie unterstütze die Regierung, und kündigte an, 800 geschlossene Unternehmen zu besetzen (Azzellini 2009c: 174). Tatsächlich wurde in der Folgezeit nur ein geringer Teil davon besetzt. Dies verweist auch auf einen Widerspruch zwischen dem Anspruch, Prozesse von unten zu priorisieren, und dem realen Organisierungsgrad sowie der vorhandenen Eigeninitiative. Offensichtlich verfügen weder die Arbeiter über die Stärke, die Organisierung und das Bewusstsein, um die Besetzungen durchzuführen, noch die staatlichen Institutionen über das Interesse und Engagement, um die angekündigten Vorgehensweisen zu fördern und begleiten. Chávez schien fast der einzige aus der Regierung zu sein, der Übernahmen durch Beschäftigte förderte (Cormenzana 2009b). Die Unterstützung des Staates ist aber von zentraler Bedeutung, da fast alle besetzten bzw. enteigneten Fabriken aufgrund obsoleter Technologie hohe Investitionen benötigen, um die Produktion effizient wieder aufnehmen zu können. Darüber verfügt abgesehen vom unwilligen Privatsektor nur der Staat. Ohne staatliche Unterstützung müssen die Fabriken auf dem kapitalistischen Markt konkurrieren und somit auch die Regeln übernehmen.

Weder die UNT noch die große linke UNT-Strömung CCURA,[13] die eine zentrale Rolle bei zahlreichen Besetzungen und Arbeitskämpfen innehatte, machten die angekündigten Unternehmensbesetzungen wahr. Ohne Druck von unten versandete die Initiative des Präsidenten im bürokratischen Apparat. Jenseits der enteigneten oder aufgekauften Betriebe lag die Anzahl besetzter Unternehmen in Venezuela Ende 2009 bei etwa 40. Ab 2007 wurden die Enteignungen systematischer. Sie zielen darauf, produktive Ketten zu bilden und dem Staat und den *comunidades* die Kontrolle über große Teile der Lebensmittelproduktion und des Vertriebs zu geben, um so die Versorgung sicherzustellen. Doch das geringe institutionelle Engagement in der Vorbe-

---

[12] »Expropiaciones de empresas cerradas anuncia Presidente Chávez«, 18.7.2005, http://www.rnv.gov.ve/noticias/index.php?act=ST&f=2&t=20185, Internetversion vom 12.7.2009.

[13] Die *Klassenorientierte, einheitliche, revolutionäre und autonome Strömung* war bis 2007 eine der größten und aktivsten Strömungen der UNT. Sie hat einen trotzkistischen Hintergrund und spaltete sich 2007 in einen Minderheitenflügel, der den Namen CCURA beibehielt, stark arbeiterzentriert ist, die Regierung als bürgerlich ablehnt, und einen Mehrheitsflügel, der den Namen»Marea Socialista« (sozialistische Flut) annahm und die Regierung kritisch unterstützt.

reitung der Arbeiter auf die Kontrolle der Produktionsprozesse verursacht zunehmend Konflikte. Einige durch den Verbraucherschutz seit 2009 enteignete Unternehmen haben bessere Begleitung erhalten, vor allem wenn die Arbeiter Selbstvertrauen in der Übernahme der Produktion gezeigt haben, wie im Falle des Schlachthofes von Ospino (Portuguesa), der 2008 besetzt und 2009 enteignet wurde.

Die Umsetzung der Orientierungen der Zentralregierung bezüglich Enteignungen und Belegschaftskontrolle wird auch dadurch behindert, dass viele Gouverneure die progressiven Politiken der Zentralregierung nicht vollständig mittragen. Die meisten Enteignungen sind Folge des durch Besetzungen und Mobilisierungen ausgeübten Drucks auf staatliche Institutionen. Erschwerend kommt hinzu, dass die Tradition betrieblicher Kämpfe finanzieller Ausrichtung ist. Die Besetzungen entstehen aus defensiven Situationen, wesentlich motiviert vom Erhalt des Arbeitsplatzes. Ein Prozess der Radikalisierung der Praxis und vertiefter politischer Auseinandersetzung tritt meist erst im Anschluss ein. Die »recuperaciones« und Kämpfe um Nationalisierung sind häufig isoliert und lösen selten eine lokale oder regionale Dynamik aus (Lebowitz 2006: 100-104).[14]

Wie der Fall von Sanitarios Maracay, einer Fabrik für Sanitäreinrichtung in Maracay zeigt, durchqueren die Widersprüche die Regierung und ihre Institutionen wie auch die Belegschaften. Der Betrieb des oppositionellen Unternehmers Àlvaro Pocaterra wurde am 14. November 2006 geschlossen und am gleichen Tag von 550 Beschäftigten besetzt.[15] Die Arbeiter produzierten in Eigenregie weiter Sanitäreinrichtungen und forderten die Nationalisierung unter ihrer Kontrolle. Die Produkte, die seit der Besetzung im Umfeld zu solidarischen Preisen vermarktet wurden, sollten für die Ausstattung der Bäder in staatlichen und kommunalen Wohnungsbauprogrammen dienen. Trotz der organisatorischen Fähigkeit der Arbeiter, das Unternehmen selbst zu führen, und der breiten Mobilisierung rund um den Fall, der in der *Revolutionären Front der Arbeiter von mitverwalteten und besetzten Unternehmen* (Freteco)[16] viel Unterstützung fand, erklärte Arbeitsminister Ramón Ri-

---

[14] Als besondere Ausnahme ist der Kampf der Arbeiter des Stahlwerks Sidor 2007-2008 um Verstaatlichung zu nennen. Trotz der ablehnenden Haltung des bolivarianischen Gouverneurs der Region entwickelte die Bewegung eine starke lokale Verankerung und Mobilisierung, bis Chávez die Verstaatlichung anordnete (I-OL 2008).

[15] »No al cierre de Sanitarios Maracay«, 15.11.2006, in: *Militante*, http://venezuela. elmilitante.org/content/view/5600/167/, Internetversion vom 12.7.2009.

[16] Marxistisches Bündnis kämpferischer Fabriken und Belegschaften, u.a. Inveval, Invepal, Invetex, Siderorca, Tomatera Caisa, INAF, und Aktivisten aus Venirauto, General Motors, Alcasa und der Zuckerrohrverarbeitung in Cumanacoa. Freteco dient als Forum

vero, Trotzkist und Gewerkschafter der FBT,[17] das Unternehmen sei nicht von nationalem Interesse und werde nicht nationalisiert. Nachdem die UNT-CCURA am 22.5.2007 in Maracay einen eintägigen Streik- und Aktionstag organisierte, an dem etwa 3.000 Beschäftigte aus 120 Betrieben die Hauptverkehrsadern der Stadt blockierten und sich mit dem Kampf in Sanitarios Maracay solidarisierten, forderte die Sozialkommission der Nationalversammlung Präsident Chávez und das Ministerium für Leichtindustrie und Handel (Milco) auf, Sanitarios Maracay zu enteignen und den Arbeitern in Selbstverwaltung zu übergeben.[18] Der Arbeitsminister jedoch erzielte ein separates Abkommen mit dem Besitzer und den Verwaltungsangestellten der Fabrik, ohne dass diese ihre Arbeit wieder aufnahm. Die Arbeiter wurden aus der Fabrik gedrängt, kämpfen aber weiter für eine Verstaatlichung unter Arbeiterkontrolle. Im November 2008 sprach Chávez sich öffentlich für die Enteignung und ein Abkommen mit den Arbeitern aus. Bis Mitte wurden 2010 keine konkreten Schritte unternommen.[19]

11.3 Cogestión, Selbstverwaltung und Arbeiterkontrolle

Mitverwaltung, *cogestión*, bezieht sich auf eine Partizipation der Belegschaften an der Verwaltung ihrer Unternehmen. Da keine gesetzliche Grundlage existiert, sind unterschiedliche Modelle der *cogestión* diskutiert und praktiziert worden. Sie gehen meist über die z.b. in der EU gesetzlich festgelegten Mechanismen betrieblicher Mitbestimmung hinaus. Die *cogestión* sollte in Staatsbetrieben und solchen mit staatlicher Beteiligung bzw. Unterstützung gefördert werden.

Die ersten Prozesse der *cogestión* entstanden im April 2003 von unten in den staatlichen Stromversorgern CADELA und CADAFE. Ansätze gab es zugleich auch in PDVSA, die aber schnell im Nichts verliefen. CADELA

---

für die Diskussion sozialistischer Produktionsorganisation und für die Mobilisierung zu Kämpfen. Freteco steht in einem solidarisch-kritischen Verhältnis zur Regierung.

[17] Gemäßigte UNT-Strömung, mittlerweile in FSBT, *Fuerza Socialista Bolivariana de Trabajadores*, umbenannt.

[18] *La Asamblea Nacional de Venezuela pide la expropiación de Sanitarios Maracay*, 1.6.2007, http://www.controlobrero.org/content/view/134/30/, Internetversion vom 12.7.2009.

[19] »Trabajadores de Sanitarios Maracay exigen el pago de pasivos laborales y que se concrete la nacionalización de la empresa«, 22.12.2008, http://www.aporrea.org/trabajadores/n125948.html, Internetversion vom 12.7.2009.

baute bereits früh eine Mitverwaltung mit Beschäftigten und *comunidades* auf (Gómez 2005a, 2005b; Harnecker 2005b; Lebowitz 2006: 102-103). In CADAFE bestanden zunächst Probleme, bis 2010 ein erneuter Anlauf Erfolg hatte. Als wichtige Vorläufer für die *cogestión* gelten die Erfahrungen aus dem Erdölstreik, als in zahlreichen Betrieben die Belegschaften das Funktionieren sicherstellten.

In PDVSA übernahmen die Arbeiter die Führung, wählten kollektiv ihre Leitungen und organisierten die grundlegenden Operationen der Erdölindustrie, die nahezu auf Null heruntergefahren worden waren. Auch in den staatlichen Stromversorgern übernahmen die Arbeiter die Kontrolle (Ellner 2008). Diese enorme kollektive Leistung dauerte aber nur während der Sondersituation des Unternehmerstreiks an.

Vor allem 2005 und 2006 wurden in staatlichen und rückeroberten Unternehmen mit gemischten Eigentumsformen (Staat/Kooperativen) Initiativen und Modelle der Mitverwaltung unterschiedlicher Form und Reichweite gefördert. Angesichts der fehlenden gesetzlichen Regelung kommt es in vielen Unternehmen zu Konflikten um die Art der *cogestión*. Das hat aber nicht nur Nachteile, sondern ermöglicht auch eine Vielfalt unterschiedlicher Modelle, die einer einheitlichen gesetzlichen Reglementierung zum Opfer fallen könnten (I-EL 2007; I-RI 2006).

Der Prozess der Demokratisierung von Unternehmensstrukturen verläuft keinesfalls harmonisch und in zahlreichen Staatsbetrieben gibt es gar keine Mitverwaltung. Vor allem nicht in PDVSA, wo sie von der Unternehmensleitung mit Verweis auf die strategische Bedeutung von PDVSA vermieden wird. Konflikte bezüglich der *cogestión* und Probleme in ihrer Ausübung gibt es auch in den enteigneten, ehemals besetzten Unternehmen. Beispiele dafür sind die beiden zuerst enteigneten Unternehmen Invepal und Inveval oder die staatliche Aluminiumhütte Alcasa.

Privatunternehmer zur cogestión bewegen: Fábrica adentro

Privatunternehmen, die ökonomische Probleme aufweisen oder aus anderen Gründen ihr Produktionsvolumen nicht ausschöpfen, werden über das Programm *Fábrica adentro* (in der Fabrik) des Milco seit Ende 2005 Zugang zu Krediten mit Sonderkonditionen und speziellen staatlichen Förderungen angeboten, wenn sie sich mit ihren Beschäftigten auf eine Form der Mitverwaltung einigen, die ihnen eine Beteiligung an der Verwaltung, der Leitung und den Gewinnen des Unternehmens einräumt. Zu den Bedingungen gehört, dass sie einen Teil der Gewinne (5-15%) in einen Fonds für die industrielle Transformation einzahlen und keine Entlassungen vornehmen bzw. neue Arbeitsplätze schaffen.

Bis Ende 2006 erhielten 847 Unternehmen Kredite und begannen mit der Umsetzung der Vereinbarungen.[20] Davon waren 69 zuvor geschlossen, alle weiteren haben ihre Kapazitäten erweitert und 268 entwickelten zusätzliche Projekte zur Importsubstitution. Hier wird jedoch auch ein Dilemma der *cogestión* deutlich. Während viele Privatunternehmer, zum Teil aber auch das Leitungspersonal von Staatsbetrieben sie in der Logik einer »Sozialpartnerschaft« sehen, die Konflikte vermeidet, Arbeitsplätze schafft und die Produktion steigert, verstehen die UNT, viele Beschäftigte sowie ein Teil der Staatsapparates sie als Zwischenschritt zu einer Arbeiterkontrolle der Unternehmen im Rahmen eines sozialistischen Gesellschaftsmodells.[21]

Die Qualität der Mitverwaltung fällt in den Unternehmen unterschiedlich aus. In einigen Betrieben besteht sie darin, dass die Beschäftigten über individuelle Anteile oder als Kooperative mittels einer Minderheitsbeteiligung in die Unternehmerlogik eingebunden werden, ohne an den Entscheidungsstrukturen beteiligt zu werden. Dadurch können die Beschäftigten nicht über Arbeit oder Produktion entscheiden, teilen jedoch mit dem Haupteigner das Interesse, einen höheren Mehrwert zu produzieren. Das als Mitverwaltung zu bezeichnen, mag zwar Statistiken füllen, zur sozialen Transformation in einem sozialistischen Sinne trägt es jedoch nicht bei. Die Förderung für Privatunternehmer, die für den Binnenmarkt produzieren, besteht weiterhin, nimmt jedoch keine zentrale Stellung mehr ein.

Von der Cogestión zu den Räten

Die Erfahrungen mit der *cogestión* und die Konflikte mit dem Staat und seinen Institutionen haben dazu geführt, dass in den politisch aktiven Belegschaften mittlerer und großer Betriebe Ansätze, die damit einhergehen, dass die Belegschaft zum Miteigentümer wird, in der Regel als gescheitert abgelehnt werden. Postuliert werden dafür Modelle, in denen der Betrieb staatliches bzw. gesellschaftliches Eigentum ist, aber von den Belegschaften und *comunidades* verwaltet wird (Lebowitz 2006: 102f.). Diese Position wird auch von der Freteco und von dem noch größeren Forum von Beschäftigten CST (sozialistische Arbeiterräte), das in den vergangenen Jahren landesweite Seminare zu einer sozialistischen Verwaltung der Wirtschaft und der Unternehmen organisierte sowie entsprechende Vorschlägen erarbeitet und veröffent-

---

[20] »Compañías entregarán 10% de las utilidades al Fondo de Desarrollo Endógeno Industrial«, in: *VTV*, 20.12.2006, www.aporrea.org/actualidad/n88173.html, Internetversion abgerufen am 12.8.2009.

[21] »Nuestra lucha estratégica no es la cogestión sino avanzar hacia el socialismo«, in: *Rebelion.org*, 26.4.2005, Internetversion abgerufen am 12.8.2009.

licht hat, geteilt (MinTrab 2008). Die bis dato angewandte *cogestión* wurde in einem Dokument, das auf einem landesweiten Seminar entstand, als ungeeignet für den Aufbau des Sozialismus kritisiert, da sie einer kapitalistischen reformistischen Vorstellung entspricht. Fälschlicherweise begründe sie das Recht der Mitverwaltung mit dem Eigentum über die Produktionsmittel. In einem sozialistischen Verständnis gründe dieses Recht aber in der »Arbeit in jedweder Form: materiell oder intellektuell, einfach oder komplex – anerkannt als Ursprung des gesellschaftlichen Reichtums«. Auch sei die Frage des Eigentums widersprüchlich, denn »wenn die Aktien aber Privatbesitz einiger Arbeiter und/oder Kapitalisten sind, dann können sie nicht zugleich Eigentum anderer Arbeiter, noch der *comunidades*, noch des gesamten Volkes sein. In Folge können es auch die Überschüsse, die im produktiven Prozess erzeugt werden, nicht sein« (MinTrab 2008: 13). Im Gegenzug wird ein auf Räten – sowohl in den Betrieben als auch in den *Consejos Comunales* – beruhendes Modell einer multiplen und gemischten Verwaltung vorgeschlagen.

Bisher bildeten sich Räte in Unternehmen nur vereinzelt, auch wenn ihr Aufbau seit 2007 selbst von Chávez als normative Orientierung ausgegeben wurde. Der erste Fabrikrat entstand Ende 2006 in Sanitarios Maracay und bestand etwa neun Monate bis zur Räumung; direkt im Anschluss entstanden Räte in INAF, einer Fabrik für Wasserhähne und -leitungen, deren Arbeiter sie 2006 übernommen und eine Kooperative gebildet hatten. Ähnlich verlief es in der 2006 in Maracay besetzten Textilfabrik Gotcha. In Inveval wurden Anfang 2007 Räte eingeführt.

Auch in einigen weiteren Fabriken sind Räte entstanden. Meist handelt es sich um Betriebe, die aus einem Konflikt heraus von den Beschäftigten übernommen wurden. Die Suche nach einer antikapitalistischen Perspektive in der Organisierung der Fabrik lässt die Belegschaften schließlich beim Rätemodell landen.

Die »rückeroberte« Fabrik Inveval

Als erstes Privatunternehmen (jenseits der Ölindustrie) wurde am 19. Januar 2005 Venepal (jetzt Invepal) in Morón (Carabobo) von Präsident Chávez per Dekret enteignet. Die einst größte Papierfabrik Lateinamerikas war gezielt in Konkurs geführt worden (Azzellini 2009c: 181-183). Es folgte am 27.4.2005 die CNV (jetzt Inveval) in Carrizal (Miranda), die Ventile für die Erdölindustrie produzierte und dem Ex-PDVSA-Direktor, Oppositionsführer und Putschbeteiligten Andrés Sosa Pietri gehörte. Das Werk schloss im Zuge des Unternehmerstreiks und sollte nach starken Lohnsenkungen und der Streichung von Abfindungen für die Entlassenen wieder eröffnet werden.

Die Beschäftigten akzeptierten das Vorgehen nicht und 63 besetzten das Betriebsgelände, um die Auszahlung zu fordern. Die Produktions- und Verwaltungsgebäude betraten sie nicht. Der Eigentümer leistete richterlichen Anordnungen zur Wiedereinstellung der Entlassenen und Auszahlung der einbehaltenen Löhne nicht Folge und erwirkte durch seine Kontakte zum Justiz- und Verwaltungsapparat wiederholt Räumungstitel, die wieder annulliert wurden. In den Institutionen fanden die Besetzer zunächst kaum Unterstützung und auch aus dem Gewerkschaftsverband UNT gab es kaum konkreten Beistand. Die Arbeiter gaben die Besetzung Ende 2004 auf. Nach der Enteignung von Venepal fassten sie neuen Mut und besetzten das Werk Mitte Februar 2005 erneut, um den begonnenen Abtransport von Maschinen zu verhindern (Azzellini 2007c: 51-53; Azzellini/Ressler 2004; Cormenzana 2009a: 27-43).

Von der Enteignung zur Cogestión

Was zunächst wie die Lösung der Probleme schien, verlagerte den Klassenkampf auf die Ebene der Auseinandersetzung mit den Institutionen. Während die Arbeiter ermutigt von Chávez' Position für Arbeiterkontrolle eintraten, versuchte die Bürokratie der Ministerien diese zu verhindern. Ob aus Absicht oder Unwissen und Unerfahrenheit, weil sie traditionell-kapitalistischen Parametern folgten oder weil sie ihre Autorität durch Arbeiterkontrolle gefährdet sahen, die Bürokratie des Minep und später des Milco wurde ihrer Aufgabe der Begleitung der Fabrik, um ihr Funktionieren zu garantieren, nicht gerecht. Es begann damit, dass nur Inveval enteignet wurde, nicht aber die an einem anderen Ort gelegene Gießerei Acerven, die ebenfalls zu dem Unternehmen gehört. Ohne diese kann Inveval keine Ventile produzieren, sondern nur Wartung und Reparatur übernehmen. Die Institutionen folgten den ständigen Forderungen nach Enteignung nicht (I-JQ 2006; I-LM 2006; I-NR 2007). Trotz Anordnung von Chávez Mitte 2008, Acerven zu enteignen, dauerte es bis Mai 2010, bis die Enteignung in die Wege geleitet wurde.

Inveval sollte die Arbeit im August 2005 wieder aufnehmen. Dafür musste die Fabrik generalüberholt werden. In den ersten Monaten nach der Enteignung geschah nicht viel. Selbst die vereinbarte staatliche Zahlung des Mindesteinkommens setzte erst ab dem 1. Juli 2005 ein. Als die Mitarbeiter des Minep ihren Entwurf des *cogestión*-Statuts für Inveval vorlegten, wurde er von den Beschäftigten abgelehnt. Von der von Chávez postulierten Arbeiter-Mehrheit in der Unternehmensleitung und einem Arbeiter als Direktor war keine Rede mehr, die Direktoren sollten durch den Staat ernannt werden. Es begannen monatelange Auseinandersetzungen um das Statut. Die Bürokratie schlug ein klassisch-hierarchisches kapitalistisches Statut vor, während die Arbeiter immer wieder eines mit kollektiver Leitung und Arbeiterkontrolle vorlegten. Zwar war auch letzteres nicht ideal, aber es erfüllte seinen Zweck, die Bürokratie auszubremsen. Diese verzichtete auf weitere Vorschläge und Inveval besaß 2008 immer noch kein Statut (Cormenzana 2009a: 82-88; I-LM 2006). Nach harten Verhandlungen und acht gegenseitig abgelehnten Entwürfen wurde am 4. August 2005 ein *cogestión*-Abkommen zwischen Ministerium und Beschäftigten unterschrieben (Prensa INCES 2005). Das Ergebnis entsprach nicht gänzlich den Vorstellungen der Arbeiter, doch war es ihrer Ansicht nach das Beste, was damals zu erzielen war (I-LM 2006; I-NR 2007). Die Fabrik wurde als Aktiengesellschaft neu gegründet und wurde zu 51% Staatseigentum und zu 49% Eigentum einer aus den Beschäftigten bestehenden Kooperative. Die Leitung lag in den Händen der Arbeiterversammlung, die drei der fünf Direktoriumsmitglieder, darunter auch den Fabrikdirektor, wählte. Außer den zwei Direktoriumsmitgliedern ist kein weiteres Staatspersonal in der Fabrik tätig und letztlich unterblieb auch die Entsendung der zwei Vertreter.

Die wichtigen die Fabrik betreffenden Entscheidungen werden in der wöchentlichen Kooperativenversammlung gefällt. Da der Staat die Mehrheit hält, müssen aber weitergehende Entscheidungen dem Ministerium zur Genehmigung vorgelegt werden. Die Versammlung beschloss gleich zu Anfang Lohnerhöhungen, Einheitslohn und den Sieben-Stunden-Arbeitstag. Es wurden verschiedene Bildungsmissionen auf das Fabrikgelände geholt, und etwa zwei Drittel der 61 Beschäftigten nahmen an Bildungsmaßnahmen teil. Einige wurden erst dadurch alphabetisiert oder absolvierten ihren Grundschulabschluss, andere besuchten die Misión Ribas, die Misión Sucre oder Abendkurse in Universitäten (I-JG 2008; I-LM 2006; I-NR 2007; I-VU 2006).

Inveval nahm erst Mitte 2006 die Arbeit wieder auf. Zunächst wurde das Werk renoviert, anschließend begann die Produktion, aufgrund der fehlenden Gießerei allerdings nur die Wartung und Reparatur von Industrieventilen. Versuche, die Ventile in privaten Gießereien herstellen zu lassen, waren nur wenig erfolgreich. Entgegen der vermeintlich vorherrschenden Profitlogik bildeten die Privatunternehmen eine Front und verweigerten die Produktion oder lieferten fehlerhafte Teile (I-JG 2008; I-RA 2008).

In der Fabrik werden auch kontinuierlich Schulungen angeboten, zum Teil selbst organisiert und durch Schulungspersonal vom INCES. Es gab soziopolitische Schulungen und Fortbildungen technisch-produktiver wie auch administrativer Art. Die Ausbildung wird genutzt, um in der Aufhebung der gesellschaftlichen Arbeitsteilung voranzuschreiten. Fest definierte Aufgaben gab es schon 2006 nur für den Präsidenten, die Direktoriumsmitglieder und die Koordinatoren der Produktionsbereiche und Verwaltung. Dabei wird betont, dass der Einsatz dennoch entsprechend der Kenntnisse erfolgt (I-JG 2008; I-LM 2006; I-RA 2008).

Von der Kooperative zur sozialistischen Fabrik

Nahezu zwei Jahre lang versuchten die Arbeiter von Inveval, mit der *cogestión* die Fabrik selbst zu verwalten und sich nach nicht-kapitalistischen Logiken zu richten. Sie stellen fest, dass es nicht möglich war. Die Form der Aktiengesellschaft zwang zu einem marktkompatiblen Handeln und die juristischen Rahmenbedingungen machten eine direkte Verwaltung durch alle Arbeiter unmöglich (I-LM 2006). Die Situation mit dem fünfköpfigen Direktorium führte zu Unzufriedenheit. Die Trennung von Arbeitsfeldern und Entscheidungsebenen verursachte eine größere Apathie der Belegschaft und die Isolierung der Direktoriumsmitglieder. Die Kooperative war nicht nur Teilhaber am Unternehmen, sondern entsprechend auch an dessen Schulden. Die Arbeiter bemerkten, wie sie als Eigentümer in eine kapitalistische Logik gedrängt wurden und nur noch dafür lebten, zu arbeiten und den Kredit abzubezahlen (I-NR 2007):»Die Kooperative fördert den Kapitalismus, denn sie wurde genau in diesem kapitalistischen System geschaffen, und das wollen wir nicht [...], wir haben doch nicht einen Kapitalisten rausgeschmissen, um 60 reinzuholen« (I-JG 2008).

Die Beschäftigten griffen den Vorschlag Chávez' vom Januar 2007 auf, die Revolution durch die Bildung von Fabrikräten zu vertiefen, und beschlossen mit sofortiger Wirkung die Wahl eines Fabrikrates. Der Kooperativenstatus wurde nicht mehr aktualisiert und alle wurden von Inveval direkt angestellt. Die Vollversammlung der 61 Beschäftigten ist das höchste Organ der Fabrik. Sie tritt in der Regel einmal im Monat zusammen und zusätzlich zu wichtigen Entscheidungen. Ihr folgt der aus 32 Sprechern gebildete Fabrikrat. Die Sprecher werden für ein Jahr gewählt und können jederzeit abgewählt werden. Der Rat trifft sich wöchentlich und diskutiert die Punkte, die zuvor in dem nur fünfköpfigen Direktorium evaluiert wurden. Aus dem Rat heraus entstanden Kommissionen mit konkreten Aufgaben wie die Exekutive, Planung, Aktion, Problemlösung und sozio-politische Schulungen. Sie alle stellen ihre Arbeit im Rat zur Entscheidung (I-NR 2007).

Inveval richtete den Vorschlag an das Milco, die Kooperative aufzugeben, das Werk komplett in Staatseigentum zu überführen, dafür aber selbst zusammen mit den *comunidades* die volle Kontrolle auszuüben (I-NR 2007). Der Vorschlag wurde Chávez unterbreitet, der sich auch begeistert von der Idee zeigte, den Markt zu umgehen, indem die produzierten Ventile, die ohnehin zum größten Teil an staatliche oder kollektive Instanzen, die Ölindus-

trie und in kleinerem Maße an das Wasserversorgungssystem und die Zucker-
rohrverarbeitung gehen, nicht mehr verkauft, sondern abgegeben werden.
Inveval schlug vor, jährlich einen Haushalt mit dem finanziellen Bedarf für
Rohstoffe, Arbeitskraft, Löhne und Investitionen in die *comunidades* aufzu-
stellen und die produzierten Ventile ohne Geld zu transferieren (I-JG 2008;
I-NR 2007).

Seit Mitte 2008 ist die Kooperative offiziell nicht mehr Teilhaber von Inveval und die Fabrik steht unter Arbeiterkontrolle. Die Belegschaft hat Studien bezüglich des geldlosen Warentransfers durchgeführt. Trotz der im Mai
2010 endlich eingeleiteten Enteignung der Gießerei Acerven bestehen weiterhin Probleme mit Institutionen. Vor allem Verzögerungen in der Auszahlung
genehmigter Gelder und Probleme mit PDVSA, das versuchte, Aufträge nicht
an Inveval zu vergeben (Cormenzana 2009a: 203-204). Die Entschlossenheit,
Organisierung und politische Selbstschulung der Beschäftigten von Inveval
hat es möglich gemacht, trotz aller institutioneller und privatwirtschaftlicher
Widerstände eine Fabrik unter Arbeiterkontrolle zu führen. Und die letztlich erfolgte Nationalisierung der Gießerei lässt darauf schließen, dass sie sich
auch weiterhin durchsetzen werden.

Die staatliche Aluminiumhütte Alcasa

Mitte Februar 2005 wurde der Ex-Guerillero und marxistische Soziologe
Carlos Lanz von Chávez als Direktor der staatlichen Aluminiumhütte Alcasa in Ciudad Guayana (Bolívar) vorgeschlagen und von der Teilhaberver-
sammlung gewählt. Er sollte eine Mitverwaltung umsetzen. Ziel war neben
der Demokratisierung des Werkes auch, es wieder produktiv und profitabel
zu machen, nachdem es als Vorbereitung auf eine Privatisierung seit 17 Jahren Verluste schrieb. Alcasa gehört zum staatlichen Basisindustrie-Konglo-
merat CVG (Corporación Venezolana de *Guayana*), das dem Ministerium
für Basisindustrien und Minen (Mibam) untersteht. In Alcasa trat nur eine
Gruppe Beschäftigter für die Mitverwaltung ein, die Mehrheit hatte kaum
eine Vorstellung davon.

Die Cogestión Revolucionaria

Lanz formulierte eine *revolutionäre cogestión* als »Veränderung der kapitalistischen Produktionsverhältnisse« mit dem Ziel einer Arbeiterkontrolle (I-
AR 2007). Die Fabrikversammlung beschloss eine Lohnerhöhung von 15%
für die Arbeiter und die Ablösung der Abteilungsleiter, die innerhalb von
zwei Wochen durch drei gleichberechtigte Vertreter ersetzt wurden. Diese
wurden von den Abteilungsversammlungen aus ihrer Mitte gewählt und erhielten den gleichen Lohn wie die Arbeiter. Die Fabrikversammlung wurde

als höchste Autorität festgelegt, ihr folgten die Arbeitstische der Abteilungs-
sprecher[22] und dann die Abteilungsleitungen. Alle wurden in Versammlungen
gewählt und konnten von diesen wieder abgewählt werden. So wurde kollektiv an der Basis über Arbeitsorganisation und Investitionen entschieden
(Azzellini/Ressler 2006).

Diverse Bildungs*misiones* wurden auf das Fabrikgelände geholt und politische Schulungen organisiert. Es entstand die von Arbeitern geführte Aus-
bildungsstätte *Negro Primero* mit Schulungs- und Diskussionsangeboten, in
der rotierend 35 Beschäftigte von Alcasa oder angebundenen Kooperativen
zweiwöchige sozio-politische Schulungen erhalten. Die Schule hat sich zu
einem Zentrum der Debatte und Organisierung für Arbeiterkontrolle und
zum Aufbau von Räten entwickelt. Seit 2007 finden dort auch Studiengänge
der Arbeiteruniversität der UBV statt, die daran ansetzen, Wissen aus der Praxis zu systematisieren und zu erweitern (I-AR 2007).

Alcasa wurde zu einem EPS und begann Kooperativen zur Weiterverarbeitung des eigenen Aluminiums zu gründen. Im November 2005 wählte die Teil-
haberversammlung eine neue Unternehmensleitung. Von den fünf Mitgliedern
(außer Lanz) stammten drei aus der CVG und zwei waren Beschäftigte von
Alcasa. Unter den Stellvertretern waren zwei Angehörige der organisierten
lokalen Bevölkerung: ein Dozent der UBV und eine Wirtschaftswissenschaft-
lerin. Die Produktion konnte unmittelbar um 11% gesteigert werden (Bruce
2005). 2005 und 2006 zahlte Alcasa alle über Jahre bei Arbeitern und Ex-Ar-
beitern akkumulierten ausgebliebenen Lohn- und Rentenzahlungen aus.

Im Juli 2006 stellte sich Lanz als Direktor in der Fabrik zur Wahl und bekam 1.800 von 1.920 abgegebenen Stimmen. Perspektivisch sollte auch die
Unternehmensleitung umstrukturiert werden und aus sieben Mitgliedern und
ihren Vertretern bestehen. Vier davon sollten Arbeiter von Alcasa sein, weitere zwei die CVG bzw. die Regierung repräsentieren und ein weiterer die
organisierte lokale Bevölkerung. Dahinter steckte der Gedanke, die Produktionsstätten nicht als Staats- oder Arbeitereigentum zu begreifen, sondern als
»Volkseigentum«. Daher das Recht der Bevölkerung, in der Unternehmensleitung vertreten zu sein.

Eine neu gegründete Abteilung förderte und begleitete einen Organisie-
rungsprozess der Kooperativen in Alcasa, der in die Gründung zwölf großer
Kooperativen mündete. Alle Kooperativenangehörigen erhielten auf dem
Betriebsgelände Zugang zu den gleichen Leistungen wie die Festangestellten
– Kantine, Transport und Freizeitangebot eingeschlossen. Alle Alcasa-Ab-
teilungen verpflichteten sich, Kooperativen den Vorzug gegenüber Privatun-

---

[22] Auf zehn Beschäftigte kommt ein Sprecher.

ternehmen zu geben. All das wurde schriftlich fixiert, eine allgemeine soziopolitische Schulung der Verwaltung jedoch vernachlässigt. Die Übernahme in Festanstellung der Vertragsarbeiter und Kooperativen auf dem Betriebsgelände wurde in die Wege geleitet.

Ende 2006 unterzeichneten Alcasa und die Betriebsgewerkschaft Sintralcasa[23] einen neuen Tarifvertrag, der im Februar 2007 von der Regierung und den Gerichten bestätigt wurde. Er beinhaltete neben zahlreichen Verbesserungen der Arbeitsbedingungen auch die Einführung von Räten. Die verschiedenen Gremien in dem Unternehmen sollten ihre Vorstellungen präsentieren und die Arbeiter davon ausgehend ein Modell für Alcasa entwickeln. Es begann eine Diskussion über die Einführung des Sechs-Stunden-Arbeitstages in Alcasa.[24]

Die Niederlage der Cogestión: Ursachen und Perspektiven

Im Mai 2007 verließ Lanz Alcasa und der Prozess der *cogestión* brach zusammen. Sein Nachfolger zeigte kein Interesse daran und da keine Statuten aufgestellt worden waren, wurden die kollektiven Entscheidungen nicht mehr als verbindlich angesehen. Viele Beschäftigte sahen in der Folge die Beteiligung an Arbeitstischen als verlorene Zeit an und die Partizipation ging rapide zurück. 2008 bestanden nur noch in vier der 17 Abteilungen der Fabrik Arbeitstische, alle in der Produktion. Die Räte kamen erst gar nicht zustande. Die Produktivität von Alcasa fiel drastisch und das Werk produzierte 2007 etwa 180 Millionen Dollar Verlust (I-CA 2008; I-OL 2008). Der Großteil der Belegschaft setzte sich aber nicht für eine *cogestión* oder für Räte ein. Wie konnte alles so schnell zusammenbrechen? Die Basisindustrien sind durchzogen von klientelistischen Netzwerken aus internationalem und nationalem Kapital und lokaler und regionaler politischer Macht. Vor 1998 hatte der Staat kein Interesse zu intervenieren und danach war er nicht stark genug sich durchzusetzen (Blankenburg 2008: 20-21).

Der Widerstand gegen einen Erfolg der *cogestión* kam auch aus der CVG und Alcasa selbst. Ein Fehler lag darin, in Alcasa nicht zumindest entscheidende Posten ausgetauscht zu haben, vor allem in der Verwaltung. Der Prozess der Mitverwaltung sollte von dem alten Verwaltungsapparat umgesetzt werden. Dieser war aber wesentlicher Bestandteil eines regen Interessenshandels, so wie ein Teil der Arbeiter und Gewerkschaften. Während Lanz' Prä-

---

[23] Sindicato de Trabajadores de Alcasa. Die Vertretung von Sintralcasa wird von der gesamten Belegschaft gewählt. Zur Wahl stellen sich verschiedene Listen.

[24] Eine Wochenhöchstarbeitszeit von 36 Stunden war auch Teil der 2007 gescheiterten Verfassungsreform.

sidentschaft leisteten sie passiven Widerstand, die verstärkte Kontrolle der Geschäfte und administrativen Vorgänge reduzierte ihre Spielräume. Kaum war Lanz weg, kehrten viele zu den korrupten Praxen zurück. Die Stammbelegschaft von Alcasa stieg von 2.700 auf 3.300, doch nur 60 neu Eingestellte stammten wie geplant aus Kooperativen. Kostbare Aluminiumreste wurden wieder tonnenweise unter der Hand verkauft und Alcasa selbst verkaufte wieder Aluminium unter dem Weltmarktpreis gegen Cash (I-CA 2008; I-OL 2008). Auch ein erneuter Wechsel des Alcasa-Präsidenten im April 2008 änderte wenig. Die Kooperativen mussten sich sogar wieder im offenen Wettbewerb um Aufträge bemühen. Es wurde versucht, die Finanzierung von Sozialprojekten der Beschäftigten in den *comunidades*, die aus einem Sozialfonds gefördert werden, einzustellen. Und undurchsichtige Geschäfte bis hin zum Verkauf von Teilen der zur Produktion notwendigen Anlagen setzten sich fort, wie eine *contraloría social* der Arbeiter Anfang 2010 feststellte.[25]

Die Erfahrungen der *cogestión* waren dennoch nicht umsonst: »Dass Hunderte Arbeiter den Prozess der Transformation von Alcasa gestaltet haben, ist äußerst bedeutend. Dass sie auf Versammlungen ihre Meinung gesagt haben und direkt mit der Unternehmensleitung diskutierten, was in dieser Fabrik niemals zuvor geschah, ist eine wichtige Lehre. Die Arbeitstische funktionierten nicht und die engmaschige Bürokratie führte dazu, dass sich die *cogestión* in diesem Zustand befindet, gewissermaßen paralysiert [...], aber mit großen Erfahrungen und Fortschritten. Die Arbeiter haben gelernt, dass es möglich ist, den gesamten Produktionsprozess zu verwalten und zu kontrollieren. Eine große Lehre!!! Wo sie mir doch immer sagten, das sei unmöglich.« (I-OL 2008)

Der Kampf um Arbeiterkontrolle ging weiter. Die Beschäftigten konnten die Schule Negro Primero halten, sie bildeten das *Kollektiv Arbeiterkontrolle* und entwickelten sich zu einer wichtigen Kraft in der Belegschaft. Sie sind an politischer Aufbauarbeit in der Region beteiligt, unterstützten eng die Sidor-Arbeiter im Kampf um Verstaatlichung und beraten sie bezüglich Arbeiterräten und Erfahrungen der *cogestión*. Sie arbeiten mit der UBV, *Consejos Comunales*, Kooperativen und Gewerkschaften aus anderen Sektoren zusammen. Angesichts der Zentralität der Basisindustrien in der Region, vor allem von Sidor und Alcasa, besteht auch in Politik und Verwaltung wenig Interesse an einer protagonistischen Rolle der Arbeiter. Dass die CVG aber umstruktu-

---

[25] Colectivo Control Obrero: Sobre la grave situación en Alcasa y todas las empresas de la indústria básica de Guayana, 9.1.2010, http://el-victoriano.blogspot.com/2010/01/sobre-l-agrave-situacion-de-alcasa-y.html.

riert werden muss und viele der Unternehmen anschließend eine Modernisierungsfinanzierung brauchen, ist allgemein anerkannt.

Im Mai 2009 führte Chávez mit über 300 Beschäftigten aus der Eisen-, Stahl- und Aluminiumverarbeitung der CVG, darunter die Arbeiter des *Kollektiv Arbeiterkontrolle*, ein Wochenendseminar durch, um die Probleme der CVG zu diskutieren. Es wurden neun strategische Leitlinien formuliert, ganz oben stand Arbeiterkontrolle. Eine Ministerialkommission erarbeitete gemeinsam mit den Arbeitern einen Plan zur Transformation der Unternehmen auf Grundlage der beschlossenen Leitlinien. Es entstand der *Sozialistische Plan Guayana 2019*, der im August 2009 von Chávez genehmigt wurde. Die darin festgelegten Investitionen begannen, jedoch wiesen die Arbeiter auf Probleme mit der korrupten internen Verwaltung hin. Die Umstrukturierung ist, wie der Titel des Plans schon deutlich macht, ein langwieriger Prozess. Die Räte wurden nicht angeordnet, was die Arbeiter als positiv ansehen, da sie Ergebnis einer Aufbauarbeit der Beschäftigten selbst sein müssen, um Chancen auf Erfolg zu haben.[26] Nachdem zunächst nichts geschah, nominierte Chávez im Mai 2010 für alle 17 CVG-Fabriken Arbeiter als Direktoren, die zuvor von den an den Debatten beteiligten Arbeitern nominiert wurden. In Alcasa wurde Elio Sayago, Umwelttechniker des Betriebs und von Beginn an Aktivist der Arbeiterkontrolle, zum Präsidenten ernannt. Damit wurde die nächste Runde im Kampf um die Umstrukturierung der CVG und die Einführung einer Arbeiterkontrolle eingeläutet.

11.4 Auf der Suche nach der sozialistischen Ökonomie

Zusammenfassend lässt sich feststellen, dass in Venezuela eine Vielzahl verschiedener Maßnahmen umgesetzt werden, um strukturelle Veränderungen in der Ökonomie sowie die Demokratisierung der Besitz-, Arbeits- und Produktionsverhältnisse voranzutreiben. Einige Ansätze zielen auch auf die Aufhebung der Trennung zwischen Hand- und Kopfarbeit sowie auf die perspektivische Überwindung kapitalistischer Verhältnisse. Andere Initiativen zielen hingegen auf eine bloße Demokratisierung kapitalistischer Verhältnisse. Zugleich gibt es allein schon aufgrund des Umfangs der Maßnahmen im Verhältnis zu der relativ kurzen Zeit auch viele gelungene Initiativen. Dabei ist

---

[26] »Control Obrero«, Publicación de trabajadores de CVG ALCASA, 16. September 2009, Nr. 2, in: *Aporrea.org*, http://www.aporrea.org/endogeno/a86731.html, Internetversion abgerufen am 18.9.2009.

in den vergangenen Jahren ein deutliches Anwachsen der Eigeninitiativen von unten zu beobachten gewesen.

Nach den Schwierigkeiten mit verschiedenen Unternehmensmodellen wird von den organisierten revolutionären Arbeitern und der Regierung das Modell des *direkten sozialen Eigentums* bevorzugt. Es meint gesellschaftliches Eigentum, das direkt von der Bevölkerung mittels Fabrikräten, *Consejos Comunales* und *Comunas* verwaltet wird.[27] In der konkreten Umsetzung entstehen dennoch Konflikte zwischen konstituierender und konstituierter Macht. Im April 2007 forderten die verschiedenen Ministerien die zu ihnen gehörenden Unternehmen auf, Kriterien für eine sozialistische Fabrik zu benennen und vorzuschlagen, wie diese mit den *comunidades* und Regierungsmaßnahmen vor Ort interagieren könnte. Die wenigsten Ministerien und Unternehmen legten Vorschläge vor, darunter Alcasa, Inveval, Cemento Andino und einige andere, doch die Debatte hat sich seitdem ausgeweitet. Ein zentrales Forum bietet *Sozialistische Arbeiterräte* (CST). Auf Kongressen und Seminaren wird periodisch über Fragen sozialistischer Wirtschaftsverwaltung diskutiert (MinTrab 2008: 15f.). Die Debatten sind nicht nur theoretischer Natur. Die Frage einer anderen Ökonomie stellt sich ganz praktisch. Trotz Fehlern und Problemen ist eine Vielfalt an alternativen Unternehmensformen entstanden.

In den Institutionen ist eine Zurückhaltung bezüglich struktureller Veränderungen festzustellen. Rückeroberte Fabriken unter Arbeiterkontrolle sehen sich massiven Propagandakampagnen der Privatmedien ausgesetzt, die kontinuierlich beschwören, die Beschäftigten seien unfähig, ein Unternehmen zu führen. Ähnlich argumentieren auch viele Mitarbeiter der Institutionen (Cormenzana 2009b). Zwar wird von oben – wesentlich vom Präsidenten – eine bestimmte Politik vorgegeben, doch in den einzelnen Institutionen, Programmen und Bundesstaaten wird keine einheitliche Politik umgesetzt. Viele Institutionen scheinen stärker darum besorgt zu sein, die quantitativen Statistiken zu füllen, als mit alternativen Wirtschafts- und Arbeitsorganisierungsmodellen zu experimentieren.

Das gleichzeitige Bestehen alter und neuer sozio-ökonomischer Strukturen und das Experimentieren mit und die Förderung von verschiedensten Unternehmensmodellen ist kostspielig. Venezuela hat trotz gesunkener Rohstoffpreise die finanziellen Spielräume, dies zu tun. Auf mittlere Sicht ist es jedoch unabdingbar, die Korruption zu beseitigen und die *contraloría social* zu stärken, um die sachgerechte und effiziente Verwendung der finanziellen Förderungen zu garantieren (Ellner 2006a: 86f.). Ebenso müssen die klientelistischen Netzwerke, die in die Politik und Verwaltung hineinreichen, zer-

---

[27] Das indirekte soziale Eigentum wird vom Staat verwaltet.

schlagen werden. Die private Aneignung öffentlicher Gelder und Ressourcen erschwert eine industrielle Binnenentwicklung. Da die meisten Geschäfte mit Zulieferern mit einer prozentualen »Kommission« belohnt werden, ist es für viele in entsprechenden Führungspositionen einträglicher, weiterhin im Ausland bei transnationalen Unternehmen zu bestellen, als die Herstellung in Venezuela zu fördern (I-CL 2007).

Als Fabrikorganisation ist offiziell eine Orientierung auf Räte ausgegeben, in der Realität wird von großen Teilen der Verwaltung aber eher versucht, Räte zu verhindern. Verschiedene besetzte und enteignete Fabriken sind seit 2007 auf der Suche nach einer Form der sozialistischen Fabrikorganisation bei Räten gelandet. In den Debatten um Arbeiterkontrolle und Mit- und Selbstverwaltung wird Bezug genommen auf Marx, Gramsci, Trotzki, Pannekoek (Giordani 2009a; Lanz 2007d) und die historische Linie des Rätekommunismus. Ebenso sind auch die Erfahrungen der Mitbestimmung in Jugoslawien und die neueren aus Argentinien bekannt.

Es ist nicht abzuschätzen, ob sich letztlich nicht doch Modelle staatlicher Unternehmensverwaltung durchsetzen. Dass allerdings die Bildung von Fabrikräten nicht von oben forciert wird, ermöglicht ein organisches Wachstum derselben und die Selbstaneignung der Fähigkeit, die Fabrik zu führen. Die entstehenden Räte müssen zwar mit der Bürokratie kämpfen, haben aber den Vorteil, normativ im Recht zu sein. Der Raum für eine Entwicklung in historisch umgekehrter Form scheint gegeben zu sein. Bisher waren in revolutionären Prozessen zunächst Fabrikräte entstanden, um die unmittelbare Frage der Produktion zu lösen, und diese wurden anschließend durch ein bürokratisches Arbeitskommando wieder verdrängt. Vielleicht hat die Organisierung der Produktionsstätten in Räten mehr Erfolg, wenn mehr Zeit zur Diskussion, Selbstschulung und Praxis besteht. Nach Otto Bauer ist ein »bürokratischer Staatssozialismus, der den Despotismus des Unternehmers bloß durch den Despotismus des Bürokraten ersetzt«, nur möglich, »solange sich die Arbeiterschaft die Fähigkeit zur Selbstregierung in ihrem Arbeitsprozeß noch nicht erworben hat« (Bauer 1923: 170f.).

Selbst wenn die Umsetzung nicht geklärt ist, zeugen Vorschläge wie der von Inveval zum geldlosen Warentransfer von einem entschiedenen Willen zur Überwindung kapitalistischer Beziehungen. Auch für die sozialistischen Fabriken lautet die normative Orientierung, sie sollen perspektivisch nicht für die Nachfrage des kapitalistischen Marktes produzieren, sondern zur Erfüllung der gesellschaftlichen Bedürfnisse, und die Güter ungeachtet der Finanzstärke an die Konsumenten transferieren. Derartige Debatten sind wichtig, denn auch wenn heutzutage den ökonomischen kapitalistischen Kategorien meist universelle und transhistorische Gültigkeit zugeschrieben wird, gehören sie zum Kapitalismus. Soziale Strukturen haben ja nur für und in menschlichen sozialen Beziehungen Gültigkeit. Die kapitalistischen ökonomischen Kategorien stellen also nur das Regelwerk der kapitalistisch konstituierten Gesellschaften dar, in die der Mensch »historisch eingetreten ist« (Agnoli 1999).

Bisher sind die kapitalistischen Verhältnisse in Produktion, Vertrieb, Tausch und Konsum in Venezuela im Wesentlichen noch in allen Sektoren intakt. Die meisten Unternehmen befinden sich nicht unter Kontrolle der Arbeiter und der *comunidades* und viele wichtige Sektoren, darunter der Finanzsektor, sind mehrheitlich in privater Hand. Auch die »sozialistischen Unternehmen«, Kooperativen und EPS reproduzieren weiterhin die Grundzüge der Kapitallogik: Die gesellschaftliche Arbeitsteilung und Entfremdung, Arbeitshierarchien und mit Einschränkungen auch das Privateigentum an Produktionsmitteln. Selbst die meisten alternativen Unternehmensformen werden noch von der Rationalität des Kapitals gesteuert und konkurrieren auf dem kapitalistischen Markt. In ihnen wird daher keine Arbeit verrichtet, die nur Gebrauchswert produziert, sondern welche, die nach wie vor Tauschwert produziert. Es ist also notwendig, die Verbindung mit den *comunidades* zu verstärken und eine interne Transformation zu erreichen, sodass Werte wie Solidarität und Gegenseitigkeit maßgeblich sind (Vargas-Arenas 2007: 291). Die Etablierung von kollektiven Produktionsprozessen, die sich nicht nach kapitalistischen Logiken richten, stößt allerdings auf zahlreiche Schwierigkeiten. Selbst auf untester Ebene erfolgen immer wieder Rückfälle in kapitalistisch geprägte Praxen. Besonders die Fragen der Verteilung der Arbeitsleistung und der Einnahmen haben sich in dem weiterhin kapitalistischen Umfeld als sehr problematisch und konfliktiv herausgestellt (I-HV 2007).

Es ist zentral, für die neuen Unternehmensformen eine Möglichkeit zu finden, selbsttragend zu funktionieren. Eine wichtige Strategie *von unten* liegt darin, die positiven Elemente in diesen produktiven Unternehmen zu suchen und zu stärken, die Betriebe miteinander zu vernetzen und darin zu investieren, selbst Veredelung, Lagerung, Transport und Vertrieb übernehmen zu können (I-SV 2007). Der Durchbruch auf dieser Ebene wird entscheidend dafür sein, ob es zu einer radikalen endogenen Entwicklung, zu einer staatsbürokratisch verwalteten Neuauflage einer Importsubstitutionspolitik oder zu einer relativen Fortsetzung des importabhängigen Rentiermodells kommt.

Kapitel 12:
Die Entwicklung Venezuelas in Zahlen

Über die Resultate der neuen Politik herrscht international große Uneinigkeit. In den ersten Jahren leugneten Kritiker des Transformationsprozesses jegliche Fortschritte und sogar den politischen Willen, die Situation der Armen zu verbessern. So habe Chávez zwar eine Beziehung zu seinen Anhängern aufgebaut, jedoch ohne bedeutende soziale Aktivitäten in die Wege zu leiten (Ramírez Roa 2003: 151). Chávez' Politik setze nicht auf »Konsistenz und Nachhaltigkeit«, sondern auf »rasche Effekte und Legitimationshascherei«, geprägt von »politischer Volatilität«, institutioneller Inkohärenz, Korruption, Paternalismus und »verstaatlichtem Massenklientelismus« (Burchardt 2005: 108-111). So seien »die bisherigen Ergebnisse der bolivarischen Sozialpolitik [...] nicht ermutigend – soweit sie überhaupt halbwegs zu bestimmen sind« (Burchardt 2005: 112).

Mittlerweile gibt es nur noch wenige Stimmen, die behaupten, es gäbe statistisch keine Anzeichen dafür, dass Chávez die staatlichen Prioritäten auf die Armen umorientiert habe (Rodríguez 2008: 49). Der Umgang mit Daten zu Venezuela bedarf einer hohen Aufmerksamkeit und der Kontextualisierung, da diese in ihrer Herkunft, Auswahl, Zusammensetzung und Interpretation häufig politischen Interessen entsprechen. Die meisten Wissenschaftler sind sich allerdings einig, dass es eine konsistente Verbesserung makro-ökonomischer und sozial-politischer Indikatoren gegeben hat.

Das BIP Venezuelas entwickelte sich in den vergangenen Jahren sehr positiv. Die Einbrüche 2002 und 2003 liegen im Putsch und dem Unternehmerstreik begründet. Seitdem hat sich das reale BIP fast verdoppelt. Die Krisen machen sich auch in nahezu allen anderen Indikatoren negativ bemerkbar. Die Wachstumsphase fällt mit stark steigenden Erdölpreisen und der gewonnenen staatlichen Kontrolle über das Erdölunternehmen PDVSA zusammen. Letzteres wird von Kritikern meist nicht erwähnt. Die Kontrolle über die eigenen Ressourcen ist aber für periphere rohstoffproduzierende Staaten keine Selbstverständlichkeit und so ist stets zu unterstreichen, dass diese es erlaubte, von dem Rohstoffboom in hohem Maße zu profitieren und eine strategische Entwicklungsplanung vorzunehmen. Kritiker argumentieren, die Verbesserung der ökonomischen und sozialen Indikatoren sei Folge des Erdölbooms, der eine andere Verteilungspolitik erlaubt hätte, ohne strukturell am Rentenmodell etwas zu ändern (Lacruz 2006: 161; López Maya/Lander 2009).

Abbildung 2: Venezuelas BIP 1999-2008 in %

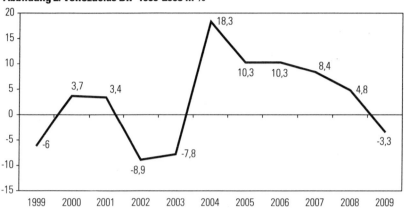

Quelle: Banco Central de Venezuela, http://www.bcv.org.ve/c2/indicadores.asp

Alle Faktoren aufzuzählen, die Einfluss haben auf die Verbesserung der Lebenssituation, ist hier nicht möglich. Doch einige Variablen, die in komparativen Untersuchung herangezogen werden, erlauben es, eindeutig festzustellen, dass andere politische Schwerpunkte gesetzt wurden und es eine klar positive Entwicklung des Lebensstandards der Bevölkerung gegeben hat. So haben sich die realen Pro-Kopf-Sozialausgaben (inflationsbereinigt) von 1998 bis 2006 verdreifacht (Weisbrot/Ray/Sandoval 2009: 3). Selbst die Weltwirtschaftskrise, vor allem die stark gesunkenen Erdöleinnahmen durch den Preisverfall von 70% von Juli 2008 bis Anfang 2009, die 2009 ein Minuswachstum von 3,3% verursachte,[1] verlangsamte die positive Entwicklung, konnte sie aber nicht ins Gegenteil verkehren. Venezuela löste sogar Argentinien als dritte Wirtschaftsmacht Lateinamerikas ab.[2] Die Folgen der Mindereinnahmen sind mittel- und langfristig noch nicht abzuschätzen. Weisbrot/ Ray/Sandoval (2009: 4) merken aber an, Venezuela verfüge über 82 Milliarden Dollar Rücklagen und sei daher sogar in der Lage, eine Zeit lang ein De-

---

[1] Die negativen Krisenfolgen wurden dadurch verstärkt, dass 2009 die Regenzeit aufgrund von El Niño faktisch ausfiel und Venezuela, das seinen Strom zu etwa 70% aus Wasserkraft produziert, Stromrationierungen einführen musste, die auch die Industrie betrafen.

[2] »Venezuela reemplaza a Argentina como tercera economía de América Latina«, in: *Prensa Web RNV, http://www.rnv.gov.ve,* Internet-Version vom 8.6.2010.

Tabelle 6: Beschäftigung und Arbeitslosigkeit 1998-2008

	1998	1999	2000	2001	2002
	in Personen				
Arbeitskräftepotenzial	9.699.300	10.259.200	10.163.900	10.576.000	11.369.000
Beschäftigte insges.	8.605.100	8.691.400	8.682.700	9.123.500	9.611.700
Wirtschaftsbereich:					
Öffentlich	1.402.600	1.348.200	1.352.800	1.378.400	1.364.800
Privat	7.202.500	7.343.300	7.329.900	7.745.100	8.246.900
Sektor					
formaler Sektor	4.403.900	4.253.700	4.110.900	4.491.900	4.752.500
informeller Sektor	4.147.400	4.435.000	4.565.700	4.630.100	4.856.100
	in % des gesamten Arbeitskräftepotenzials				
Arbeitskräftepotenzial	100	100	100	100	100
Beschäftigte insges.	88,7	84,7	85,4	86,3	84,5
Wirtschaftsbereich					
Öffentlich	14,5	13,1	13,3	13,0	12,0
Privat	74,3	71,6	72,1	73,2	72,5
Sektor:					
formaler Sektor	45,4	41,5	40,4	42,5	41,8
informeller Sektor	42,8	43,2	44,9	43,8	42,7
Arbeitslosigkeit	11,3	15,3	14,6	13,7	15,5

Source: Instituto Nacional de Estadistica (INE), 2009; República Bolivariana de Venezuela, 2009.
Note: Data correspond to the first half of every year (from INE's biannual Household Survey).
Quelle: Weisbrot/Ray/Sandoval 2009: 15

fizit zu tragen, wenn der Erdölpreis nicht dauerhaft niedrig bliebe, wovon nicht auszugehen sei.[3]

Das stetige Sinken der Arbeitslosenquote nach dem Einbruch 2002/2003 und die kontinuierliche Ausweitung der Beschäftigung lassen sich noch parallel zur wirtschaftlichen Entwicklung lesen. Doch gegen internationale Trends ist es in Venezuela gelungen, den formalen Beschäftigungssektor stark auszu-

---

[3] Im September 2009 betrug der Preis des venezolanischen Erdöls im Jahresdurchschnitt wieder 52 Dollar pro Barrel und bewegte sich 2010 um die 70 Dollar, der Haushalt für 2009 war von zunächst geschätzten Einnahmen von 60 Dollar pro Barrel auf 40 Dollar heruntergerechnet worden, der Unterschied wesentlich über Neuverschuldung überbrückt. Auch hier steht Venezuela gut da. Die öffentliche Schuldenlast verringerte sich seit 1998 von 30,7 auf 14,3% des BIP. Die staatliche Auslandsverschuldung sank von 25,6 auf 9,8% des BIP (Weisbrot/Ray/Sandoval 2009: 4).

2003	2004	2005	2006	2007	2008
11.793.500	12.036.300	11.936.500	12.056.500	12.211.800	12.433.900
9.524.800	10.035.700	10.344.100	10.783.200	11.092.100	11.469.600
1.371.300	1.491.700	1.633.600	1.804.800	1.930.000	2.064.500
8.153.400	8.544.000	8.710.600	8.978.400	9.162.100	9.405.100
4.528.800	4.923.200	5.387.100	5.853.400	6.222.700	6.445.900
4.988.400	5.108.800	4.924.200	4.929.700	4.869.400	5.023.700
100	100	100	100	100	100
80,8	83,4	86,7	89,4	90,8	92,2
11,6	12,4	13,7	15,0	15,8	16,6
69,1	71,0	73,0	74,5	75,0	75,6
38,4	40,9	45,1	48,6	51,0	51,8
42,3	42,4	41,3	40,9	39,9	40,4
19,2	16,6	13,3	10,6	9,2	7,8

weiten und den informellen Sektor zurückzudrängen. Und die Zahl der Empfänger einer staatlichen Alters- oder Invalidenrente wurde von 387.007 im Jahr 1998 auf 1.544.856 in 2010 gesteigert.[4] Entgegen jeder neoliberalen Logik wird hier deutlich soziale Gerechtigkeit umgesetzt. (Siehe Tabelle 6.)

Positiv ist auch die Entwicklung Venezuelas bezüglich allgemeiner Indikatoren wie Human Development Index (HDI, Abbildung 3) oder Gini-Index (Tabelle 7). Der HDI setzt sich aus der Lebenserwartung, dem Alphabetisierungsgrad, der Verbreitung der Schulbildung und dem durchschnittlichen Pro-Kopf-Einkommen zusammen. Der Index ist seit den 1990er Jahren zunehmender Kritik ausgesetzt, da nicht-monetäre Leistungen, Preisniveau und

---

[4] Quelle: Agencia Venezolana de Noticias (AVN), »IVSS incorpora a 12.073 nuevos pensionados«, 19.9.2010.

Abbildung 3: Nationaler Human Development Index 1988-2007

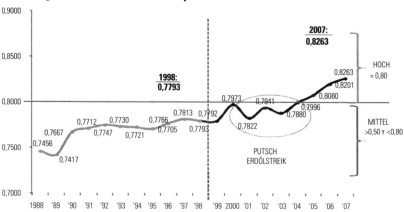

Quelle: Instituto Naciónal de Estadistica, http://www.ine.gov.ve/. Zuletzt abgerufen am 13.1.2008

ökologische Aspekte nicht mit eingerechnet werden und das durchschnittliche Pro-Kopf-Einkommen nichts über die Verteilungsgerechtigkeit aussagt. Dennoch hat sich Venezuelas Stellung im HDI beachtlich verbessert. Noch positiver ist die Performance bezüglich des Gini-Koeffizienten:[5] Venezuela verfügt mittlerweile über den besten Lateinamerikas, obwohl sich auch hier die Probleme des HDI wiederholen, dass bestimmte Leistungen nicht miteinfließen, obwohl sie zur Armutslinderung beitragen. So z.B. die Essens- und Lebensmittelgutscheine, die Beschäftigte des Staates oder privater Unternehmen in Venezuela zusätzlich zu ihrem Lohn erhalten und die für viele einen wichtigen Teil des Einkommens ausmachen.

Die Armut konnte von über 50% im Jahr 1998 zunächst gesenkt werden, bis Putsch und Unternehmerstreik sie in der zweiten Jahreshälfte 2003 auf über 62% hochkatapultierten. Seitdem sank sie wieder kontinuierlich und erreichte 2008 die 30-Prozent-Marke und im zweiten Semester 2009 trotz Krise 23%. Die extreme Armut sank im gleichen Zeitraum von weit über 20% auf 6% im zweiten Semester 2009.[6] Damit erreichte Venezuela das Millenniumsziel,[7] die Rate der extremen Armut zu halbieren, lange vor 2015, während die

---

[5] Damit wird das Ungleichverteilungsmaß in Gesellschaften errechnet. Bei völliger Gleichverteilung liegt der Wert bei 0, bei maximaler Ungleichverteilung bei 1.

[6] »Pobreza en Venezuela ha disminuido en 10 años de gestión del Gobierno Bolivariano« in: ABN/Correó del Orinoco, 4.3.2010.

[7] Im September 2000 einigten sich alle UNO-Staaten auf die Millenniumsziele. Bis 2015 wollten sich alle dafür einsetzen, 18 festgelegte Ziele zu erreichen, um so die Un-

Tabelle 7: Armut und Gini-Index 1995-2007

Jahr	Periode	Haushalte (in % aller Haushalte)		Bevölkerung (in % der Gesamtbevölkerung)		Ungleichheit
		Armut	Extreme Armut	Armut	Extreme Arumt	Gini index
1995	1. Halbjahr	54,7	24,5			46,78
	2. Halbjahr	53,2	23,8			47,82
1996	1. Halbjahr	70,8	39,5			48,78
	2. Halbjahr	64,3	32,7			49,22
1997	1. Halbjahr	55,6	25,47	60,9	29,51	46,96
	2. Halbjahr	48,10	19,32	54,50	23,37	48,98
1998	1. Halbjahr	49,0	21,0	55,4	24,66	58,65
	2. Halbjahr	43,9	17,06	50,4	20,34	47,02
1999	1. Halbjahr	42,8	16,6	50,0	19,89	46,93
	2. Halbjahr	42,0	16,89	48,7	20,15	48,51
2000	1. Halbjahr	41,6	16,65	48,3	19,49	47,72
	2. Halbjahr	40,4	14,89	46,30	18,02	45,07
2001	1. Halbjahr	39,1	14,17	45,5	17,36	45,73
	2. Halbjahr	39,0	14,04	45,40	16,94	47,72
2002	1. Halbjahr	41,50	16,58	48,10	20,13	49,44
	2. Halbjahr	48,6	21,04	55,4	25,03	47,98
2003	1. Halbjahr	54,0	25,09	61,0	30,22	48,11
	2. Halbjahr	55,1	25,03	62,1	29,75	46,47
2004	1. Halbjahr	53,1	23,46	60,2	28,1	45,5
	2. Halbjahr	47,0	18,6	53,9	22,5	45,4
2005	1. Halbjahr	42,4	17,0	48,8	20,3	47,48
	2. Halbjahr	37,9	15,3	43,7	17,8	47,71
2006	1. Halbjahr	33,9	10,6	39,7	12,9	44,22
	2. Halbjahr	30,6	9,1	36,3	11,1	43,7
2007	1. Halbjahr	27,46	7,63	33,07	9,41	42,37
	2. Halbjahr	28,5	7,9	33,6	9,6	42,11
2008*		26,0	7,0	31,5	9,5	40,99

Quelle: Instituto Nacional de Estadistica (INE), 2009; República Bolivariana de Venezuela and Fundación Escuela de Gerencia Social (FEGS), 2009.
*Anmerkung: Angaben für 2008 vorläufig
nach: Weisbrot/Ray/Sandoval 2009: 10.

meisten Länder noch weit davon entfernt sind, wenn sich die Situation nicht sogar noch verschlechtert hat.

Die Kindersterblichkeit konnte von 26,5 pro Tausend Lebendgeborene im Jahr 1998 (Weisbrot/Ray/Sandoval 2009: 11) auf 13,7 im Jahr 2007 (GBV 2008: 19) gesenkt werden. Der Trinkwasserzugang mittels Hausleitung wurde von 1998 bis 2005 in urbanen Gebieten von 87,68 auf 93,65% und in ländlichen Regionen von 54,92 auf 71,29% gesteigert.[8] Schließlich hat auch die Bruttoschulrate auf allen Ebenen zugenommen. Die Zahl der Schüler, die in der Schule Essen bekommen, ist von 1,165 Mio. 1998/1999 auf 4,055 Mio. 2007/2008 gestiegen.[9] Und auf die Frage, ob schon einmal im Leben Internet genutzt wurde, antworten 2008 53% mit Ja, der höchste Wert des Kontinents, dessen Durchschnitt bei 35% liegt (Latinobarómetro 2008: 69).

Die Politiken der Chávez-Regierung haben deutlich positive Auswirkungen auf die soziale Gleichheit. Kritische Bereiche bleiben, auch wenn Fortschritte zu verzeichnen sind, neben dem Wohnungsbau auch Justiz, Korruption, Sicherheit und Straftaten der Repressionsorgane. Die Befürchtungen mancher Autoren, die *misiones* seien paternalistische Mechanismen, die nur der raschen Popularitätssteigerung der Regierung im Hinblick auf Wahlen dienen (Alvarado 2004: 46f.), bestätigten sich nicht. Die Praxis der *misiones* hat sich in den meisten Fällen bewährt. Jenseits von Barrio Adentro und Mercal, die aufgrund ihrer Reichweite und Wirkung als relevanteste gewertet werden (Vera 2008: 120), sticht der Bereich Bildung besonders hervor. Und auch Maßnahmen wie die Legalisierung der urbanen Grundstücke oder die Verbesserung und der Bau eines Trink- und Abwassersystems in den Armenvierteln wären ohne die aktive Partizipation der Bevölkerung weitgehend unmöglich oder zumindest wesentlich schwerer und langwieriger gewesen (I-RI 2006).

Inwieweit die *misiones* das Modell für die Organisierung der öffentlichen Verwaltung des neuen Staates darstellen, oder zumindest des Staates in seiner Transitionsphase zum Sozialismus und zum *Estado Comunal*, und die vorhergehenden bürokratischen Strukturen ersetzen können, ist noch unklar (Lander 2007a: 73). Allerdings führt das stark ausgeprägte Verständnis konstituierender Macht in Venezuela auch dazu, dass das Institutionengefüge flexibel

---

terschiede zwischen »Entwicklungsländern« und Industrienationen zu verringern und die Lebenssituation weiter Teile der Weltbevölkerung zu verbessern.

[8] SISOV, http://www.sisov.mpd.gob.ve/indicadores/MM0700200000000/, Internetversion vom 16.5.2009

[9] Gráficos del Mensaje Anual del Presidente 2009, http://www.minci.gob.ve/doc/todos_los_graficos_mensaje_anu.pdf, Internetversion abgerufen am 16.5.2009.

gedacht wird und der Anspruch, Institutionen seien für die Ewigkeit geschaffen, gar nicht besteht (I-RI 2006). Die Stärke der *misiones* ist zugleich auch ihre größte Schwäche. Die Aufrechterhaltung einer Doppelstruktur ist finanziell kostspielig und die Informalität, die es ermöglicht, die Betroffenen schneller und umfassender zu erreichen, begünstigt auch Unregelmäßigkeiten und eine unerwünschte Zersplitterung der Sozialprogramme (Lander 2007a: 72f.; Vera 2008: 120). Eine Effizienz weisen vor allem die *misiones* mit hohem Institutionalisierungsgrad auf, wie Barrio Adentro oder die Misión Sucre, bei denen aber die Professionalisierung zu einer Abnahme der popularen Partizipation, im Sinne von Mitgestalten und nicht nur Leistungen zu empfangen, geführt hat. Die Tendenz zu einem Finanz- oder Leistungstransfer ist auch in anderen Programmen ab 2006-2007 zu beobachten gewesen, allerdings ungeachtet ihrer Professionalisierung oder Institutionalisierung (I-AA 2008). Gegen die Zwangsläufigkeit einer solchen Entwicklung sprechen wiederum die Erfahrungen der CTU und der CCs.

Die Erfahrungen bezüglich der von oben mittels öffentlicher Politiken angestoßenen popularen Organisierung sind sehr unterschiedlich und sowohl von der zuvor existierenden Erfahrung der Basisorganisierung als auch vom jeweiligen Gegenüber in den öffentlichen Institutionen abhängig. Das Spektrum reicht von »Erfahrungen, in denen Klientelismus und Paternalismus stärker präsent sind, bis zu solchen, in denen es sowohl gelungen ist, seitens der Organisationen und Comunidades einen höheren Grad der Autonomie gegenüber den öffentlichen Institutionen zu erlangen, die diese Politiken fördern, als auch Tendenzen der Demokratisierung in denselben öffentlichen Instanzen zu fördern« (Lander 2007a: 73).

Zweischneidig ist auch die öffentliche Finanzierung: Sie ermöglicht viele Initiativen und fördert die Selbstorganisierung, da positive Effekte schnell spürbar sind, zugleich aber hemmt sie auch die autonome Organisierung von unten, da das Abhängigkeitsverhältnis den Klientelismus fördert. Für Lander ist dies »eine der wichtigsten potenziellen Spannungen in den Beziehungen zwischen dem venezolanischen Staat und den popularen Sektoren. Die Demokratie, die aufgebaut werden kann, wird im Großen und Ganzen davon abhängig sein, auf welche Weise diese Spannungen angegangen werden« (Lander 2007a: 73). Das Verhältnis zwischen konstituierter und konstituierender Macht ist zentral. Genau in diesem Spannungsverhältnis liegt das emanzipatorische Potenzial des Bolivarianischen Prozesses.

Teil 4
Formen lokaler territorialer Partizipation:
Die Consejos Comunales und ihre Vorläufer

»Die konstituierende Macht kann ein Element des Rechts sein, das heißt eine Institution, die ständig neue Institutionen hervorbringen muss. Allerdings bedarf es eines Orts, um das zu tun.« (Negri 2008: 10)

»Aller Anspruch eines Aufbaus, der mit einer theoretischen Ausarbeitung verknüpft ist, die von dem Streben der Erwartungen und Werte getrennt ist, die in den popularen Sektoren präsent sind, wird dazu beitragen, eine neue Herrschaft zu installieren. Das bedeutet nicht, die Theorie zu negieren. Das Problem liegt darin, die Theorie oder Wissenschaft oder Philosophie nicht mit dem Bewusstsein zu verwechseln. Das Bewusstsein kann niemals von außen kommen.« (Soto/Ávila 2006)

Seit 1999 sind eine Vielzahl von Partizipationsmechanismen experimentiert worden. Die konstituierende Macht hat sich ihren Weg gesucht zwischen eigenen und institutionellen Initiativen, zwischen Autonomie und Kooptation und jede weitere Struktur ist Ergebnis genau dieses Spannungsfeldes. Die Suche nach einem Rahmen für die partizipative und protagonistische Demokratie ist bei *poder popular* und Sozialismus angelangt. Beides knüpft an die historische Linie der Kommune an und nicht an die des Staates. Die Idee der lokalen Selbstverwaltung kann auch an die historischen Erfahrungen der Indígenas (I-HV 2007) und Afro-Venezolaner anknüpfen sowie an lateinamerikanische marxistische Ideen wie die des Peruaners José Carlos Mariátegui. Chávez spannt auch einen Bogen zu Simón Rodríguez, der sich unter dem Namen der Toparchie für lokale populare Regierungen aussprach (Chávez 2008: 43).

Nach dem Scheitern des ersten Ansatzes lokaler Partizipation, den *Lokalen Räten der Öffentlichen Planung* (CLPP), griff Chávez die *von unten* entstandenen *Consejos Comunales* (CCs) auf, propagierte sie und verlieh ihnen einen wichtigen Schub. An vielen Orten entstanden CCs, allein nachdem die Gesetzesinitiative bekannt geworden war. Der Einsatz von Chávez für die CCs stärkte allgemein die Form der Räte, sodass ab Anfang 2006 gesagt werden kann, das Räteprinzip kommt ins Rollen (I-RD 2006).

Die CCs wirken zurück auf das Modell des Staates. Die staatliche Funktion der Fürsorge wird nicht mehr von einer spezialisierten Bürokratie wahrgenommen, sondern indem die finanziellen und öffentlich-technischen Ressourcen an die *comunidades* übertragen werden (FCG 2008: 6). Die lokale Autonomie ist aber weder eine Abschottung noch ein Gegengewicht zur Staatsmacht, sondern eine Selbstverwaltung und Vernetzung, welche die Trennung von Politik, Sozialem und Wirtschaft aufhebt und den Staat in seiner Form tendenziell überflüssig macht. Chávez bezeichnet die CCs als konstituierende Macht (2008: 15). Sie haben das Potenzial, eine Institution der konstituierenden Macht zu sein. Der Ort, an dem sie Form annehmen, ist allerdings nicht die Metropole, wie Negri (2008: 10) annimmt, sondern es die *comunidad* (als Gemeinschaft, nicht als administrative Einteilung), sei es in ländlichen, urbanen oder metropolitanen Regionen. Und in letzteren beiden sind es vor allem die Randgebiete, die sich durch einen populären Protagonismus auszeichnen (Lacabana/Cariola 2005b: 29). Die Erfahrung in den Metropolen hat gezeigt, dass dort die politische Konfliktivität und die soziale Fragmentierung größer sind. Das hat die Situation für konstituierende Prozesse im Vergleich zu ländlichen Gegenden erschwert und in die Länge gezogen (Parada 2007). So ist der Anteil der in CCs organisierten Bevölkerung in ländlichen Regionen höher als in urbanen (Romero Pirela 2007: 136) und auch die ersten *Comunas* entstanden im ländlichen Raum.

Aus den verschiedenen historischen Erfahrungen und der Logik lokaler Partizipation heraus ergeben sich eine Reihe Punkte, die als Bedingungen für einen Erfolg bezeichnet werden können. Dazu gehört eine Dezentralisierung der Dienstleistungen der öffentlichen Verwaltung, aber ebenso der Finanzen, der Initiative und der Entscheidungsmacht. Erfolgt nur der erste Schritt, wie in neoliberalen Modellen, dann kann von Partizipation keine Rede sein.[1] Die Notwendigkeit, Räume der Partizipation zu schaffen, liegt auf der Hand, aber zugleich müssen die Organisationsformen für die Partizipation geschaffen und gefördert werden, denn sie entstehen meist nicht von alleine. Die Bevölkerung bedarf auch ausreichender Informationen, um eigene Entscheidungen treffen zu können. Ist sie nicht in der Lage, an diese zu gelangen, oder sind diese gar nicht zugänglich, dann wird es kaum protagonistische Partizipation oder autonome Entscheidungen geben können.

Angesichts der Erfahrung mit verschiedenen Modellen der lokalen Partizipation in Lateinamerika verlangt»eine demokratische Verwaltung den Respekt der organisatorischen und kulturellen Traditionen der Leute« (Harnecker 2003b). Es ist grundlegend, von den unmittelbaren Interessen der Leute auszugehen, und zwar jenen,»welche von diesen Leuten als unmittelbar empfunden werden, und nicht wie so oft um jene, welche die lokalen Verwaltungen glauben, dass sie ihre unmittelbaren Interessen sind« (Harnecker 2003b). Ebenso ist eine organisatorische Autonomie der Bevölkerung von der konstituierten Macht notwendig. Das meint nicht, die Bevölkerung könne nicht Chávez oder den Prozess unterstützen, sondern dass ihre Ent-

---

[1] Auch Modelle der Dezentralisierung der Institutionen der Stadtverwaltung in kleinere dezentrale Büros vor Ort mag zwar bequemer sein, ändert aber nichts am Verhältnis Bürger-Staat.

scheidungen tatsächlich von ihr selbst getroffen werden und nicht im Interesse anderer stehen müssen. Selbst wenn die konstituierte Macht normativ das Ziel hat, eine Autonomie der popularen Organisierung zu fördern, sind die Institutionen, die sie geerbt hat, sowie die Logik, die ihnen inne wohnt, nicht darauf ausgelegt, die Partizipation auszuweiten und die Autonomie zu fördern. Das heißt, die konstituierende Macht muss immer wieder Druck ausüben auf die konstituierte Macht. Die Autonomie ist zudem wichtig, um das Risiko zu verringern, dass die konstituierende Macht bloß die Strukturen und Funktionsweisen der konstituierten Macht reproduziert, und um Fehler schneller auszumachen und korrigieren zu können.

Kapitel 13:
Ursprünge der Consejos Comunales und Vorläufer der lokalen Partizipation

Hier werden Mechanismen lokaler Partizipation vorgestellt, die den *Consejos Comunales* vorausgingen. Vor allem nach der Stabilisierung der politischen Situation ab dem Jahr 2004 kam es zu Versuchen, Formen »lokaler Regierung« aufzubauen, in der die Bevölkerung an den Entscheidungen partizipiert. Einige davon wurden bereits 2000-2001 diskutiert, ihre Implementierung jedoch durch den Putsch und den Erdölstreik unterbrochen. Es handelte sich meist um vereinzelte Ansätze, dennoch sind auch die weniger erfolgreichen oder gescheiterten Ansätze Teil eines Fundus an Erfahrungen, aus denen die Suche nach Formen lokaler Selbstverwaltung schöpfen kann.

13.1 Partizipativer Haushalt

Das vorwiegend aus Porto Alegre (Brasilien) bekannte Modell des partizipativen Haushaltes wurde in ähnlicher Form bereits 1990 von Clemente Scotto in Caroní (Bolívar) eingeführt (Scotto 2003). Hinzu kamen ab 1999 die Munizipien Guacara und Libertador (Carabobo), Iribarren und Torres (Lara), Paéz (Portuguesa), Libertador (Stadt Caracas) und Libertador (Mérida). Nicht überall war der partizipative Haushalt allerdings tatsächlich partizipativ. Als positives Beispiel gilt das Munizip Torres, als negativ hingegen die Verwaltung von Carlos León in Libertador (Mérida).[2]

Der partizipative Haushalt ist in Artikel 62 der Verfassung enthalten und wird in Artikel 184 ausgeführt. Im Gesetz zur Kommunalverwaltung *(LOPPM 2005) werden die Bedingungen für die Integration der Vorschläge der comunidades in den munizipalen Haushalt definiert (Art. 234). Der partizipative Haushalt wird als Mittel der Bevölkerung zur Ausübung der Souveränität bezeichnet (Art. 261) und als Instrument definiert, mittels dessen die Nachbarschaft die Aufstellung, Ausübung, Kontrolle und Evaluierung des jährlichen Haushaltes der Munizipien miterarbeitet, diskutiert und entscheidet (Art. 271). Im Gesetz zu den Lokalen Räten der Öffentlichen Planung (CLPP*

---

[2] Zum partizipativen Haushalt in einigen Munizipien siehe http://www.participatorybudgeting.org/.

*2003) ist der partizipative Haushalt im munizipalen Entwicklungsplan ent-
halten (Artikel 35) und die partizipative Diagnose wird als wichtiger Teil der
Erarbeitung des partizipativen Haushalts (Artikel 36) definiert.* Das Modell
der CCs geht darüber hinaus, indem es nicht nur die Entscheidung über die
Schwerpunkte der Finanzierung, sondern auch die Ausarbeitung und Durch-
führung von Projekten sowie einen Teil der Finanzen direkt in die Hände der
Bevölkerung legt. Der partizipative Haushalt ist somit in Venezuela immer
Teil umfassenderer Konzepte.

13.2 Der gescheiterte Ansatz der CLPP

Die *Lokalen Räte der Öffentlichen Planung* (CLPP) sind in Artikel 182 der
Verfassung von 1999 als Mechanismus der Partizipation der Bürger an der
Planung und Entscheidung der lokalen Ausgaben und Politik enthalten und
wurden im Mai 2002 gesetzlich verankert (LCLPP 2002). Angelehnt an das
Modell des partizipativen Haushalts sollten sie die Bevölkerung befähigen,
die lokale Politik mitzubestimmen, Prioritäten in der Finanzierung festzulegen und über das brasilianische Modell hinaus eine partizipative Diagnose
und Planung sowie die direkte Finanzierung von Projekten aus den *comunidades* zu ermöglichen. Den CLPP kam zu, über die 20% der Finanzmittel des Dezentralisierungsfonds FIDES zu entscheiden, die laut Gesetz der
»organisierten lokalen Zivilgesellschaft« vorbehalten sind (Ellner 2008; Lander 2007a: 74; MPD 2002; Wilpert 2007: 56). Die Partizipation blieb jedoch
meist nur ein Anspruch. Anstatt zu einem partizipativen und demokratischen
Mechanismus zu werden, reproduzierten die CLPP die Logiken der repräsentativen Institutionen (Parker 2006: 92). Zu der ebenfalls im Gesetz vorgesehenen Gründung von *Consejos Comunales* als unterste Instanz kam es so
gut wie nicht, da die Initiative den Bürgermeistern oblag. Mit dem Gesetz zu
den *Consejos Comunales* im April 2006 verloren die CLPP praktisch an Bedeutung. Mit einer Reform des CLPP-Gesetzes am 14.11.2006 wurden die
CCs der Hoheit der CLPP entzogen und eigenständig (Diniz/López 2007:
193). Auch wenn die CLPP vereinzelt weiter bestanden, übten sie kaum noch
Funktionen aus, da sie als Form der lokalen Partizipation von den CCs abgelöst wurden (Ellner 2008; I-LH-2007).

Die CLPP setzten sich aus dem Bürgermeister (als Präsident), den Stadträten, den Vorsitzenden der Bezirksversammlungen (*Juntas Parroquiales*) und
den Repräsentanten der Nachbarschaftsorganisationen der *Parroquias* (Stadtbezirke) und der organisierten Bevölkerung nach Sektoren zusammen, mit einer Stimme Mehrheit der organisierten Bevölkerung (LCLPP 2002: Art. 3).

Sie sollten gemäß Gesetz die Bedürfnisse des Munizips analysieren, die Vorschläge der Bevölkerung mit speziellem Gewicht auf den organisierten *comunidades* sammeln, verarbeiten und an der Ausarbeitung und Orientierung des lokalen Haushaltes mitwirken, die Vorschläge für den munizipalen Entwicklungsplan formulieren und ihn auf Bedürfnisse und Fähigkeiten der Bevölkerung ausrichten, die Ausführung des Entwicklungsplans überwachen und prüfen sowie die Übergabe von Kompetenzen und Ressourcen der Stadtverwaltung an die organisierte *Comunidad* fördern und organisieren. Die CLPP mussten innerhalb von 120 Tagen nach Inkrafttreten des Gesetzes in allen Munizipien aufgebaut werden (LCLPP 2002).

Die CLPP waren eigentlich als ein Element eines Planungssystems mit weiteren übergeordneten Ebenen gedacht. So sollte nach Artikel 166 der Verfassung in jedem Bundesstaat ein Bundesstaatlicher Rat für Planung und Koordination der öffentlichen Politiken (CEPP) entstehen (LCEPCPP 2002). Dieser sollte sich aus Vertretern der verschiedenen repräsentativen Ebenen im Bundesstaat und einer Minderheit von Vertretern von Basisorganisationen zusammensetzen (LCEPCPP 2002: Art. 6). Schließlich sollte ein Föderaler Regierungsrat (CFG), gebildet nur aus Repräsentanten der Ebenen der konstituierten Macht, auf nationaler Ebene zuständig sein für die Dezentralisierung und den Haushalt des *Interterritorialen Ausgleichsfonds*. Für Groß-Caracas wurde im Oktober 2005 der Metropolitane Rat für die Planung der Öffentlichen Politiken (CMPPP) gegründet.

Tatsächlich geschah nach der Verabschiedung des CLPP-Gesetzes erst einmal fast nichts. 2003 begannen verschiedene Initiativen, die CLPP zu konstituieren, doch weder die Bevölkerung noch die verschiedenen Verwaltungsebenen wussten, wie die CLPP angegangen werden sollten. Hinzu kamen mangelnde Unterstützung der Regierung sowie Desinteresse und Widerstand der lokalen Autoritäten. Die wenigen CLPP, die nach Verabschiedung des Gesetzes entstanden, waren wesentlich durch die Erfüllung des Gesetzes motiviert. Auch Putsch und Erdölstreik trugen dazu bei, die CLPP in den Hintergrund zu rücken (Lander 2007a: 76; Wilpert 2007: 57). Mit zunehmender Organisierung der Basisbewegungen wurde die Forderung nach Konstituierung der CLPP ab Mitte 2003 stärker.

Vor allem die im Gesetz enthaltene Möglichkeit, 20% der FIDES-Gelder für die organisierten *comunidades* zu beanspruchen, und die Klausel, der Haushalt der Munizipien müsse von den CLPP gebilligt werden, standen im Mittelpunkt des Interesses von unten. Doch die meisten oppositionellen wie auch bolivarianischen Bürgermeister vermieden weiterhin die Konstituierung der CLPP (FCG 2008: 11; Lander 2007a: 76; Wilpert 2007: 58). Ab 2004 entstanden sie dennoch zunehmend. Unwillig, die Entscheidungsgewalt und Finanzen mit der Basis zu teilen, instrumentalisierten die meisten Bürgermeister die CLPP und manipulierten sie so, dass sie mehrheitlich aus ihren Gefolgsleuten bestanden, oder die Anträge, die über die CLPP kamen, und die Auszahlung der Gelder wurden verzögert und ignoriert. Einige politische Fraktionen versuchten, sich durch die Usurpation vermeintlicher Repräsentation auf Ebene der *Parroquia* politische Machtquoten zu sichern. Die klientelistischen Mechanismen der Munizipien weiteten sich auf die Bezirke aus. Durch die »Reproduktion der repräsentativen Hürden« wurden viele CLPP von den Bürgermeistern kontrolliert. Dies zeugte auch von der fehlenden Tradition einer Bewegung von unten, die gezielt auf öffentliche Politiken einwirkt (Parker 2006: 93). Das machte die CLPP uninteressant und unattraktiv für die Basis, die, wie beschrieben, die Partizipation bereits in zahlreichen anderen Ansätzen ausübte.

Hier zeigte sich, dass die partizipative und protagonistische Demokratie ein sozio-kultureller Prozess ist, der nicht von oben dekretiert werden kann, und Begleitung braucht (Bonilla-Molina/El Troudi 2004: 234). Wenn Partizipation nicht das Ergebnis einer Forderung aus Kämpfen ist, dann reicht es, dass die Verantwortlichen der Regierungsinstitutionen Widerstand leisten, damit nichts geschieht (I-EL 2007). Das Scheitern war auch absehbar da die meisten urbanen Munizipien Venezuelas 200.000 bis 500.000 Einwohner haben, Libertador in Caracas sogar über zwei Millionen. Ein Modell der direkten Demokratie mit Sprechern kann bei dieser Größenordnung nicht funktionieren (I-RD 2007).

Zusammenfassend lassen sich also vor allem drei Gründe für das Scheitern der CLPP benennen (Harnecker 2009: 25):

a) Das Gewicht der institutionellen Repräsentanten ist trotz formaler Minderheit größer als das der popularen Delegierten.

b) Eine populare demokratische Vertretung auf höherer Ebene ist fast unmöglich, wenn keine kommunitäre Basisorganisierung für einen Auswahlprozess an der Basis existiert.

c) Der Bereich, den die CLPP umfassen, ist zu groß, um eine direkte Partizipation der Bevölkerung zu erlauben.

Folglich entstanden oder funktionierten auch die höheren Planungsebenen nie. Die CEPP oder ein CFG kamen nicht zustande. Der 2005 gegründete CMPPP in Caracas war nicht arbeitsfähig und wie die CLPP parteipolitischen Logiken unterworfen. Auf den seltenen Sitzungen wurde meist das notwendige Quorum nicht erreicht und es kam zu Konfrontationen zwischen Oppositions- und Regierungsanhängern.

Allerdings entwickelten sich ausgehend vom CMPPP interessante Strukturen auf institutioneller Ebene. Zur Sammlung sozialer, ökonomischer und infrastruktureller Daten als Grundlage für Planungen wurde im März 2005 gemäß CMPPP-Verordnung die *Sala Técnica* (ST, Technische Abteilung) gegründet. Sie unterstützte auch die Ausarbeitung von Projekten der organisierten *comunidades*. Insgesamt war die Arbeit der ST ungenau definiert. Die meisten Mitarbeiter waren Basisaktivisten, sie arbeiteten ehrenamtlich und erhielten als Aufwandsentschädigung den gesetzlichen Mindestlohn. Anfang 2006 hatte die ST 230 Mitarbeiter. Sie konzentrierte sich zunächst auf den Aufbau von Netzwerken von Stadtteilaktivisten und, noch bevor das Gesetz dazu verabschiedet wurde, auf die Unterstützung der Gründung von *Consejos Comunales*. Damit leistete sie eine bedeutende Pionierarbeit.

Ab Anfang 2006 wurde diese Arbeit von neuen Strukturen der Stadtverwaltung übernommen und die ST konzentrierte sich auf ihre weiteren Aufgaben. Sie wurde parallel zum Wachstum anderer Institutionen zur Unterstützung der CCs, in die auch viele der ST-Mitarbeiter wechselten, in ihrer Größe reduziert.

13.3 Constituyente Municipal

Die Munizipale Konstituierende ist ein lokaler konstituierender Prozess, der in einigen wenigen Munizipien erfolgte. Die Idee kam nach Fertigstellung der Verfassung auf und wird direkt aus den Artikeln 62, 70, 132, 158, 182 und 184 abgeleitet (Guariguata 2004: 13). Wegen der Naturkatastrophe von Vargas und den damals kurz bevorstehenden Kommunalwahlen argumentierte die Wahlbehörde, es sei unmöglich, noch eine Volksabstimmung zu den *Constituyentes Municipales* durchzuführen. Der Vorschlag geriet in Vergessenheit, bis er ab 2004/2005 wieder vereinzelt von unten aufgenommen und in einigen wenigen Städten durchgeführt wurde. Die *Constituyente Municipal* hat den Aufbau stadtweiter Formen der Mit- und Selbstverwaltung zum Ziel. Ausgangsbasis ist die gemeinsame Diagnose der Probleme, Prioritäten und Potenziale durch die organisierte Bevölkerung und die Angehörigen der städtischen Institutionen. Dabei wird die Meinung von Mitarbeitern der Stadtverwaltung und Experten gehört, die Entscheidungen aber trifft die Bevölkerung. Ziel ist es, Leitlinien für die Gestaltung der Stadt und die Arbeit der Verwaltung gemeinsam festzulegen und die alten ausschließenden Verwaltungsstrukturen zu überwinden. Die Transformation der Stadtverwaltung ist darauf orientiert, Funktionsweise, Methoden, Stile, das Prozedere, die Organisierung der institutionellen Ebenen, das ideologisch-konzeptionelle Profil ihrer Mitarbeiter und deren Haltung und Vorgehensweisen zu verändern (Guariguata 2004; Hartling 2007).

Das Konzept wurde nur von wenigen Munizipien umgesetzt, so 2005 in Torres (Lara) und Páez (Portuguesa), und obwohl das Modell von Präsident Chávez und anderen Regierungsangehörigen ausdrücklich gelobt wurde, fand es wenige Nachahmer. 2007 folgte Urdaneta (Miranda) und nach den Kommunalwahlen von 2008 wurden 2009 *Constituyentes Municipales* in José Félix Ribas (Aragua), Moran (Lara), Simón Bolívar (Miranda) in die Wege geleitet, weitere sollten folgen. Gemessen an den von der PSUV und Partnern gewonnenen 277 der insgesamt 326 Munizipien ein mageres Ergebnis. Hier zeigt sich, wie gering die Bereitschaft der konstituierten Macht ist, sich einer Transformation zu unterziehen und sich tatsächlich nur als »Diener« des *pueblo* zu sehen.

Die größte und bekannteste *Constituyente Municipal* erfolgte im Munizip Pedro León Torres (Lara), dort im Wesentlichen in der Stadt Carora mit etwa 100.000 Einwohnern und Umgebung. Nach der Wahl von Julio Chávez zum Bürgermeister 2004 diskutierten und arbeiteten er und alle Abteilungsleiter drei Monate lang mit der organisierten Bevölkerung in den 17 Bezirken von Carora und schufen eine »revolutionäre Stadtverfassung«. Der erste partizipative Haushalt wurde 2005 über die CLPP in den 17 Stadtbezirken verabschiedet (Harnecker 2008: 33-36). Ein Jahr später konnte die Basis noch direkter an der Schwerpunktsetzung des Haushaltes partizipieren. Alle Gelder der Stadtverwaltung, die Zuteilungen des Staates, die Zahlungen des FIDES und die Sonderzuweisungen wurden komplett auf die 17 Bezirke aufgeteilt und die Verwendung von den *comunidades* entschieden (Harnecker 2008: 34). Mittlerweile sind die *Consejos Comunales* die wesentliche Stütze des partizipativen Systems. Bürgermeister Chávez, der schon Anfang der 1990er Jahre als Zivilist mit MBR-200 zusammenarbeitete, bekam für seine Kandidatur keine Unterstützung von der MVR vor Ort und kandidierte für die PPT, unterstützt von anderen kleinen Parteien und Bewegungen (Harnecker 2008: 9). Im ersten Jahr wurde der Straßenbau von der Bevölkerung gar nicht in Betracht gezogen, Chávez bat im Laufe des Jahres alle Stadtbezirke und Abteilungen darum, etwas zurückzuzahlen, um einige Straßen asphaltieren zu können (Hartling 2007).[3] Trotz diverser Probleme ist der Prozess in Carora als sehr erfolgreich zu bewerten. Mittlerweile gibt es in Carora 525 CCs und

---

[3] Julio Chávez wurde von Hugo Chávez in mehrere Präsidialkommissionen zur Partizipation berufen. 2008 verlor er die Vorwahlen in der PSUV um die Kandidatur zu den Gouverneurswahlen gegen den nun amtierenden Gouverneur Henri Falcón, der dem rechten Flügel des Bolivarianismus angehörte und 2009 mit der Regierung brach und zur PPT wechselte. Er ist aktuell Abgeordneter in der Regionalversammlung des Staates Lara.

einige der ersten Initiativen zum Aufbau urbaner und ländlicher *Comunas Socialistas* entstanden dort.[4]

13.4 Formen lokaler Selbstregierung und Partizipation

Formen lokaler Selbstverwaltung unter verschiedenen Namen wurden seit 2000 von Basisorganisationen und *comunidades* diskutiert. Die Methode war letztlich die gleiche wie für die Konstituierende Versammlung. Der PSUV-Abgeordnete der Nationalversammlung Germán Ferrer vom Netzwerk *Asociación Nacional de Redes y Organizaciones Sociales* (ANROS), das von Ex-PRV-FALN-Angehörigen ins Leben gerufen wurde, berichtet:»Ich diskutierte schon, ohne Abgeordneter zu sein, mit den *comunidades* mittels ANROS und mit einer den *Consejos Comunales* sehr ähnlichen Methodologie. Die CCs, die kommunitäre Regierungen sind, kommen daher. Wir gehen in die *comunidades*, organisieren Versammlungen mit den Bürgerinnen und Bürgern, erstellen Regelungen für das nachbarschaftliche Zusammenleben, legen die Ziele fest und dann kannst du sehen, welche die Stärken und Schwächen der *comunidad* sind.« (I-GF 2007)

Tatsächlich sind die Initiativen so ähnlich, dass eigentlich nur ein neuer Name von der Exekutive festgelegt wurde. Die *Gobiernos Comunitarios* (GC) waren aber kleiner als die CCs (I-ED 2007; I-HV 2007). In Caracas begann in der Amtszeit von Juan Barreto (2004-2008) ab November 2005 der Aufbau von *Gobiernos Locales*, die sich im Januar 2006 in CCs verwandelten. Die Grundlage der Ansätze war die Selbstverwaltung. Basisaktivisten verschiedener Strömungen nutzten die in der Verfassung festgelegte Möglichkeit der Versammlungen mit bindenden Entscheidungen, um lokale Selbstverwaltungen aufzubauen. Zwei Ansätze werden hier vorgestellt.

Gobiernos Comunitarios im Munizip Libertador (Carabobo)

Im Munizip Libertador des Bundesstaates Carabobo wurde bereits früh mit einem partizipativen Regierungsmodell experimentiert. 2001 fand in dem 200.000 Einwohner fassenden Munizip eine einwöchige Arbeitsversammlung von etwa 2.000 Basisaktivisten statt, um die Grundlagen für eine partizipative Regierung zu diskutieren. Es wird festgestellt, dass die Ebene des Bezirks, von denen das Munizip nur zwei hat, zu groß ist für eine partizipative Regierung. Es wurde beschlossen, das Munizip in »soziale Territorien« auf-

---

[4] »Comuna Popular Socialista Dr. Hermes Chávez«, http://sites.google.com/site/comunasocialista/, Internetversion vom 22.5.2009.

zuteilen, um dann GC einzurichten. Die sozialen Territorien werden von der Bevölkerung festgelegt und richten sich nach den vorhandenen sozio-ökonomischen Selbstzuordnungen. Die Arbeit wurde allerdings durch die Ereignisse 2002-2003 unterbrochen und erst nach Stabilisierung der politischen Situation 2004 wieder aufgenommen. 2007 verfügte Libertador über 35 soziale Territorien (von denen eines sogar ein oppositionell orientiertes GC besaß), die auch zwei *comunidades* aus einem angrenzenden Munizip und einem benachbarten Bundesstaat mit einschließen, die sozio-kulturell und ökonomisch mit Libertador verbunden sind (Harnecker 2007: 24-26). Das Modell veränderte sich kontinuierlich weiter, auch aufgrund der Änderungen auf nationaler Ebene. Die GC gliederten sich in fünf Gewalten, so wie der Staat: die Exekutive, bestehend aus einem siebenköpfigen Rat; die Legislative, die Versammlung der Bevölkerung des sozialen Territoriums; die Judikative, bestehend aus einem Friedensrichter und einem Nachbarschaftsschlichter; die Wahlmacht, bestehend aus einem fünfköpfigen Komitee; und die moralische Macht in Form einer *contraloría social* (Harnecker 2007: 41f.). Die GC verwalteten 2006 etwa 42% des Gesamthaushaltes des Munizips.

Die Integration der CLPP in das Modell der GC funktionierte gut. Da die Ebene der CLPP für zu groß erachtet wurde, begann der Aufbau von Räten der öffentlichen Planung auf Ebene der *comunidades*. In Jeder wurden zehn Projekte ausgearbeitet und die Prioritäten diskutiert. Die Sala Técnica des zentralen CLPP war für die Überprüfung der je nach Finanzvolumen ersten drei bis fünf Projekte zuständig. Der vom CLPP erstellte Plan wird in den verschiedenen sozialen Territorien vorgestellt und muss von der Bevölkerung bestätigt werden (Harnecker 2007: 29-33).

Der Prozess in Libertador verlief nicht problemlos. Die bolivarianische Regierung des Bundesstaates versuchte, die Arbeit zu torpedieren, da sie als Gefährdung der eigenen Macht betrachtet wurde. Das Gesetz zu den CCs führte zu Konflikten. Einige politische Kräfte versuchten die CCs als Gegengewicht zur Stadtverwaltung aufzubauen und an ihre Interessen zu binden. Ein Teil der CCs verweigerte jede Kooperation mit den GC, während letztere zugleich versuchten, die den CCs gesetzlich zustehende Direktfinanzierung über die GC umzuleiten und genehmigen zu lassen (Harnecker 2007: 49-54). Die Konflikte legten sich mit der Zeit. Die CCs führen ihre eigenen Projekte aus, koordinieren sich aber für weitere Projekte und übergeordnete Funktionen über die GC, die ihren Namen behielten, aber wie die übergreifenden *comunidades* im Gesetz zu den CCs funktionieren.

GOL in Caracas

Auf Caracas (Libertador) beschränkt wurden ab 2003 *Kabinette lokaler Arbeit (Gabinete de Obra Local, GOL)* gegründet. Sie waren ein Mechanismus für eine partizipative Diagnose der Bedürfnisse und für einen partizipativen Haushalt der Abteilung für urbane Verwaltung der Stadt, die für kleinere Infrastrukturmaßnahmen zuständig ist und etwa über 1% des Gesamthaushaltes verfügt. Über die GOL wurden auch Aufträge an Kooperativen aus den *comunidades* vergeben. Der erste Haushalt unter Partizipation der Bevölkerung entstand 2004 (Harnecker 2005c). Die Geschichte der GOL ist interessant, da sie viele typische Problematiken eines Aufbaus von zwei Seiten aufzeigt. Ihr Scheitern, bzw. ihre Überwindung durch die *Consejos Comunales* zeugt davon, wie der Transformationsprozess in ständiger Bewegung ist und Erfahrungen weiterverarbeitet werden.

Der Vorschlag der GOL kam von unten auf. Ein Netzwerk mehrerer Basisorganisationen und unabhängiger Medien schrieb Chávez nach dem Putsch 2002 einen Brief, in dem sie eine Radikalisierung des Prozesses forderten und ihm volle Unterstützung zusicherten. Chávez lud sie zu einem Gespräch ein und schlug ihnen vor, ein Konzept zur Förderung von Partizipation auszuarbeiten. Die Gruppen, die bereits 2001-2002 gemeinsam über *poder popular* diskutiert hatten, arbeiteten ein Konzept aus, das veröffentlicht wurde. Der damalige Bürgermeister von Caracaras (Libertador) lud sie daraufhin ein, ein konkretes Projekt im Rahmen der Stadtverwaltung zu entwickeln (Harnecker 2005c: 7). Fünf Personen aus Basisorganisationen übernahmen im Mai 2003 die Leitung der Abteilung für urbane Verwaltung. Es wurde sich zum Ziel gesetzt, für 2004 einen von unten über die GOL ausgearbeiteten Haushalt für die Abteilung vorzulegen.

Die *Parroquias* von Caracas wurden in sechs Sektoren aufgeteilt, in denen Sprecher für jeweils ein GOL in offenen Versammlungen gewählt wurden. An diesen nahmen im Durchschnitt 200-300 Personen vor allem aus organisierten Gruppen teil. Zugleich waren die wöchentlichen Treffen offen für alle (Harnecker 2005c: 12-15). Aus den GOL der Sektoren bildete sich ein *Kabinett für Arbeiten der Parroquia* (GOP). Anfang 2006 bestand in 22 der 23 *Parroquias* von Libertador ein GOP (Ramírez 2006: 12). Trotz der geringen Finanzen wurden Projekte ausgearbeitet, Prioritäten festgelegt und die Beteiligten bekamen einen Überblick über die Haushaltsplanung, denn es wurde nicht ausgehend von den Geldern, sondern von den Bedürfnissen der *Parroquia* geplant und anschließend priorisiert.

Die GOL besaßen eine Tendenz zur »Selbstverwaltung des Elends«. Dieser Eindruck wurde verstärkt, als der Stadtrat begann, die von unten partizipativ erarbeiteten und beschlossenen Projekte willkürlich zu streichen, was sich negativ auf die Partizipation auswirkte (Ramírez 2006: 14). Den GOL fehlte es auch an Schulungen. 2006 unterstützten sie die Gründung von CCs und hegten die Vorstellung, sich als koordinierende Instanz für die Infrastrukturkomitees zu etablieren. Sie wurden aber schnell von der Wirklichkeit überholt, da die CCs die Planung und Durchführung der Arbeiten mit Beginn der Finanzierung selbst in die Hand nahmen. Die Partizipation auf Ebene der GOL, die häufig für Territorien mit mehreren Zehntausend Einwohnern zuständig waren, war zu indirekt für den Großteil der Bevölkerung. Da die GOL direkt in die konstituierte Macht eingebunden und ihr unterworfen waren, entwickelte sich keine weitere Rolle für sie, waren doch die CCs unter anderem dafür gegründet worden, die direkte Abhängigkeit von den Stadtverwaltungen zu verhindern.

Kapitel 14:
Die Consejos Comunales

»Die Consejos Comunales [...] sind im Lokalen entstanden, sie müssen aber über das Lokale hinaus reichen. Wir dürfen den Consejos Comunales keine Grenzen setzen, die Consejos Comunales sind das Instrument oder Werkzeug der konstituierenden poder popular, [...] sie müssen konföderieren oder föderieren, um einen viel größeren Raum abzudecken, damit sie tiefgreifende Diagnosen ihres kommunalen Territoriums vornehmen können, von ihrer Parroquia, von ihrem Gebiet, von ihrem Territorium, damit sie dann auf der Grundlage der Diagnose einen Plan erstellen können, einen partizipativen Haushalt, und damit sie Arbeiten von größerem Umfang entwickeln können, um ihre Lebensqualität – ökonomisch, sozial und politisch – zu steigern. Und auf nationaler Ebene stelle ich mir eine Konföderation von Consejos Comunales vor.« (Chávez 2007a: 6)

Als Lehre aus den lokalen Partizipationserfahrungen, vor allem aus dem Scheitern der CLPP, wurden die *Consejos Comunales* als kleinere und eigenständige Einheiten definiert. Das Gesetz dazu wurde im April 2006 verabschiedet. Die CCs avancierten schnell zum zentralen Partizipationsmechanismus und zu der Organisationsform, an die vor allem die popularen Sektoren die größten Erwartungen haben (Provea 2008: 33). Im April 2009 betrug die Anzahl der CCs landesweit 30.206, etwa 10.000 weitere waren in Gründung.[1] Interessant ist, dass die CCs zwar an der Basis entstanden, ihre herausragende Rolle und exponentielles Wachstum jedoch damit verknüpft sind, dass der Staat sie massiv unterstützt und propagiert. Chávez stellte sie bereits vor Verabschiedung des Gesetzes mehrmals öffentlich als »best practices« vor und erklärte, wie sie gegründet werden und wie sie funktionieren. In Übereinstimmung mit den lokalen Akteuren sprach er den CCs und ihrer Autonomie eine entscheidende Bedeutung zu:

»Eines der Elemente, an denen in diesem Jahr vertieft gearbeitet werden muss, ist die populare Organisierung und die Übertragung der Macht an das *pueblo*, und jetzt haben wir die Landkarte klar, vor fünf Jahren war uns das nicht klar [...]. Die konstituierende Macht wuchs über die Räume hinaus

---

[1] Ministerio del Poder Popular para las Comunas, http://www.mpcomunas.gob.ve/noticias_detalle.php?id=2627, Internetversion abgerufen am 29.4.2009.

und es gab kaum entfachte und massive populare Organisierung. Jetzt ist es anders, wir bilden die *Consejos Comunales*. […] Wir haben an den notwendigen Änderungen am Partizipationsgesetz gearbeitet, […] denn dort wurde ein sehr schwerwiegender Fehler begangen. Wir können die *Consejos Comunales* im Gesetz nicht in Anhängsel der Rathäuser verwandeln […], das würde bedeuten, sie zu ermorden […] bevor sie geboren werden.« (*Aló Presidente* 246, 5.2.2006, in: Chávez 2008: 19).

Die CCs entstanden vorwiegend in popularen Sektoren. Von großen Teilen der Opposition wurde ihr Partizipationsgehalt und Dezentralisierungseffekt angezweifelt und kritisiert, sie dienten der politischen Kontrolle und dem Abbau der liberal-demokratischen Institutionen. In einigen oppositionellen Mittelschichtkreisen wurde die Idee jedoch aufgegriffen und in Caracas, Maracaibo und Valencia entstanden aus den ehemaligen Bürgerversammlungen zum Sturz von Chávez CCs (García-Guadilla 2008: 129).

14.1 Die Entstehung der Consejos Comunales

Der Aufbau von CCs begann in einigen Regionen bereits ohne eigenes Gesetz ab Mitte 2005.[2] Die Notwendigkeit eines eigenständigen Gesetzes zu den CCs kam in den Debatten des *Parlamentarismo de la Calle* auf. Eduardo Daza, 2005-2006 Mitarbeiter der *Sala Tècnica* in Caracas, berichtet, wie die organisierte Bevölkerung Einfluss auf das Gesetz nahm: »Es war nicht so, dass der Präsident gesagt hat: Hier ist ein neues Gesetz. Wir haben eine Bewegung entfacht, die bis zur Nationalversammlung reichte, um für das Gesetz zu den *Consejos Comunales* zu kämpfen. Viele unserer Anmerkungen wurden nicht integriert, aber es erlaubt uns, den ersten Schritt zu gehen.« (I-ED 2007)

So begann kurz nach der Verabschiedung eine Diskussion über eine Reform. Im Mai 2009 wurde ein umfassender Vorschlag von der Kommission für Partizipation der Nationalversammlung zur Diskussion vorgelegt (ANdRBV-CPPCDDR 2009). Nach umfangreichen Debatten in und mit den CCs wurde das Gesetz in veränderter Fassung am 26. November 2009 verabschiedet (LOCC 2009). Da es erst ab 2010 zur Anwendung kam, geht es hier wesentlich um das erste Gesetz, auf wichtige Änderungen wird jedoch hingewiesen.

Die juristische Verankerung der CCs als eigenständige Instanz erforderte die Änderung bestehender Gesetze. Mit der Reform des Gesetzes zu den Mu-

---

[2] Z.B. im Munizip Sucre (Zulia), wo bis Ende 2005 32 CCs entstanden (Romero Pirela 2007: 126).

nizipien (LOPPM 2005) am 6.4.2006 wurden die *Consejos Parroquiales* eliminiert und die CCs hörten auf, Instanzen der CLPP zu sein. Am 14.11.2006 erfolgte die Reform des Gesetzes zu den CLPP und Artikel 8, der die CCs als Instanz der CLPP definierte, wurde gestrichen (Diniz/López 2007: 193). Mit der Verabschiedung des Gesetzes der CCs im April 2006 wurden die CCs zu eigenständigen Instanzen der *poder popular* und wie folgt definiert: »Im verfassungsrechtlichen Rahmen der partizipativen und protagonistischen Demokratie sind die *Consejos Comunales* Instanzen der Partizipation, Vernetzung und Integration der verschiedenen kommunitären Organisationen, gesellschaftlicher Gruppen und Bürgerinnen und Bürger, die es dem organisierten Volk erlauben, direkt Einfluss auf die Verwaltung der öffentlichen Politiken und der Projekte auszuüben, die darauf ausgerichtet sind, die Bedürfnisse und Bestrebungen der *comunidades* im Aufbau einer Gesellschaft mit Gleichheit und sozialer Gerechtigkeit zu befriedigen.« (LCC 2006: Art. 2)

Die CCs wurden ermächtigt, Direktfinanzierungen vom Staat und seinen Institutionen zu erhalten und zu verwalten, Projekte selbst zu entwickeln und auszuführen und eine finanzielle Abhängigkeit von den Lokalverwaltungen zu vermeiden. Die Partizipation und Selbstverwaltung ist im Gesetz auf eine sehr eingeschränkte lokale Ebene reduziert. Es wird nur die Möglichkeit der Bildung von *mancomunidades*, also Zusammenschlüssen von wenigen benachbarten CCs erwähnt. In der Praxis entstanden allerdings auch umfangreichere Koordinationen, so z.B. im Bundesstaat Falcón ein Netzwerk von etwa 400 CCs, das auf vorher bestehenden Wasserkomitees gründete. Mit den *Comunas* und den *Kommunalen Städten* kamen weitere Ebenen der Selbstverwaltung hinzu, auch wenn bis Mitte 2010 noch kein Gesetz existierte. Ein Vorschlag für das Gesetz zu den *Comunas* wurde im Juni 2010 von der Kommission für Partizipation der Nationalversammlung präsentiert (ANdRBV-CPPCDDR 2010).

Mit den CCs werden alle Ebenen zwischen Zentralregierung und *comunidades* übersprungen. Für die Unterstützung, Registrierung, Koordination und Finanzierung der CCs wurden *Präsidialkommissionen der Poder Popular* (Comisión Presidencial del Poder Popular, CPPP) auf nationaler und regionaler Ebene gegründet. Im ganzen Land bildeten sich rasch Tausende CCs. In wenigen Monaten entstand eine Dynamik der Veränderung mit einem großen organisatorischen und mobilisierenden Effekt. Konstituierung, Projektentwicklung und Zugang zu Ressourcen sind einfach und relativ unbürokratisch und im ganzen Land erhielten CCs schnell umfangreiche Finanzmittel ausgezahlt. Dies beschleunigte die lokalen Organisationsprozesse und viele *comunidades* begannen, lokale Probleme und Bedürfnisse zu diskutieren, eigene Lösungen zu formulieren und eigene Projekte zu verwalten. Das stärkte sowohl die sozialen Netze in den *comunidades* wie auch die Partizipations-kultur (Lander 2007a: 77), auch wenn die Beschleunigung begünstigte, dass CCs manipuliert und für Gruppen- oder Individualinteressen missbraucht wurden oder Finanzierungen ohne ausreichende Schulung und Begleitung erhielten. Im Januar 2007 gründete Chávez eine hochrangige Sonderkommission, um die Entwicklung der CCs weiter zu fördern und zu konsolidieren; dazu wurde die Arbeit verschiedener Ministerien koordiniert. Das *Nationale Ausbildungssystem* (SNA), das Fortbildungen für öffentliche Angestellte organisiert, entwickelte ein Angebot von Schulungsmodulen für CCs und ein System technischer Unterstützung für Projektentwicklung. Im Juli 2007 begann die Arbeit des *Nationale System der technischen Unterstützung für die Consejos Comunales (Sinatecc)*, das zum FIDES gehört und Beratung und Begleitung für CCs in allen Etappen anbietet und sogar über eine kostenlose Beratungshotline und ein interaktives Internetdiskussionsforum verfügt.

Konstituierung und Zusammensetzung der CCs

Grundlage des CC ist die *comunidad.*»*Comunidad* ist das soziale Konglomerat an Familien, Bürgern und Bürgerinnen, die in einem bestimmten geographischen Gebiet wohnen, die eine gemeinsame Geschichte und Interessen teilen, die sich kennen und untereinander in Beziehung treten, die gleichen öffentlichen Dienste nutzen und ähnliche Bedürfnisse und Potenziale teilen, ökonomisch, sozial, städteplanerisch und anderer Art.« (LCC 2006: Art. 4) Folglich kann das Territorium der *comunidad* nur durch eine konstituierende Versammlung festgelegt werden (LCC 2006: Art. 6). Die CCs werden in urbanen Gebieten in *comunidades* von 200 bis 400 Familien gegründet, in ländlichen Gegenden von mindestens 20 und in indigenen Regionen von mindestens zehn Familien (LCC 2006: Art. 4). In der Realität werden die Zahlen flexibler gehandhabt. Es existieren sowohl in größeren wie auch in kleineren *comunidades* CCs.

Die Basis des CC und einziges entscheidungsberechtigtes Organ ist die *Versammlung der Bürger und Bürgerinnen*, der alle Anwohner ab 15 Jahre angehören (LCC 2006: Art. 6).[3] Ihr ausführendes Organ besteht aus einem Sprecher für jedes *Arbeitskomitee* der *comunidad* (LCC 2006: Art. 9), fünf Mitgliedern der *Finanzverwaltungseinheit* (LCC 2006: Art. 10) und fünf der Kommission für *contraloría social* (LCC 2006: Art. 11). Die Arbeit in den CCs ist auf allen Ebenen ehrenamtlich. Wer sich zur Wahl stellt, darf kein po-

---

[3] Passives und aktives Wahlrecht, außer für Finanzen und *contraloria social*, wofür die Volljährigkeit von 18 Jahren notwendig ist (LCC 2006: Art. 6, 13, 14).

litisches Amt bekleiden, kann nur für ein Organ gewählt werden und bleibt zwei Jahre im Amt. Es besteht die Möglichkeit der Wiederwahl, aber ebenso jederzeit die der Abwahl durch die *comunidad* (LCC 2006: Art. 12). Die Sprecher können keine Entscheidungen treffen.

Die Bürgerversammlung entscheidet auch, welche Komitees zum Rat gehören, was je nach Bedürfnissen der *comunidades* unterschiedlich sein kann: z.b. das Gesundheitskomitee, die MTA, die CTU, Komitees für Umwelt, Kultur, Sport, Jugend, Großeltern, Basisökonomie, Bildung, soziale Entwicklung und Ernährung, Wohnung, Infrastruktur und Habitat, Konfliktlösung (Friedensrichter), Sicherheit und Verteidigung, das Basisradio und weitere Komitees, die existieren oder deren Gründung von der Versammlung beschlossen wird (LCC 2006: Art. 6; 9). Die Sprecher bilden das Exekutivorgan, das sich der Planung und Gestaltung der organisierten Partizipation der *comunidad* annimmt. Das Finanzkomitee verwaltet die Ressourcen und die *Banco Comunal* (LCC 2006: Art. 22). Die *contraloría social* ist die Instanz, welche die Handhabe der Finanzen überprüft und der *comunidad* vorstellt (LCC 2006: Art. 23).

Als erster Schritt zur Bildung eines CC wird ein vorläufiges Promotoren-Team aus Freiwilligen in der *comunidad* gebildet, in Ausnahmefällen kann es auch extern sein (LCC 2006: Art. 15). Das Team wird von einer Person unterstützt, die von einer der CPPP ernannt wird. Die Gründung von CCs wird auch von vielen verschiedenen Institutionen und popularen Organisationen mit Promotoren unterstützt. Das provisorische Promotoren-Team ruft zur *Versammlung der Bürger und Bürgerinnen* auf für die Wahl der offiziellen Promotoren-Kommission und der Wahlkommission. Dafür organisiert und koordiniert es einen demografischen Zensus der von ihnen ausgemachten *comunidad* und ruft innerhalb von 30 Tagen nach seiner Gründung, zur Versammlung auf, an der mindestens 10% der Bevölkerung über 15 Jahre teilnehmen müssen (LCC 2006: Art. 15).

Die Promotorenkommission informiert die *comunidad* über Reichweite, Sinn und Ziele der CCs, arbeitet einen Plan des geografischen Einzugsgebietes aus, sammelt Informationen über ihre Geschichte, organisiert und koordiniert die Realisierung eines kommunitären demografischen und sozioökonomischen Zensus (LCC 2006: Art. 17) und ruft innerhalb von 90 Tagen zu einer *Konstituierenden Kommunitären Versammlung* und den Wahlen der Sprecher der Arbeitskomitees und Mitglieder der Finanzkommission und *contraloría social* auf (LCC 2006: Art. 16). Damit wird auch die im vorherigen Prozess entstandene territoriale Definition der *comunidad* bestätigt. Sobald der CC sich konstituiert, hört die Promotorenkommission auf zu existieren (LCC 2006: Art. 17).

Die Wahlkommission organisiert und führt die Wahl der Sprecher und weiteren Mitglieder der Organe des CC durch. Sie besteht aus fünf Angehörigen der *comunidad*, die von dieser in freien und geheimen Wahlen gewählt werden (LCC 2006: Art. 18). Sie erstellt ein Wählerregister, informiert die *comunidad* über die Wahlen, erarbeitet die Wahlunterlagen, zählt die Stimmen aus, proklamiert die Mitglieder des CC, beeidet sie und erstellt ein Protokoll über den Wahlprozess und die Ergebnisse. Die Mindestwahlbeteiligung beträgt 20%. Die Mitglieder der Wahlkommission können sich nicht für die Aufgaben des CC postulieren. Die indigenen *comunidades* wählen die CCs gemäß ihrer Sitten, Gebräuche und Traditionen (LCC 2006: Art. 12). Die Wahl der Sprecher findet in geheimen und freien Wahlen in der *Versammlung der Bürger und Bürgerinnen* statt. Sobald der CC konstituiert wurde, löst sich die Wahlkommission auf (Art. 18). Jeder CC gibt sich ein eigenes Statut und sollte sich damit und mit der Gründungurkunde, beides von der Versammlung bestätigt, bei der Lokalen CPPP registrieren (Art. 20).

Einmal konstituiert, beginnt der CC mit dem »Zyklus kommunaler Macht«. Der erste Schritt ist die *Kommunale Diagnose*, eine umfassende sozio-ökonomische Analyse des eigenen Territoriums, um die Probleme, Bedürfnisse und Stärken der *comunidad* auszumachen (Fondemi 2007: 22-36). Aus der Diskussion über die Ergebnisse entsteht mit allen Komitees ein gemeinsamer *Plan comunal* und ein Arbeitsplan für die *comunidad* mit Vorschlägen auf kurze, mittlere und lange Sicht, der von der Versammlung genehmigt werden muss. Darin werden kommunale Projekte definiert, für die der CC Finanzierungsbedarf anmeldet (Fondemi 2007: 37-51). Es folgt die Diskussion zu den Prioritäten in der Erstellung des partizipativen kommunalen Haushaltes (Fondemi 2007: 52-65). Anschließend bzw. wenn es sich um Projekte mit Außenfinanzierung handelt, beginnt, sobald diese angekommen ist, die Ausführung der Arbeiten (Fondemi 2007: 66), die sowohl während der Arbeitsmaßnahmen sowie im Anschluss durch die *contraloría social comunitaria* überprüft werden (Fondemi 2007: 67-73).

Die Präsidialkommissionen der Poder Popular

Die Nationale CPPP wurde von Chávez ernannt und war dafür zuständig, die CCs auf lokaler, regionaler und nationaler Ebene zu orientieren, koordinieren und evaluieren. Sie sollte den Impuls der *poder popular* im Rahmen der partizipativen und protagonistischen Demokratie und die endogene Entwicklung stärken, Schulungs- und Ausbildungsmechanismen hervorbringen und die verschiedenen Projekte der CCs sammeln. Sie kanalisierte die für die Projekte notwendige technische, finanzielle und nicht-finanzielle Unterstützung und bildete die externen Promotoren-Teams, wo es für notwendig erachtet wurde. Ihr gehörten Vertreter der für die CCs wichtigsten Ministerien und Institutionen (Fundacomun, Fondemi, FIDES, die staatliche Förderbank Banfoandes, das Energie- und Erdölministerium), Vertreter der Präsidentschaft, Intellektuelle, langjährige politische Aktivisten und ein Vertreter der CCs an (I-MU 2006; I-AD 2006). Sie ernannte mit Zustimmung des Präsidenten die regionalen CPPP. Zu der Gründung der vom Gesetz vorgesehenen lokalen CPPP kam es nie. 2007 wurden die CPPP aufgelöst. Ihre Aufgaben übernahmen vor allem das *Ministerium für Soziales und Partizipation* (Minpades), Fundacomunal (*Stiftung für die Entwicklung und Förderung der Kommunalen Macht*), Safonacc (*Autonomer Dienst Nationaler Fonds für die Consejos Comunales*) und Sinatecc. Die Registrierung der CCs erfolgte bald über das Minpades und ab 2009 über das *Ministerium für die Comunas*. Die CPPP waren zwar weder demokratisch zustandegekommen noch von der Basis ausgegangen, dennoch öffneten sie fraglos Räume für die Basis, was mit den CLPPs nicht gelungen war und ansonsten wohl in der Bürokratie und in parteipolitischen und institutionellen Machtinteressen verfangen geblieben wäre.

Rigides Gesetz und flexible Praxis
Die Eile, das Gesetz zu verabschieden, hat zu Fehlern und Unklarheiten geführt (I-ED 2007; I-EL 2007; I-MH 2007; Romero Pirela 2007). Die *comunidades* haben sich das Konzept der CCs aber angeeignet und ihren Bedürfnissen angepasst. Diverse Sorgen rund um das Gesetz haben sich als übertrieben herausgestellt. Die zeitlich genau festgelegten Schritte für die Konstituierung eines CC werden in der Praxis flexibler gehandhabt. Vor allem in urbanen Regionen dauert es häufig länger als vom Gesetz vorgesehen und es werden mehr Versammlungen durchgeführt (I-LH 2007; Parada 2007). Die zeitliche Ausdehnung der Prozesse führt häufig zu einer solideren Grundlage für die CCs, außer wenn die Verzögerungen von außen verursacht oder bürokratischer Natur sind und Frustration hervorrufen. Meist wird der flexible Umgang von den zuständigen Institutionen akzeptiert, auch wenn es wiederholt zu Konflikten bezüglich der Einhaltung der Formalitäten kommt.

Auch die Erfahrung in einem Programm zur Begleitung von etwa 150 CCs in Caracas bestätigte, dass sich die Praxis deutlich vom Gesetz unterscheidet (I-LH 2007). In der Regel findet mehr als eine Informationsversammlung statt, es sind sogar bis zu zehn, bis eine konsolidierte Gruppe entsteht. Das Promotorenkomitee, das schon Erfahrungen gesammelt hat, setzt häufig seine Arbeit fort und bereitet auch die Wahlphase vor, während die Wahlkommission sich auf die Vorbereitung der Wahlen selbst beschränkt. Die Kandidaten stellen sich nicht erst am Wahltag vor, sondern sie werden vorher ausgesucht.

In urbanen CCs finden Sprecherwahlen faktisch nicht im Rahmen einer Versammlung statt, sondern in Wahlen über einen ganzen Tag, mit Stimmzetteln und Urnen (I-LH 2007). So wird eine wesentlich höhere Wahlbeteiligung und damit auch Legitimation in der *comunidad* erzielt. Die Wahl gewinnt für die Bevölkerung an Bedeutung und wird häufig zu einem gesellschaftlichen Ereignis unter Beteiligung der *comunidad* mit z.b. Essen und Musik. Der Wahlmodus blieb im neuen Gesetz gleich, doch wird nun auch eine permanente Wahlkommission gebildet, die zwei Jahre im Amt bleibt und alle Wahl- oder Abwahlprozesse organisiert (LOCC 2009: Art. 36).

Viele Schwächen des alten Gesetzes wurden mit dem neuen überwunden. Dazu gehört die Ersetzung der kommunalen Banken, die einen Kooperativenstatus besaßen, durch eine gewählte fünfköpfige *Kommunitäre Verwaltungs- und Finanzeinheit* (LOCC 2009: Art. 30-32), die Bildung einer gemeinsamen Ebene der Einheiten des CCs, das *Kollektiv der Kommunitären Koordination* (Art. 24-26) und die *Exekutive Einheit* als Koordination der Sprecher (Art. 27-29) sowie klare Regelungen für die Abberufung von Sprechern (Art. 38-40). Und auch die Finanzen der CCs wurden durch die Einführung von vier gesonderten Töpfen in den *comunidades* gestärkt.

Einige problematische Aspekte des alten CC-Gesetzes blieben erhalten. Entgegen der Verfassung und des zuerst diskutierten Entwurfs sind die Entscheidungen der *Bürgerversammlung* nur für den CC und nicht für die Autoritäten allgemein bindend. Zudem ist weiter unklar, ob eine Instanz die Möglichkeit besitzt, Projekte der CCs abzulehnen. Die Quote der nicht erhaltenen Finanzierungen liegt bei etwa einem Drittel, häufig aus unklaren Motiven, vor allem bei Projekten, die über andere Institutionen laufen, wie etwa Lokal- und Regionalverwaltungen. Im neuen Gesetz wurde aber festgelegt, die Organe und Instanzen des Staates müssten den Forderungen der CCs und der Befriedigung ihrer Bedürfnisse den Vorzug geben. Dies beinhaltet eine besondere Beachtung der CCs in der Formulierung, Ausführung und Kontrolle aller öffentlicher Politiken, bevorzugte Zuteilung von öffentlichen Geldern und den Vorzug in der Übertragung von öffentlichen Dienstleistungen (LOCC 2009: Art. 59).

Finanzierung und Finanzverwaltung der CCs

2006 erfolgte die Finanzierung mit bis zu 30 Mio. Bolívar (ca. US$ 14.000)[4] pro CC noch über die *Mobilen Kabinette*. Die geringe Summe, die für Sofortmaßnahmen in den *comunidades* gedacht war, wurde im Juni 2007 auf 120 Mio. Bs erhöht. Für die Mobilen Kabinette begab Chávez sich mit Mi-

---

[4] Offizieller fester Umtauschkurs: 2.150 Bs bzw. ab 2008 2,15 BsF = 1 US$.

nistern und Vertretern diverser Institutionen in bestimmte Regionen und Delegierte aus den CCs stellten direkt ihre Projekte vor. Die Mobilen Kabinette waren ursprünglich 2005 für die CLPP eingerichtet worden, da Chávez nach einem Weg suchte, die Finanzierung unmittelbar an die Basis weiterzuleiten, was aber nicht gelang; es wurden wesentlich Projekte der Bürgermeister präsentiert und nicht der *comunidades* (I-MH 2007). Die Mobilen Kabinette für die CCs stellten eine interessante Erfahrung dar, da die Basis die Möglichkeit hatte, unter Anwesenheit von Chávez und der Regierung die Arbeit der Minister, Gouverneure und Bürgermeister direkt zu kritisieren (I-MH 2007). Aufgrund des enormen Aufwandes war aber stets klar, dass es sich nur um eine Übergangslösung handeln würde.

Für die direkte Projektfinanzierung wurde mit dem Gesetz der CCs die Gründung des Nationalen Fonds Safonacc beschlossen (LCC 2006: Art. 28, 29), der 2009 dem *Ministerium für Comunas* zugeschrieben wurde. Operativ verwaltet werden die Finanzierungen von der staatlichen Stiftung Fundacomunal (Romero Pirela 2007: 128). 2008 finanzierte das Safonacc landesweit 11.752 Projekte von CCs mit einer Gesamtsumme von 4,74 Milliarden BsF. 246 Projekte für 305 Millionen BsF finanzierte die Misión 13 de Abril.[5] Weitere Finanzierungen, die nicht mit Daten quantifiziert werden können, stammen von den Munizipien, Regionalregierungen, Ministerien und PDVSA. Im Jahr 2006 bekamen die CCs zwei Milliarden Bolívar (ca. 930 Mio. US$) und 2007 etwa sechs Milliarden (ca. 2,79 Milliarden US$) für Projekte (Romero Pirela 2007: 150).

Zusätzlich wurden über den Mikrofinanzierungsentwicklungsfonds Fondemi kommunale Banken gegründet, mit denen in der Regel mehrere zu einer *mancomunidad* zusammengeschlossene *comunidades*, die gemeinsam die Bank verwalten, 300.000 bis 600.000 BsF zur Verfügung gestellt bekamen, um in der *comunidad* Kredite für sozio-produktive Projekte zu günstigen Konditionen zu vergeben. Die Bank ist keine physisch existierende Institution, sondern eine ausgeübte Funktion. Fondemi entstand mit den Sondergesetzen 2001 und schult und berät die *comunidades* beim Aufbau der *Bancos Comunales*, der Verwaltung, der Formulierung von Projektanträgen und bei Kooperativengründungen. Die Projekte müssen aus der *comunidad* entstehen, diese evaluiert sie und entscheidet in Versammlungen über Dringlichkeit und Nutzen der vorgestellten Projekte und über die Vertrauenswürdigkeit der Kreditnehmer. Die ersten zwei Monate sind zinsfrei, anschließend wer-

---

5 Prensa Safonacc: »11.752 proyectos financiados a *Consejos Comunales* en el 2008«, 2.4.2009. http://190.202.111.174/index.php?option=com_content&task=view&id=32& Itemid=28.

den 6% Zinsen im Jahr berechnet, was weit unter dem Zinssatz kommerzieller Banken liegt, bei denen die meisten der Kreditnehmer von Fondemi aufgrund mangelnder Sicherheiten ohnehin keinen Kredit bekämen. Ein Viertel der Zinsen wird für operative Ausgaben der *Banco Comunal* verwandt, 1% kommt in einen Risikofonds und 3,5% kommen in einen zusätzlichen Sozialfonds der *comunidad* (I-MU 2006). Die Entscheidung liege zwar bei den *comunidades*, doch legt Fondemi einen Schwerpunkt auf produktive Projekte und finanziert beispielsweise keine Friseursalons, Internetcafés oder Lottoverkaufsstellen, von denen es ohnehin zu viele gibt. Kommen dennoch Anträge, die derartige Projekte betreffen, so werden die Antragsteller von Fondemi nicht schlichtweg abgelehnt, sondern beraten und auf andere Projekte umorientiert. Die Kontrolle der Ausführung der Projekte liegt bei den *comunidades* (I-MU 2006).

Laut altem und neuem Gesetz stammen die Ressourcen der CCs von der Republik, den Bundesstaaten und den Kommunen, aus dem FIDES, vom *Gesetz für ökonomische Sonderzuteilungen aus Bergbau und Fossilen Brennstoffen* (LAEE), aus der Verwaltung der Öffentlichen Dienste, die ihnen vom Staat übertragen wurden, sowie aus eigenen Ressourcen, sei es durch eigene Aktivitäten oder durch Schenkungen (LCC 2006: Art. 25; LOCC 2009: Art. 47). Alle Entscheidungen über Finanzressourcen müssen von der *Bürgerversammlung* genehmigt und in einem Protokoll festgehalten werden, das von der einfachen Mehrheit der Beteiligten an der Versammlung unterschrieben sein muss. Die Kontrollkommission und die weiteren Mitglieder der *comunidad* müssen jederzeit die Möglichkeit des Zugangs zu allen Finanzunterlagen haben. Um eine direkte und verbindliche Finanzierung der CCs zu ermöglichen, wurden im März 2006 die Gesetze zum FIDES und LAEE geändert. Das 1993 verabschiedete und seitdem mehrmals reformierte FIDES-Gesetz dient der Dezentralisierung und dem inter-territorialen solidarischen Finanzausgleich zwischen den Bundesstaaten, den Munizipien, dem Hauptstadtdistrikt, dem Distrikt Alto Apure und seit der Reform auch den CCs. 15 Artikel wurden gestrichen, fast der gesamte Gesetzestext neu geschrieben (Diniz/López 2007: 194). Die Anteile der Verwaltungsinstanzen an den Geldern wurden neu festgelegt: 42% (vormals 60%) gehen an die Bundesstaaten, 28% an die Munizipien und Distrikte (vorher 40), 30% an die CCs (Diniz/López 2007: 195). Von zusätzlichen Geldern, die nicht im Haushaltsplan vorgesehen waren, gehen 30% an die Bundesstaaten, 20% an Munizipien und die Distrikte und 50% an die CCs (Diniz/López 2007: 195-196). Im LAEE wurden die Sätze angepasst (Diniz/López 2007: 197). Das stellte eine deutliche Neugewichtung zugunsten der protagonistischen Partizipation der organisierten Bevölkerung an der lokalen öffentlichen Verwaltung dar.

Zur Verwaltung der Gelder sah das alte CC-Gesetz die Gründung einer *Kommunalen Bank* vor, die nicht mit den von Fondemi geförderten *Bancos Comunales* identisch ist. Dafür können sich auch mehrere CCs zusammenschließen. Sie hat die rechtliche Form einer Kooperative. Die Einhaltung aller Kooperativenrichtlinien, das war bereits früh sichtbar, ist für die *Bancos Comunales* äußerst schwer (I-MH 2007). In der Praxis wurden Gelder auch über andere vorhandene Kooperativen und juristische Personen kanalisiert. Mit dem neuen Gesetz wurden die *Kommunalen Banken* von einer *Kommunitären Verwaltungs- und Finanzeinheit* abgelöst.

Zusätzlich werden auch Funktionen und Dienstleistungen von der Ebene der Kommunen und Regionen, inklusive der notwendigen Finanzen, an die CCs übertragen, wenn diese in der Lage sind, diese zu übernehmen und es wollen. In einigen *barrios* haben Kooperativen z.b. die Straßenreinigung übernommen. Die 2007 wieder verstaatlichte Telefongesellschaft CANTV baut gemeinsam mit organisierten *comunidades*»technologische Plattformen« auf, von denen aus auch Leitungen für Internet und Festnetztelefon gelegt werden. Die staatliche Tankstellenkette PDV übergibt ihre Tankstellen schrittweise an CCs zur Verwaltung. Mercal begann Anfang 2008 mit dem Aufbau der Mercalitos und PDVAL mit den PDVALitos, die in den *comunidades* von den CCs verwaltet werden.

Projekte der CCs

In der Regel werden soziale, sozio-produktive und infrastrukturelle Projekte unterschieden. Infrastrukturprojekte sind alle Baumaßnahmen wie Ausbesserung von Häusern, Neubau, Treppen in den *barrios*, Wasseranschluss, Bau oder Reparatur gemeinschaftlich genutzter Gebäude, Sportanlagen und mehr. Die sozio-produktiven Projekte zielen darauf, produktive Unternehmen solidarischer Ökonomie aufzubauen. Soziale Projekte sind kultureller Ausrichtung oder auf spezifische Gruppen mit besonderen Bedürfnissen ausgerichtet.

Von den durch die *Mobilen Kabinette* 2006 finanzierten 6.222 Projekte waren 4.890 im Bereich Infrastruktur (Romero Pirela 2007: 142). Von 1.138 vom Institut *Fundación Centro Gumilla* (FCG) 2008 befragten CCs hatten 33% Projekte zur Ausbesserung oder zum Neubau von Häusern und Wohnungen entwickelt. Es folgten mit 21% Projekte zum Trinkwasser- und Abwassernetz, mit 15% Straßenbau, mit 14% Stromversorgung, mit 13% Bauprojekte für Sport, mit jeweils 12% der Bau eines Sitzes für den CC und Schulen, mit 10% Gehwege, Verbindungswege und Treppen (vor allem in *barrios*), mit 4% Plätze und Parkanlagen. 13% hatten gar keine Projekte ausgearbeitet. 4% hatten Projekte zur Kleinkreditvergabe erstellt, jeweils 3% Projekte zur Unterstützung von Behinderten, »Ernährungshäuser« und Schulungen, während 6% »andere Projekte« angaben (FCG 2008: 32). Die Projekte werden von den *comunidades* also primär genutzt, um unmittelbare Infrastrukturprobleme und Probleme der Grundversorgung zu lösen. Hier lassen sich auch am schnellsten Erfolge erzielen, die wiederum die Motivation zur kollektiven Partizipation steigern (FCG 2008: 32). Im Laufe des Jahres 2008 wurde die Orientierung auf sozio-produktive Projekte verstärkt.

In 73% der CCs waren die Projekte in Übereinstimmung von CC und *comunidad* entstanden, in 8% gingen sie aus den *Consejos Comunales* hervor (FCG 2008: 33). Die Verankerung der CCs in den *comunidades* scheint gut und das Interesse an den Projekten groß. 66% der ausgearbeiteten Projekte wurden einstimmig von der *comunidad* beschlossen, bei 27% war ein Teil der *comunidad* nicht einverstanden (FCG 2008: 34). Die Ausarbeitung der Projekte bleibt aber in 69% der Fälle den CCs vorbehalten (FCG 2008: 35). Sie wird in der Regel von den aktiveren Personen der *comunidad* in kleineren Gruppen vorgenommen, denjenigen, die in der Regel auch Ämter in den CCs übernehmen.

Dem Gesetz nach müssten alle CCs eine *contraloría social* als gewählte Instanz besitzen, die eine Überprüfung der Projekte vornimmt. In der Realität findet bei 78% der Projekte eine Überprüfung durch diese statt. 15% geben an, es finde keine *contraloría social* statt. In 42% der Fälle lag die fehlende *contraloría social* darin begründet, dass die CCs keine Projekte durchführten, sodass sich der Anteil der Projekte ohne *contraloría* auf 8% reduziert. Als weitere Gründe wurden genannt: fehlende Organisierung (5%), mangelnde Partizipation der *comunidad* (6%), Unwissen (6%), die Ausgabenliste wurde nicht vorgelegt (4%), es existiert keine Kommission für die *contraloría social* (3%), andere Gründe (23%) und keine Angaben/weiß nicht (13%) (FCG 2008: 44f.). Offensichtlich bestehen Probleme bei der kommunitären Kontrolle der Projekte. Angesichts dessen, dass es sich um eine sehr junge Struktur handelt, ist ein Anteil von 78% aber relativ hoch.

Die CCs legen insgesamt bezüglich ihrer Projekte eine hohe Zuverlässigkeit an den Tag. 73% werden gemäß der Planung der *comunidad* durchgeführt. Das ist angesichts des Umfangs der Aktivitäten und beteiligten Personen ein beachtlich hoher Anteil. In 16% der Fälle wurden sie nicht wie geplant durchgeführt und 12% wussten keine Antwort (FCG 2008: 53). Bedenklich ist aber, dass nur 58% der CCs eine Finanzierung für ihre Projekte erhalten hatten und 35% noch nicht. Von den 656 CCs, die sie erhielten, bekamen sie nur 54% termingerecht (FCG 2008: 37f.). Die Nichtauszahlung und die Verzögerung hat verschiedenste Ursachen, von behördlicher Ineffizienz bis zu gezielter Sabotage (Harnecker 2009: 33).

In Caracas stellte die *Alcaldía Mayor* (Oberbürgermeisterei) 2008 Gelder für sozio-produktive Projekte zur Verfügung und forderte die CCs auf, Projekte auszuarbeiten. Nachdem diese bereits Projekte in ihrer *comunidad* diskutiert hatten, kam von der Alcaldía Mayor die Vorgabe, sich auf bestimmte Typen von Projekten zu beschränken. Der Unmut unter den CCs war groß. Viele mussten neue Projekte formulieren. Schließlich wurden einige Projekte, obwohl sie den Vorgaben entsprachen, nicht finanziert. Einige der CCs schlugen daraufhin Projekte gemäß der Vorgaben vor und verhandelten nach der Bewilligung die Umwidmung, um die ursprünglich geplanten Projekte durchzuführen.

Einige Autoren weisen darauf hin, oppositionelle CCs hätten größere Schwierigkeiten, Finanzierungen zu erhalten (Córdova 2008: 38; García-Guadilla 2008: 141). Angesichts des hohen Anteils an Nichtauszahlungen und der geringen Anzahl der von den Autoren untersuchten CCs erscheint diese Schlussfolgerung fraglich, auch wenn angesichts der polarisierten politischen Situation vorstellbar ist, dass oppositionell orientierte CCs von einzelnen Angehörigen der Institutionen keine Finanzierung erhalten, ebenso ist aber auch das Gegenteil möglich.[6] So hatten CCs in El Hatillo Schwierigkeiten mit dem oppositionellen Bürgermeister.[7] Das FCG weist ausdrücklich darauf hin, dass es keinen Unterschied zwischen verschiedenen sozio-ökonomischen Gebieten (und damit politischen Präferenzen) ausmachen konnte (FCG 2008: 54). Nach den Regionalwahlen im Dezember 2008 kam es in vormals von bolivarianischen Kräften regierten Bundesstaaten, die von der Opposition gewonnen wurden, zu zahlreichen Angriffen auf Strukturen von CCs. Im Bundesstaat Miranda versuchte der neue oppositionelle Gouverneur den CCs Infrastruktur abzunehmen.

Die Erfahrung mit der Planung, Beantragung und Durchführung von Projekten ist mehrheitlich positiv, auch wenn vor allem auf institutioneller Seite einige gravierende Probleme festzustellen sind. Vor allem die Verzögerung und Nicht-Auszahlung von Geldern stellen ungeachtet der Ursachen eine schwere Missachtung dar und können zu Frustration und einem Nachlas-

---

[6] Oppositionelle CCs erfüllen häufiger nicht die Bedingungen für eine Anerkennung, da sie meist über zu wenig Partizipation verfügen (Partizipation entspricht nicht dem politischen Verständnis der Opposition). So haben zahlreiche der AD-Nachbarschaftsvereine versucht, sich als CCs zu recyceln. Oppositionelle CCs sind auch weniger dazu bereit, die Unterstützung von Regierungsinstitutionen zu suchen, während für oppositionelle Lokal- und Regionalverwaltungen CCs keine Priorität genießen.

[7] El Hatillo ist ein wohlsituiertes bis reiches Munizip von Groß-Caracas. In den armen ländlichen Gebieten des Munizips bestanden Ende 2006 17 CCs mit sozio-produktiven und infrastrukturellen Projekten (I-ED 2007).

sen der Partizipation führen. Sie legen aber auch offen, wie sich der Konflikt zwischen konstituierender und konstituierter Macht teilweise in die Institutionen hinein verlagert hat. Während staatliche Promotoren Unterstützung in der Projektentwicklung und -beantragung leisten, werden die Projekte auf anderen Ebenen wieder abgelehnt und behindert.

Dezentralisierung oder Zentralisierung

Aus liberaler Sicht wird die Eigenständigkeit der CCs gegenüber den lokalen Institutionen kritisiert und die weitreichende Artikulation, die bei den CLPP vorgesehen war, als positiv angeführt. Die Eigenständigkeit der CCs wird als Unterbrechung der Kommunikationskanäle zwischen den *comunidades* und den Munizipien gewertet (Lovera 2008: 115f.). Die direkte Beziehung zwischen CCs und Präsidentschaft führe zu einer »Abhängigkeit« und »Unterordnung« der CCs von der höchsten Sphäre der Exekutive, die über Gelder und Anerkennung entscheide (Banko 2008: 176; Lovera 2008: 118, 120). Da die CCs nicht von der munizipalen Verwaltung abhängig seien und die Gelder ohne Vermittlung der Lokal- und Regionalregierungen vergeben werden, würden sie nicht die Dezentralisierung fördern, sondern die Autonomie der Munizipien schwächen (García-Guadilla 2008: 143; Lovera 2008: 118). Die in der Verfassung festgelegte Dezentralisierung sei zugunsten einer erneuten Zentralisierung aufgegeben worden (Banko 2008: 178; Lovera 2008: 108-109; 112).

Die fehlende Koordination sei auch gefährlich, da die Bedürfnisse aus den fragmentierten Räumen der Stadt zwar legitim seien, aber die *comunidades* sich nicht unbedingt bewusst sind, welchen Einfluss diese auf die größeren territorialen Ebenen haben. Während ein Teil der Bedürfnisse nicht von der Präsidentschaft befriedigt werden könnte, da es sich nicht um die entsprechende Verwaltungsebene handelt, können die CCs andere Bedürfnisse wiederum gar nicht angehen, da sie über den Raum der *comunidad* hinausreichen. Daher seien die verschiedenen Verwaltungsebenen notwendig (Lovera 2008: 120). Denis widerspricht dieser Interpretation: »Der Rat ist etwas anderes, er ist eine Instanz des Staates oder eines Nicht-Staates.« (I-RD 2006) Es hat sich auch schon zu Beginn gezeigt, dass sich CCs entlang bestimmter gemeinsamer Interessen zu *mancomunidades* zusammenschlossen (I-AD 2006).

Die Feststellung, dass sich Überschneidungen in den Kompetenzen von CCs und Lokalverwaltungen ergeben und die formal nicht vorhandene Vermittlungsebene eine Koordination erschwert, ist durchaus richtig. Doch die Kritik lässt außer acht, dass die lokale und regionale Ebene jene sind, auf denen klientelistische und kazique Beziehungen am ausgeprägtesten vorkommen. Zu groß ist die Verbundenheit mit lokalen und regionalen Machtfaktoren und -interessen. Die Erfahrung der CLPP hat gezeigt, wie schwer es ist, die Partizipation auf lokaler Ebene zu stärken, wenn dies in der Verantwortung der Lokalverwaltungen liegt. Es ist auch an anderen Programmen ersichtlich, dass die zentralstaatlich auf lokaler Ebene implementierten Partizipationsmechanismen besser funktionieren als jene, die in der Verantwortung lokaler und regionaler Autoritäten liegen (Lacabana/Cariola 2005b: 28). Die Munizipien gehören zu den Institutionen, die am stärksten versuchen, auf die CCs Einfluss zu nehmen, und ihre Entfaltung am stärksten behindern (I-AD 2006; I-ED 2007; I-MU 2006).

Selbstverwaltung auf höherer Ebene: Comunas Socialistas und Ciudades Comunales

Die erste Möglichkeit, mehrere CCs zu vernetzen, waren die *mancomunidades*. Mittlerweile können mehrere CCs eine *Comuna Socialista* bilden und sobald in einem Territorium CCs und *Comunas* entstanden sind und die kommunale Selbstverwaltung ausgeübt wird, sollte die Möglichkeit für den Präsidenten bestehen, in Absprache mit dem Ministerrat dieses zur *Ciudad Comunal* erklären zu können. In der 2007 knapp abgelehnten Verfassungsreform sollten diese verankert werden (ANdRBV 2007). Diese Zusammenschlüsse sollen eine gemeinsam von unten entschiedene und getragene Politik für größere Territorien gestalten. Nach der Ablehnung der Verfassungsreform begann die Debatte um ein Gesetz zu den *Comunas*. Ein erster Entwurf wurde im Juni 2010 vorgelegt. In der Praxis aber nahmen die *Comunas* auch ohne Gesetz konkrete Formen an und wurden institutionell gefördert und die *Ciudades Comunales* wurden intensiv diskutiert und vereinzelt von unten praktiziert.

Die *Comunas* und die *Ciudades Comunales* werden als Strukturen der *poder popular* verstanden. Die *Comunas* sollen die CCs, die Misiones und die Basisorganisierung vernetzen und gemeinsam planen, ausführen und evaluieren. *Comunas* und *Ciudades Comunales* sind nicht an existierende territoriale Einteilungen gebunden und bestimmen ihren eigenen Raum. Das Sozialministerium machte 2007 verschiedene mögliche Territorien für *Comunas* aus, darunter befanden sich auch welche, die sich über drei verschiedene Bundesstaaten erstreckten. Die Idee der *Comunas* und letztlich des *Estado Comunal* knüpft an die ursprüngliche sozialistische Tradition der Kommunen an; so fällt häufig der Bezug zur Pariser Kommune (I-ED 2007).

Ende August 2008 entstand offiziell die Misión 13 de Abril mit der Aufgabe, den Aufbau von *Comunas* zu fördern. Als drei Achsen wurden die Koordination und Integration aller Misiones, die infrastrukturelle Transformation des Habitats durch den Bau von Häusern, aber vor allem von öffentlichen Räumen wie Plätzen, Parks, Schulen und Sportanlagen und die Entwicklung der kommunalen Wirtschaft mittels lokaler produktiver Projekte benannt, die an vorhandenem Wissen und Ressourcen ansetzen. Die so entstehende Ökonomie soll wesentlich eine des kommunalen Eigentums sein. Für die *misión* wurden für 2008 noch 400 Mio. BsF genehmigt für insgesamt 127 Projekte in 47 Sektoren des Landes.[8] Die Misión 13 de Abril und einige Zuständigkeiten und Institutionen des Sozialministeriums wurden 2009 zum Ministerium für die *Comunas* zusammengelegt. Im Mai 2009 berichtete das Ministerium, es würde mit 55 potenziellen *Comunas* arbeiten, ein Jahr später waren es schon 200.

Die *Comunas* werden nicht dekretiert, sondern entstehen durch einen kollektiven Aufbauprozess. Offiziell existieren bisher keine *Comunas*, aber die *comunidades* haben sich das Konzept angeeignet und bilden selbst welche und benennen sie auch so. Als eine der ersten *Comunas* entstand südöstlich von Barquisimeto im suburbanen Raum die Comuna Socialista Ataroa, die über ein sehr dichtes Netz an Basisorganisierung und Selbstverwaltung verfügt. An ihr sind etwa 30 CCs und eine Vielzahl anderer Basisstrukturen beteiligt.[9] Die von der Bauernorganisation FNCEZ aufgebaute Koordination von CCs, die FNCSB (*Frente Nacional Comunal Simón Bolívar*), begleitet über 70 *Comunas* und acht *Ciudades Comunales* in Entstehung, darunter z.b. im Munizip Páez im Bundesstaat Apure die »Ciudad Comunal Campesina Simón Bolívar«, die aus 39 CCs und zehn *Comunas* besteht. Wie Alberto Moreno von der *Ciudad Comunal* Jorge Eliecer Nieves der FNCSB erklärt: »Wir glauben, dass kein Prozess der Organisierung und Herausbildung der *comunidades* eines Gesetzes bedarf.« Und während es für die *Comunas* seitens des entsprechenden Ministeriums einen Modus Operandi gibt, existiert er für *Ciudades Comunales* bisher nicht, sodass sie formal als potenzielle *Comunas* behandelt werden.

Das neue Ministerium übernimmt die Begleitung und Förderung von Projekten, die in potenziellen *Comunas* gemeinsam entwickelt und präsentiert werden. Der Aufbau der *Comuna* ist als Prozess zu verstehen, der über die gemeinsame Planung auf höherer Ebene angestoßen wird. Dabei entscheiden die *comunidades* entlang ihrer Bedürfnisse selbst darüber, welche Belange sie kollektiv und übergreifend in die eigenen Hände nehmen. Diese Flexibilität

---

[8] »Nace la Misión 13 de Abril para derrotar la miseria y avanzar en la creación de Comunas socialistas«, http://www.consejoscomunales.gob.ve/index.php?option=com_con tent&task=view&id=225&Itemid=73, Internetversion vom 5.8.2008.

[9] Auch hier war eine reichhaltige vorhergehende Erfahrung entscheidend für die Entwicklung, siehe http://comunasocialistaataroa.blogspot.com.

ermöglicht es ihnen, einen eigenen Weg zur Selbstverwaltung zu finden. Ein wichtiges Element ist dabei die Integration anderer Organisationen und anderer Räte; dies soll in dem neu entstehenden Gebilde die Partizipation von Minderheiten und die Wahrung ihrer Rechte und Interessen gewährleisten (Lander 2007a: 80). Obwohl kein Gesetz dazu existiert, befinden sich Mitte 2010 vor allem in ländlichen Gegenden bereits 220 *Comunas*[10] und etwa zehn Kommunale Städte in der Konstituierung.

In der Diskussion um den *Estado Comunal* soll die neu entstehende Struktur die alte Institutionalität tendenziell ersetzen. Es gibt aber auch Aussagen hoher Regierungsvertreter, dass die alten territorialen Einteilungen und Institutionen bestehen bleiben und die neuen Strukturen als parallele Macht wirken (Lander 2007a: 79). Die normative Orientierung nach Chávez ist klar: »Eine *Ciudad Comunal* ist eine Stadt, die keine Bezirksregierungen braucht, keine Bürgermeistereien, keine Stadträte, nur kommunale Macht.« (Chávez 2007a: 6). Die Auflösung der repräsentativen Strukturen ist aber als langer Prozess zu verstehen. Von liberaler Seite wird kritisiert, bereits die CCs schränkten die Kompetenzen des Munizips stark ein, während die institutionelle Zuständigkeit ungenaue Grenzen annähme (Banko 2008: 177-178). Doch genau darin liegt ihr Potenzial.

14.2 Entwicklung, Stand und Widersprüche der CCs

Die CCs sind als Instanz der *poder popular* definiert worden. Die Einschätzungen darüber, inwiefern sie das tatsächlich werden können, gehen auseinander. Angesichts der Unterschiede an lokaler historischer Organisationserfahrung, Aktivismus, Bildung, Zugang zu Informationen und politischer Ausrichtung sind die CCs sehr verschieden (Lander 2007a: 73). Dass aber 2009 mehr als 30.000 CCs existierten, zeigt, dass mit der *comunidad* die richtige Dimension gefunden wurde, um die Partizipation zu fördern.[11] Die gesellschaftliche Dynamik, die durch die CCs ausgelöst wurde, ist enorm. Selbst die kritische Menschenrechtsorganisation Provea berichtet, die CCs erwiesen sich trotz Polarisierung »als ein Raum von größerem Pluralismus« (Provea 2008: 33).

---

[10] ABN, Internetversion vom 16.6.2010, http://www.abn.info.ve/
[11] Romero Pirela errechnet mit Durchschnittswerten folgende ungefähre Gesamtanzahl von CCs bei flächendeckender Konstituierung: 23.800 in urbanen Gebieten, 22.000 in ländlichen Regionen und 5.300 indigene CCs (2007: 131). Ursprünglich sollte die Gründung neuer CCs 2008 weiter priorisiert werden. Angesichts der Niederlage im Referendum 2007 wurde sich auf die Konsolidierung der bestehenden konzentriert.

Das FCG fasst in seiner Studie trotz festgestellter Defizite und Kritiken zusammen:»Die *comunidades* fordern nicht nur Lösungen in der Versorgung und die Befriedigung von Bedürfnissen, sondern sie schlagen dafür selbst Lösungen vor und verwirklichen sie. Es sind die popularen *comunidades* selbst, die eine Antwort auf die historischen Bedürfnisse geben. [...] Die Partizipation in den popularen gesellschaftlichen Räumen mittels der *Consejos Comunales* erlaubt es, eine lokal-territoriale Identität zu erhalten, indem diese zum Epizentrum der Entstehung neuer Formen der Partizipation wird. [...] Es zeigt sich eine emporkommende Veränderung, die von den popularen Sektoren geleistet wird, die in zunehmendem Maße mehr soziale Verantwortung auf sich nehmen, während sie sich zugleich als Bürger konstituieren. Durch das Erzielen konkreter Erfolge ausgehend von der Organisierung und Mobilisierung, die mittels der *Consejos Comunales* ermöglicht wird, gelingt es, das Misstrauen in die eigenen Fähigkeiten zu überwinden, was wiederum das Fortleben dieser Organisierungsformen ermöglicht. Im selben Prozess steigt auch das Niveau des politischen Bewusstseins.« (FCG 2008: 5)

Die Stärke der CCs liegt in ihrer Flexibilität. Sie können das sein, was die *comunidad* aus ihnen macht. Das führt zwangsläufig zu einer sehr ungleichen Entwicklung. In etwa der Hälfte der *comunidades* des Landes gibt es nicht einmal CCs. In anderen Regionen sind hingegen schon *Comunas* entstanden. Partizipation ist ein Prozess, sie will erlernt und geübt werden. Kollektive und solidarische Praxen brauchen Zeit, um sich zu entfalten. Dazu bedarf es auch der Überwindung tradierter kultureller Muster, vor allem der assistenzialistischen Kultur.

Zu der Ausbreitung und dem erfolgreichen Aufbau der CCs trägt entscheidend die massive öffentliche Information und Debatte bei. In den *comunidades* fehlt es aber an Kadern und Schulung, daher ist eine Beratung und Begleitung der CCs von großer Bedeutung (I-AD 2006; I-MH 2007; I-ED 2007). Diese wird von verschiedenen Institutionen angeboten. 77% der CCs geben an, irgendeine Art von Beratung durch Angehörige von Regierungsinstitutionen gehabt zu haben (FCG 2008: 40). Diese betrifft ihre Gründung und Registrierung, die partizipative Projektplanung und Projektanträge. Auch Schulungszentren für *poder popular* mit und in den *comunidades* werden aufgebaut.

Die Institutionen fördern allerdings die CCs nicht nur, sondern behindern sie zugleich (Diniz/López 2007: 204; I-ED 2007; I-EL 2007; I-LH 2007; I-RD 2006; I-SV 2007). Von außen wird häufig die Gefahr der Kooptation, Bürokratisierung oder primär finanzieller Motivation kritisiert. Das FCG ordnet die Probleme, von denen sich die CCs selbst am stärksten betroffen sehen, in drei Blöcke ein:

a) Interne Dynamiken und Schwächen: 34%, von denen nur 9% Probleme zwischen Mitgliedern des CC und 1% politische Differenzen betreffen. b) Durch die Regierungsinstitutionen verursacht: 24%. c) Mangelnde Partizipation der *Comunidad*: 18% (FCG 2008: 46). Es fällt auf, dass die Kritik in der Literatur andere Punkte priorisiert als die CCs selbst. Auch die Betonung der Probleme mit Institutionen in Gesprächen und Interviews erweckt den Eindruck, das Problem sei viel zentraler als gemäß der Befragung. Dies liegt wesentlich darin begründet, dass interne Probleme häufig selbst gelöst werden können, während Probleme mit Institutionen eher Verärgerung, Frust, Ohnmacht und ein Gefühl der Abhängigkeit vermitteln.

Marta Harnecker fasst die Erfahrungen, die von erfolgreichen CCs geteilt werden, wie folgt zusammen:

»*Erstens:* Es wurde ein Kollektiv geschaffen, um die Arbeit in der *comunidad* in Gang zu setzen, das Vertreter aller lebendigen Kräfte derselben vereint, die bereit sind, für die Comunidad zu arbeiten. Eine wesentliche Stütze dieses Kollektivs sind die *natural leader* der besagten *comunidad*, die Personen, die durch ihre Fähigkeit hervorstechen, Sektoren der *comunidad* zu mobilisieren. Aber auch jene Personen, die Aktivitäten oder Dienste für die *comunidad* repräsentieren, sind Teil davon: zum Beispiel die Schuldirektorin, der Mercal-Verwalter, der Arzt usw. und ebenso Vertreter der politischen Organisationen und Massenorganisationen.

Zweitens: Die kulturellen Traditionen der *comunidad*, ihre Sprache und ihre Ausdrucksformen wurden berücksichtigt.

Drittens: Es gab einen Versammlungsort in der *comunidad* selbst.

Viertens: Sie verfügten über ein Minimum an eigenen Ressourcen, um ihre Aktivitäten zu beginnen, in vielen Fällen ist es die *comunidad* selbst, die sie zur Verfügung stellt.

Fünftens: Die ersten Versammlungen wurden ausgehend von den Bedürfnissen der Leute einberufen.

Sechstens: Sie begannen mit einer Diagnose der Situation der *comunidad* und der Ressourcen, materielle wie humane. Einige beschlossen einen Zensus durchzuführen, um zu sehen, mit wem gerechnet werden kann.

Siebtens: Sie haben die Probleme geordnet und im Einklang mit den zur Verfügung stehenden Ressourcen Prioritäten festgelegt.

Achtens: Sie haben die schöpferische Initiative der Nachbarn stimuliert.

Neuntens: Sie konnten auf Führungspersonen zählen, die bereit waren, den Leuten zuzuhören und ihre Ansichten zu berücksichtigen.

Zehntens: Ihre Führungspersonen haben es vermieden, in paternalistische Haltungen zu verfallen, und haben dafür gesorgt, dass es die Leute selbst sind, die ihre Probleme lösen. Sie haben keine Richtlinien von außen aufgezwungen, sondern haben die Initiative der Leute vor Ort unterstützt. Das hat mit der politischen Kultur gebrochen, nur das zu tun, was von oben vorgegeben wird.

Elftens: Es ist ihnen gelungen, einen einzigen gemeinsamen Arbeitsplan zu erstellen, und anschließend wurde evaluiert, wie der Plan läuft und zu welchen Ergebnissen man gelangt.«(Harnecker 2009: 22)

Um aber Teil der *poder popular* zu sein und die Grundlage eines Rätesystems zu bilden, wie angestrebt, müssen die CCs sich dahin entwickeln, ihren lokalen Radius zu überwinden. Sie müssen sozusagen nicht nur die Häuser im *barrio* reparieren und bauen können, sondern auch über Wohnungsbaupolitik diskutieren und mitentscheiden (I-AA 2008). Mit den *Comunas* und *Ciudades Comunales* erfolgt ein wichtiger Schritt bezüglich der Potenzialität der Partizipation, da die Gestaltungsmacht nicht auf die lokale Mikroebene reduziert bleibt.

Das Verhältnis zwischen CCs und Institutionen

Einer der wichtigsten Kontroversen betrifft die Frage nach dem Grad ihrer Abhängigkeit oder Autonomie von der Zentralregierung und dem Staat. Auf die Gefahr der Kooptation von Partizipationsmechanismen wird auch in anderen Länderkontexten hingewiesen (Goldfrank 2001; Schönwälder 1997). Die Frage der Autonomie der *movimientos populares* ist für viele Anhänger des Transformationsprozesses zentral, da sonst die Gefahr, den Staat und seine Verfahrensweisen zu reproduzieren, groß ist und keine neue Institutionalität entstehen kann. Im Zentrum der liberalen Kritik steht die direkte Beziehung zwischen den CCs und der Präsidentschaft (Banko 2008: 176; Lovera 2008: 119). Diese ist jedoch im Rahmen der widersprüchlichen Strategie zu sehen, mit Hilfe derer der Transformationsprozess bereits mehrmals weiter vertieft wurde. Da keine Mediation einer Avantgarde im Sinne einer Partei oder anderen Massenorganisation existiert und jede Möglichkeit eines revolutionären Vorankommens annulliert wird, übernimmt Chávez mittels einer direkten Verbindung diese Aufgabe (I-RD 2006). Für liberale Kritiker resultiert daraus, die CCs erhöhten nur scheinbar die Partizipation, in Wahrheit bedeuteten sie eine Kooptation der lokalen Organisierung durch den Zentralstaat, die nicht dezentralisierend wirkt, sondern eine klientelare hierarchische Abhängigkeit der Basis von der Präsidentschaft einführt (Banko 2008: 178; García-Guadilla 2008. 146-148; Lovera 2008: 112; 118).[12] Die CCs würden »zu einem

---

[12] Schon zum Zeitpunkt der Veröffentlichung der Kritik existierten die CPPP nicht mehr. Und bereits zuvor waren Registrierung und Förderung der CCs von anderen In-

Stützpunkt einer delegativen Demokratie« (Lovera 2008: 108) und förderten den Ausschluss aus Gründen politischer Polarisierung (García-Guadilla 2008: 146). Für Córdova ist es noch einfacher: »Da der Staat die Ausführung der nationalen Politik direkt finanziert und jene Partizipation autorisiert, verwandeln sich diese Organisationen einfach in Regierungsstrukturen.« (Córdova 2008: 33f.). Wer im Gegensatz dazu tatsächlich die CCs untersucht, stellt das Gegenteil fest: »Anhand der erhaltenen Daten zeigt sich eine niedrige Interferenz des Staates in die Dynamiken der *Consejos Comunales*. Ein sehr positives Element, das die wirkliche Unabhängigkeit dieser kommunitären Vermittlungen garantiert.« (FCG 2008: 51)

Das Risiko eines Abhängigkeitsverhältnisses, das die Autonomie der CCs infragestellt, wird auch von Autoren benannt, die über eine tendenziell positive Einschätzung verfügen (Azzellini 2007b, 2008b; Diniz/López 2007; FCG 2008: 10; Harnecker 2009; Lacabana/Cariola 2005b; Lander 2007a; Lerner 2007; Romero Pirela 2007), und ebenso von Promotoren für *poder popular* aus Institutionen (I-ED 2007; I-LH 2007; I-SV 2007); die Situation wird jedoch als viel komplexer und widersprüchlicher wahrgenommen. So treffen in den CCs vielfältige Versuche politischer und bürokratischer Kontrolle aufeinander, doch wissen sich die CCs häufig dessen zu erwehren. Und in den Fällen, in denen es nicht gelingt, liegt es auch an eigenen Schwächen, wie der Abwesenheit einer organisatorischen und partizipativen Kultur (I-RD 2006).

Der Aufbau von *poder popular* über die CCs ist ein offener Prozess. Alle interviewten Akteure sind optimistisch bezüglich der Entwicklung, nur Antillano zeigt sich eher pessimistisch und sieht die Spannung zwischen *poder popular* und der Staatsgewalt zugunsten letzterer tendieren. Das Problem liege in der Staatszentriertheit der venezolanischen Gesellschaft aufgrund der hohen Interventionsfähigkeit des Staates (Coronil 1988; I-AA 2008). Tatsächlich ist die staatliche Finanzierung der CCs ambivalent. Sie birgt die Gefahr in sich, die CCs in eine Verwaltungsinstanz zu verwandeln, erleichtert Prozesse der Beeinflussung und Instrumentalisierung von institutioneller Seite und hat auch zu finanziellem Missbrauch geführt. Die Aussicht auf Finanzierung ist aber auch ein dynamisierender Faktor für die Entstehung und Entwicklung der CCs (I-EL 2007; I-MH 2007; Romero Pirela 2007: 129). Große Teile der Bevölkerung verfügen über Lösungsansätze für ihre Probleme, aber nicht über Ressourcen, daher fordern sie letztere (I-ED 2007). Und selbst wenn finanzielle Ressourcen alleine keine *poder popular* erzeugen, kann nicht darauf verzichtet werden, sie zu dezentralisieren und zu sozialisieren, sonst bleibt jedes Gerede von *poder popular* nur Makulatur. Das Risiko, dass die Finan-

---

stitutionen übernommen worden.

zierung zum eigentlichen Motiv der Organisierung wird, ist dabei präsent. Angesichts dessen muss Wert darauf gelegt werden, dass es im Kern um die direkte Demokratie der *poder popular* geht (Soto/Àvila 2006).

Die Tendenz, sich als ausführende Verwaltungsinstanz zu begreifen, ist in den CCs in Gebieten der Mittelschicht stärker ausgeprägt, als in den *barrios* oder auf dem Land. Sie verstehen sich zum größten Teil als technische Struktur, die nur für die Umsetzung von Projekten zur Verbesserung der Lebensqualität der *comunidad* sorgt. Das gelte jedoch genauso mehrheitlich für die CCs in popularen Sektoren, so García-Guadilla (2008: 138). Dabei unterscheidet sie zwar die Inhalte der Arbeit der CCs in popularen Sektoren und jenen der Mittelschicht, bewertet diese aber nicht. Der Unterschied ist allerdings entscheidend, denn für die popularen Sektoren bedeutet »technisch« die Herstellung der Grundversorgung in kollektiver Weise und die Überwindung der Marginalisierung aus Eigeninitiative. Die erstmalig bestehende Möglichkeit einer allgemeinen und kollektiven Verbesserung der Lebensqualität und Zukunftsaussichten ist für sie ganz klar an die Fortsetzung des bestehenden politischen Projekts geknüpft. Da hat selbst die »technische« Nutzung eine andere Bedeutung und es besteht ein anderes Entwicklungspotenzial als in den CCs der Mittelschicht, in denen »technisch« bedeutet, Verbesserungen für die *comunidad* zu erzielen, die nicht die Überwindung einer Marginalisierung betreffen, meist nicht der kollektiven Partizipation der *comunidad* bedürfen und auch nicht wesentlich von der Fortsetzung der aktuellen Politiken abhängig sind.

Frank Parada von einem CC in der Parroquia Antímano in Caracas antwortete auf der Bewegungswebseite aporrea.org auf einen Artikel von Margarita López Maya, in dem die vermeintliche Abhängigkeit der CCs vom Staat und die »ökonomistische« Ausrichtung kritisiert wurde. Der Artikel wurde im CC diskutiert[13] und Parada betont, der eigene CC »hängt nicht vom Staat ab, sondern von der *comunidad*«. Er sei aus dieser entstanden, baue *poder popular* auf und gehöre daher zu den CCs, die den Vertretern des alten bürokratischen und ineffizienten Staates Angst machten. Ihre Erfahrungen mit Institutionen seien sehr unterschiedlich gewesen und die Frage der Autonomie der CCs sei nicht eindimensional zu beantworten: »Es ist sehr einfach, zu sagen, dass alles von der Exekutive abhängt, aber schwierig zuzugeben, dass wir von unseren organisierten *comunidades* aus die gleichen Rechte haben, unsere Ressourcen zu nutzen und zu handhaben, was Organisierung und Partizipation

---

[13] Allein der Umstand, dass ein akademischer Beitrag über CCs in einem *barrio* von Aktivisten des CC gelesen, diskutiert und kommentiert wird, zeugt von dem Selbstermächtigungsprozess.

hervorbringt. Und nicht nur im ökonomistischen Sinne, denn wir haben dafür gesorgt, die *Contraloría Social* auch für andere Programme in der *comunidad* durchzuführen, und es funktioniert. Wir haben das Landkomitee neu strukturiert und das Gesundheitskomitee. Wir werden Literatur-Workshops organisieren für die etwa 1.400 Personen, die unseren *Consejo* bilden. Wir haben die historischen Ursprünge unserer *comunidad* erforscht und es haben uns sogar Personen aus anderen Ländern besucht [...]. Das führt uns dazu, zu fragen, dass wenn dies kein Embryo der *poder popular* ohne ökonomistischen Hintergrund ist, dann soll doch bitte jemand kommen und uns erklären, was es ist. Wenn Chávez sagt, die einzige Form, die Armut zu beenden, sei, dem Pueblo Macht zu geben, dann weiß jede Person mit etwas Gemeinsinn, dass das, was der Präsident sagt, sich letztlich als Ressourcen übersetzt. Wie sollen wir denn mit einem Sozialismus welchen Jahrhunderts auch immer vorankommen, wenn wir gewohnt sind, dass andere entscheiden, also das Geld für uns verwalten. In letzter Instanz verlegt sich die Frage der Macht darauf, wer die Quellen der Ressourcen handhabt.« (Parada 2007)

Eine weitere Gefahr lauert in der politischen Kooptation, indem der CC als chavistische Basisstruktur verstanden wird anstatt als Ausdruck der gesamten *comunidad*. Diese ausschließenden Dynamiken können aus der *comunidad* selbst entstehen oder von außen kommen, so sei auch Druck auf einzelne Sprecher ausgeübt worden, sich in die PSUV einzuschreiben (García-Guadilla 2008: 142). Werden die CCs aber parteipolitischen Logiken und Mobilisierungen unterworfen, können sie nicht die Selbstverwaltung der *comunidad* sein (Lander 2009). Das Problem hat jedoch geringere Ausmaße, als die politisch stark polarisierte Situation vermuten lassen könnte. Die Untersuchung des FCG ergab, dass 80% der CCs verschiedene politische Positionen zulassen, während 18% es nicht tun (FCG 2008: 26). Nach politischen Präferenzen wurde aber nicht gefragt, sodass nicht gesagt werden kann, wer wen ausschließt.

Häufiger finden sich Versuche einer institutionellen Vereinnahmung als politisches Pfand, d.h. Institutionen, Bürgermeister, Gouverneure, Minister etc., die sich mehr gegründete, beratene, finanzierte CCs zuschreiben, gewinnen an politischem Gewicht. Dabei handelt es sich nicht um eine allgemeine oder erklärte Politik, sondern um tradierte Praxen im Zusammenhang mit personalisierten klientelistischen Beziehungen.[14] Diese sind teilweise an politische Strömungen geknüpft, doch überwiegen personalisierte Verhältnisse. Neben

---

[14] So wird in einigen Institutionen oder Abteilungen Druck auf Mitarbeiter ausgeübt, an Regierungsmobilisierungen teilzunehmen, in anderen wiederum nicht. Die Vorgehensweise ist stark von den Direktoren abhängig.

den tradierten Praxen wird dieses Vorgehen durch den Umstand potenziert, dass sich die Institutionen durch den ständigen Wandel starkem Druck ausgesetzt sehen,»Ergebnisse« zu produzieren. Das führt auch zu Konkurrenz unter verschiedenen Institutionen. Allein in der Alcaldía Mayor von Caracas existierten 2006-2008 sechs Abteilungen, die CCs begleiteten. Einige der Promotoren zielten darauf, CCs zu schaffen, die ihrer Institution näher stehen, und versuchten sogar, CCs von anderen Begleitinstitutionen abzuwerben. Das führte zum Teil zu Spaltungen in den *comunidades* (I-ED 2007; I-LH 2007).

Dennoch bezeichnen 58% der CCs ihr Verhältnis zu den staatlichen Institutionen als gut und 16% als hervorragend. Aber 16% bewerten sie als schlecht und 5% als sehr schlecht (FCG 2008: 18). Unter letzteren geben 52% als Grund an, die Institutionen würden nicht antworten; im Hauptstadtdistrikt erhöht sich dieser Anteil sogar auf 65%, 7% geben fehlenden Dialog an und weitere 7% Behinderungen durch die Institutionen. Nur 5% geben die schlechte Organisierung des CC an (FCG 2008: 19). Die Frage ist allerdings auch zu allgemein gestellt, denn angesichts der Vielzahl an Institutionen haben die meisten CCs positive wie negative Erfahrungen.

Die zwei wesentlichen Entwicklungsoptionen liegen auf der Hand: Wird es gelingen, dass die institutionell initiierten und geförderten popularen Organisierungsprozesse wachsende Autonomie und Selbstorganisierung erlangen, oder bleiben die Organisationen in einer vertikalen und klientelaren Weise mit den finanzierenden Institutionen verknüpft. In diesem Spannungsverhältnis wird sich definieren, ob der Prozess in Venezuela staatszentrierte und vertikale oder popular-demokratische und autonome Charakteristika annimmt (I-EL 2007). Eine definitive Aussage über die zukünftige Entwicklung der CCs lässt sich zum jetzigen Zeitpunkt nicht treffen, da der Partizipationsmechanismus noch jung ist.

Consejos Comunales und Movimientos Populares

Das Verhältnis zwischen den CCs und vorher existierenden Organisationsformen (z.B. CTU, MTA u.a.) ist komplex. Letztere spielten zwar häufig eine zentrale Rolle im Aufbau der CCs, fürchteten aber zunächst teilweise den Verlust ihrer Autonomie dadurch, dass die Finanzierungen wesentlich über die CCs kanalisiert werden (I-AA 2008; Lander 2007a: 78). Es besteht auch die Gefahr, dass die CCs als einzige Instanz der lokalen Organisierung betrachtet werden und der Anspruch auf Unterordnung anderer Organisationsformen entsteht (I-AA 2007; I-EL 2007; I-MH 2007; Romero Pirela 2007: 149). Eine solche Entwicklung wäre fatal, da die Pluralität der Basisorganisierung nicht in ein Raster gezwungen werden kann. Bisher besteht der Anspruch aber nicht. Für die Zusammenarbeit mit anderen Organisationen ist die Bildung von Arbeitsbereichen gedacht, in denen Organisationen und Komitees der CCs kooperieren (Harnecker 2009: 30). Darüber hinaus existieren für zahlreiche Aktivitäten wie z.b. alternative Medien Finanzierungsmöglichkeiten, die nicht an die CCs gebunden sind. In einigen seltenen Fällen existiert aber auch das gegenteilige Problem. Eine starke Organisierung übernimmt die Repräsentation der *comunidad*, die sich als solche gar nicht konstituiert. So sind einige der gut organisierten *barrios* in Territorien verschiedener Organisationen aufgeteilt und es war z.T. zu Beginn schwer, eine Selbstorganisierung der Bevölkerung in die Wege zu leiten, die nicht über vorhandene Organisationen als Mittler verlief (I-AD 2006; I-ED 2007; I-LH 2007).

Für liberale Kritiker verwandeln sich »die Gesundheitskomitees, die MTA, die Sicherheitskomitees [...] in Komitees, die von den CCs abhängen« (García-Guadilla 2008: 136). Die Aufrechterhaltung der Dichotomie zwischen dem Sozialen und dem Politischen, während die Bewegungen bewusst die Grenzen überschreiten, führt zu einer vereinfachten Interpretation der Beziehungen zwischen konstituierter und konstituierender Macht. Wird die *comunidad* als ganzes verstanden, auf welche die Aktivitäten der Komitees ausgerichtet sind, dann spricht alles für eine Koordination und demokratische Entscheidungsprozesse. »Abhängig« sind die Komitees nur von der Versammlung bezüglich Projektfinanzierung.

Aber was würde dafür sprechen, dass die *comunidad* nicht gemeinsam über ihre Prioritäten entscheidet? Der CC ist eine Koordinationsinstanz für die *comunidad*. Die Gefahr der Kooptation durch andere besteht in jeder Koordination und kann kein Grund dafür sein, diese abzulehnen, zumal wenn es sich um Angelegenheiten handelt, die im Interesse der gesamten *comunidad* liegen.

An der wirklichen Problematik vorbei geht auch die Warnung von Lovera (2008: 119) und von Provea vor dem Risiko einer Tendenz, »Verantwortungen in die *Consejos Comunales* entladen zu wollen, [...] die dem Staat entsprechen, vor allem fast alles, was mit dem alltäglichen Leben der Leute zu tun hat: Gesundheit, Bildung, Umwelt, Verteidigung der Souveränität, Spekulationskontrolle, öffentliche Sicherheit« (Provea 2008: 33). Das Risiko, dass sich die CCs in bloße Verwalter staatlich externalisierter Leistungen verwandeln, besteht. Aber es ist unvermeidbar, denn es geht ja darum, dem Staat Aufgaben abzunehmen und selbstverwaltet zu organisieren. Die Aufrechterhaltung der Trennung von politischer und ziviler Gesellschaft ist im Rahmen des Aufbaus einer neuen Gesellschaft explizit nicht gewollt. Das wird z.b. am Manifest des ersten Treffens von CCs der FNCSB und der FNCEZ deutlich:

»Wir teilen mit dem Genossen Präsidenten, Comandante Hugo Chávez Frías, dass zum ersten Mal in der gesamten Geschichte der Republik die reale Macht in die Hände des Pueblo gelegt wird [...] zugleich warnen wir vor der gefährlichen Tendenz, die *Consejos Comunales* als einfache Planer und Ausführer von Arbeiten zu verstehen und somit ihr wirkliches Potenzial des Konstrukteurs der neuen Gesellschaft und des neuen *Estado Comunal* zu beschneiden.

Wir gehen davon aus, dass angesichts der Entwicklung der Klassenwidersprüche, welche die Regierung und den Prozess selbst durchqueren, der korrekte Weg, den wir als kämpfendes *pueblo* haben, darin liegt, eine revolutionäre, autonome Basisströmung aufzubauen, die den Präsidenten bewusst in allen Initiativen begleitet, die darauf zielen den bolivarianischen Sozialismus aufzubauen und den Reformismus und die Konterrevolution zu besiegen.

Als *Consejos Comunales* glauben wir, dass der schnellste Weg, um den *Estado Comunal* aufzubauen, darin liegt, auf lokaler Ebene die Macht in ökonomischer, politischer, militärischer, kultureller und sozialer Hinsicht zu übernehmen; dafür müssen wir als Block agieren, indem wir uns höhere Ebenen der Organisierung und Koordination geben, dabei ist grundlegend, eine Bewegung aufzubauen, die uns Stimme, Körper und Gesicht als kommunale Macht gibt im Prozess des Aufbaus des Sozialismus in Venezuela.« (FNCSB/ FNCEZ 2007)

García-Guadilla zitiert auch teilweise aus dem Manifest und nennt es als Beispiel für einige bereits vor Chávez existierende Gruppen, die »eine Vision der Ermächtigung der CCs vertreten und deren Ziel es ist, sie in Volksmacht zu verwandeln, um angeblich den ›Sozialismus des XXI. Jahrhunderts‹ aufzubauen« (García-Guadilla 2008: 139). Damit unterschätzt und verkennt sie völlig die Rolle, die genau diese Gruppen in den Bewegungsdynamiken einnehmen können. So wie die FNCEZ die FNCSB zur Koordination und Förderung von CCs, *Comunas* und *Ciudades Comunales* aufgebaut hat, setzen auch viele andere Aktivisten, Bewegungen und Organisationen gezielt auf die Stärkung der CCs. Darunter auch ANROS, aus dem diverse Schulungskooperativen hervorgegangen sind, die bezahlt durch verschiedene Institutionen Aufgaben in der Begleitung von CCs übernehmen wie Entwicklung und Betreuung von sozio-produktiven Projekten, Schulungen etc., aber weiterhin außerhalb der Institutionen organisiert bleiben. Das gibt ihnen die Möglichkeit, an anderen Begleitstrukturen unbezahlt mitzuarbeiten (I-SV 2007).

Die Arbeit von ANROS war bedeutend als Vorstufe zu den CCs und ist wie die der FNCSB auch für ihre Entwicklung wichtig. Mitte 2010 bestanden bereits an die 100 *Comunas* des FNCSB und einige hatten begonnen, koordiniert als Kommunale Städte zu arbeiten. Wie an der Geschichte des gesamten Prozesses seit den 1960er Jahren zu sehen ist, hat die Arbeit der an der Basis wirkenden Bewegungen, Netzwerken und Organisationen stets eine zentrale Rolle gespielt.

Verhältnis CCs und Comunidades

Die Beobachtungen in den CCs (die Mehrheit in Caracas, einige auch aus anderen Teilen des Landes) lassen darauf schließen, dass sie sich – und die Partizipation an ihnen – am besten in armen, aber nicht stark verelendeten *comunidades* entwickeln. Speziell in den popularen Sektoren besteht die Mehrheit der Aktivisten aus Frauen und nahezu alle verfügen über keinerlei soziale oder politische Organisierungserfahrung vor der ersten Wahl Chávez' Ende 1998, in den meisten Fällen sogar vor dem Putsch von 2002. Die Mehrheit hatte vor 1998 nie an Wahlen teilgenommen.

In den CCs ist eine Partizipation der so genannten Ni-Ni's (jene, die sich weder – ni – mit Chávez noch – ni – mit der Opposition verorten) zu beobachten, die nicht an den vorangehenden Versuchen teilnahmen, eine massive Selbstorganisierung der Bevölkerung voranzubringen, wie etwa an den Bolivarianischen Zirkeln oder den UBEs, deren Orientierung klar die der Unterstützung des bolivarianischen Prozesses war. In einigen CCs wurden Ni-Ni's auch als Sprecher gewählt, selbst dort, wo Chávez zwischen 55 und 70% der Stimmen erhält. Ihre aktive Partizipation in *comunidad*-Angelegenheiten wog schwerer als die politische Präferenz. Die Beteiligung von eisernen Oppositionellen ist jedoch fast inexistent, was allerdings nicht überrascht, da sie gegen *poder popular* sind; so ist es nur logisch, dass sie sich nicht an ihrem Aufbau beteiligen.

Der Aufbau von CCs ist nicht immer problemlos. Vor allem in einer ersten Phase bildeten sich einige ohne breite Partizipation. Manchmal zeigte die *comunidad* wenig Interesse zu partizipieren und der CC bestand im besten Fall aus einer aktiven Kerngruppe, die im Interesse der *comunidad* handelte, und im schlechteren Fall aus einer Gruppe, die ihn für individuelle Interessen instrumentalisierte. In einem *barrio* von Caracas erlebte ich einen ehemaligen AD-Nachbarschaftsverein, der die Form eines CCs angenommen hatte.

Der Aufbau ausgehend von den Bedürfnissen der *comunidad* ist grundlegend. »Das heißt: Zuerst die Funktionen, dann die Institutionen. So wird apriori der Aufbau von Institutionen vermieden, denen im Anschluss Funktionen verliehen werden, was den Raum für das Entstehen von Bürokratien bietet, da sie ohne klare Ziele zum Selbstzweck werden und nur dem Selbsterhalt dienen.« (Soto/Ávila 2006) Der Druck in Richtung einer Bürokratisierung wird auch im Widerspruch zwischen sozialen Prozessen und institutionellen

Bewertungsmechanismen deutlich. Institutionen priorisieren ökonomische Kategorien, da sie leichter quantifizierbar und vergleichbar sind als soziopolitische Kategorien, die aber für die Selbstorganisierung und den Transformationsprozess entscheidend sind (I-HV 2007). Anders gesagt: Eine asphaltierte Straße passt besser in eine Tabelle als ein kollektiver Diskussions- und Entscheidungsprozess.

Die Befragung des FCG deutet darauf hin, dass die CCs als Ausdruck der *comunidad* wahrgenommen werden. 51% beschreiben die Beziehungen mit der *comunidad* als gut und 20% als hervorragend. Allerdings bewerten auch 26% die Beziehungen als gering und 2% als inexistent (FCG 2008: 20), das könnte auf eine Tendenz zur Trennung der Ebenen des CC und der *comunidad* und auf eine Reproduktion repräsentativer Mechanismen hinweisen (FCG 2008: 21). Dass die CCs die soziale Polarisierung reproduzieren und in nicht homogenen sozialen Räumen zu ausschließenden Praxen führen (García-Guadilla 2008: 137), lässt sich weder durch die vorliegende Untersuchung noch durch andere bestätigen, das Gegenteil ist der Fall. Zu finden ist aber der Ausschluss als Folge ökonomischer Interessen mehr oder weniger fester Gruppen (Großfamilien, Ex-Nachbarschaftsvereine). In Anbetracht der über 30.000 CCs ist eine gewisse Quote an »faulen« CCs wohl erst einmal nicht zu vermeiden. In der Regel sind solche Usurpationen nicht lange erfolgreich. Auf der Ebene der CCs ist es, wie sich gezeigt hat, viel einfacher, für die *comunidad* diesen Praxen entgegenzutreten. Häufig kommt es im Laufe der Zeit durch die zunehmende Aktivierung der Bevölkerung zur Konstituierung von neuen CCs, welche die alten ersetzten.

Als problematisch kann das Quorum von nur 20% Beteiligung der *comunidad* an den Versammlungen erscheinen. Für direkte aktive Partizipation sind jedoch aus Erfahrung 20% ein sehr guter Wert. Selbstverständlich ist eine höhere Partizipation wünschenswert. In den untersuchten CCs lag sie um die 40%. Für liberale Kritiker liegt hier ein Grund, das Prinzip der Repräsentation einzuklagen. Das Fällen verbindlicher Entscheidungen auf Versammlungen, an denen nicht jeder teilnehmen könne und wolle, erzeuge nahezu eine Anwesenheitspflicht, die das Prinzip der Repräsentation verletze: »Es sind die Bürgermeister, Stadträte und Repräsentanten der Regierungen der Bezirke, [...] die in letzter Instanz für die Interessen der Bürger auf lokaler Ebene verantwortlich sind, und nicht eine Versammlung, die ja minoritär sein kann.« (García-Guadilla 2008: 144) Das negiert jede Möglichkeit einer strukturellen Veränderung. Der Aufbau von *poder popular* oder eine Selbstregierung der *comunidades* wird unmöglich, da Partizipation nur auf Belange beschränkt ist, die nicht in die Autorität der konstituierten Macht fallen, oder der CC müsste sich ebenfalls als repräsentative Instanz konstituieren.

Den liberalen Kritikern ist gemeinsam, dass sie die CCs nicht als gegenüber der konstituierten Macht eigenständig betrachten, sondern als partizipative Ergänzung zur Repräsentation (García-Guadilla 2008: 144; Lovera 2008: 121). Folglich lautet die Alternative, entweder werde die partizipative Demokratie als komplementäres Element der repräsentativen Demokratie gestärkt oder die delegative Demokratie werde gestärkt (Lovera 2008: 122). Die angeblich verteidigte Autonomie der Bewegungen wird zur Farce. Wenn von unten über Räte, CCs, *Comunas* und Kommunale Städte ein Nicht-Repräsentatives Demokratiemodell aufgebaut werden soll, das den existierenden Staat durch ein neues Gebilde ablöst, handelt es sich um eine tendenzielle Überwindung der Spaltung von Sozialem und Politik. In der liberalen Kritik wird diese aber nicht in Frage gestellt, sondern ist Maßstab der Kritik. So kann der venezolanische Prozess nur negativ bewertet werden.

Die Aneignung der Consejos Comunales durch die Comunidades und den Staat

Bei 85% der CCs ging die Initiative der Gründung von der *comunidad* oder einem Mitglied derselben aus und nur bei 7% von staatlichen Funktionären (FCG 2008: 22). Bei 84% beteiligt sich die *comunidad* an den Aktivitäten des CC (FCG 2008: 23) und bei 81% ist sie es, welche die Projekte genehmigt, während die »Genehmigung« durch einen Institutionenvertreter, was gesetzeswidrig ist und auf eine völlig fehlende Autonomie deutet, nur in 5% vorkommt (FCG 2008: 36).

Die *comunidades* haben sich die Figur der CCs angeeignet (FCG 2008: 22; I-AD 2006; I-ED 2007; I-LH 2007). In vielen *comunidades* besteht die Fähigkeit, sich gegen eine Beeinflussung oder Kooptation zu wehren (I-ED 2007), wenn nötig auch mit aktivem Widerstand: »Wir hatten den Fall eines Militärs, der einen *Consejo Comunal* aufbauen wollte, und er bestimmte, wer dazugehört. Die Bauern aus der Region sind bis hierher nach Caracas gereist und haben ihn angezeigt. In Maracaibo gab es eine richtige Auseinandersetzung mit Steinen, Knüppeln und Flaschen. [...] Die *comunidad*, das *pueblo*, lässt sich diesen Prozess nicht entreißen.« (I-AD 2006)

Die *comunidades* sehen die CCs als ihr Instrument an, laut FCG bezeichneten 22% die Beziehungen im CC als sehr gut, 46% als gut, 26% als »normal« und nur 4% als schlecht oder sehr schlecht. Dabei erklärten 55%, es gäbe keine Konflikte im CC, 43% es gäbe welche, diese werden aber von 63% mit Dialog, kleinen und größeren Versammlungen und der Suche nach Konsens gelöst. 16% lösen sie mit mehr Kommunikation, nur 7% via Abstimmung und in 3% werden sie nicht gelöst (FCG 2008: 28f.). Die Existenz von Konflikten und die Lösungsmechanismen sprechen stark dafür, dass die CCs die Basiseinheit der partizipativen und protagonistischen Demokratie und der *poder popular* sein können. Die *comunidades* nutzen ihnen vertraute demokratische Konfliktlösungsmechanismen. Das FCG kommt zu dem Schluss, dass durch die CCs keineswegs Assistenzialismus oder Paternalismus gestärkt werden, sondern ganz im Gegenteil »ein fortschreitender Prozess des Protagonismus und der popularen Verantwortung im Aufbau von kollektiven Antworten auf der Suche nach einem besseren Leben« (FCG 2008: 6) existiert.

Die Aneignung der Form durch die *comunidades* wird auch daran deutlich, dass sie eigenständig *Comunas* und Kommunale Städte bilden. Es ist eine neue Institutionalität im Entstehen, deren Grenzen und Beziehungen zu der alten Institutionalität unklar sind und ständig neu definiert werden (Lander 2007a: 78). Der Staat bleibt dabei nicht außen vor, sonder partizipiert und gibt einen Impuls, aber als Zusammenspiel mit der alten Forderung der *comunidades* nach Selbstregierung. Das bedeutet tendenziell eine schwerwiegende Veränderung der hegemonialen Machtverhältnisse und hat unmittelbaren Einfluss auf den Staat. Iturriza erklärt: »Wenn wir vorhaben, eine Revolution des XXI. Jahrhunderts zu machen, eine Revolution, die nicht den Erfahrungen mit dem Realsozialismus ähnelt, dann beinhaltet das notwendigerweise eine Neudimensionierung nicht nur des Konzeptes, sondern dessen, was der Staat real ist. [...] Wir könnten am Beginn einer Erfahrung stehen, die eine wesentliche Neudimensionierung des Staates mit sich bringt, die über die Neuordnung seiner Beziehung mit der popularen Bewegung läuft. Boaventura de Sousa Santos entwickelt das Konzept des experimentellen Staates und bringt sogar die Vorstellung des Staates als eine weitere soziale Bewegung ins Spiel, [...] könnte das möglich sein?« (I-RI 2006)

Der Widerspruch zwischen konstituierter und konstituierender Macht wird dabei durchaus wahrgenommen (I-AD 2006; I-CLR 2006; I-ED 2007; I-LH 2007; I-SV 2007). Die Strategie aber ist nicht, die *poder popular* und die konstituierte Macht gegeneinander aufzustellen, sondern dahin zu gelangen, dass letztere die Entscheidungen ersterer respektiert (I-AD 2006). Die Erfahrung der CCs muss nicht zwangsläufig erfolgreich sein, wie Carlos Luis Rivero betont, »aber das Verständnis sagt uns, dass das Thema des neuen Staates mit dem Thema der *poder popular* verknüpft ist. [...] Ohne die Partizipation gibt es kein *poder popular*. Der Staat kann die Leute nicht ersetzen. Und du ersetzt die Leute nicht, weil du es willst, sondern weil die Verhältnisse dich dahin führen. Das bedeutet, es muss vom praktischen und konkreten Standpunkt aus überwunden werden.« (I-CLR 2006)

Kapitel 15:
Die Consejos Comunales als Partizipations-instrument – eine empirische Untersuchung in Caracas

Caracas ist ein komplexes und schwieriges Terrain. Die politische und soziale Polarisierung ist stärker ausgeprägt als auf dem Land und in vielen anderen Städten. Es ist eine sozial, ökonomisch, politisch und institutionell fragmentierte Stadt, was sich im Zugang zu Ressourcen, Sicherheit, Verkehrsanbindung und vielerlei anderer Hinsicht ausdrückt. Die ökonomische und staatliche Restrukturierung der 1990er Jahre hat soziale Transformationen verursacht, die sich direkt darauf ausgewirkt haben, wie in der Stadt mit ihren vielen ungleichen Territorien gelebt wird, und die neoliberale Dezentralisierung hinterließ eine Alcaldía Mayor, die keine Befugnisse hat, koordinierte Politiken in den fünf Munizipien zu implementieren, aus denen sich die Großstadt zusammensetzt. Diese sind zudem völlig ungleich in Fläche, Einwohnerzahl und sozioökonomischem Status.

Libertador hat offiziell 2,1 Mio. Einwohner und umfasst die alte Innenstadt von Caracas mit der Regierungsverwaltung und den Westen der Stadt, in dem ein Großteil der Armenviertel liegt, und gehört keinem Bundesstaat an. Die anderen vier Munizipien gehören zu Miranda. Sucre mit 650.000 Einwohnern liegt im extremen Osten der Stadt und ist mehrheitlich von Angehörigen der Mittelschicht und unteren Mittelschicht bewohnt. Mit Petare liegt dort aber auch das größte *barrio*. Baruta im Süden von Caracas hat etwa 320.000 Einwohner, vier Fünftel aus der Mittel- und Oberschicht. Chacao im Nordosten und El Hatillo im extremen Südosten der Stadt haben jeweils etwa 70.000 Einwohner und sind fast ausschließlich von Angehörigen der Mittel- und Oberschicht bewohnt. In den letzten drei Munizipien konzentriert sich ein Großteil der Firmensitze, der Finanz- und Geschäftswelt sowie der ökonomischen Macht. Alle drei sind seit 1998 oppositionell regiert. Bei den Wahlen Ende 2008 gingen auch Sucre und die machtlose Alcaldía Mayor an die Opposition. Diese Munizipien sehen sich nicht als Teil der Stadt und verfolgen ihre eigene Politik, sodass so gut wie keine Zusammenarbeit mit der Alcaldía Mayor des bolivarianischen Bürgermeisters Juan Barreto (2004-2008) existierte.

Zu den Faktoren, die den Aufbau von CCs in Caracas schwieriger gestalten als in vielen anderen Regionen, gehört die größere Interessensvielfalt und Ablenkung in der Metropole. CCs entstehen mit hoher Dichte fast nur in den *barrios* und einigen Wohngebieten unterer und ehemaliger Mittelschicht, dort meist mit größeren Schwierigkeiten. Der Transformationsprozess ist dadurch geprägt, »dass der größte populare Protagonismus mit sozialer Verantwortung und Aufbau von Citizenship im Rahmen intensiver Armut zu finden ist, da dieser es popularen Sektoren trotz der prekären Lebensbedingungen erlaubt, nicht nur an den Rändern der Stadt zu leben, sondern in ihrem kollektiven Imaginarium auch an den Rändern der Hoffnung. Hoffnung, ihre Lebensqualität und ihre Lage als Bürger zu verbessern« (Lacabana/Cariola 2005b: 29).

Für die vorliegende Untersuchung wurden sieben CCs analysiert: Der CC Emiliano Hernández wurde über zwei Jahre lang periodisch besucht und intensiv befragt. Er vereint zahlreiche Charakteristiken, die typisch für viele CCs in urbanen Ballungsgebieten sind: prekäre soziale Situation und Infrastruktur, keine Organisierung vor 1998 und ein mehrheitlicher Aktivismus von Frauen. Darüber hinaus wurden ein CC in einem Viertel verarmter Mittelschicht und fünf weitere in *barrios* untersucht, zwei davon im oppositionell regierten Baruta. In die Schlussfolgerungen fließen die Erkenntnisse aus Interviews mit 25 Sprechern aus acht CCs ein. Alle untersuchten CCs befinden sich gezielt nicht in Stadtteilen, die vor 1998 auf umfangreiche Erfahrungen der Basisorganisierung zählten. Dort, wo CCs am weitesten entwickelt sind, kann häufig auf umfangreiche vorherige Organisationserfahrung zurückgeblickt werden. Der Umkehrschluss ist jedoch nicht zulässig: Vorhandene Organisierung führt keineswegs automatisch zu einem erfolgreichen CC. Sollen die CCs als Ausdruck der *poder popular* den Sockel eines neuen *Estado Comunal* bilden, ist von grundlegender Bedeutung, ob und wie sie von der großen Mehrheit armer und zuvor nicht besonders aktiver *comunidades* aufgenommen werden und was sie in ihnen bewirken.

Von allen Interviewpartnern wurden mit Fragebogen sozial-statistische Daten erhoben. Die Geschlechterverteilung entspricht in etwa der wahrnehmbaren Partizipationsquote: 18 Frauen und sieben Männer. Ähnlich die Altersverteilung, die jüngste Interviewte ist 28 Jahre alt, die Älteste 63. Der Großteil, 17 von 25, sind zwischen 36 und 50 Jahre alt. Auffällig ist, dass sechs der sieben Männer entweder verheiratet mit Familie oder alleinerziehende Väter sind. Nur fünf der Interviewten waren vor 1998 politisch aktiv, zwei in der MBR-200, eine in der MAS, einer in der Liga Socialista und eine als »Chávez-Unterstützerin«. Die restlichen 20 verfügten über keinerlei politische Erfahrung und nicht einmal über politisches Interesse. Eine Interviewte hat die Misión Robinson besucht, fünf Frauen haben ihren Abschluss in der Misión Ribas gemacht und vier Frauen und ein Mann haben über die

Misión Sucre ein Universitätsstudium begonnen. Nur drei Personen stimmen der Aussage zu, das Leben sei vor zehn Jahren besser gewesen als heute. Für 22 ist das Leben heute besser und alle gehen davon aus, dass das Leben in fünf Jahren besser sein wird.

15.1 Consejo Comunal »Emiliano Hernández«, Magallanes de Catia, Caracas

Der Consejo Comunal »Emiliano Hernández« liegt in den Bergen des populären Westens von Caracas. In der Nähe der U-Bahnstation Plaza Sucre im Stadtteil Catia findet sich die Endhaltestelle der Jeeps, die als Nahverkehrsmittel jeweils neun Fahrgäste die steilen Straßen nach oben befördern. Bis zum Emiliano Hernández sind es etwa 15 Minuten. Ende 2006 umfasste die Comunidad 438 Anwohner über 15 Jahre aus insgesamt knapp 200 Familien. Von den fünf Interviewten war nur einer vor 1998 politisch interessiert und organisiert. Die *comunidad* ist arm, war vor 2001 weitgehend apathisch und verfügte über eine sehr schlechte Infrastruktur. Noch 2003 waren die wichtigsten Probleme fehlende Gesundheitsversorgung, unregelmäßige Trinkwasserversorgung, schlechte Abwasserentsorgung, schlechte sanitäre Ausstattung, fehlender Kindergarten, kein Zugang zu Bildung, schlechter öffentlicher Transport und fehlender Raum für Aktivitäten der *comunidad*. Ein Teil der Bevölkerung litt an Unterernährung und elf Familien hatten keine festen Häuser. Das monatliche Haushaltseinkommen ist sehr niedrig. Von sechs Interviewten lebten vier in Haushalten, die Ende 2006 über weniger als eine Mio. Bs verfügten. Zwei davon lebten mit Partner und drei Kindern, zwei waren alleinerziehende Mütter mit zwei und vier Kindern. Lediglich die Haushalte der beiden interviewten Männer, beide mit höheren Schulabschlüssen, einer mit kleiner Autowerkstatt in der *comunidad*, der andere Versicherungskaufmann, verdienten mit fünf und vier Personen zwischen zwei und drei bzw. zwischen drei und vier Millionen Bolívar im Monat.

Bevor der CC im Dezember 2006 gegründet wurde, erreichte die *comunidad* die Einrichtung von fünf Ernährungshäusern im Sektor.[1] Es wurde die Misión Robinson in die *comunidad* geholt und es bestand ein CTU, ein Gesundheitskomitee, ein Komitee für soziale Sicherheit und Gerechtigkeit und

---

[1] Sektor ist ein Territorium, das größer als die *comunidad* des CC ist, aber kleiner als das *barrio*.

ein »Komitee der Mediennutzer«,[2] wobei es sich um wenige Aktivisten handelte, die an mehreren Initiativen beteiligt waren.

Zentral für die Organisierung der *comunidad* war das ab 2003 gegründete Gesundheitskomitee, in dem auch Jacqueline Avila aktiv war, die von allen als Initiatorin der lokalen Organisierung benannt wird. Bis 2006 nahm auch Alexander L. eine wichtige Rolle ein, dann wechselte er den Wohnort. J. Avila, alleinerziehend mit zwei Kindern, ist die zentrale Aktivistin des CC und wurde mit 203 von 213 Stimmen in die Finanzkommission gewählt. Als Kind absolvierte sie die sechsjährige Grundschule und begann zu arbeiten. Mit der Misión Ribas schloss sie die Mittelschule ab und nahm 2007 mit der Misión Sucre ein Studium in Sozialmanagement auf. Vor 2001 war sie weder politisch noch sozial engagiert oder interessiert.

Die *comunidad* besteht mehrheitlich aus Chávez-Anhängern. Und nur eine der Interviewten war 2006 nicht in die MVR eingeschrieben, obwohl sie alle keine hohe Meinung von derselben hegten. Die *comunidad* ist auch jenseits konkreter Belange des *barrio* politisch aktiv. Das *Comité de Usuarios* organisierte 2006 eine Demonstration der *comunidad* vor dem TV-Sender RCTV gegen die einseitige Berichterstattung. Es erfolgte eine massive Mobilisierung zugunsten der Wiederwahl Chávez' 2006 und der Verfassungsreform 2007, die in der *comunidad* erläutert und diskutiert wurde. Das geschah nicht als CC, aber mit fast allen seinen zentralen Aktivisten. Dabei handelt es sich nicht um eine Kooptation, sondern um eine rationale Entscheidung der *comunidad,* gewisse Mobilisierungen der Regierung zu tragen. Zu den Lokal- und Regionalwahlen 2008 mobilisierte sie sich beispielsweise nicht.

Die *comunidad* hat trotz abgelegener Lage kein Sicherheitsproblem. Dies liegt jedoch nicht an der Polizei, zu der kein Vertrauen besteht, sondern an den sozialen Netzen der *comunidad.* Die Policía Metropolitana, PM, (Alcaldía Mayor) und die Policaracas (Munizip Libertador) werden als korrupt und unberechenbar beschrieben. Ihnen wird vorgeworfen, die Barriobewohner anzugreifen, zu bedrohen und teilweise zu töten. Die Polizei verrate die *comunidad* an Kriminelle und lungere mit diesen herum. Im Sicherheitskomitee des CC sind aber zwei pensionierte Polizisten der PM, die das Vertrauen der *comunidad* genießen. In Fragen der Sicherheit besteht eine enge Kooperation mit einem weiteren CC in der Nachbarschaft, an dessen Sicherheits-

---

[2] Die *Comités de Usuarios* sind Bestandteil der partizipativen Medienkontrolle. Sie üben die soziale Kontrolle über gesendete Inhalte aus und werden aus einem Fonds der nationalen Telekommunikationsbehörde Conatel *(Comisión Nacional de Telecomunicaciones)* finanziert. Sie organisieren Kursangebote zur Erhöhung der Medienkompetenz der Bevölkerung.

komitee ebenfalls Ex-Polizisten beteiligt sind, und es bestehen direkte Kontakte in die Sicherheitsorgane. Ein wichtiges Problem der *comunidad* betrifft den Transport. Die Jeepfahrer, *yiseros* genannt, gehören einem privaten Verbund an. Der Service ist unzuverlässig und bis auf vier Chavistas weigern sich die Fahrer, Schüler und Studierende für die Hälfte und Rentner umsonst mitzunehmen, wie es das Gesetz vorschreibt. Die *comunidad* berichtet, die meisten Jeepfahrer hätten an oppositionellen »Streiks« teilgenommen und die Verkehrverbindung ins *barrio* eingestellt.

Aufgrund der Konflikte verweigerte der CC dem Präsidenten der Linie die notwendige Unterschrift für den Erhalt neuer Fahrzeuge durch die Transportbehörde FONTUR (*Fundación Fondo Nacional de Transporte Urbano*). In der *comunidad* wird seit Beginn des CC über die Möglichkeit des Aufbaus einer Transportkooperative diskutiert. Ein konkretes Projekt begann aber erst 2009 formuliert zu werden.

Im Folgenden geht es zunächst um die formal-organisatorischen und materiellen Initiativen des CC als Selbstverwaltungsinstanz, die Erfahrung mit Institutionen, mit der *comunidad* und mit anderen CCs. Der zweite Teil konzentriert sich auf den Partizipationsprozess als Demokratisierung der *comunidad* und der sozialen Beziehungen. Zuletzt geht es um die Autonomie des CC. Diese Punkte zeugen jenseits materieller Verbesserungen vom Transformationspotenzial des Prozesses.

Der Consejo Comunal als Selbstverwaltungsinstanz

Der Aufbau des Consejo Comunal
J. Avila informierte sich noch vor Verabschiedung des Gesetzes über die CCs. Durch eine sehr lange Vorbereitungsphase in der *comunidad* fand die Wahl aber erst im Dezember 2006 statt. Ein lockeres vorläufiges Promotorenteam um J. Avila informierte über die CCs mit einer sehr positiv bewerteten Begleitung durch Fundacomun (später in Fundacomunal umbenannt). Die erste *Bürgerversammlung* wurde mit Unterstützung von Promotorinnen der Alcaldía Mayor und der von Libertador organisiert. Erst auf der zweiten Versammlung wurde das notwendige Quorum erreicht und ein fünfköpfiges Promotorenkomitee aus zwölf Kandidaten gewählt, das in den folgenden 90 Tagen einen soziodemografischen Zensus von Tür zu Tür durchführte und das Territorium der *comunidad* festlegte. Da die *comunidad* die Konkurrenz zwischen den zwei Institutionen bemerkte, wandte sich J. Avila nach einer Schulung der Nationalversammlung zu CCs wieder an Fundacomun für die weitere Begleitung.

Am 12. November 2006 wurde auf einer zweiten Versammlung (und nicht wie vorgesehen auf derselben) mit über 100 Anwohnern das Territorium des CC bestätigt und eine fünfköpfige Wahlkommission aus zwölf Bewerbern ausschließlich zur Vorbereitung der Wahlen gewählt. Existierende und zu gründende Komitees wurden von der Versammlung diskutiert und ausgehend von den Bedürfnissen der *comunidad* bestimmt. Der CC verfügt über Komitees für Gesundheit, Wohnen und Habitat, Sport, Bildung, CTU, Großeltern, Kultur, soziale Sicherheit und Gerechtigkeit, Ernährung, MTA, sowie *contraloría social* und Finanzen. Die Mobilisierung für Versammlungen und Wahlen erfolgte von Tür zu Tür und mit dem Megaphon durch das *barrio* laufend. Mit den Jugendlichen wurde das persönliche Gespräch gesucht. Dies erwies sich als erfolgreich, sie fühlen sich ernst genommen und partizipieren. Die Kandidaten wurden bereits Wochen vorher von der *comunidad* vorgeschlagen und waren bekannt.

An der Sprecherwahl am 16. Dezember 2006 nahmen 213 der 438 Stimmberechtigten teil. Sie wurde nicht in der *Versammlung* durchgeführt, sondern als Wahltag mit Stimmzetteln, auf denen alle Kandidaten mit Foto abgebildet waren. Die hohe Wahlbeteiligung überraschte die Aktivisten und die Wahl wurde zum sozialen Ereignis, die Nachbarschaft steuerte Essen und Getränke bei und die Auszählung wurde zur Feier, die bis vier Uhr morgens dauerte (I-JA 2006). Für jedes Komitee wurden ein Sprecher und für das Finanz- und das Kontrollorgan jeweils fünf Beauftragte gewählt. Für die 20 Ämter kandidierten 41 Personen, darunter nur acht Männer, von denen sieben gewählt wurden. Später bildeten sich noch ein Tourismus- und ein Kommunikationskomitee. Das Haus einer evangelikalen Kirche stand für kleine Versammlungen des CC zur Verfügung, größere Versammlungen finden unter freiem Himmel statt.

Die Projekte der Comunidad

Der CC führte bis Ende 2008 zwei große Projekte durch, die von Fundacomunal, finanziert wurden, und eine Vielzahl kleiner Initiativen, die von verschiedenen Institutionen gefördert wurden. Fundacomunal hat kein Projekt abgelehnt, auch nicht in anderen den Interviewten bekannten Fällen. Die Bewilligung und Auszahlung wird jedoch stark verzögert. Ein bei der Alcaldía Mayor beantragter kleiner Sportplatz wurde hingegen von einem Ingenieur nach Begutachtung als zu teuer abgelehnt. Der CC erhielt eine Zusage vom Rathaus Libertador, die jedoch folgenlos blieb. Ende 2008 wurden Schritte unternommen, um eine technologische Plattform von CANTV einzurichten, es dauerte jedoch bis August 2009, bis die erste Informationsversammlung stattfand. Die *contraloría social* für die Projekte funktioniert, gemeinsam mit anderen CCs werden auch Baumaßnahmen der Stadtverwaltung im *barrio* kontrolliert, so etwa die Ausbesserung der abgesackten Hauptstraße, an der eine Kooperative aus einem CC im Auftrag der Stadtverwaltung, die den Ingenieur stellt, arbeitet. Der *comunidad* fehlte ein Raum für kollektive Aktivitäten. Wie in den meisten *barrios* von Caracas sind die Häuser klein und an den steilen Hängen eng aneinander gebaut, Freiflächen existieren kaum, öffentliche Gebäude gar nicht. Außer der Hauptstraße bestehen weitere Verbindungen aus Treppen und Wegen. Daher war der Kauf eines Hauses der *comunidad* oberste Priorität. Nach dem Fortzug einer Familie 2006 stand ihr Haus für 70 Mio. Bs zum Verkauf und die *comunidad* wollte es erwerben. Die Finanzierung wurde beim Munizip Libertador beantragt, das aber nicht mehr als 45 Mio. zahlen wollte und auch nicht auf das Angebot der *comunidad* einging, die Restfinanzierung selbst aufzubringen (I-JA 2006). Ende 2006 wurde der Direktor von Fundacomun eingeladen und er sagte Unterstützung zu. Nach acht Monaten bekam die *comunidad* 124 Mio. Bs, drei mehr als beantragt, der Preis des Hauses war mittlerweile auf 90 Mio. gestiegen. Es wurde gekauft und die *comunidad* arbeitete unentgeltlich, um es umzubauen. Unter anderem wurden neue Türen, Stühle, ein Computer und ein Kopierer gekauft.

Im April 2008 beantragte die *comunidad* bei Fundacaracas (Infrastrukturfonds von Libertador) Baumaterial, um ein weiteres Stockwerk auf das Haus zu bauen als Kultursaal für Kindertanzgruppen, Musiker und andere kulturelle Aktivitäten. Für die Kulturarbeit wurde Kontakt mit dem nationalen Kulturinstitut (Conac) aufgenommen. So kamen auch kubanische Künstler in die *comunidad*, die gemeinsam mit Bewohnern Aktivitäten entwickelten. Nach einem Wechsel des Direktors von Fundacaracas wurden die Gelder für das bereits genehmigte Projekt jedoch nicht mehr ausgezahlt und dem CC 2009 mitgeteilt, er müsse einen neuen Antrag stellen.

Anfang 2007 stellte die *comunidad* einen Antrag bei Fundacomunal zur Reparatur von 100 Häusern und den Neubau von elf, um ebenso viele Hütten zu ersetzen. Im August 2007 wurden von einem *Mobilen Kabinett* der Präsidentschaft drei Milliarden Bolívar[3] genehmigt, die Finanzierung kam aber erst im Juni 2008 an. Die *Versammlung* entschied, der Neubau der Häuser, um die Hütten zu ersetzen, habe Priorität. Die Baupläne waren auf 70 m² ausgelegt. In Absprache mit dem Architekten wurden die neuen Häuser aber größer gebaut. Auf einer Versammlung verpflichtete sich der CC, das Material für die Ausbesserungen zu kaufen und den Maurer aus der *comunidad*

---

[3] Etwa 1,4 Millionen US-Dollar. Davon sind 5% für operative und 2% für administrative Kosten. 1% bleibt in der *Banco Comunal* als Notfallrücklage.

zu bezahlen. Dadurch gelang es, anstatt der geplanten 100 sogar 170 Häuser auszubessern (I-JA 2008b).

Die Hälfte der Gelder muss von den Anwohnern nicht zurückbezahlt werden, die andere Hälfte wird als Kredit in 60 Monatsraten abbezahlt. Die Sprecher des CC bekamen gemäß eigener Entscheidung als letzte das Material. Nach Abschluss aller Reparaturen blieb immer noch Geld übrig. Nachdem Ende 2008 die Finanzen der *comunidad* von der *contraloría social* dargelegt wurden, waren alle zufrieden. Im Anschluss kamen aber Gerüchte auf, J. Avila würde sich mit dem übrig gebliebenen Geld ein Haus kaufen wollen. Daraufhin berief der CC eine Versammlung ein. Die Diskussionen auf jener und den folgenden Versammlungen führten dazu, dass die *comunidad* entschied, ein vierstöckiges Haus zu kaufen und jeder der vier Frauen aus dem CC, die keine eigene Wohnung besaß, ein Stockwerk zu geben.

Partizipation als Prozess sozialer Entwicklung und Anerkennung
Die *comunidad* konnte bedeutende Fortschritte in der Abdeckung der wichtigsten Grundbedürfnisse erzielen: »Die größten Probleme lagen im Bereich Gesundheit, da gab es viele Versäumnisse, es gab viele Leute mit Arthritis, die nicht laufen konnten, Kinder, denen Prothesen fehlten, Leute, die Nierenoperationen brauchten wie der Fall der Genossin Hortensia, Leute mit Augenproblemen, viele Fälle von Dengue-Fieber, Durchfall, unterernährte Kinder. Mit der Arbeit von Barrio Adentro konnten wir diese Problematiken lindern. Die Kinder sind nicht mehr unterernährt, sie essen in den Ernährungshäusern und die Ärztin gibt ihnen ihre Vitamine, sie geht von Haus zu Haus, betreut die schwangeren Frauen und impft sie. Die behinderten Personen haben die notwendigen Geräte erhalten, um ihr Problem zu lindern.« (I-PR 2007)

Mit dem Haus konnte ein Barrio Adentro-Stützpunkt eingerichtet werden und im Dezember 2007 nahm eine kubanische Ärztin ihren Dienst auf. Über PDVSA wurden die Bedürfnisse an Operationen und Prothesen abgedeckt und über die Misión Milagro erfolgten zahlreiche Augenoperationen und etwa 200 Personen erhielten eine Brille. Die Notwendigkeit von Bildung wird von allen Interviewten ständig betont. Und trotz teilweise negativer Erfahrungen mit der Misión Robinson und Ribas wird der Zugang zu Bildung als allgemein gegeben angesehen. Zwei der interviewten Frauen absolvierten die Misión Ribas und studieren mit der Misión Sucre. Als Ende 2007 das Lebensmittelvertriebsnetz PDVAL von PDVSA aufgebaut wurde, richtete der CC einen PDVALito im kommunalen Haus ein. Dieser verkauft je nach Lieferumfang bis zu vier Tage die Woche preisregulierte Grundnahrungsmittel. Da der Warentransport von der *comunidad* selbst organisiert wird, kann sie vier statt der üblichen 2% des Umsatzes einbehalten.

Mitte 2008 wurde das öffentliche Stromversorgungsunternehmen *Electricidad de Caracas* kontaktiert, um die Straßenbeleuchtung zu erneuern bzw. zu installieren. Zwei Monate später wurden auf die bereits vorhandenen Pfosten Straßenlaternen montiert. Die abgesackte Straße weiter unten wurde repariert, ebenso die Trinkwasserleitungen. Es bleibt ein Problem mit stellenweise undichten Abwasserrohren. Die unregelmäßige Wasserversorgung wird stadtweit unter Beteiligung der *comunidades* angegangen. In Zusammenarbeit mit Institutionen wurden auch zahlreiche kulturelle Aktivitäten für Kinder organisiert, darunter Workshops mit Ton, Farben, Musik und Tanz; Clowns kamen in die *comunidad* und zu Weihnachten erhielt der Sektor Spielzeuge gemäß Zensus für 377 Kinder. Für die Rentner wurden mit dem *Club de Abuelos* Ausflugsreisen organisiert.

Das Ergebnis ist aber nicht einfach die Summe der Verbesserungen, sondern eine Ermächtigung als »Würde-Gebung«, indem die Barriobewohner als gleichwertige Angehörige der Gesellschaft anerkannt werden und ihre Bedürfnisse Rechte sind, die in angemessener Weise Erfüllung erfahren. In der Qualität der Leistung drückt sich die Anerkennung der *comunidades* aus und wird auch so von diesen verstanden:»Wir haben 350 Paar Schuhe und Schuluniformen von der Kooperative des *Nude Fabricio Ojeda* bekommen. Die sind von sehr guter Qualität. Früher haben sie Uniformen verteilt, die niemand angezogen hat, weil die Hose die falsche Größe hatte, der linke Schuh war eine Größe, der Rechte eine andere [...] Ich bin wirklich überrascht gewesen, als ich am Montag danach alle Kinder mit den Uniformen auf dem Weg zur Schule gesehen habe. Ich habe eine so große Befriedigung verspürt [...] da sieht man den Unterschied, wie es vorher war und wie es jetzt ist.« (I-JA 2008a)

Die Ermächtigung erfolgt auch, indem die Anwohner durch die Erfahrung der eigenen Überwindung der Marginalisierung zu politischen Subjekten und Protagonisten der Transformation werden. Das Erlebnis als integraler Bestandteil der Gesellschaft mit allen Rechten zu gelten, ist für sie zentral:»Wir hatten es hier nie erlebt, dass die etwas zählten, die nur die erste bis sechste Klasse absolviert hatten. Das war wie ein Gesetz. Du wusstest genau, wenn du die sechste Klasse fertig hast, dann kniest du dich in die Arbeit. [...] Diese Regierung ist aber daran interessiert, dass das Pueblo sich bildet. Vorher haben sie uns 40 Jahren lang unten gehalten, da es günstiger für sie war, wenn wir nicht wussten, was los ist. [...] Dann kam dieser Mann und ich sah den Unterschied. Er hat einen direkten Draht zum Pueblo. [...] viele von der Opposition trampelten auf uns herum. [...] Sie bezeichneten uns als Erdfresser, Schlechtsprecher, Zahnlose und Horden [...] Ich habe das Theater Teresa Carreño jetzt mit 42 kennen gelernt. Ins Theater zu gehen, war ein Traum von vielen, aber es waren wenige, die hinein durften. Und der Präsident hat die Türen für das Pueblo öffnen lassen, heutzutage gehen wir ins Teresa Carreño.«(I-JA 2006)

Erfahrung mit Institutionen

Allgemein wird bemängelt, die Institutionen würden für die *comunidades* bis auf Ausnahmen nur schlecht oder gar nicht zu Diensten stehen. Funktionäre lassen die *comunidad* warten, äußern Versprechen, die sie nicht halten, oder sind nicht mehr zu erreichen. Häufig ist es die mangelnde Kontinuität der Institutionen, die Probleme bereitet, Verfahren verlangsamt oder behindert. In der Gründungsphase des CC hatten die Promotoren das Gefühl, dass einige Begleitinstitutionen weniger um die Beratung bemüht waren als vielmehr darum, den CC als von ihnen begleitet zu registrieren. Die negativen Erfahrungen mit den Institutionen verursachen starke Frustration. Es ist das Vertrauen in die eigenen Kräfte, das zum weitermachen animiert: »Ich bin verliebt in diesen Prozess, das ist etwas unglaubliches, aber manchmal sage ich mir, ich ziehe mich zurück, weil die Institutionen nicht funktionieren, wie sie sollten. [...] Wer hier wirklich den Prozess an der Hand führt, das ist die Basis.« (I-JA 2006)

Als positive Erfahrungen werden die Kontakte zu PDVSA, die Begleitung der Gründung des CC durch Fundacomun und die Kulturarbeit mit Fundacaracas beschrieben. Die große Unterstützung seitens einiger Institutionen wird betont und herausragende Mitarbeiter werden namentlich genannt. An den Institutionen werden nicht einzelne Mitarbeiter kritisiert, sondern die Institutionen als solche bezüglich ihrer Logik und Struktur. Daher sei das Problem nicht damit gelöst, gute Mitarbeiter einzustellen, denn in einigen Fällen nehmen sie die Logik der Institutionen an, anstatt sie zu verändern, wie aus Erfahrung berichtet wird.

Mit der Misión Robinson gab es trotz der hohen Bedeutung derselben im Rahmen der Regierungspolitik wie auch in der *comunidad* Probleme. Ein eigener Zensus 2006 ergab 96 Analphabeten, fast ein Viertel der über 15-Jährigen, der Großteil über 60 Jahre alt. Einen ersten Kurs konnten 14 Personen erfolgreich abschließen. Doch der zweite Kurs wurde nicht zu Ende geführt, weil die Promotorin ihre Aufwandsentschädigung nicht mehr erhielt und ohne sie kein Auskommen hatte. Auf Initiative der *comunidad* wurde sie erneut kontaktiert und es gelang, eine weitere Gruppe von zehn Personen zu alphabetisieren. Ein Kurs der Misión Ribas wurde ebenfalls nicht zu Ende geführt. Im April 2008 fanden in der *comunidad* erneut Registrierungen für die Misión Robinson und Ribas statt.

Vehemente Kritik wurde an Fondemi geäußert, das den obligatorischen Kurs zur Gründung einer *Banco Comunal* anderthalb Jahre lang nicht mehr anbot, sodass die *comunidad* keine Bank aufbauen konnte. Teilweise treffen Institutionen für die *comunidad* nicht nachvollziehbare Entscheidungen, die eine Missachtung der Selbstermächtigungsprozesse darstellen und als Hürden und Behinderungen aufgefasst werden. So beschloss die *comunidad*, auch einen Mercal einzurichten; ihr wurde jedoch mitgeteilt, es könne nicht PD-VAL und Mercal in der gleichen *comunidad* geben. Zu diesem Zeitpunkt war aber bereits auf einer Versammlung die Einrichtung eines Mercal beschlossen worden und eine Frau hatte sich bereit erklärt, diesen zu übernehmen und in ihrem Haus eine Verkaufsstelle einzurichten.[4]

Zur Lösung mancher Probleme sind direkte Kontakte in die Institutionen notwendig, da diese ansonsten die Verantwortung weiterreichen. Die *comunidad* erlebte dies mit Hidrocapital bezüglich der Wasserversorgung. 2006 gab es nur alle zwei Wochen eine Woche lang Wasser. Die Anwohner bemühten sich seit Jahren um eine Reparatur. Allerdings wurde diese zwischen verschiedenen Behörden und den Wasserwerken hin und her geschoben. Einmal kam ein Ingenieur von Hidrocapital und versprach, die Arbeiten in 15 Tagen zu beginnen, er wurde jedoch nie wieder gesehen. Im April 2008 bestand das Problem immer noch und die *comunidad* machte dafür den Hidrocapital-Verantwortlichen für das Gebiet als Schuldigen aus. Er sei ein Oppositioneller und boykottiere die Arbeiten. Mitte 2008 knüpfte die *comunidad* über einen Kontakt in Fundacaracas einen Direktkontakt mit Hidrocapital und es wurden wenig später neue Rohre verlegt. Seitdem gibt es jede Nacht von 24 Uhr bis sechs Uhr morgens Wasser, und nach wie vor alle 15 Tage sieben Tage durchgehend. Letzteres allerdings mit einem Druck, der für die Leitungen zu hoch ist und sie zu beschädigen droht.

Die schlechten Erfahrungen mit Institutionen haben jedoch nicht zu einer Abnahme der Partizipation geführt. Im Gegenteil, da die *comunidad* die Partizipation als Recht betrachtet, besteht sie auf die Erfüllung und fordert dies gegenüber Institutionen vehement ein:»In den Institutionen wird dir nicht die gebührende Aufmerksamkeit entgegengebracht, immer behandeln sie dich, als seiest du ein Idiot. Wir sagen den Leuten immer, Chávez zeige die Verfassung nicht, damit alle wissen, das ist die Verfassung, sondern damit sie gelesen wird. Und wenn wir zu einer Institution gehen, dann können wir sagen: Schau, in diesem Artikel steht das und das, und da nageln wir sie fest: Ich habe meine Rechte und du deine Pflichten. Du fühlst dich mächtig, weil du auf der anderen Seite des Schreibtisches sitzt? Nein, ich habe auch Macht und ich habe ein Recht, zu partizipieren.« (I-PR 2007)

---

[4] Die Beschränkung wurde der *comunidad* weder vorher mitgeteilt oder erläutert, noch wurde sie konsultiert.

Der CC hat eigene Strategien entwickelt, um Druck auf Institutionen auszuüben. Es wird geschaut, wo Minister oder Bürgermeister öffentlich auftreten, und dort werden sie von Mitgliedern des CC abgepasst und auf die ausgebliebenen Leistungen angesprochen. Eine weitere wirksame Strategie liegt darin, mit mehreren CCs gemeinsam aufzutreten und die Erfüllung der Forderungen zu verlangen (I-JA 2008a).

Konkurrenz versus Kooperation und Integration
Ein Konkurrenzverhältnis mit zuvor bestehenden Organisationen der *comunidad* ist zu keinem Zeitpunkt vorhanden gewesen, diese waren vielmehr grundlegend für den Aufbau des CC, der sich als Fortentwicklung auf höherer Ebene darstellte. Nach einer langen Konfliktphase verbesserte sich die Beziehung. Das Verhältnis unter den Angehörigen der *comunidad* ist durch Kollektivität und Solidarität geprägt, ebenso das zu benachbarten *comunidades*; wenn sie über keinen CC verfügen, werden Aufgaben für sie übernommen und sie werden aktiv integriert; so bei einer höhergelegenen *comunidad*, in der die Gründung eines CC von einer kleinen Gruppe Anhänger der Oppositionspartei *Primero Justicia* mit Drohungen, Störungen und Gewalt verhindert wird. Es wurde ein neuer Zensus von Behinderungen durchgeführt, um einen neu Hinzugezogenen und vor allem die andere *comunidad* abzudecken. 20 neue Fälle, die Unterstützung benötigen, wurden ausgemacht und diese Anfang 2008 in die Wege geleitet (I-JA 2008a).

Mit anderen CCs wird die Kooperation gesucht, auch mit jenen, mit denen »man gar nicht klar kommt« (I-JA 2008a). Anfang 2008 begannen Delegierte aus 14 CCs sich wöchentlich zu treffen, um Informationen auszutauschen, gemeinsame Initiativen zu diskutieren und Aufgaben untereinander aufzuteilen; ihre Zahl stieg bald auf 32. Doch eine Angestellte der Alcaldía Mayor, die hinzukam, provozierte Streit und Spaltungen, sodass die Zusammenarbeit wieder endete. Ende 2008 wurde die Koordination unter den CCs wieder aufgenommen. Als erstes gemeinsames Projekt hatten zehn CCs im April 2008 von der Stadtverwaltung die Müllbeseitigung übertragen bekommen.[5] Die Kooperation endete nach nur einer Woche. Die *comunidades* waren nicht bereit, unterbezahlt ausgegliederte Dienstleistungen zu übernehmen. Die neue Stadtverwaltung von Libertador hat die Müllentsorgung 2009 wie-

---

[5] Die ehemals teilprivatisierte Müllbeseitigung war lange eines der drängendsten Probleme in Caracas. Es wurden künstlich Notstände erzeugt, bis die Stadtverwaltung private Unternehmen zur Müllbeseitigung beschäftigte, die sich die »Sondereinsätze« teurer bezahlen ließen. Hinzu kam die politische Motivation, die Situation zu destabilisieren, indem die »Unfähigkeit der Regierung« vor Augen geführt wird.

der zentralisiert, im Gegenzug werden die Routen unter Mitwirkung der *comunidades* festgelegt (Azzellini/Ressler 2010). Es besteht ein aktiver Wille zur Vernetzung auf höherer Ebene, nicht nur zur Übernahme übergeordneter Aufgaben, sondern als Ausdruck der *poder popular*. Die organisatorischen Bemühungen diesbezüglich entstehen aus der *comunidad* bzw. aus anderen *comunidades* auch ganz ohne institutionelle Beteiligung. Die Koordination erfolgt nicht nur entlang materieller Projekte, sondern auch mit politischen Zielen. So besteht ein Netzwerk mit Aktivisten weiterer CCs für Notfälle als Lehre aus dem Putsch. Einmal wurde es mobilisiert, um dem Oppositionspolitiker Leopoldo López[6] und TV-Teams friedlich den Weg ins *barrio* zu versperren. Das ist nicht als undemokratisch misszuverstehen, es handelt sich vielmehr um einen Selbstschutzmechanismus aufgrund der Erfahrungen mit der undemokratischen Opposition. Auf der Ebene der *comunidad* werden Oppositionelle integriert. Die CCs und die Selbstverwaltung der *comunidades* wird von der Hälfte der Interviewten von sich aus als Grundlage des Sozialismus des XXI. Jahrhunderts bezeichnet.

Partizipation und Protagonismus
In wenigen Jahren entstand eine partizipative Gemeinschaft mit einer reichhaltigen kollektiven Lebensgestaltung. Mehrere Aktivisten des CC berichten, schlechte Erfahrungen mit den alten AD-*Nachbarschaftsvereinigungen*, die für eigene und parteipolitische Interessen arbeiteten und hierarchisch strukturiert waren, hätten das Verständnis lokaler Organisierung zunächst negativ beeinflusst. Zu Beginn war J. Avila allein: »Als ich angefangen habe, hatte ich keine Ahnung, was denn Arbeit in der *comunidad* ist, [...] ich hatte gehört, woanders gibt es ein Gesundheitskomitee und Ernährungshäuser und wieso bei uns nicht? [..] ich wollte sehen; wie ich das alles hierher bekomme, ich bin jeden Tag los, Kontakte mit den Institutionen knüpfen. Sie haben mich kennen gelernt. Ich schrieb meine Briefe so, wie ich es konnte. Jetzt kann ich einigermaßen Briefe aufsetzen, aber früher habe ich alles hineingeschrieben, wie es mir gerade durch den Kopf ging. Nach und nach habe ich Erfolge erzielt.« (I-JA 2006)
Erfolgreich in der *comunidad* schon vor Gründung des CC waren die »faenas bolivarianas«. In diesem Programm stellt Fundacaracas das Material für kleine Ausbesserungen und Bauarbeiten und die *comunidad* leistet eintägige kollektive Arbeitseinsätze. Es wurden elf Treppen und Verbindungswege re-

---

[6] Leopoldo López war bis 2008 für die rechte Partei *Primero Justicia* Bürgermeister von Chacao. 2002 war er am Putsch gegen Chávez beteiligt und führte die »Verhaftung« des Innenministers Rodrigo Chacín durch.

pariert und Sportmöglichkeiten für die Kinder geschaffen. Die Unmittelbarkeit des Resultats konnte viele Anwohner in die Arbeit integrieren. Das Interesse und die Partizipation nahmen zu. Noch bei Gründung des CC sei es schwer gewesen, der *comunidad* klarzumachen, was Partizipation bedeutet und dass sie ihre Interessen selbst in die Hand nehmen müssten. Den Anwohnern fehlte die Gewohnheit und der Sinn für *Versammlungen* und sie konzentrierten sich auf der ersten kaum. Die *comunidad* musste ständig zur Partizipation angehalten werden. Bei vielen Anwohnern herrschte zu Beginn eine Repräsentationserwartung an den CC. Die Zahl der Aktivisten wuchs jedoch kontinuierlich. Vor den Wahlen zum CC waren es zehn bis zwölf, Ende 2006 wurden 20 in den CC gewählt, Ende 2008 betrug die Zahl der Aktiven 35 und Ende 2009 45, von denen etwa die Hälfte sehr viel Engagement zeigt.

Die Arbeit für die *comunidad* wird sehr hoch bewertet und ist nicht auf soziale, familiäre oder politische Netzwerke beschränkt. Die 20 Mitglieder des *Consejo Comunal* kannten sich vorher nicht alle untereinander. Zwei der Interviewpartner kandidierten für Aufgaben, die sie ursprünglich nicht übernehmen wollten, weil sie dafür von der *comunidad* dringender gebraucht wurden. Partizipation wird nicht einfach nur ausgeübt, sondern erlernt und weiterentwickelt. Dieser Prozess hat sowohl die Beziehungen in der *comunidad* verändert, wie auch die Akteure selbst.

Partizipation als Demokratisierung und Aufbau von Kollektivität
Die Solidarität untereinander, aber auch mit anderen ist gewachsen. Die Beziehungen in der *comunidad* haben sich stark verbessert. Mit dem CC erfolgte ein Sprung, der eine Entwicklung der Kollektivität ganz neuer Qualität ermöglichte: von einer *comunidad*, die vor 2001 als apathisch beschrieben wurde und in der sich viele Leute nicht näher kannten, zu einer *comunidad*, in der dann kollektiv beschlossen werden kann, den vier Frauen aus dem CC, die kein eigenes Haus besitzen, eines mit den Geldern der *comunidad* zu kaufen. Damit gleicht die *comunidad* auch das Problem aus, dass die Tätigkeit der vier Frauen einer Vollzeitbeschäftigung gleich kommt. Die sozialen Bindungen in der *comunidad* multiplizieren sich und werden verstärkt: »Gestern Abend haben wir Weihnachtsgeschenke ausgetauscht und viele Leute haben sogar geweint. Denn obwohl wir hier schon so viele Jahre leben, hatten viele vorher nichts miteinander zu tun und wir grüßten uns nicht einmal. Gestern abend war es ganz unglaublich, wie wir uns alle kannten und miteinander redeten, uns umarmt haben. [...] Die Partizipation, die es jetzt gibt, ist unglaublich. Vorher war alles so apathisch, zum wütend werden. Ich rief zu Versammlungen und am Schluss heulte ich.« (I-JA 2006)

Innerhalb von zwei Jahren hat die Kultur der Partizipation in der *comunidad* Fuß gefasst. Es partizipieren Anwohner in Komitees, von denen es niemand gedacht hat (I-JA 2008b). Partizipation wird als Demokratisierung und Gleichberechtigung verstanden: »Partizipative Demokratie ist, dass alle partizipieren, das ist horizontal, niemand hat einen Rang oder derartiges, und protagonistisch ist, dass wir alle teilnehmen, denn wir sind es, die den Weg bestimmen. Wir entscheiden, was zu tun ist, wir haben keinen Boss.« (I-WM 2007)

Die Arbeit des CC wird kollektiv getragen und die Aktivisten werden von der *comunidad* auf unterschiedliche Weise unterstützt (I-JA 2008b). Zunehmend mehr Aktivitäten werden kollektiv unternommen, so wurden zu einer Gelegenheit zehn Kinder getauft und zu einer anderen sieben Paare vermählt. Oppositionelle werden nicht ausgeschlossen. Es wird das Gespräch mit ihnen gesucht und sie werden aufgefordert, zu partizipieren. An dem Projekt zur Ausbesserung der Häuser und dem Neubau waren von Beginn an auch Oppositionelle beteiligt. Nur sechs Familien aktiver Oppositioneller nehmen von sich aus an keiner der Aktivitäten der *comunidad* teil. Auch am *Großelternklub* sind Oppositionelle beteiligt. Dieser zählte 2006 auf eine kubanische Therapeutin, die Tanztherapie und Gymnastik anbot; Libel Espinoza, die von der *comunidad* aus mit dem Club arbeitet, absolvierte derweil Schulungen in Tanztherapie, Gymnastik und Altenbetreuung, um diese Arbeit übernehmen zu können. In unregelmäßigen Abständen von mehreren Monaten werden kostenlose Busreisen an verschiedene Orte, z.B. Strand oder Schlammbäder, mit dem Touristikministerium organisiert. »Es wurde eine gute Integration der Großeltern erreicht, ausgehend vom Großelternklub, der riesig ist. Die Großeltern sind total begeistert, sie gehen auf Feste, ihre Partizipation ist unglaublich. [...] Im Oktober haben wir eine Feier für sie organisiert, wir haben eine Salsa-Band hergebracht, ihnen Essen vorbereitet und viele Großeltern haben angefangen zu weinen und gesagt, es sei das erste Mal in ihrem Leben, dass sie eine solche Ehrung erfahren hätten.« (I-LE 2007)

Die *comunidad* setzt viel daran, sich kollektiv und ohne Ausschlüsse zu entwickeln; es ist ein dichtes soziales Netz kollektiver Verantwortung füreinander entstanden. Die für die Kinder sichtbaren Veränderungen und Angebote haben dahin geführt, dass sie im Unterschied zu ihren Eltern über ein Lebensprojekt verfügen, was grundlegend ist für die Menschenwürde und für die Möglichkeit, eine andere Kultur zu erzeugen: »Wir haben vorher nicht diese Freiheit, unsere Meinung zu sagen, erlebt, wie die Kinder sie jetzt haben. Sie haben ein Lebensprojekt, eine Perspektive, mein Sohn sagt zu mir: ›Mami, ich werde Arzt‹. Als sie hingegen mich früher gefragt haben, habe ich gesagt, ich wolle schnell 15 Jahre alt werden, damit ich anfangen kann zu arbeiten, und meinem Vater zu helfen. Wir hatten kein Projekt für unser Leben.«(I-JA 2006) Die Kinder der *comunidad* haben sich auch beobachtete Partizipationsmechanismen angeeignet. 2006 organisierten sie zwei Kinderdemonstrationen in der *comunidad*, eine für den Verbleib von Alexander, der aus der *comunidad* wegzog, mit der Losung »Uh Ah, Alex no se va!«[7] und eine für einen Sportplatz. Am Tag der Präsidentschaftswahlen forderten die Kinder, ebenfalls wählen zu dürfen, woraufhin eine Wahl für sie organisiert wurde.

Geschlechterverhältnisse
In der *comunidad* bestätigt sich, was bereits allgemein für den Transformationsprozess erörtert wurde. Männer engagieren sich weniger als Frauen. 2008 sind es nur sechs, auf die voll gezählt werden kann. Als Gründe dafür werden von den Frauen und Männern des CC Faulheit, Geringschätzung der Arbeit in der *comunidad*, Unbeständigkeit und Mangel an Kontinuität genannt. Selbst die Mehrheit der neu Partizipierenden sind Frauen, vor allem im Gesundheitskomitee haben sich viele Frauen integriert, die vorher nie ihr Haus verließen (I-JA 2008b). Das Komitee nimmt sich auch spezifischer Frauenproblematiken an, so organisierte es 2006 mit dem Nationalen Fraueninstitut *Inamujer* (Instituto Nacional de la Mujer) einen Tagesworkshop zu Sexualität, Verhütung, Geburt und Mutterschaft für Mädchen, junge Frauen und Mütter. Weitere sollten folgen. Das Gesundheitskomitee stellt häufig den Einstieg in die lokale Partizipation dar. »Ich habe Jacqueline kennen gelernt und angefangen, mit ihr und den kubanischen Ärzten zu arbeiten. Dann haben wir mit den Lebensmittelrationen für die Menschen, die es am meisten nötig haben, gearbeitet. Ich habe beim Zensus mitgemacht, dann bin ich in das Sozialkomitee, da handelte es sich auch darum, die zu unterstützen, die Behinderungen haben, krank sind, kranke Kinder, alleinerziehende Mütter, extreme Armut. Als wir damit fertig wurden, steckte ich schon ganz schön drin und ich habe mich in die Misión Ribas eingeschrieben. Ich habe Gott sei Dank meinen Abschluss gemacht und mich an der Uni der Streitkräfte (Unefa) eingeschrieben.«(I-PR 2007)
Frauen sind in allen Bereichen der Arbeit in der *comunidad* federführend; selbst im Finanzkomitee, das aus drei Männern und zwei Frauen besteht, hat J. Avila die zentrale Rolle inne. Das stößt mit patriarchalen Mustern zusammen. Die Haltung, Frauen gehörten ins Haus und sollten auf die Kinder aufpassen, führte selbst in einigen Institutionen dazu, Frauen wenig zuzutrauen und sie zu diskriminieren (I-LE 2007). Aufhalten kann das den Prozess der

---

[7] In Abwandlung der Parole »Uh Ah, Chávez no se va«, »Uh Ah, Chávez geht nicht weg«.

Veränderung der Geschlechterrollen allerdings nicht:»Die Venezolaner sagen, sie seien Machos, aber jetzt wird ihnen klar, dass sie mehr partizipieren müssen. Dank der Gesetze haben wir Gleichberechtigung. Sie versuchen jetzt, sich mehr zu bemühen und mehr zu partizipieren, damit wir das schaffen, was wir wollen. Wir Frauen fordern mehr, sowohl vom Mann im Haus, wie von den Institutionen, in allem was wir uns vornehmen, fordern wir mehr.« (I-LE 2007) Und »diese Revolution ist mehr für die Frauen. Die Männer sind sauer, weil die Frauen jetzt sagen, › ich komme gleich wieder, ich gehe zu einer Demo und muss das und das machen‹, die Frauen gehen also raus auf die Straße und die Männer bleiben zu Hause.« (I-PR 2007)

Auch die Bildungsprogramme werden von Frauen stärker als von Männern genutzt. Viele der Frauen aus der *comunidad* studieren, vor allem Sozialpädagogik und Sozialmanagement, aber auch andere Studiengänge. Die Rolle der Frauen als organisatorisches Rückgrat der *comunidad* nimmt zu, jedoch nicht nach patriarchalen Familienmustern unsichtbarer Belastung, sondern öffentlich, kollektiv und anerkannt. Der Transformationsprozess katapultierte einige der Frauen wörtlich vom Herd in die Stadt, in die Rolle einer aktiven Konstrukteurin einer neuen Gesellschaft. Damit einher ging ein Interesse und Bewusstsein an Geschichte, Politik und der Welt.

Die Aktivisten des CC

Auffällig ist die große Anzahl entschlossener Aktivisten an der Basis. Von sechs Interviewten waren fünf vor 1998 weder sozial noch politisch interessiert oder aktiv. Die Politisierung stellte sich über die Beobachtung der Veränderung ein. Häufig gab ein bestimmtes Ereignis den Impuls. J. Avila erlebte während des Erdölstreiks, wie das Baby einer Freundin und die Mutter einer Bekannten starben, weil sie aufgrund des Treibstoffmangels nicht schnell genug medizinische Hilfe bekamen. L. Espinoza sagt von sich selbst, sie sei bis 2005 weitgehend auf sich selbst konzentriert gewesen und habe sich für nichts anderes interessiert. Sie begann aktiv zu partizipieren, nachdem sie in der *comunidad* an einem Workshop zu »Inklusion von älteren Erwachsenen« teilgenommen hatte. Da sei ihr schlagartig die Verbindung mit den eigenen Erfahrungen mit ihren verstorbenen Großmüttern und die Bedeutung von Solidarität und Kollektivität bewusst geworden (I-LE 2007). Der Impuls zur Partizipation traf sofort auf ein angemessenes Angebot zum Einstieg.

Einer der Interviewten war im MBR-200 organisiert und blickt auf eine längere Geschichte des Aktivismus zurück:»Ich bin immer Revolutionär gewesen. Mein Alter war Militär und immer gegen die Regierungen von Carlos Andrés, er war Guerillero, mit Eloy, Douglas Bravo, Petkoff […] und als Chávez kam, ich habe ihn mal in Yare kennen gelernt, habe ich mich motiviert. Dieser Mann kann die Veränderung sein. [...] Ich hatte immer diese Motivation. Und da geht es nicht um mich, sondern die, die nach mir kommen, es werden meine Kinder sein, die Kinder meiner Kinder [...] Ich sehe auch Veränderungen.« (I-AR 2007) A. Rodríguez spielt zwar keine bedeutende Rolle in der lokalen Arbeit, sein Hintergrund ist dennoch wichtig, denn er wird für die *comunidad* zu einem direkten Zugang zur Geschichte der Kämpfe in Venezuela und lässt sich mit Bildern, Berichten und Reden verknüpfen, die im Rahmen des Transformationsprozesses als historische Bezüge öffentlich geltend gemacht werden. Die Geschichte der Veränderung wird lebendig.

Die Umstände ermöglichten es allen, sich schnell weiterzuentwickeln. Dies geschieht vor allem über Bildung, sowohl im Rahmen institutioneller Angebote wie auch auf eigene Faust, z.B. durch Lesen. Es ist nicht ungewöhnlich, dass das Bemühen, über sich selbst hinauszuwachsen, mit Chávez verknüpft wird wie eine Art Schuld, die aber keine Last ist, sondern ein Ansporn: Wenn Chávez sich für uns, für die Armen einsetzt und alle Möglichkeiten eröffnet, dann müssen wir auch alles tun, in jeder Hinsicht über uns hinauszuwachsen und die Sachen selbst in die Hand nehmen. Alle sprechen von einer Transformation zum Sozialismus, den es zu entwickeln gilt und an dem sie sich ausgehend von den CCs beteiligt sehen. Die Vorstellung des Sozialismus ist nicht genau definiert, sondern an Werten orientiert. Von allen wird die Notwendigkeit einer tiefgreifenden kulturellen Veränderung unterstrichen. Die venezolanische Gesellschaft sei zu individualistisch und besitzorientiert. Alle sehen die Revolution als langen Prozess.

Häufig fassen die Interviewten die eigene Veränderung dahingehend zusammen, sie seien »humaner geworden« und durch Wissen persönlich gewachsen, wie J. Avila: »Meine menschliche Sensibilität ist geweckt worden. Ich habe den Zensus von Haus zu Haus mit den Leuten gemacht, die wegen der gefährdeten Wohnlage weg sollten. Und da gab es Häuser, da kam ich heulend herausgelaufen, nachdem ich das menschliche Elend gesehen habe. [...] Mein Leben hat sich verändert, denn ich denke, ich bin sehr gewachsen.« (I-JA 2008b)

Die meisten Frauen stellen als Motiv ihrer Partizipation die Zukunft ihrer Kinder und weiterer Generationen in den Mittelpunkt, eine Haltung »mütterlicher« Verantwortung (Fernandes 2007: 122). Allerdings argumentieren die aktiven Männer genauso und der Einsatz für die *comunidad* wird auch bei ihnen sehr hoch gewertet: »Ich bin ganz ergriffen, denn es ist das erste Mal, dass ich mit meiner *comunidad* partizipiere, das ist eine Erfahrung, die ich nicht gehabt hatte.« (I-WM 2007) Ein gesellschaftlich sinnvoller »mütterlicher« Verantwortungssinn scheint an Hegemonie zu gewinnen.

Kooptation versus konstituierende Macht
Die Bedeutung der äußeren Impulse der Institutionen für den Organisierungsprozess in der *comunidad* ist groß. Doch sie wächst darüber hinaus, tritt autonom auf und misst die Institutionen an den als Rechte verinnerlichten Bedürfnissen und im Hinblick auf den Aufbau einer anderen Gesellschaft. Der CC des Emiliano Hernández nimmt sehr viele verschiedene Möglichkeiten der Finanzierung und Förderung wahr und unterhält Kontakte mit einer Vielzahl von Institutionen. Die Aktivisten aus dem CC sehen in der Finanzierung durch den Staat kein Problem und auch kein Geschenk, sondern ein legitimes Recht, was nicht in Frage gestellt wird: »Viele Leute sagen: ›Die *Consejos Comunales* organisieren sich, damit sie Geld bekommen.‹ Natürlich, denn wenn sie uns Geld geben, dann lösen wir die Probleme. Das zu hören macht wütend, denn sie wollen damit sagen, man hat sich gegründet, um das Geld zu krallen, als wäre es für einen selbst. Als würden wir dessen nicht würdig sein. Sie wollen also, das wenn jemand zu Fundacomunal geht, ihnen dankbar ist, als wäre es ein Gefallen, eine milde Gabe, die sie einem geben. Da liegen sie falsch, denn wir sind uns schon klar darüber, dass uns das entspricht.« (I-JA 2008a)

Die Autonomie des CC und der *comunidad* stehen außer Frage: »Der höchste Ausdruck der popularen Partizipation ist für mich der *Consejos Comunal*. Denn die Entscheidungen werden von unten getroffen, in den Versammlungen, von der Basis, der *comunidad*, dem *pueblo*. [...] Wir selbst übernehmen die Macht, der *Consejo Comunal* ist eine lokale Regierung und wir selbst verwalten unsere eigenen Ressourcen.« (I-JA 2006) Die CCs werden nicht als Anhängsel der konstituierten Macht gesehen, sondern als autonome Instanzen, die von keiner Institution, auch nicht vom Präsidenten, abhängig sind. »Das ist eine Anfangsetappe, aber vielleicht wirst du noch sehen, wie hier nur noch *Consejos Comunales* existieren, denn wir haben schon Autonomie und wir werden dafür sorgen, dass das gut läuft.« (I-WM 2007) Es wird sowohl der eigene Wille gegenüber den Institutionen durchgesetzt, wie auch jeder Vereinnahmungsversuch abgewehrt. Letztere gehen am stärksten von der Lokalpolitik aus. Die Beteiligung der *comunidad* an bestimmten Regierungskampagnen folgt nicht den Ansprüchen der Regierung oder PSUV, sondern rationalen Entscheidungen der *comunidad*.

15.2 Consejo Comunal »Benito Juárez«, Libertador, Caracas[8]

Die *comunidad* des CC »Benito Juárez« ist zentral gelegen. Sie erstreckt sich von einer Hauptstraße und einer U-Bahnstation den Hang hinauf und besteht wesentlich aus Einfamilienhäusern einer Schicht, die in den 1960er und 1970er Jahren zur Mittelschicht aufgerückt war, mehrheitlich staatliche und städtische Angestellte und mittlere Unternehmensfachkräfte. Sie verarmten mit der Krise ab den 1980er Jahren. So ist die Siedlung heute von Armut und heruntergekommener Infrastruktur gezeichnet. Sie ist umgeben von drei ärmeren *barrios* mit großen Wohnblöcken und Häuschen. Mit drei CCs aus *barrio*-Wohnblöcken hat der Benito Juárez eine *Banco Comunal* für Fondemi-Kredite gegründet. Der *comunidad* des Benito Juárez gehören 210 Häuser und knapp 500 Personen über 15 Jahre an. In der Vergangenheit hatten nahezu alle Interviewten schlechte Erfahrungen mit der *Nachbarschaftsvereinigung* gemacht. Sie war hierarchisch organisiert und versuchte, die Anwohner als Aktivisten für AD zu gewinnen. Wiederholt bildeten sich aber kleinere Versammlungen, um sich gemeinsam spezifischer Probleme anzunehmen. Von den interviewten drei Männern und zwei Frauen, alle Sprecher des CC oder Angehörige der *Banco Comunal*, blickten eine Frau und ein Mann auf eine längere Geschichte politischer Organisierung vor 1998 zurück. Die anderen drei beschreiben sich als zuvor politisch und sozial desinteressiert.

In der *comunidad* besteht kein besonderes Sicherheitsproblem. Die Sicherheitslage habe sich mit der Organisierung der *comunidad* stark verbessert, vor allem seit das Haus der *comunidad* regelmäßig genutzt wird. Einige der Interviewten führen dies darauf zurück, dass die Kriminellen sehen würden, dass die *comunidad* organisiert ist, und das respektierten. So sei auch nie im Haus der *comunidad* eingebrochen worden, obwohl bekannt ist, das dort ein Computer steht (I-AL 2006; I-AC 2006). Kleinkriminelle aus den umliegenden *barrios* kämen manchmal, seien aber in der *comunidad* bekannt und würden dann persönlich angesprochen und weggeschickt (I-CH 2006).

Der Consejo Comunal als Selbstverwaltungsinstanz

Der Aufbau des Consejo Comunal
Die Berichte über die Entstehung des CC sind widersprüchlich und oft unvollständig. Ausgangspunkt der aktuellen Partizipation ist das Jahr 2003. Eine lose Gruppe Aktiver organisierte eine Reihe Vorträge zu Partizipation, für die Promotoren und Dozenten in die *comunidad* eingeladen wurden. Es entstand

---

[8] Die Namen des *Consejo Comunal* und der Interviewpartner wurden verändert.

eine Gruppe, die mit verschiedenen Komitees arbeitete und einige kleinere Reparaturen und Veränderungen von den Institutionen erreichen konnte. Die *comunidad* sandte 2003 Delegierte in den CLPP der *Parroquia*. Der CC gründete sich im November 2005 und wurde nach Verabschiedung des Gesetzes im April 2006 angepasst. Die Wahlen erfolgten per Handzeichen. Für die Komitees wurden vorher Anwohner eingeladen und aufgefordert, sich zu beteiligen, oft wurden sie gleich als Sprecher des Komitees zur Wahl aufgestellt. Die Mobilisierung für die *Asambleas* erfolgte mit Flugblättern, von Tür zu Tür, mit dem Megaphon auf der Straße und mit Erläuterungen zum Gesetz zu den CCs. Die Angaben darüber, wie viele Versammlungen zur Wahl bzw. Relegitimierung des CC stattgefunden haben, schwanken, ebenso die zu den Teilnehmern an der Versammlung im Juni 2006, auf der sich der CC offiziell neu konstituierte (70 bis 140). Die unterschiedlichen Angaben lassen darauf schließen, dass nicht alle Schritte der Bildung und Relegitimierung des CC mit einem ausreichenden Quorum vorgenommen wurden. Darauf deutet auch die ansonsten eher niedrige Partizipation in der *comunidad* hin.

Der CC tagt jeden Samstag. Die Versammlung ist offen für alle Anwohner. In der Regel kommen etwa 30-40 Personen, Sprecher mit eingeschlossen. Die Komitees informieren dort alle 14 Tage über ihre Arbeit. Die meisten Entscheidungen werden auf dieser Versammlung getroffen und nicht auf einer mit der gesamten *comunidad*. Sie werden jedoch im Konsens getroffen, was bisher immer gelungen sei. An den Versammlungen der *comunidad* nehmen 70 bis 140 Personen teil. Der CC arbeitet nicht auf einer breiten partizipativen Grundlage. Es besteht teilweise Unkenntnis über die genauen Prozesse, andererseits entsprechen sowohl die Struktur wie auch die Entstehungs- und Arbeitsmechanismen des CC nicht den gesetzlichen Vorgaben. Die 14 Komitees wurden nicht entlang der Bedürfnisse der *comunidad* gegründet, sondern den Beispielen im Gesetz folgend. Die meisten arbeiten nicht oder bestehen nur aus ein oder zwei Personen. Die Aktivisten nehmen untereinander mehr oder weniger alle Aufgaben wahr (I-MV 2007). Die hohe Anzahl der Komitees und ihre oft faktische Inexistenz wird von nahezu allen kritisiert.

Die Projekte der Comunidad

Der CC Benito Juárez hat diverse kleinere Projekte mit verschiedenen Institutionen durchgeführt, hinzu kamen Projekte der *mancomunidad*, darunter die Einrichtung der *Banco Comunal* von Fondemi. Die *mancomunidad* erarbeitete für die Mobilen Kabinette zwölf Projektanträge, sieben davon die Infrastruktur betreffend, vor allem bezüglich der drei großen *barrio*-Wohnblöcke, für die die Herstellung eines Mindeststandards prioritär gegenüber sozio-produktiven Projekten war (I-AC 2006). Einige Aufzüge funktionierten nicht und es gab Probleme mit undichten Hauptabwasserleitungen. Im Benito Juárez wurde in Zusammenarbeit mit dem Ministerium für Wissenschaft und Technologie ein kleines Infocentro (kostenloses Internetcafé), eingerichtet, in dem das Ministerium auch einen Computer-Kurs anbietet. Die *comunidad* verfügt über einen sehr kleinen Park mit Spielplatz, dieser wird am Wochenende gegen Gebühr für private Feiern vermietet. Die Einnahmen sind für Ausgaben der *comunidad* vorgesehen. Diverse Projekte sind allerdings liegen geblieben, da die Partizipation wenig Kontinuität hat, so z.B. ein Recycling-Projekt des Umweltkomitees.

Die *Banco Comunal* wurde von den vier CCs im Juni 2006 gegründet. Sie erhielt in zwei Raten 2006 und 2007 insgesamt 600 Mio. Bs für Kredite in der *comunidad*. Die fünf Angehörigen der Bank, zwei davon aus dem Benito Juárez, absolvierten eine siebentägige Ausbildung mit Fondemi. Die Kredite sind für sozio-produktive Projekte vorgesehen. Die Kriterien dafür wurden bereits mehrmals geändert. Die Rückzahlung erfolgt in 32 Monatsraten mit sehr niedrigem 2 bis 4% Jahreszins. Der erste Monat ist zinsfrei, die Rückzahlung beginnt im fünften Monat. Es findet erst eine *Versammlung moralischer Bestätigung* in der *comunidad* statt, auf der diese den Antragstellern ihr Vertrauen aussprechen muss, damit sie einen Kredit erhalten können. Genehmigt oder abgelehnt werden die Kreditanträge auf einer weiteren *Versammlung* der *mancomunidad*.

In einer ersten Runde wurden sechs Kreditanträge für Projekte genehmigt, die mit einem Gesamtumfang von 116 Mio. Bs finanziert wurden: darunter zwei kleine Textilproduktionen (Vorhänge, Überdecken, Bettzeug), eine Bäckerei und ein kleiner Laden in den Blöcken, ein mobiler Imbiss und der Ankauf von Kleidern zum Weiterverkauf. Die erste Versammlung zur Genehmigung der Kreditanträge wurde faktisch von Fondemi bestimmt (I-FO 2006). Das änderte sich mit der zweiten Runde, zu der 17 sozio-produktive Projekte der *mancomunidad* vorlagen. Fondemi prüfte sie nicht im Vorfeld, sondern wollte auf der Versammlung, auf der sie von der *comunidad* entschieden werden sollten, die Übereinstimmung mit den Richtlinien erörtern, die sich seit der ersten Kreditvergabe verändert hatten. Der CC sagte die Versammlung ab, da es nicht zumutbar sei, erst am Tag der möglichen Genehmigung davon zu erfahren, ob ein Projekt den Finanzierungsrichtlinien entspricht. Auch würde sonst der Eindruck entstehen, Fondemi bestimme in der *comunidad* (I-FO 2006). Die Koordination der *mancomunidad* beschloss, Fondemi müsse eventuelle Zweifel an Projekten spätestens 72 Stunden vor der Versammlung mitteilen. Tatsächlich mussten alle 17 Anträge überarbeitet oder neu orientiert werden. Sieben Projekte wurden abgelehnt, da sie nicht den neuen Richtlinien entsprachen. Darunter der Kauf von Equipment für einen Musiker und ein Kredit für Kleidung zum Wiederverkauf. Letzterer war in der ersten Runde noch genehmigt worden, daher stieß die Ablehnung bei einem Interviewten auf Unverständnis, eine Sprecherin hingegen unterstützte sie. Für den Musiker wollte sich der CC für eine Finanzierung von anderer Seite einsetzen, wenn er das Equipment auch für Aktivitäten der *comunidad* zur Verfügung stelle. Ein Antragsteller gab auf, alle anderen wurden beraten und umorientiert.

Der CC beschloss auch, das Geld der Kredite nicht vor den Präsidentschaftswahlen 2006 zu genehmigen oder auszuzahlen, damit nicht der Eindruck der Propaganda entstehe. Um jegliche moralisch-ethische Zweifel zu vermeiden, wurde beschlossen, dass kein Sprecher des CC einen Kredit beantragen kann. Nach den Wahlen noch vor Ende des Jahres 2006 wurden sechs Projekte genehmigt, weitere neun befanden sich noch in Überarbeitung und die *comunidad* sollte Anfang 2007 darüber entscheiden. Als Problem hat sich wiederholt erwiesen, das Quorum von 400 Anwesenden zu erreichen.

Das zentrale und am weitesten entwickelte Projekt ist das mitten im Benito Juárez gelegene Haus der *comunidad*, das in dem zweistöckigen ehemaligen Polizeimodul der PM untergebracht ist. Die Polizei wurde, nachdem die *comunidad* es vom Bürgermeister gefordert hatte, abgezogen und das Modul blieb leer. Nach einer Zeit ohne Nutzung besetzte die *comunidad* es und beantragte Gelder, um die Räume zu renovieren und umzubauen (I-AC 2006). Im oberen Stockwerk sind ein großer Versammlungsraum und die Büros des CC, ferner soll ein kommunales Radio eingerichtet werden. Im unteren Stockwerk sollen nach der Renovierung zwei kubanische Zahnärzte von Barrio Adentro untergebracht werden, die vorläufig an einem anderen Ort sind, und zwei Polizisten. Aufgrund der schlechten Erfahrungen mit Polizisten, die nicht für die *comunidad* arbeiten und z.B. nichts gegen gesetzeswidrigen Alkoholausschank unternehmen, da sie in Komplizenschaft mit den Ladenbesitzern stehen, beschloss die *comunidad*: »Die Polizei wird unseren Kriterien entsprechend hierher kommen, nicht nach ihren eigenen. Die *comunidad* wird Forderungen an sie richten: Es müssen Schichten hier absolviert werden, damit sie der *comunidad* zur Verfügung stehen und nicht bei anderen Sachen herumspringen und auch nicht die Leute belästigen, was sie üblicherweise tun. [...] Wir haben die Tür auf die andere Seite verlegt, damit die *comunidad* besser sehen kann, was sie tun.« (I-AC 2006)

Partizipation als Prozess sozialer Entwicklung und Anerkennung
Der Benito Juárez ist von Beginn an als Teil der Stadt entstanden, daher ist eine gewisse infrastrukturelle Grundversorgung wie Wasser, Strom und Verkehrsanbindung gegeben. Auch die Bausubstanz ist zum Großteil unprob-

lematisch und hat daher nicht oberste Priorität. Ein kleineres Projekt zur Ausbesserung einiger Häuser ist beim Ministerium für Wohnen und Habitat eingereicht worden. Die *misiones* für Bildung haben eine gewisse Rolle in der *comunidad* gespielt, vor allem die Misión Sucre und die UBV für Anwohner unter 40 Jahren, da ältere Generationen zu einer aufstrebenden Schicht gehörten und über höhere Bildung verfügen. Die Krise erschwerte den Zugang zu Bildung für spätere Generationen der *comunidad* wieder. Von den Interviewten studierte nur einer im Rahmen der Misión Sucre einen Hochschulstudiengang, dies liegt wohl am relativ hohen Alter und daher mittleren bis hohen Ausbildung der Aktivisten.

Bedeutende Verbesserungen wurden bezüglich der medizinischen Versorgung und der Linderung extremer Armut erzielt. Mit dem Zensus stieß der CC auf Fälle von Behinderungen, die nie eine adäquate medizinische Versorgung erhalten hatten, und auch auf den Bedarf an teuren Medikamenten. Einige ältere Frauen ohne Rente wurden unterstützt, die neu eingeführte Grundrente zu beantragen und eine regelmäßige medizinische Versorgung zu erhalten. Einzelne Fälle extremer Armut wurden in die Misión Madres del Barrio integriert. Mit der Misión Barrio Adentro kamen Ärzte und Zahnärzte in die umliegenden Blöcke und im Industriegebiet in einer Parallelstraße wurde ein CDI (Integrales Diagnostikzentrum) eröffnet, das 24 Stunden Dienst leistet.

Trotz des höheren Integrationsgrades in die Stadt, infrastrukturell und bezüglich des Zugangs zu Bildung, hatte die *comunidad* Benito Juárez auch Marginalisierung erfahren. Sie verarmte mit der ökonomischen Krise, der Zugang zu Bildung und Gesundheitsversorgung verschlechterten sich rapide und die *comunidad* wurde von den Institutionen im Stich gelassen. Die lokale Organisierung diente parteipolitischen Interessen. Das Misstrauen in der *comunidad* gegenüber den Institutionen wie auch der Selbstorganisierung ist groß. Viele konnten es gar nicht glauben, als das Geld für Kredite von Fondemi ausgezahlt wurde. Das große Misstrauen und die Apathie erschweren Prozesse kollektiver sozialer Entwicklung: »Viele Leute glauben nicht einmal an sich selbst, da liegt unsere Herausforderung. Für mich ist das Wenige, das erreicht wurde, Einiges. [...] Die Leute müssen verstehen, dass der einzige Weg, all das zu verändern, über die Partizipation geht und nicht darüber, dass andere für dich entscheiden.« (I-CH 2006)

Ein weiteres Erlebnis, das das Gefühl verstärkt hat, ernst genommen zu werden, war die Teilnahme einer Gruppe aus der *comunidad* an einer Debatte mit Abgeordneten der Nationalversammlung über das neue Partizipationsgesetz. Aber vor allem die »Eroberung« des Hauses für die *comunidad* und die Respektierung der Entscheidungen durch die Institutionen bedeuten eine Anerkennung, die für das Vertrauen der Aktivisten und Anwohner in die Struktur des CC wichtig ist.

Erfahrung mit Institutionen
Der CC unterhält Kontakte mit zahlreichen Institutionen, darunter Fondemi, Wohnungsbauministerium, Wasserwerke, Elektrizitätsgesellschaft, Alcaldía Mayor, Alcaldía Libertador und das Wissenschafts- und Technologieministerium. Generell werden die Erfahrungen als normal bis gut bewertet. Der CC und die *mancomunidad* haben stets auf ihre Anfragen Antwort erhalten. Es wird aber kritisiert, die Institutionen seien bürokratisch, verzögerten vieles und würden Aufgaben untereinander hin und her schieben. Beschwerden bestehen über Fondemi, das wiederholt unvollständig informierte und auf spezifische Fragen keine Antwort hatte. Und von der Alcaldía Libertador wurden Anfang 2006 22 neue Müllcontainer zugesagt, die bis Ende des Jahres noch nicht angekommen waren.

Positiv war hingegen die Erfahrung mit der Alcaldía Mayor, von der die *comunidad* bei Bedarf Stühle, Tische und Überdachungen für ihre Aktivitäten erhielt. Was wahrscheinlich daran liegt, dass Antonio Calabrese dort arbeitete und entsprechend über gute Kontakte verfügte. Die positivere Erfahrung mit Institutionen ist auch darauf zurückzuführen, dass das soziale Kapital dieser *comunidad* größer ist als in vielen *barrios*. Der Bildungsstand ist höher, die Erfahrung im Umgang mit Institutionen ausgeprägter. Zahlreiche Anwohner sind (Ex-)Mitarbeiter von Institutionen. Als Strategie greifen die CCs auf das gemeinsame Auftreten als *mancomunidad* zurück: »Vier Consejos Comunales. Sie müssen uns anhören. Du suchst dir ja keinen Ärger mit 3.000 Personen.« (I-CH 2006)

Konkurrenz versus Kooperation und Integration
Da es vorher kaum andere Organisationsformen gab und aus den existierenden lokalen Initiativen der Impuls zum Aufbau des CC ausging, besteht kein Problem und keine Konkurrenz. Mit der linken Organisation Tupamaros wird lokal zusammengearbeitet. Sie sorgt vor allem für Sicherheit bei größeren Veranstaltungen des CC. Mit den umliegenden CCs besteht auch kein Konkurrenzverhältnis. Die vier CCs der *mancomunidad* sind über ein Exekutivkomitee vereint, dem je ein Sprecher aus jedem CC angehört. Eine Sprecherin kritisiert jedoch, die *mancomunidad* sei »von oben« aufgedrückt worden und würde auch nicht richtig funktionieren. An den wöchentlichen Versammlungen, an denen etwa 60 Personen aus den vier *comunidades* teilnehmen müssten, seien es meist nur um die 20 (I-MV 2007). Langjährige gegenseitige Ressentiments trennen die *comunidades*. Während die Bewohner

der Blöcke glaubten, im Benito Juárez seien alle wohlhabend, wurden sie andersherum verdächtigt, alle Kleinkriminelle zu sein (I-MV 2007). Die unsichtbare Grenze entlang des sozialen Status, die vor allem in den Köpfen besteht, wird langsam überwunden und die Anwohner beginnen, sich in der jeweils anderen Nachbarschaft zu bewegen (I-AC 2006), und an der ersten gemeinsamen Versammlung nahmen über 200 Anwohner teil (I-MV 2007). Die meisten Projekte der *mancomunidad* betreffen die *barrio*-Wohnblöcke. Die Dächer wurden neu asphaltiert und Wasser- und Abwasserrohre ausgewechselt (I-CH 2006). Aber auch ein Abwasserrohr der *mancomunidad* musste auf einer Länge von 40 Metern ausgewechselt werden. Es wurden runde Tische in der *mancomunidad* mit Hidrocapital organisiert und die Rohre wurden ersetzt. Die Schwerpunktsetzung auf die Bedürfnisse der anderen CCs wurde von allen Interviewpartnern als richtig empfunden:»Es ist schön, ihnen zu helfen, ihre Probleme zu lösen, sie haben ja auch dringendere Probleme dort als wir hier, denn in den Häusern leben wir bestimmt etwas bequemer. Sie haben mehr Bedürfnisse und haben über Jahre gar keine Beachtung bekommen. [...] Die Partizipation hat es möglich gemacht, Sektoren zu vereinen, die getrennt waren.« (I-AL 2006)

Partizipation und Protagonismus

Partizipation als Demokratisierung und Aufbau von Kollektivität
Vor allem auf der Ebene der Partizipation und der sozialen Beziehungen im CC und in der *comunidad* machen sich die Schwächen des Benito Juárez bemerkbar. Ebenso aber auch langsame Verbesserungen und einige positive Erfahrungen. In den persönlichen und kollektiven Veränderungen der sozialen Beziehungen wird das Potenzial der *comunidad* deutlich, eine positive Entwicklung einschlagen zu können. Das Grundproblem liegt darin, dass eine reduzierte Gruppe alles macht. Das hohe soziale Kapital ermöglicht es ihnen, viele Erfolge zu erzielen. Die aktive Partizipation der *comunidad* über die Teilnahme an wichtigen Versammlungen hinaus ist jedoch gering. Die Strukturen und Verfahrensweisen des CC sind stark von institutionellen und repräsentativen Mustern geprägt. Und obwohl alle interviewten Aktivisten den CC als Selbstorganisierung der *comunidad* erklären und mehr Partizipation wünschen, verfallen drei von ihnen auch immer wieder in repräsentative Logiken und weisen A. Calabrese die Rolle des »Hauptsprechers« zu.

Auch im Benito Juárez ist die Partizipation von Frauen größer als die von Männern, die allerdings mehr partizipieren als im Emiliano Hernández. Unter den zentralen Aktivisten des CC sind acht Frauen und fünf Männer. Das könnte an der stärker repräsentativen Arbeitsweise des CC liegen. Während die Partizipation in den umliegenden *barrios* größer ist, ist im Benito Juárez die Repräsentationserwartung stärker und auch der Anteil an Oppositionellen, die sich der Partizipation verweigern (I-AL 2006). Es kommen auch stets noch Anwohner auf die Versammlung, um von persönlichen Problemen zu berichten und dafür Lösungen zu fordern. Das notwendige Quorum von 20% wird häufig nicht erreicht. Viele ältere Anwohner kommen auf die Versammlung, allerdings sind es nur wenige, die partizipieren. Viele scheinen eher die Chance zu nutzen, außer Haus zu kommen. Allerdings gibt es auch einige ältere Anwohner, die sehr aktiv im CC sind (I-FO 2006). Im Gegenzug partizipieren kaum Jugendliche. Nur ein bis drei Anwohner zwischen 18 und 26, die einen Kredit erhalten haben, beteiligen sich unregelmäßig. Die allgemein geringe Partizipation wird mit der Mittelschichts-Einzelhausstruktur erklärt, die eine abgeschlossene und isolierte Lebensweise fördere (I-MV 2007).

Es besteht eine relativ gute Integration von Oppositionellen und Ni-Ni's. Zwar verweigern sich um die 100 Oppositionelle jeder gemeinsamen Tätigkeit und wollten auch nicht in den Zensus aufgenommen werden, doch diverse andere und vor allem Ni-Ni's arbeiten aktiv im CC mit. Mindestens ein Ni-Ni war schon am Prozess der Organisierung des CC beteiligt und hatte auch einen der Interviewten (Felipe Ocaríz) angesprochen, sich zu engagieren. Oppositionelle und Ni-Ni's, die den Willen der *comunidad* respektieren und die Arbeit nicht sabotieren, sind willkommen, mit dem CC zusammenzuarbeiten. Diese Arbeit wird auch von der *comunidad* anerkannt, die – obwohl mehrheitlich chavistisch – auch Nicht-Chavisten in Sprecherfunktionen gewählt hat: »Hier reden wir von unseren Nachbarschaftsproblemen, von unserem sozialen Problem und darin liegt der Erfolg den wir gehabt haben.« (I-CH 2006)

Die Struktur und Arbeitsweise des CC wirkt sich aber hemmend auf die aktive Partizipation aus. Der CC ist von Konflikten durchzogen, die teilweise auf die Reproduktion repräsentativer Logiken zurückzuführen. Keiner der Konflikte spielte sich erstaunlicher Weise entlang politischer Lager ab. In der *Banco Comunal* besteht ein Konflikt zwischen zwei Personen, der bereits einmal in einen tätlichen Angriff ausferte. Die Arbeit der Bank wurde erstaunlicher Weise davon nicht feststellbar in Mitleidenschaft gezogen, alle Finanzoperationen sind korrekt, die Kredite werden pünktlich ausgezahlt und die Buchhaltung stimmt. Die *comunidad* ist aber bisher nicht in der Lage gewesen, mit dem Konflikt umzugehen. Drei der Interviewten, die sich zu dem Konflikt äußern, schlagen drei verschiedene Lösungen vor: Die gesamte Gruppe der *Banco Comunal* soll ausgetauscht werden (I-AC 2006), die beiden wesentlich Streitenden sollen gehen (I-MV 2007) und nur der andere, der aggressiv geworden ist, soll den CC verlassen (I-FO 2006). Der CC hat sich an

Fondemi gewandt und um eine Meinung ersucht. Es hat zu Beginn auch einen Konflikt um die Führungsrollen im CC mit einer lokalen Mitarbeiterin der Alcaldía Mayor gegeben. Sie gehörte zu den Mitinitiatoren des CC und wurde als Sprecherin gewählt, trat aber später zurück, da ihre Arbeit eigentlich keine Kandidatur erlaubt hätte (I-FO 2006). Sie kehrte dem CC gänzlich den Rücken und ist ihm nun feindlich gesonnen.

Die Aktivisten des CC haben verschiedene Initiativen durchgeführt, um die Partizipation zu steigern. Sie haben z.b. in der Schule der *comunidad* Workshops angeboten, um die 15-Jährigen Schüler über die Arbeit der CCs zu informieren. Vier von fünf Befragten berichten von langsam zunehmendem Interesse an der Arbeit des CC. Die *comunidad* besucht die *Versammlungen* mit zunehmender Selbstverständlichkeit. Das animiert sie aber kaum, selbst aktiv zu werden (I-FO 2006).

Mit der Telekommunikationsbehörde Conatel wurde eine Schulung zum Betreiben eines Basisradios vereinbart. Es wurden sportliche Aktivitäten und Turniere organisiert. Die Stimmung in der *comunidad* hat sich dadurch verändert, die Anwohner kommunizieren mehr untereinander und diese Veränderungen sind spürbar (I-AL 2006).

Neben der »Eroberung« des Hauses für die *comunidad* bestehen zwei weitere wichtige Erfahrungen der Durchsetzung kollektiver Interessen. Ein Supermarktneubau musste mit der *comunidad* abgesprochen werden. »Also haben sich die vom Supermarkt drei Abende lang mit den Hauptsprechern getroffen und dann mit der Versammlung der *comunidad*, an der 500 Personen teilnahmen Sie haben ihre Baupläne mitgebracht und wir haben gefordert, dass der Bau kleiner wird und sie einen Parkplatz bauen für die Warenanlieferung, da sonst die Straße blockiert und verdreckt wird. Sie haben zusätzlich die Reinigung der Umgebung und Beleuchtung und Sicherheit für den Sektor zugesagt, was mehr oder weniger funktioniert hat. Und sie haben sich sogar darum gekümmert, dass Hidrocapital ein Hauptrohr, das verstopft war, wieder frei gemacht hat.« (I-MV 2007)

Die zentrale Lage der *comunidad* führt dazu, dass der Einzelhandel im unteren Teil sich immer weiter nach oben zieht. Als besonders störend wurden von der *comunidad*, was auch Gegenstand von Diskussionen in der Versammlung war, die vielen Schnaps- und Bierläden empfunden, die sich nicht an die Ausschankgesetze halten. Am frühen Abend ist der Gehweg um die Läden besetzt von Trauben trinkender Männer und einigen wenigen Frauen, sodass die Anwohner gezwungen sind, auf der Straße zu laufen. Außerdem ist die Gegend dadurch regelmäßig verunreinigt. Mit den Läden ist das Gespräch gesucht worden und sie zeigten sich kooperativ, so sind viele der Probleme bereits behoben. Es wurde auch beschlossen, keine weiteren Getränkeläden in der *comunidad* zu erlauben, und die Regel aufgesetzt, dass neue Läden die Genehmigung der Versammlung der *comunidad* brauchen.

Die Aktivisten sind sich der Probleme ihres CC bewusst und trotz der Zähigkeit der Partizipation der *comunidad*, der schlecht funktionierenden Komitees und der Konflikte behalten sie eine optimistische Zukunftseinschätzung, da sie die Konflikte für lösbar halten.

Die Aktivisten des CC
Auffällig ist das relativ hohe Alter der Interviewten. Die beiden jüngsten sind 46 Jahre, die beiden ältesten 61 und 63. Zwei stammen aus Elternhäusern mit niedrigem, und drei aus Familien mit mittlerem Bildungsabschluss. Vier konnten einen höheren Abschluss erzielen als ihre Eltern, einer den gleichen, studiert aber in der Misión Sucre. Dennoch konnte niemand eine bessere berufliche oder ökonomische Stellung erreichen als die Eltern. Diese Erfahrung kennzeichnet die Viertel der seit Anfang der 1980er Jahre verarmten Mittelschicht. Das Monatseinkommen in vier Haushalten mit drei, vier, sieben und acht Personen betrug zwischen ein und zwei Mio. Bs und in einem Vier-Personen-Haushalt zwischen drei und vier Mio. Bs. Für vier der Interviewten ist das Leben besser als zehn Jahre zuvor, nur einer bewertet es – aus rein persönlichen Motiven – als schlechter. Alle blicken optimistisch in die nahe Zukunft und gehen davon aus, dass das Leben für sie in fünf Jahren besser sein wird. Drei der Interviewten sind MVR-Mitglieder, einer ist parteiloser Chavist und ein weiterer ist Ni-Ni. Die zentrale Person im Aufbau und der Arbeit des CC ist A. Calabrese, der auf eine lange Historie politischen Aktivismus zurückblickt. Er war in der Liga Socialista, ist MVR-Mitglied und arbeitet für die Alcaldía Mayor im Bereich der politischen Schulung. Ebenfalls lange politisch aktiv ist A. Lara. Sie organisierte sich nach der Rebellion von Februar 1992 als Chávez-Anhängerin, nahm am Aufstand im November 1992 teil und trat 1996 der MBR-200 bei (I-AL 2006). Sie war selbst seit 1985 in nachbarschaftlicher Arbeit aktiv und nahm auch an der *Asociación de Vecinos* teil. Die anderen drei Aktivisten waren vor 1998 nicht aktiv. Für sie bedeutete die Arbeit in der *comunidad* eine völlige Veränderung ihres Lebens. Ähnlich wie im Emiliano Hernández beschreiben auch hier einige der Interviewten ihren persönlichen Prozess als »Humanisierung«. So auch der Ni-Ni Carlos Hernández, der vorher absolut desinteressiert war und sich heute aktiv für die *comunidad* einsetzt (I-CH 2006).

M. Valdéz war Lehrerin und bis 1998 in einer evangelikalen Kirche aktiv, heute spricht sie über Sozialismus und sieht die CCs, trotz aller Schwierigkeiten in der eigenen *comunidad*, als Keimzelle eines neuen Sozialismus, reflektiert ihre eigene Rolle und die von Chávez: »Es gibt zwei Ereignisse, die meine Art, das Leben zu sehen, verändert haben. Einmal, als ich mich vor 30 Jahren dem Evangelium anschloss, und das andere mit dieser Revolution. Diese andere Art, das Leben, die Welt, die Menschen und dich selbst zu sehen, das hat den Boden unter meinen Füßen bewegt. Die Revolution war etwas, auf das ich immer gehofft hatte, ohne zu wissen, was es war, denn ich hatte immer gegen die vorhergehenden Regime gewählt, AD, Copei, ich habe das ganze Zeug immer gehasst. Die LCR stellte einmal eine Hoffnung dar und stürzte dann ab. Aber als Chávez auftauchte, als die Revolution auftauchte ... ich finde es nur fragwürdig, dass Chávez immer noch unersetzlich ist, wir müssen dahin kommen, dass er einfach ein Führer von vielen ist.« (I-MV 2007)

F. Ocaríz sagt, er sei Chavist wegen des Präsidenten, nicht aufgrund von Parteien. Er bewegt sich im Umfeld der KP Venezuelas und studiert im Rahmen der Misión Sucre. Zunächst hatte er Zweifel, sich zu beteiligen, da er hörte, Calabrese sei bei der Alcaldía Mayor angestellt, mit der er schlechte Erfahrungen gemacht hatte. Er teilte Calabrese sein Unbehagen mit, der entgegnete, die CCs seien etwas anderes und gab ihm das Gesetz. Er las es und es überzeugte ihn. Heute gehört er zu den zentralen Aktivsten des CC und bemüht sich, das Gesetz in benachbarten *comunidades* zu verbreiten. Die Partizipation erfüllt ihn und spornt ihn an (I-FO 2006).

Der persönliche Kontakt genießt einen hohen Stellenwert. Alle suchen das persönliche Gespräch mit Anwohnern der *comunidad* und werden zunehmend als Angehörige des CC auf der Straße angesprochen. Alle ziehen eine positive Verbindung zwischen der Arbeit für die *comunidad* und ihrem Leben. Das Fehlen wirklicher Kollektivität bremst die Entfaltung der Aktivisten stetig, doch trotz aller Probleme, Konflikte und Frustrationen wird die Arbeit des und mit dem CC als positiv und bereichernd empfunden. Alle sind sich der möglichen Tragweite der CCs bewusst. Die Möglichkeiten, die sich eröffnen, verwickeln den Ni-Ni in Widersprüche, wie er zwei Wochen vor der Präsidentschaftswahlen zugibt: »Wir haben schon die Finanzpläne bei den Ministerien eingereicht und sie werden uns berücksichtigen [...] aber da haben wir jetzt ein Dilemma: Was passiert, wenn der Präsident die Wahl nicht gewinnt?« (I-CH 2006) Die Erwartung einer positiven Entwicklung des CC ist hoch. Es besteht die Gefahr, dass diese die Notwendigkeit einer grundlegenden Neustrukturierung der Arbeit in den Hintergrund rückt und sich dadurch negativ auswirkt.

Kooptation versus konstituierende Macht
Die Gefahr einer parteipolitischen Kooptation besteht im Benito Juárez nicht. Selbst die MVR-Mitglieder sind bedacht, Parteipolitik aus dem CC herauszuhalten. Die politische Zuordnung spielt selbst in den Konflikten im CC

keine Rolle. Der CC wird als autonome lokale Instanz gesehen:»Kommt einer von der Alcaldía Mayor oder Libertador hierher und macht eine Arbeit, die nicht dem *Consejo Comunal* mitgeteilt wurde, stoppt sie die *comunidad* selbst.« (I-AC 2006) Zwei Fälle zu Beginn wurden als äußere Konditionierung beschrieben. Die *mancomunidad* wurde von María Valdéz als aufgezwungen empfunden. Die Gründung einer *Banco Comunal* von Fondemi verlangte aber den Zusammenschluss mehrerer CCs, so unterstützten einige Aktivisten aus dem Benito Juárez die Gründung von CCs in den Wohnblöcken. Hinzu kommt, dass die Zusammenarbeit ein dynamisierendes Element für den Bewusstseinsprozess der *comunidad* darstellt.

Der zweite Fall betraf die Hegemonie Fondemis in der ersten Runde der Kredite. Fondemi drängte auf eine schnelle Vergabe und dominierte die Versammlung. Einige Kredite wurden im nachhinein von einzelnen Interviewpartnern kritisiert. In der zweiten Runde wurden die Projekte ausgiebig von der *comunidad* diskutiert. Diese Zeit hätte sie auch vorher haben sollen. Einschränkend ist auch anzumerken, dass die Vorgabe der intensiveren Diskussion von Fondemi kam, dessen Mitarbeiter bei den Debatten anwesend sind. Die Gefahr, dass das Geld im Mittelpunkt des Interesses steht, wird auch von den Aktivisten des CC gesehen. Daher muss sich, wer einen Kredit haben will, in der *comunidad* engagieren.

Alle Interviewpartner, auch der Ni-Ni, sehen die CCs als Selbstverwaltungsinstanz, als Teil von etwas Größerem und im Rahmen eines neuen Sozialismus:»Die *Consejos Comunales* sind der Treffer ins Schwarze dessen, was der zukünftige Sozialismus sein wird.« (I-MV 2007) Während der neue Sozialismus bei Carlos Hernández auf ein System, orientiert an Werten wie Solidarität und Bescheidenheit beschränkt bleibt, sehen die anderen die CCs als Keimzelle einer Struktur, die auf lange Sicht den alten Staat und seine Institutionen ersetzen soll:»Die wirkliche *poder popular* ist, was in die *Consejos Comunales* eingeschrieben ist, dass sie die Kontrolle des Staates übernehmen. [...] dass die *Juntas Parroquiales* eliminiert werden, der Bürokratismus der Stadträte und alle diese Dinge und vielleicht in Zukunft auch die Bürgermeisterämter. Es ist das *pueblo* selbst, das die öffentlichen Politiken verwaltet und eine wirkliche Kontrolle darüber hat.« (I-AC 2006)

Im Falle des Benito Juárez ist nicht gewiss, ob der CC zum Partizipationsinstrument der organisierten *comunidad* werden kann. Bisher ist er mehr repräsentatives Organ zur Problemlösung. Die größte Gefahr ist nicht die politischer oder institutioneller Kooptation, sondern die, sich in eine repräsentative Lokalverwaltung zu verwandeln, in der eine gewählte Kerngruppe die technischen Probleme der *comunidad* löst und durchaus gegenüber den Institutionen durchsetzt. Die Beobachtung, unter den *comunidades* der Mittelschicht sei ein »technisches« Verständnis der CCs am stärksten ausgeprägt (García-Guadilla 2008: 138), trifft in gewisser Weise auch hier zu. Ein Großteil der Bevölkerung hält sich immer noch für Mittelschicht, auch wenn ihr Status dem nicht entspricht und mehrheitlich pro Chávez gewählt wird. Es wird für die *comunidad* »geregelt«, aber nicht unbedingt mit ihr. Alle wesentlichen Probleme sind im CC oder in der *comunidad* begründet und nicht im Verhältnis zu den Institutionen. Die weitere Entwicklung ist ungewiss. Das Haus der *comunidad* könnte den Prozess positiv beeinflussen, ebenso der hartnäckige Wille, sich zu organisieren, der durch nichts gemindert werden konnte. Allerdings muss die Arbeitsweise des CC verändert werden und zentrale Akteure und *comunidad* müssen von ihrer repräsentativen Haltung wegkommen.

15.3 Weitere Consejos Comunales in Caracas im Überblick

CCs in der Parroquia La Candelaria
La Candelaria liegt im Stadtzentrum und verfügt über einen Teil mit kleineren älteren Gebäuden und einem neuen mit Wohnblöcken von 10 bis 20 Stockwerken. Der Großteil der Bevölkerung besteht aus verarmter ehemaliger Mittelschicht und unterer Mittelschicht, viele davon Nachfahren jüngerer Migration (1.-3. Generation) aus Italien, Spanien und Portugal. Sie leben meist sehr abgeschlossen. Im Viertel lebt auch eine zahlungskräftige Mittelschicht, die z.B. die vorhandenen privaten Kindergärten und Schulen nutzt. Der Anteil der Oppositionsstimmen bei Wahlen liegt etwa doppelt so hoch wie für die bolivarianischen Kräfte.

Der CC »Ezmicaza«
Die *comunidad* des CC »Ezmicaza« besteht aus mehreren Wohnblöcken, in denen die Bewohner Eigentümer der Wohnungen sind, und einem Wohnblock mit Mietwohnungen. Im ersten Zensus wurden 380 Familien mit 831 Personen über 15 Jahre registriert. Bei einem späteren Zensus stieg sie auf über 1.000, da sich viele registrieren ließen, die es beim ersten Mal verweigert hatten. Organisationserfahrungen vor 1998 gab es kaum. Die vormals existierenden Nachbarschaftsvereinigungen von AD und Copei sind als wirkungslos und zu parteipolitischen Zwecken infiltriert in Erinnerung.

Für den Aufbau des CC ergriff eine Kerngruppe um eine zentrale Person, Pedro Rivero, 2006 die Initiative. Sie hatte bereits versucht einen CLPP aufzubauen. Um das Vertrauen der mehrheitlich oppositionellen Anwohner zu gewinnen, ließ sich Rivero erst zum Präsidenten der Hausversammlung seines Wohnblocks wählen, freundete sich mit allen Präsidenten der Hausversammlungen und allen Hausmeistern an und lud dann persönlich zu einem Treffen ein. Mobilisiert wurde auch von Tür zu Tür und Erläuterungen zu den CCs wurden verteilt und aufgehängt. Auf der ersten Infoversammlung bildete sich eine Gruppe zur Vorbereitung der zweiten, auf der das provisorische Promotorenteam gewählt wurde. Diese fand im Freien auf der Straße statt, wie alle weiteren, um den Eindruck zu vermeiden, es gäbe etwas »hinter verschlossenen Türen« zu besprechen. Es nahmen über 100 Personen teil. Oppositionelle wie Regierungsanhänger waren erfreut über das Resultat und es schien ein guter Start. Doch dann führte die politische Konjunktur zu intensiven Mobilisierungen von Oppositionellen und Regierungsanhängern. Die Oppositionsmedien begannen mit einer Kampagne gegen die CCs und die Oppositionellen blieben den Versammlungen fern. Zugleich ließ die Partizipation der Regierungsanhänger nach, die sich mehr an politischen Mobilisierungen der Regierung beteiligten. Der CC traf sich in reduzierter Besetzung und mit der Beteiligung von fast ausschließlich Chavistas. Er wurde von einigen Oppositionellen angefeindet und wiederholt während der Sitzungen aus Wohnhäusern mit Gegenständen beworfen.

Die Initiative des CC wurde in der zweiten Jahreshälfte 2007 wieder aufgenommen und eine Promotoren- und eine Wahlkommission wurden gewählt. Die *comunidad* analysierte auf einer Versammlung mit partizipativer Methodologie ihre Bedürfnisse. Die Gründung der Komitees wurde dementsprechend beschlossen. Die Promotorenkommission besuchte diverse Workshops zu *contraloría social* und zur *Banco Comunal*. Die Wahlkommission kam jedoch ihrer Aufgabe nicht nach, und es wurde einer neue gewählt. Die Wahl des CC wurde für den 18.11.2007 festgelegt, begleitend sollte es ein Fest geben. Es wurden also viel mehr Versammlungen abgehalten als gesetzlich vorgesehen. Während an den großen 100-150 Personen teilnahmen, waren es z.B. bei der partizipativen Diagnose 30-40 Personen. Partizipation wird als kollektive Selbstermächtigung und Machtausübung durch die Basis begriffen (I-PRI 2007). Der Anteil von Frauen und Männern unter den Aktiven des CC ist in etwa gleich. Es sei aber schwer, Jugendliche in die Arbeit zu integrieren, obwohl Interesse bestünde. Allerdings wurden sie bereits enttäuscht, als die Alcaldía Mayors einmal einen Bus zusagte, um zu einem Sportturnier zu fahren und die Jugendlichen mehrere Stunden lang umsonst warteten.

Die dringendsten sozialen Probleme wurden bereits vor Gründung des CC gelöst: Medizinische Versorgung (Barrio Adentro), Rollstühle und Prothesen für Behinderte aus der *comunidad*, Rente für ältere Anwohner ohne Rente und die Misión Robinson I und II. Die *comunidad* interessiert sich nun besonders für sozio-produktive Projekte. Ein Problem sind der starke Drogenhandel und -konsum (vorwiegend Crack und Kokain) in den Straßen und die sich dadurch häufenden Überfälle. Es wurde ein Sicherheitskomitee gegründet und Rivero wurde von Kriminellen bedroht. Die Anwohner wollen erreichen, dass die Policía Metropolitana abgezogen und durch die Nationalgarde ersetzt wird. Der PM wird vorgeworfen, nichts gegen die Kriminellen zu unternehmen und lediglich gegen Bezahlung die Händler zu schützen.

Die Interviewpartner kritisieren die Bürokratie der Institutionen und berichten von schlechten Erfahrungen. Die städtische Kulturförderung Fundarte versprach mehrmals logistische Unterstützung und Musiker, erfüllte die Zusagen aber nie. Mercal sagte ebenfalls drei Mal zu, einen Markt zu organisieren, und kam nicht. Als problematisch angesehen wird, dass dies auf die Aktivisten des CC zurückfällt. Gute Erfahrungen wurden hingegen mit der Abteilung für Service und Dienste der Alcaldía Libertador, mit der ein persönlicher Kontakt bestand, und dem Minpades gemacht. Als negativ wird bewertet, dass es zwischen und in den Institutionen zu Konkurrenz und politischen Machtkämpfen kommt. Da dies wie die Ineffizienz strukturell sei, liege die Perspektive darin, mit den CCs die Bürokratie und den Staat zu überwinden.

Eine Sprecherin, die vor 1998 nicht sozial oder politisch aktiv war, gab an, sie sei durch die Arbeit mit dem CC persönlich gewachsen und aufgewacht, was sie auf Chávez zurückführt (I-ARA 2007). Der Sprecher hingegen ist ehemaliger Katechet und für ihn war die Arbeit für den Nächsten, der Aufbau von *comunidad*, das treibende Motiv. Er begann als Jugendlicher im Rahmen der Kirche für die *comunidad* zu arbeiten, machte Straßentheater, gründete Gruppen für Volkstanz und Musik und schloss sich dann dem revolutionären Prozess an (I-PRI 2007). Beide fühlen sich durch die Partizipation erfüllt. Rivero gibt einschränkend an, weniger Zeit für die Familie zu haben, was von dieser verstanden wird.

Der große Anteil an Oppositionellen erschwert die Arbeit in der *comunidad*. Durch die Propaganda der Oppositionsmedien sehen viele die CCs als »chavistische Sache« an, was dadurch verstärkt wird, dass der Großteil der Aktivisten Anhänger des Prozesses sind. Es konnte jedoch ein gewisses Vertrauen in die Arbeit für die *comunidad* und in den CC hergestellt werden, was sich in der höheren Partizipation beim zweiten Zensus zeigt. Das Klima in der *comunidad* habe sich positiv verändert. Die Anwohner kommen auf die Versammlungen, sprechen offen und kennen die Probleme der anderen. Tatsächlich ist die Partizipation für die Charakteristiken der *comunidad* als relativ gut anzusehen, aber eben stark den nationalen politischen Konjunkturen unterworfen.

Der CC »*San Antonio*«

Die Initiative zur Gründung des CC kam vor dem Gesetz auf. Die verschiedenen Präsidenten der Wohnblockversammlungen trafen sich bereits Ende 2005 und diskutierten über mögliche gemeinsame Lösungen für die Probleme des Sektors, wie z.B. Sicherheit und Müllbeseitigung. Während der Gespräche kamen die CCs auf, sie stießen auf Zustimmung und die weiteren Aktivitäten mündeten in den Aufbau eines CC, dem ersten des Bezirks. Nach einer Informationsversammlung eines provisorischen Promotorenteams fand auf der nächsten Versammlung die Wahl der Promotoren- und Wahlkommission statt. Der Zensus ergab über 750 Personen über 15 Jahre. Ein Teil der Oppositionellen verweigerte sich dem Zensus.

Das Exekutivkomitee des CC wurde einen Tag lang in zwei Wahllokalen an verschiedenen Orten der *comunidad* gewählt. Die Beteiligung lag bei etwa 250 Personen. Die Kandidaten wurden mit Foto auf den Stimmzetteln abgebildet und auf Plakaten, die in der Woche vorher in der *comunidad* aufgehängt wurden. Es bestehen 17 Komitees, die alle von der *comunidad* gemäß ihren Bedürfnissen nach der partizipativen Diagnose beschlossen wurden. Der CC trifft sich wöchentlich abends unter freiem Himmel, um in der politisch heterogenen *comunidad* möglichst transparent zu agieren, um Interesse zu wecken und die Anwohner zu motivieren. Dies funktioniert auch, so integrierte sich der interviewte W. Acosta in den CC, nachdem er auf eine Versammlung stieß, sich dafür interessierte und das Gesetz in die Hand gedrückt bekam. Er las es und es überzeugte ihn.

Das erste Projekt des CC war der Erwerb großer Klempnermaschinen zur Wartung der Wasser- und Abwasserleitungen in den Wohnblöcken. Weitere Anträge laufen für Straßenbeleuchtung, für den Erwerb einer Audio- und Videoausrüstung für öffentliche Aktivitäten des CC und für ein Fahrzeug für Kurzausflüge der Rentner der *comunidad*. Alle Projekte des CC und die Arbeiten von Institutionen in der *comunidad* werden von der *contraloría social* des CC geprüft und begleitet. Bei der Konstituierung der *Banco Comunal* entstand der Eindruck, die Institutionen würden viele Hürden aufbauen. Die Erfahrungen mit der Alcaldía Mayor und Libertador, Fundacomunal und Fondemi waren positiv.

Für die Interviewten hat die Partizipation einen hohen Stellenwert und sie spüren durch die Arbeit mit der *comunidad* eine hohe Befriedigung: »Ich sehe mich als eine Person, die einen Traum erfüllt. Ich habe Wirtschaft studiert, aber ich wollte eigentlich Sozialarbeit studieren oder Soziologie und habe es nicht getan. Ich komme aus einer bescheidenen Familie und brauchte einen Beruf, der mir helfen würde, schnell Geld zu verdienen, um meine Familie zu unterstützen.« (I-SC 2007) Das Partizipationsverständnis im CC ist horizontal (I-SC 2007). Doch beide Interviewpartner verfallen häufiger in repräsentative Logiken und berichten z.b., sie seien gewählt worden, um die *comunidad* zu repräsentieren. Bemängelt wird eine zu geringe Partizipation der *comunidad*. Die Partizipation der Oppositionsanhänger nimmt, wie im CC Ezmicaza, jedes Mal ab, wenn das Niveau der öffentlichen politischen Konfrontation zunimmt. Dennoch habe sich die *comunidad* durch die Arbeit mit dem CC verändert. Die sozialen Beziehungen sind enger geworden und die Identifikation mit der *comunidad* größer. Besorgniserregend ist allerdings, dass seit der Gründung des CC Überfälle und allgemein Kriminalität in der *comunidad* zugenommen haben. Die Interviewten vermuten eine gezielte Sabotage durch von Teilen der Opposition animierte Kleinkriminelle.

Der CC »Los Pinos (Parte Alta)«, Parroquia Macarao
Die Struktur der *comunidad* in den Bergen von Caracas ist die eines typischen *barrio*. Neben einer Hauptstraße bestehen die weiteren Verbindungen aus Treppen und Wegen zwischen den Häusern am Hang. Die *comunidad* ist arm und verfügt über eine sehr prekäre Infrastruktur. Das wichtigste Problem ist die Trinkwasserversorgung. Fließendes Wasser gibt es nur alle zwei Tage in der Nacht und mit wenig Druck. Die Abwasserleitungen sind prekär und Abwässer filtern ins Erdreich. Es fehlt an Straßenbeleuchtung und der Müll wird nur unregelmäßig beseitigt. Nach 21 Uhr gibt es keine Nahverkehrsverbindung mehr. Der Zensus ergab 278 Familien mit 1.022 Personen allen Alters. Es existiert ein Ernährungshaus und eine kleine Taschenproduktion, die über einen Mikrokredit aufgebaut wurde und in der vier Personen arbeiten. Für den CC sind zum Zeitpunkt des ersten Interviews 312 Familien eingetragen, da seit dem ersten Zensus über ein Jahr vergangen ist.

Der erste Anlauf der Gründung eines CC im Juni 2006 scheiterte mangels Kontinuität. Ein erneuter Anlauf führte zum Erfolg und am 28. Januar 2007 wurden das Wahl- und das Promotorenkomitee gewählt. Am 15. April 2007 fand die Wahl zum CC statt. Mobilisiert wurde von Tür zu Tür. Die Abstimmung erfolgte geheim mit Stimmzetteln. Die Wahlbeteiligung war mit etwa 150 höher als erwartet und es war deutlicher Enthusiasmus zu verspüren. Es bestehen elf Komitees gemäß der Bedürfnisse der *comunidad*. Zentral für die Aktivitäten in der *comunidad* und für die Initiative zur Gründung des CC war Thamara Aponte. Der CC informiert alle 14 Tage in einer offenen Versammlung die *comunidad* über seine Arbeit und den Stand der Projekte. An den Sitzungen nehmen etwa 40 Personen teil. Wie unter den Aktiven sind 70% davon Frauen. Entscheidungen werden auf den großen Versammlungen der *comunidad* getroffen, bisher immer im Konsens. Für Treffen, Workshops und die Koordination mit anderen CCs kann die ehemalige *Junta Parroquial* (Bezirksregierung) bzw. ihr Sitz, die *Jefatura Civil* von Macarao genutzt werden. Sie wurde wie in anderen Bezirken in ein *Haus der Poder Popular* umgewandelt, das den CCs zur Verfügung steht. Da es aber nicht in der *comunidad* liegt und nur zu Fuß zu erreichen ist, wird es nicht oft genutzt. Die *comunidad* beschloss nach Gründung des CC mehrere Projekte. Unabhängig davon wird die Verbesserung der Trinkwasserversorgung direkt mit *Hidrocapital* geregelt. Anfang 2009 waren die Wege ausgebessert worden, ein Betrieb zur Produktion von Marmeladen, Säften und Süßigkeiten aus Obst bei Fondemi beantragt und bei Fundacomunal waren drei Projekte eingereicht worden: die Reparatur der Abwasserleitungen, der Kauf eines Hauses der *comunidad* und die Kanalisierung des Regenwassers, dessen Wucht beim Abfließen über die Treppen und Wege bei starken Regenfällen die Häuser beschädigt. Die Alcaldía Libertador wiederum kam bereits zur ersten Begutachtung, um zu ermitteln, wie viele Häuser und Hütten durch feste Häuser ersetzt werden müssen. Da aber die Frage des Grundbesitzes noch nicht geklärt ist, muss erst gemeinsam mit dem CTU die entsprechende Vermessung und Zuordnung vorgenommen werden. Bis Januar 2009 hatte die *comunidad* für die eingereichten Projekte noch keine Finanzierung erhalten. Allerdings wurde die *Banco Comunal* von Fondemi aufgebaut und Anfang 2009 beschloss die Versammlung Kredite für zwölf sozio-produktive Projekte der *comunidad*: darunter eine Süßigkeitenproduktion, eine Taschenproduktion, ein Schnellimbiss, vier Textilverarbeitungen (zwei Haushaltstextilienproduktionen, eine für Schuluniformen und eine für Krankenhausarbeitskleidung), Schmuckherstellung und anderes.

Die Erfahrungen mit Institutionen sind gemischter Art und werden als mittelmäßig beschrieben. Die Institutionen werden als nicht besonders effizient kritisiert. Informationen seien weder einheitlich noch kompakt und verschiedene Institutionen untereinander schlecht koordiniert. Zahlreiche Vorgänge würden dadurch verzögert, dass sie Kleinigkeiten bemängeln, häufig Unterlagen oder Informationen nachgereicht haben wollen und den nächsten Termin 14 Tage später festlegen.

Im Vergleich zu den Wahlen empfindet der CC die Partizipation der *comunidad* seitdem als schwach. Sie flaute schnell ab, nachdem die Finanzierung nicht sofort kam und keine unmittelbaren Ergebnisse sichtbar wurden. Seitdem hat die Partizipation nur geringfügig zugenommen. Es bestehe eine repräsentative Erwartung, der CC solle »Probleme lösen«. Es fällt auch schwer, Jugendliche zu aktivieren. Vor Ort besteht keine Möglichkeit, Sport zu treiben, und Fahrten woanders hin mit einer Gruppe Jugendlicher stelle eine große Verantwortung dar.

Dennoch hat sich der CC positiv ausgewirkt auf die sozialen Beziehungen in der *comunidad*. Die Anwohner haben sich kennengelernt, verstehen sich verstärkt als *comunidad* und entwickeln ein Bewusstsein für die Probleme anderer (I-BO 2007). Auch eine Veränderung der Geschlechterrollen wird thematisiert, Männer übernehmen mehr Hausarbeit, während Frauen zunehmend außer Haus aktiv sind (I-CB 2009). Die Entwicklung des Bewusstseins sei notwendig, da die Staatszentriertheit und die Erwartungen an den Staat nach wie vor noch sehr hoch seien und den Transformationsprozess behindern.

Der CC »Unidos por el Chapulún«, Parroquia Nuestra Sra. del Rosario, Baruta

Das Munizip Baruta (Miranda) hat 317.288 Einwohner, 79% leben in Wohngebieten der Mittelschicht und oberen Mittelschicht, 21% in *barrios* (Echenique/ Torres/Zorrilla 2003: 103f.). Die Barrios sind an Hängen gelegen und verfügen über eine sehr prekäre Infrastruktur. Vom oppositionellen Munizip erhalten die CCs, die sich nahezu in allen *barrios* konstituiert haben, kaum Unterstützung. Hier wurden zwei CCs in *barrios* untersucht. Um Wiederholungen zu vermeiden, wird auf die Darstellung des Zweiten, »La Favorita Calle Bolívar Norte«, Las Minas de Baruta, verzichtet.

In der *comunidad* des »Unidos por el Chapulún« bestand bereits vor dem CC eine MTA, die die meisten Probleme der Trinkwasserversorgung und Abwasserentsorgung löste. Kurz vor dem CC wurde auch ein CTU gegründet. Für die Arbeit in der *comunidad* und den Aufbau des CC waren Evangelina Flores und ihr Ehemann zentral. Das Ehepaar hatte bereits den CTU Anfang 2006 angeschoben und sah die CCs im Fernsehen. Die *comunidad* gründete einen Vorläufer des CC mit diversen gewählten Verantwortlichen. Sie informierten sich bei der Alcaldía Mayor und bekamen Promotoren geschickt. Die bessere Unterstützung leistete aber schließlich Fundacomunal. Auf einer ersten großen Versammlung wurde über den CC informiert und gleich ein Promotorenkomitee gewählt das den Zensus durchführte. Der Zensus ergab 200 Familien. 42 Familien, die einem Oppositionellen aus der Nachbarschaft folgten, verweigerten sich. Als sie sahen, dass der CC Erfolge erzielte, integrierten sie sich nach und nach, nahezu alle. Der CC konstituierte sich am 26.5.2006. An der Versammlung nahmen über 70 Personen teil und es wurden per Handzeichen zehn Sprecher gewählt und je fünf Personen für die *contraloría social* und die Finanzen. Sie arbeiten alle als Gruppe zusammen und teilen sich anstehende Aufgaben.

Es funktionieren CTU und MTA; eine Beteiligte an Madres del Barrio und eine Helferin der Misión Negra Hipólita, mit der sich das Komitee für soziale Sicherheit und Vorsorge koordiniert, arbeiten im CC mit und ein Sportkomitee ist neu entstanden. Die *comunidad* will keine Komitees gründen, die dann nicht funktionieren. Für jedes Projekt wird eine Versammlung einberufen und es wird gesehen, wer sich beteiligt. Die Partizipation an den Versammlungen beläuft sich auf etwa 30-40 wechselnde Personen, Tendenz leicht steigend. Mobilisiert wird mit Plakaten, die in der *comunidad* aufgehängt werden. Die Angehörigen des CC sind alle Chavistas. Die anfänglichen Gegner, die sich dem CC angenähert haben, sind ebenfalls zu Chavistas geworden. 14 der 20 gewählten Mitglieder des CC sind weiterhin aktiv, drei davon sind Männer, einer von ihnen ist »Hauptsprecher«. Da diese Funktion im Gesetz nicht existiert, soll die Struktur bei der in den folgenden Monaten vorgesehenen Wahl angepasst werden. Der CC hat auch kein Statut, weil es zum Zeitpunkt ihrer Registrierung von niemandem verlangt wurde und die *comunidad* der Meinung war, keines zu brauchen. Zu Beginn hat er sich zwei Mal die Woche getroffen, mittlerweile nur alle 15 Tage und wenn nötig zu Sondertreffen. Unter der Woche halten aber viele Angehörige des CC miteinander Kontakt und erledigen Behördengänge gemeinsam. Die Projekte und Anliegen der *comunidad* werden vom Exekutivkomitee diskutiert, wenn ein Konsens erzielt wurde, wird eine Versammlung einberufen, die alle Entscheidungen trifft.

Das erste Projekt war die Renovierung eines heruntergekommenen und verlassenen kleinen Schulgebäudes, um einen Kindergarten einzurichten. Die Oppositionellen, die nicht am CC beteiligt sind, waren dagegen. Der CC kontaktierte die Regierung des Bundesstaates Miranda. Nach drei Monaten begann sie mit den Baumaßnahmen und richtete anschließend einen Kindergarten dort ein. Die *comunidad* erhielt auch Kredite für die Reparatur der Häuser. Ein Hügel, der bei starken Regenfällen Häuser bedrohte, wurde von der Regierung von Miranda teilweise abgetragen und gesichert. Die *contraloría social* überwacht alle Aktivitäten der Institutionen in der *comunidad*.

Der CC hat von der Regierung von Miranda Finanzierung für einen Spielplatz und von der Alcaldía Mayor 104.000 BsF für drei sozio-produktive Projekte, einen Friseursalon, eine Bäckerei und ein Infocentro, erhalten. Da das Gelände für den Spielplatz noch nicht bereit steht und kein Platz für die sozio-produktiven Projekte vorhanden ist, beschloss die *comunidad,* das Geld für den Spielplatz umzuwidmen und ein Haus der *comunidad* zu kaufen, in dem auch die Projekte untergebracht werden sollen. Die Unternehmen sind nach Beschluss der *comunidad* ihr kollektives Eigentum über den CC. Die Beschäftigen sollen ebenfalls aus der *comunidad* stammen. Das Projekt der Bäckerei soll auf der nächsten Versammlung in eine Textilverarbeitung umgewidmet werden. Ein zweistöckiges Haus, das an zentraler Stelle zum Verkauf steht, wird von der *comunidad* in Betracht gezogen. Es könnte alle Projekte und zusätzlich Ärzte unterbringen.

Die Erfahrungen mit Institutionen sind wie andernorts gemischt. Vom oppositionellen Munizip Baruta kam nie Unterstützung. Gute Erfahrungen bestehen mit der Regierung von Miranda, mit der Alcaldía Mayor eher schlechte. Einmal kam sogar Oberbürgermeister Juan Barreto, versprach diverse Unterstützung und dann hörte die *comunidad* nie wieder davon. Bei Fundacomunal hingegen wurde ein Mitarbeiter, der sie schlecht behandelt und beleidigt hatte, drei Tage nach einer Beschwerde des CC entlassen. Mitarbeiter der Misión Madres del Barrio in Caracas leugneten eine Zuständigkeit, da Baruta ein Mittelschichtmunizip sei, sie wurden auf das Regionalbüro von Miranda verwiesen, wo sie auch keine Antwort erhielten. Schließlich wurden einzelne Frauen in das Programm integriert, aber nicht in Absprache mit der *comunidad*. Die Kritik an den Institutionen ist nicht darauf beschränkt, ein besseres Funktionieren einzufordern. Der Grundwiderspruch zwischen konstituierter und konstituierender Macht wird deutlich gesehen (I-EF 2008). Von den Institutionen wird mehr Unterstützung eingefordert.

Vor 2001 gab es vor Ort niemanden mit Erfahrung in politischer Organisierung. Der Prozess der Partizipation hat auch hier das Leben völlig verändert und die Geschlechterverhältnisse verrückt. Evangelina Flores erzählt, wie sie die zwölf Jahre damit verbracht hat, darauf zu warten, dass ihr Mann von der Arbeit wiederkam, um ihm Essen aufzutischen, bis ihr bewusst geworden sei, sie müsse sich engagieren und organisieren, wenn sie an ihrem Lebensumfeld etwas zum Positiven verändern wollte (I-EF 2008). Die für die *comunidad* erzielten Erfolge verschaffen den Aktivistinnen große Befriedigung. Für die Anwohner der zuvor in vielfacher Hinsicht marginalisierten *comunidad* bedeutet der Prozess der Partizipation ein enormes persönliches Wachstum. Die große emanzipatorische Kraft und die Kreativität liegen darin begründet, dass der Prozess nicht individualisiert, sondern kollektiv verläuft (I-EF 2008). Die Interviewten erklären übereinstimmend, Chávez habe in ihnen die Motivation zur Partizipation entfacht. Dass alle Sprecher Chavistas sind, erleichtert die Organisierung. Diese Partizipationsverweigerung von Oppositionellen wird durch die Oppositionsverwaltung im Munizip bestärkt. Wer am CC partizipieren wolle, könne das ungeachtet seiner politischen Präferenzen tun, was viele anfängliche Verweigerer in Anspruch genommen hätten.

Der CC wird als autonome Selbstorganisierung der *comunidad* angesehen und jeder Versuch der Kooptation abgelehnt: »Wir arbeiten ganz leise, aber wir machen die Sachen, wir werden nicht akzeptieren, das jemand kommt und unsere Arbeit als politische Plattform nutzt.« (I-MLH 2008) Nachdem in der *comunidad* zunächst Skepsis herrschte, ob die CCs funktionieren und das Geld kommt, sind mittlerweile viele der Ansicht, das sei die beste Form der Organisierung. Angestrebt wird eine finanzielle Autonomie der *comuni-*

dad. Dazu wird mit den bereits finanzierten sozio-produktiven Projekten am Aufbau einer kollektiven bedürfnisorientierten Ökonomie der *comunidad* gearbeitet (I-EF 2008). Die *comunidad* hat sich den CC erfolgreich angeeignet und ihren Bedürfnissen angepasst. Auch wenn die Struktur und die Entstehung an einigen Punkten nicht mit dem Gesetz übereinstimmt, besteht kein Zweifel, dass sich die *comunidad* eine funktionierende demokratische Selbstverwaltung aufgebaut hat. Dieser Umstand ist von den involvierten Institutionen anerkannt worden. Der CC koordiniert sich mit sieben weiteren CCs. Gemeinsam wird mit der Telefongeselschaft CANTV am Aufbau von Festnetztelefon und Internet gearbeitet, über Transport diskutiert und es wurde vereint der Abzug einer Polizeistation der PM gefordert sowie die Stationierung der Polizei von Miranda. Das Ziel wurde erreicht. Die acht *comunidades* diskutieren über Sicherheit und versuchen den Alkoholverkauf zu reglementieren. Im *barrio* besteht auch ein Problem mit Drogenhandel.

15.4 Schlussfolgerungen

Die Initiative der CCs auf der Ebene der *comunidad* anzusiedeln, war ein richtiger Schritt. Die Dimension der *comunidad* entspricht einer vorhandenen Selbstzuordnung zu einem *barrio*, einem Sektor und als Kern einer kleineren *comunidad*, die häufig auch das Zentrum des Aufbaus sozialer Beziehungen und den Lebensmittelpunkt darstellt. Die Identifikation mit der *comunidad* ist in der Regel stärker als die mit einem Beruf, einer Arbeitsstelle oder andere Identifikationen. Die gesetzlich festgelegte Größe der *comunidad* von mindestens 200 Familien ist jedoch in einigen Fällen zu groß. So wurde im neuen Gesetz die Zahl auf 150 Familien gesenkt (LOCC 2009: Art. 4).

Durch die Partizipationsmechanismen und vor allem die CCs verändert sich die *comunidad* stark. »Bedürfnisse, die bis kurz zuvor im häuslichen Raum gelöst wurden, gehen nun dazu über, einen kollektiven Charakter zu besitzen, und sie werden als Probleme der gesamten *comunidad* betrachtet, die aktiv partizipieren muss, um sie zu lösen, wodurch der *Raum des Kollektiven* aufgewertet wird.« (Lacabana/Cariola 2005b: 37) Die Klasse konstituiert sich als *comunidad*. Ihr Aufbau ist ein aktiver Prozess. Ausgehend von der *comunidad* projizieren sich die Bewohner auf die Stadt und beginnen, erstmals Teil von ihr zu werden. Die Bevölkerung erobert den öffentlichen Raum in drei Dimensionen: »Die des kollektiven Raums, die des Lebensraums und die des institutionellen Raums.« (Lacabana/Cariola 2005b: 37) Die neuen Partizipationsformen tragen zum »*Bruch des territorialen Einschlusses*«, der sozio-territorialen Segregation, bei.

Die *comunidades* konnten in der Regel auch die grundlegendsten Probleme wie Ernährung, Bildung und medizinische Versorgung lösen. Wichtig ist dabei vor allem die Erfahrung, selbst Akteur der Überwindung der eigenen Marginalisierung zu sein. Das Gefühl, von der Regierung wahrgenommen zu werden, dass die eigene Meinung gehört wird und zählt, dass die Institutionen für sie bereit stehen sollen, führt zu einer »Würde-Gebung«, trotz teilweise negativer Erfahrungen mit Institutionen.

Das Selbstvertrauen der *comunidades* ist enorm gewachsen und sie treten den Institutionen gegenüber entschiedener auf, da sie das Recht und die normative Orientierung des Transformationsprozesses auf ihrer Seite sehen. Die Partizipation ermöglicht es den *comunidades* und ihren Anwohnern auch, Perspektiven zu entwickeln und eine Lebensplanung vorzunehmen, die stärker selbstbestimmt ist und nicht wie zuvor auf das reine Überleben beschränkt bleibt.

Partizipation

Die Partizipationsmöglichkeiten der CCs können viele Menschen mobilisieren. Von 25 Interviewten waren nur fünf vor 1998 sozial oder politisch aktiv. In drei Fällen waren sie zentral für die Entwicklung der Arbeit in ihrer *comunidad* und den Aufbau des CC. Mit dem CC erfolgt in allen *comunidades* ein qualitativer Sprung in der Partizipation, und die Kerngruppe, die in den meisten Fällen aus vier bis acht Personen besteht, steigt auf 15 bis 30. Es ist es die Vielfältigkeit der Aufgaben des CC, die es möglich macht, dass die Initiatoren andere Personen ansprechen, Aufgaben für die *comunidad* zu übernehmen, und diese es auch tun. Wichtig ist hierbei auch, dass die Partizipation zu sichtbaren Verbesserungen in der *comunidad* führte. Auch wenn sich nahezu alle über eine zu große Apathie ihrer *comunidades* beschweren, ist ein starker Wille zur Partizipation sichtbar. Alle relativieren ihre Aussage und berichten von unerwarteter Partizipation, Politisierungsprozessen und Emanzipation. In den armen *barrios* funktionieren die CCs besser, selbst in Fällen, in denen die Partizipation an den Versammlungen der *comunidad* geringer ist. Die Kommunikationsstrukturen und der soziale Kontakt sind in den *barrios* intensiver als in anderen Wohngegenden. Die Mittelschicht ist auch wesentlich anfälliger für die Oppositionspropaganda gegen die CCs. Für die Verbreitung der CCs spielte das staatliche Fernsehen eine wichtige Rolle. Die Gründung eines der CCs in Baruta wurde z.b. dadurch angespornt. In vier weiteren Fällen gab es eine zentrale Person, von der die Initiative zur Gründung des CC ausging, und in zwei Fällen kam die Idee in der *comunidad* auf.

Die *comunidades* eignen sich die *Consejos Comunales* an und passen sie in Form und Inhalt ihren Bedürfnissen und Kapazitäten an. Das Gesetz ist für viele eine wichtige Orientierung, doch im Vordergrund steht die Schaffung einer effektiven und arbeitsfähigen Struktur für die *comunidad*. So wurden in den meisten *comunidades* mehr Versammlungen organisiert als gesetzlich festgelegt. Aufgrund der mangelnden Partizipationserfahrung sind häufig umfangreiche Erklärungen und Diskussionen notwendig. Auch waren die Zeiten in den meisten Fällen länger als die gesetzlich vorgegebenen. In nur zwei der sieben CCs wurde das Exekutiv-Komitee wie im Gesetz vorgesehen auf der Versammlung gewählt. In den anderen fünf wurden die Wahlen mit Stimmzetteln an einem ganzen Tag organisiert und stellten ein bedeutendes soziales Ereignis dar.

Die *comunidad* ist als solche vorher vorhanden, sie wird aber auch im Prozess der Arbeit mit den CCs aufgebaut. Es handelt sich um einen Akt der sozialen Konstruktion. Die *comunidades* verändern sich dadurch und Kollektivität und Solidarität nehmen eine wachsende Bedeutung ein. Interne Konflikte lösen die *comunidades* meistens selbst und ohne Zutun der Institutionen. Konkurrenz oder Egoismus war weder innerhalb der *comunidades*, noch gegenüber anderen *comunidades* festzustellen. Im Gegenteil, in beiden Fällen ist eine starke Solidarität zu verspüren und die Bereitschaft, den Ärmeren und Schwächeren zu helfen. Selbst in jenen *comunidades*, die keine hohe Partizipation aufweisen, ist die Solidarität mit schlechter Gestellten groß. Die Anwohner haben »die öffentlichen Räume der popularen *barrios* wieder erobert und sie mit Leben und Aktivitäten gefüllt [...] Das Zusammenleben hat jetzt eine andere Dimension und wirft eine neue Beziehung zwischen dem Privatem und dem Öffentlichen auf.« (Lacabana/Cariola 2005b: 38)

Zwei der sieben CCs gelangen zu kollektiven Dimensionen, die deutliche Züge einer bedarfsorientierten solidarischen Gesellschaft tragen. So in dem Fall des *Emiliano Hernández*, wo mit Geldern der *comunidad* ein Haus für die vier wohnungslosen Sprecherinnen des CCs gekauft wurde; oder der Beschluss des *Unidos por el Chapulín*, die bewilligten sozio-produktiven Projekte kollektiv als *comunidad* über den CC zu führen. Die Arbeit der zentralen Akteure ist allerdings häufig ein Vollzeitjob. Viele werden von ihren Familien und Freunden, einige auch von der *comunidad* und dem CC unterstützt. Nur in einem CC in Baruta wird die Idee einer finanziellen Entschädigung laut.

Frauen partizipieren deutlich mehr als Männer. In sechs der sieben *comunidades* sind etwa 70% der Aktiven weiblich, nur in einer ist die Beteiligung von Frauen und Männern etwa gleich. Fast alle CCs berichteten, es gelinge ihnen jedoch kaum, Jugendliche in ihre Arbeit zu integrieren. Auf verschiedenen Aktivitäten der CCs, Workshops, Treffen mit Institutionen, *Asambleas* in der *comunidad* und auch in der konkreten Arbeit der CCs sind Personen unter 25 Jahren selten zu beobachten. Einzig im Emiliano Hernández bestehen keine Probleme mit der Aktivierung von Jugendlichen. Das bedeutet nicht, Jugendliche würden gar nicht partizipieren, doch sie tun es weniger in der *comunidad* und mehr an anderer Stelle, z.b. im Bereich Medien und Kommunikation.

Für die Aktivisten ist die Partizipation »die Aktion eines Kollektivs, mittels der Organisation, der Planung der verschiedenen Fronten und kommunitären sozialen Gruppen« (I-WP 2008). Fast alle berichten, sie seien durch die Partizipation persönlich gewachsen. Der persönliche Prozess wird als »Humanisierung« oder Sensibilisierung bezeichnet. Ein hoher Stellenwert wird den veränderten sozialen Beziehungen in der *comunidad* zugesprochen. Trotz mancher Rückschläge betonen nahezu alle, sie fühlten sich durch die Arbeit in den CCs erfüllt. Die meisten sehen ihre Arbeit im Kontext eines aufzubauenden Sozialismus.

Es ist nicht ungewöhnlich, dass eine Verbindung zwischen Sozialismus und Nächstenliebe gezogen wird. Eine religiös beeinflusste oder begründete Partizipation ist keine Seltenheit. Eine Interviewte war vor 1998 30 Jahre lang in einer evangelikalen Kirche aktiv gewesen (I-MV 2007), eine weitere in einem katholischen Hilfswerk für Wohnungslose (I-AL 2006). Typisch im lateinamerikanischen Kontext ist der Fall eines Mannes, der in den 1990er Jahren als Katechet zur MBR-200 stieß (I-PRI 2007).[9] Auch hier ist ein differenziertes Verhalten festzustellen, denn während der Bezug auf (ur)christliche Werte und eine Orientierung daran für einen bedeutenden Teil der Bevölkerung eine relevante Rolle spielen, genießt die katholische Kirche als Institution kein besonderes Ansehen.

Trotz der starken Partizipation ist diese nicht konsolidiert und meistens nach wie vor von der Initiative Einzelner abhängig, die als treibende und koordinierende Kraft agieren. Ohne die ständige Initiative der zentralen Akteure würde wahrscheinlich auch die Partizipation der meisten anderen Personen wieder abflauen. Die starke Repräsentationskultur scheint immer wieder durch.

---

[9] In Chiapas, Mexiko, schlossen sich viele indigene Katecheten der zapatistischen Befreiungsbewegung EZLN an; in Nicaragua und El Salvador spielte die Befreiungstheologie eine wichtige Rolle in den revolutionären Kämpfen; in Kolumbien waren Befreiungstheologie und das Priesterseminar, siehe Camilo Torres, bedeutend.

Das Verhältnis zwischen der Basis und den Institutionen

Das Verhältnis zwischen *comunidades* und Institutionen ist widersprüchlich. Die Initiative des Staates hat sich als grundlegend für die Ausbreitung der CCs erwiesen. Sie ermöglichte es, viele *comunidades* zu erreichen, die über keine Ressourcen verfügten, um eine Selbstorganisierung zur Selbstverwaltung anzuschieben. In der konkreten Arbeit wirken die Institutionen aber häufig bremsend und demoralisierend. Alle untersuchten CCs haben schlechte Erfahrungen mit Institutionen gemacht. Die häufigsten Klagen betreffen lange Bearbeitungszeiten, Verzögerungen durch unvollständige Informationen, schlechte Erreichbarkeit, leere Versprechen, mangelnde Koordination und Konkurrenz zwischen verschiedenen Institutionen, ungenügende Begleitung und Kooptationsversuche.

Die Ineffizienz der Institutionen führt dazu, dass einige, die erst kurz partizipieren, sich enttäuscht wieder zurückziehen. Aber auch Fälle von rascher Finanzierung ohne ausreichende Vorbereitung kommen vor. Ähnliche Anträge bei der gleichen Institution weisen bis zur Auszahlung Bearbeitungszeiten von drei bis 18 Monaten auf. Dies erschwert die Planung der *comunidades* und damit auch ihre Entwicklung als Selbstverwaltungsinstanzen. In den *comunidades* bestehen meist relativ klare Vorstellungen über das, was gewollt wird, aber es mangelt an Ressourcen, nicht nur finanzieller Art, sondern auch bezüglich der Methoden. So wird trotz aller Probleme und Widersprüche mit den Institutionen von diesen eingefordert, den *comunidades* die notwendige Unterstützung zu leisten und sich den autonomen Instanzen der CCs unterzuordnen. Doch während die *comunidades* die Leistungen als Recht ansehen, treffen sie in den Institutionen häufig auf Geringschätzung und die Erwartung von Unterordnung und Dankbarkeit. Ebenso genießen die meisten repräsentativen Ämter wenig Ansehen in den *comunidades*, je näher die Ebene ist, desto geringer in der Regel das Ansehen und vor allem das Vertrauen. Die Stadtverwaltungen haben die meisten negativen Nennungen. Doch mit allen Institutionen wurden von unterschiedlichen CCs negative und positive Erfahrungen gemacht. Letztere sind häufig an persönliche Kontakte und Einzelpersonen geknüpft. Das zeigt, dass es nicht gelungen ist, in allen Institutionen ein neues Verständnis ihrer Aufgaben und ihrer Arbeitsweise durchzusetzen.

Fast alle Interviewten weisen auf ihre Art auf den Grundwiderspruch zwischen konstituierter und konstituierender Macht hin: »Diese Herrschaften, die es sich in ihren Ämtern bequem gemacht haben, werden sich nicht von ihren Privilegien lösen wollen, sie leben von den Bedürfnissen des *pueblo*. Das ist wie ein kleines Unternehmen, verstehst Du?« (I-TE 2008) So liegt die Lösung nicht einfach in besseren Mitarbeitern, sondern in einer neuen

Institutionalität, in der die Trennung zwischen Institution und Objekt der Maßnahme aufgehoben wird. An diversen beschriebenen Widersprüchen in den Institutionen wird deutlich, wie der Klassenkampf die Institutionen selbst durchzieht. Doch trotz aller Kritik werden die Institutionen nicht als das zentrale Problem betrachtet. Im Sinne der konstituierenden Macht stellen sie keine Grenze dar, sondern nur ein Hindernis, das es zu überwinden gilt. Alle Interviewten unterstreichen, das Hauptproblem liege in der Bevölkerung selbst, in der fehlenden Kultur der Partizipation. Es ist der Selbstermächtigungsprozess, der alle Türen öffnet. Dabei wird der Bildung eine zentrale Rolle zugesprochen.

Die *comunidades* entwickeln Strategien, um ihren Willen durchzusetzen, eine davon liegt im Zusammenschluss mit anderen CCs. Für die weitere Entwicklung der CCs als *poder popular* ist es von zentraler Bedeutung, dass sich in den Auseinandersetzungen mit den Institutionen kollektive Strategien gegenüber personalisierten Praxen durchsetzen, da letztere antidemokratisch und partizipationshemmend sind. Von Seiten der Institutionen ist es notwendig, die Entscheidungen der *comunidades* zu akzeptieren und die Bearbeitungszeiten zu beschleunigen, was aber kaum von selbst aus ihnen heraus geschehen wird, sondern nur wenn die *comunidades* den notwendigen Druck erzeugen.

Kooptation und Ausgrenzung

Die CCs verstehen sich als autonome Selbstorganisierung der *comunidades* und verwehren sich gegen jeden Versuch der Kooptation, sei sie parteipolitisch oder institutionell. Der Vorwurf, sie gründeten sich nur wegen des Geldes, wird zurückgewiesen. Der Zugriff auf Ressourcen und die Entscheidung über die Verwendung wird als Recht angesehen. Zumal die Arbeit der CCs vor Ort effektiver als die der Institutionen ist. In allen untersuchten *comunidades* lässt sich ein transparenter und sehr gewissenhafter Umgang mit Finanzen und ein großes Engagement in der Durchführung der Projekte beobachten. Das deckt sich mit den Erkenntnissen aus der Untersuchung des FCG (FCG 2008). Die meisten kennen zwar Beispiele für Missbrauch, das stellt für die *comunidades* jedoch keineswegs die Ressourcenverteilung in Frage. Es handelt sich auch stets nur um ein oder zwei CCs von mindestens zwei Dutzend, mit denen die meisten in Kontakt stehen. Hier wird vielmehr auf die Verantwortung der *comunidad* hingewiesen, da der Missbrauch der Finanzen nur möglich sei, wenn diese es zulässt.

Nur eine *comunidad* wurde in ihrer Anfangsphase teilweise fremdbestimmt. Auch in den anderen gab es institutionelle Kooptationsversuche, sie wurden jedoch nicht zugelassen. Die Konkurrenz zwischen der Alcaldía Mayor und der von Libertador wirkte sich nach Aussagen von drei CCs negativ auf viele *comunidades* aus. Aber wenn die CCs sich nicht angemessen beraten fühlen oder andere Interessen vermuten, dann suchen sie häufig in anderen Institutionen nach Unterstützung. Sie wehren sich vehement gegen jede Unterordnung. Dadurch, dass die Institutionen vom Klassenkampf durchzogen sind, finden die CCs Unterstützung für die Umsetzung ihrer Vorstellungen.

Dabei kann die Unterstützung und der Versuch der Kooptation sogar von der gleichen Regierungsinstanz ausgehen, wie es auch rund um die Frage der Förderung der *Comunas* in Caracas Ende 2008 der Fall war. Nachdem etwa 300 CCs seit Monaten begleitet von der Koordination zur Unterstützung der CCs der Alcaldía Mayor eine übergeordnete Organisierung diskutierten, präsentierte Bürgermeister Barreto einen eigenen Vorschlag. Hier wird aber auch deutlich, wie sich Initiativen ohne die begleitende Unterstützung durch Institutionen schnell wieder verlaufen: Nachdem die Alcaldía Mayor an die Opposition verloren wurde und die Koordination zur Unterstützung der CCs nicht mehr bestand, setzten die CCs ihre Treffen nicht weiter fort. Mitte 2010 bestanden in Caracas dafür mehrere Ansätze zum Aufbau von Comunas.

Die zunächst direkte Verbindung zur Präsidentschaft und das auch nach Änderung der Zuständigkeiten weiterhin besondere Engagement von Chávez für die CCs münden in keine Kooptation oder Abhängigkeit. Für die meisten Interviewten ist Chávez die unwidersprochene Führung des Prozesses. Er wird verehrt und als Gleicher gesehen, als einer aus dem *pueblo*. Es ist aber keine blinde Gefolgschaft und kein personalisiertes Verhältnis. Chávez wird als anfänglichen Impuls und als wichtigster Förderer des Prozesses angesehen, die CCs aber als autonom. Die Sprecher äußern sich differenziert über die Institutionen, die Regierung und Chávez. An ihm wird am meisten kritisiert, er wähle die Leute für Ämter und Aufgaben oft falsch aus.

Eine parteipolitische Kooptation ist ebenfalls nicht zu beobachten, obwohl 21 der 25 Interviewpartner Mitglied der MVR/PSUV sind und nur vier parteilos. Keines der Parteimitglieder äußert sich positiv über die Partei, einige dafür negativ. Interne Machtkämpfe und Konkurrenz werden kritisiert und es wird vereinzelt von Kooptationsversuchen durch politische Repräsentanten berichtet. Diese stoßen auf starke Ablehnung und gelten als Karrieristen, die sich die Arbeit anderer aneignen wollen. Die Mobilisierungen der *comunidades* in Regierungskampagnen sind nicht auf eine Kooptation zurückzuführen, sondern rationale Entscheidungen im Rahmen ihres Politisierungsprozesses. Es werden auch nicht alle Mobilisierungen mitgetragen, sondern jene, die sie selbst für strategisch halten. Alle sehen die Garantie für die Fortsetzung des eingeschlagenen Prozesses im Verbleib der aktuellen Regierung im Amt. Dies erkennt selbst ein interviewter Ni-Ni an. Generell ist auf lokaler Ebene eine große Offenheit gegenüber Nicht-Regierungsanhängern festzustellen. In fünf der sieben *comunidades* wird aktiv versucht, sie zu integrieren. Ein Teil der Oppositionellen und Ni-Ni's in diesen *comunidades* partizipiert auch an den Aktivitäten. Die CCs werden weniger als andere Partizipationsmechanismen mit der Regierung gleichgesetzt, sondern von vielen als Instrument der *comunidades* verstanden. So hat in einem CC (Ezmicaza) eine oppositionelle Präsidentin einer Hausversammlung einen großen Saal für die erste Versammlung der *comunidad* zur Verfügung gestellt (I-PRI 2007). Die Wahrnehmung der CCs durch Oppositionelle unterliegt aber nationalen politischen Konjunkturen. Wenn sich die politische Konfrontation zuspitzt, tendieren viele dazu, sich wieder von den CCs zu distanzieren. Dieser Eindruck wird dadurch verstärkt, dass die meisten Aktivisten der CCs zu entscheidenden Wahlen dem Wahlkampf mehr Zeit widmen als dem CC.

Tendenzen zur politischen Exklusion waren nur in zwei CCs wahrnehmbar, wurden aber nicht offen ausgesprochen. Und auch dort wurden Oppositionelle in Zensus und Programme aufgenommen, wenn sie sich nicht weigerten. Dass es sich um die beiden *comunidades* im oppositionellen Munizip Baruta handelt, ist sicher nicht zufällig. In den meisten *comunidades* gibt es einen kleinen Kern an Oppositionellen, die sich jeder Partizipation in der *comunidad* verweigern. In oppositionell regierten Munizipien erhalten sie zum Teil gezielte Unterstützung, während sie den CCs in den *barrios* verweigert wird. Das steigert die Zahl der Partizipationsverweigerer und verstärkt die politische Polarisierung in den *comunidades*. Die stärkere Tendenz der CCs zur politischen Exklusion ist darauf zurückzuführen, in den CCs im bolivarianisch regierten Libertador waren diese Tendenzen nicht zu finden.

Neben der Partizipationsverweigerung durch Oppositionelle, die sich aber meist auf eine Minderheit von diesen reduziert, berichten zwei CCs in Gebieten mit hohem Oppositionsanteil, wie versucht wird, die Arbeit der CCs aktiv zu behindern. Dennoch ist eine große Bereitschaft festzustellen, auch Nicht-Regierungsanhänger in diese zu integrieren. Andere CCs wissen von angrenzenden *comunidades* zu berichten, in denen Oppositionelle zum Teil unter Einsatz von Gewalt die Gründung oder die Arbeit von CCs behindern. Auf lokaler Ebene ist es eindeutig eine Minderheit von Oppositionellen, von denen Intoleranz und Sabotage ausgehen.

Weitere Schwierigkeiten und Gefahren

Die meisten Interviewten sehen die CCs als unterste Stufe eines aufzubauenden Rätesystems, das auf lange Sicht das vorhandene Institutionengefüge und damit auch den bekannten Staat mit seinen Aufgaben und seiner Aufgabenteilung neu definiert und ihn in vielerlei Hinsicht tendenziell ersetzt. Dabei handelt es sich um einen offenen und komplexen Prozess, dessen Erfolg noch nicht besiegelt ist. Der auch von den *comunidades* wahrgenommene Widerspruch zwischen konstituierender und konstituierter Macht ist nicht zugunsten ersterer entschieden. Ganz im Gegenteil, die konstituierte Macht ist weiterhin in der stärkeren Position. Doch die CCs haben das Potenzial, eine Institution der konstituierenden Macht zu sein. Das zeigt sich auch daran, dass sich die CCs auch das Konzept der *Comuna* aneignen, die sie als Instrument zur Überwindung der alten Institutionalität sehen.

Die übergreifenden Initiativen der CCs und anderer Basisorganisationen sind allerdings vor allem in Caracas starken konjunkturellen Schwankungen unterworfen. Zu Beginn ist stets ein großer Enthusiasmus festzustellen und es werden eine Vielzahl Beschlüsse gefasst. Doch mit der Zeit nimmt die Partizipation wieder ab und andere Konjunkturen bestimmen die Aktivitäten der Basis. Bisher ist es in Caracas den CCs ebenso wenig wie den popularen Bewegungen gelungen, eine eigenständige Koordination aufzubauen. Hier liegt eine große Schwäche. Es entstehen aber auch immer wieder neue Versuche.

Es ist ebenfalls keineswegs klar, wie sich die Partizipation der *comunidades* weiter entwickeln wird. Bisher nimmt sie überall langsam aber stetig zu. Da dies aber, wie alle betonen, dem geschuldet ist, dass die Anwohner Resultate sehen wollen, muss dies keineswegs so bleiben, wenn einmal die dringendsten Bedürfnisse erfüllt sind. Und wenn es den *comunidades* nicht gelingt, den Institutionen Kompetenzen direkt streitig zu machen, kann die institutionelle Ineffizienz zu einer Demobilisierung führen. Eine weitere Gefahr liegt in einer Paramilitarisierung der *barrios*. In den Jahren 2008 und 2009 wurden zahlreiche Basisaktivisten ermordet. Die Muster deuten auf eine Paramilitärinfiltration hin.. In einer *comunidad* wurde ein des Paramilitärismus verdächtiger Neuzuzug beobachtet, isoliert und nicht in die gemeinschaftlichen Aufgaben integriert, bis er wieder wegzog.[10] Der Bereich Sicherheit ist in der Regel einer, in dem am stärksten eine institutionelle Intervention erwartet wird.

---

[10] Zur Infiltration Venezuelas durch Paramilitärs siehe Azzellini 2008c, 2008d.

Schluss
Partizipative und protagonistische Demokratie und Aufbau von zwei Seiten – eine vorläufige Bilanz

In den ersten zehn Jahren des Transformationsprozesses ist es Venezuela gelungen, im Rahmen des Kapitalismus eine relative Souveränität zu erlangen, die soziale Situation deutlich zu verbessern, Demokratie und die Partizipation subalterner Schichten weit über den liberaldemokratischen Rahmen hinaus auszuweiten und eine andere Entwicklungsstrategie einzuleiten. Venezuela hat damit gezeigt: es ist möglich, in einer globalisierten Welt dem Staat eine andere Rolle zu verleihen. Vor allem in peripheren Ökonomien ist die Souveränität, die als Strategie von oben definiert werden kann, notwendig, um die politische und soziale Partizipation im Land zu stärken und eine eigene Entwicklung formulieren zu können, was mit Ansätzen *von unten* kompatible Strategien sind.[1] Wichtig ist dabei, dass die soziale Mobilisierung aufrechterhalten und gefördert wird, da ohne eine Veränderung der gesellschaftlichen Kräfteverhältnisse auch keine gegen die Interessen der traditionellen Machtgruppen orientierte Politik möglich ist. Ohne einen massiven Druck von unten lässt sich keine radikale Politik gegen Eliten durchsetzen.

Die venezolanische Sozialpolitik bricht mit den liberalen fokussierten Praxen und hat einen universalistischen Ansatz. Verschiedene Indikatoren zeugen von den Verbesserungen. Ende 1998 lebten etwa 53% der Bevölkerung in Armut und 22,5% in extremer Armut. Ende 2009 war der Anteil auf 23 und 6% gefallen (Weisbrot/Ray/Sandoval 2009: 10). Venezuela hat heute den besten Gini-Index Lateinamerikas. Die Resultate der meisten der mittlerweile über 30 *misiones* übertreffen in nahezu allen Bereichen trotz Problemen und Defiziten die anfänglichen Ziele und Erwartungen. Das lag auch ganz wesentlich an der Arbeitsweise: Gestützt auf die entstehende soziale Organisierung der Bevölkerung konnten sie schnell aufgebaut werden und viele Menschen erreichen. Dadurch veränderte sich das Verhältnis zwischen Gesellschaft und Staat. Und dass die Betroffenen durch die Partizipation zu Akteuren der

---

[1] Mazzeo weist hier richtigerweise darauf hin, dass die Autonomie die Souveränität brauche, obwohl diese mit der gesamten reaktionären Last der Nation, des Staates und der Repräsentation verknüpft sei (Mazzeo 2007a: 52f.).

Überwindung der eigenen Marginalisierung wurden, stellt eine wichtige Ermächtigung dar und hat einen großen Einfluss auf die weitere Entwicklung des Partizipationsprozesses. Es ist aber auch deutlich geworden, dass dem Aufbau einer gerechten Gesellschaft im Kapitalismus strukturelle Grenzen gesetzt sind. Eine wirkliche Befreiung des Menschen kann nur in einer sozialistischen Gesellschaft erreicht werden. Da es über deren Gestaltung in der aktuellen Phase aber keine Sicherheit geben kann, muss diese als Ergebnis eines breiten konstituierenden Prozesses von unten gesehen werden, der Herrschaft tendenziell aufhebt und in »kreatives Tun« überführt. Revolution ist damit kein einmaliger Akt, sondern ein lang anhaltender Prozess, in dem die konstituierende Macht das Neue hervorbringt. Selbstverständlich stellt diese Herangehensweise keine Erfolgsgarantie dar. Es hat sich aber gezeigt, dass es möglich ist, dass die konstituierende Macht schöpfend tätig wird, demokratische nicht-repräsentative Mechanismen der Selbstverwaltung aufbaut und die Trennung zwischen Sozialem und Politischem tendenziell aufhebt. Damit ist es gelungen, Perspektiven für eine nicht-autoritäre sozialistische Gesellschaft zu eröffnen.

Strategien *von oben* und *von unten* bestehen im venezolanischen Transformationsprozess seit zehn Jahren nebeneinander, ohne dass es Anzeichen dafür gäbe, dass sich dies auf absehbare Zeit ändert. Der Aufbau von zwei Seiten erfolgt in diesem ständigen Spannungsverhältnis. So sehr der Staat viele Prozesse möglich macht, so sehr bremst er sie auch. Doch so sehr die konstituierende Macht auch behindert wird, das Neue trägt unweigerlich ihre Handschrift. Trotz aller Widersprüche, Konflikte und Gefahren im Aufbau von zwei Seiten hat sich in Venezuela gezeigt, wie wichtig es ist, über Regierungsmacht zu verfügen, um Transformationen weitertreiben zu können. Nicht um den Staat zum Akteur der Veränderung zu machen, sondern um Räume zu öffnen und die materiellen Bedingungen zu garantieren, damit das Neue von unten entstehen kann. Die Regierung ist das hybride Resultat des Zusammentreffens von Bewegungen und Staat, von etatistischen und antisystemischen Strömungen. Das Ergebnis ist nicht die Summe der Teile, sondern ein Prozess der Konstruktion einer neuen Governance, also eines strukturell neuen Steuerungs- und Regelungssystems. Dieser Prozess ist »weder ein einseitiger Aufbau, noch ein festgeschriebener Ort, sondern ein kollektiver Aufbau in Bewegung« (Zibechi 2008: 275).

Vorwürfe, die Demokratie in Venezuela sei durch den Transformationsprozess gefährdet oder defekt, sind inkonsistent und beruhen auf der Gleichsetzung von Demokratie mit liberaler Demokratie. So können Dimensionen der Demokratisierung gar nicht erfasst werden. Der reduzierten Betrachtung liegt die Transitionstheorie zugrunde, die davon ausgeht, dass freie Wahlen und ein liberal-demokratisches Institutionengefüge zu einer politischen Demokratisierung führen, die in einer Ausweitung der sozialen Rechte mündet. Dies fand in Lateinamerika in den vergangenen Jahrzehnten keine Bestätigung. Die liberalen Demokratien erwiesen sich als autoritär und undemokratisch, die kolonialen Ausbeutungsverhältnisse sowie die Ausschluss- und Besitzverhältnisse blieben weitgehend intakt und seit den 1970er Jahren nahmen Armut und Marginalisierung wieder zu. In vielen Ländern führte dies zu schwerwiegenden ökonomischen und sozialen Krisen, die nicht selten in Krisen des politischen Systems umschlugen. Dabei war die Ablehnung der Repräsentation ein gemeinsames Element zahlreicher populärer Bewegungen. So ist der Anspruch der Partizipation in Venezuela umfassend und nicht limitiert und wesentlich passiv wie im liberal-demokratischen Rahmen. Es werden politische, soziale und ökonomische Partizipation und partizipative Modelle in allen Bereichen postuliert. Das geht auch über viele Konzepte radikaler Demokratie hinaus, in denen die Ökonomie außen vor bleibt.

In der Untersuchung ist immer wieder intensiv auf die Ideen und Vorstellungen, dem »Überbau« des bolivarianischen Prozesses, eingegangen worden. Die Kritik wird einwenden, es handele sich bloß um Schimären, denn das gesellschaftliche Sein bestimme das Bewusstsein. Letzteres ist zweifellos richtig. Doch weder handelt es sich bei Sein und Bewusstsein um zwei gegensätzliche Pole, noch ist eine Gleichsetzung mit Basis und Überbau zulässig. Das Denken und die Ideen sind Teil des gesellschaftlichen Seins, denn es existiert ein Bewusstsein, »das nicht bloß rezipiert, noch Ideologien sich ausdenkt, sondern praktisch produziert« (Agnoli 1999: 15). Wie Ideen zur materiellen Gewalt werden, hat sich seit der Genese der Idee eines bolivarianischen Sozialismus 1964 bis zu den *Consejos Comunales* immer wieder deutlich gezeigt. Dabei entfachte sich die Wirkung häufig so untergründig, dass es der Wissenschaft nicht gelang, den aktuellen Werdegang auch nur als eine mögliche Variante vorauszusehen. Miguel Ángel Pérez Pirela weist darauf hin, das Denken, das aktuell in Venezuela hervorgebracht werden müsse, müsse sein bisher charakteristisches Tempo verändern und sich wie in einer musikalischen Komposition der Melodie und dem Tempo der Ereignisse anpassen: »das Tempo eines *pueblo,* das nicht auf den Intellektuellen wartet, der das denken wird, was es zu tun gilt« (Sanoja 2008: IX).

Zahlreiche Analysen des Transformationsprozesses kranken daran, dass sie den Überbau außer acht lassen. Da es an einer einheitlichen Ideologie und einem klaren »Fahrplan« mangelt, werden die politisch-philosophischen Erklärungen und Debatten zum Transformationsprozess nicht ernst genommen. Daraus folgt eine mangelnde Kontextualisierung, die zu ständigen Banalisierungen, Unterschätzungen und Fehleinschätzungen führt. Ein Verständnis des Prozesses und seiner Entwicklungen ist nur möglich, wenn auch ausführlich auf die Ideen und Vorstellungen eingegangen wird, die noch keine materielle Gewalt geworden sind. Seit Ende 2005 verortet sich der Transformationsprozess im Kontext eines Sozialismus des XXI. Jahrhunderts. Dieser bleibt zwangsläufig ungenau, beinhaltet aber zahlreiche Elemente aus den kritischen und basisorientierten sozialistischen Strömungen. Das kapitalistische Gesellschaftsmodell soll durch ein sozialistisches ersetzt werden, das Ausgaben anders gewichtet und ein anderes Entwicklungsmodell verfolgt, welches mit der Rohstoffabhängigkeit und der Abhängigkeit von den Zentren der Welt bricht. Das ökonomische kapitalistische Rentenmodell soll in ein sozialistisches produktives Modell, das auf der Logik der Arbeit beruht, umgewandelt werden. Es gilt sowohl das Entwicklungsmodell wie auch das Akkumulationsmodell zu transformieren (Giordani 2009b: 22). Zu einer bedeutenden Referenz haben sich die Thesen für einen Transitionsprozess zum Sozialismus von István Mészáros entwickelt, der sich für den Aufbau kommunaler Produktions- und Konsumtionskreisläufe ausspricht, in denen die Arbeit die Tauschbeziehungen zwischen den Menschen bestimmt (Mészáros 1995: 792).

Die venezolanische Suche nach einer sozialistischen Gesellschaftsalternative ist stark in der kommunen- und räteorientierten sozialistischen Traditionslinie verortet und vermischt sich mit Elementen popularer, indigener und afro-venezolanischer kollektiver Erfahrungen. Sie führt den Sozialismus damit zurück auf die ursprünglichen Vorstellungen von Marx zur Organisierung einer herrschaftsfreien Gesellschaft. Sowohl in der Selbstorganisierung wie auch in den Ansätzen zum Aufbau einer anderen Ökonomie liegt der Schwerpunkt auf der Idee der Kommune. Der Staat wird als integrales Produkt des Kapitalismus verstanden und muss als solcher überwunden werden. Dies soll mittels des Aufbaus eines *Estado Comunal*, einem Netzwerk selbstverwalteter Kommunen, geschehen.

Mit direktem Bezug auf Mészáros benennt Planungsminister Jorge A. Giordani als »emanzipatorische sozialistische Ziele« die sinnvolle Arbeit von assoziierten Produzenten, die selbstbestimmte Verteilung des gesellschaftlichen Reichtums und die Schaffung der materiellen und politischen Bedingungen, welche die graduelle Schwächung des Staates garantieren (2009b: 58f.). Bis dahin ist es noch ein weiter Weg. Die Partizipationsmechanismen sind bei weitem nicht konsolidiert und brauchen Zeit, um sich zu bestätigen und zu legitimieren (Buxton/McCoy 2008; FCG 2008: 50). Die *misiones* und die partizipativen Politiken in Produktion und Arbeitswelt setzten erst ab 2003, die *Consejos Comunales* erst ab Ende 2005 ein. In so kurzer Zeit sind kein neuer Staat und keine neue Wirtschaft zu erwarten. Es ist aber ein Geflecht der Jetztzeit (Benjamin) entstanden, das auf die Gesellschaft verweist, die angestrebt wird.

In den vergangenen zehn Jahren ist es gelungen, die soziale Basis des Transformationsprozesses auszuweiten und zu organisieren, ohne dass sie homogenisiert worden sei. Die Basisorganisationen des Prozesses sind autonom und nicht der Regierung oder Partei angegliedert. Bisher ist es dem bolivarianischen Prozess gelungen, pluralistisch zu bleiben. Selbst die Basis der PSUV hat sich allen Versuchen der Kontrolle und Disziplinierung widersetzt.

Zum zentralen und erfolgreichsten Partizipations- und Organisationsmechanismus sind in kurzer Zeit die *Consejos Comunales* geworden. Zum Erfolg hat das Zusammenspiel zwischen Staat und Bewegungen beigetragen: Die CCs entstanden *von unten* und wurden *von oben* aufgegriffen und bekannt gemacht. Die *comunidad* entspricht einer vorhandenen Selbstzuordnung und stellt die Ebene der stärksten sozialen Identifikation dar. Vor allem in den *barrios* besteht eine außergewöhnlicher Wille zur Organisierung und Übernahme der eigenen Interessen. Die CCs verfügen dadurch über ein enormes Potenzial zur Organisierung der Bevölkerung und Entfaltung der konstituierenden Macht. Dies ist von den meisten Sozialwissenschaftlern völlig unterschätzt worden. Die Ermächtigung und Selbstermächtigung der Subalternen hat einen tiefgreifenden gesellschaftlichen Transformationsprozess in Gang gesetzt, der kein soziales Verhältnis und keinen Bereich unberührt lässt. In den CCs der *barrios* von Caracas ist zu beobachten, wie ihr Aufbau ein kollektiver Akt der *comunidades* ist, die sich als solche bewusst konstituieren, indem sie das Territorium, die notwendigen Komitees und die Arbeitsweise diskutieren und entscheiden. Sie selbst bestimmen kollektiv ihre Probleme, schlagen die Lösungen vor und setzen sie gemeinsam um. Die *comunidades* eignen sich die CCs an und passen sie ihren Bedürfnissen und Kapazitäten an.

Die organisierten *comunidades* können in der Regel die grundlegendsten Probleme bezüglich Ernährung, Bildung und medizinischer Versorgung lösen. Die Konzentration auf die materiellen Ergebnisse verstellt aber den Blick auf die sozialen Prozesse, die das wesentliche Moment der CCs darstellen. Der Prozess des Aufbaus der CCs verändert die *comunidades*, da es sich um einen aktiven Prozess der Herstellung von *comunidad*, um einen Akt der sozialen Konstruktion handelt. Die Erfolge auf der Grundlage der eigenen Organisierung und Mobilisierung lassen das Vertrauen in die eigenen Fähigkeiten wachsen. Damit einher geht ein Wachstum des politischen Bewusstseins und der Autonomie. Interne Konflikte werden meistens von den *comunidades* selbst, ohne Zutun der Institutionen, gelöst. Und auch wenn Missbrauch von Geldern vorkommt, so weisen die CCs im allgemeinen eine höchst effiziente

Ressourcenverwaltung und Projektdurchführung auf, unvergleichbar besser als jede staatliche Institution.

Die Einschätzung, die meisten CCs seien nicht in der Lage, mehr als kleine Veränderungen in ihrem Umfeld vorzunehmen (García-Guadilla 2008; López Maya 2008), ist falsch. Die Partizipation trägt zum »Bruch des territorialen Einschlusses« (Lacabana/Cariola 2005b: 37) bei. Die Bevölkerung der *barrios* erobert den öffentlichen Raum auf drei Ebenen zurück: kollektiver Raum, Lebensraum und institutioneller Raum. Die Partizipation ermöglicht es den *comunidades* und ihren Anwohnern, Perspektiven zu entwickeln und eine Lebensplanung vorzunehmen, die stärker selbstbestimmt ist und nicht wie zuvor auf das reine Überleben beschränkt bleibt. Frauen partizipieren vor allem in den *barrios* deutlich mehr als Männer. Die Partizipation und der Ermächtigungsprozess führen zu einer positiven Veränderung der Geschlechterrollen und Geschlechterverhältnisse.

Bei aller Kritik an den Institutionen betrachten selbst die Akteure aus den CCs sie nicht als das Hauptproblem. Für die konstituierende Macht existiert keine Grenze. Es handelt sich um ein zu überwindendes Hindernis. Alle *comunidades* entwickeln Strategien, um ihren Willen durchzusetzen. Diese reichen von der Aktivierung persönlicher Kontakte über Protestschreiben und Proteste in den Institutionen bis zum Zusammenschluss mit anderen CCs, um mehr Druck entfalten zu können.

So eignen sich viele *comunidades* auch die höhere Ebene der *Comunas* an und *Comunas* und Kommunale Städte gründen sich auch von unten und ohne Zutun des Ministeriums für die Comunas. Erleichtert wird der Aufbauprozess, indem es die *Comunas* und Kommunalen Städte selbst sind, die definieren, welche Prioritäten sie setzen und welche Aufgaben und Planungen sie übernehmen. Der Aufbau der neuen Selbstverwaltung verläuft entlang der Aspekte, die von der Bevölkerung als die wichtigsten oder als am besten geeigneten bestimmt werden. So sind ein Großteil der im Aufbau befindlichen und am weitesten fortgeschrittenen *Comunas* in ländlichen Regionen und rund um Fragen der Landwirtschaft, Energieversorgung und Transport organisiert. Als innovativ und bedeutend ist hier vor allem zu unterstreichen, dass die höheren Ebenen nicht bestehenden politisch-administrativen Territorien entsprechen müssen, sondern über Munizips- und sogar Bundesstaatsgrenzen hinaus reichen können, wenn dies dem gemeinsamen sozio-kulturell-ökonomischen Raum, der von unten gestaltet werden soll, entspricht. Dies wird dem normativ formulierten größeren Gewicht der konstituierenden Macht gegenüber der konstituierten Macht gerecht, verändert das Verhältnis zwischen Staat und Gesellschaft weiter und legt die Grundlagen für eine Anpassung der Verwaltung an die Gesellschaft und nicht andersherum.

Die Transformation und Demokratisierung der Ökonomie hat sich als bisher problematischster Aspekt herausgestellt. Das sollte nicht verwundern. Dazu existieren weniger Erfahrungen und Alternativen als zu Formen gesellschaftlicher Organisierung und sie sind aufgrund der Totalität des kapitalistischen Modells und der Globalisierung der Ökonomie auch am schwierigsten umzusetzen. In der Wirtschaft konzentrieren sich enorme Privatinteressen, die sich gegen eine Neuordnung und Demokratisierung sperren. Diese Interessen reichen weit in die Institutionen und staatlichen Unternehmen hinein. Die immensen Schwierigkeiten, selbst in den staatlichen Basisindustrien die zentralstaatlichen Politiken der Regierung durchzusetzen, liegen im großen Widerstand in den Unternehmen und von lokalen, regionalen, nationalen und internationalen Klientel- und Interessensnetzwerken begründet.

In Debatte und Praxis der Organisierung der Produktion erlangen Räte langsam eine wichtigere Bedeutung. Selbstverwaltete Fabriken mit vorher unterschiedlichen Unternehmensformen haben Räte eingeführt, als die »endlich entdeckte politische Form, unter der die ökonomisch Befreiung der Arbeit sich vollziehen« (Marx 1871: 342) kann. Ihre Verbreitung ist bisher gering und es ist nicht abzuschätzen, ob und wie schnell sich eine Rätebewegung bildet oder ob sich Modelle staatlicher Unternehmensverwaltung durchsetzen. Angesichts der Charakteristik des bolivarianischen Prozesses ist vorstellbar, dass beides lange Zeit nebeneinander existieren wird. Als besonders wichtig und positiv ist in diesem Zusammenhang, dass im Mai 2010 Arbeiter als Direktoren der 17 Basisindustrien der staatlichen Holding CVG eingesetzt wurden, um die Transformation der Betriebe und den Aufbau einer Arbeiterkontrolle voranzutreiben.

Das Weiterbestehen der Strategien *von oben* und *von unten* im Transformationsprozess und die Vertiefung der Transformation haben vor Augen geführt, dass es jenseits der beiden gescheiterten Strategien, den Staat als Akteur der Veränderung zu begreifen oder revolutionäre Veränderungen gänzlich ohne Übernahme des Staates vollziehen zu wollen, möglich ist, einen Aufbau von zwei Seiten zu praktizieren. So haben trotz aller Widersprüche die Diskurse und Vorgehensweisen der Regierung die soziale Mobilisierung gestärkt. Das Verhältnis zwischen konstituierender und konstituierter Macht ist dabei nicht harmonisch, sondern von Konflikt und Kooperation geprägt.

Auch wenn die Politiken der Regierung die Partizipation fördern und zu einer enormen Politisierung der Bevölkerung beitragen, entstehen an den Schnittstellen zwischen oben und unten regelmäßig Konflikte. Angesichts des strukturellen Widerspruchs zwischen konstituierender und konstituierter Macht ist dies weder überraschend noch negativ. Die konstituierende Macht wird durch Widersprüche und Konflikte angetrieben. Sie ist ein Konzept der Krise, die auch ihr Motor ist (Negri 1992: 364). Die neue Gesellschaft kann deshalb nicht in Planungsbüros entstehen, sondern nur in der konkreten Praxis.

Eng verknüpft damit ist das Konzept der *poder popular*, also Potenzial und Fähigkeiten der Subalternen, sich durch Organisierung und Bildung selbst zu regieren und so Herrschaftsverhältnisse auszuhebeln. Dies verweist auf basisdemokratische Mechanismen, Selbstverwaltung und Räte und damit auf die tendenzielle Überwindung der Spaltung in politische und soziale Sphäre. Ab 2005 wurde der Aufbau der partizipativen und protagonistischen Demokratie und ab 2007 auch der des Sozialismus offiziell mit *poder popular* verknüpft. *Poder popular* ist dabei nicht eine Interimsetappe bis zur Konsolidierung der Macht des »revolutionären Staates« und/oder der Partei, sondern die Praxis des Aufbaus des Sozialismus, Weg und Ziel. Da es in Venezuela aber keine Zerschlagung oder Zusammenbruch der alten Strukturen gab, ist der Aufbau neuer Strukturen viel ausgedehnter in der Zeit und tritt ständig mit der konstituierten Macht in Konflikt. Es handelt sich um einen ständigen kollektiven Selbstermächtigungsprozess von unten, der die konstituierende Macht immer weiter schiebt.

Die wachsende Organisierung von unten und die Entwicklung der *poder popular* stoßen jedoch automatisch mit der konstituierten Macht zusammen und verdrängen sie, wenn diese ihrerseits nicht die konstituierende Macht einschränkt. Eine Verlängerung der doppelten Macht in der Zeit ist nur vorstellbar, wenn sich das Kräfteverhältnis zugunsten der konstituierenden Macht verschiebt und diese die konstituierte Macht kontrolliert. Das würde eine tiefgreifende Transformation der konstituierten Macht und eine Resignifikation des Staates bedeuten. In diese Richtung geht die Idee des *Estado Comunal*, der mehr ein Nicht-Staat als ein Staat ist. Ob es in Venezuela gelingen wird, mit der Rationalität der Moderne zu brechen und das Soziale und das Politische wieder zusammenzuführen, ist selbstverständlich nicht vorauszusagen.

Die größte Gefahr liegt darin, wie oft zuvor, die neue, vermeintlich »revolutionäre« konstituierte Macht als Vollendung der doppelten Macht zu sehen. Bisher hat die Regierung und allen voran Chávez den Staat nicht wie in anderen revolutionären Prozessen als *die* revolutionäre Macht begriffen, sondern im Gegenteil eine doppelte Macht gefördert und in der Zeit verlängert. Trotz gegenteiliger normativer Orientierung überwiegt in den Institutionen aber die Logik *von oben*, den Staat als Akteur der Veränderung zu sehen und *poder popular* als ein in die Verwaltung integriertes Anhängsel. Die Strategie *von unten* hingegen begreift den Staat mit einer progressiven Regierung an der Macht als günstigen Rahmen für den Aufbau von *poder popular* im Hinblick auf die Überwindung des Staates in seiner Form.

Die neuen Praxen popularer Organisierung und Partizipation haben eine
qualitative Veränderung der traditionellen politischen Kultur in die Wege
geleitet und für einen reichhaltigen Erfahrungsschatz an gesellschaftlicher
Selbstbestimmung gesorgt. Die institutionell begleiteten Selbstorganisierungsprozesse, allen voran die *Consejos Comunales*, haben eine Eigendynamik entwickelt, die trotz aller eigenen Unzulänglichkeiten und Probleme die
Institutionen überholt. Der Wille, sich zu organisieren und eine protagonistische Rolle in der Gestaltung des eigenen Lebensumfeldes einzunehmen, ist
in den *barrios* und vielen ländlichen *comunidades* enorm. Die umfangreichen
Möglichkeiten der Weiterbildung in *misiones*, Universitäten, Workshops und
Schulungen werden massiv wahrgenommen und tragen sowohl zum persönlichen Wachstum der Einzelnen bei wie auch zur kollektiven Entwicklung
der *comunidades*. Diese gewinnen an Kompetenz, Organisierung, Kollektivität und Autonomie.

Doch mit der Vertiefung des Transformationsprozesses wird es zunehmend schwieriger, mit den Institutionen eines bürokratischen bürgerlichen
Staates eine Politik zu verfolgen, für die sie strukturell nicht geschaffen sind.
Zahlreiche Leitlinien, angekündigte Regierungspolitiken und sogar verabschiedete Gesetze werden gar nicht oder nur zögerlich umgesetzt. Korruption und Klientelismus sind nach wie vor weit verbreitet. Hinzu kommt die
Gegenwehr der Institutionen aus ihnen heraus, sich selbst überflüssig zu machen. Die Ausweitung der Partizipationsmechanismen vervielfacht die Konfliktpunkte zwischen konstituierender und konstituierter Macht und im Staat
selbst, der zunehmend vom Klassenkampf durchzogen ist. Um die Souveränität durchzusetzen und die sozialen Rechte zu befriedigen, muss der venezolanische Staat gestärkt werden. Das bringt die Gefahr mit sich, repräsentative, korporative und korrupte Praxen zu reproduzieren und auszudehnen,
anstatt sie zu überwinden. Die Ausweitung der institutionellen Maßnahmen
führt zugleich zu einer wachsenden Bürokratisierung, die wiederum die erklärten Prozesse der Öffnung und Transformation behindert und zu einer
institutionellen Verwaltung sozialer Prozesse tendiert. Der Staat beschränkt
sich in der Praxis nicht darauf, die Initiativen von unten zu begleiten und zu
fördern, sondern weist gleichzeitig eine Tendenz zur Disziplinierung und
Kooptation der popularen Organisierung auf. So ist die öffentliche Finanzierung für die popularen Initiativen ambivalent. Sie ist notwendig zur gesellschaftlichen Umverteilung der Ressourcen und fördert die Selbstorganisierung, da die positiven Auswirkungen spürbar sind, andererseits aber fördert
das Abhängigkeitsverhältnis auch die Gefahr klientelistischer Beziehungen.
Die neue Institutionalität von unten ist aufgrund des asymmetrischen Machtverhältnisses zwischen konstituierender und konstituierter Macht ständig der

Gefahr ausgesetzt, Logiken der konstituierten Macht zu reproduzieren, insbesondere hierarchische Strukturen, repräsentative Mechanismen und Bürokratisierung. Damit wäre sie nicht mehr Embryo einer zukünftigen Gesellschaft, sondern ein Anhängsel der konstituierten Macht.

Die Diskrepanz zwischen Anspruch und Realität ist offensichtlich, was aber nicht negativ sein muss, wenn die Realität offen und am Anspruch orientiert bleibt. Dieser muss zwangsläufig weiter als die Realität sein, ohne aber den Kontakt zu ihr zu verlieren, da ansonsten keine Debatte, Entwicklung und Perspektive entstehen kann. Viele Politiken weisen trotz aller Widersprüche diese Offenheit auf, ganz besonders die *Consejos Comunales*, *Comunas* und Kommunalen Städte, die das Potenzial haben, ein ständiger konstituierender Prozess zu sein, eine Institution der konstituierenden Macht. Die weitere Entwicklung ist aber ungewiss. Der Prozess der popularen Partizipation kann sich weiter ausbreiten und vertiefen oder aus verschiedensten Gründen ermüden oder bürokratisieren. Es handelt sich um einen »Weg der nicht aufgehört hat, zu einem guten Teil eine Übung zu sein« (Chávez 2007a: 4). Venezuela ist seit zehn Jahren das größte gesellschaftliche Labor der Welt. Es bietet einen ungeheuren Reichtum an Erfahrungen im Aufbau einer anderen Gesellschaft mit dem »kategorischen Imperativ, alle Verhältnisse umzuwerfen, in denen der Mensch ein erniedrigtes, ein geknechtetes, ein verlassenes, ein verächtliches Wesen ist« (Marx 1843: 385). Ob das Bewusstsein über die Notwendigkeit, das Vorhandene zu verändern, zu einer neuen Ordnung führt oder in einem bloßen Elitenaustausch endet, muss sich noch zeigen. Dafür werden nicht nur die hier vorwiegend betrachteten Ebenen des Spannungsverhältnisses zwischen oben und unten und des Klassenkampfes ausschlaggebend sein, sondern auch die Bedrohungen des venezolanischen Prozesses von außen und durch die Opposition. Welchen weiteren Verlauf die Entwicklungen in Venezuela auch nehmen, für die Debatte und die Praxis zu einer emanzipatorischen Gesellschaft leisten sie einen fundamentalen Beitrag.

Wahlen zur Nationalversammlung 2010

Am 26. September 2010 fanden in Venezuela Wahlen zur Nationalversammlung statt. Die PSUV und Verbündete gewannen 98 der 167 Sitze, das breite Oppositionsbündnis MUD (Mesa de la Unidad Democrática) 65 und die Anfang 2010 aus der Regierungskoalition ausgescherte PPT zwei Sitze. Die PSUV verfehlte ihr selbst gestecktes Ziel einer Zweidrittelmehrheit. In Zahlen ist das Wahlergebnis allerdings viel knapper, sodass kaum von einem großartigen Sieg die Rede sein kann, allerdings auch nicht von einer Niederlage, wie viele Medien, auch international, über die Wahl titelten. Die PSUV und Partner erhielten 5.422.040 Stimmen, die MUD 5.320.175 Stimmen. Die Wahlbeteiligung war mit knapp 65% sehr hoch für eine Parlamentswahl in Venezuela. Die Opposition behauptete noch vor Veröffentlichung der offiziellen Zahlen, sie habe 52% der Stimmen erhalten, aber aufgrund der von der Regierung ungleich zugeschnittenen Wahlkreise nur eine Minderheit der Stimmen zugesprochen bekommen. Die Meldung wurde unüberprüft von den meisten Medien weltweit übernommen. In Venezuela werden 60% der Abgeordneten direkt in Wahlkreisen gewählt und 40% über Liste. Die Wahlkreise sind tatsächlich gemäß eines neu beschlossenen Gesetzes geändert worden, aber nicht zu Gunsten der Regierung. In Venezuela bestehen, so wie auch in anderen Ländern der Welt, Unterschiede in der Größe der Wahlkreise. Würden alle gleich groß sein, könnten einige dünner besiedelte und abgelegene Gebiete auf keine Vertretung mehr zählen. Tatsächlich errang die PSUV viel mehr Direktwahlmandate, da ihre Stimmen gleichmäßiger über das Land verteilt sind (sie gewann in 16 von 23 Bundesstaaten die Mehrheit der Abgeordneten). Aber auch die MUD profitierte von der Regelung und bekam beispielsweise im Zulia mit knapp 56% der Stimmen neun der zwölf Sitze.

Mit der einfachen Mehrheit kann die PSUV immer noch notwendige Gesetze durchbringen und Entscheidungen treffen. Eine Zweidrittelmehrheit wird allerdings benötigt, um weitergehende gesetzliche Grundlagen zu beschließen und um das Personal für bestimmte staatliche Institutionen zu ernennen. In der Legislaturperiode 2000 bis 2005 – die Wahlen für die Periode 2006-2011 wurden von der Opposition boykottiert – verfügten die Parteien, die Chávez unterstützten, allerdings sogar nur über schwankende 83 bis 92 Abgeordnete.

Ein Blick auf die Ergebnisse früherer Wahlen zeigt, dass die Wahlen zur Nationalversammlung so schlecht für die PSUV und Verbündete verliefen, weil viele, die 2009 beim Referendum über die Möglichkeit mehrerer Amtszeiten für Bürgermeister, Gouverneure und den Präsidenten noch für das Regierungslager gestimmt hatten, der Wahl fernblieben. Stimmten 2006 noch 6,31 Millionen Menschen für die von der Regierung vorgeschlagene Verfassungsänderung und 5,195 Millionen dagegen, verloren PSUV und Verbündete fast 900.000 Stimmen, während die Opposition nur etwa 125.000 hinzugewann.

Einerseits geht ein schwieriges Jahr zuneige. Bis vor kurzem war aufgrund einer durch das Wetterphänomen El Niño verursachten zweijährigen Trockenheitsperiode und des aufgrund der wirtschaftlichen und sozialen Entwicklung gestiegenen Energiebedarfs, Strom und Wasser knapp. Es kam immer wieder zu Rationierungen und Ausfällen (Venezuela generiert 70% seines Strombedarfs über Wasserkraft). Die stark gefallenen Ölpreise ab Ende 2008 und die Wirtschaftskrise setzten Venezuela stark zu und die Inflation stieg wieder an. Angesichts dieser Umstände ist das Ergebnis als durchaus gut zu bezeichnen. Der ehemalige argentinische Präsident und Unasur-Sekretär Nestor Kirchner gratulierte Chávez nach den Wahlen und äußerte erstaunt: »Wenn wir in Argentinien kein Gas und keinen Strom haben, die Aufzüge nicht funktionieren ..., dann bekommen wir vier Prozent der Stimmen und müssten auf der Straße vor unseren Verfolgern fliehen.« (Noticias24.com 27.9.2010)

Andererseits blieben auch viele der Basis des bolivarianischen Prozesses fern, da sie die weiter bestehende Korruption und Ineffizienz vieler Institutionen abstrafen wollten und die von der PSUV aufgestellten Kandidaten ablehnten. Zwar hatte es in der PSUV Primärwahlen um die Direktwahlmandate gegeben, dennoch setzten sich vielerorts die Kandidaten der Gouverneure, Minister und sonstiger einflussreicher Politiker durch, die ihre Propagandamaschine in Gang setzten. Und die Listenplätze wurden wieder von oben bestimmt. In Catia, einem großen und kämpferischen popularen Viertel von Caracas, hatte es bereits im Vorfeld großen Unmut gegeben, und zahlreiche Basisorganisationen hatten die Kandidaten der PSUV offen abgelehnt. Hochrangige Delegationen der PSUV und der Regierung kamen zu Gesprächen ins Viertel. Die breite Basis konnten sie offensichtlich nicht überzeugen. Ebenso gingen in dem bolivarianisch regierten Anzoátegui alle Direktmandate an die Opposition. Es steht also eine umfassende Analyse, Kritik und Kurskorrektur an. Noch ist nichts verloren, aber ein Sieg offensichtlich auch nicht mehr automatisch zu erringen.

Anhang

Verzeichnis der Tabellen und Abbildungen

Tabellen

Abbildungen

Abkürzungen

AD	Acción Democrática (»Demokratische Aktion«, sozial-demokratische Partei)
ANC	Asamblea Nacional Constituyente (»Verfassungsgebende Versammlung«)
ANROS	Asociación Nacional de Redes y Organizaciones Sociales (»Nationale Vereinigung sozialer Netzwerke und Organisationen«)
CLPP	Consejos Locales de Planificación Pública (»Lokale Räte der Öffentlichen Planung«)
CPPP	Comisión Presidencial del Poder Popular (»Präsidialkommissionen des *Poder Popular*«)
CNE	Consejo Nacional Electoral (»Nationaler Wahlrat«)
CC(s)	Consejo(s) Comunal(es) (»Kommunale Räte«)
Conatel	Comisión Nacional de Telecomunicaciones (»Nationale Kommission für Telekommunikation«, Nationale Telekommunikationsbehörde)
Copei	Comité de Organización Política Electoral Independiente (»Komitee für unabhängige politische Wahlorganisation«, christdemokratische Partei)
CTU	Comités de Tierra Urbana (»Urbane Landkomitees«)
CTV	Confederación de Trabajadores de Venezuela (»Verband venezolanischer Arbeiter«, Gewerkschaftsdachverband)
CVG	Corporación Venezolana de Guayana (»Venezolanische Körperschaft Guayana«, staatliches Basisindustrie-Konglomerat)
EPS	Empresa de Producción Social, Empresa de Propiedad Social o Empresa de Producción Socialista (»Soziales Produktionsunternehmen, Soziales Eigentumsunternehmen oder Sozialistisches Produktionsunternehmen«)
FALN	Fuerzas Armadas de Liberación Nacional (»Streitkräfte für Nationale Befreiung«)
FIDES	Fondo Intergubernamental para la Descentralización (»Zwischenstaatlicher Fonds für die Dezentralisierung«)
FNCEZ	Frente Nacional Campesino Ezequiel Zamora (»Nationale Bauernfront Ezequiel Zamora«)

FNCSB	Frente Nacional Comunal Simón Bolívar (»Nationale Kommunalfront Simón Bolívar«, mit der Bauernorganisation FNCEZ verbündete Koordination der Kommunalen Räte)
Fondemi	Fondo de Desarrollo de las Microfinanzas (»Mikrofinanzenentwicklungsfonds«)
Fundacomunal	Fundación para el desarrollo y Promoción del Poder Comunal (»Stiftung für die Entwicklung und Förderung der Kommunalen Macht«)
Freteco	Frente Revolucionario de Trabajadores de Empresas en Cogestión y Ocupadas (»Revolutionäre Front der Arbeiter von mitverwalteten und besetzten Unternehmen«)
LCR	La Causa Radical (»Der radikale Grund«, Abspaltung der PCV)
MAS	Movimiento al Socialismo (»Bewegung für den Sozialismus«, sozialdemokratische Partei, Abspaltung der PCV)
MBR-200	Movimiento Bolivariano Revolucionario-200 (»Bolivarianische Revolutionsbewegung«)
MEP	Movimiento Electoral del Pueblo (»Wahlbewegung des Volkes«, linkssozialdemokratische Partei)
Minep	Ministerio de Economia Popular (»Ministerium für populare Ökonomie«)
Minpades	Ministerio del Poder Popular para la Participación y el Desarrollo Social (»Ministerium des *Poder Popular* für Partizipation und Soziale Entwicklung«)
MIR	Movimiento de Izquierda Revolucionaria (»Bewegung der Revolutionären Linken«, Guerilla in den 1960ern)
MTA	Mesas Técnicas de Agua (» Technische Runde Tische zu Wasser«)
MUD	Mesa de la Unidad Democrática (»Tisch der demokratischen Einheit«, Oppositionsbündnis)
MVR	Movimiento V. República (»Bewegung für eine Fünfte Republik«, erste Pro-Chávez-Partei, als Sammelbecken gegründet)
NGO	Nichtregierungsorganisation
OAS	Organisation Amerikanischer Staaten
PCV	Partido Comunista de Venezuela (»Kommunistische Partei Venezuelas«)
PDVAL	Producción y Distribución Venezolana de Alimentos (»Venezolanische Lebensmittelproduktion und -vertrieb«)

PDVSA	Petróleos de Venezuela S.A. (staatlicher Erdölkonzern)
PM	Policía Metropolitana (»Hauptstadtpolizei«)
PPC	Proceso Popular Constituyente (»Popularer Konstituierender Prozess«)
PPF	Pacto de Punto Fijo (»Punto-Fijo-Abkommen«)
PPT	Patria Para Todos (»Heimat für Alle«, linksgerichtete Partei)
PRV	Partido Revolucionario Venezolano (»Revolutionäre Partei Venezuelas)
PSUV	Partido Socialista Unido de Venezuela (»Vereinte sozialistische Partei Venezuelas«)
Sunacoop	Superintendencia Nacional de Cooperativas (»Nationale Generalverwaltung für Kooperativen«)
SUTISS	Sindicato Único de Trabajadores de la Industria Siderúrgica y sus Similares (Metallgewerkschaftsverband)
UBE	Unidades de Batalla Electoral (»Wahlkampfeinheiten«)
UBV	Bolivarianische Universität Venezuelas
UCV	Universidad Central de Venezuela (»Venezolanische Zentraluniversität«)
UNT	Unión Nacional de Trabajadores (»Nationaler Arbeiterverband«, Gewerkschaftsdachverband)

Interviews

Makroakteure:

Antillano, Andrés (I-AA 2008) Soziologe und CTU-Aktivist, 20.4.2008.
(I-AA 2009) 25.1.2009.
Denis, Roland (I-RD 2006) Philosoph, Basisaktivist,
Ex-Vizeminister für Planung (2002),
24.8.2006.
(I-RD 2007) 7.1.2007.
Ferrer, Germán (I-GF 2007) Abgeordneter der MVR/PSUV in der
Nationalversammlung, ANROS,
Ex-PRV-FALN, 16.1.2007.
Iturriza, Reinaldo (I-RI 2006) Soziologe, Direktor der Informations-
abteilung des Bereiches öffentliche
Gesundheitsversorgung im Arbeits-
ministerium (Mintrab), 14.12.2006.
Lander, Edgardo (I-EL 2007) Professor für Sozialwissenschaften und
politische Ökonomie der UCV,
3.1.2007.
Lanz, Carlos (I-CL 2007) Soziologe, Initiator von Vuelvan Caras,
Ex-Präsident von Alcasa, Mitarbeiter
des Ministeriums für Wissenschaft und
Technologie, 4.10.2007.
Rivero, Carlos L. (I-CLR 2006) Vizeminister des Minep, 23.8.2006.
Sanoja Obediente, Mario Professor der UCV, 12.3.2008.
(I-MSO 2008)

Makroakteure Produktion:

Baute, Juan Carlos (I-JCB 2008) Direktor der Sunacoop, 23.12.2008.
De Sousa, Félix (I-FDS 2006) Forscher der Abteilung für Arbeiter-
mitverwaltung des Centro Internacional
Miranda (CIM), 21.8.2006.
Oropeza, José Vicente Forscher der Abteilung Arbeiter-
(I-JVO 2006) mitverwaltung des CIM, 21.8.2006.
Primo, Luis (I-LP 2006) Gewerkschafter der UNT, Corriente
Marxista Revolucionaria und Freteco,
18.11.2006.

Ventilfabrik Inveval, Carrizal, Miranda:

Aguilar, Rolando	(I-RA 2006)	Arbeiter, 23.11.2006.
	(I-RA 2008)	9.4.2008.
González, Julio	(I-JG 2008)	Arbeiter, 9.4.2008.
Montilla, Ramón	(I-RM 2008)	Arbeiter, 9.4.2008.
Morales, Luisa	(I-LM 2006)	Arbeiterin, 23.11.2006.
Quintero, José	(I-JQ 2006)	Arbeiter, 23.11.2006.
Rodríguez, Nelson	(I-NR 2007)	Arbeiter, 7.10.2007.
Ubencio, Valero	(I-VU 2006)	Arbeiter, 23.11.2006.

Aluminiumhütte Alcasa, Ciudad Guayana, Bolívar:

Agüero, Carlos	(I-CA 2008)	Arbeiter und Mitarbeiter der Schule für politische Bildung Negro Primero, 22.4.2008.
Bolívar, Roque	(I-RB 2008)	Student und Mitarbeiter der Schule Negro Primero, 22.4.2008.
León, Osvaldo	(I-OL 2008)	Arbeiter und Mitarbeiter der Schule Negro Primero, 21.4.2008.
Rivero, Alcides	(I-AR 2007)	Arbeiter und Mitarbeiter der Schule Negro Primero, 26.10.2007.
	(I-AR 2008)	21.4.2008.
Sucre, Denis	(I-DS 2008)	Arbeiter, 21.4.2008.

Makroakteure CCs:

Daza, Eduardo	(I-ED 2007)	Promotor für kommunitäre Partizipation der Sala Técnica und Secretaría Política der Oberbürgermeisterei von Caracas, ANROS, Ex-PRV-FALN, 24.1.2007.
Delgado, Alexis	(I-AD 2006)	Ministerium für Partizipation und soziale Entwicklung (Minpades), Arbeitsbereich Consejos Comunales, 14.8.2006.
Herrera, Luz	(I-LH 2007)	Direktorin der Schulungskommission der Secretaría Política der Alcaldía Mayor von Caracas, 25.9.2007.
Harnecker, Marta	(I-MH 2007)	Soziologin, arbeitete am Gesetz zu den CCs mit, 24.1.2007.
Ulloa, Mayerling	(I-MU 2006)	Direktorin von Fondemi Caracas, 17.11.2006.

Vega, Samuel   (I-SV 2007)   Direktor der Berufsbildungsabteilung
                                   des Sekretariats für endogene
                                   Entwicklung der Alcaldía Mayor,
                                   23.1.2007.

Visconti Osorio, Francisco   Ex-General, Anführer des politisch-
                    (I-FVO 2008)   militärischen Aufstandes im November
                                   1992, Mitarbeiter des Nationalen
                                   Instituts für Agrarforschung (INIA),
                                   Berater des FNCSB, 15.3.2008.

Vivas, Héctor   (I-HV 2007)   Sozioproduktive und -politische
                                   Leitung des Núcleo Endógeno La
                                   Unión, Pto. Ordáz, Munizip Caroní,
                                   und Verantwortlicher für Technologie-
                                   transfer an CCs des Ministeriums für
                                   Wissenschaft und Technologie,
                                   22.1.2007.

Aktivisten von Consejos Comunales

CC »Emiliano Hernández«, Magallanes de Catia, Caracas:

Ávila, Jacqueline   (I-JA 2006)   1964, Finanzorgan, alleinerziehend
                                   mit zwei Kindern, Sozialpromotorin.
                                   22.12.2006.
                    (I-JA 2008a)   20.4.2008.
                    (I-JA 2008b)   16.12.2008.

Espinoza, Libel   (I-LE 2007)   1973, Club de abuelos, alleinerziehend
                                   mit vier Kindern, Friseurin. 4.1.2007.

Melean, Hortencia (I-HM 2007)   1968, Controlaría Social, Gesundheits-
                                   komitee, verheiratet mit drei Kindern,
                                   kein Beruf, arbeitslos. 4.1.2007.

Moya, Wilson   (I-WM 2007)   1965, Finanzorgan, verheiratet mit drei
                                   Kindern, Automechaniker mit eigener
                                   kleiner Werkstatt. 9.1.2007.

Rivas, Petra   (I-PR 2007)   1970, Controlaría Social, lebt mit
                                   Partner und drei Kindern, Friseurin.
                                   4.1.2007.

Rodríguez, Arquímedes   1957, Finanzorgan, verheiratet mit zwei
                    (I-AR 2007)   Kindern, Versicherungskaufmann,
                                   9.1.2007.

CC »Benito Juárez«, Parroquia San Juan, Caracas:

Calabrese, Antonio (I-AC 2006) 1960, Finanzorgan, verheiratet mit zwei Kindern, Ausbilder im Schulungssystem der Alcaldía Mayor, 22.11.2006.

Hernández, Carlos (I-CH 2006) 1960, Wirtschaftskomitee, alleinerziehend mit zwei Kindern, Bürokaufmann, arbeitet als Kameraassistent, 21.11.2006.

Lara, Amelia (I-AL 2006) 1943, Sicherheitskomitee, alleinstehend, öffentliche Angestellte der Stadtverwaltung, verrentet, 21.11.2006.

Ocaríz, Felipe (I-FO 2006) 1956, Banco Comunal, alleinstehend, arbeitslos, Elektriker, studiert Verwaltung, 8.12.2006.

Valdéz, María (I-MV 2007) 1945, Komitee für Wohnen und Habitat, alleinstehend, Lehrerin, verrentet, 3.1.2007.

CC »Ezmicaza«, Parroquia La Candelaria, Caracas:

Aura, Ramírez (I-ARA 2007) 1957, Promotorenkommission des CC, alleinstehend ohne Kinder, Sozialpromotorin, 7.11.2007.

Rivero, Pedro (I-PRI 2007) 1961, Promotorenkommission des CC, alleinerziehend mit zwei Kindern, Lehrer mit Oberschulabschluss, Sozialpromotor, 7.11.2007.

CC »San Antonio«, Parroquia La Candelaria, Caracas:

Castro, Sonia (I-SC 2007) 1952, Finanzorgan, Betriebswirtschaftlerin, alleinerziehend mit zwei Kindern, 14.11.2007.

Acosta, Wilmar (I-WA 2007) 1964, Energie und Gas, verheiratet mit zwei Kindern, Tapezierer, 14.11.2007.

CC »Santa Eduviges«, Coche, Caracas:

Ruíz, Carmen (I-CR 2008) 1962, Wohnen und Habitat, Partner und fünf Kinder, Sozialpromotorin, 17.3.2008.

CC »Los Pinos (Parte Alta)«, Parroquia Macarao:

Aponte, Thamara	(I-TA 2007)	1975, Finanzkommission und Banco Comunal, verheiratet mit zwei Kindern, Hausfrau, Sozialpromotorin, 11.11.2007.
Orepeza, Belkis	(I-BO 2007)	1966, Finanzkommission und Banco Comunal, verheiratet mit zwei Kindern, höhere Verwaltungsschule, Sozialpromotorin, 11.11.2007.
Betancourt, Amarilis	(I-AB 2007)	1976, Finanzkommission und Banco Comunal, verheiratet mit einem Kind, höhere Verwaltungsschule, Sozialpromotorin, 11.11.2007.
Betancourt, Carmen	(I-CB 2009)	1964, Finanzkommission und Banco Comunal, alleinerziehend mit zwei Kindern, Studentin, Sozialpromotorin, 23.1.2009.

CC »Unidos por el Chapulún«, Parroquia Nuestra Sra. del Rosario, Baruta:

Flores, Evangelina	(I-EF 2008)	1970, Finanzkommission, verheiratet mit drei Kindern, Sekretärin, Sozialpromotorin, 3.4.2008.
Hurtado, Rosa	(I-RH 2008)	1949, Contraloría Social, verheiratet mit sieben Kindern, zwei leben noch bei ihr, Näherin ohne eigene Maschine. 3.4.2008.
Hurtado, Marta	(I-MHU 2008)	1979, Contraloría Social, alleinerziehend mit einem Kind, Küchenhilfe, 3.4.2008.

Gruppendiskussion über Partizipation mit acht Sprechern von CCs sechs verschiedener Parroquias der Munizipien Libertador und Chacao, 31.3.2008:

Betancourt, Carmen	(I-CB 2008)	CC in der Parroquia Macarao.
Esis, Thamara	(I-TE 2008)	CC in der Parroquia Santa Rosalía.
Parra, William	(I-WP 2008)	CC in der Parroquia Chacao.

Literatur

Abu Chouka, Sherin/Große, Juliane (2007): »Revolution durch Bildung«, in: Holm, Andrej (Hrsg.), *Revolution als Prozess: Selbstorganisierung und Partizipation in Venezuela*, Hamburg, S. 58-76.

Acha, Omar (2007): »Poder popular y socialismo desde abajo«, in: Mazzeo, Miguel/ Fernando Stratta u.a., *Reflexiones sobre Poder Popular*, Buenos Aires, S. 17-36.

Agnoli, Johannes (1999): *Subversive Theorie. Die Sache selbst und ihre Geschichte*, Gesammelte Werke Bd. 3, Freiburg.

Agnoli, Johannes/Brückner, Peter (1968): *Die Transformation der Demokratie*, Frankfurt am Main.

Aguirre Morales, Edwin (2007): »PCV: socialismo sí, pero no por ahora«, in: *Aporrea.org*, 24. Februar 2007. Internetversion abgerufen am 10. November 2008 unter: *http://www.aporrea.org/ideologia/a31087.html*.

Alayón Monserrat, Rubén (2005): »Barrio Adentro: Combatir la exclusión profundizando la democracia«, in: *Revista Venezolana de Economía y Ciencias Sociales*, Bd. 11, Nr. 3, September-Dezember 2005, UCV, Caracas, S. 219-244.

Althusser, Louis (1977): *Ideologie und ideologische Staatsapparate. Aufsätze zur marxistischen Theorie*, Hamburg/Westberlin.

Altman, David (2005): »Democracia directa en el continente americano: ¿autolegitimación gubernamental o censura ciudadana?«, in: *Política y Gobierno*, Bd. 12, Nr. 2, S. 203-232.

Alvarado Chacín, Neritza (2004): »Gestión Social, pobreza y exclusión en Venezuela a la luz de las misiones sociales. Balance y perspectivas (2003-2004)«, in: *Revista Venezolana de análisis de coyuntura*, Juli-Dezember, Bd. X, Nr. 002, UCV, Caracas, S. 25-56.

Álvarez R., Victor/Rodríguez A., Davgla (2007): *Guía teórico-práctica para la creación de EPS. Empresas de Producción Socialista*, Barquisimeto, CVG Venalum.

AN-DGIDL (Asamblea Nacional Dirección General de Investigación y Desarrollo Legislativo) (2007): *Ejes fundamentales del proyecto de reforma constitucional. Consolidación del Nuevo Estado*, PPP, Caracas, Asamblea Nacional Dirección General de Investigación y Desarrollo Legislativo.

Anderson, Benedict (1988): *Die Erfindung der Nation. Zur Karriere eines folgenreichen Konzepts*. Frankfurt am Main.

ANdRBV (Asamblea Nacional de la República Bolivariana de Venezuela) (2006a): *Ley de los Consejos Comunales*, Caracas.

ANdRBV (2006b): *Parlamentarismo Social de Calle*, Caracas.

ANdRBV (2007): *Reforma de la Constitución de la República Bolivariana de Venezuela*, Caracas.

ANdRBV (2009): *Ley Orgánica de los Consejos Comunales*, Caracas

ANdRBV-CPPCDDR (Asamblea Nacional de la República Bolivariana de Venezuela – Comisión Permanente de Participación Ciudadana, Descentralización y Desarrollo Regional) (2009): *Proyecto de Ley de Reforma de la Ley de los Consejos Comunales*, Caracas.

ANdRBV-CPPCDDR (2010): *Proyecto de Ley de Comunas*, Caracas.

Angotti, Tom (2001): »Ciudad Guayana. From Growth Pole to Metropolis, Central Planning to Participation«, in: *Journal of Planning Education & Research*. Internetversion abgerufen am 14. April 2007 unter: http://urban.hunter.cuny. edu/~tangotti/art2.html.

Antillano, Andrés (2005):»La lucha por el reconocimiento y la inclusión en los barrios populares: la experiencia de los comités de Tierras Urbanas«, in: *Revista Venezolana de Economía y Ciencias Sociales*, Bd. 11, Nr. 3, September-Dezember, UCV, Caracas, S. 205-218.

Antillano, Andrés (2006a):»Comités de Tierra Urbana«, in: Ramírez Ribes, María (Hrsg.), *Lo mío, lo tuyo, lo nuestro … Visiones sobre la propiedad*, Informe del Capítulo Venezolano del Club de Roma, Caracas, S. 199-212.

Antillano, Andrés (2006b):»Vivimos en una tensión permanente entre el gobierno y los sectores de base«, Interview mit Andrés Antillano, in: *Rebelión* 20.10.2006. Internetversion abgerufen am 18. März 2008: http://www.rebelion.org/noticia. php?id=39653.

Aponte Blank, Carlos (2006):»El gasto público social venezolano: sus principales características y cambios recientes desde una perspectiva comparada«, in: *Cuadernos del Cendes*, Bd. 23, Nr. 63, UCV, Caracas, S. 85-119.

Aponte Blank, Carlos (2007):»Evaluación de impacto y Misiones Sociales: una aproximación general«, in: *FERMENTUM*, Bd. 17, Nr. 48, Januar-April, Universidad de los Andes, Mérida, S. 58-95.

APPP (Asamblea de Promotores del Poder Popular) (2005):»Síntesis del 1er Encuentro Ideológico de Promotores del Poder Popular«, in: *Aporrea.org*, 20.8.2005. Internetversion abgerufen am 8. April 2008 unter: http://www.aporrea.org/actualidad/a16140.html.

Arconada Rodríguez, Santiago (1996):»La experiencia de Antimano«, in: *Revista Venezolana de Economía y Ciencias Sociales*, Bd. 2, Nr. 4, UCV, Caracas, S. 155-165.

Arconada Rodríguez, Santiago (2006):»Mesas Técnicas de Agua y Consejos Comunitarios de Agua«, in: *Revista Venezolana de Economía y Ciencias Sociales*, Bd. 12, Nr. 2, UCV, Caracas, S. 127-132.

Arias Cárdenas, Francisco/Garrido García, Alberto (2000): *La revolución bolivariana: de la guerrilla al militarismo. Revelaciones del comandante Arias Cárdenas*, Mérida.

Azzellini, Dario (1999):»Aufstand für Autonomie«, in: *Arranca!*, Nr. 17, S. 16-20.

Azzellini, Dario (2004):»Der Bolivarianische Prozess: Konstituierende Macht, Partizipation und Autonomie«, in: Kaltmeier, Olaf/Kastner, Jens Peter/Tuider, Elisabeth (Hrsg.), *Neoliberalismus – Autonomie – Widerstand. Zur Analyse Sozialer Bewegungen in Lateinamerika*, Münster, S. 196-215.

Azzellini, Dario (2007a):»Bildung und Hochschulbildung für alle. Transformation des Bildungssystems in der Bolivarischen Republik Venezuela«, in: *Journal für Entwicklungspolitik*, Bd. XXII, Nr. 4, Wien: Bildung und Entwicklung?, S. 70-95.

Azzellini, Dario (2007b): *Venezuela bolivariana. Revolution des 21. Jahrhunderts?*, Köln.

Azzellini, Dario (2007c):»Von den Mühen der Ebene: Solidarische Ökonomie, kollektive Eigentumsformen, Enteignungen und Arbeitermit- und -selbstverwaltung«, in: Holm, Andrej (Hrsg.), *Revolution als Prozess: Selbstorganisierung und Partizipation in Venezuela*, Hamburg, S. 38-57.

Azzellini, Dario (2007d): »Eine Niederlage als Chance und Gefahr. Nach dem gescheiterten Referendum über die Verfassungsreform in Venezuela«, in: *analyse & kritik. Zeitung für linke Debatte und Praxis*, Nr. 523, 14. Dezember 2007, Hamburg.

Azzellini, Dario (2008a): »Sieg, Niederlage oder beides und für wen? Regional- und Lokalwahlen in Venezuela 2008«, in: *azzellini.net*, 23. November 2008. Internetversion abgerufen am 13. Dezember 2008 unter: http://www.azzellini.net/journalistische-artikel/sieg-niederlage-oder-beides-und-fuer-wen.

Azzellini, Dario (2008b): »Basisbewegung oder Staat? Der Transformationsprozess in Venezuela stößt an Grenzen«, in: *WeltTrends. Zeitschrift für internationale Politik*, Jg. 16, Nr. 61, Juli-August 2008, Potsdam, S. 55-63.

Azzellini, Dario (2008c): »Tod aus Kolumbien. Paramilitarismus in Venezuela: Strategien der Contras und ihre Anschläge«, in: *Junge Welt*, 22.11.2008.

Azzellini, Dario (2008d): »Caracas im Visier. Paramilitarismus in Venezuela: Aufbau zweier Fronten im Westen und im Osten des Landes«, in: *Junge Welt*, 24.11.2008.

Azzellini, Dario (2009a): »Venezuela, MAS and Causa Radical«, in: Ness, Immanuel (Hrsg.), *International Encyclopedia of Revolution and Protest. 1500 to the Present*, Bd. VII., Oxford, S. 3445-3448.

Azzellini, Dario (2009b): »Venezuela, guerrilla movements, 1960s to 1980s«, in: Ness, Immanuel (Hrsg.), *International Encyclopedia of Revolution and Protest. 1500 to the Present*, Bd. VII, Oxford, S. 3441-3445.

Azzellini, Dario (2009c): »Venezuela's solidarity economy: collective ownership, expropriation, and workers self-management«, in: *WorkingUSA*, Ausg. 12, Juni 2009, S. 171-191.

Azzellini, Dario/Wilpert, Gregory (2009a): »Venezuela, MBR-200 and the military uprisings of 1992«, in: Ness, Immanuel (Hrsg.), *International Encyclopedia of Revolution and Protest. 1500 to the* Present, Bd. VII, Oxford, S. 3448-3450.

Azzellini, Dario/Wilpert, Gregory (2009b): »Venezuela, exclusionary democracy and resistance, 1958-1989«, in: Ness, Immanuel (Hrsg.), *International Encyclopedia of Revolution and Protest. 1500 to the Present*, Bd. VII, Oxford, S. 3436-3441.

Banko, Catalina (2008): »De la descentralización a la ›nueva geometría del poder‹«, in: *Revista Venezolana de Economía y Ciencias Sociales*, Bd. 14, Nr. 2, UCV, Caracas, S. 167-184.

Barczak, Monica (2001): »Representation by Consultation? The Rise of Direct Democracy in Latin America«, in: *Latin American Politics and Society*, Ausg. 43, Nr. 3, S. 37-59.

Barreto Cipriani, Juan (2007a): *Poder Popular. Poder Constituyente*, Caracas.

Barreto Cipriani, Juan (2007b): »Ejercio del poder popular en la singular encrucijada política de Venezuela«, in: *IMU 2007*, Caracas, S. 9-16.

Bauer, Otto (1923): *Die Österreichische Revolution*, Wien.

Benjamin, Walter (1965): »Geschichtsphilosophische Thesen«, in: ders., *Zur Kritik der Gewalt und andere Aufsätze. Mit einem Nachwort versehen v. Herbert Marcuse*, Frankfurt am Main, S. 78-94.

Bilbao, Luis (2002): *Chávez y la Revolución Bolivariana*, Buenos Aires.

Blanco Muñoz, Augustín (1994): *Venezuela 1962: Carupanazo: la chispa que encendió la pradera*, Centro de Estudios de Historia Actual/Cátedra Pío Tamayo y Universidad Central de Venezuela (CPT-CEHA-UCV), Caracas.

Blanco Muñoz, Augustín (1996): *Venezuela 1962-1963: El Porteñazo: trágica expresión de una aventura*, CPT-CEHA-UCV, Caracas.

Blanco Muñoz, Augustín (1998): *Habla el Comandante*, UCV, Caracas.

Blankenburg, Stephanie (2008):»El Estado y la revolución. Reestatización del Banco del grupo Santander«, in: *América XXI*, Nr. 41, September 2008, S. 18-21.

Bloch, Ernst (1973): *Das Prinzip Hoffnung*, 3 Bde., Frankfurt am Main.

Bloch, Marc (2002): *Apologie der Geschichtswissenschaft oder Der Beruf des Historikers*, Stuttgart.

Bobbio, Norberto (1988): *Die Zukunft der Demokratie*, Berlin.

Boeckh, Andreas (2001):»Venezuela auf dem Weg zu einem autoritären Neopopulismus?«, in: *WeltTrends. Zeitschrift für internationale Politik*, Jg. 8, Nr. 29, Potsdam.

Boeckh, Andreas/Graf, Patricia (2003):»Der Comandante in seinem Labyrinth: Das bolivarianische Gedankengut von Hugo Chávez«, in: *Symposium »Venezuela am Scheideweg – Folgen der ersten Systemkrise des neuen lateinamerikanischen Populismus«*, Berlin, 15.-16. Oktober 2003.

Bolívar, Simón (1999): *Escritos Políticos*, México.

Bolívar, Simón (2001): *Ideario Político*, Caracas.

Bonefeld, Werner (2008):»La autoemancipación de las clases de trabajadoras y trabajadores como proceso abierto«, in: *Herramienta*, Nr. 39, Buenos Aires, S. 117-132.

Bonilla-Molina, Luis/El Troudi, Haiman (2004): *Historia de la Revolución Bolivariana: Pequeña crónica, 1948-2004*, Gobierno Bolivariano/Ministerio de Comunicación e Información, Caracas.

Bonnet, Alberto/Holloway, John/Tischler, Sergio (2005): *Marxismo abierto. Una vision europea y latinoamericana*, Bd. I, Buenos Aires.

Boris, Dieter (1998): *Soziale Bewegungen in Lateinamerika*, Hamburg.

Borón, Atilio (1993):»La transición hacia la democracia en América Latina: problemas y perspectivas«, in: Salles, Vania/Zapata, Francisco (Hrsg.), *Modernización económica, democracia política y democracia social*, Centro de Estudios Sociológicos, El Colegio de México, México D.F., S. 117-158.

Borón, Atilio (1997): *Estado, democracia y capitalismo en America Latina*, UBA, Buenos Aires.

Bozo de Carmona, Ana Julia (2008):»La Democracia, la Soberanía Popular y el Poder Popular a la luz de la Reforma Constitucional Venezolana de 2007«, in: *Frónesis*, Bd. 15, Nr. 1, April 2008, S. 58-71.

Brand, Ulrich (1997):»Die Organisationsfrage auf Zapatistisch. Warum unter »Zivilgesellschaft« derart Verschiedenes verstanden wird«, in: REDaktion (Hrsg.), *Chiapas und die Internationale der Hoffnung*, Köln, S. 154-165.

Bravo, Douglas (1965):»Carta del 20 de Octubre de 1965«, in: Garrido, Alberto (2002), *Documentos de la Revolución Bolivariana*, Caracas, S. 26-55.

Bravo, Douglas/Manuitt, Elías (1964):»Informe del Comité Regional de la Montaña aprobado por el F.L.N y por la Comandancia General del Frente Guerrillero José Leonardo Chirinos«, in: Garrido, Alberto (2002), *Documentos de la*

Revolución Bolivariana, Caracas, S. 11-25.

Bravo Jáuregui, Luis (2001): *La escuela venezolana. Educación de masas, políticas y resultados a partir de 1958*, Caracas.

Bresser, Pereira/Cunill Grau, Nuria/Grau, Luiz Carlos (1998): *Lo público no estatal en la reforma del Estado*, Paidós/Centro Latinoamericano de Administración para el Desarrollo (CLAD), Buenos Aires.

Briceño, Rafael (2006):»Hay conspiración, indisciplina y descontento en la FAN«, Interview von Fernando Olivares Mendéz, in: *Soberania.org*, 2. April 2007. Internetversion abgerufen am 28. August 2006 unter: http://soberania.org/Articulos/articulo_2488.htm.

Britto García, Luis (2006): *Venezuela: Investigación de unos medios por encima de toda sospecha*, Ministerio de Comunicación e Información (Minci), Caracas.

Bruce, Ian (2005):»Venezuela promueve la cogestión«, in: *BBC*, 19. August 2005. Internetversion abgerufen am 10. November 2008 unter: http://news.bbc.co.uk/hi/spanish/business/newsid_4167000/4167054.stm.

Brusis, Martin/Thiery, Peter (2003):»Schlüsselfaktoren der Demokratisierung. Mittel-Osteuropa und Lateinamerika im Vergleich«. Internetversion abgerufen am 12. Mai 2010 unter: http://www.boell.de/downloads/demokratie/Schluesselfaktoren_der_Demokratisierung_Brusis_Thiery_2003_dt.pdf.

BTI (Bertelsmann Transformation Index) (2008): *Bertelsmann Transformation Index 2008*, Gütersloh: Bertelsmann-Stiftung. Internetversion abgerufen am 8. Februar 2008 unter: http://www.bertelsmann-transformation-index.de/fileadmin/pdf/Anlagen_BTI_2008/BTI_2008_Broschuere_DE.pdf.

Burchardt, Hans-Jürgen (2004): *Zeitenwende. Politik nach dem Neoliberalismus*, Stuttgart.

Burchardt, Hans-Jürgen (2005):»Das soziale Elend des Hugo Chávez: Die Wirtschafts- und Sozialpolitik der Fünften Republik«, in: Diehl, Oliver/Muno, Wolfgang, *Venezuela unter Chávez – Aufbruch oder Niedergang?*, Frankfurt am Main, S. 99-125.

Burchardt, Hans-Jürgen (2008):»Soziale Ungleichheit als Herausforderung für die Demokratieforschung«, in: *Nueva Sociedad*, Nr. 215, Mai-Juni, Caracas, S. 79-94.

Buxton, Julia (2003):»Política económica y ascenso de Hugo Chávez al poder«, in: Ellner, Steve/Hellinger, Daniel, *La política venezolana en la época de Chávez*, Caracas, S. 145-166.

Buxton, Julia/McCoy, Jennifer (2008):»Política, protagonismo y rendición de cuentas en la Venezuela bolivariana«, in: *Revista Venezolana de Economía y Ciencias Sociales*, Bd. 14, Nr. 1, UCV, Caracas, S. 183-188.

Cadenas, José María (Hrsg.) (2006): *Debate sobre la democracia en América*, UCV/Vicerectorado Académico/cea, Caracas.

Cammack, Paul (2000):»The Resurgence of Populism in Latin America«, in: *Bulletin of Latin American Research*, Bd. 19, Nr. 2, S. 146-161.

Cansino, César/Sermeño, Angel (1997):»América Latina: una democracia toda por hacerse«, in: *Metapolítica*, Nr. 4, Bd. 2, 10-12/1997, México D.F.: Cepcom-UNAM, S. 557-571.

Carvallo, Gastón (1995): *Clase dominante y democracia representativa en Venezuela*, Caracas.

Castañeda, Jorge G. (1993): *La utopía desarmada*, Barcelona.

Castañeda, Jorge G. (2006): »Latin America's Left Turn«, in: *Foreign Affairs*, Nr. 85, S. 28-43.

Castells, Manuel (1997): »The Power of Identity«, in: *The Information Age: Economy, Society and Culture*, Bd. II, Oxford.

Castro, Arachu (2008): »Barrio Adentro. A Look at the Origins of a Social Mission«, in: *Harvard Review of Latin America*, Harvard University/David Rockefeller Center of Latin America Studies, Massachussets. Internetversion abgerufen am 11. Februar 2009 unter: http://www.drclas.harvard.edu/revista/articles/view/1114.

Castro Escudero, Teresa/Mussali Galante, Rina/Oliver Costilla, Lucio (2005): »Revisitando al Estado. Los Estados populistas y desarrollistas: Poner las cosas en su lugar«, in: Castro Escudero, Teresa/Oliver Costilla, Lucio (Hrsg.), *Poder y política en América Latina*, México D.F.: Siglo XXI, S. 17-49.

Cavarozzi, Marcelo (1991): »Más allá de las transiciones a la democracia en América Latina«,, in: *Revista Paraguaya de Sociología*, Nr. 80.

Caviasca, Guillermo M. (2007): »Poder popular, Estado y revolución«, in: Mazzeo, Miguel/Stratta, Fernando u.a., *Reflexiones sobre Poder Popular*, Buenos Aires, S. 37-61.

Ceceña, Ana Esther (Hrsg.) (2004): *Hegemonías y emancipaciones en el siglo XXI*, Buenos Aires.

Cendes (Centro de Estudios del Desarrollo): (2005a): *Venezuela Visión Plural*, Tomo 1, Caracas.

Cendes (2005b): *Venezuela Visión Plural*, Tomo 2, Caracas.

CEPAL (Comisión Económica para América Latina) (2007): *Panorama Social de América Latina 2007*, Santiago de Chile.

Ceresole, Norberto (1999): *Caudillo, ejército, pueblo. La Venezuela del presidente Chávez*, Santa Fé, Argentina, Internetversion abgerufen am 10. April 2007 unter: http://www.analitica.com/bitBlioteca/ceresole/caudillo.asp.

CGR (Contraloría General de la República) (2001): *Informe Definitivo de la Evaluación Selectiva de Aspectos de la Formulación, Ejecución y Resultados del Proyecto de Acción Integral Social Propais, del Proyecto Bolívar 2000*. Internetversion abgerufen am 12. April 2005 unter: www.cgr.gov.ve.

Chávez Frías, Hugo (1996): »Agenda Alternativa Bolivariana. Una propuesta patriótica para salir del laberinto«, in: *Agenda Alternativa Bolivariana*, Catédra Libre Cornelio José Alvarado »Nikita«, Caracas.

Chávez Frías, Hugo (2005): Rede während der »*IV Cumbre Social y de la Carta Social de las Américas*«, 25. Februar 2005. Internetversión vom 18.3.2010: http://www.debatesocialistadigital.com/Discursos/Discursos%202008/Junio%202008/hugochavezpalabrascumsocial.html

Chávez Frías, Hugo (2007a): »Fragmentos del Discurso de toma de posesión«, in: *IMU 2007*, Caracas, S. 2-7.

Chávez Frías, Hugo (2007b): »Ahora la batalla es por el Sí. Discurso de presentación del Proyecto de Reforma Constitucional ante la Asamblea Nacional«, Ministerio del Poder Popular para la Comunicación y la Información, Caracas.

Chávez Frías, Hugo (2007c): *El Libro Azul*, MinCI, Caracas. Versión de internet del 12 de abril de 2010: http://www.minci.gob.ve/publicaciones/6/25976/?desc=folleto_libroazul.pdf.

Chávez Frías, Hugo (2008): *El Poder Popular*, Ministerio del Poder Popular para la Comunicación y la Información, Caracas.

Chávez Frías, Hugo/Guevara March, Aleida (2005): *Chávez, Venezuela and the new Latin America*. Interview mit Hugo Chávez geführt von Aleida Guevara, Melbourne/New York.

CIDH (Comisión Interamericana de Derechos Humanos) (2003): *Informe sobre la situación de los derechos humanos en Venezuela: Conclusiones. Situatión del Estado de Derecho en Venezuela*. Internetversion abgerufen am 8. November 2008 unter: http://www.cidh.org/countryrep/Venezuela2003sp/conclusiones.htm

CIDH (2007): *Informe anual de la Comisión Interamericana de Derechos Humanos 2007. Capítulo IV (continuación)*. *Venezuela*. Internetversion abgerufen am 8. November 2008 unter: http://www.cidh.oas.org/annualrep/2007sp/cap4Venezuela.sp.htm.

Clarke, Simon (2002): »¿Era Lenin marxista? Las raíces populistas del marxismoleninismo«, in: Bonefeld, Werner/Tischler, Sergio (Hrsg.), *A 100 años del ¿QUE HACER? Leninismo, crítica marxista y la cuestión de la revolución hoy*, Buenos Aires, S. 71-108.

CLPP (Consejo Local de Planificación Pública (2003): *El Concejo del Municipio Bolivariano Libertador del Distrito Capital*, Concejo del Municipio Bolivariano Libertador del Distrito Capital, 5. de Marzo 2003, Caracas.

Colau, Ada (2008):»Los Comités de Tierras Urbanas y el proceso de regularización de tierras en Venezuela«, in: *Observatori DESC*, Barcelona. Internetversion abgerufen am 28. Februar 2009 unter: http://www.descweb.org/?q=es/node/190.

Comité Cubano de solidaridad con Venezuela (2006): *Argimiro Gabaldón: héroe de la Venezuela en armas*, Caracas.

Contreras Ramírez, Enrique (1999): *Educación para la nueva República*, Caracas.

Coppedge, Michael (2002): »Venezuela: Popular Sovereignty versus Liberal Democracy«, in: *Kellogg Institute Working Paper Nr. 294*, Kellogg Institute, Yale. Internetversion abgerufen am 10. November 2006 unter: http://kellogg.nd.edu/publications/workingpapers/WPS/294.pdf.

Córdova Jaimes, Edgar (2008):»Construcción política ciudadana y desarrollo en Venezuela«, in: *Frónesis*, Bd. 15, Nr. 2, Universidad de Zulia, Maracaibo, S. 21-45.

Cormenzana, Pablo (2009a): *La batalla de Inveval. La lucha por el control obrero en Venezuela*, Fundación Federico Engels, Madrid.

Cormenzana, Pablo (2009b):»Inveval: a 4 años de su creación, el control obrero está más vigente que nunca«, in: *Aporrea.org*, 28. April 2009. Internetversion abgerufen am 2. Mai 2009 unter: http://www.aporrea.org/poderpopular/a76854.html.

Coronil, Fernando (1988):»The Magical State: History and Illusion in the Appearance of Venezuelan Democracy«, in: *Kellogg Institute Working Paper Nr. 112*, Kellogg Institute, Yale. Internetversion abgerufen am 20. Februar 2007 unter: http://kellogg.nd.edu/publications/workingpapers/WPS/112.pdf.

Coronil, Fernando (2002): *El Estado mágico. Naturaleza, dinero y modernidad en Venezuela*, UCV/Nueva Sociedad, Caracas.

Costa, Viet Juan Félix (2008): *Venezuela hacia el socialismo del siglo XXI: las misiones bolivarianas del presidente Hugo Chávez Frías*, Altres Costa-AMIC, México.

CST (Consejos Socialistas de Trabajadoras y Trabajadores de Venezuela) (2009): *I*

Encuentro Nacional de Consejos Socialistas de Trabajadoras y Trabajadores de Venezuela, 27. Juni 2009, Caracas.

CTU (Comités de Tierra Urbana) (2006): *Propuestas para una política popular, revolucionaria y socialista de vivienda y hábitat*, Word-Dokument, 6 S., Caracas.

Cuevas, María Gabriela (2006): »*Condicionamentos para el ejercicio de la participación*«, in: Universidad Católica Andrés Bello (UCAB), *Participación, Ciudadanía y Derechos Humanos. La Universidad por la vigenica efectiva de los DERECHOS HUMANOS*, Caracas, S. 99-124.

Cunill Grau, Nuria (1991): *Participación ciudadana: dilemas y perspectivas para la democratización de los Estados Latinoamericanos*, Caracas.

Dahl, Robert Alan (1971): *Polyarchy. Participation and Opposition*, New Haven/London.

Daniljuk, Malte (2007): »Gestaltung einer neuen Medienpolitik«, in: Holm, Andrej (Hrsg.): *Revolution als Prozess: Selbstorganisierung und Partizipation in Venezuela*, Hamburg, S. 97-116.

Decarli, Humberto (2006): *El mito democrático de las Fuerzas Armadas venezolanas*, Ediciones Comisión de Relaciones Anarquistas, Caracas.

Decreto N° 3 (1999): »Mediante el cual se establece la realización de un referendo para que el pueblo se pronuncie sobre la convocatoria de una Asamblea Nacional Constituyente«, in: *Gaceta Oficial*, Nr. 36.634, 2. Februar 1999.

D'Elia, Yolanda (Hrsg.) (2006): *Las Misiones Sociales en Venezuela: una aproximación a su comprensión y análisis*, Instituto Latinoamericano de Investigaciones Sociales, Caracas.

Della Porta, Donatella/Diani, Mario (1999): *Social Movements. An Introduction*, Oxford.

Demirović, Alex (2005a): »Radikale Demokratie und der Verein freier Individuen«, in: DemoPunK und Kritik & Praxis Berlin (Hrsg.), *Indeterminate Kommunismus!*, Münster, S. 56-67. Internetversion abgerufen am 28. November 2008 unter: http://www.suisse.attac.org/Radikale-Demokratie-und-der-Verein.

Demirović, Alex (2005b): »Ein langanhaltender Prozess«, in: *Fantomâs*, Nr. 8, Internetversion abgerufen am 22. Oktober 2008 unter: http://www.akweb.de/fantomas/fant_s/fant008/08.htm.

Denis, Roland (2001): *Los fabricantes de la rebelión*, Caracas.

Denis, Roland (2003): »La nueva ratio productiva (propuesta de un modelo alternativo de desarrollo)«, in: *Revista Venezolana de Economía y Ciencias Sociales*, Ausg. 9, Nr. 1 (Januar-April), UCV, Caracas, S. 233-250.

Denis, Roland (2005): *Rebelión en Proceso*, Caracas.

Denis, Roland (2007a): »La profecía de ALCASA«, in: *Aporrea.org*, 26. März 2007. Internetversion abgerufen am 26. März 2007 unter: http://www.aporrea.org/actualidad/a32464.html.

Denis, Roland (2007b): »Asambleismo Popular Constituyente«, in: *Aporrea.org*, 1. September 2007. Internetversion abgerufen am 1. September 2007 unter: http://www.aporrea.org/actualidad/a40598.html.

Denis, Roland (2008): »Mínimo balance del proceso después de diez años y construcción de la ›Otra Política‹«, in: *El Eco de los Pasos*, 7. September 2008, Teil 1 und Teil 2. Internetversion abgerufen am 14. September 2008 unter: http://elecodelospasos.over-blog.com/.

Denis, Roland (2009): *La cartilla venezolana*, Manuskript, Januar 2009.

Derrida, Jacques (2003): *Schurken. Zwei Essays über die Vernunft*, Frankfurt am Main.

DesdeDentro (2005):»Movimiento de Pobladores en pie de lucha«, in: *DesdeDentro, revista de economía popular*, Bd. 1, Nr. 1, Caracas, S. 16-19.

De Venanzi, Augusto (2006): »Las miserias del arcaísmo: un análisis del gobierno del presidente Hugo Chávez«, in: *Revista Venezolana de Análisis de Coyuntura*, Bd. XII, Nr. 2, Caracas, S. 51-79.

Díaz, Benito (2006):»Políticas públicas para la promoción de cooperativas en Venezuela«, in: *Cayapa*, Revista Venezolana de Economía Social, Jg. 6, Nr. 11, Trujillo: Universidad de los Andes (ULA) NURR Trujillo/CIRIEC Venezuela, S. 149-183.

Díaz Rangel, Eleazar (2006): *Todo Chávez. De Sabaneta als socialismo del siglo XXI*, Caracas.

Dietrich, Heinz (2002): *El socialismo del Siglo XXI*, Mexiko Stadt.

Diniz, Ana Paula/López, Grisell (2007): *Poder Popular y Democracia Participativa. Estado Social, Economía Social, Consejos Comunales*, Caracas.

Dos Santos, Theotonio (2006): *Concepto de clases sociales*, Caracas.

Duarte Parejo, Asdrúbal J. (2005): *El Carupanazo*, Gobierno Bolivariano, Ministerio de Comunicación e Información, Caracas. Internetversion abgerufen am 23. März 2007 unter: http://greenstone.clacso.org.ar/gsdl/collect/chavez/index/assoc/HASH01da.dir/doc.pdf

Dussel, Enrique (2006): *20 Tesis de politica*, México.

Echenique, Carlos/Torres, Fanny/Zorrilla, Yecsi (2003):»La política pública de participación ciudadana en Venezuela. Referencia al caso del municipio Baruta del Estado Miranda«, in: Mascareño, Carlos (Hrsg.), *Políticas públicas siglo XXI: caso venezolano*, Caracas, S. 87-118.

Educere (La Revista Venezolana de Educación) (2005a):»Políticas y planes educativos del gobierno bolivariano de Venezuela«, in: *La Revista Venezolana de Educación (Educere)*, Bd. 9, Nr. 28, März, Caracas, S. 8.

Educere (2005b):»Misión Robinson. Yo sí puedo«, in: *La Revista Venezolana de Educación (Educere)*, Bd. 9, Nr. 28, März, Caracas, S. 9-18.

Educere (2005c):»La Misión Sucre«, in: *La Revista Venezolana de Educación (Educere)*, Bd. 9, Nr. 28, März, Caracas, S. 23-25.

Educere (2005d):»La educación bolivarina.: Educación inicial«, in: *La Revista Venezolana de Educación (Educere)*, Bd. 9, Nr. 28, März, Caracas, S. 27-29.

Educere (2005e):»Misión Vuelvan Caras!«, in: *La Revista Venezolana de Educación (Educere)*, Bd. 9, Nr. 28, März 2005, Caracas, S. 41-43.

Educere (2005f):»Misión Mercal: Consumir mejor para vivir mejor«, in: *La Revista Venezolana de Educación (Educere)*, Bd. 9, Nr. 28, März, Caracas, S. 45-46.

Educere (2005g):»Misión Barrio adentro: salud para los pobres«, in: *La Revista Venezolana de Educación (Educere)*, Bd. 9, Nr. 28, März, Caracas, S. 47-50.

Elizalde, Rosa Miriam/Báez, Luis (2004): *Chávez Nuestro*, La Habana.

Ellner, Steve (1995): *El sindicalismo en Venezuela en el contexto democrático (1958-1994)*, Fondo Editorial Tropykos/Universidad de Oriente, Caracas.

Ellner, Steve (2000):»Hugo Chávez. Venezuela's Redeemer?«, in: *NACLA*, Bd. 33, Nr. 6, New York, S. 15-17.

Ellner, Steve (2003a): »Introducción. En la búsqueda de explicaciones«, in: Ellner, Steve/Hellinger, Daniel (2003), *La política venezolana en la época de Chávez*, Caracas, S. 19-42.

Ellner, Steve (2003b): »Tendencias recientes en el movimiento laboral venezolano: Autonomía vs. Control político«, in: *Revista Venezolana de Economía y Ciencias Sociales*, Nr. 3, UCV, Caracas, S. 157-178.

Ellner, Steve (2003c): »Venezuela imprevisible. Populismo radical y globalización«, in: *Nueva Sociedad*, Nr. 183, Caracas, S. 11-26.

Ellner, Steve (2003d): »The Contrasting Variants of the Populism of Hugo Chávez and Alberto Fujimori«, in: *Journal of Latin American Studies*, Nr. 35, S. 139-162.

Ellner, Steve (2006a): »Las estrategias ›desde arriba‹ y ›desde abajo‹ del movimiento de Hugo Chávez«, in: *Cuadernos del Cendes*, Bd. 23, Nr. 62, UCV, Caracas, S. 73-93.

Ellner, Steve (2006b): »El debate sobre la estrategia anti-neoliberal y la democracia en América Latina«, in: Cadenas, José María (Hrsg.), *Debate sobre la democracia en América*, UCV/Vicerectorado Académico/cea, Caracas, S. 73-98.

Ellner, Steve (2008): »Las tensiones entre la base y la dirigencia en las filas del chavismo«, in: *Revista Venezolana de Economía y Ciencias Sociales*, Bd. 14, Nr. 1, S. 49-64.

Ellner, Steve/Hellinger, Daniel (2003): *La política venezolana en la época de Chávez: clases, polarización y conflicto*, Caracas.

Ellner, Steve/Tinker Salas, Miguel (2005): »Introduction: The Venezuelan Exceptionalism Thesis: Separating Myth from Reality«, in: *Latin American Perspectives*, SAGE, Nr. 32, S. 5-19.

Ellner, Steve/Tinker Salas, Miguel (2007): *Venezuela. Hugo Chávez and the decline of an exceptional democracy*, New York/Toronto/Plymouth.

El Troudi, Haiman/Harnecker, Marta/Bonilla-Molina, Luis Francisco (2005): *Herramientas para la participación*, Ministerio del Poder Popular para la Educación Superior, Caracas.

El Troudi, Haiman/Monedero, Juan Carlos (2006): *Empresas de Producción Social. Instrumento para el socialismo del siglo XXI*, Centro Internacional Miranda, Caracas.

Engels, Friedrich (1876/78): »Herrn Eugen Dührings Umwälzung der Wissenschaft (Anti-Dühring)«, in: Marx, Karl/Engels, Friedrich, *Marx-Engels Werke* (MEW), Bd. 20, Berlin/DDR 1962, S. 5-306.

Esteva, Gustavo (2009): »Otra mirada, otra democracia«, in: *Rebelión.org*, 2. Februar 2009. Internetversion abgerufen am 3. Februar 2009 unter: http://www.rebelion.org/noticia.php?id=80143.

Evers, Tilman/Müller-Plantenberg, Clarita/Spessart, Stefanie (1979): »Stadtteilbewegung und Staat. Kämpfe im Reproduktionsbereich in Lateinamerika«, in: Bennholdt-Thomsen, Veronika/Evers, Tilman/Müller-Plantenberg, Clarita/Müller-Plantenberg, Urs/Schoeller, Wolfgang, *Lateinamerika. Analysen und Berichte 3. Verelendungsprozesse und Widerstandsformen*, Berlin, S. 118-170.

Farías A., Christian R. (2006): »Dogmatismo y utopía: el problema de la identidad en la izquierda venezolana«, in: *Mañongo*. Nr. 26, Carabobo: Universidad de Carabobo, S. 153-173.

FCG (Fundación Centro Gumilla) (2008): *Estudio de los Consejos Comunales en Venezuela*, Caracas. Internetversion abgerufen am 24. Mai 2009 unter: http://gumilla.org.ve/files/documents/Estudio.pdf.

Fernandes, Sujatha (2007): »Barrio Women and Popular Politics in Chávez's Venezuela«, in: *Latin American Politics and Society*, September 2007, Bd. 49, Nr. 3, S. 97-127.

Fernández Liria, Carlos/Alegre Zahonero, Luis (2006): *Comprender Venezuela, pensar la democracia*, Caracas.

Fernández Pereira, Menry (Hrsg.) (2005): *La Municipalización de la Educación Superior*, UBV, Caracas.

Fernández Colón, Gustavo (2006): »¿Verticalismo burocrático o protagonismo popular?«, in: *Aporrea.org*. Internetversion abgerufen am 12. Mai 2009 unter: http://www.aporrea.org/ideologia/a28479.html.

Fernández S., María Eugenia (2006): »Las cooperativas: organizaciones de la economía social e instrumentos de participación ciudadana«, in: *Revista Venezolana de Economía y Ciencias Sociales*, Bd. 12, Nr. 2, UCV, Caracas, S. 237-253.

Fernández Toro, Julio César (2005): »Limitaciones y desafíos de la nueva institucionalidad constitucional«, in: *Estudios Constitucionales*, Jg. 3, Nr. 5, Universidad de Chile, Santiago de Chile, S. 297-343.

FIDES (Fondo Intergubernamental para la Descentralización) (2004): *Primer Encuentro Comunitario de Proyectos Productivos. Herraminetas para impulsar el desarrollo endógeno*, Caracas.

Figueroa Ibarra, Carlos (2006): »Partidos y poder político en América Latina: el contexto de su desprestigio«, in: Correas, Florencia/Figueroa Ibarra, Carlos/Hernández, Ornelas Pedro (Hrsg.), Poder político y sociedad. Diez ensayos aproximativos, Ibarra/Mexiko Stadt, S. 15-36.

Figueroa, Víctor Manuel (2006): »The Bolivarian Government of Hugo Chávez: Democratic Alternative for Latin America?«, in: *Critical Sociology*, Nr. 32, Thousand Oaks, S. 187-211.

FNCSB (Frente Nacional Comunal Simón Bolívar)/Frente Nacional Campesino Ezequiel Zamora (FNCEZ) (2007): *Manifiesto del I Encuentro Nacional de Consejos Comunales*, 13.3.2007. Internetversion abgerufen am 14. Mai 2009 unter: http://www.tiempodecuba.com/node/1345.

Fondemi (Fondo de Desarrollo Microfinanciero) (2007): *Módulo Formativo. Ciclo del poder comunal*, Caracas.

Foucault, Michel (1987): »Nietzsche, die Genealogie, die Historie«, in: ders., *Von der Subversion des Wissens*, Frankfurt am Main, S. 69-90.

Fox, Michael (2006): »CECOSESOLA: Four Decades of Independent Struggle for a Venezuelan Cooperative«, in: *Venezuelanalysis.com*, Internetversion abgerufen am 19. Juni 2006 unter: www.venezuelanalysis.com/articles.php?artno=1755.

FRETECO (2007): »Historic FRETECO meeting – workers of occupied factories present ideas on socialist companies, workers' councils, and the building of socialism«, in: *Controlobrero.org*, Internetversion abgerufen am 6. Juli 2007 unter: http://www.marxist.com/historic-freteco-meeting-factories060707.htm.

Fukuyama, Francis (1992): *Das Ende der Geschichte. Wo stehen wir?*, München.

Gabriel, George (2009): »Battling Murder in Venezuela's Participatory Republic«, in: *Venezuelanalysis.com*, 31.5.2009. Internetversion abgerufen am 31. Mai 2009 unter: http://www.venezuelanalysis.com/analysis/4486.

Gallardo, Helios (2007): *Democratización y democracia en América Latina*, Bogotá.

García-Guadilla, María Pilar (2003): »Sociedad civil: institucionalización, fragmentación, autonomía«, in: Ellner, Steve/Hellinger, Daniel, *La política venezolana en la época de Chávez*, Caracas, S. 230-251.

García-Guadilla, María Pilar (2006): »Organizaciones sociales y conflictos sociopolíticos en una sociedad polarizada: Las dos caras de la democracia participativa en Venezuela«, in: *América Latina Hoy*, Nr. 42, Salamanca: Universidad de Salamanca, S. 37-60.

García-Guadilla, María Pilar (2008): »La praxis de los consejos comunales en Venezuela: ›¿Poder popular o instancia clientelar?‹«, in: *Revista Venezolana de Economía y Ciencias Sociales*, Bd. 14, Nr. 1, UCV, Caracas, S. 107-124.

García-Guadilla, María Pilar/Hurtado, Mónica (2000): »Participation and Constitution Making in Colombia and Venezuela«, in: *Paper for the Latin American Studies Association* (LASA), Miami.

Garretón, Manuel Antonio (1991a): »La democracia entre dos épocas. América Latina 1990«, in: *Revista Paraguaya de Sociología*, Bd. 28, Nr. 80, Januar-April, S. 23-37.

Garretón, Manuel Antonio (1991b): »Del autoritarismo a la democracia política«, in: *Revista Méxicana de Sociología*, Bd. 53, Nr. 1, S. 283-292.

Garrido, Alberto (2000): *La historia secreta de la revolución bolivariana*, Mérida: Editorial Venezolana.

GBV (Gobierno Bolivariano de Venezuela) (2003): *3 Años de la Quinta Republica*. Internetversion abgerufen am 14. April 2006 unter: http://www.mpd.gov.ve/3%20A%D1OS/3AnosdelaVRepublica.pdf.

GBV (2008): *No es poca cosa. 5 años de logros del Gobierno Bolivariano*, Gobierno Bolivariano de Venezuela, Caracas.

Giordani C., Jorge A. (2009a): *Gramsci, Italia y Venezuela*, Valencia.

Giordani C., Jorge A. (2009b): *La transición venezolana al socialismo*, Valencia.

Goldfrank, Benjamín (2001): *Deepening Democracy Through Citizen Participation? A Comparative Analysis of Three Cities*, Prepared for delivery at the 2001 meeting of the Latin American Studies Association, Washington DC, 6.-8. September 2001. Internetversion abgerufen am 10. September 2006 unter: http://lasa.international.pitt.edu/Lasa2001/GoldfrankBenjamin.pdf.

Golinger, Eva (2005): *El Código Chávez. Decifrando la Intervención de los Estados Unidos en Venezuela*, La Habana.

Gómez, Gonzalo, G. R./Aporrea.org (2005a): »Exposición de Ángel Nava (FETRA-ELEC) sobre la cogestión en el sector eléctrico (Parte I)«, in: *Aporrea.org*, 21. April 2005. Internetversion abgerufen am 10. Mai 2006 unter: http://www.aporrea.org/trabajadores/n59229.html.

Gómez, Gonzalo, G. R./Aporrea.org (2005b): »Exposición de Ángel Nava (FETRA-ELEC) sobre la cogestión en el sector eléctrico (Parte II)«, in: *Aporrea.org*, 20. Mai 2005. Internetversion abgerufen am 10. November 2008 unter: http://www.aporrea.org/trabajadores/n60618.html.

González Casanova, Pablo (1995): »La crisis del Estado y la lucha por la democracia en América Latina«, in: González Casanova, Pablo/Roitman, Marcos (Hrsg.),

La democracia en América Latina: Actualidad y perspectivas, La Jornada Ediciones/Centro de Investigaciones Interdisciplinarias en Ciencias y Humanidades, UNAM, México D.F., S. 17-38.

González de Pacheco, Rosa Amelia (2003): »Las organizaciones de ciudadanos en Venezuela: ¿Ser o no se actores políticos?«, Vortrag auf dem Kongress der Latin American Studies Association 2003, Dallas, Texas. Internetversion abgerufen am 10. März 2007 unter: http://www-personal.umich.edu/~mmarteen/svs/lasa03/Gonzalez.pdf.

Gott, Richard (2005): *Hugo Chávez and the bolivarian revolution,* London/New York.

Gramsci, Antonio (1991): *Gefängnishefte,* Bd. 1, Hamburg.

Gramsci, Antonio (1992a): *Gefängnishefte,* Bd. 3, Hamburg.

Gramsci, Antonio (1992b): *Gefängnishefte,* Bd. 4, Hamburg.

Gramsci, Antonio (1996): *Gefängnishefte,* Bd. 7, Hamburg.

Gramsci, Antonio (1999): *Gefängnishefte,* Bd. 9, Hamburg.

Gratius, Susanne (2007): *La »tercera ola populista« de América Latina,* Working Paper Nr. 45, Madrid: Fundación para las relaciones internacionales y el diálogo exterior (FRIDE).

Guariguata Osorio, José Humberto (2004): »Constituyente Municipal para la construcción del Poder Popular cogestionario«, in: *Revista Laberinto,* Nr. 16, S. 10-18. Internetversion abgerufen am 7. März 2009 unter: http://www.laberinto.uma.es.

Guillén, Maryluz/García-Guadilla, María Pilar (2006): »Las organizaciones de derechos humanos y el proceso constituyente. Alcance y limitaciones de la constitucionalización de la inclusión en Venezuela«, in: *Cuadernos del Cendes,* Bd. 23, Nr. 61, UCV, Caracas, S. 69-98.

Gutiérrez, Edgard (2005): »¿Adiós a los partidos? Gobernabilidad y partidos políticos en América Latina: el caso Venezuela«, in: Ramírez Ribes, María (Hrsg.), *Gobernanza. Laberinto de la democracia,* Informe del Capítulo Venezolano del Club de Roma, Caracas, S. 97-110.

Gunn, Richard (2004): »Notas sobre clase«, in: Holloway, John (Hrsg.), *Clase=Lucha. Antagonismo social y marxismo crítico,* Buenos Aires, S. 17-32.

Habermas, Jürgen (1973): *Legitimationsprobleme im Spätkapitalismus,* Frankfurt am Main.

Hardt, Michael/Negri, Antonio (2002a): »Globalizzazione e democrazia«. Vortrag in der Akademie der bildenden Künste Wien, April 2001, in: *Hortus Musicus.* Nr. 10, April-Juni 2002, Bologna, S. 26-31.

Hardt, Michael/Negri, Antonio (2002b): *Empire. Die neue Weltordnung,* Frankfurt am Main.

Hardt, Michael/Negri, Antonio (2004): *Multitude. Krieg und Demokratie im Empire,* Frankfurt am Main.

Harnecker, Marta (2002): *Hugo Chávez Frías. Un hombre, un pueblo.* Internetversion abgerufen am 12. Februar 2005 unter: http://www.nodo50.org/cubasiglo-XXI/politica/harnecker24_310802.pdf.

Harnecker, Marta (2003a): »*Venezuela: una revolución sui géneris«,* Vortrag auf dem Seminar des LAC (Foro Social Mundial III), 24. Januar 2003.

Harnecker, Marta (2003b): »Democracia y Participación Popular«, in: *Aporrea.org,*

8. August 2003, Internetversion abgerufen am 8. August 2003: http://www.apor-rea.org/ideologia/a4173.html.

Harnecker, Marta (2005a): *Haciendo Posible lo Imposible. La izquierda en el um-bral del siglo XXI*, Caracas. Internetversion abgerufen am 2. Februar 2009 un-ter: http://168.96.200.17/ar/libros/martah/posible.rtf.

Harnecker, Marta (2005b): *Los desafíos de la cogestión. Las experiencias de Cada-fe y Cadela*, Caracas.

Harnecker, Marta (2005c): *Presupuesto participativo en Caracas. La experiencia del GOL*, Caracas.

Harnecker, Marta (2007): *Gobiernos Comunitarios*, Caracas.

Harnecker, Marta (2008): *Transfiriendo poder a la gente*, Municipio Torres, Esta-do Lara, Caracas.

Harnecker, Marta (2009): *Construyendo el Socialismo del Siglo XXI. De Los Conse-jos Comunales a La Comuna*, 1.4.2009. Internetversion abgerufen am 14. Mai 2009 unter: http://www.rebelion.org/docs/83276.pdf.

Hartling, Jay, (2007): »Building Popular Power in the Venezuelan Town of Caro-ra«, in: *Venezuelanalysis*, 26.4.2007. Versión en Internet consultada 14 de mayo 2009: http://www.venezuelanalysis.com/analysis/2359.

Heil, Reinhard/Hetzel, Andreas (Hrsg.) (2006): *Die unendliche Aufgabe*, Frank-furt am Main.

Hellinger, Daniel (2003): »Visión política general: la caída del puntofijismo y el sur-gimiento del chavismo«, in: Ellner, Steve/Hellinger, Daniel (2003), *La política venezolana en la época de Chávez*, Caracas, S. 43-74.

Hellinger, Daniel (2008): ¿Cómo entiende el »Pueblo« la democracia protagónica? Resultados de una encuesta«, in: *Revista Venezolana de Economía y Ciencias So-ciales*, Bd. 14, Nr. 1, S. 153-181.

Herrera Salas, Jesús María (2004): »Racismo y discurso político en Venezuela«, in: *Revista Venezolana de Economía y Ciencias Sociales*, Bd. 10, Nr. 2, UCV, Ca-racas, S. 111-128.

Herrera Salas, Jesús María (2005): »Ethnicity and Revolution: The Political Econ-omy of Racism in Venezuela«, in: *Latin American Perspectives*, SAGE, Nr. 32, S. 72-91.

Hernández, Carlos Raúl (2001): »Universidad para el cambio; cambio para la uni-versidad«, in: *Extramuros*, Nr.15, Caracas, S.19-49.

Hernández M., Eladio/Lucena, Tibisay (2003): »Desarrollo Institucional del poder electoral en Venezuela«, in: *Revista Venezolana de Economía y Ciencias Socia-les*, Bd. 9, Nr. 1, UCV, Caracas, S. 117-138.

Heydra, Pastor (1981): *LA IZQUIERDA una autocrítica perpétua*, Ediciones de la Facultad de Humanidades y Educación Universidad Central de Venezuela, Caracas.

Hirsch, Joachim (2008): »Weltwirtschaftskrise 2.0 oder der Zusammenbruch des neoliberalen Finanzkapitalismus«, in: *links-netz.de*, Oktober 2008. Internetver-sion abgerufen am 3. Februar 2009 unter: http://www.links-netz.de/K_texte/K_hirsch_finanzkrise.html.

Hobsbawm, Eric John (1998): *Das Zeitalter der Extreme. Weltgeschichte des 20. Jahrhunderts*, München.

Holloway, John (2004a): *Die Welt verändern, ohne die Macht zu übernehmen*,

Münster.

Holloway, John (Comp.) (2004b): *Clase=Lucha. Antagonismo social y marxismo crítico*, Buenos Aires.

Holloway, John (2004c): »Clase y Clasificación«, in: Holloway, John (Hrsg.), *Clase=Lucha. Antagonismo social y marxismo crítico*, Buenos Aires, S. 69-84.

Holloway, John (2004d): »¿Dónde está la lucha de clases?«, in: Holloway, John (Hrsg.), *Clase=Lucha. Antagonismo social y marxismo crítico*, Buenos Aires, S. 85-102.

Holloway, John (2006): *Contra y más allá del capital*, Caracas.

Holloway, John/Matamoros, Fernando/Tischler, Sergio (Hrsg.) (2007): *Negatividad y revolución. Theodor W. Adorno y la política*, Buenos Aires.

Holm, Andrej/Bernt, Matthias (2007): »Protagonismus der Ausgeschlossenen: Ansätze partizipativer Stadtentwicklung in den Barrios von Caracas«, in: Holm, Andrej (Hrsg.), *Revolution als Prozess: Selbstorganisierung und Partizipation in Venezuela*, Hamburg, S. 20-37.

Huish, Robert/Kirk, John M. (2007): »Cuban Medical Internationalism and the Development of the Latin American School of Medicine«, in: *Latin American Perspectives*, Nr. 34, SAGE, S. 77-92.

Hurtado Barrios, Nicolás/Medina Silva, Pedro (2006): *Por qué luchamos*, Caracas.

ICG (International Crisis Group) (2007): »Venezuela: Hugo Chávez's revolution«, in: *Latin America Report*, Nr. 19. Internetversion abgerufen am 4. März 2008 unter: http://www.11abril.com/index/especiales/ICG_ChavezRevolution20070222.pdf.

IMU (Instituto Metropolitano de Urbanismo): Taller Caracas (2007): *El Poder Popular. Serie Ensayos. Propuestas para el debate*, Caracas.

Iturriza López, Reinaldo (2006): *27 de Febrero de 1989: interpretaciones y estrategias*, Caracas.

Iturriza López (2007): *El general Kersausie y las barricadas del 27 de Febrero de 1989*, in: *Aporrea.org*, 28. Februar 2007. Internetversion abgerufen am 28. Februar 2007 unter: http://www.aporrea.org/ideologia/a31241.html.

Jácome, Francine (1998a): »Los militares en Venezuela: »¿ruptura o continuidad del pacto tácito?«, in: *Revista Venezolana de Economía y Ciencias Sociales*, Bd. 4, Nr. 2-3, UCV, Caracas, S. 259-277.

Jácome, Francine (1998b): »Venezuela: ¿Ruptura o continuidad del pacto tácito?«, in: *Revista Venezolana de Economía y Ciencias Sociales*, Nr. 2-3, UCV, Caracas.

Jörke, Dirk (2006): »Wie demokratisch sind radikale Demokratietheorien?«, in: Heil, Reinhard/Hetzel, Andreas (Hrsg.), *Die unendliche Aufgabe*, Frankfurt am Main, S. 253-266.

Kaltmeier, Olaf/Kastner, Jens/Tuider, Elisabeth (2004): »Cultural Politics im Neoliberalismus. Widerstand und Autonomie Sozialer Bewegungen in Lateinamerika«, in: Kaltmeier, Olaf/Kastner, Jens/Tuider, Elisabeth (Hrsg.), *Neoliberalismus – Autonomie – Widerstand. Soziale Bewegungen in Lateinamerika*, Münster, S. 7-30.

Karl, Terry Lynn (1997): *The Paradox of Plenty. Oil Booms and Petro-States*, Berkeley.

KAS/Auslandsinformationen (2004): »Deutschland & Lateinamerika. Neue Impulse für eine bewährte Partnerschaft«, in: *KAS/Auslandsinformationen*, 10. November 2004, S. 1-15.

Kastner, Jens Petz (2006):»Modifizierte Stärke. Soziale Bewegungen in Lateinamerika im Überblick«, in: *Grundrisse*, Nr. 20, Wien, S. 12-17.

Kastner, Jens Petz (2007):»Auf dem Spielfeld der Macht. Kollektives Gedächtnis und Positionierung, Stuart Hall und Pierre Bourdieu, EZLN und CIPO-RFM« in: Hinderer, Max/Kastner, Jens Petz (Hrsg.), *Pok ta Pok. Aneignung – Macht – Kunst*, Wien, S. 93-114.

Kastner, Jens Petz (2008): *Las misiones sociales en Venezuela*, Instituto Latinoamericano de Investigaciones Sociales (ILDIS), Caracas.

Kliksberg, Bernardo (1999):»Inequidad en América Latina: un tema clave«, in: Álvarez, Lourdes/del Rosario, Helia Isabel/Robles, Jesús (Hrsg.), *Política social: exclusión y equidad en Venezuela durante los años noventa*, Fonvis/Ildis-Venezuela/Cendes-UCV/Nueva Sociedad, Caracas, S. 27-62.

Kollektiv p.i.s.o. 16 (Hrsg.) (2004): *Venezuela. Welcome to our Revolution*, München.

Kornblith, Miriam (1998): *Las crisis de la democracia. Venezuela en los 90*, Caracas.

Kornblith, Miriam (2001):»Confiabilidad y Transparencia de las elecciones en Venezuela: examen de los comicios del 30 de julio de 2000«, in: Carrasqueño, José Vicente/Maingon, Thais/Welsch, Friedrich (Hrsg.), *Venezuela en Transición: elecciones y democracia 1998-2000*, CDB Publicaciones-RedPol, Caracas, S. 133-163.

Kornblith, Miriam/Levine, Daniel H. (1993):»Venezuela: The life and times of the party system«, in: *Kellogg Institute Working Paper Nr. 97*, Kellogg Institute, Yale, Internetversion abgerufen am 10. Februar 2007 unter: kellogg.nd.edu/publications/workingpapers/WPS/197.pdf.

Krauze, Enrique (1986): *Por una democracia sin adjetivos*, México D.F.

Krauze, Enrique (2003):»El destino de América Latina«, in: *Perspectiva*, Bogotá, S. 56-60.

Krennerich, Michael (2003):»Demokratie in Lateinamerika. Eine Bestandsaufnahme nach der Wiedergeburt vor 25 Jahren«, in: *Aus Politik und Zeitgeschichte*, Nr. 38-39, 15. September 2003.

Kron, Stefanie (2004):»Venezuela: Verfassung und staatliche Frauenpolitik«, in: *Femina politica*, Nr. 13, Bd. 1, Leverkusen, S. 56-67.

Lacabana, Miguel/Cariola, Cecilia (2005a):»Construyendo la participación popular y una nueva cultura del agua en Venezuela«, in: *Cuadernos del Cendes*, Bd. 22, Nr. 59, UCV, Caracas, S. 111-133.

Lacabana, Miguel/Cariola, Cecilia (2005b):»Los bordes de la esperanza: nuevas formas de participación popular y gobiernos locales en la periferia de Caracas«, in: *Revista Venezolana de Economía y Ciencias Sociales*, Bd. 11, Nr. 1, Januar-April, UCV, Caracas, S. 21-41.

Laclau, Ernesto (1977): *Politics and Ideology in Marxist Theory*, London.

Laclau, Ernesto (1978):»Hacia una teoría del populismo«, in: Laclau, Ernesto, *Política e ideología en la teoría marxista*, Madrid.

Laclau, Ernesto (2002): *Emanzipation und Differenz*, Wien.

Laclau, Ernesto (2003a):»Demokratie, Volk, Repräsentation«, in: *Beiträge des in-*

ternationalen Kolloquiums: Die Krise der Repräsentation in der Kunst und Politik, im Goethe-Institut, Buenos Aires, 10.-11. Juli 2003. Internetversion abgerufen am 22. September 2005 unter: http://www.exargentina.org/.

Laclau, Ernesto (2003b): »Democracia, pueblo y representación«, in: *Ponencias del coloquio internacional: La crisis de la representación en el arte y la política*, im Goethe-Institut, Buenos Aires, Argentinien, 10.-11. Juli 2003. Internetversion abgerufen am 22. September 2005 unter: http://www.exargentina.org/.

Laclau, Ernesto (2006a): »La deriva populista y la centroizquierda latinoamericana«, in: *Nueva Sociedad*, Nr. 205, September-Oktober, S. 56-61.

Laclau, Ernesto (2006b): »Consideraciones sobre el populismo latinoamericano«, in: *Cuadernos del Cendes*, Nr. 62, Januar, Caracas, S. 115-120.

Laclau, Ernesto (2006c): »Por qué construir un pueblo es la tarea principal de la política radical«, in: *Cuadernos del Cendes*, Nr. 62, Januar, Caracas, S. 115-120.

Laclau, Ernesto/Mouffe, Chantal (1991): *Hegemonie und radikale Demokratie. Zur Dekonstruktion des Marxismus*, Wien.

Lacruz, Tito (2006): »Balance sociopolítico: Una ciudadanía social inacabada«, in: Maingon, Thais (Hrsg.), *Balance y perspectivas de la política social en Venezuela*, Instituto Latinoamericano de Investigaciones Sociales (ILDIS), Caracas, S. 110-182.

Lamnek, Siegfried (1995a): »Qualitative Sozialforschung«, in: *Methodologie*, Nr. 1, Weinheim.

Lamnek, Siegfried (1995b): »Qualitative Sozialforschung«, in: *Methoden und Techniken*, Nr. 2, Weinheim.

Lander, Edgardo (1995): *Neoliberalismos, sociedad civil y democracia*, Universidad Central de Venezuela/Consejo de Desarrollo Científico y Humanístico, Caracas.

Lander, Edgardo (1996a): »Urban Social Movements, Civil Society and New Forms of Citizenship in Venezuela«, in: *International Review of Sociology*, Bd. 6, Nr. 1, S. 51-65.

Lander, Edgardo (1996b): *La democracia en las Ciencias Sociales latinoamericanas contemporáneas*, FACES-UCV, Caracas.

Lander, Edgardo (2004): »Venezuela: La búsqueda de un proyecto contrahegemónico«, in: Ceceña, Ana Esther, *Hegemonías y emancipaciones en el siglo XXI*, Buenos Aires, S. 197-223.

Lander, Edgardo (2006): »La democracia liberal y las guerras culturales«, in: Cadenas, José María (Hrsg.), *Debate sobre la democracia en América*, UCV/Vicerectorado Académico/cea, Caracas, S. 99-108.

Lander, Edgardo (2007a): »El Estado y las tensiones de la participación popular en Venezuela«, in: *OSAL*, Jg. VIII, Nr. 22, September, Buenos Aires, S. 65-86.

Lander, Edgardo (2007b): »Venezuelan Social Conflict in a Global Context«, in: Ellner, Steve/Tinker Salas, Miguel, *Venezuela. Hugo Chávez and the decline of an exceptional democracy*, New York/Toronto/Plymouth, S. 16-32.

Lander, Edgardo (2009): »El proceso bolivariano y las tensiones de un proyecto alternativo. Conversación con el politólogo Edgardo Lander, in: *Rebelión.org*. Internetversion abgerufen am 8. Februar 2009 unter: http://www.rebelion. org/noticias/venezuela/2009/2/el-proceso-bolivariano-y-las-tensiones-de-unproyecto-alternativo-80123.

Lander, Luis (2003): *Poder y petróleo en Venezuela*, Ediciones FACES-UCV/Pdvsa, Caracas.

Lander, Luis (2005): »Referendo Revocatorio y Elecciones Regionales en Venezuela: Geografía Electoral de la Polarización«, in: *Revista Venezolana de Economía y Ciencias Sociales*, Bd. 11, Nr. 1, UCV, Caracas, S. 43-58.

Lander, Edgardo/González, José Daniel (1996): *La democracia en las ciencias sociales latinoamericanas*, Bd. II, Caracas.

Lander, Luis/López Maya, Margarita (2000): »Venezuela. La hegemonía amenazada«, in: *Nueva Sociedad*, Nr. 167, Caracas.

Lanz, Rigoberto (2001): »Democracia, política y discurso crítico en la América Latina«, Interview von Morales, Elda und Mendéz, Ana Irene, in: *Utopía y Praxis Latinoamericana*, Bd. 6, Nr. 12, Maracaibo, S. 98-108.

Lanz, Rigoberto (2005): »Cultura política y gobernanza. Varios mitos que sirven de coartada a las astucias del poder«, in: Ramírez Ribes, María (Hrsg.) (2005*), Gobernanza. Laberinto de la democracia,* Informe del Capítulo Venezolano del Club de Roma, Caracas, S. 97-110.

Lanz, Rigoberto (2007): »Lo que ›Socialismo‹ quiere decir«, in: *Aporrea.org*, 1. März 2007. Internetversion abgerufen am 10. November 2008 unter: http://www.aporrea.org/ideologia/a31305.html

Lanz Rodríguez, Carlos (2004a): *La revolución es cultural o reproducirá la dominación*, Caracas.

Lanz Rodríguez, Carlos (2004b*): El Desarrollo Endógeno y la Misión Vuelvan Caras*, Misión Vuelvan Caras/Ministerio de Educacíon Superior, Caracas.

Lanz Rodríguez, Carlos (2005a): *La cogestión como cambio en las relaciones de producción*, 12 S., Ciudad Guayana: Corporación Venezolana de Guayana (CVG)/Ministerio de Industrias Básicas y Minería.

Lanz Rodríguez, Carlos (2007a): »Proceso inmediato de producción y autonomía obrera«, in: *Aporrea.org*, 21. Februar 2007. Internetversion abgerufen am 10. November 2008 unter: http://www.aporrea.org/ideologia/a30979.html.

Lanz Rodríguez, Carlos (2007b): »Propuestas de CVG ALCASA: Rumbo a la Empresa Estatal Socialista«, in: *Aporrea.org*, 9. April 2007. Internetversion abgerufen am 10. Februar 2009 unter: http://www.aporrea.org/ideologia/a33051.html.

Lanz Rodríguez, Carlos (2007c): »La vigencia del marxismos crítico en la costrucción socialista«, in: *Aporrea.org*, 26. Juli 2007, Internetversion abgerufen am 10. November 2008 unter: http://www.aporrea.org/audio/2007/07/la_vigencia_del_marxismo_critico_en_la_construccion_social.pdf.

Lanz Rodríguez, Carlos (2007d): *Consejo de Fábrica y Construcción Socialista. Antecedentes teóricos e históricos de un debate inconcluso*, Ciudad Guayana: Mibam/CVG Alcasa.

Latinobarómetro (2005): Informe Latinobarómetro 2005, Santiago de Chile.

Latinobarómetro (2007): Informe Latinobarómetro 2007, Santiago de Chile.

Latinobarómetro (2008): Informe Latinobarómetro 2008, Santiago de Chile.

Latouche R., Miguel Ángel (2006): »Los dilemas de la representación. Hacia una revisión de la crisis del sistema político venezolano contemporáneo«, in: *Revista Venezolana de Análisis de Coyuntura*, Bd. XII, Nr. 2, UCV, Caracas, S. 11-27.

Lauga, Martín (1999): *Demokratietheorie in Lateinamerika: die Debatte in den So-*

zialwissenschaften, Opladen.

LCC (Ley de los Consejos Comunales) (2006): Asamblea Nacional de la República Bolivariana de Venezuela, Caracas.

LCEPCPP (Ley de los Consejos Estadales de Planificación y Coordinación de Políticas Públicas) (2002): Gaceta Oficial de la República de Venezuela, No. 37.509, 20.8.2002, ANdRBV, Caracas.

LCLPP (Ley de los Consejos Locales de Planificación Pública) (2002): en: Gaceta Oficial, N° 37.463, 12 de junio de 2002

Lebowitz, Michael (2006): *Construyámoslo Ahora. El Socialismo para el Siglo XXI*, Centro Internacional Miranda, Caracas.

Lechner, Norbert (1995): »La reforma del Estado y el problema de la conducción del Estado«, in: *Perfiles Latinoamericanos*, Nr. 7, Dezember, Revista de la Facultad *Latinoamericana* de Ciencias Sociales (FLACSO-México).

Lenin, Vladimir Iljitsch (1917/18): *Staat und Revolution*, Berlin 1986.

Lerner, Josh (2007): »Communal councils in Venezuela: can 200 families revolutionize democracy?«, in: *Z Magazine*, März.

Linz, Juan/Valenzuela, Arturo (Hrsg.) (1994): *The Failure of Presidential Democracy*, Bd. 1 und 2, Baltimore/London.

Linz, Juan/Valenzuela, Arturo (Hrsg.) (2002): *Kokoro: Educación para el Siglo XXI*, Caracas.

Lissidini, Alicia (2006a): *La democracia directa en Venezuela: ¿Participativa o Plebiscitaria?*, Programa Regional de Becas del Consejo Latinoamericano de Ciencias Sociales (CLACSO), Buenos Aires.

Lissidini, Alicia (2006b): *Democracia directa en América Latina: ¿amenaza populista o una voz que evita la salida?*, Vortrag auf: XI Congreso Internacional del CLAD sobre la Reforma del Estado y de la Administración Pública, Ciudad de Guatemala, 7.-10. November 2006, Internetversion abgerufen am 28. Juni 2007 unter: http://www.iij.derecho.ucr.ac.cr/archivos/documentacion/inv%20otras%20entidades/CLAD/CLAD%20XI/documentos/lissidin.pdf.

LOCC (Ley Orgánica de los Consejos Comunales) (2009): Asamblea Nacional de la República Bolivariana de Venezuela, Caracas.

López, Camilo/Mujica, Josefina (2005): »Huelga Litvinov Francia, Andrés E. de los Trabajadores de Embutidos Arichuna«, in: *El Militante*, 29. März 2005, Caracas.

López, Delso (2003): *El Porteñazo*, Club FAV, Caracas. Internetversion abgerufen am 20. März 2010 unter: http://www.fav-club.com/index.php?option=com_content&view=article&id=203:el-portenazo-&catid=26:historia&Itemid=25.

López, Frank (1996): »Disputa institucional y modelo político en Venezuela«, in: *Faces*, Jg. 6, Nr. 13, Carabobo: Universidad de Carabobo. Internetversion abgerufen am 10. März 2007 unter: http://servicio.cid.uc.edu.ve/faces/revista/a6n13/6-13-8.pdf.

López, Marivit/Aporrea.org (2005): »Acuerdos del Encuentro sobre Cogestión de Guayana (16 al 18 de junio)«, in: *Aporrea.org*, 21. Juni 2005. Internetversion abgerufen am 22. September 2005 unter: http://www.aporrea.org/trabajadores/n62253.html.

López Maya, Margarita (1995): »El Ascenso en Venezuela de La Causa R«, in: *Revista Venezolana de Economía y Ciencias Sociales*, Nr. 2-3, UCV, Caracas,

S. 205-239.

López Maya, Margarita (1996):»Nuevas representaciones populares en Venezuela«, in: *Nueva Sociedad*, Nr. 144, Juli-August, S. 138-151.

López Maya, Margarita (2001):»Venezuela después del Caracazo: Formas de la protesta en un contexto desinstitucionalizado«, in: *Kellogg Institute Working Paper Nr. 287*, Juli, Kellogg Institute, Yale, Internetversion abgerufen am 22. Juni 2006 unter: http://kellogg.nd.edu/publications/workingpapers/WPS/287.pdf.

López Maya, Margarita (2002):»Partidos de vocación popular en la recomposición del sistema político venezolano: fortalezas y debilidades«, in: *Revista Venezolana de Economía y Ciencias Sociales*, Bd. 8, Nr. 1, UCV, Caracas, S. 109-131.

López Maya, Margarita (2003a):»Hugo Chávez Frías, su movimiento y presidencia«, in: Ellner, Steve/Hellinger, Daniel, *La política venezolana en la época de Chávez*, Caracas, S. 98-120.

López Maya, Margarita (2003b):»Movilización, institucionalidad y legitimidad en Venezuela«, in: *Revista Venezolana de Economía y Ciencias Sociales*, Nr. 1, UCV, Caracas, S. 211-226.

López Maya, Margarita (2004):»Venezuela 2001-2004: Actores y estrategias«, in: *Cuadernos del Cendes*, Bd. 21, Nr. 56, UCV, Caracas, S. 105-128.

López Maya, Margarita (2005a): *Del viernes negro al referendum revocatorio*, Caracas.

López Maya, Margarita (2005b):»Eficacia de la democracia participativa«, in: Ramírez Ribes, María (Hrsg.): *Gobernanza. Laberinto de la democracia*, Informe del Capítulo Venezolano del Club de Roma, Caracas, S. 207-217.

López Maya, Margarita (2008):»Innovaciones participativas en la Caracas bolivariana: La MTA de la pedrera y la OCA de barrio Unión-Carpintero«, in: *Revista Venezolana de Economía y Ciencias Sociales*, Bd. 14, Nr. 1, UCV, Caracas, S.65-93.

López Maya, Margarita/Gómez Calcaño, Luis/Maingon, Thaís (1989): *De Punto Fijo al pacto social, desarrollo y hegemonía en Venezuela (1958-1985)*, Fondo Editorial Acta Científica Venezolana, Caracas.

López Maya, Margarita/Lander, Luis Edgardo (2000):»Refounding the Republic: the political project of Chavismo«, in: *NACLA: reports on the Americas*, Bd. 33, Nr. 6, New York, S. 22-28.

López Maya, Margarita/Lander, Luis Edgardo (2009):»Venezuela: El socialismo *rentista* de Venezuela ante la caída de los precios petroleros internacionales«, Vortrag auf: *The Left in Government – a strategic project? Latin America and Europe compared*, Konferenz der Rosa Luxemburg Stiftung, 1.-3. Mai 2009 in Brüssel.

López Maya, Margarita/Smilde, David/Stephany, Keta (2002): *Protesta y cultura en Venezuela: los marcos de acción colectica en 1999*, FACES-UCV/Cendes/fonacit, Caracas.

López Valladares, Mirtha/Gamboa Cáceres, Teresa (2001):»Democracia y participación en los municipios venezolanos: Bases constitucionales, legales y teóricas« In: *Ciencias de Gobierno*, Jg. 5, Nr. 10, Instituto Zuliano de Estudios Políticos, Económicos y Sociales, S. 77-99.

LOPPM *(Ley Orgánica del Poder Público Municipal) (2005):* Gaceta Oficial de la República de Venezuela, No. 38.204 del 8.6.2005, ANdRBV, Caracas.

Lora, Eduardo (Hrsg.) (2008): *Calidad de vida. Más allá de los hechos*, ohne Ort:

Banco Interamericano de Desarrollo. Internetversion abgerufen am 16. März 2009 unter: http://idbdocs.iadb.org/wsdocs/getdocument.aspx?docnum=1775347.

Lovera, Alberto (2008): »Los consejos comunales en Venezuela: ¿Democracia participativa o delegativa?«, in: *Revista Venezolana de Economía y Ciencias Sociales*, Bd. 14, Nr. 1, S. 107-124.

Loyo Hernández, Juan Carlos (2002): »La arquitectura de gobernanza y la gobernabilidad del sistema político venezolano: una explicación de la estabilidad y el cambio de la democracia en Venezuela«, Vortrag auf dem *VII Congreso Internacional del CLAD sobre la Reforma del Estado y de la Administración Pública*, Lisboa, Portugal, 8.-11. Oktober 2002. Internetversion abgerufen am 12. Februar 2007 unter: unpan1.un.org/intradoc/groups/public/documents/CLAD/clad0043410.pdf.

Lukács, Georg (1923): *Geschichte und Klassenbewusstsein. Studien über marxistische Dialektik*, Thomas de Munter (Raubdruck), Amsterdam 1965.

Luhmann, Niklas (1991): »Protestbewegungen«, in: Hellmann, Kai-Uwe (Hrsg.) (1996), *Protest: Systemtheorie und soziale Bewegungen*, Frankfurt am Main, S. 201-215.

Lummis, C. Douglas (1996): *Radical Democracy*, Ithaca/London.

Luna, Juan Pablo (2006): »The Income-Elasticity of Support for Democratic Governance Components: A Double-Bounded Dichotomous Choice Measurement Proposal«, in: *UNDP-LAPOP Background Document for the UNDP Democratic Support Index*, Vanderbilt University-LAPOP Workshop, 5.-6. Mai. Internetversion abgerufen am 8. Februar 2007 unter: http://sitemason.vanderbilt.edu/files/dN5AHu/vanderbilt_luna.pdf.

Luxemburg, Rosa (1918): »Zur russischen Revolution«, in: *Gesammelte Werke*, Bd. 4, Berlin 1974.

Machado, Maryori/Alvarado, Neritza (2005): »Marco general para una estrategia de superación de la pobreza en Venezuela«, in: *Revista Venezolana de Análisis de Coyuntura*, Bd. XI, Nr. 2, Juli-Dezember, UCV, Caracas, S. 95-116.

Macpherson, Crawford Brough (1964): *The Real World Democracy*, Toronto.

Macpherson, Crawford Brough (1977): *The Life and Times of Liberal Democracy*, Oxford.

Macpherson, Crawford Brough (1983): *Nachruf auf die liberale Demokratie*, Frankfurt am Main.

Madroñal, Juan Carlos (2005): *Direct Democracy in Latin America*, Más Democracia/Democracy Internacional. Internetversion abgerufen am: 24. August 2008 unter: http://www.democracy-international.org/fileadmin/di/pdf/papers/dd-latin-america.pdf.

Magallanes, Rodolfo (2005): »La igualdad en la República Bolivariana de Venezuela (1999-2004)«, in: *Revista Venezolana de Economía y Ciencias Sociales*, Bd. 11, Nr. 2, UCV, Caracas, S. 71-99.

Maingon, Thais (Hrsg.) (2006a): *Balance y perspectivas de la política social en Venezuela*, Instituto Latinoamericano de Investigaciones Sociales (ILDIS), Caracas.

Maingon, Thais (Hrsg.) (2006b): »Caracterización de las estrategias de la lucha contra la pobreza. Venezuela 1999-2005«, in: *FERMENTUM. Revista Venezolana de Sociología y Antropología*, Bd. 16, Nr. 45, Mérida: Universidad de los

Andes, S. 57-99.

Mannheim, Karl (1951): Freedom, power & democratic planning, London.

Manrique, Miguel (2001):»Relaciones Civiles Militares en la Constitución Bolivariana de 1999«, in: *Vortrag beim Kongress REDES 2001* (Research and Education in Defense and Security Studies), Washington D.C.: Center for Hemispheric Defense Studies, S. 22-25. Internetversion abgerufen am 20. Februar 2007 unter: http://www.ndu.edu/chds/redes2001/Papers/Block1/Civilian-Mili tary%20Relations%20Panel-Venezuela%20and%20El%20Salvador/Manrique. Civil-Military%20Panel.doc.

Mansilla, Hugo Celso Felipe (2004):»Consultas populares y ampliación de la democracia: el referéndum en perspectiva comparada«, in: *Cuaderno de análisis Investigación 1*, Corte Nacional Electoral.

Maniglia, Teresa (Hrsg.) (2003): *Una Historia que es la suya*, Caracas.

Marcano, Esther Elena (1993):»De la Crisis al Colapso de los Servicios Públicos en la Metropoli«, in: *Urbana*, Nr. 13, Instituto de Urbanismo Facultad de Arquitectura y Urbanismo, UCV, Caracas, S. 57-68.

Marcano, Juan Carlos (2008):»¿Es necesario Barrio Adentro?«, in: *Aporrea.org*, 26.8.2008. Internetversion abgerufen am 1. September 2008 unter:www.aporrea.org/media/2008/08/trabajo_misin_barrio_adentro.pdf.

Marcuse, Herbert/Moore, Barrington/Wolff, Robert Paul (1966): *Kritik der reinen Toleranz*, Frankfurt am Main.

Marea Socialista (2008): *Documentos de Debate 1: Sidor. Lecciones de la Nacionalización*, Juni, Caracas.

Márquez, Patricia (2003):»¿Por qué la gente votó por Hugo Chávez?«, in: Ellner, Steve/Hellinger, Daniel (2003), *La política venezolana en la época de Chávez*, Caracas, S. 253-272.

Martínez, Agustina Yadira (2006):»La Constitución venezolana como instrumento para la construcción de la ciudadanía«, in: *Revista de Ciencias Sociales*, Bd. 12, Nr. 1, April, S. 21-35.

Martínez de Correa, Luz María/Sánchez Tudares, Maxula/Villalobos, Delisbeth (2006):»La representación social de la Misión Sucre en el marco del plan de equilibrio social 2001-2007«, in: *Frónesis*, Bd. 13, Nr. 2, August, S. 31-67.

Martínez Oliveros, Xiomara (2001): *Política para los nuevos tiempos. Una reflexión ético-política sobre la democracia*, UCV, Fondo Editorial Tropykos, Caracas.

Martínez Oliveros, Xiomara/Téllez, Magaldy (Hrsg.) (2001): *Pliegues de la Democracia*, Universidad Central de Venezuela, Fondo Editorial Tropykos, Caracas.

Marx, Karl (1843):»Zur Kritik der Hegelschen Rechtsphilosophie«, in: Marx, Karl/Engels, Friedrich, *Marx-Engels Werke* (MEW), Bd. 1, Berlin/DDR 1961, S. 203-333.

Marx, Karl (1844a):»Briefe aus den Deutsch-Französischen Jahrbüchern«, in: Marx, Karl/Engels, Friedrich, *Marx-Engels Werke* (MEW), Bd. 1, Berlin/DDR 1961, S. 337-346.

Marx, Karl (1844b):»Zur Judenfrage«, in: Marx, Karl/Engels, Friedrich, *Marx-Engels Werke* (MEW), Bd. 1, Berlin/DDR 1961, S. 347-377.

Marx, Karl (1845):»Thesen über Feuerbach«, in: Marx, Karl/Engels, Friedrich, *Marx-Engels Werke* (MEW), Bd. 3, Berlin/DDR 1978, S. 5-7.

Marx, Karl (1871):»Zweiter Entwurf zum »Bürgerkrieg in Frankreich««, in: Marx,

Karl/Engels, Friedrich, *Marx-Engels Werke* (MEW), Bd. 17, Berlin/DDR 1973, S. 572-610.

Marx, Karl (1873): *Das Kapital. Kritik der politischen Ökonomie. Erster Band*, Marx-Engels Werke (MEW), Bd. 23, Berlin/DDR 1984.

Marx, Karl (1894):»Die Klassen«, in: Marx, Karl, *Das Kapital. Dritter Band*, hrsg. von F. Engels, Berlin/DDR 1989, S. 892-893.

Marx, Karl/Engels, Friedrich (1848):»Manifest der kommunistischen Partei«, in: *Marx-Engels Werke* (MEW), Bd. 4, Berlin/DDR 1977, S. 459-493.

Marx, Karl/Engels, Friedrich (1872):»Vorwort (zur deutschen Ausgabe von 1872), Manifest der Kommunistischen Partei«, in: Marx, Karl/Engels, Friedrich, *Marx-Engels Werke* (MEW), Bd. 18, Berlin 2003, S. 95-96.

Mascareño, Carlos (Hrsg.) (2003): *Políticas públicas siglo XXI: caso venezolano*, Caracas.

Mas Herrera, María Josefina (2005): *Desarrollo Endógeno. Cooperación y Competencia*, Caracas.

Mazzeo, Miguel (2007a): *El sueño de una cosa (Introducción al Poder Popular)*, Caracas.

Mazzeo, Miguel (2007b):»Introducción«, in: Mazzeo, Miguel/Stratta, Fernando u.a. (2007), *Reflexiones sobre Poder Popular*, Buenos Aires, S. 7-16.

Mazzeo, Miguel/Stratta, Fernando u.a. (2007): *Reflexiones sobre Poder Popular*, Buenos Aires.

MDP (Movimiento de Pobladores) (2007): *Balance del Movimiento de Pobladores*. Internetversion abgerufen am 20. April 2009: http://www.authorstream.com/Presentation/karinar129-28105-balance-de-los-comit-tierra-urbana-programa-ctu-13-08-07-education-ppt-powerpoint/.

MED (Ministerio de Educación y Deportes de Venezuela) (2005): *Escuelas Bolivarianas*, Caracas. Internetversion abgerufen am 14. Oktober 2005 unter: http://www.mci.gob.ve/20alocuciones/4/11655/juramentacion_del_nuevo.html.

Medina, Pablo (1999): *Rebeliones*, Caracas.

Medina, Medófilo (2001): *El elegido presidente Chávez: un nuevo sistema político*, Bogotá.

Medina, Medófilo (2003):»Venezuela al rojo entre noviembre de 2001 y mayo de 2002«, in: Medina, Medófilo/López Maya, Margarita (2003), *Venezuela: confrontación social y polarización política*, Bogotá, S. 7-135.

Melcher, Dorotea (2008):»Cooperativismo en Venezuela: Teoría y praxis«, in: *Revista Venezolana de Economía y Ciencias Sociales*, Bd. 14, Nr. 1, UCV, Caracas, S. 95-106.

Mendéz, Ana Irene (2004): *Democracia y discurso político: Caldera, Pérez y Chávez*, Caracas.

Mészáros, Istvan (1995): *Beyond Capital. Towards a Theory of Transition*, London.

Metzger, Wolfram (2007):»Der Kampf um Gesundheit für Alle«, in: Holm, Andrej (Hrsg.), *Revolution als Prozess: Selbstorganisierung und Partizipation in Venezuela*, Hamburg, S. 77-96.

MinCI (Ministerio del Poder Popular para la Comunicación y la Información) (2007): *Líneas generales del Plan de Desarrollo Económico y Social de la Nación 2007-2013*, Caracas.

Minec (Ministerio para la Economía Comunal) (2006): *Desarrollo Endógeno Bolivariano*, Caracas. Internetversion abgerufen am 20. Februar 2007 unter: http://www.minep.gov.ve/publicaciones/desarrollo_endogeno.pdf.

Minep (Ministerio de Economia Popular) (2006a): *Desarrollo, Eurocentrismo y Economía Popular. Más allá del paradigma neoliberal*, Caracas.

Minppal (Ministerio del Poder Popular para la Alimentación) (2009a): *Memoria y Cuenta 2008*. Internetversion abgerufen am 15. Mai 2009 unter: http://www.minpal.gob.ve/portal/index.php?option=com_docman&task=doc_download&gid=47.

Minppal (Ministerio del Poder Popular para la Alimentación) (2009b): *Estadísticas del Minppal al 13 de mayo del 2009*. Internetversion abgerufen am 15. Mai 2009 unter: http://www.minpal.gob.ve/portal/index.php?option=com_content&task=blogcategory&id=27&Itemid=66.

MinTrab (Ministerio del Poder Popular para el Trabajo y Seguridad Social) (Hrsg.) (2008): *La gestión socialista de la economía y las empresas. Propuesta de trabajadores(as) al pueblo y gobierno de la República Bolivariana de Venezuela. Conclusiones del tercer seminario nacional sobre formación y gestión socialista. Valencia*, 18./19. April 2008, Caracas.

Molina, José E. (2001): »El sistema de partidos venezolano: de la partidocracia al personalismo y la inestabilidad«, in: *Latin American Studies Association*, Vortrag auf der Konferenz 2001 der Washington DC, 6.-8. September 2001. Internetversion abgerufen am 11. März 2007 unter: http://lasa.international.pitt.edu/Lasa2001/MolinaJose.pdf.

Monedero, Juan Carlos (2007): »En donde está el peligro... La crisis de la representación y la construcción de alternativas en América«, in: *Cuadernos del Cendes*, Bd. 24, Nr. 64, UCV, Caracas, S. 1-21.

Moreno, Alejandro (1999): »Resistencia cultural del pueblo venezolano a la modernidad«, in: *Revista Venezolana de Economía y Ciencias Sociales*, Bd. 5, Nr. 2-3, UCV, Caracas, S. 201-215

Moreno, Alejandro (2005): »Reto popular a la gobernabilidad en Venezuela«, in: Ramírez Ribes, María (Hrsg.) (2005), *Gobernanza. Laberinto de la democracia*, Informe del Capítulo Venezolano del Club de Roma, Caracas, S. 207-217.

Mouffe, Chantal (Hrsg.) (1992): *Dimensions of Radical Democracy. Pluralism, Citizenship, Community*, London.

Mouffe, Chantal (1993): *The Return of the Political*, London/New York.

Mouffe, Chantal (1999): *El retorno de lo político*, Barcelona/Buenos Aires/México.

Mouffe, Chantal (2005): *Exodus und Stellungskrieg. Die Zukunft radikaler Politik*. Wien.

MPD (Ministerio de Planificación y Desarrollo)/Dirección General de Planificación del Desarrollo Regional (2002): *Consejo Local de Planificación Pública. Guía de Organización y Funcionamiento*, Caracas.

Muhr, Thomas/Verger, Antoni, (2006): »Venezuela: Higher Education For All«, in: *Journal for Critical Education Policy Studies*, Bd. 4, Nr. 1. Internetversion abgerufen am 19. April 2006 unter: http://www.jceps.com/?pageID=article&articleID=63.

Müller-Plantenberg, Urs (2001): »Engagement und Ausdauer. Kritische Deutsche

Sozialwissenschaft und Lateinamerika«, in: Jahrbuch Lateinamerika. Analysen und Berichte, Bd. 25, *Beharren auf Demokratie*, Münster, S. 13-34.

Müller Rojas, Alberto (1992): *Relaciones Peligrosas. Militares, Política y Estado*, Fondo Editorial Tropykos/Fondo Editorial APUCV/IPP/Fondo Editorial Gual y España, Caracas.

Muno, Wolfgang (2005): »Öl und Demokratie – Venezuela im 20. Jahrhundert«, in: Diehl, Oliver/Muno, Wolfgang, *Venezuela unter Chávez – Aufbruch oder Niedergang?*, Frankfurt am Main, S. 11-34.

Negri, Antonio (1992): *Il Potere Costituente*, Carnago.

Negri, Antonio (1998): »Repubblica Costituente. Umrisse einer konstituierenden Macht«, in: Lazzarato, Maurizio/Negri, Toni/Virno, Paolo (1998), *Umherschweifende Produzenten*, Berlin, S. 67-81.

Negri, Antonio (2001): »Entrevista a Toni Negri«, in: Colectivo Situaciones, *Contrapoder. Una Introducción*, Buenos Aires, S. 107-132.

Negri, Antonio (2008): »Der Ort der Biopolitik: Ereignis und Metropole. Ein Gespräch«, in: *Wespennest*, Nr. 151, Internetversion abgerufen am 24. September 2007 unter: http://www.eurozine.com/pdf/2008-05-28-negri-de.pdf.

Nicanoff, Sergio (2007): »Prólogo«, in: Mazzeo, Miguel (2007), *El sueño de una cosa*, Caracas, S. 9-13.

Nolte, Detlef (2002): »Demokratie kann man nicht essen. Zur politischen Lage«, in: *Lateinamerika, Analysen*, Nr. 3, Hamburg: GIGA, Oktober, S. 149-172.

O'Donnell, Guillermo (1994): »Delegative Democracy«, *in: Journal of Democracy*, Bd. 5, Nr. 1, Washington, S. 55-69.

O'Donnell, Guillermo (1998): »Polyarchies and the (Un)Rule of Law in Latin America«, Arbeitspapier vorgestellt bei: *Meeting of the Latin American Studies Association*, University of Notre Dame, Chicago. Internetversion abgerufen am 18. Februar 2007 unter: http://lasa.international.pitt.edu/LASA98/O'Donnell.pdf.

O'Donnell, Guillermo (2001): *Democracy, Law, and Comparative Politics. Studies in Comparative International Development*, Bd. 36, Nr. 1, Providence (USA), S. 7-36.

O'Donnell, Guillermo (2004): »Notas sobre la democracia en América Latina«, in: PNUD (Hrsg.), *La democracia en América Latina: Hacia una democracia de ciudadanas y ciudadanos: El debate conceptual sobre la democracia*, Documentos in extenso [PDF-Dokument auf CD-Rom] de Programa de Naciones Unidas de Desarrollo, Buenos Aires: PNUD, S. 9-82.

Ochoa Arias, Alejandro E. (Hrsg.) (2006): *Aprendiendo en torno al Desarrollo Endógeno*, Universidad de los Andes/Fundacite, Merida.

Ochoa Henríquez, Haydée/Rodríguez Colmenares, Isabel (2003): »Las fuerzas armadas en la política social de Venezuela«, in: *Política y Cultura*, Nr. 20, Universidad Autónoma Metropolitana-Xochimilco, México D.F., S. 117-135.

OCMPPPC (Ordenanza del Consejo Metropolitano de Planificacion de politicas públicas de Caracas) (2006): Gaceta Oficial del Distrito Metropolitano de Caracas, 20.2.2006, Verordnung Nr. 0098 (Neudruck aufgrund von Fehlern in der ersten Version vom 26.10.2005), Offizielle Gazette Nr. 0076), AMdC (Alcaldía Mayor de Caracas), Caracas.

Ojeda, Fabricio (1962): *Carta de runcia de Fabricio Ojeda*, Caracas, 30. Juni 1962. Internetversion abgerufen am 20. März 2007 unter: http://www.cedema.org/

ver.php?id=2105.

Oliver Costilla, Lucio (2005): »Revisitando al Estado. Las especificidades actuales del Estado en America Latina«, in: Castro Escudero, Teresa/Costilla, Lucio Oliver (Hrsg.), *Poder y política en América Latina*, México D.F., S. 50-86.

OPS (Organización Panamericana de la Salud) (2006): *Barrio Adentro: Derecho a la salud e inclusión social en Venezuela*, Venezuela: Organización Panamericana de Otaiza, Eliézer (2003), *Fuerzas Armadas Venezolanas*, FACES-UCV, Caracas.

OTNRTTU (Oficina Técnica Nacional para la Regularización de la Tenencia de la Tierra Urbana) (2007): *Estadísticas anuales año 2.007*, Caracas.

PAHO (Pan American Health Organization) (2006): *Mission Barrio Adentro: The Right to Health and Social Inclusion in Venezuela*, Organización Panamericana de la Salud, Venezuela.

Panzieri, Raniero (1965): »Uso socialista dell'inchiesta operaia«, in: ders. (1994), *Spontaneità e organizzazione: Gli anni dei »Quaderni rossi« 1959-1964*, Pisa, S. 105-113.

Parada, Frank (2007): »Los Consejos Comunales. La verdadera explosión del poder comunal desde las bases«, in: *Aporrea.org*, 23.2.2007. Internetversion abgerufen am 2. Mai 2009 unter: http://www.aporrea.org/ideologia/a31058.html.

Parker, Dick (2001): »El chavismo: populismo radical y potencial revolucionario«, in: *Revista Venezolana de Economía y Ciencias Sociales*, Bd. 7, Nr. 1, UCV, Caracas, S. 13-44.

Parker, Dick (2003): »¿Representa Chávez una alternativa al neoliberismo?«, in: *Revista Venezolana de Economía y Ciencias Sociales*, Bd.9, Nr. 3, UCV, Caracas, S. 83-110.

Parker, Dick (2006): »¿De qué democracia estamos hablando?«, in: *Revista Venezolana de Economía y Ciencias Sociales*, Bd. 12, Nr. 1, UCV, Caracas, S. 89-99.

Parra, Matilde/Lacruz, Tito (2003): »Seguimiento activo a los programas sociales en Venezuela. Caso de los Multihogares de Cuidado Diario, Informe Final«, in: Proyecto Observatorio Social y Centro de Investigaciones en Ciencias Sociales (CISOR), *La reforma educativa ante el cambio de paradigma*, Caracas. Internetversion abgerufen am 20. März 2007 unter: www.urru.org/papers/2003_varios/cdt_62.pdfPeréz.

Patruyo, Thanalí (2008): *El estado actual de las misiones sociales: balance sobre su proceso de implementación e institucionalización*, Caracas.

PDVSA (Petroleos de Venezuela SA) (2006): *Una vía para democratizar la riqueza petrolera. Empresas de Producción Social*, Caracas.

Phillips, Anne (1995): *The politics of presence*, Oxford.

Piñeiro Harnecker, Camila (2007): »Democracia Laboral y Conciencia Colectiva: un estudio de Cooperativas en Venezuela«, Manuskript des in gekürzter Fassung erschienenen Artikels in: *Temas*, Nr. 50-51, April-September, Habana.

Piñeiro Harnecker, Camila (2010): »Venezuelan Cooperatives: Practice and Challenges«, paper presented to the 28th ILPC, *Rutgers University* (New Jersey, USA), March 15-17, 2010.

PNUD (Programa de las Naciones Unidas para el Desarrollo) (2004): *La democracia en América Latina. Hacia una democracia de ciudadanas y ciudadanos. Contribuciones para el debate*, Buenos Aires.

Poulantzas, Nicos (1978): *Staatstheorie. Politischer Überbau, Ideologie, Sozialis-*

tische Demokratie, Hamburg.

PPF (Pacto de Punto Fijo) (1958): Internetversion abgerufen am 13. Februar 2007 unter: http://www.analitica.com/bitblioteca/venezuela/punto_fijo.asp.

Prensa INCE (2005):»Hoy se firma convenio de cogestión de Inveval«, in: *Aporrea.org*, 4. August 2005. Internetversion abgerufen am 10. November 2006 unter: http://www.aporrea.org/imprime/n64093.html.

Provea *(*Programa Venezolano de Educación-Acción en Derechos Humanos*)* (2008): *Informe Anual octubre 2007-septiembre 2008*, Caracas.

Quijano, Aníbal *(*1998):»*Populismo y fujimorismo*«, in: Burbano de Lara, Felipe (Hrsg.): *El fantasma del populismo*, Caracas, S. 171-205.

Raby, Diane (2006):»El liderazgo carismático en los movimientos populares y revolucionarios«, in: *Cuadernos del Cendes*, Nr. 62, Bd. XXIII, UCV, Caracas, S. 59-72.

Raby, Diane (2008): *Democracia y revolución: América Latina y el socialismo hoy*, Caracas.

Rakowski, Cathy (2003):»Women's Coalitions as a Strategy at the Intersection of Economic and Political Change in Venezuela«, in: *International Journal of Politics, Culture, and Society*, Bd. 16, Nr. 3, S. 387-405.

Ramírez Roa, Rosaly (2003):»La política extraviada en la Venezuela de los años 90: entre rigidez institucional y neo-populismo«, in: *Revista de Ciencia Política*, Bd. XXIII, Nr. 1, Santiago de Chile, S. 137-157.

Ramírez Rojas, Kléber (2006): *Historia documental del 4 de febrero*, El Perro y la Rana, Caracas.

Ramírez, Vicente (2006):»La participación de los Goles en los Consejos Comunales«, entrevista a Vicente Ramírez, promotor comunitario de la Oficina de Fortalecimiento Comunitario adscrita a la Dirección de Ejecución de Obras y Conservación Ambiental«, in: *Proceso Urbano*, Jg. 1, Nr. 2, Juli 2006, Caracas, S. 11-14.

Ramos Jiménez, Alfredo (2002):»Los límites del liderazgo plebiscitario: el fenómeno Chávez en perspectiva comparada«, in: Ramos Jiménez, Alfredo/Madueño, Luis E., Hidalgo Trenado, Manuel/Martínez Barahona, Elena (Hrsg.), *La transición venezolana: aproximación al fenómeno Chávez*, Mérida: Centro de Investigaciones de Política Comparada.

Rauber, Isabel (2003): *Movimientos Sociales y Representación Política*, Buenos Aires.

Rauber, Isabel (2006): *Poder y Socialismo en el Siglo XXI*, Caracas.

RBV (República Bolivariana de Venezuela) (1999): *Constitución de la República Bolivariana de Venezuela*, Caracas.

RBV (República Bolivariana de Venezuela) (2003):»Círculos Bolivarianos«. *Fundamentos de organización*, Caracas.

Reul, Sabine (2003):»Systemwandel in Venezuela – Auf dem Weg zu einem neuen Demokratietypus neopopulistischer Prägung?«, in: *Arbeitspapiere zur Lateinamerikaforschung*, Philosophische Fakultät, Universität Köln. Internetversion abgerufen am 10. Februar 2006 unter: www.uni-koeln.de/phil-fak/aspla.

Rey, Juan Carlos (1976):»*Ideología y Cultura Política*: El Caso del Populismo Latinoamericano«, in: *Politeia*, Nr. 5, Caracas, S. 123-150.

Rey, Juan Carlos (1991):»La democracia venezolana y la crisis del sistema populista de conciliación«, in: *Revista de Estudios Políticos*, Cuaderno 74, S. 531-578.

Rincón de Maldonado, Miriam/Fernández G., María Alejandra (2006): »La democracia venezolana vista desde la relación triangular: fuerza, poder y derecho«, in: *Frónesis*, Bd. 13, Nr. 2, August, S. 68-108.

Rivas Leone, José Antonio (2002): »Transformaciones y crisis de los partidos políticos. La nueva configuración del sistema de partidos en Venezuela«, Working Paper des *Institut de Ciències Polítiques i Socials (ICPS)*, Barcelona. Internetversion abgerufen am 11. März 2007 unter: http://gumilla.org.ve/files/documents/La%2 0nueva%20conf.%20de%20los%20partidos%20en%20Venezuela.pdf.

Roberts, Kenneth (2003): »Polarización social y resurgimiento del populismo en Venezuela«, in: Ellner, Steve/Hellinger, Daniel, *La política venezolana en la época de Chávez*, Caracas, S. 75-95.

Rodríguez, Francisco (2008): »An Empty Revolution: The Unfulfilled Promises of Hugo Chávez«, in: *Foreign Affairs*, März-April, Bd. 87, Nr. 2, S. 49-62.

Röder, Jörg/Rösch, Michael (2001): »Neopopulismus in Venezuela. Aufbruch in die Dekade der Illusionen?«, in: *Brennpunkt Lateinamerika*, Nr. 1, Hamburg: Institut für Iberoamerika-Kunde.

Roitman, Marcos (1995): »Teoría y práctica de la democracia en América Latina«, in: González Casanova, Pablo/Roitman, Marcos (Hrsg.) (1995), *La democracia en América Latina: Actualidad y perspectivas*, La Jornada Ediciones/Centro de Investigaciones Interdisciplinarias en Ciencias y Humanidades, UNAM, México D.F., S. 59-97.

Romero Pirela, Rafael (2007): *Los consejos comunales más allá de la utopía. Análisis sobre su naturaleza jurídica en Venezuela*, Universidad del Zulia, Ediciones del Vice Rectorado Académico, Maracaibo.

Roth, Karl Heinz (2008): *Globale Krise – Globale Proletarisierung – Gegenperspektiven*, Zusammenfassung der ersten Ergebnisse (Stand: 21.12.08), http://www.wildcat-www.de/aktuell/a068_khroth_krise.htm

Rucht, Dieter (1994): *Modernisierung und neue soziale Bewegungen: Deutschland, Frankreich und USA im Vergleich*, Frankfurt am Main.

Rucht, Dieter/Neidhardt, Friedhelm (2001): »Soziale Bewegungen und kollektive Aktionen«, in: Joas, Hans (Hrsg.), *Lehrbuch der Soziologie*. Frankfurt am Main, S. 533-556.

Rucht, Dieter/Koopmans, Ruud/Neidhardt, Friedhelm (1998): »Introduction: Protest as a Subject of Social Research«, in: Rucht, Dieter/Koopmans, Ruud/Neidhardt, Friedhelm (Hrsg.), *Acts of Dissent: New Developments in the Study of Protest*, Berlin, S. 7-30.

Rudé, George (1995): *Ideology & Popular Protest*, London.

Saage, Richard (2005): *Demokratietheorien. Eine Einführung*, Wiesbaden.

Sanoja Obediente, Mario (2008): *El humanismo socialista venezolano del siglo XXI*, Caracas.

Sanoja Obediente, Mario/Vargas-Arenas, Iraida (2004): »La vía del cambio social. Un amplio frente social asume el rol de vanguardia«, in: *Question*, Bd. 20, Nr. 2, Caracas.

Sánchez López, Francisco (2001): »Drei Jahre ›Bolivarianische Revolution‹ en Venezuela ›Trabajadores y empresarios unidos jamás serán vencidos‹«, in: *Brennpunkt Lateinamerika*, Nr. 24, Hamburg: Institut für Iberoamerika-Kunde,

S. 261-168.

Sanz, Rodolfo (2000): *Constituyente: revolución y transición*, Los Teques.

Sartori, Giovanni (1976): *Parties and Party Systems. A framework for Analysis*, Cambridge.

Sartori, Giovanni (1992): *Demokratietheorie*, Darmstadt.

Schamis, Hector E. (2006):»A ›Left Turn‹ in Latin America? Populism, Socialism, and Democratic Institutions«, in: *Journal of Democracy*, Bd. 17, Nr. 4, Washington, S. 20-34.

Scheer, André (2004): *Kampf um Venezuela: Hugo Chávez und die Bolivarianische Revolution*, Essen.

Schönwälder, Gerd (1997):»New Democratic Spaces at the Grassroots? Popular Participation in Latin American Local Governments«, in: *Development and Change*, Bd. 28, Nr. 4, S. 753-770.

Schumpeter, Joseph (1942): *Capitalism, Socialism, and Democracy*, New York 1975.

Scotto D., Clemente (2003):»La Participación Ciudadana como Política Pública. Una Experiencia en la Gestion Local«, in: Mascareño, Carlos (Hrsg.), *Políticas públicas siglo XXI: caso venezolano*, Caracas, S. 69-83.

Sierra Corrales, Francisco (2005):»Cogestión-Autogestión«, in: *Aporrea.org*, 25. Februar 2005. Internetversion abgerufen am 22. März 2005 unter: http://www. aporrea.org/trabajadores/a12277.html.

Silva, Jesús (2005):»Democracia Participativa y Nueva Cultura Política contra Todo«, in: *Aporrea.org*, 22. Mai 2005. Internetversion abgerufen am 22. Mai 2005 unter: http://www.aporrea.org/actualidad/a14217.html.

Silva Michelena, Héctor (1999):»La política social en Venezuela durante los años ochenta y noventa«, in: Álvarez, Lourdes/del Rosario, Helia Isabel/Robles, Jesús (Hrsg.), *Política social: exclusión y equidad en Venezuela durante los años noventa*, Fonvis/Ildis-Venezuela/Cendes-UCV/Nueva Sociedad, Caracas, S. 85-122.

Silva Michelena, Héctor (Hrsg.) (2002): *Estudios selectivos para un análisis de la pobreza en Venezuela*, Caracas.

Soto, Héctor/Ávila, Hugo (2006):»Consejos Comunales Socialismo cotidiano y una agenda integradora«, in: *Aporrea.org*, 21. Juli 2006. Internetversion abgerufen am 22.4.2007 unter: http://www.aporrea.org/poderpopular/a23747.html.

de Sousa Santos, Boaventura (2001):»Nuestra América. Reinventando un paradigma subalterno de reconocimiento y distribución«, in: *Chiapas*, Nr. 12, Instituto de Investigaciones Económicas/UNAM/Era, S. 31-69

de Sousa Santos, Boaventura (2004a): *Democratizar la democracia: los caminos de la democracia participativa*, México, D.F

de Sousa Santos, Boaventura (2004b): *Democracia de alta intensidad. Apuntes para democratizar la democracia*, Unidad de Análisis e Investigación del Área de Educación Ciudadana de la CNE, La Paz.

de Sousa Santos, Boaventura (2007): *La reinvención del Estado y el Estado plurinacional*, Santa Cruz de la Sierra.

Sunacoop (Superintendencia Nacional de Cooperativa) (2008): *Logros de gestión Sunacoop 2008*, Caracas.

Sunkel, Osvaldo (Hrsg.) (1993): *Development from Within: Toward a Neostructuralist Approach for Latin America*, Boulder/London.

Tarrow, Sydney (1998): *Power in Movement. Social Movements, Collective Action and Politics*, Cambridge.

Thompson, Edward Palmer (1963/1991): *The Making of the English Working Class*, Harmondsworth.

Trinkunas, Harold A. (2005): *Crafting Civilian Control of the Military in Venezuela. A Comparative Perspective*, Chapel Hill.

Tischler Visquerra, Sergio (2004): »La crisis del canon clásico de la *forma clase* y los movimientos sociales en América Latina«, in: Holloway, John, *Clase=Lucha. Antagonismo social y marxismo crítico*, Buenos Aires.

Tischler Visquerra, Sergio (2007): »Adorno: la cárcel conceptual del sujeto, el fetichismo político y la lucha de clases«, in: Holloway, John/Matamoros, Fernando/Tischler, Sergio (Hrsg.), *Negatividad y revolución. Theodor W. Adorno y la política*, Buenos Aires, S. 111-128.

Toro Fuenmayor, Luis (2006): »Educación superior: inclusión y exclusión: Calidad con equidad y equidad con calidad«, in: *La Revista Venezolana de Educación (Educere)*, Bd. 10, Nr. 33, Juni, S. 369-378.

Torres-Rivas, Edelberto (1996): »El caos democrático«, in: *Nueva Sociedad*, Nr. 144, Juli-August, S. 152-168.

Torres-Rivas, Edelberto (2002): »Personajes, ideologías y circunstancias. Lo socialdemócrata en Centroamérica«, in: *Nueva Sociedad*, Nr. 180-181, Juli-September, S. 220-233.

Touraine, Alain (1971): *The Post Industrial Society, Tomorrow's Social History. Classes, Conflicts and Culture in the Programmed Society*, New York.

Touraine, Alain (2006): »América Latina entre los discursos melancólicos y la construcción voluntarista del futuro«, in: *Página 12*, 21. Februar 2006.

TSJ (Tribunal Supremo de Justicia): Sala Plena Accidental (2002): *Expediente No. 02-029*,

Twickel, Christoph (2006): *Hugo Chavez. Eine Biographie*, Hamburg.

Uharte Pozas, Luis Miguel (2008): *El Sur en revolución. Una mirada a la Venezuela Bolivariana*, Tafalla.

UNESCO (2005): *Venezuela marks its victory over illiteracy*. Internetversion abgerufen am 15. September 2007 unter: http://portal.unesco.org/education/en/ev.php-URL_ID=42794&URL_DO=DO_TOPIC&URL_SECTION=201.html.

Uslar Pietri, Juan (2007): *HISTORIA de la rebelión popular de 1814*, Fondo Editorial IPASME, Caracas.

Valles Caraballo, Cristian (2004): *Para crecer desde dentro*, Consejo Nacional de la Cultura, Caracas.

Van Cott, Donna Lee (2002): »Movimientos indígenas y transformación constitucional en los Andes. Venezuela en perspectica comparativa«, in: *Revista Venezolana de Economía y Ciencias Sociales*, Nr. 3, UCV, Caracas, S. 41-60.

Van Der Velde Q., Otto (2005): *Registro socialista del proceso constituyente venezolano*, Ministerio de la Cultura/Consejo Nacional de la Cultura, Caracas.

Vargas-Arenas, Iraida (2006): »Historia, Mujer, Mujeres. Origen y desarrollo histórico de la exclusión social en Venezuela«, Minep, Caracas.

Vargas-Arenas, Iraida (2007): Resistencia y Participación, Caracas.

Vargas Llosa, Mario/Mendoza, Plinio A./Montaner, Carlos Alberto (1996): *Manual del perfecto idiota latinoamericano*, Barcelona.

Vera, Leonardo V. (2008): »Políticas sociales y productivas en un Estado patrimonialista petrolero: Venezuela 1999-2007«, in: *Nueva Sociedad*, Nr. 215, Mai-Juni, S. 111-128.

Verba, Sidney/Nie, Norman H. (1972/1987): *Participation in America. Political Democracy and Social Equality*, Chicago.

Vilas, Carlos M. (2003): »¿Populismus reciclados o neoliberalismo a secas? El mito del ›neopopulismo‹ latinoamericano«, in: *Revista Venezolana de Economía y Ciencias Sociales*, Bd. 9, Nr. 3, UCV, Caracas, S. 13-36.

Virno, Paolo (2003): *Gramática de la Multitud*, Madrid.

Virno, Paolo (2005): *Grammatik der Multitude. Öffentlichkeit, Intellekt und Arbeit als Lebensformen*, Wien.

Wainwright, Hilary (2003): *Reclaim The State. Experiments in Popular Democracy*, London/New York.

Wainwright, Hilary (2006): Eurotopia; »Haciendo realidad el sueño de una nueva Europa«, in: *DesdeDentro, revista de economía popular*, Bd. 2, Nr. 3, Caracas, S. 29-31.

Wallerstein, Immanuel (2001): »Democracy, Capitalism, and Transformation«, Vortrag auf der *Documenta 11*, Wien, 16. März 2001, in: Sessions on *Demokratie als unvollendeter Prozess: Alternativen, Grenzen und Neue Horizonte*. Internetversion abgerufen am 22. Oktober 2007 unter: http://fbc.binghamton.edu/iw-vien2.htm.

Weisbrot, Mark/Ray, Rebecca/Sandoval, Luis (2009): »The Chávez Administration at 10 Years: The Economy and Social Indicators«, in: *Center for Economic and Policy Research*, Washington.

Welsch, Friedrich/Werz, Nikolaus (1999): »Der Wahlsieg und der Regierungsbeginn von Hugo Chávez Frias«, in: *Rostocker Informationen zu Politik und Verwaltung*, Nr. 12, Universität Rostock.

Welsch, Friedrich/Werz, Nikolaus (2000): »Die venezolanische ›Megawahl‹ vom Juli 2000 und ihre Folgen: Legitimation der Bolivarianischen Republik«, in: *Brennpunkt Lateinamerika*, Nr. 20, Hamburg: Institut für Iberoamerika-Kunde.

Welsch, Friedrich/Werz, Nikolaus (2002): »Staatstreich gegen Chávez«, in: *Brennpunkt Lateinamerika*, Nr. 7, Hamburg: Institut für Iberoamerika-Kunde.

Willer, Hildegard (2003): »Schwächlinge und Revolutionäre«, in: *Ila*, Nr. 268, Bonn: Informationsstelle Lateinamerika.

Wilpert, Gregory (Hrsg.) (2003): *Coup Against Chavez in Venezuela*, Caracas.

Wilpert, Gregory (2004): »La lucha de Venezuela contra la pobreza«, in: *Rebelión. org*, 5. Januar 2004. Internetversion abgerufen am 25. November 2008 unter: http://www.rebelion.org/hemeroteca/venezuela/040105wilpert.htm.

Wilpert, Gregory (2007): *Changing Venezuela by taking power*, London/New York.

Zago, Angela (1998): *La rebelión de los ángeles*, Caracas.

Zibechi, Raúl (2008): *Autonomías y Emancipaciones. América Latina en movimiento*, Bajo Tierra Ediciones/Sísifo Ediciones, México D.F.

Zibechi, Raúl (2006): »Movimientos sociales: nuevos escenarios y desafíos inéditos«, in: *OSAL (Observatorio Social de América Latina)*, Nr. 21, S. 221-230.

Zimmerling, Ruth (2005): »Venezolanische Demokratie in den Zeiten von Chávez: »Die Schöne und das Biest?««, in: Diehl, Oliver/Muno, Wolfgang, *Venezuela unter Chávez – Aufbruch oder Niedergang?*, Frankfurt am Main, S. 35-56.

Zovatto, Daniel (2004): »Las instituciones de la democracia directa a nivel nacional en América Latina: un balance comparado, 1978-2004«, in: Zovatto, Daniel/ Marulanda, Iván, Lizarazo, Antonio/González, Rodolfo, (2004), *Democracia directa y referéndum en América Latina*, La Paz.

Filme

Azzellini, Dario/Ressler, Oliver (2004): *Venezuela desde abajo*, Caracas/Berlín/ Wien, 67 min.

Azzellini, Dario/Ressler, Oliver (2006): *5 Fábricas. Control Obrero en Venezuela*, Caracas/Berlin/Wien, 81 min.

Azzellini, Dario/Ressler, Oliver (2010): *Comuna en construcción*, Caracas/Berlin/ Wien, 94 min.

VSA: Sozialismus des 21. Jahrhunderts

Frank Deppe
**Politisches Denken im Übergang
ins 21. Jahrhundert**
Rückfall in die Barbarei oder Geburt einer
neuen Weltordnung?
Politisches Denken im 20. Jahrhundert,
Band 4
332 Seiten; € 24.80
ISBN 978-3-89965-402-8
Der Abschlussband von Frank Deppes
Grundlagenwerk über das Politische
Denken im 20. Jahrhundert – mit einem
Ausblick auf den Sozialismus im 21.
Jahrhundert.

Prospekte anfordern!

VSA-Verlag
St. Georgs Kirchhof 6
20099 Hamburg
Tel. 040/28 09 52 77-10
Fax 040/28 09 52 77-50
Mail: info@vsa-verlag.de

Atilio Boron
Den Sozialismus neu denken
Gibt es ein Leben
nach dem Neoliberalismus?
Aus dem Spanischen von Ingo Malcher
160 Seiten; € 16.80; sFr 29.50
ISBN 978-3-89965-423-3
Ein wichtiger Beitrag zur Debatte über
den Sozialismus im 21. Jahrhundert aus
lateinamerikanischer Perspektive.

David Harvey
Marx' »Kapital« lesen
Ein Begleiter für Fortgeschrittene
und Einsteiger.
Aus dem Amerikanischen von Christian
Frings. 416 Seiten; € 24.80
ISBN 978-3-89965-415-8
Der weltweit bekannte marxistische
Wissenschaftler David Harvey führt
durch den klassischen Text zur Kritik der
politischen Ökonomie.

www.vsa-verlag.de